LA

JEUNESSE DU ROI HENRI

I

LA
JEUNESSE DU ROI HENRI

PAR

PONSON DU TERRAIL

I

PARIS

JULES ROUFF ET Cⁱᵉ, ÉDITEURS

14, CLOITRE SAINT-HONORÉ, 14

A JEUNESSE DU ROI HENRI
Par PONSON DU TERRAIL

Jules ROUFF et Cie, Éditeurs
14, CLOITRE SAINT-HONORÉ, — PARIS

PREMIÈRE PARTIE

LA BELLE ARGENTIÈRE

Un soir du mois de juillet de l'année 1572, deux cavaliers galopaient sur la route qui conduit de Pau à Nérac.

C'étaient deux jeunes gens, et leur moustache naissante annonçait qu'ils touchaient à peine à la vingtième année. L'un était brun, l'autre blond ; le premier portait ses cheveux noirs de jais très ras, le second laissait flotter sur ses épaules une profusion de boucles dorées.

A demi tournés sur leur selle et penchés l'un vers l'autre, les deux cavaliers causaient à mi-voix.

— Noë, mon bel ami, disait le cavalier brun, sais-tu bien que c'est une charmante chose que voyager ainsi par une tiède nuit d'été, sur une route silencieuse et déserte, en pressant les flancs d'un vigoureux petit cheval béarnais plein d'ardeur?

Le jeune homme blond se prit à rire :

— Savez-vous, Henri, dit-il, que c'est surtout charmant de voyager ainsi quand on a quitté Nérac à la nuit close et qu'on se dirige vers un joli castel dont une fenêtre doit s'ouvrir pour vous à minuit?

— Chut! indiscret...

— Vous l'avez dit, Henri, la route est déserte ; et d'ailleurs, convenez-en, mon prince, vous ne m'avez parlé de la fraîcheur de la nuit que pour arriver à me parler d'*elle*...

— Mais, tais-toi donc, bavard !

— Bah! continua le jeune homme blond, que je perde mon nom d'Amaury et que le sire de Noë mon père soit déclaré de mauvaise lignée, si vous ne brûlez depuis une heure, mon gentil seigneur, de m'entendre prononcer le nom de Corisandre.

— Noë! Noë! murmura le cavalier brun, tu es le plus détestable confident qui soit de Pau à Nérac et de Paris à la Rochelle. Tu jettes les noms aux échos du chemin, ce qui est de la dernière imprudence.

Le jeune Amaury de Noë riait silencieusement dans sa blonde moustache.

— Car tu ne sais pas, poursuivit celui qu'il avait appelé Henri, et qu'il traitait avec une familiarité respectueuse, combien un mari jaloux a l'oreille fine. C'est pour lui que la fable du roi Midas aurait dû être inventée. Creuse un trou dans la terre et dis tout bas : « Ce pauvre comte de Gramont a une femme du nom de Corisandre qui... » Avant que tu aies rebouché ton trou, un souffle de vent aura passé dans les feuilles d'un arbuste voisin, pris tes paroles sur son aile et les aura portées à ce pauvre comte.

— Ah! dit le jeune blond, voilà précisément où j'en voulais venir.

— Comment! drôle, tu voudrais...?

— Je voudrais bien vous faire avouer, Henri, que vous êtes de la dernière témérité.

— Bah!

— Vous l'avez échappé belle deux fois. Un soir le comte est entré chez sa femme et vous êtes demeuré caché pendant plus d'une heure dans les plis d'un rideau. Une autre fois, vous avez passé la nuit dans les branches d'un saule.

— C'était en été, j'ai dormi sur une branche.

— Savez-vous bien, Henri, que le comte, qui est aussi jaloux que laid, vous ferait assassiner, tout prince que vous êtes, s'il n'avait le courage de vous planter sa dague en plein cœur?

— Noë, mon mignon, répondit le cavalier brun, t'a-t-on jamais narré les contes de mon aïeule, Mme Marguerite de Navarre?

— Certainement; pourquoi?

— Il en est un qui renferme une très belle moralité sur l'amour : « L'amour, disait la reine Marguerite, est un pays enchanté quand on y parvient par un chemin rude, escarpé, semé d'obstacles et d'embûches. Le jour qu'on s'amuse à frayer un beau chemin tout droit pour y parvenir, ce n'est plus qu'un lieu malplaisant et de médiocre attrait. »

— Voilà, dit naïvement Amaury de Noë, une chose que je ne comprends pas très bien.

— Attends, tu vas voir.

Le cavalier brun donna un coup d'éperon à son cheval et poursuivit :

— Mme Marguerite, mon aïeule, parlait par figures de rhétorique, allusions et métaphores. Le chemin escarpé, vois-tu, c'est le mari jaloux, c'est la fenêtre qui s'ouvre à minuit, c'est la dague des estafiers qui nous menace au coin d'une rue sombre, c'est la nuit d'été qu'on passe à cheval sur la branche d'un saule.

— Bon! je comprends.

— La grande route bien frayée, c'est l'absence de tout cela ; c'est la femme chez qui on entre en plein jour avec ses éperons, laissant son cheval à la porte, qui vous appelle son mignon tout haut et ne vous refuse rien de ce qu'on serait heureux d'obtenir par larcin.

— Ainsi, interrompit Noë, vous n'aimez pas la grande route?

— Moi, fit dédaigneusement le cavalier brun, si jamais le diable permet que Gramont soit occis en un combat et que Corisandre me fasse ouvrir à deux battants la porte de son petit castel...

— Eh bien? demanda Noë.

— Je lui ferai répondre que je n'aime point un logis où on n'entre plus par la fenêtre, et que du moment où je vais chez ma belle en plein jour, j'ai peur de découvrir une ride au front, voire même une taie sur l'œil.

— *Amen!* murmura Amaury.

— A propos, reprit celui qu'il appelait Henri, tu sais que c'est la dernière fois que nous allons à Beaumanoir?

— Est-ce que vous n'aimez plus Corisandre!

— Mais si... toujours un peu.

— Alors?...

— C'est que nous partons demain.

— Nous partons? fit Noë avec surprise en regardant son interlocuteur.

— Demain matin... Tu viens avec moi, et tu seras mon frère d'armes.

— Oui, certes. Mais où allons-nous?

— Je te le dirai en sortant de chez Corisandre.

Au moment où Henri prononçait ces derniers mots, son cheval qui, sans doute, était habitué à faire chaque soir le même chemin, se jeta brusquement à gauche de la voie battue, et prit un petit sentier qui courait sur l'herbe à travers un taillis de chênes que traversait la route. Il s'allongeait jusqu'au pied de la colline au flanc de laquelle se dressait un joli castel, de structure toute récente, et qu'on appelait Beaumanoir.

Beaumanoir était le but de la course nocturne des deux jeunes gens.

Cependant, à peu près à mi-chemin de la route au manoir, ils s'arrêtèrent, après avoir quitté le sentier qu'ils suivaient pour se jeter dans un fourré très épais de chênes et de hêtres. Là le cavalier brun mit pied à terre et donna sa bride à son compagnon.

— Henri, dit ce dernier, soyez prudent, je vous en supplie.

— Je le serai ; ne crains rien.

— Rappelez-vous que s'il n'est point permis de fuir sur le champ de bataille, on peut toujours le faire quand il est question de galanterie, ajouta le jeune homme.

— Noë, dit le cavalier brun, tu deviens insupportable avec ta morale; bonsoir...

Il s'enveloppa dans le manteau court qu'il portait, rabattit son chapeau orné d'une plume blanche sur ses yeux, s'assura qu'une jolie dague qu'il portait au flanc jouait dans sa gaine; puis il s'élança hors du fourré, et se prit à courir à travers les taillis avec la légèreté d'un chevreuil.

Un quart d'heure après il arrivait sous les murs du petit castel.

Beaumanoir n'était point une sombre demeure du moyen âge, dominée par un beffroi, ceinte de tours épaisses et crénelées, entourée de fossés profonds. C'était moins un château qu'une jolie maison de campagne située à trois lieues de Nérac et dont les habitants paraissaient peu se soucier des moyens de défense usités en ces temps de guerre civile et de troubles politiques. Une solide porte en chêne ferrée et deux gros chiens des Pyrénées, c'était là tout ce qui pouvait empêcher les voleurs et les ennemis de pénétrer à l'intérieur.

Le cavalier brun déboucha à vingt mètres de la façade principale par une charmille épaisse; puis, au lieu de passer outre, il s'arrêta, posa deux doigts sur sa bouche, et fit entendre un coup de sifflet semblable à celui des bergers qui fréquentent les hauts pâturages et s'appellent entre eux la nuit. Puis, le coup de sifflet donné, il se rejeta dans les massifs d'arbres qui entouraient le château, se coucha à plat ventre, et attendit, les yeux fixés sur le castel, à l'intérieur duquel tout le monde dormait sans doute, car aucune lumière ne brillait sur sa façade.

Quelques minutes s'écoulèrent, puis une clarté fugitive se montra au premier étage d'une tourelle, et, rapide comme un météore, s'éteignit presque aussitôt. Alors notre héros se leva, et marchant avec une précaution extrême, en rasant toujours les arbres, il fit le tour de l'édifice, et s'arrêta au pied de la façade méridionale, celle qui regardait la montagne. Au même instant, un énorme chien, couché au dehors sur le gazon, bondit vers lui, l'œil enflammé, la gueule béante et prêt à faire entendre un hurlement de fureur.

— Tais-toi, Pluton, dit le jeune homme à voix basse, c'est moi.

Le chien reconnut sans doute le nouveau venu; il lui lécha la main, agita la queue en signe de contentement et alla se recoucher tranquillement. En même temps, le volet d'une fenêtre s'ouvrait discrètement au-dessus de la tête du jeune homme et une échelle de soie tombait à ses pieds. Le cavalier brun la prit lestement à deux mains et, avec l'agilité d'un chat, il s'éleva jusqu'à la croisée qui venait de s'ouvrir. Au moment où il atteignit l'entablement, deux bras parfumés et blancs comme neige l'enlacèrent doucement, l'attirèrent à l'intérieur, remontèrent l'échelle qui pendait le long du mur, et le volet se referma.

— Ah! cher Henri... murmura une voix fraîche et jeune, comme vous venez tard ce soir!...

Le compagnon d'Amaury de Noë se trouvait dans un joli réduit décoré du nom d'oratoire, mot qui, à cette époque, signifiait à peu près un boudoir. Une lampe d'albâtre y projetait un jour mystérieux, éclairant des tableaux de l'école italienne, des bronzes florentins, un tapis tissé en Orient et de grands sièges de chêne merveilleusement sculptés. Dans un de ces sièges la fée de ce logis vint se rasseoir après avoir refermé prudemment son volet et retiré son échelle. Le jeune homme s'agenouilla devant elle et lui prit les deux mains.

C'était une femme de vingt-quatre à vingt-cinq ans peut-être, blonde comme une madone de Raphaël et blanche comme un lis, une fleur du Nord transportée sous le ciel brûlant du Midi; un démon à l'œil bleu dont le sourire moqueur défiait les lèvres rouges des Béarnaises et leur hautaine attitude. La femme devant laquelle notre héros venait de s'agenouiller se nommait Diane-Corisandre d'Andouins, comtesse de Gramont.

— Diane, ma belle Diane, murmura l'adolescent en portant les mains blanches et parfumées de la comtesse à ses lèvres, pourquoi froncez-vous ainsi vos sourcils blonds et me regardez-vous avec courroux, en me reprochant d'arriver trop tard?

— Mais, répondit-elle en souriant, et étendant sa main vers un coin de l'oratoire, regardez l'horloge, Henri, mon mignon : il est deux heures du matin.

— C'est vrai, mon amour. Noë me le payera ; c'est lui qui me fait toujours attendre.

La comtesse laissa tomber un tendre regard sur le jeune homme.

— Ah! dit-elle, c'est que vous ne pensez pas, Henri, que nous sommes en plein mois de juillet, et qu'il est jour à trois heures du matin. Songe donc, mon bien-aimé, que ta Corisandre serait perdue si on te rencontrait au point du jour dans les environs de Beaumanoir... Il me tuerait... ajouta-t-elle tout bas.

— Oh! par exemple ! fit le jeune homme, dont l'œil eut un éclair de fierté, ne suis-je pas là, moi?

— Je lui appartiens, soupira-t-elle en baissant la tête, et s'il avait le moindre soupçon, ah! je te le jure, Henri, tout prince que tu es, il serait homme à t'assassiner.

Henri se prit à rire.

— Tu oublies donc le dieu qui veille sur nous, Diane, le dieu des amours?

Il lui prit la tête à deux mains et lui mit un baiser sur le front. Puis, avec un accent de tristesse :

— Ma pauvre Diane, continua-t-il, tu ne sais donc pas que je viens te faire mes adieux pour un grand mois?

— Tes adieux !... Es-tu fou, Henri? s'écria la comtesse avec une sorte d'effroi.

— Hélas! non, mon amie.

— Mais c'est impossible!... pourquoi des adieux?...

— Je pars, je quitte Nérac. Ma mère le veut et l'ordonne.

— Mais où vas-tu? mon Dieu! exclama Diane d'Andouins, pâle et frémissante... où vas-tu, Henri?

— A Paris, à la cour de France.

— Oh! n'y allez pas, Henri, n'y allez pas! s'écria la comtesse vivement ; n'y allez pas! répéta-t-elle avec une sorte d'effroi. Vous êtes huguenot, mon cher prince, et il vous arrivera malheur.

— Folle! dit Henri de Navarre. D'ailleurs, ajouta-t-il, tranquillisez-vous, ma chère Diane, je vais à Paris *incognito*. Dans quel but? je l'ignore. La reine ma mère me remettra demain un pli cacheté que je ne dois ouvrir qu'à Paris. Tout ce que je sais, c'est que je pars sans escorte, avec Noë pour seul compagnon, et que je dois loger à Paris dans la rue Saint-Jacques, proche la Cité, à l'hôtellerie du Lion d'argent, qui est tenue par un Béarnais du nom de Lestacade.

— Et vous serez de retour dans un mois, mon mignon?

— Ma mère me l'a dit.

La comtesse était toute rêveuse :

— Ce voyage est bien étrange, murmura-t-elle, et certainement il a quelque but politique que ni vous ni moi ne soupçonnons encore, mon cher Henri.

— Diane, ma toute belle, dit le jeune prince, laissez-moi vous fermer la bouche avec un baiser. Nous n'avons plus qu'une heure à passer l'un près de l'autre. Si vous vous mettez martel en tête et vous désolez ainsi à propos de mon voyage, nous perdrons le temps qui nous reste...

— C'est juste, dit-elle.

Et les deux amoureux échangèrent les serments les plus doux et les plus solennels, et cette heure qui leur restait fut employée par eux à se faire les plus douces promesses. Enfin, une légère clarté blanchâtre pâlit l'horizon, et, comme Roméo abandonnant Juliette, Henri de Navarre se leva et dit :

— Diane, voici le jour.

Elle l'enlaça de ses bras, lui fit renouveler pour la centième fois depuis une heure le serment qu'il lui faisait de revenir au plus vite et de l'aimer toujours, puis elle lui dit :

— Écoute, Henri, mon mignon, tu n'es jamais allé à Paris?

— Mais si, à l'âge de huit ans.

— C'est comme si tu n'y étais jamais allé. Tout prince que tu es, tu ne seras à l'abri ni des embûches ni des séductions, et, précisément parce que tu y vas incognito, besoin vous sera, mon cher seigneur, d'avoir des amis sûrs.

— J'ai Noë.

— Noë est un étourdi, aussi neuf que tu le seras toi-même à Paris. Je veux te bailler une bonne lettre qui pourra bien t'être utile.

— Et pour qui cela, ma mie?

— Pour un bourgeois qui demeure dans la rue aux Ours, et dont la femme a été élevée avec moi dans le manoir tourangeau où je suis née. Vois-tu, Henri, mon seigneur, l'on a plus souvent besoin des petits que des grands, et le brave bourgeois à qui je vais te recommander m'est dévoué jusqu'à la mort; il se fera tuer pour toi s'il sait que je t'aime, et si tu vides ton escarcelle un peu trop vite, il te prêtera de l'argent, non point à la manière des lombards et des juifs, mais sans en vouloir tirer profit.

— Il est donc riche, ce bourgeois?

— Comme un grand seigneur qui ne fait point la guerre. C'est un joaillier-orfèvre qu'on appelle Loriot.

— Eh bien, dit Henri, baillez-moi cette lettre, ma mie, et je l'irai voir, ne fût-ce que pour l'entendre me parler de vous.

— Quand partez-vous, Henri?

— Je dois me mettre en route au coucher du soleil.

— Eh bien! dans la journée un de mes serviteurs se présentera au château de Nérac, et il vous portera ma lettre. Adieu, mon mignon, partez... voilà le jour!

Diane d'Andouins, comtesse de Gramont, rouvrit alors sans bruit les volets de l'oratoire, se pencha au dehors pour s'assurer que les alentours du

... Ils virent l'amazone se retourner sur sa selle, allonger le bras et lâcher un coup de pistolet... (P. 12.)

château étaient déserts et toujours silencieux, puis elle attacha de nouveau et noua solidement de ses blanches mains l'échelle de soie.

— Adieu, répéta Henri, adieu!

Le jeune prince s'élança sur l'entablement de la croisée, donna un dernier baiser, sentit une larme brûlante qui tomba des yeux bleus de la belle Diane sur sa main, posa un pied sur l'échelle et disparut.

II

Huit jours après, le jeune prince Henri de Navarre et son compagnon Amaury de Noë chevauchaient à la nuit tombante au bord de la Loire, le long d'un chemin assez étroit qui courait à mi-côte entre le fleuve et les collines couvertes de bois et de vignobles. Les deux jeunes gens ne montaient plus, comme le soir où ils allaient au petit castel de la comtesse de Gramont, de fringants chevaux de race andalouse, mais bien de solides percherons au trot lourd et vigoureusement charpentés pour la fatigue d'une longue route.

Henri de Navarre s'en allait à Paris, muni des instructions secrètes de Mme Jeanne d'Albret, sa mère, instructions renfermées en un pli qu'il ne devait ouvrir qu'à Paris. Il emportait en outre la lettre de la belle Cerisandre pour son amie d'enfance, la femme de l'argentier.

Les deux cavaliers cheminaient depuis le matin. Ils avaient couché à Tours la veille et en étaient repartis au point du jour, formant la résolution d'arriver jusqu'à Blois ; mais, soit qu'ils fussent partis trop tard, soit qu'ils se fussent arrêtés trop longtemps, vers le milieu du jour, dans une auberge isolée sur la route, la nuit allait les prendre bien avant qu'ils eussent aperçu dans le lointain la cathédrale de la ville de Blois. Le temps était orageux, le ciel obscurci par des nuages noirs qui ne pouvaient tarder à crever, et que par instants sillonnaient de nombreux éclairs.

— Allons ! Henri, dit Noë, qui marchait silencieusement depuis quelques instants, pressez votre cheval, mon prince. L'orage va nous devancer. Et quel orage ! je sens ma grosse jument percheronne trembler de peur sous moi.

— Bah ! répondit le prince, tu es cavalier, Noë, mon ami, tu réduiras ta monture.

— Oui ; mais je n'aime pas à me mouiller.

— Les pluies d'été sont rafraîchissantes. D'ailleurs nos chevaux sont rendus.

Un coup de tonnerre qui fit cabrer le cheval du prince l'empêcha de continuer. En même temps, de larges gouttes de pluie commencèrent à tomber.

— C'est que, reprit Noë, dont la jument avait peur de plus en plus, j'ai beau regarder devant moi, je n'aperçois ni clocher ni tuyau de cheminée.

— Mais moi, répondit Henri, je vois venir un homme à cheval.

— Moi aussi ; mais un homme n'est point une maison : on ne s'abrite pas dessous.

Un second coup de tonnerre se fit entendre, et, à la lueur de l'éclair, les deux jeunes cavaliers aperçurent fort distinctement le cavalier signalé. C'était un paysan en sarrau bleu, monté sur une mule, trottant bon train et paraissant se soucier de l'orage comme un soudard de philosophie et de belles-lettres.

— Hé ! l'ami, lui cria Noë au moment où il arriva sur eux.

Le paysan s'arrêta et ôta respectueusement son bonnet de laine.

— Sommes-nous loin de Blois?
— Encore cinq lieues, vos seigneuries.
— Sommes-nous près d'un village?
— Oh! nenni! il n'y en a pas jusqu'à Blois.
— Mais enfin, il y a une maison quelque part?
— Oui, une auberge à deux lieues d'ici.
— Pas avant?
— Non, messeigneurs.
— Eh bien! fit gaiement Henri de Navarre, Noë, mon ami, il faut faire contre fortune bon cœur : nous serons mouillés.
— Ah! répondit le paysan, si c'est pour vous mettre à l'abri de la pluie, c'est différent.
— Comment cela?
— Il y a près d'ici, à un quart d'heure de marche, là-bas au tournant de la côte et tout au bord du chemin, une grande roche creuse sous laquelle vous et vos chevaux tiendrez à l'aise.
— Tu crois?
— Pardine! les jours de fête on y danse!

Henri jeta un écu au paysan et piqua son cheval. Moins d'un quart d'heure après, et comme déjà l'obscurité devenait profonde, les deux jeunes gens atteignirent l'endroit dont leur avait parlé le paysan. C'était, en effet, une sorte de caverne spacieuse, s'ouvrant au bord du chemin qui surplombait la Loire en ce lieu, et, guidé par la lueur d'un éclair, Noë y entra le premier sans avoir besoin de mettre pied à terre. Henri l'imita.

Presque aussitôt l'orage éclata avec une violence inouïe. Les coups de tonnerre et les éclairs se succédèrent sans interruption, illuminant la vallée de la Loire et réveillant tous les échos endormis. Les deux cavaliers avaient attaché leurs chevaux au fond de la grotte, la tête tournée vers les rochers afin qu'ils ne vissent pas les éclairs. Puis ils s'étaient assis sur un amas de feuilles et de branchages entassés là, sans doute, par les pâtres et les vignerons.

— Oui, murmura Noë après un silence, cette roche me paraît beaucoup plus belle que les lambris du château de Nérac. Convenez-en, Henri, et si nous avions seulement ici un quartier de venaison et une gourde remplie de vin blanc, je me moquerais de l'orage.

— Moi, soupira Henri, si j'avais seulement la main blanche de Corisandre dans la mienne!

Noë sifflotta un air moqueur du bout des lèvres et ne commenta point ce regret amoureux du jeune prince. Mais tout à coup, au bruit du tonnerre et de la pluie qui tombait par torrents, un autre bruit se mêla, et les deux jeunes gens se levèrent avec précipitation de leur couche de feuilles mortes. On entendait sur la route qu'ils venaient de parcourir le galop de plusieurs chevaux, galop précipité, furieux, et qu'une cause plus pressante que l'orage semblait accélérer encore. Les éclairs se succédaient alors avec une rapidité telle, que la route, le fleuve, les collines environnantes, semblaient illuminés comme en plein jour.

Henri de Navarre et Noë, qui s'étaient placés sur le bord de la grotte, virent alors une femme à cheval qui cinglait les flancs de sa monture à coups de cravache et qui passa devant eux plus rapide que cette foudre du ciel à la lueur de laquelle elle galopait. Derrière elle, à trois pas de distance, un cavalier s'efforçait de la gagner de vitesse, lui criant, avec un accent italien bien prononcé :

— Oh! cette fois, tu ne m'échapperas pas, la belle!

Les deux jeunes gens entendirent un cri de détresse, puis, en même temps, ils virent l'amazone se retourner sur sa selle, allonger le bras et lâcher un coup de pistolet dont la détonation se mêla au bruit du tonnerre. Soudain, le cheval du cavalier qui la poursuivait se cabra, volta sur ses pieds de derrière et tomba lourdement à la renverse, entraînant son maître dans sa chute. L'amazone fouetta de nouveau sa monture et disparut comme une vision dans l'éloignement et les ténèbres. Tout cela avait été si rapide, si inattendu, que le prince de Navarre et son jeune compagnon étaient demeurés stupéfaits et n'avaient pas même songé à intervenir.

Cependant, quand ils virent le cavalier démonté se relever sain et sauf de dessus le cadavre pantelant de son cheval, Noë ne put réprimer un grand éclat de rire. Le cavalier était à trois pas de la grotte; l'éclat de rire guida son regard et un éclair lui montra les deux jeunes gens tranquillement arrêtés sous la roche protectrice. En même temps, dans le fond de la grotte, il aperçut les chevaux.

— Ah! par la Madone! s'écria-t-il, ceci est un coup de fortune.

Et sans songer à s'irriter de l'éclat de rire moqueur, il s'avança vers les deux jeunes gens et les enveloppa de ce regard rapide et sûr d'un homme expérimenté dans la vie.

Le jeune prince et son compagnon étaient vêtus plus que simplement. Leur pourpoint de gros drap, leur feutre sans plumes et leurs bottes à entonnoir donnèrent le change au cavalier démonté. Il crut avoir affaire à de petits gentilâtres, cadets de famille, allant à Paris chercher fortune. Aussi vint-il à eux la tête haute, le regard insolent et protecteur.

— Ah! morbleu! vous avez des chevaux, mes jeunes drôles...

Henri de Navarre et Noë le regardèrent.

C'était un homme d'environ quarante ans, de haute taille, vêtu comme un gentilhomme de marque. Son teint olivâtre, sa mine hautaine, son regard cruel et moqueur à la fois, indiquaient un de ces Italiens que la reine mère, Catherine de Médicis, avait amenés à sa suite et qui s'étaient si rapidement enrichis à la cour de France.

— Certainement, répondit Henri de Navarre d'un ton non moins hautain, nous avons des chevaux, mon gentilhomme; nous sommes, en cela, plus heureux que vous, qui n'en avez plus.

— Aussi, répartit l'inconnu, je compte bien que vous allez m'en céder un.

— Plaît-il? fit le prince.

— Il faut à tout prix que je rejoigne cette femme, continua l'Italien.

— Ce sera difficile...

— Vos chevaux sont bons, je suppose?

— Sans doute. Mais nous les gardons...

Un sourire plein d'insolence glissa sur la lèvre de l'Italien.

— Quand vous saurez qui je suis, dit-il, vous ne refuserez certainement pas de me vendre l'un de ces animaux.

— Bah! seriez-vous roi de France, par hasard? demanda Noë d'un ton moqueur.

— Mieux que cela, mes drôles.

— Ma foi! ricana Henri à son tour, au-dessus du roi de France je ne vois que le pape. Seriez-vous le pape?

— Non, mais je suis le favori de Mme Catherine de Médicis.

— Hein! fit le prince, qui s'amusait beaucoup des airs importants du cavalier, c'est un peu moins que le roi.

— Mes petits hobereaux, fit l'Italien à bout de patience, je n'ai pas le temps de parlementer. Choisissez... ou me vendre un de vos chevaux... je le payerai ce que vous voudrez...

— Oh! dit Noë, les favoris de la reine s'enrichissent à ce métier, nous savons cela. Vous devez avoir l'escarcelle ronde, mon gentilhomme.

— Ou, continua l'inconnu, voir en moi l'ennemi qui vous fera rouer vifs un de ces jours.

Henri et Noë répliquèrent par un éclat de rire moqueur. Alors l'Italien, exaspéré, tira son épée et ajouta :

— Ou encore jouer avec moi de cet outil, messeigneurs.

— Tiens, dit le prince, cela me va! Aussi bien voici depuis longtemps que je n'ai fait un peu d'escrime, et cela me dégourdira le poignet.

Et, comme l'Italien, Henri de Navarre mit flamberge au vent.

— Ah! pardon, Henri, dit Noë qui l'imita et s'interposa sur-le-champ, c'est à moi de commencer avec monsieur.

— Non pas! répondit le prince, c'est à moi.

— Mais...

— Allons! dépêchons, fit l'inconnu avec impatience. Il y en aura pour tous deux, mes jeunes coqs. On me nomme René le Florentin, et je suis maître d'armes.

— Moi, dit Henri de Navarre, qui écarta Noë, je suis un assez bon élève.

Et il croisa le fer avec l'Italien, qui fondait sur lui l'épée haute. Noë, un peu ému, se retira à l'écart.

Le Florentin n'avait point menti, il était maître d'armes, et, dès le premier engagement, le fils de Jeanne d'Albret s'en aperçut. Mais ce dernier avait pour lui la jeunesse, l'élasticité des membres, un courage bouillant et une présence d'esprit merveilleuse.

Le combat ne pouvait être long entre gens qui maniaient si hardiment l'épée. A la troisième passe, le Florentin voulut essayer de ce jeu profondément perfide auquel la tradition a donné le nom de *jeu italien*. Il se prit à bondir, à ramper, poussant des cris, s'accroupissant sur les talons pour se redresser et bondir encore, et ne présentant jamais à l'épée de son adversaire que le crâne et le genou.

Heureusement pour Henri de Navarre, le feu roi Antoine de Bourbon, son père, avait fait la guerre en Italie, et, comme il avait été le professeur d'escrime de son fils, il lui avait montré dans ses moments perdus comment on se défendait d'un adversaire milanais ou florentin. Aussi le jeune prince, qui, lui, restait silencieux, se gardait-il bien d'attaquer. Tout entier à la parade, il laissa le Florentin s'escrimer, se lasser, et attendre l'instant favorable pour exécuter cette fameuse *glissade* qui est comme le couronnement du jeu terrible qu'il jouait. Mais le prince avait prévu le coup, et, au moment où l'Italien se fendait à fond, il faisait un bond de côté, revenait sur lui avant que ce dernier, dont l'épée n'avait rencontré que le vide, eût eu le temps de se relever, et lui déchargeait un coup de pommeau sur la tête, en disant :

— Voilà ma riposte, et elle est bonne!

L'Italien poussa un gémissement et s'affaissa sur lui-même comme s'il eût été frappé de la foudre. Noë accourut.

— Oh! lui dit Henri, tranquillise-toi, mon mignon, ce n'est rien. Il n'est pas mort... un coup de pommeau ne tue point, il étourdit. Dans une heure le drôle retrouvera ses esprits.

Les deux jeunes gens se penchèrent sur le Florentin, et Noë lui mit une main sur le cœur. Le cœur lui battait.

— Il est évanoui, voilà tout, ajouta le prince.

— Henri, dit Noë, vous avez entendu son nom?

— Oui, c'est René le Florentin.

— Le parfumeur de la reine mère, Henri?

— Précisément.

— Un méchant homme, Henri, et dont la mort, je vous jure, serait fort agréable à Dieu.

— Alors, s'il en est ainsi, je regrette de ne l'avoir point tué.

— Il n'y a pas de temps perdu, mon prince.

— Hein? fit Henri.

— Je vais lui passer mon épée au travers du corps, si la besogne vous répugne.

— Fi! Noë! un homme par terre, un homme évanoui!

— Une vipère qu'il faut écraser quand on la rencontre.

— C'est possible, mais vipère qu'on écrase peut mordre au talon, et un homme évanoui ne mord pas.

— Henri, Henri, murmura le jeune Amaury Noë, tenez, j'ai d'horribles pressentiments.

— Lesquels, Noë, mon mignon?

— J'ai le pressentiment que cet homme à qui vous voulez laisser la vie jouera un terrible rôle dans votre destinée.

— Bah!

— Un rôle funeste et fatal, Henri, et qu'un jour vous vous repentirez amèrement de ne lui avoir point enfoncé votre rapière en plein cœur.

— Tu es fou, Noë.

— Non, mon prince, non. Il me semble que je lis dans l'avenir en ce moment.

— Tu as tort, répondit froidement le prince.

— Vous croyez?

— Sans doute, car il vaut toujours mieux lire dans le passé que dans l'avenir.

— Pourquoi?

— Parce que le passé t'apprendra que je me nomme Henri de Bourbon, descendant direct du roi saint Louis, répondit froidement le prince, et que je ne suis point de ceux qui frappent ou laissent frapper un homme sans défense.

Noë courba le front.

— Vous avez raison, dit-il, mais il est bien fâcheux que vous ne m'ayez pas laissé battre avec cet Italien maudit, je l'aurais tué.

— Allons! voici l'orage qui se dissipe, reprit Henri, à cheval! Noë, mon mignon. La faim me tord les entrailles.

— Et le voisinage de cette charogne me répugne, ajouta Noë, qui poussa du pied le corps de l'Italien évanoui.

— Moi, dit Henri, qui détacha son cheval et sauta en selle, je ne suis préoccupé que d'une chose.

— Laquelle?

— C'est de savoir quelle était cette femme qu'il poursuivait et qui l'a si cavalièrement salué d'un coup de pistolet. Était-elle jolie? était-elle jeune? Voilà ce qui m'intrigue.

— Henri, dit Noë en riant, je voudrais trouver un messager qui se rendit en Navarre.

— Et pourquoi, drôle?

— Pour l'envoyer à Beaumanoir dire à la belle Corisandre que le prince Henri de Navarre...

— Chut! malheureux... Tais-toi!

Et le prince donna un coup d'éperon à son cheval, et les deux jeunes gens reprirent leur route, laissant en travers du chemin René le Florentin évanoui...

III

Le lendemain de cette soirée d'orage qui avait coûté si cher au parfumeur René le Florentin, nous eussions, au coucher du soleil, retrouvé le jeune prince Henri de Navarre et son compagnon Amaury de Noë sur le seuil d'une hôtellerie du pays blaisois, entre Blois et le village de Beaugency.

L'hôtellerie était de piteuse apparence, en dépit de son enseigne, qui portait qu'au *Rendez-vous des rois Mages* on hébergeait les grands seigneurs et les simples gentilshommes. Quelques poules assez maigres grattaient le fumier de la cour, un chien-loup sommeillait sur le seuil et, devant la porte, le maître de la maison, devenu son propre cuisinier, plumait une oie pour le souper des voyageurs que le ciel lui envoyait. Une fille de cuisine allumait le feu à l'intérieur, et la femme de l'aubergiste dressait la table, tandis que l'unique garçon de ferme étrillait les montures des deux gentilshommes, attachées à la porte de l'écurie.

Henri de Navarre et Amaury de Noë s'étaient installés à califourchon sur une grande poutre couchée devant la maison et se tournaient irrévérencieusement le dos. Henri rêvait, jetant un vague regard autour de lui.

Amaury avait tiré un livre de sa poche et lisait. Tout à coup Henri se retourna vers lui :

— Peste ! dit-il, comme tu es lettré, mon mignon ! et que lis-tu là, Amaury ?

— Le dernier livre de messire de Bourdeille, abbé de Brantôme : la *Vie des Dames galantes*. Il faut bien passer le temps.

— Merci ! cela veut dire que ma conversation te force à compter les heures.

— Oh ! pardon, fit Amaury. Votre Seigneurie est injuste.

— Tu trouves ?

— Et sa conversation est des plus attrayantes ; mais...

— Mais ? fit Henri.

— Votre Seigneurie ayant autre chose à faire, sans doute, que de m'en régaler, et n'ayant point daigné échanger avec moi trois paroles depuis ce matin, j'ai pensé que ce que j'avais de mieux à faire était de m'en passer.

— Ton indépendance me plaît assez, Amaury, mon mignon, mais j'y mets un terme.

— Ah ! Votre Seigneurie daigne enfin causer avec moi ?

— Comme un simple mortel.

— A quoi donc rêviez-vous, Henri ?

— A Corisandre.

— Toujours ?

— Pourquoi pas ?

— Mais, dame ! répondit Noë, parce que les femmes ne méritent pas toujours qu'on songe à elles jour et nuit.

— Oh ! celle-là...

Amaury frisa sa moustache blonde et garda le plus éloquent et le plus sceptique des silences. Le prince reprit :

— Et puis, Noë, mon bel ami, une chose m'intrigue fort.

— Quoi donc, Henri ?

— Tu sais que Corisandre m'a donné une lettre ?

— Oui.

— Pour son amie d'enfance, la femme de l'argentier Loriot.

— Précisément. Eh bien ?

— Eh bien ! je ne serais pas fâché de savoir ce que cette lettre peut contenir, mon mignon.

— Malheureusement, elle est attachée par un joli fil de soie, retenu lui-même par un sceau de cire bleue.

— Hélas ! je le sais bien.

— Et la décacheter serait un acte d'indélicatesse.

— Peuh ! une lettre écrite par une femme qui vous aime.

— Qu'est-ce qu'il y a pour votre service ? demanda-t-il. (P. 18.)

— Dame !
— Malgré cette considération, je suis de ton avis, et je ne me permettrais pas de briser le scel. Mais... hélas...

Henri s'arrêta et poussa un profond soupir.

— Eh bien ? interrogea Noë.
— Il m'est arrivé un malheur.

— Bah! et lequel?

— Le scel s'est brisé tout seul.

— Comment cela?

— Ou plutôt il s'est fondu... il a fait très chaud aujourd'hui. Nous nous sommes arrêtés dans une auberge à la porte de Blois, pour déjeuner. J'ai posé la lettre de Corisandre et celle de ma mère au soleil. Le soleil a fondu la cire tandis que nous sablions le petit vin aigrelet de la Loire.

Et le prince de Navarre tira les deux lettres de son pourpoint et les tendit à son ami Amaury de Noë.

— Tiens, c'est vrai, dit celui-ci, mais si le soleil a fondu la cire, il n'a pas pu défaire le nœud du fil de soie.

— C'est juste. Seulement...

— Oh! je sais ce que vous allez me dire. On peut refaire un nœud après l'avoir défait.

— Mais, dame!

— Ah! s'il était question de la lettre de Mme Jeanne de Navarre, laquelle lettre, après tout, vous est adressée, comme il faudra toujours que vous l'ouvriez à Paris... je vous dirais...

— Celle-là m'intéresse peu.

— Qui sait?

— Elle renferme sûrement de la politique, et la politique m'ennuie... tandis que la lettre de Corisandre... Mais enfin, puisque tu prétends que ce serait mal...

Henri de Navarre n'acheva point. Le trot de plusieurs chevaux se fit entendre sur la route jusqu'alors déserte et silencieuse. Les deux gentilshommes se retournèrent et virent une troupe composée de trois cavaliers s'avançant vers l'hôtellerie qui s'intitulait pompeusement le *Rendez-vous des rois Mages*.

Henri de Navarre remit les deux lettres dans sa poche et se leva pour mieux voir. Le troisième cavalier, celui qui fermait la marche, était une femme. Le premier était un gros homme déjà vieux, portant justaucorps de drap brun, feutre sans plume, et, pour toute arme, une arquebuse pendue à l'arçon de sa selle, trois signes évidents qu'il n'était pas gentilhomme. En revanche, il avait l'apparence d'un bourgeois de ville cossu et parfaitement heureux.

Derrière lui venait une sorte de domestique portant à l'arçon et sur le coussinet de la selle deux grosses valises. Enfin, la femme qui fermait le petit cortège et qui montait une fort belle jument blanche portait également le costume bourgeois. Mais elle était si jolie sous son masque, — car les femmes d'alors voyageaient ordinairement masquées, — elle était si élégante en sa taille pleine de souplesse, elle maniait sa monture avec une aisance telle, qu'on eût dit une dame de qualité voyageant incognito en compagnie de ses serviteurs.

— Holà! cria le bourgeois, holà, l'hôtelier!

L'hôtelier, qui plumait son oie et n'avait point quitté le seuil de sa porte, leva fort nonchalamment la tête et regarda assez insolemment le bourgeois.

— Qu'est-ce qu'il y a pour votre service? demanda-t-il.

— Parbleu ! répondit le bourgeois en mettant pied à terre et d'un ton qui prouvait fort bien qu'il avait l'escarcelle ronde, je veux souper et coucher.

L'hôte parut hésiter et regarda les deux jeunes gens. Son regard signifiait clair qu'il tenait peu à héberger des bourgeois alors qu'il avait des gens de qualité chez lui. Mais Henri de Navarre, qui sans doute avait compris ce regard, lui dit :

— Eh bien ! maître, est-ce que vous refusez la pratique ?

L'hôtelier balbutia :

— J'en demande pardon à Votre Seigneurie, mais je ne m'attendais pas à ce surcroît de voyageurs, et...

Au lieu d'achever sa phrase, l'hôte montra son oie qu'il avait fini de plumer.

— Je comprends, dit Henri, l'oie nous est destinée ?

— Oui, messire.

— Et il ne vous reste plus rien ?

— Presque rien, du moins.

— Eh bien ! dit le prince, nous partagerons l'oie avec ce brave homme.

Puis, s'adressant au bourgeois :

— Mon brave homme, lui dit-il, je vous invite à souper.

Le bourgeois salua jusqu'à terre et murmura quelques mots de gratitude.

Pendant ce temps, l'hôte, qui avait subitement changé d'attitude et de langage, s'empressait d'aider la jeune femme à descendre de cheval et criait à son garçon d'écurie :

— Hé ! toi, Nicou, débride-moi ces chevaux et donne-leur un solide coup de bouchon tout de suite et un double picotin dans un quart d'heure.

— Messire, balbutiait le bourgeois, qui se confondait en salutations, je suis touché de votre courtoisie ; on voit bien que vous êtes un bon gentilhomme. Un noble d'hier, un gentillâtre de colombier aurait mangé l'oie à lui tout seul.

— Mon brave homme, répondit gaiement Henri, nous mangerons l'oie ensemble, et nous l'arroserons, ventre-saint-gris ! avec le meilleur vin de notre hôte.

— Oh ! quant à du vin, dit le bourgeois, j'en ai là une outre à l'arçon de ma selle dont vous me direz des nouvelles, mon gentilhomme.

Et le bourgeois désignait une peau de bouc gonflée qui rebondissait sur le flanc de son cheval.

Mais déjà Henri de Navarre ne regardait plus le cheval, ni le bourgeois, ni l'outre. La voyageuse était descendue de sa haquenée et elle avait ôté son masque. Or, chez elle, la tournure n'avait point trop fait présumer du visage. Elle était merveilleusement belle. C'était une femme de vingt-quatre à vingt-cinq ans, blanche comme un lis, avec des cheveux noirs comme l'aile d'un corbeau, des lèvres d'un rouge cerise et de grands yeux bleus un peu tristes.

Henri de Navarre se leva fort précipitamment de la poutre sur laquelle il était demeuré jusque-là à califourchon, et il salua la jeune femme avec un empressement qui fit sourire Amaury de Noë.

— Hé ! hé ! pensa le jeune homme, Henri se plaignait tout à l'heure de trop songer à Corisandre... Qui sait ?

Le bourgeois demanda une chambre, offrit la main à la jeune femme et pénétra dans l'intérieur de l'auberge. Henri suivit de l'œil la belle inconnue.

— Peste! murmura Noë, quand elle eut disparu, les bourgeoises de ce pays me semblent plus jolies que les grandes dames. Qu'en pensez-vous, Henri?

— Elle est charmante, Noë, mon mignon.

— Et tout aussi jolie que Corisandre.

— Chut! fit Henri, scandalisé de la comparaison. Mais il vient de me passer une drôle d'idée dans la tête.

— Bah!

— Qui sait si cette femme n'est pas celle de la nuit dernière?

— Que poursuivait René?

— Oui.

— C'est possible. Cependant son cheval est blanc, et celui de l'amazone était noir.

— Qu'est-ce que cela fait? On change de cheval en route.

— C'est vrai; mais l'amazone était seule. Celle-là est accompagnée de deux solides gaillards.

— N'importe! murmura le prince, j'ai la conviction que c'est elle, et, morbleu! je m'en assurerai, Noë, mon ami.

Puis, comme s'il avait eu hâte de revoir l'inconnue, le prince dit à l'hôte :

— Çà! maître gargotier, dépêche-toi. J'ai faim.

L'hôte rentra dans sa cuisine pour allumer ses fourneaux, et le jeune prince se mit à califourchon sur sa poutre.

— Henri, Henri, je gage que vous n'avez ni faim, ni soif.

— Es-tu fou?

— Seulement, vous êtes pressé de revoir votre inconnue?

— Tais-toi, drôle!

— Et je ne m'étonnerais pas... que... d'ici à ce soir...

— Eh bien?

— Vous n'en soyez toqué, comme dit Brantôme.

— J'aime Corisandre...

Noë laissa bruire un rire moqueur sur ses lèvres.

— Je le crois, dit-il, mais... en voyage...

— Qu'arrive-t-il?

— Une amante absente perd ses droits ni plus ni moins qu'un mari à la guerre ou à la chasse.

— Noë, tu blasphèmes...

— Mais, non.

— Tu nies l'amour.

— Au contraire.

— Et quand tu prétends que je n'aime pas Corisandre...

— Je n'ai pas dit cela.

— Que je pourrais en aimer une autre...

— Moi, interrompit Noë, je suis philosophe.

— Qu'est-ce que cela veut dire?

— J'ai des principes...
— En quoi consistent-ils tes principes?
— A découvrir saint Pierre pour couvrir saint Paul.
— Je ne comprends pas.
— Eh bien! je vais faire comme la reine Marguerite de Navarre et parler par allusions et métaphores.
— Voyons.
— Je suppose que vous vous appeliez Amaury de Noë, et que je sois, moi, Henri de Navarre.
— Bon!
— J'ai laissé une femme adorée en Béarn, on la nomme Corisandre.
— Très bien.
— Je rencontre ici une autre femme fort belle qui se nomme... Supposez un nom quelconque, Minerve ou Diane.
— Après?
— Corisandre, qui est en Béarn, représente pour moi saint Pierre, et Minerve ou Diane, saint Paul.
— Noë, mon mignon, vous êtes un débauché.
— C'est possible.
— Et vos principes ne sont pas les miens.
— Peuh! on verra.

Comme Amaury achevait, l'hôte vint annoncer aux deux gentilshommes que l'oie rissolait en broche et qu'une certaine matelotte d'anguilles était servie entre deux flacons poudreux de vin de Beaugency, un pot de rillettes de Tours et un reste de quartier de venaison.

Au même instant, le bourgeois et la jeune femme qui l'accompagnait revinrent après avoir réparé le désordre de leur toilette de voyage, et Henri de Navarre, comme s'il eût pris à tâche de justifier les prédictions de Noë, offrit la main à la belle inconnue et la fit asseoir à sa droite, à la place d'honneur.

Le bourgeois était un homme d'environ cinquante ans, chauve, à la figure ronde et franche, au regard doux, mais non dépourvu cependant d'une certaine énergie. Il était sobre de paroles sans être taciturne, respectueux envers les gentilshommes sans bassesse et sans obséquiosité. Il buvait sec et mangeait avec un appétit que ne faisait point prévoir son abdomen volumineux.

La jeune femme, à laquelle il disait *vous* et qu'il appelait Sarah, était pleine de décence et de distinction; elle répondit avec esprit aux galanteries du jeune prince et de son compagnon, eut deux ou trois sourires sans que son œil bleu cessât d'être légèrement triste, et de même que le bourgeois lui donnait le nom de Sarah, elle l'appela Samuel. Malgré quelques questions assez discrètes des deux jeunes gens, Samuel et sa compagne se tinrent, pendant tout le souper, sur une extrême réserve, ne parlèrent point de leurs affaires et se bornèrent à dire qu'ils venaient de Tours et allaient à Paris. Puis, le repas terminé, la belle Sarah se retira dans un petit cabinet voisin où on lui avait dressé un pliant.

Fort désappointé, Henri de Navarre prit le bras de son ami Noë et l'entraîna sur la grande route.

— Allons respirer au clair de lune, lui dit-il.
— Est-ce que vous voulez me parler de Corisandre ?
Henri tressaillit.
— Tu railles, drôle !
— Dame ! ce que j'avais prédit s'est réalisé, il me semble.
— Comment ?
— Vous êtes toqué de la belle bourgeoise.
— Moi ! allons donc !
— Tarare ! chanta Noë. Vous vous êtes moqué de mes principes, mais vous les mettez en pratique.
— Tu te trompes, seulement elle m'intrigue...
— L'intrigue est le vestibule de l'amour.
— Crois-tu ? fit naïvement le prince.
— Dame !
— Est-ce sa fille ? est-ce sa femme ? est-ce l'amazone de la nuit dernière ?
— Voilà, dit Noë, ce qu'il est fort difficile de savoir.
— Si c'est sa fille...
— Eh bien ?
Henri de Navarre parut embarrassé.
— Eh bien ! dit-il, il a une jolie fille, voilà tout.
Amaury partit d'un éclat de rire.
— Si c'est sa femme... oh ! alors...
— Ah ! pauvre Corisandre ! murmura Noë.
Henri se mordit les lèvres.
— Tu es un abominable plaisant, dit-il. Aussi bien je te romps en visière et je vais me coucher.

Et, en effet, Henri de Navarre souhaita le bonsoir à son compagnon, rentra dans l'auberge, se fit donner une lampe et gagna la chambre qu'on lui avait préparée. Là il s'assit sur son lit, oublia de se déshabiller et se prit à rêver, non point à Corisandre, mais à la belle inconnue. Puis, tout à coup il tressaillit.

— Ma parole d'honneur, se dit-il, je crois que Noë a raison, et je vais, si cela continue, oublier Corisandre. Ma foi ! je ne vois qu'un moyen de songer à elle et d'y songer sans distraction aucune : c'est de lire cette lettre qu'elle écrit à son amie d'enfance, la femme de l'argentier Loriot.

Et le prince tira la lettre de son pourpoint et en dénoua le fil de soie sans scrupule.

— Tant pis ! se dit-il, c'est l'amour qui me rend indiscret.

IV

Henri de Navarre déplia la lettre de Corisandre, comtesse de Gramont, s'approcha de la lampe qu'il avait placée sur une table et lut :

« Ma chère Sarah. »

Ces premiers mots le firent tressaillir.

— Sarah! se dit-il ; mais la femme avec qui je viens de souper se nomme Sarah pareillement. Si... c'était elle !

Il poursuivit :

« Ma lettre t'arrivera à Paris, rue aux Ours, dans ton comptoir, dont tu ne bouges du jour de l'an à la Saint-Sylvestre. »

Henri s'interrompit encore :

— La Saint-Sylvestre est le dernier jour de l'année, se dit-il, c'est-à-dire le 31 décembre, et si Corisandre dit vrai, malgré ce nom de Sarah, il ne doit y avoir aucun rapport entre mon inconnue de ce soir et la femme de l'argentier Loriot.

Cette réflexion faite, le prince continua à lire :

« Cette lettre te sera remise, ma chère Sarah, par un jeune gentilhomme de belle tournure et de mâle prestance, qui s'en va à Paris pour la première fois. Ce jeune gentilhomme s'appelle Henri, Henri de Bourbon, prince de Navarre, et la volonté de Mₘₑ la reine Jeanne d'Albret, sa mère, l'envoie à Paris *incognito*. Il se présentera chez toi sous le nom de Henri tout court, et tu n'auras pas l'air d'en savoir ni d'en deviner davantage. Mon jeune prince, chère mignonne, est brave, hardi, spirituel, mais, il a vingt ans...

« Comprends-tu?

« Or, ma mignonne, il faut que je te fasse un aveu en rougissant... je l'aime !

« Je l'aime et il m'aime, ou du moins il croit m'aimer.

« Il m'a quittée ce matin aux premières clartés de l'aube, en me baisant les mains, en m'accablant de promesses, en jurant de m'aimer toujours.

« Mais les serments d'un enfant de vingt ans, le temps les emporte, l'absence les efface... »

— Tiens! s'interrompit Henri de Navarre, est-ce que Corisandre aurait deviné que je rencontrerais entre Blois et le village de Beaugency... Poursuivons :

« Or, je suis jalouse, ma chère Sarah, jalouse comme une fille d'Espagne, et quelque chose me dit que ce cœur que Henri m'a donné, et qui est mien, sera pris par une autre, à Paris, si je n'y prends garde ! »

— Pauvre Corisandre! murmura Henri de Navarre en manière d'aparté

La comtesse de Gramont continuait :

« C'est donc à toi que je m'adresse, Sarah, ma mignonne, et je te confie mon Henri.

« Cet abominable Paris est plein de femmes séduisantes et pernicieuses. Mon Henri est beau, elles me le voleront.

« Or, voici à quoi j'ai songé. Il y a bien quatre ou cinq années, depuis que tu as épousé l'argentier Loriot, que nous ne nous sommes vues ; mais tu dois être plus belle que jamais, ma Sarah, et je suis persuadée que les galants et les amoureux doivent se morfondre dans la rue aux Ours dès l'entrée de la nuit.

« Si Henri te voit, — et il te verra, puisqu'il te porte ma lettre, — il pourrait bien en augmenter le nombre.

« Heureusement, ma Sarah, tu es aussi vertueuse que belle, et je te sais, en outre, mon amie.

« Si Henri venait à m'oublier un peu pour songer à toi, ce ne serait que demi-mal ; car tu saurais le retenir et le repousser tour à tour en puisant dans l'arsenal de coquetteries que nous autres femmes nous avons à notre service...

« Ne comprends-tu pas encore?

« Non, peut-être.

« Eh bien! écoute :

« Si mon Henri vient à t'aimer, il ne songera point à toutes ces nobles dames empanachées qui traînent leurs robes de drap d'or dans les corridors du Louvre. Tu l'absorberas complètement, le remettant de jour en jour, promettant sans cesse et ne tenant jamais, et tu me l'amèneras ainsi tout doucement jusqu'à l'heure de son départ de Paris.

« Comprends-tu maintenant?

« Oui, n'est-ce pas?

« Quand mon Henri sera de retour en Béarn, je saurai bien lui faire payer cher ses intentions de trahison.

« Adieu, ma bonne Sarah, souviens-toi de notre enfance passée sous les grands arbres du manoir de mon père, et aime-moi toujours.

« Je joins à ma lettre quelques lignes sous un autre pli pour ton vieil époux qui, je l'espère bien, mettra son escarcelle, si besoin est, au service de mon Henri.

« Adieu encore.

« Ta CORISANDRE. »

— Ventre-saint-gris! s'écria Henri de Navarre quand il eut terminé la lecture de cette lettre, mais Corisandre est plus rouée qu'une potence! Quelle perfidie!...

Henri jetait cette imprécation aux murs de sa chambre, quand on gratta doucement à la porte.

— Entrez! dit-il.

C'était Noë.

— Ah! te voilà, dit le prince.

— Dame! répondit humblement le railleur et spirituel jeune homme, je crains que Corisandre ne nous ait brouillés, et...

Noë s'interrompit en voyant la lettre ouverte que le prince tenait encore à la main.

— Maintenant, prends-lui sa dague, continua le prince. (P. 32.)

— Ah! ah! fit-il.
— Corisandre est une perfide, dit Henri, et elle me payera cher sa trahison.
Il tendit la lettre à Noë.
— Tiens, lis! dit-il.
Noë prit la lettre et s'approcha gravement de la lampe.

— Oh! les femmes! murmura Henri avec colère.
— Chut! fit Noë qui lisait attentivement l'épître de la comtesse.

Il la lut jusqu'au bout sans lever la tête, sans laisser échapper une réflexion, et, quand il eut fini, il la rendit silencieusement à Henri.

— Comment! s'écria celui-ci, cela ne t'émeut pas davantage?
— Non, certes.
— Et tu ne trouves pas?...
— Je trouve que la comtesse est une femme habile, voilà tout.
— Mais... enfin... que ferais-tu à ma place?
— Moi, répondit Noë, je recachetterais cette lettre avec soin.
— Après?
— Et, arrivé à Paris, je la porterais à son adresse.
— Jamais!
— Je feindrais de tomber amoureux de l'argentière Sarah, poursuivit Noë...
— Et puis?
— Et puis j'oublierais Corisandre, et je me ferais à la cour une liaison convenable. De cette façon je tromperais à la fois Corisandre et sa complice...

Henri haussa les épaules:

— Ton plan est joli, dit-il, mais il pèche par la base.
— En quoi, mon prince?
— En ce que nous n'irons pas à la cour.
— Bah! et pourquoi?
— Parce que nous voyageons incognito, a dit ma mère.
— Ce n'est pas une raison.
— Tu crois?
— Et je gage que, dans sa lettre, Jeanne de Navarre vous conseille, au contraire, de vous présenter à la cour sous un nom quelconque.
— C'est ce que nous saurons à Paris.
— Ah! ma foi! dit Noë, puisque vous avez ouvert la lettre de Corisandre, vous pourriez bien ouvrir celle de votre mère la reine.
— Tu as raison, Noë, mon ami. Aussi bien vais-je le faire.

Et tandis que Noë renouait le fil de soie qui scellait naguère la missive de la comtesse de Gramont, Henri de Navarre dénoua celui qui fermait la lettre de sa mère. Les instructions de Mme Jeanne d'Albret, reine de Navarre, étaient des plus claires et conçues en ces termes:

« Cher prince, mon fils.

« Je n'ai point voulu vous dire le but de votre voyage de peur que le funeste amour qui vous attache à Corisandre, — une femme de plus de beauté que de sagesse, soit dit en passant, — ne vous empêchât d'obéir à ma volonté.

« Mais je pense qu'une fois à Paris vous serez plus raisonnable, et songerez qu'un prince héritier du royaume de Navarre, et descendant du roi saint Louis, se doit à la fois à sa lignée et au bonheur des peuples qu'il aura à gouverner un jour.

« Tandis que vous courtisiez Corisandre, le roi Charles neuvième, notre cousin, négociait avec moi un mariage entre vous et sa sœur Marguerite de France.

« C'est donc relativement à ce mariage que je vous envoie à Paris.

« Mais, comme je me défie des intrigues de Mme Catherine de Médicis, qui n'aime point ceux de la religion, j'ai voulu que vous arriviez incognito à la cour de France, à la seule fin que vous puissiez voir la princesse Marguerite et vous assurer qu'elle vous pourra convenir.

« Le lendemain de votre arrivée, vous irez au Louvre et demanderez à parler à M. de Pibrac, capitaine dans les gardes de S. M. le roi Charles neuvième.

« Vous montrerez à M. de Pibrac l'anneau que je vous ai donné et que vous portez au petit doigt de la main gauche.

« M. de Pibrac se mettra sur-le-champ à votre disposition et vous présentera à la cour de France comme un gentilhomme béarnais qui lui est chaudement recommandé.

« De cette façon, vous pourrez voir à votre aise Mme Marguerite de France, votre fiancée, et comme elle est fort belle, je ne doute pas que vous n'en tombiez amoureux et ne pensiez bientôt plus à cette intrigante de Corisandre.

« Tandis que vous serez à Paris, je ferai de mon côté mes préparatifs de départ et je ne tarderai point à vous aller rejoindre.

« Ce ne sera qu'alors, mon cher enfant, que vous paraîtrez avec votre nom et avec vos titres et qualités.

« Pour tout le reste, fiez-vous-en à M. de Pibrac, qui a mes instructions, et gardez-vous de paraître autre chose qu'un pauvre cadet de Gascogne dont l'escarcelle est mince. »

Là se terminait l'épître de Mme la reine de Navarre.

— Eh bien! Noë, s'écria Henri qui était fort étonné, que penses-tu de tout cela?

— Je pense, répondit Noë, que Mme Jeanne, la reine votre mère, a raison.

— En quoi?

— En ce qu'elle vous veut marier... mais...

Noë s'arrêta.

— Je ne pense pas que Mme Marguerite de France soit précisément la femme qui vous convienne.

— Pourquoi?

— Oh! je ne sais.

— Mais... enfin... est-elle laide?

— Au contraire, on la dit fort belle.

— Est-elle... méchante?

— Trop bonne, mon prince, et on dit même...

— On dit...

— Oh! fit Noë brusquement, ce qu'on dit ne me regarde pas, après tout. Seulement, elle est catholique.

— Et je suis de la religion.

— Justement. Quand la femme s'en va à la messe et le mari au prêche, ajouta Noë en branlant la tête, le ménage n'est jamais bon...

— C'est vrai, ce que tu dis là, Noë.

— Mais, après tout, Mme la reine votre mère est une femme versée en politique et elle a peut-être de bonnes raisons pour conclure ce mariage.

— Eh bien ! que ferais-tu à ma place ?

— Moi, j'irais à Paris.

— Bon ! Après ?

— Je me présenterais au Louvre.

— Très bien.

— Je verrais Mme Marguerite et je prendrais le temps de réfléchir.

— Aussi bien, dit le prince, ferai-je comme tu le dis.

— Et, en attendant, acheva Noë, je soufflerais ma lampe et je m'endormirais sans plus songer ni à Corisandre, ni à Mme Marguerite de France, ni à cette belle inconnue.

— Oh ! par exemple ! dit le prince, ceci est tout à fait différent, et puisque Corisandre... Enfin, nous verrons, Noë, mon ami.

Sur ces derniers mots, le jeune héritier du trône de Navarre se glissa sous les couvertures, et Noë, lui souhaitant le bonsoir, éteignit sa lampe.

Un quart d'heure après, Noë dormait profondément, et la petite hôtellerie était plongée dans le silence.

Seul, Henri de Navarre ne dormait pas et continuait à se demander si son inconnue était la fille ou la femme de ce gros bourgeois qu'elle appelait Samuel. Un bruit lointain d'abord, et qui ne tarda pas à se rapprocher, arracha le jeune prince à ses méditations et le fit tressaillir. Ce bruit était celui que faisaient plusieurs chevaux qui s'en allaient au petit trot et ne tardèrent point à passer devant l'hôtellerie.

Poussé par une vague curiosité, Henri de Navarre se leva et alla coller son visage au carreau de la croisée. Il vit alors une troupe de cavaliers qui, après avoir paru s'éloigner et continuer leur chemin, mettaient pied à terre et semblaient délibérer. Puis l'un deux se détacha du groupe, revint à pied vers l'hôtellerie et frappa à la porte.

Un instant après, l'hôte se leva et alla ouvrir. Le cavalier entra et referma la porte sur lui. En même temps Henri de Navarre, qui s'apprêtait à regagner son lit, vit un rayon de lumière qui sortait du plancher, et il entendit fort distinctement la voix de son hôte.

La chambre qu'occupait le prince était placée au-dessus de la cuisine, et ce rayon de lumière, qui filtrait à travers une fente du plancher, provenait d'une lampe que l'hôtelier venait d'allumer pour introduire l'étranger. Alors Henri de Navarre s'accroupit sans bruit sur cette fente et regarda.

L'hôte causait à mi-voix avec le cavalier, et ce cavalier, Henri le reconnut sur-le-champ. C'était maître René le Florentin.

— Oh ! oh ! pensa le prince, je crois qu'il est bon d'éveiller Noë. Peut-être faudra-t-il bientôt jouer de la rapière.

V

Le jeune prince s'avança vers le lit de Noë à pas de loup et le toucha légèrement.

— Qui est là? demanda Noë qui s'éveilla en sursaut.

— C'est moi; tais-toi! souffla Henri, qui lui plaça la main sur la bouche.

Puis il se pencha à son oreille et lui dit tout bas :

— Lève-toi sans bruit, viens voir et écouter avec moi.

Noë ne comprenait pas, mais il se leva, et, conduit par le prince, il se laissa entraîner jusqu'à la fente du parquet, s'accroupit et regarda.

Le cavalier que Henri de Navarre avait reconnu pour être le parfumeur de la reine mère, maître René le Florentin, s'était assis sur un escabeau et avait les jambes croisées comme un homme qui a l'habitude de se mettre à son aise.

Devant lui, son bonnet de laine au poing, se tenait respectueusement l'hôtelier qui avait toujours sa lampe à la main.

— Maître hôtelier, disait le Florentin, vous ne me connaissez pas?

— Non, messire.

— Mais vous avez ouï parler de la reine mère, Mme Catherine de Médicis?

— Ah! Jésus-Dieu! fit l'hôtelier, qui salua avec un respect plein de terreur.

— Et... vous savez lire?

— Assez couramment, messire.

Alors, regardez donc ceci.

Le cavalier ouvrit son pourpoint et en retira un parchemin qu'il déplia et mit sous les yeux de l'hôte.

Ce parchemin portait le sceau et les armes de France et il était couvert de trois lignes d'une grosse écriture fort lisible :

« *Ordre*, disait-il, *de laisser passer le porteur et au besoin, s'il le requérait, de lui obéir.*

« CATHERINE. »

L'hôtelier tout tremblant s'inclinant :

— Je suis bon catholique et sujet fidèle, balbutia-t-il, croyez-le bien, monseigneur, et...

— Il ne s'agit point de cela, imbécile, interrompit brusquement le Florentin. Il s'agit de me répondre.

L'hôte respira.

René poursuivit :

— As-tu des voyageurs ici?

— Oui, messire.

— Combien?

— Cinq.

— Oh! oh! fit René. Et parmi eux, n'as-tu pas une jeune femme fort belle, voyageant avec deux hommes?

— Un gros bourgeois et un domestique, oui, messire.
— C'est cela, dit René.
— Et... quels sont les autres voyageurs?
— Deux jeunes gens, deux gentilshommes qui paraissent venir de loin, du Midi.
— Oh! oh! grommela encore René dont l'œil s'illumina et brilla d'une sombre joie, qui sait si ce ne sont pas mes deux drôles de la nuit dernière qui m'ont si bien accommodé sur la route?

Henri de Navarre et Noë, l'oreille collée à la fente, écoutaient et ne perdaient pas un seul mot de cette conversation, bien qu'elle eût lieu à voix basse.

Le Florentin reprit :
— Voyons! comment sont-ils vêtus?
— Ils ont des pourpoints de drap gris et des feutres noirs.
— Bien... et leurs chevaux?
— L'un est blanc sale, l'autre bai brun.
— Pardieu! c'est bien cela.
— Votre Seigneurie les connaît?
— Beaucoup.

Le Florentin parut réfléchir un moment.
— Où sont-ils couchés? demanda-t-il.
— Au premier étage, là-haut.
— Dans la même chambre?
— Oui, messire.
— Et la femme?
— Dans une pièce à côté.
— Est-elle seule dans la pièce qu'elle occupe?
— Oui, mais le gros bourgeois est dans un cabinet voisin.
— Et le domestique?
— Il est avec le valet de ferme, dans l'écurie.
— Très bien, dit le favori de la reine mère. Maintenant, tiens-tu à ta peau?

L'hôte frissonna.
— Pour peu que tu y tiennes, poursuivit René, et que tu aies quelque répugnance à être pendu au bout d'une branche d'arbre, en face de ton auberge, je te conseille d'aller éveiller ta femme et tes enfants, si tu en as...
— Mon Dieu! exclama l'hôte effrayé.
— Tu les emmèneras avec toi et vous irez achever votre somme sous un arbre ou sous une meule de foin. La nuit est belle, et vous aurez du malheur si vous vous enrhumez.
— Mais, balbutia le pauvre hôtelier consterné, vous voulez donc me chasser de ma maison, monseigneur?
— Non, je t'invite à m'y laisser maître pendant quelques heures, voilà tout.
— Et je pourrai y rentrer?

— Au soleil levant. Tu as l'air d'un bon diable et je défendrai à mes gens d'y mettre le feu.

— Mais... qu'allez-vous donc faire ainsi, seigneur Dieu?

— Ce sont mes affaires. Seulement, je vais te donner un conseil : si demain, en rentrant dans ta maison, tu trouves quatre cadavres, ceux des gentilshommes, celui du bourgeois et celui de son valet...

— Eh bien? demanda l'hôtelier, qui sentait ses cheveux se hérisser.

— Tu creuseras un trou dans ton jardin et tu les enterreras.

— Mais... les gens de justice?...

— D'abord ils ne sauront rien. Ensuite, s'ils apprennent quelque chose, tu leur diras mon nom. On m'appelle René le Florentin.

Ce nom de René était sans doute bien connu de l'hôte, car il manifesta un violent effroi et prit l'attitude pleine d'humilité d'un homme qui craint pour sa vie.

Le favori de la reine mère se leva alors et ajouta :

— Maintenant, dépêche-toi, drôle, et déguerpis au plus vite !

Il fit un pas vers la porte, afin sans doute de rejoindre les estafiers qu'il avait laissés sur la route.

Mais avant qu'il l'eût ouverte, un homme se montra sur la dernière marche de l'escalier qui prenait naissance à la cuisine et conduisait au premier étage.

Cet homme avait une arquebuse à l'épaule et il ajustait le Florentin.

Ce dernier, muet de stupeur, laissa retomber la main qui tenait déjà le loquet de la porte.

L'homme à l'arquebuse, c'est-à-dire Henri de Navarre, fit trois pas vers René et lui dit :

— Si tu ne veux que je te tue comme un chien, maître drôle, tais-toi, et garde-toi de bouger.

René le Florentin avait bien une épée au côté et une dague au flanc, mais il n'avait pas d'arme à feu, et il comprit sur-le-champ que son adversaire de la veille — qu'il avait reconnu du reste — lui enverrait une balle dans le crâne avant qu'il eût dégainé.

Le prince ne tourna point la tête, n'abaissa point le canon de l'arquebuse, mais il dit :

— Noë, mon ami, approche-toi de monsieur.

Noë, qui se tenait derrière le prince, s'avança vers René, tout en jetant vers l'hôtelier stupéfait un regard dominateur.

— Que faut-il faire de ce parfumeur? demanda-t-il de sa voix fraîche et railleuse.

— Lui demander son épée d'abord, mon mignon.

— Bon ! dit le jeune homme.

Et, s'adressant à René :

— Pour un favori de la reine Catherine, dit-il, j'avoue que vous n'avez pas de chance, mon cher sire; car vous venez de tomber dans nos mains comme un rat en une souricière. Baillez-moi votre épée de bonne grâce.

René, ivre de rage, protesta d'un geste et sembla vouloir résister.

— Gare! Noë, cria le prince, range-toi, je vais faire feu...

Le Florentin pâlit, mais il se croisa les bras et Noë lui détacha son épée qu'il portait avec un ceinturon.

— Maintenant, prends-lui sa dague, continua le prince.

Noë s'empara de la dague comme il avait pris l'épée.

— Et puis, ajouta Henri de Navarre, comme il se pourrait faire que monsieur eût quelque couteau ou quelque pistolet dans ses poches, fouille-le donc, mon mignon.

Le jeune homme jeta au pied du prince l'épée et la dague, fouilla René qui écumait de rage, mais que la gueule béante de l'arquebuse rendait docile, et il retira de ses poches une bourse fort bien garnie et toute rondelette, ainsi que le parchemin que tout à l'heure l'Italien avait mis sous les yeux du malheureux hôtelier.

Alors le prince abaissa son arquebuse et dit à l'hôtelier :

— Prends cet argent. Monsieur avait oublié de te le donner pour acheter le droit de nous occire et d'enlever la jolie dame d'en haut.

— Prends donc, imbécile! ajouta Noë. Il est probable que monsieur n'aura plus bientôt besoin de rien.

René sentit une sueur froide perler à son front.

— Et cherche-nous une bonne corde neuve, ajouta le prince.

— Ma foi! pensa l'hôtelier, après tout, ces gentilshommes sont plus raisonnables que le Florentin : ils me payent. En honnête homme que je suis, je dois les servir.

Et l'hôtelier détacha une corde qui servait dans la cuisine à faire sécher du linge.

Le prince dit à René :

— On ne vous tuera pas, maître parfumeur, à moins que vous n'essayiez de crier. Ainsi tenez-vous tranquille et laissez-vous garrotter gentiment. Au premier cri je relève mon arquebuse et je vous envoie chez le diable porter vos huiles et vos cosmétiques.

Puis le prince fit un signe.

Noë donna un croc-en-jambe à René, tandis que l'hôtelier le saisissait par les épaules. L'hôtelier était replet et courtaud ; il avait une vigueur de taureau, et il garrotta maître René le Florentin avec une dextérité sans pareille et une solidité à toute épreuve.

— Faut-il le bâillonner? ajouta-t-il naïvement.

— Sans doute.

L'hôte prit son mouchoir et bâillonna le parfumeur.

— Voilà, dit-il.

René se tordait, écumant, cherchant à rompre ses liens, et mordait son bâillon avec fureur.

— Maintenant, dit le prince, tu vas descendre monsieur à la cave et tu l'y laisseras quelques heures, jusqu'à demain soir, par exemple.

Comme dans bon nombre d'hôtelleries de province, l'entrée de la cave se trouvait dans la cuisine même, à droite du comptoir sur lequel brillaient les pots

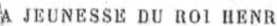

SARAH, LA BELLE ARGENTIÈRE

d'étain et les cruches de grès, et cette entrée était fermée par une trappe que l'hôte s'empressa de soulever.

— Eh bien! ordonna Noë, charge monsieur sur tes épaules et descends-le dans ton caveau le plus profond.

L'arquebuse de Henri de Navarre opérait de tels miracles que le digne cabaretier n'hésita pas un seul instant.

Il prit dans ses bras robustes le favori, réduit à l'impuissance, et disparut avec lui dans les profondeurs de la cave.

Alors Henri et Noë tinrent conseil.

— Tout cela est fort bien, dit le prince, mais...

— Mais... quoi?

— Ces hommes armés qui sont sur la route?

— Eh bien?

— Quand ils verront que leur maître tarde à venir, ils cerneront la maison, enfonceront les portes et nous ne pourrons tenir longtemps contre eux tous...

— C'est vrai, dit Noë, mais j'ai une idée.

— Laquelle?

— Tandis que vous allez éveiller le bourgeois et sa femme...

— La femme, très bien, dit le prince, mais le bourgeois... à quoi bon?

— Ah! Henri, murmura Noë, voilà que vous punissez René le Florentin et que vous songez à l'imiter! C'est un peu léger...

Le prince se mordit les lèvres.

— Soit, dit-il, j'éveillerai le bourgeois. Après?

— Le bourgeois et sa femme...

— Bon! ensuite?

— L'hôtellerie a deux portes : l'une que voilà, et qui donne sur la route, l'autre qui va dans la basse-cour et le jardin.

— Très bien.

— J'ai remarqué tout cela dans la journée. La basse-cour a une issue dans les champs. Le bourgeois, sa femme et nous-mêmes, nous pouvons très bien monter à cheval dans la basse-cour, prendre le sentier garni de saules qui est au bout et partir au grand galop... pour rejoindre la route après un long détour.

— Parfait, dit le prince; mais les hommes à cheval?

— Je m'en charge...

— Toi?

— Moi, dit froidement Noë. Allez éveiller le bourgeois et sa femme.

Henri de Navarre ne devinait pas trop ce que voulait faire Noë, mais il avait une certaine confiance dans les ressources d'esprit du jeune homme et il répondit :

— Soit! agis comme tu l'entendras.

L'hôte remonta de la cave.

— Mon bon ami, dit Noë, il y a ici près une trentaine d'hommes qui, dans une heure, ne voyant pas revenir messire René le Florentin, s'empresseront de mettre le feu à ta maison et te pendront, toi et les tiens, aux branches du saule de ta basse-cour.

— Que dites-vous? exclama l'hôte dont les cheveux se hérissèrent.

— La vérité, mon bonhomme.

Noë entr'ouvrit la porte et lui montra les cavaliers sur la route.

— Jésus-Dieu! je suis un homme perdu, balbutia le Blaisois.

— Non, si tu fais ce que je vais te dire.

— Voyons? interrogea l'hôte en regardant Noë.

Celui-ci continua :

— Tu vas rejoindre ces cavaliers et tu leur diras : vous attendez votre maître, Mgr Réné le Florentin, n'est-ce pas? — Oui, te répondront-ils. — Eh bien! diras-tu en clignant de l'œil : il n'aura pas besoin de vous pour l'instant... la dame a fini par se montrer accommodante et il vous engage à l'aller attendre à Orléans en emportant ces trente pistoles que voilà.

En parlant ainsi, Noë prit dans la poche de l'hôte la bourse de René le Florentin, en vida le contenu sur une table, puis, sur ce contenu, prit trente pistoles qu'il remit dans la bourse.

L'hôte soupira profondément.

— Il faut bien faire la part du feu, dit le jeune homme. Porte-leur la bourse de leur maître ; grâce à elle, ils te croiront sur parole.

— Donnez, dit l'hôte, soupirant toujours.

— Et, ajouta Noë, comme il faut prévoir les trahisons, et que tu pourrais très bien nous avertir de ce qui vient de se passer, je te jure que, si tu ne reviens seul, je mets le feu à ta maison et je fais sauter le crâne à ta femme d'un coup d'arquebuse.

Cette dernière menace acheva de gagner l'hôtelier à la cause des deux jeunes gens.

Il prit la bourse contenant les trente pistoles et s'élança sur la route.

— Vite, Henri ! vite ! dit Noë : éveillons le bourgeois, et partons.

Le prince s'arma d'un flambeau et, toujours son arquebuse sur l'épaule, il monta au premier étage et frappa à la cloison qui séparait sa chambre de la chambre occupée par la jeune femme.

— Qui est-là? demanda celle-ci d'une voix tremblante.

— Ouvrez, madame, ouvrez!

— Qui est là? répéta le bourgeois, qui avait entendu frapper.

— Il y va de votre vie, insista le prince. Ouvrez!

La belle voyageuse vint ouvrir à demi vêtue.

— Mon Dieu ! s'écria-t-elle, qu'est-ce donc encore?

— N'étiez-vous pas la nuit dernière sur la route de Tours à Blois? demanda le prince.

— Oui, messire.

— Un homme vous poursuivait ?

— Oui... oui... fit-elle en pâlissant.

— Eh bien ! cet homme vous poursuit encore... il a cerné la maison, et sans nous vous étiez perdue !

Alors le prince raconta brièvement au bourgeois et à sa femme ce qu'il venait de voir, d'entendre et de faire, ajoutant :

— Habillez-vous sur-le-champ, ne perdez pas une minute... je vais seller les chevaux, il faut partir.

. . . .

Un quart d'heure après, en effet, les hommes de René le Florentin s'étaient éloignés, et le bourgeois, la jeune femme et leur valet montaient à cheval et prenaient le sentier qui s'enfonçait dans les champs.

Le bourgeois s'était confondu en actions de grâces: il avait juré aux deux gentilshommes qu'il n'oublierait jamais qu'il leur devait l'honneur et la vie; mais il n'avait point répondu lorsque Henri de Navarre lui avait offert de l'accompagner et de lui servir d'escorte, lui et Noë, jusqu'à la ville prochaine.

— Allons! murmura le prince en mettant à son tour le pied à l'étrier, je suis fixé maintenant : c'est le MARI.

— Et il est JALOUX, acheva le jeune sire de Noë.

VI

Trois jours plus tard, Henri de Navarre et son ami Noë, arrivés à Paris le matin, descendaient la rue Saint-Jacques et traversaient le pont Saint-Michel.

Quatre heures de relevée sonnaient à l'église Saint-Germain-l'Auxerrois.

Le pont Saint-Michel, comme tous les ponts de ce temps-là, était garni de boutiques, et chacune de ces boutiques portait une enseigne qui désignait fort clairement la profession de son propriétaire.

Ici, c'était un barbier, là un orfèvre, plus loin un marchand de mercerie; plus loin encore un pâtissier qui vendait des crêpes aux pommes, débitait du cidre, et avait écrit sur sa porte:

A la belle Cauchoise!

A côté de cette dernière boutique, les deux jeunes gens, qui ne paraissaient point trop pressés de se rendre à leur destination, et s'en allaient d'un pas nonchalant, regardant et remarquant tout, aperçurent une pompeuse enseigne qui, sur-le-champ, attira leur attention. On lisait au-dessus, en grosses lettres dorées, cette pompeuse désinence:

Maître René, dit le Florentin,
gentilhomme toscan,
parfumeur de S. M. la reine Catherine de Médicis.

Noë poussa du coude son noble compagnon en lui montrant l'enseigne du parfumeur.

— Hé! hé! lui dit-il, qu'en pensez-vous, Henri? Je serais assez d'avis, moi, que nous entrions faire nos emplettes chez notre ami.

— Tu railles, mon mignon, répondit Henri en riant.

— Oui et non. D'abord je ne suis point fâché de savoir si par hasard le drôle serait revenu du pays blaisois; en second lieu, comme on dit merveille de ses parfums et de ses huiles de senteur, je laisserais volontiers un écu blanc sur son comptoir.

Et comme s'il n'eût pas voulu consulter plus longtemps le jeune prince, Noë franchit le seuil de la boutique du parfumeur.

Un jeune garçon de quinze à seize ans, assis dans un coin sur un escabeau, se leva en voyant entrer les deux étrangers et vint à leur rencontre en ôtant respectueusement sa toque de velours bleu.

Ce jeune homme avait une physionomie étrange et presque fatale.

Pâle, maigre de visage, les cheveux d'un blond incolore, l'œil d'un bleu indécis, d'une taille au-dessus de la moyenne, mais chétif et débile, souffreteux en toute sa personne, un sourire triste et mystérieux glissant toujours sur ses lèvres minces, ce jeune homme frappait sur-le-champ l'attention de quiconque se trouvait par hasard en sa présence.

Le parfumeur René avait ramené cet être bizarre on ne savait trop d'où.

Ce n'était ni son fils ni son neveu. Il remplissait chez lui les fonctions de commis de vente, tenait la boutique ouverte, recevait les acheteurs, parlait le français avec un accent méridional fortement prononcé et n'avait jamais fait la moindre confidence à personne touchant son pays et son origine, bien qu'il y eût quatre ans passés qu'on le vît du matin au soir immobile et rêveur derrière les carreaux du favori de la reine mère.

On le nommait Godolphin.

Henri de Navarre et le jeune sire de Noë ne purent se défendre d'un léger mouvement de surprise à la vue de ce personnage, qui cependant s'avança vers eux avec l'humilité d'un marchand qui veut se ménager les faveurs de la pratique.

— Que désirent Vos Seigneuries? demanda-t-il en baissant les yeux.

— Acheter des parfums, répondit Henri de Navarre.

— D'abord, dit Noë, et ensuite dire bonjour à messire René le Florentin.

— Ah!... vous le connaissez? demanda Godolphin, qui parut tressaillir.

— Nous sommes de ses bons amis, répliqua le prince en riant.

— Maître René n'est point ici, messeigneurs.

— Ah! il est au Louvre, sans doute?

— Nullement.

— Où donc est-il?

— En voyage.

Noë et le prince échangèrent un regard moqueur.

— Et, dit le premier, savez-vous quand il reviendra?

— Nous l'attendions hier, ce matin, aujourd'hui, et la signorina Paola, sa fille, est fort inquiète de ce retard.

Comme Godolphin achevait de donner cette explication, une porte s'ouvrit au fond de la boutique et livra passage à une femme dont la vue produisit une vive impression sur les deux gentilshommes béarnais.

C'était la signorina Paola elle-même, la fille de maître René le Florentin.

Elle salua les jeunes gens avec la grâce et l'aisance d'une femme de qualité, et elle alla s'asseoir derrière un comptoir de chêne sculpté, sur lequel se trouvaient étalés des pots et des fioles, des sachets de couleurs différentes et des boîtes de poudre jaune, bleue, blanche, rouge, ayant chacune des propriétés différentes : les unes prolongeant la vie, disait-on, les autres l'abrégeant, disait-on encore; quelques-uns conservant la beauté; une autre encore brûlant le visage et faisant un monstre de la plus belle des femmes.

Les deux jeunes gens s'occupèrent fort peu des fioles, mais, en revanche, ils regardèrent beaucoup la signorina Paola.

Et, à vrai dire, l'Italienne méritait, certes, une semblable attention; car elle était véritablement fort belle, mais belle d'une beauté sombre, énergique, insolente, qui rappelait trait pour trait le visage de son père, le hautain favori de la reine.

Son grand œil noir était cruel, sa lèvre dédaigneuse, sa démarche altière.

Il y avait en elle et dans toute sa personne quelque chose qui semblait s'indigner de la condition où elle vivait.

En effet, tandis que son père passait une grande partie de son existence au Louvre où, du reste, il avait un logis, Paola ne quittait point la boutique du pont Saint-Michel, et, malgré ses sollicitations les plus pressantes, le Florentin s'était toujours refusé à lui faire une autre existence.

Ambitieuse comme son père, la Florentine caressait depuis l'âge de quinze ans — elle en avait alors près de vingt-cinq — un rêve que la malignité du sort semblait prendre à tâche de ne point réaliser. Elle voulait se marier et épouser un vrai gentilhomme — un gentilhomme de bonne maison. Et certes, à première vue, par le temps qui courait, c'était vraiment chose facile.

Avant le roi Charles IX, une femme régnait au Louvre qui n'avait besoin que de froncer le sourcil pour mettre la France entière à ses genoux.

Sur l'esprit de cette femme, un homme exerçait un empire étrange, mystérieux, pour ainsi dire despotique.

Si Catherine régnait au Louvre, René le Florentin était bien certainement son premier ministre. En outre, René, disait-on, était plus riche que le roi et possédait dans sa patrie des palais de marbre dont les caves regorgeaient d'or.

Enfin Paola était belle, si belle que la princesse Marguerite, sœur du roi, en avait éprouvé un vif mouvement de jalousie, un jour qu'elle l'avait aperçue derrière les vitres de cette boutique du pont Saint-Michel, où l'enchaînait la volonté paternelle.

Certes, si le favori de la reine, l'homme devant qui tout tremblait, eût voulu marier sa fille à l'un des premiers barons chrétiens, il n'aurait eu qu'à faire un signe, mais René ne le voulait pas. René ne voulait point marier sa fille, et Paola cherchait vainement à battre en brèche cette inflexible volonté dont elle ne pouvait pénétrer le mobile.

Jamais le Florentin n'avait voulu la conduire au Louvre ni la présenter à la reine Catherine; jamais il ne lui permettait de quitter la boutique, et quand un beau gentilhomme en franchissait le seuil, Paola avait ordre de se retirer précipitamment.

La jeune fille, sachant son père absent, mit ce jour-là beaucoup moins d'empressement à exécuter ses ordres. Au lieu de demeurer dans l'arrière-boutique, elle vint au contraire prendre place au comptoir, et elle chercha à fixer les regards des deux jeunes gens.

— Oh! oh! pensa Noë, voilà réellement une belle fille.

Paola regarda Noë et se dit pareillement :

— Voilà, en vérité, un charmant cavalier, dont les yeux bleus sont les plus beaux que j'aie jamais vus.

— Belle demoiselle, dit Noë, qui s'approcha d'elle, mon ami et moi sommes des gentilshommes de province qui venons à Paris pour la première fois.

— On ne le dirait point à votre tournure, messire, répondit Paola, qui se reprit à son rêve de trouver un mari gentilhomme.

Et elle lui montra, à travers ses lèvres rouges comme une cerise de juin, deux rangées de dents éblouissantes.

Puis elle ajouta :

— Cependant vous disiez tout à l'heure que vous connaissiez mon père?

— Oui, signorina.

— Où donc l'avez-vous connu, si vous venez à Paris pour la première fois?

— En province, sur la route de Blois à Orléans.

Henri de Navarre, pendant que Noë causait avec la belle parfumeuse, occupait l'attention de Godolphin, l'être chétif et souffreteux, et lui achetait des pommades et des odeurs.

Mais Godolphin, tout en débattant les prix de chaque fiole, dont il vantait les propriétés et les mérites, ne perdait point de vue un seul instant la signorina Paola et Noë.

Celui-ci s'était familièrement accoudé sur le comptoir et faisait à la parfumeuse les plus doux yeux du monde.

— Foi de gentilhomme! murmurait-il tout bas, je ne comprends point, belle demoiselle, qu'un homme aussi puissant que le seigneur René, votre père, s'amuse à vendre des odeurs sur le pont Saint-Michel.

— Ni moi non plus, soupira Paola.

— Et, poursuivit Noë qui se trouvait en veine de galanterie, on comprend moins encore, peut-être, qu'une belle dame comme vous se morfonde en cette boutique, quand elle tiendrait si bien son rang au Louvre.

Paola soupira de nouveau et ne répondit pas, mais elle lança une œillade incendiaire au blond Noë, qui lui dit tout bas :

— Vous êtes belle à désespérer un saint, signorina.

— Chut! fit-elle tout bas.

Et, du regard, elle désignait Godolphin qui semblait se mordre les lèvres avec une sourde irritation.

— Allons, Noë, mon bel ami, dit le prince de Navarre qui venait de terminer ses emplettes, viens-tu?

— Allons, répondit Noë, qui parut s'arracher avec quelque peine du comptoir de la belle Florentine.

— Messire, lui dit cette dernière, qui étendit dédaigneusement la main vers l'écu que le prince déposa sur le comptoir, vous m'avez bien dit que vous connaissiez mon père, n'est-ce pas?

— Oui, signorina.

— Que vous l'aviez rencontré en province?

— Précisément.

— Sur la route d'Orléans à Blois?
— Rien n'est plus vrai.
— Mais vous ne m'avez pas dit quand, ni en quel lieu?
— Il y a trois jours, dans une hôtellerie, répondit Noë, et je vous serais bien reconnaissant, signorina, si vous voulez lui faire nos compliments.
— Je n'y manquerai point, dès son arrivée. Votre nom, messire?
— Noë, gentilhomme béarnais.
Paola s'inclina.
— Si même, poursuivit Noë, qui lui jeta un regard assassin, je savais à quelle heure on le rencontre...
Paola tressaillit.
— Je lui viendrais faire ma révérence, poursuivit Noë.
— Toujours le soir à la brune, répondit Paola. Venez après le couvre-feu, vous le trouverez.
Noë s'inclina, prit le bras du jeune prince, regarda une dernière fois la belle Florentine et sortit de la boutique, disant tout bas à son compagnon:
— Allons au Louvre; M. de Pibrac sera quelque peu étonné, sans doute, de recevoir notre visite.

. . . .

Les deux jeunes gens sortis, Paola quitta le comptoir et fit un pas vers cette arrière-boutique qu'elle avait abandonnée en voyant entrer les deux gentilshommes. Mais sur sa route elle rencontra Godolphin. L'être chétif et bizarre était plus pâle que de coutume; ses lèvres minces tremblaient d'émotion et de fureur.
— Signora, dit-il en se plaçant résolument devant la fille de René, vous avez encore désobéi à votre père aujourd'hui?
— Que t'importe? fit-elle avec hauteur.
— J'ai ordre de veiller sur vous, vous le savez bien cependant.
— Toi? dit-elle avec un accent de mépris inconcevable.
— Moi, dit Godolphin.
— C'est-à-dire que mon père t'a placé auprès de moi comme un espion, et qu'il t'a chargé de lui rapporter jour par jour et heure par heure toutes mes actions?
— Votre père est mon maître, et j'obéis.
Paola jeta au jeune homme, qui baissait les yeux en parlant, un regard étincelant, sous lequel il frissonna des pieds à la tête.
— Dis donc, misérable, lui dit-elle, qu'un autre motif te pousse à si bien exécuter les ordres de mon père!
A ces paroles, le pâle visage de Godolphin se colora d'un vif incarnat, et une sorte de cri étouffé jaillit de sa poitrine.
— Grâce! balbutia-t-il, en changeant sur-le-champ de visage et d'attitude, et tombant à genoux. Grâce!... je me tairai...
— Misérable fou! poursuivit Paola avec une indignation croissante, as-tu jamais pu croire que je t'aimerais?
— Grâce! Paola, grâce!...

LA JEUNESSE DU ROI HENRI

Une femme était à demi couchée sur une ottomane venue de Venise. (P. 47.)

— Toi, chétif et difforme, toi sans origine, toi, vil laquais...

A ces derniers mots, Godolphin se redressa.

— Je ne suis pas un laquais, Paola, dit-il, je suis un employé.

— Tu as été valet, mon père t'a recueilli je ne sais où...

— C'est possible, mais...

Il passa comme un rugissement dans la gorge crispée de Godolphin ; son œil bleu étincela. Il rejeta la tête en arrière avec une fierté suprême.

— Je ne sais pas, dit-il, mais je crois que j'ai du sang noble dans les veines.

Paola haussa les épaules et laissa bruire sur ses lèvres un rire dédaigneux.

— Prends garde, Godolphin, dit-elle ; si tu continues à te faire l'espion de mon père, je finirai bien par trouver quelque gentilhomme qui, pour l'amour de moi, te brisera les os si mince qu'on en pourra faire de la pâtée pour les chiens du roi Charles.

Et Paola passa hautaine et dédaigneuse devant Godolphin, qui tremblait de tous ses membres, et elle se retira dans l'arrière-boutique, dont l'accès était interdit au commis de René le parfumeur.

Alors Godolphin se laissa tomber sur un escabeau, prit sa tête à deux mains et murmura avec rage :

— Oh ! je la hais et je l'aime... je voudrais la tuer et je donnerais ma vie pour un baiser d'elle...

Puis l'être bizarre fondit en larmes et laboura sa poitrine avec ses ongles...

VII

Cependant Henri de Navarre et Noë, après être sortis de la boutique du parfumeur René le Florentin, descendirent le pont Saint-Michel et gagnèrent la rive droite de la Seine.

Là, ils s'arrêtèrent un moment et parurent tenir conseil.

— Eh bien ! dit Henri, allons-nous au Louvre ?

— Cela me semble assez sage, répondit Noë, d'autant mieux que, ainsi que nous l'a dit notre hôtelier, M. de Pibrac doit être de service aujourd'hui.

— Mais, observa le prince, il me semble que j'ai une certaine lettre de Corisandre à porter.

— Rue aux Ours, chez l'argentier Loriot, n'est-ce pas ?

— Précisément.

Noë eut un fin sourire.

— Je croyais, dit-il, que Corisandre était une perfide et que Votre Seigneurie avait quelque répugnance à...

Noë s'arrêta.

— Tu te trompes, Noë, mon mignon, je n'aime plus Corisandre...

— Bah !

— Et je me vengerai même de sa perfidie.
— Comment?
— En courtisant la belle argentière, son amie.
Noë se prit à siffler un air de chasse :
— Ce qui ne vous empêchera point, Henri, dit-il, à votre retour en Béarn, d'aller faire une humble révérence à Corisandre.
— Jamais!
— Et de lui jurer que vous lui avez été fidèle.
— Hé! mais, dit le prince, tu me fais de la morale, il me semble?
— Dieu m'en garde!
— Et je pourrais bien, moi, te demander pourquoi tu conversais tout à l'heure si agréablement avec la fille de cet abominable René le Florentin?
— Elle est fort belle...
— Peuh!
— Et je trouverais assez plaisant de m'en faire aimer.
— Peut-être serait-ce dangereux...
— Bah! le danger est un charme de plus dans l'amour.
— Noë, Noë, dit le prince, est-ce que ta sagesse s'en va? Naguère tu me trouvais imprudent, voici que tu vas devenir téméraire.
— Je ne suis pas prince, moi, et je ne viens pas à Paris pour...
— Chut! fit Henri, il sera toujours temps de me faire songer aux choses de la politique. Voyons, que décidons-nous?
— Ce que vous voudrez.
— Allons-nous au Louvre?
— Non, allons rue aux Ours. Comme vous, Henri, je suis curieux de voir cette belle argentière dont les yeux fendus en amande doivent vous détourner, au profit de la comtesse, des belles dames de la cour.

Le prince prit le bras de Noë, et tous deux, s'étant renseignés sur leur chemin, traversèrent la place du Châtelet, gagnèrent la rue Saint-Denis et s'arrêtèrent à l'entrée de la rue aux Ours, une des plus étroites du Paris d'alors.

Un jeune garçon de vingt ans, vêtu d'un pourpoint de gros drap marron, coiffé d'un chapeau sans plume et portant une petite boîte sous son bras, débouchait par cette rue au moment où les deux gentilshommes y entraient. Ce garçon avait l'apparence d'un commis de boutique, et Noë l'arrêta.

— Hé! l'ami, lui dit-il, n'est-ce pas ici la rue aux Ours?
— Oui, mon gentilhomme.
— Connaissez-vous dans cette rue un orfèvre du nom de Loriot?
— C'est mon propre patron, messeigneurs, répondit le commis en saluant. Je me nomme Guillaume Verconsin, natif de Châtillon-sur-Seine, et je suis commis orfèvre chez maître Loriot.
— Eh bien! mon garçon, dit le prince, nous ne pouvons mieux tomber, je le vois.
— Vos Seigneuries connaissent maître Loriot?
— Nous sommes envoyés par une dame de qualité qui connaît beaucoup lui et sa femme.

Guillaume Verconsin s'inclina.

— La comtesse Corisandre de Gramont, ajouta Henri.

— Ah! dit le commis, qui sans doute était avancé dans les relations et les affaires de ses maîtres, Vos Seigneuries viennent du Béarn, peut-être?...

— Vous l'avez dit.

— Mon patron n'est pas chez lui, poursuivit Guillaume, mais sa femme y est.

— Eh bien! conduisez-nous à la maison.

Guillaume eut un moment de légère hésitation.

Henri crut en pénétrer le motif et il tira de sa poche la lettre de Corisandre.

— Tenez, dit-il au commis, vous voyez... nous ne sommes ni des escarpes, ni des tire-lame.

Guillaume Verconsin rougit jusqu'au blanc des yeux.

— Excusez-moi, messeigneurs, dit-il, mais on fait passer mon patron pour très riche, bien qu'il ne le soit pas...

— Hum! grommela Noë.

— Et il n'est de jour, acheva le commis, qu'on ne tente un coup contre sa boutique.

— Bon! murmura Noë à part lui, tu es un bélître. Ce n'est pas à la caisse de ton maître qu'on en veut.... à sa femme, je ne dis pas.

Guillaume Verconsin avait rebroussé chemin, et il marchait devant les deux jeunes gens pour leur indiquer la route.

— Venez, messeigneurs, disait-il, la femme du patron est précisément à la boutique, derrière son comptoir.

Vers le milieu de la rue, Guillaume s'arrêta devant une maison qui n'avait qu'un étage.

Mais chaque fenêtre en était garnie de solides barres de fer; les murs avaient une profondeur respectable, et une robuste porte de chêne, ferrée de haut en bas, était pourvue, à hauteur d'homme, d'un guichet qui s'ouvrait et se refermait chaque fois qu'un visiteur se présentait.

— Ce n'est point la maison d'un bourgeois, pensa Noë, c'est une forteresse.

Guillaume souleva un énorme marteau de bronze qui, en retombant, éveilla de sonores échos de l'intérieur.

Aussitôt le guichet s'ouvrit.

— Qui est là? dit une voix grondeuse.

En même temps les deux jeunes gens virent s'encadrer dans le guichet un visage osseux et parcheminé, accompagné d'une barbe blanche comme la neige.

— C'est moi, père Job, moi, Guillaume.

— Ah! c'est bien, dit le vieillard... es-tu seul?

— Non, ces gentilshommes m'accompagnent.

Le vieillard jeta un regard soupçonneux sur Henri de Navarre et son compagnon.

— Les connais-tu?

— Ils viennent du Béarn.

— Les connais-tu? répéta l'entêté vieillard.

— Ils sont munis d'une lettre de la comtesse de Gramont pour Mme Loriot.

— Ah! dit le vieillard, c'est différent. Quoique...

— Allons! cher monsieur Job, dit Henri de Navarre de sa voix la plus câline, rassurez-vous, nous ne venons emprunter ni sur gage ni autrement.

Ces derniers mots tranquillisèrent complètement le défiant premier commis de maître Loriot.

La porte s'ouvrit et laissa voir aux deux visiteurs, en tournant sur ses gonds, un vestibule obscur, à l'extrémité duquel se trouvait un escalier en colimaçon.

A gauche était une petite porte ouverte. C'était la boutique.

— Entrez, messeigneurs, dit le vieillard qui referma la porte sur eux, poussa les trois verrous et ferma les deux serrures.

Maître Job résumait dans sa plus complète acception le type du juif du moyen âge :

Profil anguleux, barbe blanche, front chauve, mains longues et crochues, longue houppelande serrée autour de la taille, — rien n'y manquait.

Il s'inclina trois fois devant les deux jeunes gens et leur dit :

— Vos Seigneuries daigneront-elles me remettre la lettre de Mme la comtesse de Gramont?

— Mais, dit Henri, ce n'est pas à vous que...

— Votre Seigneurie m'excusera, dit le vieux Job, qui salua une quatrième fois, Mme Loriot ne reçoit jamais avant de savoir...

Henri lui tendit la lettre.

Le vieux juif s'en empara et passa dans la boutique, laissant Henri et Noë dans le vestibule.

— Ah çà! dit ce dernier en se tournant vers Guillaume Verconsin, maître Loriot a donc bien grand'peur pour ses trésors?

Le commis se prit à sourire; puis il se pencha à l'oreille de Noë :

— Ce n'est pas cela, dit-il.

— Ah! et qu'est-ce donc?

— Maître Loriot est jaloux.

— Hum! pensa Noë; alors le vieux Job est un niais, car si nous ne venons point pour forcer la caisse de son maître, nous avons peut-être des vues sur sa femme.

Noë achevait cette réflexion lorsque le juif, qui venait de disparaître au fond de la boutique et avait passé la lettre de la comtesse à une femme assise derrière un comptoir grillé qui ne permettait point de distinguer ses traits, — le juif, disons-nous, revint sur le seuil et dit :

— Entrez, messeigneurs, entrez...

Henri de Navarre passa le premier et se trouva dans une vaste pièce un peu sombre, à l'ameublement sévère, dans laquelle plusieurs ouvriers travaillaient assis devant de petites tables qui supportaient chacune une lampe à abat-jour.

Les regards du prince se portèrent vers le comptoir, mais la femme qui s'y trouvait quelques minutes auparavant avait disparu.

— Par ici, messeigneurs, par ici! dit le juif.

Et, de la main, il montrait une porte ouverte au fond de la boutique. Henri marcha droit à cette porte et s'arrêta sur le seuil d'une jolie petite pièce meublée à l'italienne, ornée de tapis orientaux, tendue d'étoffes aux couleurs chatoyantes, et qui avait bien plus l'air de l'oratoire d'une princesse que du salon d'une petite bourgeoise de la rue aux Ours.

Une femme était à demi couchée sur une ottomane venue de Venise.

Cette femme lisait encore la lettre de Corisandre.

Au bruit des pas du prince, elle leva la tête et le prince jeta un cri.

Cette femme qu'il avait sous les yeux et qui se leva précipitamment à sa vue, c'était celle qu'il avait sauvée des mains de René le Florentin, sur la route de Blois à Orléans.

Le juif, après avoir introduit Henri et Noë, avait discrètement fermé la porte, ce qui fit que ni lui ni les ouvriers qui travaillaient dans la boutique n'entendirent le double cri d'étonnement qui fut échangé entre la jeune femme et les deux gentilshommes.

— Vous, madame! fit le prince, c'est vous qui êtes l'amie de Mme de Gramont?

— C'est moi, fit la jeune femme en rougissant, et vous êtes, messire...?

— Chut! dit le prince, comme le dit Corisandre, je viens à Paris incognito.

La belle argentière était pourpre et regardait toujours le prince sans pouvoir trouver un mot.

— Madame, reprit Henri de Navarre, j'étais loin de penser, il y a deux jours, que je me trouvais à table avec l'amie de Corisandre.

— Et moi, monsieur, répondit la jeune femme, je me doutais bien moins encore que j'avais affaire à un prince de race royale...

— Chut! répéta Henri. A Paris je me nomme le sire de Coarasse, tout simplement.

Coarasse est un château qui fait partie du domaine royal de Navarre.

Ces premiers compliments échangés, Henri s'assit auprès de Sarah Loriot, tandis que Noë demeurait à un pas en arrière.

Alors la belle argentière reprit :

— Il y a bien longtemps que je n'ai vu Mme la comtesse de Gramont. Trois ans au moins...

— Ah! dit le prince.

— Son père, le sire d'Andouins, a été mon bienfaiteur et m'a servi de père. J'ai été élevée sous son toit; Corisandre m'a donné le nom de sœur.

— Vous devez l'aimer autant qu'elle vous aime, en ce cas, observa Noë avec une intention maligne qui échappa à la jeune femme, mais qui n'échappa point au prince.

Ces paroles de son jeune ami produisirent, au contraire, une vive impression sur Henri de Navarre; elles eurent pour résultat de lui remémorer la perfide lettre de la comtesse à son amie, et de le remettre par ainsi sur ses gardes.

L'argentière continua :

— Mon mari, Samuel Loriot, était le fils d'un juif converti au catholicisme et qui était né sur les terres du sire d'Andouins. Dans un moment difficile, au moment des guerres d'Italie, messire d'Andouins avait trouvé la caisse du bonhomme Jacob Loriot ouverte et à sa disposition. Il m'a mariée à son fils.

— Mais, dit le prince, à qui la généalogie des Loriot importait peu, vous paraissez la plus heureuse et la plus aimée des femmes, madame.

Sarah contint à grand'peine un gros soupir et se tut.

— Bon! pensa Noë, voici la première batterie organisée. Corisandre produit son effet. La première chose que fait une femme qui veut se faire courtiser est de se poser en victime d'un mari jaloux et brutal.

— Corisandre, poursuivit le prince, qui ne pouvait deviner la pensée de son sceptique ami, aime M. Loriot.

— En effet, répondit Sarah, mon mari a toujours inspiré un grande confiance à la comtesse.

En disant cela Sarah soupira une fois encore.

Puis elle jeta un regard qu'elle s'efforça de rendre distrait, et qui ne fut qu'inquiet, sur le sablier placé dans un coin de son joli réduit.

— Hum! se dit Noë, est-ce que notre visite serait intempestive?

Comme si elle eût craint d'être devinée, Sarah reprit aussitôt :

— Samuel Loriot sera bien désolé, monseigneur, de ne point s'être trouvé ici aujourd'hui. Mais il ne manquera point de courir à l'hôtellerie de Votre Altesse.

— Il ne nous y trouvera point, aujourd'hui du moins, nous allons au Louvre.

— Eh bien! demain... et si Votre Altesse... a besoin de lui...

— Aucunement, en ce moment du moins, madame.

— Ah çà! pensait Noë, qu'a-t-elle donc à regarder ainsi le sablier?

En effet, tout en causant avec le prince, Sarah paraissait inquiète, préoccupée...

Au moindre bruit qui retentissait au dehors, elle tressaillait.

— Décidément, se disait Noë, cette femme a un rendez-vous, et voici l'heure où le galant doit venir.

Le prince ne voyait rien de tout cela, et il cherchait au contraire, tout en admirant et couvant du regard l'enchanteresse créature, à provoquer des confidences touchant ce mystérieux voyage de Touraine qu'elle venait de faire et cette rencontre de Réné le Florentin qui aurait eu de si fatales conséquences sans son intervention fortuite.

Mais Sarah paraissait ne point comprendre ou du moins ne pas vouloir répondre, et elle continuait à regarder le sablier.

— Pauvre femme! pensa Noë, je te vais tirer de cette perplexité.

Et il dit à Henri, qui ne se lassait point d'admirer la belle argentière, tout en la questionnant sans cesse :

— Dites donc, Henri, il ne faut point oublier qu'à la nuit close, on nous en a avertis, il est fort difficile de pénétrer au Louvre.

— C'est juste, dit le prince.

Le cabaret était à peu près désert. Cependant, deux lansquenets jouaient aux dés... (P. 52.)

— Le jour baisse, Henri.
Et Noë se leva.
A son tour le prince poussa un soupir et regarda Sarah.
Celle-ci se hâta de lui dire :
— Mon mari se présentera demain, monseigneur, à votre hôtellerie.
— Bon ! fit le prince en riant, du moins me permettrez-vous de revenir ?

— Ah! monseigneur, fit l'argentière d'un ton de reproche nuancé d'un grain de raillerie, oubliez-vous donc que Corisandre vous aime?

— Non pas, dit le prince, qui rougit à son tour et baissa les yeux.

Sans doute il allait prendre la main de Sarah et la porter à ses lèvres, mais la jeune femme ne lui en laissa pas le temps.

Sa main blanche et mignonne s'allongea vers un guéridon voisin qui supportait un timbre d'argent et une baguette d'ébène.

Elle prit la baguette et frappa sur le timbre.

Au bruit le vieux juif revint.

Sarah lui fit signe de reconduire les deux gentilshommes.

Puis elle s'inclina respectueusement devant le prince, l'accompagna jusqu'au seuil du joli boudoir, baissa de nouveau les yeux sous le feu de son regard, et laissa retomber, en saluant une dernière fois, la draperie qui séparait son réduit de l'atelier.

Le prince s'en alla en soupirant et Noë le suivit.

Le juif leur fit traverser l'atelier, le corridor, ouvrit les trois serrures et poussa les deux verrous de la porte de chêne, se courba jusqu'à terre pour saluer, et, quand ils furent dehors, referma prudemment cette porte qui protégeait les richesses et les amours du vieux Samuel Loriot.

VIII

Henri de Navarre prit Noë par le bras au sortir de la rue Ours, marcha sans mot dire pendant quelques instants et ne releva la tête que lorsqu'il eut tourné l'angle de la rue Saint-Denis.

Là, les deux jeunes gens se regardèrent.

— Eh bien! dit Noë en riant, il faut convenir, Henri, que vous manquez de bonheur.

— Comment cela, mon mignon?

— En ce que cette femme charmante que nous avons rencontrée entre Blois et Orléans et dont vous étiez, convenez-en, passablement amoureux...

— J'en conviens...

— N'est autre que Mme Loriot, femme du bourgeois Samuel Loriot.

— Et tu appelles cela manquer de bonheur, Noë, mon ami?

— Parbleu!

— En quoi, s'il te plaît?

— Bon! avez-vous déjà oublié la lettre de Corisandre?

Le prince se mordit les lèvres.

— Ah! diable! murmura-t-il.

— Oh! continua Noë d'un ton moqueur, vous pouvez lui conter fleurette...

— Tu crois?

— Elle jouera de la prunelle... elle rougira, baissera les yeux... que sais-je? Mme Corisandre ne lui a pas fait en vain sa leçon.

— Et tu croirais à tant de perfidie?

Noë laissa bruire un rire impertinent sous sa moustache blonde.

— Mon cher seigneur, dit-il, les femmes se liguent, se défendent, se soutiennent, entreprennent une croisade terrible contre les hommes, et, loin de s'accuser de perfidie, elles trouvent, au contraire, cela très naturel.

— Celle-là a le sourire d'un ange.

— Toutes les femmes ont un sourire d'ange, c'est convenu. Corisandre aussi. Qu'est-ce que cela prouve?

Et le sceptique Noë continua à rire.

— Morbleu! murmura le prince impatienté, tu ne crois donc pas aux femmes?

— Dieu m'en garde!

— Et s'il en est de perfides comme Mme Corisandre...

— Ma foi! dit Noë, on n'est jamais perfide quand on défend son bien. Corisandre est dans son droit...

— Eh bien! moi, je serai dans le mien, s'écria le prince impatienté, en courtisant la belle argentière.

— A votre aise, murmura Noë.

Et, sifflant un air de chasse, Noë se remit en route.

Henri le suivit sans répliquer; mais au fond, il s'avoua que Noë pourrait bien avoir raison.

Les deux jeunes gens, remontant la rue Saint-Denis jusqu'à la Seine, prirent la rive droite et descendirent vers le Louvre.

— M. de Pibrac m'a vu enfant, dit alors Henri, je gage qu'il me reconnaîtra; qu'en dis-tu?

— Je dis que c'est possible, répondit Noë, mais qu'il faut l'éviter à tout prix.

— Pourquoi?

— Parce qu'un geste, un mot imprudent peuvent lui échapper et trahir votre incognito, monseigneur.

— Tu as raison.

— Et je suis d'avis qu'il vaudrait mieux que je me présentasse seul au Louvre. Je demanderai à le voir et je le préviendrai.

— Bon! dit le prince. En ce cas, je vais t'attendre ici.

Les bords de la Seine n'étaient point alors garnis de quais; le Louvre, cette royale demeure des souverains de France, baignait ses dernières assises dans le fleuve, et çà et là, alentour, se dressaient de chétives maisons aux toits pointus, parmi lesquelles plusieurs cabarets provoquaient par leur enseigne alléchante la soif démesurée des Suisses, des lansquenets et autres soldats commis à la garde du roi.

Un de ces établissements avait écrits sur sa porte, au-dessus d'une énorme branche de houx, ces mots :

Au rendez-vous des Béarnais.

— Parbleu! pensa Henri de Navarre, je dois avoir là un compatriote. Entrons et voyons.

Le cabaret était à peu près désert. Cependant deux lansquenets jouaient aux dés, sur une table graisseuse, dans le coin le plus noir de la salle.

Henri entra. Une jolie fille de vingt ans, portant la jupe rouge et le mouchoir en guise de bonnet des Béarnaises, vint à lui :

— Que faut-il vous servir, mon gentilhomme? demanda-t-elle.

Le jeune prince savait combien la langue maternelle est douce à l'oreille de ceux qui sont loin de la patrie.

— Ce que vous voudrez, ma belle enfant, répondit-il en langue béarnaise.

La jeune fille tressaillit, rougit de plaisir et s'écria :

— Hé! mon oncle, un *pays!*

Et, tandis qu'elle faisait la révérence au prince de Navarre, un petit homme accourut du fond de la salle.

Il pouvait bien avoir cinquante ans, et ses cheveux noirs grisonnaient sur les tempes. Mais ses yeux gris pétillaient, il était leste et bien pris dans sa taille exiguë, et on devinait un enfant du pays basque.

Du reste, son visage ouvert annonçait la franchise, et ce fut la main tendue qu'il s'approcha du prince.

— Vous êtes Béarnais? dit-il.

— Oui, mon maître.

— Et de quel pays?

— De Pau.

— Mordiou! touchez là, dit le cabaretier, les *pays* sont des frères pour moi, à Paris. Eh! Myette, dit-il à la jolie fille en jupon rouge, en se servant toujours de l'idiome du pays natal, va donc chercher une bonne bouteille de vin clairet, le vin de là-bas... tu sais?

— Oui, mon oncle, répliqua la fille en riant, celui qui n'est pas pour les lansquenets.

— Ni pour les Suisses, ni pour les Français, ajouta le cabaretier.

Et il s'attabla sans façon en face du jeune prince.

— Excusez-moi, dit-il, je vois bien que vous êtes un gentilhomme, tandis que je ne suis qu'un cabaretier; mais dans notre pays, les gentilshommes ne sont pas fiers, n'est-ce pas?

— Et tous les braves gens ont la même origine, répondit le prince.

Et après cette franche et noble réponse, il prit la main du cabaretier et la secoua fortement.

— C'est singulier, dit ce dernier tandis que Myette, la jolie Béarnaise, posait sur la table deux gobelets d'étain et une bouteille poudreuse à goulot allongé, c'est singulier, mon gentilhomme, mais plus je vous regarde...

Et, parlant ainsi, il l'envisageait attentivement :

— Ah! c'est que, poursuivit-il, il faut vous dire que dans ma jeunesse j'étais berger dans les Pyrénées, aux environs de Coarasse...

Henri tressaillit...

— Et j'ai bien souvent rencontré un beau gentilhomme qui venait quelquefois même manger dans notre cabane un morceau de fromage de chèvre et boire un verre de piquette.

— Ah ! dit le prince, et ce gentilhomme?
— Oh ! ma foi ! dit le Béarnais, s'il n'y avait pas vingt ans de cela, je croirais volontiers que c'est vous...

Henri se prit à rire.

— J'étais tout juste de ce monde il y a vingt ans, fit-il.
— Mais ça pourrait bien être votre père, tout de même.
— Bah !
— Ah ! dame ! murmura le cabaretier, il n'y pas trois figures comme la sienne en Navarre.

Le jeune prince souriait.

— Et, dit-il, comment s'appelait ce gentilhomme, mon brave ami?
— Oh ! c'est un grand seigneur.

En prononçant ces mots, le cabaretier jeta les yeux sur la main droite du prince et tressaillit.

Puis il se leva brusquement et ôta son béret.

— Votre Seigneurie, dit-il, porte un pourpoint de gros drap et des bottes comme un gentilhomme de peu de marque, mais ça ne fait rien...

Le prince jeta un regard inquiet sur les deux lansquenets.

Les lansquenets jouaient et ne songeaient qu'à leur partie.

Sans doute le cabaretier comprit cette inquiétude, car il remit son béret et se rassit.

Cependant il continua dans ce patois inintelligible pour des oreilles allemandes :

— Figurez-vous, monseigneur, dit-il, que ce gentilhomme dont je vous parle avait une bague...

Le prince tressaillit de nouveau et laissa glisser sa main, de la table sur laquelle elle reposait, jusqu'à son haut de chausses, dans la poche duquel elle disparut.

— Et... cette bague?
— Il nous la montra un jour, à mon père et à moi, un jour qu'il pleuvait et qu'il s'était réfugié dans notre cabane. « Mes amis, nous dit-il, vous voyez cette bague? Eh ! je ne la quitterai qu'en mourant. Elle passera à mon fils, et mon fils, quand il sera homme, n'aura qu'à la montrer à tout gentilhomme du pays de Gascogne ou de Navarre pour se faire reconnaître. »

— Mais quel était donc ce gentilhomme ? demanda le prince avec émotion.

— On le nommait Antoine de Bourbon, monseigneur... En disant cela, le cabaretier se leva de nouveau et ajouta tout bas :

— Et c'était le père de Votre Altesse, car je viens de voir sa bague à votre doigt.

— Tais-toi, malheureux ! murmura le prince de Navarre, tu m'as reconnu, c'est bien... mais tais-toi !

Le cabaretier se rassit. Et comme la jolie Béarnaise revenait, il versa un verre de vin à Henri, puis, pour lui prouver qu'il respectait son incognito :

— Allons ! pays, dit-il, encore un coup de vin clairet. A votre santé !

— A la tienne ! répondit le prince, qui choqua sans façon son verre contre celui du cabaretier.

— Ma parole d'honneur ! pensa le prince, je joue de malheur, et si cela continue, mon incognito ne durera pas vingt-quatre heures. Je n'entre pas au Louvre de peur d'y être reconnu, et le premier Béarnais que je rencontre...

Pendant l'aparté du prince, Myette s'était éloignée.

— Monseigneur, dit tout bas le Béarnais, un grand prince comme vous ne porte point un pourpoint de bure, de grosses bottes, et il n'entre point dans un cabaret sans de bonnes raisons politiques. Mais soyez tranquille, aussi vrai que je me nomme Malican et que je me ferais hacher pour ceux de votre race, personne au monde ne saura que je vous ai reconnu...

— Tu me le jures ?

— Foi de montagnard !

Henri regarda le Béarnais, et trouva un tel cachet de franchise et de loyauté sur son visage, qu'il ne douta pas un instant de sa parole.

En ce moment, les lansquenets se levèrent. Ils avaient terminé leur partie, et à voir le visage joyeux de l'un et la mine allongée de l'autre, il était facile de comprendre que le premier avait gagné le dernier denier de son camarade. Le vainqueur jeta une pièce de monnaie sur la table :

— Voilà l'écot, dit-il. Et il sortit en lançant un regard assez dédaigneux sur le prince.

— Canaille ! grommela le Béarnais.

— Chut ! dit le prince. Ils s'en vont, et cela m'arrange. Nous pourrons causer.

— Myette ! rappela le cabaretier.

La jeune fille accourut.

— Monte donc dans ma chambre, lui dit son oncle, et fais mon lit.

Myette allongea son joli minois en fille mutine et gâtée, puis elle jeta un dernier regard sur le beau *pays*, comme elle l'avait appelé, et elle disparut par un petit escalier qui grimpait à l'unique étage supérieur. Cette fois le cabaretier voulut encore se lever et se découvrir.

— Reste donc assis, dit le prince. Le roi mon père ne te permettait-il pas de t'asseoir ? Depuis combien de temps tiens-tu ce cabaret ?

— Depuis dix ans, monseigneur.

— Eh bien ! Malican, mon ami, dit le prince, j'ai le pressentiment que si tu es demeuré Béarnais de cœur...

— Et dévoué à votre maison, je m'en flatte !

— Tu pourras me servir.

— Oh ! pour cela, quand Votre Altesse aura besoin que je me fasse tuer pour elle...

Henri se prit à sourire.

— En attendant, donne-moi des renseignements.

— Sur quoi ?

— Sur le Louvre. Vois-tu quelquefois passer le roi ?

— Tous les jours.
— Comment est-il?
— Un drôle de prince, monseigneur, disons-le bien bas. Toujours l'air farouche... toujours malade et inquiet.

Le cabaretier baissa la voix.

— On dit pourtant qu'il est bon, mais...

Malican hésita.

— Mais? fit le prince.
— C'est la reine mère qui le rend ainsi méchant et cruel. Oh! quelle femme!...

Et Malican prononça ces mots en tremblant.

— Et sa sœur? demanda Henri.
— Mme Marguerite?
— Oui.

Avant de répondre, Malican regarda attentivement le jeune prince :

— Excusez-moi, monseigneur, dit-il, mais le roi votre père m'a toujours laissé mon franc parler, et...

— Parle, mon ami...

— Eh bien! tenez, monseigneur, je ne suis qu'un pauvre diable qui sait à peine signer son nom et réciter son *Pater*, mais j'ai quelquefois de drôles d'idées...

— Ah! dit Henri, tu as des idées?...

— Je devine quelquefois.

— En vérité?

— Et il me semble que je sais pourquoi Votre Altesse se promène aux alentours du Louvre en pourpoint de bure et comme un pauvre cadet.

— Voyons si tu devines?

— Votre Altesse voudrait voir Mme Marguerite... pas vrai? D'autant mieux, poursuivit Malican, que pas plus tard qu'hier il y avait un gentilhomme de notre pays, un capitaine des gardes, le sire de Pibrac, et il jasait avec un autre gentilhomme...

— Et que disaient-ils?

— Qu'on parlait au Louvre d'un mariage entre Mme Marguerite de Valois et le prince de Navarre.

— Alors tu as pensé tout à l'heure... que...

— J'ai pensé que Votre Altesse, suivant la mode de votre pays, ne serait pas fâchée de voir Mme Marguerite à la dérobée, sans être vu, avant de lui faire la cour.

— Et tu pourrais bien avoir deviné, dit le prince en riant.

Malican fronça le sourcil et garda un silence des plus éloquents.

— Eh bien! fit Henri, ai-je mal fait?

— Non, monseigneur.

— Et si Mme Marguerite est laide?...

— Oh! nenni point, dit Malican.

— Elle est jolie?

— Comme un ange.

— Hum! fit le prince, alors la reine, ma mère, a eu une bien belle idée de me la vouloir donner pour femme...

— Ce n'est pas mon avis, dit franchement le cabaretier.

— Et pourquoi cela, hein?

Malican fut embarrassé un moment, mais il reprit :

— Tout ce qui luit n'est pas or, tout ce qui est beau ne plaît pas.

— Que dis-tu? fit le prince.

Malican garda le silence.

— Voyons, l'ami, dit Henri, explique-toi donc un peu.

— Eh bien! voyez-vous, en Béarn, nous sommes pauvres, mais nous sommes honnêtes : comme disait le feu roi votre père, il vaut mieux être charbonnier et habiter sa cabane qu'être vêtu de soie et de velours et dormir sous le toit des autres.

— Mon père parlait d'or, Malican.

— Le roi de Navarre, poursuivit le Béarnais, est roi d'un petit royaume, et le roi de France est un gros seigneur auprès de lui, mais cependant...

— Eh bien?

— Et je sais, continua Malican, qui ne parut pas prendre garde à l'interrogation du prince, qu'une fille de France est bien séduisante pour un roi de Navarre, mais...

— Explique-toi donc, butor!

— Mais, dit Malican, les filles de France sont quelquefois comme des filles de bourgeois. Elles font parler d'elles.

A son tour, Henri de Navarre fronça légèrement le sourcil.

— Oh! oh! maître, dit-il, tu parles peu, mais tu en dis long...

— Excusez-moi, monseigneur, le feu roi votre père nous avait laissé notre franc parler.

— Eh bien! poursuis...

— Mme Marguerite, voyez-vous, reprit Malican, qui s'enhardissait peu à peu, est une belle princesse qui se pâme quand on lui parle de sa beauté. Et si Votre Altesse avait une occasion de faire un voyage à Nancy...

— Chez mon cousin Henri de Guise?... Eh bien?

— Le duc Henri pourrait lui en confier long sur Mme Marguerite.

— Malican, tu es un bon serviteur et je mettrai peut-être tes conseils à profit. Mais, pour le moment, il faut que j'obéisse à la reine mère, qui veut savoir mon opinion sur Mme Marguerite... Nous nous reverrons.

Au moment où Henri achevait, Noë entra.

— Chut, fit le roi en regardant Malican.

Malican demeura impassible, salua Noë comme il saluait ses pratiques et se contenta d'appeler sa nièce.

Myette redescendit.

— Sers ce gentilhomme, dit Malican, qui n'eut pas l'air de s'apercevoir que Noë venait chercher le prince.

Marguerite de France... Deux jolies camèristes la coiffaient. (P. 63.)

Mais Henri tendit la main à ce dernier. Alors Malican, en homme discret, s'éloigna et alla ranger ses bouteilles et ses gobelets.

— Qu'est-ce qu'il faut vous servir, mon beau seigneur? demanda Myette.

— Rien, ma belle enfant.

Myette fit une petite moue et s'en alla.

— Pibrac vous attend, Henri, dit Noë.
— Ah! il m'attend... Où l'as-tu trouvé?
— Dans le corps de garde des Suisses. J'avais l'air d'entrer au Louvre comme chez moi. Un Suisse a croisé sa hallebarde et m'a dit : « On n'entre pas! — Bah! ai-je répondu, même quand on connaît M. de Pibrac? » Je n'avais pas plutôt prononcé ce nom, qu'un homme est sorti du corps de garde en disant : « Je ne vous connais pas, mais votre accent me dit que vous êtes quelque cadet de Gascogne ou de Béarn qui vient demander ma protection. Et il m'a pris par le bras et m'a conduit dans la grande cour du Louvre. »
— Et alors? demanda Henri.
— Alors je me suis contenté de lui remettre la lettre de Mme la reine de Navarre. A la vue du cachet il a tressailli; puis il a lu, et j'ai compris qu'il éprouvait une grande émotion. Enfin il m'a dit :
« — Où est le prince? où est-il? — Chut! ai-je répondu, je vais vous l'aller quérir. M. de Pibrac a alors avisé un page qui dressait un faucon dans le coin de la cour, et lui a fait un signe. Le page est accouru : « Tu vois monsieur? » lui a-t-il dit. Le page m'a regardé. « Monsieur, a continué Pibrac, est un mien cousin du pays de Gascogne. Il va aller quérir un gentilhomme de ses amis, et tu me les amèneras tous deux. — Oui, messire, » a répondu le page. Alors M. de Pibrac s'est penché à mon oreille : « Allez vite chercher le prince, m'a-t-il dit, car je crois pouvoir lui montrer, sur-le-champ, Mme Marguerite. »
Ces derniers mots firent tressaillir Henri de Navarre, et il se leva sur-le-champ.
— Bonsoir, mon pays, cria-t-il à maître Malican.
Et il jeta un écu sur la table. Malican salua.
— Bonsoir, la petite, ajouta le prince qui prit familièrement le menton de la jolie Béarnaise. Au revoir! nous reviendrons. Et il sortit et prit le bras de Noë.
Le Louvre était à deux pas. Le page attendait Noë et son compagnon sur la porte. Il toisa bien un peu le pourpoint de bure et les grosses bottes du prince; mais enfin, comme les deux jeunes gens étaient du pays de M. de Pibrac, et que M. de Pibrac était un gros seigneur au Louvre, il se montra courtois et empressé.
— Venez, messieurs, dit-il.
Ce page était un charmant enfant de quinze ans, rose et blanc comme une jeune fille; il était à ravir dans son justaucorps cerise avec ses chausses bleu-de-ciel, sa collerette de fine dentelle, ses gants de buffle jaune et le toquet à plume blanche qu'il portait fièrement incliné sur l'oreille gauche.
— Comment vous nommez-vous, mon mignon? lui demanda le prince.
— Raoul, pour vous servir, monsieur, répondit le page en saluant.
Il leur fit traverser la cour, monter le grand escalier et parcourir ensuite plusieurs salles qui étaient encombrées de gentilshommes et de soldats.
— Peste! murmura le prince, la reine ma mère n'est ni si bien logée ni si bien gardée, et ce ne serait pas trop de toute la ville de Nérac pour abriter cette cohue de gens d'épée qui tient en trois salles du Louvre.

Le page s'arrêta devant une porte et leur dit :

— Ceci est le logis particulier de messire de Pibrac, capitaine des gardes.

— Hum ! pensa le prince, le vieux sire de Pibrac, son père, habite une masure dont messire son fils ne voudrait probablement pas pour écurie.

Et comme le page ouvrait la porte et soulevait devant lui une draperie, il entra.

IX

M. de Pibrac était un homme d'environ quarante-cinq ans. Grand, sec, le front fuyant, le nez busqué, l'œil petit et vif, il résumait admirablement le type du gentillâtre gascon qui a fait sa fortune à l'aide de sa jactance et de sa valeur. Le sire de Pibrac était né sous le toit vermoulu d'un vieux castel qui tremblait à tous les vents et que quelques terres pierreuses entouraient.

A vingt ans, son père lui avait donné un vieux cheval, une rapière rouillée, un sac de cuir renfermant cinquante pistoles, et lui avait dit : « Quand un gentilhomme est de mince noblesse, il doit devenir son propre aïeul. » M. de Pibrac avait parfaitement compris ce conseil plein de sagesse, et comme il savait, en outre, qu'on ne devient jamais prophète en son pays, il avait piqué des deux vers Paris.

Le roi Henri II venait alors de mourir, laissant la couronne à François II, son fils.

M. de Pibrac avait un oncle à Paris. Cet oncle était employé à la vénerie du roi. M. de Pibrac était veneur, et de plus il s'entendait merveilleusement à dresser les gerfauts. L'oncle était Gascon, comme le neveu. Il savait que jamais personne ne parle mieux de soi que soi-même, et comme il était vieux et n'attendait plus rien, ne pouvant plus parler de lui, il parla de son neveu, vanta son adresse à relever un défaut, à dresser un limier, à élever un faucon. Le bruit en vint jusqu'au jeune roi.

Un jour que François II chassait à Saint-Germain et courait un lièvre, les chiens perdirent la voie. On chercha à relever le défaut ; les piqueurs y perdirent leur peine : les chiens ne retrouvaient pas la voie. Le roi lui-même voulut s'en mêler et n'y parvint pas.

— Qu'on aille me quérir ce Gascon dont on me dit merveille ! ordonna François II, qui ne savait plus à quel saint se vouer.

M. de Pibrac arriva, examina l'endroit où les chiens avaient perdu la voie, tourna et retourna et finit par marcher droit à un chêne que le temps avait creusé, ne lui laissant plus que l'écorce :

— Tenez, dit-il, le lièvre est là.

Et, en effet, il fourra sa main dans un trou creusé dans le tronc et en retira le lièvre par la queue. L'animal avait fait un bond et s'était blotti dans le tronc de l'arbre.

— Foi de roi ! dit François II, voilà un garçon précieux. Je veux me l'attacher.

Et il le prit dans ses gardes.

A partir de ce jour, M. de Pibrac eut le pied sur l'échelle de la fortune et il n'eut plus qu'à monter.

François II mourut. Charles IX lui succéda. Charles IX était encore plus passionné chasseur que le feu roi.

L'oncle de M. de Pibrac avait si bien répété que son neveu était le veneur le plus expérimenté de France et de Navarre, que le nouveau roi ne dédaigna point de faire venir son garde du corps pour deviser avec lui de *volerie* et de *vénerie*. M. de Pibrac, qui avait écouté les bons avis de son oncle, parlait beaucoup de lui au roi, chaque fois que le roi le mandait, et, un jour, Sa Majesté s'avoua qu'elle pourrait bien, après tout, croire M. de Pibrac sur parole et faire quelque chose pour lui.

— Sire, lui dit un jour Pibrac, si j'étais le capitaine des gardes de Votre Majesté, comme j'entrerais chez elle à toute heure, je pourrais lui faire le récit de plus d'une merveilleuse chasse à l'ours et à l'isard, qui sont bêtes communes en nos montagnes.

— Peste ! dit le roi, vos contes reviendraient un peu cher.

— Bah ! répliqua Pibrac, un roi de France ne doit pas regarder à la dépense.

Charles IX se prit à rire, et M. de Pibrac fut capitaine aux gardes. Telle avait été la fortune rapide du cadet de Béarn, à qui Mme Jeanne d'Albret, reine de Navarre, adressait le jeune prince son fils.

Le page Raoul, en soulevant une lourde draperie, montra aux deux jeunes gens une fort belle salle richement ornée, dans laquelle M. de Pibrac était assis fort nonchalamment dans un vaste fauteuil à clous d'or.

Cependant, au bruit, il se leva vivement, regarda le prince et réprima à grand'peine, en présence du page, un mouvement de surprise que lui arracha la ressemblance de Henri avec le feu roi Antoine de Bourbon, son père.

— Entrez, messieurs et chers compatriotes, entrez...

Et d'un geste il congédia Raoul. Le page salua et disparut. Alors M. de Pibrac changea de ton et d'attitude et s'inclina fort respectueusement devant le jeune prince.

— Votre Altesse, dit-il, ne saurait arriver plus à propos. Et si elle veut me suivre, je vais lui montrer Mme Marguerite.

— Sans qu'elle me voie ?

— Sans qu'elle voie Votre Altesse.

— Ventre-saint-gris ! murmura Henri de Navarre, la reine, ma mère, a, je le vois, montré un grand sens en m'adressant à vous, monsieur de Pibrac.

M. de Pibrac s'inclina. Puis il dit à Noë :

— Vous, mon jeune ami, vous allez nous attendre ici.

— Hé ! dit Noë, j'aimerais mieux voir la princesse, moi.

— C'est impossible : on a grand'peine à tenir deux dans le lieu où je conduis Son Altesse.

— C'est différent, murmura Noë.

Alors M. de Pibrac conduisit le prince vers le fond de la salle, devant un vaste bahut vitré qui enfermait une grande quantité de livres et de manuscrits parfaitement rangés sur leurs rayons :

— Ce sont mes livres de vénerie, dit-il.

— Est-ce que, fit le prince en riant, vous me voudriez montrer Mme Marguerite en peinture?

— Oh! non certes, répondit Pibrac.

Il tourna la clef qui fermait le bahut, et le bahut s'ouvrit. Puis il écarta deux volumes, passa la main à travers, pressa un ressort habilement dissimulé, les livres tournèrent sur leurs rayons, et le fond du bahut s'ouvrit et laissa voir un passage secret...

— Oh! oh! fit le prince, reculant de surprise.

— Monseigneur, répondit M. de Pibrac, ceci est un des moindres mystères du Louvre. Et comme le jeune prince paraissait de plus en plus étonné :

— Si Mme Catherine de Médicis, continua le capitaine aux gardes, savait que je connais ce passage, elle pourrait bien commander à René le Florentin, son parfumeur, de me faire occire au coin d'une rue ou de laisser tomber dans les aliments de mon prochain repas quelques grains d'une poudre mystérieuse qui m'enverrait dans l'autre monde sous prétexte de coliques.

— Hum! murmura Henri, elle a un bien joli caractère, Mme Catherine, et si la fille ressemble à la mère...

— Je crois même, poursuivit M. de Pibrac, que Mme Catherine, qui cependant a fait creuser presque tous les murs du Louvre, ne connaît point ce passage.

— Comment donc le connaissez-vous? demanda Noë.

— Je l'ai découvert par hasard. C'est Mme Diane de Poitiers qui l'a fait établir. Le roi Henri II couchait en cette chambre, Mme Diane habitait l'appartement de Mme Marguerite ; la nuit elle venait voir le roi.

— Et Mme Catherine ne le connaît pas?

— Non.

— Qu'en savez-vous?

— Ah! voici, dit M. de Pibrac, qui alla pousser les verrous de la porte par laquelle les deux jeunes gens avaient été introduits. Un soir, je feuilletais les volumes qui se trouvent dans ce bahut. Ma main effleura le ressort, le ressort joua, le bahut s'entr'ouvrit, et je vis, à ma grande satisfaction, apparaître le trou noir que vous voyez. La onzième heure de relevée sonnait à Saint-Germain-l'Auxerrois, tout le monde paraissait dormir au Louvre, hormis les sentinelles. Je pris un flambeau et je me risquai dans le passage. Quand je fus au bout, je m'aperçus qu'il n'avait pas d'issue, ou plutôt je remarquai que la porte que j'avais devant moi était condamnée. Je prêtai l'oreille et j'entendis un bruit de voix. Un éclat de rire retentissait en ce moment, frais et sonore. Je reconnus le rire éclatant de Mme Marguerite. Alors je rebroussai chemin sur la pointe du pied, fermai le bahut, soufflai mon flambeau et me mis au lit. Le lendemain, je pris un manuscrit latin qui traitait de vénerie, et je m'en allai chez Mme Marguerite. Mme Marguerite sait le latin aussi bien que messire l'abbé de Brantôme.

« Madame, lui dis-je, j'ai toujours été votre serviteur, mais je sais que je deviendrais votre esclave, si vous daigniez me faire la lecture de ce livre qui est pour moi le grimoire de Satan. « La princesse prit le livre, et tandis qu'elle lisait, j'inspectai la chambre du regard. J'aperçus dans un coin, au chevet du grand lit d'ébène à dossier écussonné, à demi perdu dans la pénombre des rideaux, un Christ d'ivoire.

— Oh! le merveilleux travail! m'écriai-je.

Je m'approchai du Christ, je l'examinai attentivement et, ayant passé le doigt sur la cheville figurant le clou qui traversait les pieds de Notre-Seigneur et les fixait tout sanglants sur la croix, je sentis cette cheville tourner. Mme Marguerite lisait toujours et n'avait point levé la tête. Je tirai la cheville à moi, elle céda, et je vis un petit trou noir par lequel il m'arriva une bouffée d'air.

Alors je mis la cheville dans ma poche. Puis, quand Mme Marguerite eut terminé sa lecture, je m'en allai.

— Hé! mais, dit Amaury de Noë, vous êtes plein d'imagination, monsieur de Pibrac.

— Monsieur, répondit le capitaine gascon, c'est avec cette qualité-là que, dans notre pays, nous suppléons aux écus qui nous font défaut.

Henri de Navarre riait. M. de Pibrac poursuivit:

— Le soir, je rouvris mon bahut, je me glissai dans le couloir et je fus guidé presque aussitôt par un filet de lumière. Ce filet de lumière provenait de la chambre de Mme Marguerite et passait par le trou des pieds de Notre-Seigneur. Je m'approchai, retenant mon haleine, étouffant le bruit de mes pas; je collai mon œil à ce trou et vis la fille de France que ses caméristes étaient en train d'attifer et qui s'en allait au bal. Alors, de peur qu'un jour ou l'autre Mme Marguerite ne sentît un léger courant d'air, je me procurai un morceau de liège, je le taillai menu, et je bouchai le trou. Seulement, je l'ôte quelquefois, quand j'ai besoin de voir...

— Et avez-vous quelquefois ce besoin?

— Assez souvent... Quand Mme Catherine rumine quelques méchancetés, elle va consulter sa fille.

— Et que dit sa fille?

— La princesse est bonne, mais Mme Catherine est entêtée. Un soir, je vis entrer la reine chez sa fille. Elle était de méchante humeur; elle me regarda de travers en passant. Je me glissai vers mon trou. Quelque chose me disait qu'il me serait utile d'écouter.

— Que se passa-t-il donc chez la princesse?

— La reine entra et lui dit : « Margot, ma chérie, le roi prend en amitié le prince Louis de Condé, ce méchant huguenot, et si nous n'y mettons ordre, avant qu'il soit trois mois, on ne dira plus la messe au Louvre, mais on ira au prêche. Et savez-vous, ajouta la reine, d'où vient la grande amitié du roi? — Non, dit la princesse. — Elle vient de ce que le prince de Condé a donné au roi deux chiens qui valent plus à eux deux que toute la meute royale. — Eh bien! qu'y faire? demanda Mme Marguerite. — Hé! le sais-je? dit la reine avec humeur. C'est ce Gascon de Pibrac qui dirige les chenils du roi. Si Pibrac était un homme avec qui on pût s'entendre... mais c'est un niais qui est dévoué à Condé presque autant qu'au roi... et, le premier, il a déclaré les deux chiens incomparables. Décidément, ajouta la reine, ce Pibrac me déplait. Il faudra que René lui envoie quelque parfum. » Vous pensez bien, monseigneur, ajouta M. de Pibrac, que je regagnai mon lit assez inquiet. Le lendemain, le roi chassait à Meudon. Je descendis au chenil de grand matin, avant le lever des piqueurs, et je m'approchai des deux chiens du prince de Condé. L'un se nommait Cyrus et l'autre Xerxès. J'avais ruminé toute la nuit un moyen de convertir en abominables *carnes* ces deux vaillantes bêtes.

— Et vous trouvâtes ce moyen ?

— Je l'avais trouvé en descendant au chenil. J'avais dans ma poche une mèche soufrée, j'y mis le feu, et prenant Cyrus à la gorge, je lui en fis respirer fortement les exhalaisons et la fumée. Puis je fis subir la même opération à Xerxès, et je remontai faire ma toilette de chasse. Quand on découpla, en dépit d'un temps admirable, les deux chiens n'eurent pas de nez et firent défaut sur défaut. Le roi Charles eut un accès de colère. Il tua Cyrus d'un coup d'arquebuse et dit brutalement au prince de Condé : « A l'avenir, mon cousin, vous pouvez vous dispenser de me faire de pareils cadeaux. » Le prince quitta la chasse et ne parut point au Louvre le soir. Le lendemain, acheva M. de Pibrac, la reine mère me fit un salut charmant. Vous voyez, monseigneur, que la cheville du Christ m'a servi à quelque chose. Venez...

Le capitaine aux gardes prit Henri de Navarre par la main et l'entraîna dans le couloir mystérieux et sombre.

— Marchez doucement, lui dit-il à l'oreille. Au Louvre les murs sont sonores.

— Soyez tranquille !

M. de Pibrac ajouta :

— Mme Marguerite est à sa toilette en ce moment, ses camèristes l'ajustent, et vous l'allez voir dans tout le rayonnant éclat de sa beauté.

Malgré le souvenir de la belle argentière et le peu de sympathie qu'il éprouvait pour le grave sacrement du mariage, Henri de Navarre ne put se défendre d'un léger battement de cœur. La femme qu'on doit épouser produit toujours cet effet-là, fût-elle vieille et laide. Quand le cœur ne bat point d'espérance, il bat de peur.

M. de Pibrac enleva délicatement le bouchon, et Henri vit poindre un rayon de jour.

— Regardez ! souffla le Gascon.

Il céda la place à Henri, qui colla son œil au trou pratiqué dans la muraille et demeura ébloui.

Marguerite de France était en ce moment assise devant un grand miroir d'acier, le visage tourné vers le Christ, de telle façon que le prince put la voir tout à son aise.

Deux jolies camèristes la coiffaient.

Marguerite était bien la plus jolie femme du royaume, et les poètes qui l'ont chantée, les chroniqueurs qui l'ont vantée, sont demeurés au-dessous de la réalité. Le prince la trouva si belle qu'il songea soudain à M. de Guise et au Béarnais Malican, et fit aussitôt deux souhaits : le premier de se trouver face à face avec le duc, l'épée au poing et la dague aux dents ; le second, de pouvoir à loisir tordre le cou à Malican qui s'était permis des paroles aussi irrévérencieuses contre une perle de beauté semblable.

Malheureusement la contemplation du prince fut de courte durée, car une porte s'ouvrit dans la chambre de Mme Marguerite et un nouveau personnage entra.

Ce personnage était une femme... une femme âgée déjà et qui, cependant, conservait les traces d'une beauté souveraine, dont l'œil noir brillait du feu de la jeunesse, dont la taille majestueuse et la démarche altière annonçaient l'habitude de la domination.

Cette femme se nommait Catherine de Médicis, austère et sombre figure devant laquelle la France s'inclinait tremblante.

Cette apparition fit éprouver au jeune prince une sensation bizarre.

Un frisson parcourut ses veines, et en même temps, son regard fut attiré par cette femme comme si elle eût possédé un don de fascination étrange.

Il cessa de contempler la princesse et se prit à considérer Catherine.

— La reine! lui souffla Pibrac dans l'oreille.

— J'avais deviné que c'était elle, répondit-il.

Mme Catherine était de mauvaise humeur ; elle avait la lèvre retroussée, les sourcils froncés, et elle aborda sa fille en lui disant :

— Il fait bon être jeune et belle comme vous, ma mie, et n'avoir pas d'autre souci que celui de s'attifer du soir au matin, n'est-ce pas?

Marguerite salua sa mère d'un sourire charmant.

— Quand je serai reine, dit-elle, je me mêlerai des choses de la politique, madame.

— Vous serez reine bientôt, ma fille.

La jeune princesse tressaillit et fit un mouvement sur son siège.

— Ah! dit-elle, ce n'est point décidé encore, je suppose.

— C'est décidé, répliqua froidement Catherine, la politique le veut.

La princesse devint pâle et murmura tout émue :

— Ainsi il faut que j'épouse le prince de Navarre?

— Il le faut.

— Quelque ours mal léché, sans doute, poursuivit Marguerite d'un ton boudeur ; un montagnard, un prince qui sent l'ail et l'oignon.

— Péronnelle! murmura Henri de Navarre avec dépit.

— Et que je m'en aille vivre à Pau ou à Nérac, dans un vieux palais vermoulu où le vent pleure sous les portes, où la pluie passe au travers des toits...

— Ma mie, dit sèchement la reine, avec les beaux écus d'or que le roi Charles, votre frère, vous baillera en dot, le prince, votre époux, rebâtira son château de Nérac.

Mais Marguerite, peu sensible à cette promesse, continua :

— Vivre à Nérac, au milieu de femmes et d'hommes qui vont au prêche!

— On vous fera bâtir une chapelle catholique.

LA JEUNESSE DU ROI HENRI

A son tour, Henri s'arrêta, et de nouveau il regarda l'étoile. (P. 71.)

Et la reine accompagna ces mots d'un sourire qui donna fort à penser à Henri de Navarre.

— Oh! oh! se dit-il, est-ce que Mme Catherine ne voudrait me donner sa fille que pour me convertir au catholicisme?

Marguerite reprit :

— Les gens de peu et les gens de rien se marient à leur gré...

— Il n'en est pas de même des princes, ma fille.

— Et je suis convaincue que ce prince de Navarre me déplaira affreusement.

— Je n'en crois rien, ma fille. S'il ressemble à son père...

— Eh bien?

— Vous le trouverez charmant.

— Ventre-saint-gris! murmurait Henri de Navarre, je prouverai bien à Mme Marguerite que j'en vaux un autre. Je ne dois pas être plus mal tourné que... M. le duc de Guise.

En songeant au duc de Guise, le prince éprouva un véritable malaise, et il regarda la belle Marguerite.

— Corbleu! se dit-il, Malican est un fieffé menteur, en vérité!

Et, se retournant vers M. de Pibrac, il lui dit brusquement, quoique à voix basse :

— Avez-vous vu M. de Guise?

M. de Pibrac n'avait point été préparé à cette brusque interpellation, et elle le fit tressaillir comme le son d'un clairon fait tressaillir un vieux destrier de bataille.

— Pourquoi Votre Altesse me demande-t-elle cela?

— Parce que... on dit...

— Chut! monseigneur, fit le capitaine, nous en causerons un autre jour...

Mme Catherine continuait :

— Je viens de recevoir une lettre de la reine de Navarre.

— Ah!

— La reine m'annonce qu'elle arrivera à Paris sous cinq ou six semaines.

— C'est bien prompt...

— Et qu'elle sera accompagnée de son fils...

— Madame, dit Marguerite, je me plierai, puisqu'il le faut, aux exigences de la politique; mais... d'ici là...

La princesse s'arrêta.

— Achevez, ma fille, dit la reine.

— D'ici là, continua Marguerite, je vous serai bien reconnaissante de ne plus me parler de la reine de Navarre ni de son fils en gros pourpoint de bure...

Henri eut un mouvement d'impatience :

— Je porterai de la soie, ma mie, pensa-t-il, et... nous verrons...

Marguerite allait sans doute continuer à gloser sur le prince de Navarre qu'elle ne savait pas si près d'elle, lorsque la porte s'ouvrit de nouveau. Un page entra. Ce page, Henri le reconnut. C'était ce joli Raoul qui l'avait introduit une heure auparavant.

— Que veux-tu, mon mignon? demanda la reine.

— Madame, répondit Raoul, messire René le Florentin désire être introduit auprès de Votre Majesté.

— René! s'écria la reine dont le visage rembruni se dérida.

— Oui, madame.

— Il est donc arrivé?

— Il arrive.

— Fais entrer, Raoul, fais entrer !

Le page souleva la portière, et René le Florentin entra.

René était couvert de poussière ; sa collerette était fripée, son pourpoint sale, ses bottes crottées, la plume de son feutre tordue.

Il avait la mine allongée et l'air piteux d'un homme qui a été battu.

— Juste ciel ! s'écria la reine Catherine, comme te voilà fait, René ! d'où sors-tu ?

— Je sors de prison, madame.

— De prison ! exclama la reine.

— Oui, madame, et c'est à ne pas croire qu'en pleine France, à quarante lieues de Paris, un homme que Votre Majesté honore de sa protection tombe aux mains de deux gentilshommes de province et d'un cabaretier, soit foulé aux pieds, garrotté et enfermé dans une cave, où il a failli mourir de faim et de soif.

— Tu rêves ! René.

— Je ne rêves pas madame.

— Mais ces gentilshommes savaient-ils ton nom ?

— Je le leur ai dit, je les ai même menacés de la colère de Votre Majesté.

— Et ils ne sont pas tombés à tes pieds ?

— Ils m'ont roué de coups.

L'œil de Catherine lança des flammes.

— Eh bien ! dit-elle, si cela est, René, tu peux être tranquille, tu seras vengé !

— Hein ! fit le prince de Navarre dans sa cachette.

— Et ces gentilshommes seront pendus ! ajouta Catherine.

Le prince était brave, et cependant il eut un léger frisson et ses cheveux se hérissèrent...

X

M. de Pibrac était loin de se douter que les gentilshommes que voulait faire pendre la reine Catherine étaient, en ce moment, l'un auprès de lui et l'autre dans sa chambre.

Cependant la menace de la terrible souveraine lui fit éprouver un malaise identique à celui que ressentait Henri de Navarre.

— Venez, monseigneur, lui dit-il, nous causerons plus à notre aise dans ma chambre.

Mme Marguerite avait changé de place, le prince ne la voyait plus. Ce fut peut-être à cause de cela qu'il se laissa entraîner.

Ils sortirent donc du couloir secret et rentrèrent dans la chambre du sire de Pibrac.

Noë s'était assis au coin du feu, avait posé ses pieds sur les chenets, et, un livre à la main, il attendait le prince et son conducteur.

En les voyant reparaître il se leva.

— Est-ce que, demanda-t-il, je ne pourrais pas aussi voir un peu Mme Marguerite?

— A votre aise, répondit Pibrac.

Il lui montra le couloir et lui dit :

— Marchez sur la pointe du pied. Un rayon de lumière vous guidera et vous appliquerez votre œil au trou. Seulement, prenez garde... Au moindre bruit, vous éveilleriez l'attention.

Henri se prit à rire :

— Et tu verras un personnage, dit-il, que tu t'attends peu à trouver au Louvre, je crois.

Noë parut étonné, et M. de Pibrac fixa ses yeux sur le prince comme pour avoir l'explication de ces paroles.

— Tandis que Noë regardera celle qu'on me destine pour femme, répliqua le prince, je vous conterai une aventure qui nous est arrivée...

— Quand?

— Il y a trois jours.

— Où cela?

— Entre Blois et Orléans.

Noë s'engouffra dans le couloir et disparut aussitôt.

Alors Henri vint s'asseoir dans le fauteuil que son ami avait quitté et regarda M. de Pibrac en riant.

— J'ai eu maille à partir avec René le Florentin, dit-il.

M. de Pibrac fit un haut-le-corps et laissa tomber les pincettes avec lesquelles il attisait le feu.

Henri continua froidement :

— Noë et moi nous sommes les gentilshommes dont parle René, et que Mme Catherine veut faire pendre.

Ces derniers mots émurent si fort le digne gentilhomme qu'il oublia de ramasser ses pincettes.

— Comment! monseigneur, s'écria-t-il, c'est vous!

— C'est nous.

— Ah! ciel! mais vous êtes perdus!...

— Allons donc! fit le prince en riant.

— Monseigneur, dit gravement M. de Pibrac, permettez-moi de vous dire franchement ma pensée : il vaudrait beaucoup mieux avoir pour ennemi l'électeur palatin, l'empereur d'Allemagne, le roi d'Angleterre et le roi d'Espagne réunis, que René le Florentin tout seul.

Et M. de Pibrac prononça ces mots avec un accent si convaincu que le prince en fut lui-même ému.

— Bah! dit-il, Mme Catherine n'a point de qualité pour faire pendre un prince de Navarre.

— C'est juste...

— Et l'eût-elle, peut-être y regarderait-elle à deux fois avant d'accrocher au gibet le futur époux de sa fille.

— Ce que vous dites là, monseigneur, est plein de sens...
— N'est-ce pas?
— Seulement cela ne prouve absolument rien, monseigneur.
— Vous croyez?
— Oh! j'en suis certain.

Noë reparut en ce moment :
— Ah! diable! dit-il, j'ai vu Mme Marguerite, mais j'ai vu aussi une bien vilaine figure...
— René?
— Et vous aviez raison, Henri, je ne m'attendais pas à le trouver au Louvre.
— Eh bien! dit M. de Pibrac, il y est et je suis plus embarrassé de votre présence ici que de la sienne.
— Ah! par exemple!...
— Monseigneur, reprit le capitaine, quand on a René pour ennemi, il faut s'attendre à tout. Si René vous rencontre, il vous fera arrêter. Alors vous serez bien forcé de trahir votre incognito pour sauver votre tête.
— Diable! je n'avais point pensé à cela.
— Et quand il saura qu'il a eu affaire au roi de Navarre, sa haine croîtra au lieu de diminuer.
— Pourquoi donc?
— Parce que vous êtes huguenot et que la reine Catherine abhorre les huguenots. Or, René et la reine, c'est tout un. Pour plaire à la reine, René mettrait le feu au palais des papes, et pour plaire à René, la reine brûlerait le Louvre.
— Excusez-moi, monsieur, interrompit Noë, mais je suis un pauvre gentilhomme de campagne et je ne comprends pas les choses subtiles que vous nous déduisez.

M. de Pibrac eut un sourire énigmatique.
— La reine, dites-vous, hait les huguenots?
— Elle les exècre.
— Et cependant elle veut marier sa fille à notre prince qui va au prêche.
— Monsieur, répliqua M. de Pibrac, permettez-moi d'ouvrir une parenthèse.
— Faites...
— Mme Jeanne d'Albret, reine de Navarre, a négocié le mariage du prince son fils avec Mme Marguerite de France, et la reine Catherine, dans sa politique tortueuse, a pensé que ce mariage pourrait conduire à bonne fin ses plans ténébreux.
— Bon! après?
— Mme Jeanne d'Albret s'est souvenue de moi et elle a eu raison. Elle m'a adressé Monseigneur, me chargeant de lui servir de guide à la cour de France. La reine de Navarre est la souveraine de mon pays, je suis Béarnais au fond du cœur, et je ferai ce que la reine a voulu. Mais...

A ce *mais*, Henri leva la tête.

— Mais, acheva M. de Pibrac, la reine ne m'a point fait l'honneur de me demander mon avis relativement à ce mariage.

— Eh bien! dit le prince, qui avait écouté attentivement, si je vous le demandais, moi?...

— Je répondrais franchement à Votre Altesse.

— Parlez, en ce cas.

— Monseigneur, dit M. de Pibrac, un prince de votre sang doit prendre chaussure à son pied. Pardonnez-moi la comparaison, je vous en prie.

— Oh! oh! monsieur de Pibrac...

— Votre Altesse m'a demandé mon avis, le voilà. Quand on doit être roi de Navarre...

— Hum! fit le prince, qui s'approcha de la croisée et jeta un mélancolique regard sur la Seine, qui sait?

Et, comme si une lointaine révélation de l'avenir se fût faite en son esprit, il répéta :

— Qui sait?

Puis, regardant M. de Pibrac :

— Eh bien! dit-il, que fait-on quand on doit être roi de Navarre?..

— Et qu'on est huguenot, ajouta Pibrac, on prend une femme de sa religion, on restaure son château de Coarasse et son palais de Nérac, et on ne songe point à venir loger au Louvre, qui est une habitation malsaine et où, à chaque pas, un homme peut glisser au fond d'une oubliette.

Henri demeura pensif un moment et garda le silence.

— Monseigneur, reprit le capitaine gascon, je vous ai dit mon avis, voulez-vous un bon conseil?

— Dites, monsieur de Pibrac.

— Enveloppez-vous dans votre manteau : il est nuit et la nuit tous les chats sont gris, et tous les gens couverts de manteau se ressemblent.

— C'est assez vrai, cela.

— Gagnez l'hôtellerie où vous êtes descendu, faites seller vos chevaux, et d'ici à demain, mettez trente lieues entre Paris et vous.

— Vous me conseillez donc de retourner en Navarre?

— Oui, monseigneur.

— Mais... la reine, ma mère?

— Vous lui direz que vous avez vu la princesse Marguerite et que vous lui avez trouvé une verrue sur le nez, ce qui fait qu'elle ne vous plaît pas.

— Ma foi! murmura Noë, qui était d'un assez grand bon sens à l'occasion, M. de Pibrac pourrait bien parler d'or...

Henri demeurait pensif et baissait la tête.

Tout à coup il ouvrit la croisée aux vitres de laquelle il avait appuyé son front, et il plongea sa tête brûlante dans l'air de la nuit.

Le Louvre était enseveli dans les ténèbres, et la Seine roulait son flot bourbeux ; mais çà et là, à l'entour, brillaient des lumières aux croisées des maisons voisines et un murmure confus s'élevait au-dessus de la grande Ville, sur laquelle pesait un ciel orageux et noir.

Pendant quelques minutes, le prince demeura penché vers la rivière, puis il releva la tête et regarda le ciel.

Une étoile scintillait à travers les nuages, et sa clarté étincelante attira le regard du prince.

Soudain il se retourna et dit :

— Monsieur de Pibrac, vous êtes le second Béarnais qui, aujourd'hui, m'ait tenu le même langage ; et, selon l'ordre ordinaire des choses, votre langage doit être la sagesse, mais...

A son tour, Henri s'arrêta, et de nouveau il regarda l'étoile.

— Mais, reprit-il après un silence, voyez cette étoile qui brille au ciel ! je crois que c'est la mienne.

— Elle apparaît au sud-ouest, monseigneur, du côté de la Navarre.

— Elle va monter à l'horizon, répondit Henri, et elle planera sur Paris.

Et comme M. de Pibrac, ni Amaury de Noë ne paraissaient comprendre, le prince ajouta :

— Une voix mystérieuse vient de s'élever au fond de mon cœur, et j'écoute cette voix qui me dit : « Il faut que tu épouses la princesse Marguerite de France non parce qu'elle est belle, non parce que tu l'aimeras ou qu'elle t'aimera, mais parce que les grandes destinées s'accomplissent à travers les obstacles. »

En parlant ainsi, Henri releva fièrement la tête, la porta en arrière, et il eut en ce moment une telle expression de majesté, que M. de Pibrac et Noë en furent pour ainsi dire éblouis.

Le silence régna une fois encore parmi ces trois personnages.

Enfin M. de Pibrac prit la parole :

— Monseigneur, dit-il, les paroles de Votre Altesse m'ont clos la bouche. Je ne sais quelle sera votre destinée, mais je viens de lire dans vos yeux que vous serez un grand roi. Cette étoile qui brille au ciel est la vôtre, dites-vous? Eh bien ! regardez-la... suivez-la... n'écoutez d'autres conseils que les siens... les hommes qui croient en leur étoile sont des hommes forts !

— Vous avez raison, Pibrac, répondit le prince. Il y a une heure j'étais un enfant et je ne songeais qu'au plaisir, maintenant la sombre divinité qui préside à la politique vient de m'apparaître et le livre de l'avenir s'est entr'ouvert pour moi. La colère de René, la rage de Mme Catherine, rien de tout cela ne m'atteindra... La dague qui doit me tuer n'est point forgée encore...

Et quand il eut ainsi parlé, le prince vint se rasseoir, et comme M. de Pibrac paraissait soucieux :

— A quoi pensez-vous donc? lui dit-il.

— Je cherche en ma cervelle, monseigneur, un moyen d'apaiser la colère de René. Si la morsure d'une vipère n'est pas toujours mortelle, du moins elle produit une enflure douloureuse. Vous êtes à Paris incognito. Si vous ne voulez vous trahir, il faut calmer le ressentiment de René.

— Est-ce avec l'or?

— Non.

Le prince regarda son jeune compagnon :

— Faut-il que Noë lui fasse des excuses?

— Encore moins...
— Eh bien! alors?...
— La peur éteint la colère des lâches, dit M. de Pibrac. René est le favori de Mme Catherine, mais si vous étiez sous la protection du roi...
— Dame! murmura Noë, ceci serait assez ingénieux. Seulement, comment le roi prendra-t-il tout à coup sous sa protection des gens qu'il ne connaît pas?
— Monseigneur, vous savez qu'en notre pays les idées sont plus communes que les écus.
— C'est bien vrai, monsieur de Pibrac.
— J'ai une idée.
— Est-elle bonne?
— Je le crois.
— Et... cette idée?
— Vous allez sortir du Louvre et vous regagnerez votre hôtellerie...
— Très bien.
— Dans une heure vous recevrez la visite du page Raoul, qui est mon ami.
— A merveille.
— Raoul sera suivi d'un valet qui vous apportera des habits de cour. Vous souperez et ferez votre toilette de gala.

Henri regarda curieusement le capitaine des gardes.

— Il y a bal au Louvre ce soir. Le roi traite et festoie M. l'ambassadeur d'Espagne. On dansera toute la nuit. Votre Altesse connaît-elle un jeu du pays de Touraine qu'on appelle l'hombre?
— Parfaitement.
— Et le prince y est de première force, ajouta Noë.
— Alors tout est pour le mieux. Je vous en dirai plus long ce soir. Maintenant regagnez votre logis, attendez Raoul et suivez-le aveuglément.

Le prince et Noë s'enveloppèrent dans leurs manteaux, et M. de Pibrac les fit descendre par un petit escalier qui conduisait à une poterne donnant sur la rivière.

— A ce soir, leur dit-il.

Henri et Noë s'en allèrent le long de la rivière, et quand ils furent à une certaine distance du Louvre, le premier dit tout bas:

— Il paraît que décidément Malican était bien renseigné touchant Mme Marguerite.
— Pourquoi donc alors, demanda Noë, voulez-vous l'épouser, Henri?
— Parce que les princes ne se marient pas, comme les gens de peu, afin d'avoir des enfants... Je te l'ai dit tout à l'heure, je commence à mordre à la politique.
— C'est un fruit vert, Henri. La pomme de l'amour est plus douce.
— Je ne renonce point à celle-là.
— Ah! vous songez toujours à la belle argentière?
— Toujours.

Mon père! exclama Paola éperdue. S'il vous trouve ici, il vous tuera! (P. 76.)

— Et, par conséquent, vous oubliez la lettre de Corisandre.
— Noë, mon mignon, la belle argentière m'aimera en dépit de Corisandre.
— Bah! vous croyez?
— Et il m'est passé une drôle d'idée en tête tout à l'heure.
— Laquelle?

— C'est de me faire aimer de Mme Marguerite, qui prétend que je suis un ours mal léché.

Noë éclata de rire et prononça un seul mot :

— *Regain!*

Noë, mon ami, dit le prince, quand je serai roi, je te ferai pendre.

— Pourquoi, monseigneur?

— Parce que tu médis de la reine de Navarre.

Noë se tut, mais il continua de rire sous sa moustache blonde, et les deux jeunes gens arrivèrent sous le pont Saint-Michel.

— Ah! parbleu! dit Noë, la nuit est noire, et puis ce bandit de René doit être encore au Louvre.

— Qu'est-ce que cela te fait?

— Je vais coller mon œil aux vitres de sa boutique.

— Pourquoi faire?

— Pour revoir la belle Paola.

— Mais, Noë, mon mignon, dit le prince, tu veux donc que nous soyons pendus? Après avoir mis ce damné Florentin dans une cave, tu veux lui séduire sa fille?

— C'est précisément pour n'être point pendu, répliqua Noë.

Et sans attendre une nouvelle question du prince, il s'approcha de la boutique. L'obscurité régnait sur le pont. La boutique était éclairée.

La belle Paola était assise au comptoir ; devant elle se tenait Godolphin, cet être chétif au regard indécis que maître René avait commis à la garde de sa fille.

Godolphin avait un manteau sur le bras et son chapeau à la main ; il causait avec Paola, qui paraissait l'écouter avec une grande indifférence.

Noë se recula vivement.

— Retirons-nous, dit-il, il va sortir.

Et, en effet, à peine les deux jeunes gens s'était-ils écartés de quelques pas que la porte de la boutique s'ouvrit. C'était Godolphin qui sortait.

— Vous allez fermer la boutique, Paola ? dit-il.

— Oui, répondit la jeune fille.

— Je vais chez le drapier qui m'a promis le justaucorps de votre père pour ce soir.

— Mon père ne viendra pas ce soir, dit Paola. Il n'est point arrivé, il ne viendra que demain.

— Très bien ! murmura Noë qui entendit ces mots.

— Au reste, ajouta Godolphin, je ne serai pas longtemps.

— Prenez votre temps, fit la jeune fille d'un ton moqueur. Je ne soupire point après vous, beau Godolphin.

Le jeune homme soupira et s'en alla d'un pas brusque et saccadé.

— Voilà, dit Noë tout bas, un rival qui ne me fait pas grand honneur.

Il suivit des yeux Godolphin, qui disparut à l'extrémité du pont, et, serrant le bras du prince :

— Henri, lui dit-il, faisons alliance.

— C'est fait.
— Je vous servirai pour la belle argentière.
— J'y compte bien.
— Et vous m'allez laisser en tête à tête avec la jolie parfumeuse. Rentrez à l'hôtellerie, je vous y rejoindrai.
— Mais, malheureux ! dit Henri de Navarre, René va venir.
— Bah !
— Et nous ne sommes plus dans une hôtellerie de province. La Seine coule sous le pont, et l'on se noie dans la Seine.

Mais Noë, abandonnant le prince, s'approcha de la boutique. Paola en entr'ouvrait précisément la porte pour respirer l'air, peu soucieuse de mettre à profit les recommandations du jaloux Godolphin.

A la vue d'un homme qui s'avançait vers elle, la jeune fille fit un mouvement de retraite. Noë en profita et entra résolument en ouvrant son manteau.

Paola reconnut le beau gentilhomme qui prétendait connaître son père, et elle se prit à rougir.

— Excusez-moi, mademoiselle, dit-il, je viens un peu tard, mais je suis un gentilhomme de province et j'ignore les usages... Brrr ! ne trouvez-vous pas qu'il fait froid ?

Et Noë poussa doucement la porte de la boutique.

— Mais, monsieur... dit la jeune fille.
— Excusez-moi, j'ai oublié quelque chose ici, tantôt.
— Vous avez... oublié... et quoi donc, messire ?
— Oh ! dit Noë en lui jetant un regard, une chose que vous pouvez me rendre... Et il poussa le verrou de la porte que la jeune fille avait déjà fermée.
— J'ai oublié mon cœur, acheva-t-il.
— Monsieur ? fit Paola qui essaya de prendre un ton sévère et rougit plus fort.
— Mademoiselle, dit rapidement le jeune homme, je ne vous trouverai peut-être jamais seule, et il faut absolument que je profite de ces quelques instants... je suis gentilhomme... ne craignez rien...
— Enfin, monsieur, tout gentilhomme que vous êtes...
— Et je vous aime, ajouta-t-il.

La jeune fille jeta un regard inquiet sur les vitres de la boutique qui n'étaient point encore pourvues de leurs volets :

— Oh ! mais partez, dit-elle, si Godolphin revenait... mon père...

Au lieu de partir, Noë tomba à genoux et la regarda :

— Vous êtes belle ! murmura-t-il.
— Mon Dieu ! mon Dieu ! dit la pauvre fille d'une voix tremblante, si mon père... Et relevant le jeune homme :
— Au moins, dit-elle, ne restez pas là, on vous voit en passant sur le pont, venez ici....

Elle ouvrit la porte de cette arrière-boutique où elle se tenait d'ordinaire, et qui était un joli petit réduit aussi luxueusement meublé que l'oratoire de

Mme Marguerite de France. Puis, prenant la main de Noë, elle l'y attira doucement et laissa retomber une draperie entre eux et la boutique. Noë se remit à genoux. Paola tremblait bien un peu, mais son cœur battait d'une douce ivresse, et, en voyant un gentilhomme à ses pieds, l'ambitieuse fille avait fini par oublier ses terreurs.

Cependant, comme elle était femme, et que dans la défaite les femmes veulent toujours paraître victorieuses, elle lui dit, essayant de rendre son intonation plus sévère encore :

— Savez-vous bien, monsieur, que votre audace est inqualifiable?

— Je vous aime... répéta Noë.

Il lui prit la main et la porta à ses lèvres.

— Mais fuyez donc! dit-elle encore, tandis qu'elle laissait sa main dans la main de Noë, fuyez...

Mais Noë n'eut pas le temps de répondre. On frappa rudement à la porte de la boutique.

— Mon Dieu! fit Paola pâlissant.

— Paola? Godolphin? disait une voix au dehors.

— Mon père! exclama Paola éperdue. S'il vous trouve ici, il vous tuera!

Et du regard elle cherchait un endroit où cacher le beau gentilhomme.

— Là... là... dit-elle tout à coup, mettez-vous là...

Elle indiquait la porte d'une petite pièce qui lui servait de cabinet de toilette. Et comme Noë n'allait pas assez vite, elle l'y poussa et ferma la porte en lui disant :

— Ne bougez pas! mon père vous tuerait.

Puis elle alla ouvrir au terrible favori de la reine mère.

XI

Paola, toute tremblante encore, tira le verrou fermé par Noë. Elle était fort pâle, et si René avait joui de son calme habituel, peut-être eût-il remarqué en elle un trouble inusité. Mais René était de méchante humeur, et il se contenta de dire assez brutalement à sa fille :

— Vous dormiez donc, que vous vous pressiez si peu de me venir ouvrir?

— Je ne dormais pas, répondit Paola, qui remarqua la toilette fripée de son père.

— Alors pourquoi vous enfermez-vous?

— Parce que Godolphin est sorti.

— Et où est-il allé, ce coureur, ce vagabond, ce mendiant? exclama le Florentin.

— Chez le drapier, chercher votre justaucorps de gala.

René se débarrassa de son manteau, jeta son feutre sur un siège et entra dans le joli réduit de sa fille.

Paola eut un affreux battement de cœur; mais bientôt elle parvint à se maîtriser, et, comme son père s'était jeté sur un siège, elle s'assit en face de lui et roula par mégarde son fauteuil devant la porte du cabinet où Noë était blotti. René vomit deux ou trois jurons, grommela quelques mots sans suite, puis regarda sa fille.

— Peste! dit-il, vous êtes toujours vêtue comme une princesse, ma fille. Est-il besoin, pour vendre des odeurs et des parfums, d'être ainsi attifée?

— Mon père, répondit Paola, préféreriez-vous que je fusse vêtue comme une mendiante?

— Comme une mendiante, non; mais suivant votre condition. Je suis un parfumeur, moi, voilà tout.

— Tout Paris sait que vous êtes le favori de la reine.

René haussa les épaules.

— Qu'est-ce que cela prouve? fit-il.

— Que vous pénétrez chez elle à toute heure, continua Paola.

— J'entre chez la reine comme son parfumeur.

— Et son confident, mon père. Voudriez-vous donc que les bourgeois de Paris et les gentilshommes qui passent....

Ce mot de gentilhomme fit bondir le Florentin.

— Que parlez-vous donc de gentilshommes? fit-il: les gentilshommes n'ont rien à démêler avec vous.

— Cependant vous prenez cette qualité, observa Paola d'un ton ferme.

— Eh! qu'importe?

— Vous savez bien que vous êtes riche, mon père, très riche, presque autant que le roi.

— Tais-toi, malheureuse!

— Au lieu de persister à tenir boutique, comme des gens qui ont besoin de travailler pour vivre, pourquoi n'achetons-nous point un hôtel, n'avons-nous point des laquais? Pourquoi ne me mariez-vous point à un seigneur?

— Sang du Christ! exclama René, mais tu veux donc tuer ton père, malheureuse enfant?

Ces mots échappés à René jetèrent la jeune fille en une stupéfaction profonde. Elle regarda le Florentin, essaya de comprendre et n'y put parvenir. Sans doute que René s'aperçut qu'il avait été trop loin et que ces façons de brutaliser sa fille ne triompheraient point de son obstination. Il changea de ton tout à coup.

— Pardonne-moi, dit-il en lui prenant la main. J'ai l'air d'un père barbare qui sacrifie son enfant... Et cependant...

Cet homme, qui avait un cœur de tigre, éprouva un moment d'émotion; il regarda Paola, et des larmes roulèrent dans ses yeux.

— Et cependant, reprit-il, Dieu m'est témoin que je te voudrais voir au bras d'un seigneur qui t'apporterait un vieux nom bien noble en échange de l'or que je te donnerais; qu'en place de te voir assise derrière ce misérable comptoir... je te voudrais en un somptueux logis, au milieu d'une légion de valets, vêtue de soie et couverte de fines dentelles... Car tu es belle, ma Paola, je suis riche, et je n'aime que toi en ce monde... Mais...

— Eh bien ! dit Paola, pourquoi ne le voulez-vous point, mon père ?

— Parce que le jour où cela arrivera, reprit René d'un air sombre, je mourrai.

— Ciel ! que dites-vous ?

Le Florentin prit sa fille sur ses genoux et ajouta :

— Écoute-moi, Paola, tu ne crois peut-être pas à l'influence des astres, toi ?

— Oh ! non, répondit-elle.

— Aux prédictions des bohémiens ?

— Encore moins. Je suis chrétienne, dit Paola.

— Moi aussi, dit René, mais j'y crois parce que cela est.

Il y avait un tel accent de conviction dans ce que disait le Florentin, que la jeune fille soupira, mais n'osa plus le contredire. René continua :

— Dans ma jeunesse, j'étais un enfant du peuple, un petit mendiant qui faisait des commissions et portait les paquets et les valises des voyageurs dans Florence pour deux paoli. Un jour, une vieille gitana, qui disait la bonne aventure au coin d'une rue et à qui je tendis la main, en examina les lignes, et je la vis tressaillir tout à coup, puis elle examina le ciel, ses regards se portèrent sur mon visage. « Que vas-tu me prédire, vieille sorcière ? » lui demandai-je en riant, car alors j'étais comme toi, incrédule, ma fille. Elle m'entraîna à l'écart et me dit : « Tu feras une grande fortune, tu auras plus d'or qu'un prince, tu seras noble et tu deviendras le favori d'une des souveraines les plus puissantes du monde. On tremblera devant toi, car tu auras un pouvoir immense. — Et... serai-je heureux ? » lui demandai-je. Elle ferma les yeux comme si elle eût voulu lire au-dedans d'elle-même. « Je te vois dans bien des années d'ici, dans une grande ville, vers le nord. C'est là que tu seras puissant, me dit-elle ; tu es à la fois marchand et grand seigneur. — Et je suis heureux ? — Jusque-là, oui. — Qui doit être cause de mon malheur ? — Une femme. Cette femme sera ta fille et elle causera ta mort le jour où tu cesseras d'être marchand et où elle épousera un gentilhomme. » Tu le vois, acheva René d'un air sombre, c'est parce que je ne veux pas mourir que je garde cette boutique et que... tu n'épouseras point un gentilhomme.

— Mais, mon père, dit Paola, la bohémienne s'est trompée peut-être.

— Non, car tout ce qu'elle m'avait prédit s'est réalisé.

Paola baissa la tête, et une larme glissa de ses longs cils sur sa main.

— Comprends-tu, maintenant, poursuivit le parfumeur, pourquoi je veux que tu restes ici, pourquoi j'ai commis Godolphin à ta garde ?...

— Oh ! Godolphin, dit Paola, je le hais.

— Moi aussi, murmura René, mais j'ai lu dans les astres que si Godolphin meurt, je perdrai ma puissance.

— Mon Dieu ! mon Dieu ! dit Paola avec désespoir, car elle comprenait que la superstition de son père était un obstacle infranchissable.

— Allons ! dit le parfumeur qui redevint brutal et grondeur, au lieu de pleurer, petite sotte, va faire tes prières et te coucher. Moi, je vais endosser mon habit de gala et me rendre au Louvre.

René se leva et monta au premier étage pour s'habiller.

Prompte comme l'éclair, Paola courut à la porte du cabinet de toilette. Elle allait sans doute l'ouvrir pour délivrer Noë et le faire sortir précipitamment. Mais au même instant, on frappa à la porte de la boutique et la voix de Godolphin cria au dehors :

— C'est moi, Paola !

— Mon Dieu ! murmura la jeune fille, je suis perdue !

Elle ouvrit à Godolphin.

Le bizarre commis de maître René apportait l'habit.

— Mon père est là-haut, dit Paola ; monte-lui son habit.

Mais, comme si tout eût conspiré pour retenir Noë prisonnier, René redescendit.

Donne-le-moi, dit-il. Mets les volets à la boutique et couche-toi.

Dix heures sonnaient à Saint-Germain-l'Auxerrois.

René endossa son pourpoint neuf, ajusta son épée, prit son feutre et son manteau, et sortit après avoir baisé sa fille au front. Godolphin exécuta les ordres de son maître, ferma solidement la boutique et poussa tous les verrous.

— O ciel ! pensait Paola, ce jeune gentilhomme va-t-il donc passer la nuit ici ?

Godolphin retira de dessous le comptoir un matelas et des couvertures qu'il étendit sur le sol.

— Bonsoir, Paola, dit-il, jetant un long regard à la jeune fille.

— Bonsoir... dit-elle d'un ton sec.

Elle rentra dans le joli réduit, ferma la porte au verrou laissa retomber la lourde draperie et courut ouvrir à Noë.

— Ouf ! murmura tout bas le jeune homme, j'étouffais là-dedans !...

— Ah ! monsieur ! lui dit Paola, comment sortir d'ici ?

— Diable ! dit Noë, cela me paraît difficile.

— Et demain mon père viendra... peut-être même rentrera-t-il cette nuit...

— Bah ! dit Noë, ne vous inquiétez pas, je vais sauter par la fenêtre.

— La fenêtre donne sur la Seine.

— Je sais nager... Avez-vous une corde ? demanda le hardi compagnon du prince de Navarre.

Paola poussa un léger cri de joie que faillit entendre Godolphin.

— Oui ! dit-elle, là-haut, dans le laboratoire.

Et, légère comme une biche effarouchée, elle grimpa l'escalier et en redescendit quelques minutes après avec une belle corde neuve de la grosseur du pouce.

— Elle est mince, dit Noë, mais je la crois solide.

Paola ouvrit la croisée et le jeune homme fixa fortement le bout de la corde à l'un des gonds du volet.

— Maintenant, que tout est prêt pour mon évasion, il me semble que nous avons bien le temps de causer.

— Non! non! fit-elle effrayée, fuyez... j'ai peur... n'avez-vous pas entendu mon père?
— Certainement.
— Vous le voyez, il a des idées à lui. Il est superstitieux.
— Et vous?
— Moi, je ne crois pas à ces sottes prophéties.
— Eh bien! dit Noë qui osa prendre un baiser à la jeune fille, aimons-nous dans l'ombre et le mystère. Vous verrez que votre père continuera à bien se porter...
— Mais, monsieur...
— Ah! dit Noë du ton d'un enfant boudeur, si vous ne me promettez pas que nous nous reverrons, je saute à pieds joints sur l'entablement de la croisée et de là dans la Seine sans toucher à la corde, et je vais me briser la tête contre une des piles du pont.
— Mais c'est du délire!... Et je ne veux pas...
— Permettez-moi de revenir demain.
— Ici...? Y pensez-vous? Mais Godolphin ne sortira pas.
— Cela m'est égal... Vous allez voir. Demain soir, quand Godolphin sera couché ou endormi, je descends au bord de l'eau, je détache une barque, je passe sous le pont. Au moment où je passe, vous me tendez la corde. Je m'y cramponne et je fixe mon bateau sous le pont.
— Mais on ne grimpe point après une corde aussi facilement qu'on se laisse glisser.
— J'ai prévu le cas.
Tout en parlant, Noë portait les mains de Paola à ses lèvres et les couvrait de baisers.
— Voyons! achevez, étourdi! fit-elle avec un sourire.
— J'aurai une échelle de soie, je l'attacherai au bout de la corde; vous retirerez la corde et vous fixerez l'échelle à la croisée. Alors je monterai chez vous aussi facilement que si j'avais à gravir le grand escalier du Louvre.
Paola paraissait hésiter encore.
— Voyons! est-ce convenu? fit Noë. Un, deux... Si vous me laissez compter jusqu'à trois, j'exécute ma menace.
— Arrêtez! dit-elle pleine d'effroi... A demain.
Il la prit dans ses bras et lui donna un long baiser.
— A demain, répéta-t-il.
Et, saisissant la corde à deux mains et l'entourant de ses deux jambes croisées, il se laissa hardiment glisser dans le vide. Paola eut un horrible battement de cœur pendant quelques secondes. Elle vit Noë glisser rapidement le long de la corde, toucher l'eau et disparaître. Alors elle eut peur.
— S'il allait se noyer! pensa-t-elle.
Mais sa terreur fut de courte durée.
Après avoir plongé, Noë reparut à dix brasses plus loin et se mit à nager tranquillement vers la berge, sur laquelle il eut pris pied au bout de cinq

LA JEUNESSE DU ROI HENRI

Le roi frappa sur un timbre; un chambellan parut. (P. 88.)

minutes. Et, remontant jusqu'à la rue Saint-Jacques, il se prit à courir jusqu'à l'hôtellerie, où l'attendait Henri de Navarre.

Le prince se demandait avec inquiétude si Noë n'avait pas été surpris par René aux pieds de sa fille et tué sur place. En le voyant apparaître, il jeta un cri de joie qui fut bientôt suivi d'un cri d'étonnement et d'un éclat de rire. Noë, trempé jusqu'aux os, couvert de fange, était dans un état déplorable; mais comme il riait très fort, le prince crut pouvoir rire aussi.

— D'où sors-tu? et que t'est-il donc arrivé?

— J'ai pris un bain dans la Seine. L'eau est froide...

— Il t'a jeté à l'eau?

— Qui?

— René.

— Morbleu! non. C'est moi qui m'y suis jeté tout seul, ou plutôt j'y suis descendu avec une corde.

— Comment cela?

— Ah! dame! monseigneur, laissez-moi changer de vêtements d'abord. Je vous conterai mon histoire après.

Ces quelques mots étaient échangés entre les deux jeunes gens dans la chambre qu'ils occupaient à l'hôtellerie, — dans laquelle, du reste, personne n'avait remarqué, au moment où il traversait la cuisine, que Noë était mouillé. Ils étaient seuls et pouvaient causer librement.

Henri, en attendant son ami, s'était fait servir à dîner.

Noë se dépouilla de ses habits trempés, prit une couverture, se roula dedans et vint se mettre à table dans ce costume pittoresque. Alors il conta son aventure au prince ébahi de tant d'audace, mais plus ébahi encore des idées superstitieuses de maître René le Florentin.

— Parbleu! dit Henri qui se frappa le front soudain, je ne sais quel moyen M. de Pibrac a trouvé pour nous préserver de la morsure venimeuse de ce vilain parfumeur, mais moi j'en ai trouvé un, maintenant. J'ai un projet.

— Peut-on le connaître?

— Non. Plus tard, il n'est point suffisamment mûri. Tu dis que René va au bal du Louvre?

— Il est parti.

On frappa discrètement à la porte.

— C'est le page Raoul, sans doute, dit le jeune prince.

— Entrez! cria Noë, la clef est sur la porte.

Un homme entra. Ce n'était point Raoul. C'était une sorte de courtaud de boutique vêtu de gris, à la mine inintelligente et candide, que les deux jeunes gens reconnurent sur-le-champ pour celui qui les avait introduits dans la journée chez la belle argentière. A sa vue, Henri de Navarre tressaillit et eut un battement de cœur.

Le commis salua, ouvrit son pourpoint et en retira une lettre qu'il tendit silencieusement au prince

Puis il salua de nouveau, et se retira avant que les deux jeunes gens stupéfaits eussent songé à le retenir.

— Peste! fit Noë, est-ce que les amours de Votre Altesse iraient aussi bon train que les miennes.?

Henri ouvrit la lettre et lut :

« Monseigneur,

« L'homme qui vous remettra cette lettre m'est dévoué jusqu'à la mort. Je
« compte sur votre loyauté pour brûler ce papier sur-le-champ.

« Il faut un bien puissant motif pour que j'ose écrire à Votre Altesse
« comme je le fais, à l'insu de mon mari qui peut rentrer d'un moment à l'autre.

« Monseigneur, Mme la comtesse de Gramont, en vous confiant une
« lettre pour moi, ne savait point quelle misérable existence je mène. J'ai un
« mari jaloux, injuste à cause de cela, ombrageux et farouche. Prisonnière en
« ma maison, entourée d'espions plutôt que de serviteurs, je ne puis même rece-
« voir mes amies d'enfance. Vous nous avez sauvés d'un danger pire que la
« mort il y a trois jours. Eh bien! quand nous nous sommes séparés, mon
« mari m'a accablée de reproches, d'odieux soupçons. Il était déjà jaloux de vous.

« Le ciel a été pour moi en permettant qu'il fût absent lorsque vous vous
« êtes présenté. Le vieux Job vous a dépeint de son mieux, vous et votre ami,
« mais il ne vous a point reconnus à ce portrait.

« Je considère cet événement, monseigneur, comme très heureux, et je
« viens vous supplier de ne point revenir rue aux Ours.

« Je vous le demande au nom de mon repos.

« Cependant, j'ai un secret à vous confier. Où et comment le pourrai-je?
« Voilà ce que je ne puis vous dire encore, mais laissez-moi espérer que si je
« parviens à vous indiquer un rendez-vous, soit de jour, soit de nuit, vous
« y viendrez.

« Celle qui se dit,

« De Votre Altesse
« La très humble servante,
« Sarah. »

Henri lut cette lettre à haute voix et regarda ensuite son compagnon.

— Qu'en penses-tu? lui demanda-t-il.

— Je pense, répondit Noë, que la lettre de Corisandre produit son premier effet.

— Bah! fit Henri ; crois-tu?

— Tenez, Henri, j'ai toujours eu mon franc parler avec vous...

— Tu peux continuer.

— Si vous voulez mon opinion, je vais vous la dire...

— Je l'attends.

— Samuel Loriot n'est pas jaloux. Et sa femme est une fine araignée qui commence à tramer une jolie toile dans laquelle vous serez pris.

— C'est impossible !

— Corisandre est l'amie de Sarah. Sarah est dévouée à Corisandre.

— Mais cependant...

— Ma foi ! dites tout ce que vous voudrez. Je suis comme Caton d'Utique : *censeo delendam esse Carthaginem ;* ce qui veut dire, traduit librement : *je pense que la belle Argentière se gausse du prince de Navarre.*

Henri allait se récrier sans doute ; mais il n'en eut pas le temps. On frappa de nouveau à la porte.

— Entrez ! dit Noë.

Cette fois, c'était le page Raoul. Il salua les deux jeunes gens et entra. Derrière lui marchait un valet qui portait un gros paquet très soigneusement enveloppé.

Le valet déposa le paquet sur un meuble et, sur un signe du page, il s'en alla.

Alors le page s'assit et dit :

— Habillez-vous promptement, messieurs ; M. de Pibrac vous attend.

Henri et Noë étaient de la même taille, et tous deux étaient de celle du page. Ce dernier ouvrit le paquet et étala sur l'un des lits deux habits de cour complets qu'il avait pris dans sa propre garde-robe. Henri et Noë s'habillèrent en un clin d'œil, et Raoul vit bien, à la façon leste et dégagée dont ils s'en acquittaient, qu'ils avaient coutume de porter des pourpoints de soie et de velours et des collerettes de fine guipure.

Quand ils furent prêts, Raoul leur dit :

— Venez, messeigneurs, j'ai une litière à la porte.

Ils descendirent, prirent place dans la litière, et le page cria aux porteurs :

— Au Louvre !

La litière descendit la rue Saint-Jacques, traversa la Cité et le pont Saint-Michel et, un quart d'heure après, elle s'arrêta à la porte du palais des rois de France.

Alors, en mettant pied à terre pour suivre le page, Henri se pencha à l'oreille d'Amaury de Noë :

— Le roi de France, dit-il, ne se doute guère qu'il va jouer à l'*hombre* avec son cousin de Navarre.

— Et René le Florentin se doute moins encore, murmura Noë, qu'il va refaire connaissance avec nous, et que j'ai assisté ce soir à sa toilette de gala.

— Venez, messieurs, répéta Raoul en écartant le soldat suisse qui faisait sentinelle au Louvre.

XII

En quittant le prince de Navarre et Noë, qui s'en retournaient rue Saint-Jacques, où le page Raoul leur devait porter des habits de gala, M. de Pibrac, qui les avait accompagnés jusqu'à la poterne du Louvre, remonta et s'en alla chez le roi.

Le roi Charles IX était seul, assis en son grand fauteuil à dais fleurdelisé, les jambes croisées, les coudes appuyés sur une table, le menton soutenu dans ses deux mains et l'œil fixé sur un traité manuscrit de la *volerie*.

La salle où se trouvait le monarque se nommait le *Cabinet du roi*. C'était une assez vaste pièce dont la disposition, l'ameublement et les objets divers qu'elle renfermait, disaient à merveille les goûts, les habitudes et le caractère du souverain qui l'habitait presque continuellement, et n'en sortait que pour aller à la chasse ou se promener en litière. De longues et hautes étagères en bois noirci supportaient des livres et des manuscrits. Charles IX était poète; il aimait les écrivains, il se vantait de l'amitié de Ronsard. Au fond de la salle on voyait une forge en miniature et des outils de serrurerie. Le roi était forgeron à ses heures, et nul mieux que lui ne trempait une dague ou ne ciselait un heaume et une cuirasse.

Aux murs pendaient, çà et là, des arquebuses, un pieu, un cor de chasse ou des armes de toute sorte que supportaient des bois de cerf et d'élan. Charles IX était veneur passionné. Deux grands lévriers qui ne le quittaient jamais, Nisus et Actéon, dormaient sur une peau de loup, sur laquelle le roi lui-même avait ses pieds. Le roi lisait un très curieux traité de *volerie* que le roi de Pologne, son frère, avait fait traduire du slave et lui venait d'envoyer, il y avait trois jours, par l'occasion d'un gentilhomme de sa maison qui s'en retournait de Varsovie en Touraine, d'où il était.

Une lampe surmontée d'un abat-jour en cuivre poli, placée devant lui, projetait sa clarté sur le manuscrit, dont la lecture paraissait l'intéresser fort.

M. de Pibrac entra sur la pointe du pied; mais si léger qu'il fût, le bruit de ses pas fit retourner la tête à Charles IX.

— Ah! c'est vous, Pibrac? dit-il.

— C'est moi, Sire, répondit Pibrac en s'inclinant.

— Il faudra que vous lisiez cela, Pibrac mon ami, continua le roi. Ce manuscrit renferme de fort belles appréciations sur la façon d'éduquer les faucons, gerfauts, tiercelets et autres oiseaux de volerie, dans le nord de l'Europe et notamment en Hongrie et sur les frontières de la Moscovie.

— Je le lirai, Sire, aussitôt que Votre Majesté me fera l'honneur de me le prêter. Mais je vois qu'elle trouve un grand plaisir à cette lecture, et je me retire...

— Restez donc, Pibrac, au contraire, fit le roi.

Il corna le manuscrit à la page où il s'arrêtait, se redressa et se renversa en arrière dans son fauteuil :

— Avez-vous quelque chose de nouveau à me conter? demanda-t-il.

Charles IX était un des princes les plus ennuyés de sa race, et il passait son temps à chercher inutilement des distractions. Jamais un courtisan, jamais un de ses gentilshommes, un de ses pages ne l'abordait, que le monarque ne lui adressât cette question : « Avez-vous aujourd'hui quelque chose de nouveau à me conter? »

En adressant ces paroles à M. de Pibrac, le roi le regarda.

— Peut-être, Sire, répondit le Gascon.

Le visage du roi se dérida soudain, et son œil morne eut un éclair de joie.

— Ah ! ah ! dit-il, se frottant les mains.

Et il indiqua un escabeau à son capitaine des gardes :

— Seyez-vous là, Pibrac mon ami, et me contez ça...

Pibrac s'assit et laissa glisser sur ses lèvres un sourire préparatoire qui allécha sensiblement la curiosité du monarque.

— Votre Majesté, dit le Gascon à mi-voix, aime-t-elle beaucoup René?

— Ce gueux de Florentin, le parfumeur de ma mère?

— Oui, Sire.

— Non, de par Dieu ! fit le roi. C'est un fieffé coquin que j'eusse fait pendre depuis longtemps, si la protection de Mme Catherine ne le couvrait. Mais la reine mère tient à lui plus qu'à moi, qui suis le roi, et si je le faisais occire, elle mettrait le feu au Louvre.

M. de Pibrac garda un silence diplomatique à l'endroit de la reine mère, car il savait combien le roi la craignait et subissait sa terrible influence.

— Est-ce de lui que vous me voulez parler, Pibrac?

— Oui, Sire.

— Pardieu! fit le roi qui devint en belle humeur, si vous m'appreniez qu'il est mort, vous me feriez grand plaisir, mon ami. Je n'y serais pour rien et m'en laverais les mains.

— Il n'est pas mort, Sire.

— Tant pis !

— Mais il a éprouvé une mésaventure.

— Bah ! que lui est-il arrivé ?

— Il a été roué de coups.

— La nuit, sans doute, dans une ruelle, par des truands?

— Non, Sire, en province, et par des gentilshommes.

— Voilà qui est mieux, dit le roi.

— Dans une hôtellerie où se trouvait couchée une femme que le drôle voulait enlever.

— Ah ! je comprends, c'est le mari ?...

— Nullement, Sire. Le mari est un gros bourgeois que René voulait faire occire.

— Qu'est-ce donc alors ?

— Deux gentilshommes de mon pays, Sire, qui ont protégé la belle bourgeoise, ont roué mon René de coups et l'ont enfermé dans une cave. Comment en est-il sorti? je ne sais ; mais il est arrivé ce soir de bien méchante humeur.

Le roi se prit à rire bruyamment:

— Certes, dit-il, ces gentilshommes sont hardis, en vérité.

— Ils sont Gascons, Sire.

— Eh ! continua Charles IX, qui semblait aller au-devant des secrets désirs de M. de Pibrac, je les voudrais bien voir.

— Ma foi ! Sire, je venais demander à Votre Majesté la permission de les lui présenter. L'un se nomme M. de Noë, et l'autre le sire de Coarasse. Cet dernier est un joli garçon qui pourrait bien être un péché mignon de feu le roi Antoine de Bourbon.

— Bah ! fit le roi.
— C'est un secret que je confie à Votre Majesté, Sire.
— Je le garderai, Pibrac.
— Le sire de Coarasse, poursuivit le capitaine aux gardes, est un beau joueur, Sire.
— Ah !
— Il joue merveilleusement à l'*hombre*, et si Votre Majesté le voulait admettre à son jeu, ce soir...
— Parbleu ! oui ! dit le roi. Tous mes gentilshommes sont des mazettes à ce jeu. Il n'y a que vous et moi qui sachions le jouer. Le prince de Condé lui-même n'y entend goutte.

Et comme Pibrac gardait un respectueux silence sur le prince, Charles IX ajouta :
— Amenez-moi donc vos Gascons, ce soir. Je m ennuie prodigieusement, rien qu'à songer que j'héberge et festoie l'ambassadeur d'Espagne. Le bal, les bougies, la musique, tout cela me fatigue, Pibrac, mon ami.
— Eh bien ! Sire, je vous promets une belle partie d'hombre. Et puis ensuite, Sire, ajouta le Gascon avec un sourire moqueur, Votre Majesté peut faire passer un bien mauvais quart d'heure à René.
— Comment cela?
— En jouant avec deux gentilshommes qu'il doit avoir en grande haine.
— Hé ! hé ! murmura Charles en se frottant les mains, j'ai bien le droit après tout de protéger des gens qui font ma partie... Ma mère protège bien ce maudit parfumeur !

M. de Pibrac réfléchissait.
— A quoi songez vous, donc, Pibrac ? fit le roi tout à fait de bonne humeur, depuis qu'il savait que René avait été rossé.
— Je voudrais combiner la soirée d'aujourd'hui comme un *mystère*. Sire Gauthier Marguille, qui est mon ami, ne ferait pas mieux.
— Voyons ! dit le roi.
— Votre Majesté a coutume de se montrer tard aux dames de la cour.
— Très tard, Pibrac.
— Et souvent même, je m'en souviens, c'est ici qu'on dresse la table de jeu de Votre Majesté.
— On la dressera ici ce soir.
— Alors, vers minuit, on ouvre les portes du fond, et les courtisans et les dames peuvent voir Votre Majesté en train de jouer.
— Voulez-vous que ce soit ainsi ce soir?
— Oui, Sire, j'ai mon idée.
— Cela sera, Pibrac, mon ami.

Le roi frappa sur un timbre ; un chambellan parut.
— Mon souper, demanda le roi.
Et il dit à M. de Pibrac :
— Voulez-vous souper avec moi ?
— Votre Majesté me comble, Sire.

...Un simple suisse était à la porte de Sa Majesté. (P. 92.)

— Ah! c'est que, Pibrac, mon ami, je m'ennuie quand je soupe seul.
— Votre Majesté pourrait souper, si elle le voulait, avec la reine?
— Ma femme est triste.
— Avec Mme Catherine...
— Ma mère me fatigue avec sa politique. Elle me casse la tête à coups de

huguenots et de catholiques. Elle s'occupe de religion plus que le pape, et de politique plus que moi, qui suis le roi.

— Avec la princesse Marguerite et M. le duc d'Alençon...

— Passe encore pour Margot, fit le roi. Elle a quelque esprit à ses heures, surtout quand mon cousin de Guise est ici... mais il est à Nancy en ce moment, et Margot est devenue insupportable.

— Mais... le duc d'Alençon?

— Ah! pour lui, non, par exemple! murmura le roi avec humeur. Vous ne savez donc pas, Pibrac mon ami, que depuis que mon frère d'Anjou est devenu roi de Pologne, d'Alençon s'est mis en tête qu'il était mon successeur.

— Heureusement que Votre Majesté se porte bien...

— Peuh! on ne sait ni qui vit ni qui meurt, Pibrac, et mon frère d'Alençon espère toujours me voir tomber malade. Chaque fois qu'il me salue, il me semble lire dans son regard ces mots : « Le roi se porte trop bien... » Si je l'invitais à souper, il serait homme à me souhaiter une indigestion. Soupez donc avec moi, Pibrac, tous ces gens-là m'ennuient...

— Votre Majesté m'accorde-t-elle deux minutes?

— Allez, dit le roi.

M. de Pibrac courut trouver Raoul le page et lui donna des ordres concernant le prince de Navarre et Noë.

Puis il revint auprès du roi devant lequel on venait de placer une petite table à deux couverts, chargée d'une soupe au lard et aux choux, — mets favori du prince, — d'un perdreau froid, d'une hure de sanglier et d'un plat d'épinards aux œufs durs. Un vieux vin de Guyenne étincelait dans un grand flacon de cristal.

M. de Pibrac était un Gascon du bon cru, c'est-à-dire qu'il avait cet esprit fin, pénétrant, railleur sans méchanceté, gai sans bouffonnerie, qui charme les froides imaginations du Nord et a fait la fortune de tous ces hommes remarquables que le soleil du Midi a vus naître. Il avait vu, chose rare! Charles IX de bonne humeur; il résolut de le maintenir en ces bonnes dispositions et il se mit lui-même en frais de verve, d'historiettes, d'anecdotes, de mots étincelants.

M. de Pibrac contait à ravir : il savait une foule d'histoires de chasse, de pêche, de guerre et de ruelles.

Malgré ses quarante-cinq ans, il était galant comme un jeune coq et se trouvait au courant de tous les petits scandales de la cour et de la ville. Il avait reçu les confidences de Mme Marguerite.

Bref, il développa si bien tout son répertoire, que plus d'une fois le roi rit aux larmes, qu'il mangea et but comme un simple lansquenet et finit par dire au gentilhomme gascon :

— Ah! foi de roi, Pibrac, mon ami, vous êtes un charmant convive.

— Votre Majesté est trop bonne...

— Et vous n'engendrez certes point mélancolie.

Pibrac s'inclina. Le roi regarda le sablier.

— Tiens! dit-il, déjà dix heures! J'entends un grand vacarme dans le Louvre.

— C'est M. l'ambassadeur d'Espagne qui arrive, Sire.

— Ma sœur Margot doit être couverte de dentelles, et toutes les dames de sa cour sont déjà venues en litière, je gage.

— Il me semble, Sire, dit Pibrac, que j'entends la musique.

— Moi aussi, dit le roi, c'est le bal qui commence. Parole de roi! mon pauvre Pibrac, ma mère agit au Louvre comme si je n'y étais pas. Sans vous, je souperais seul... Eh bien! écoutez, nous allons faire bande à part, envoyez quérir vos deux gentilshommes.

— Je les attends, Sire.

— Et nous allons faire une *hombre* entre nous, à quatre, sans nous mêler de ce que font et disent tous ces gens-là...

— Mais, Sire, dit Pibrac, Votre Majesté ne peut se dispenser de paraître au bal?

— J'y paraîtrai. On ouvrira les portes. Je ne me dérangerai pas, le bal viendra à moi. N'est-ce pas convenu?

— En effet, Sire.

— Et si M. l'ambassadeur d'Espagne me veut saluer, il s'approchera de mon jeu.

M. de Pibrac se leva.

— Envoyez-moi mes pages, lui dit Charles IX, je vais me faire habiller. Et puis revenez et m'amenez vos deux Gascons.

— Je vole et reviens, Sire.

Et M. de Pibrac, qui avait donné des instructions détaillées à Raoul, regagna son appartement et attendit.

Il était près de onze heures lorsque le page et les deux jeunes gens arrivèrent au Louvre.

Déjà la cour du royal édifice était encombrée de litières, de pages, de varlets, de chevaux richement caparaçonnés. On y voyait même quelques carrosses, moyen de transport tout nouveau inventé par la reine Catherine.

Les invités du roi arrivaient en foule. Les escaliers étaient couverts d'un flot de satin, de velours et de guipures.

On attendait M. l'ambassadeur d'Espagne, qui avait été logé au Châtelet et ne pouvait tarder d'apparaître avec sa suite.

Raoul fit passer les deux jeunes gens au travers de cette foule; puis, au lieu de les conduire par le grand escalier, il leur fit prendre l'escalier tournant qui menait aux petits appartements et par lequel M. de Pibrac les avait conduits à la porte du Louvre, deux heures auparavant.

Henri et Noë entrèrent ainsi chez le capitaine gascon.

— Raoul, mon mignon, dit M. de Pibrac qui se leva et vint à eux, tu devrais bien me rendre un service.

— Lequel, monsieur?

— Tu te faufileras dans le bal tout à l'heure, et tu verras si René le Florentin s'y trouve.

— Bon!

— S'il y est, tu viendras me le dire.

— Je n'y manquerai pas.

— Tu me trouveras chez le roi.
— Très bien !

Raoul s'en alla. Alors M. de Pibrac regarda le prince :

— En vérité ! monseigneur, dit-il, ce justaucorps bleu de ciel vous va à ravir. Si Mᵐᵉ Marguerite était appelée à en juger, et qu'elle sût votre vrai nom, elle reviendrait bien certainement sur l'opinion qu'elle s'est faite de cet ours mal léché qu'elle appelle le prince de Navarre.

Henri eut un fin sourire.

— Est-ce que je ne pourrai pas danser avec elle, cette nuit ?

— Monseigneur, je crois que Votre Altesse pourra faire tout ce qui lui plaira, car elle sera en grande faveur auprès du roi.

— Vraiment ?

— Sa Majesté a ri aux larmes en apprenant l'histoire de René.

— Comment ! fit Noë, vous avez osé lui conter...

— Tout, monseigneur.

— Et le roi n'a pas froncé le sourcil ?

— Il a été ravi : il a René en exécration.

— C'est à merveille, dit Henri de Navarre, mais j'ai trouvé, je crois, moi aussi, un moyen pour l'apaiser.

— Qui, le roi ?

— Non, René. J'ai une idée que je vous développerai, monsieur de Pibrac.

— Venez, monseigneur, le roi vous attend.

— Déjà ?

— Avec impatience. Je vous ai donné comme de première force à l'*hombre*.

— Vous avez dit vrai, fit Noë.

M. de Pibrac ouvrit une petite porte qui donnait sur un couloir.

Ce couloir conduisait au cabinet du roi. Un simple suisse était à la porte de Sa Majesté.

Le suisse frappa deux coups avec la crosse de sa hallebarde. Au bruit, un chambellan arriva :

— Annoncez M. de Pibrac et ses deux cousins, dit le Gascon.

Le chambellan ouvrit un battant de la porte et jeta le nom de M. de Pibrac.

Le roi s'était remis à feuilleter le manuscrit traduit du slave.

Mais il le repoussa vivement et tourna la tête avec un très vif sentiment de curiosité.

M. de Pibrac entra, donnant la main à Henri ; Noë les suivait.

— Asseyez-vous, messieurs, dit Charles IX, ici je ne suis pas roi. Pibrac et moi nous sommes de vieux amis, et les amis de Pibrac sont les miens.

Il regarda de nouveau Henri.

— Comment vous nommez-vous, monsieur ? lui demanda-t-il.

— Henri de Coarasse, Sire.

Le roi cligna légèrement de l'œil et regarda M. de Pibrac d'un air qui signifiait :

— Hé ! mais, vous avez raison, il ressemble au feu roi de Navarre... et pourrait bien être son fils.

Puis il dit tout haut :

— Est-ce que vous venez chercher fortune à Paris, monsieur?

— Sire, répondit le prince, Votre Majesté sait que nos montagnes produisent beaucoup de cailloux et peu d'écus. Quand on est cadet de Gascogne, il faut voir du pays.

— Les écus sont rares partout, monsieur, fit le roi. Mme Catherine, ma digne mère, prétend que je suis le plus pauvre gentilhomme de France.

— Si Votre Majesté voulait partager sa pauvreté avec moi? murmura Henri avec un fin sourire.

— Ces Gascons sont pleins d'esprit, dit le roi.

— Et légers d'argent, ajouta Pibrac.

— Cependant, continua Charles IX, vous avez bien une vingtaine de pistoles dans votre escarcelle, j'imagine, Pibrac, mon ami. Je vous préviens que je joue gros jeu ce soir.

— Si besoin est, j'engagerai à Votre Majesté une moitié de ma solde, Sire.

— Holà! dit le roi appelant un de ses pages, Gauthier, mon ami, dresse-nous une table et apporte les cartes.

Le page obéit. Le roi s'assit, tira sa bourse et la posa sur la table. Puis il battit les cartes.

— Monsieur de Coarasse, je vous prends pour mon associé.

— Votre Majesté, répondit Henri, me comble d'honneur.

— Et il s'assit à la droite du roi.

M. de Pibrac se plaça en face de Charles IX et invita Noë à se placer à sa gauche. Puis, se penchant à son oreille :

— Ayons soin de nous laisser battre, lui dit-il. Si le roi gagne, il sera de bonne humeur toute la nuit, et René le Florentin s'en ressentira.

— Coupez, Pibrac, dit le roi, tout entier déjà au plaisir de jouer à son jeu favori.

En ce moment, dans les grands appartements du Louvre, le bal commençait, et le roi, auquel le bruit en arrivait, dit en donnant les cartes :

— Pendant que tous ces gens-là dansent, le roi de France va tâcher de s'amuser comme un lansquenet qui joue aux dés ou aux osselets sur une table de cabaret. J'étais né pour être lansquenet, messieurs.

— Sire, répliqua M. de Pibrac, Votre Majesté trouvera quand elle le voudra à troquer sa condition.

— Mais il paraît que Dieu ne le veut pas, fit Charles IX en retournant un roi ! et il posa un doigt sur la retourne.

XIII

Un peu avant que le roi commençât à jouer et tandis que déjà on dansait la première valse, danse nouvelle récemment importée d'Allemagne à la cour de France, Mme Marguerite de Valois procédait à sa toilette de bal.

Une seule camèrière l'ajustait. Cette camèrière était une charmante enfant de dix-huit ans, blonde comme une madone, jolie à croquer et spirituelle comme un démon. Elle se nommait Nancy.

Nancy jasait et babillait à tort et à travers, tandis qu'elle coiffait sa maitresse ; elle devisait des courtisans et des gentilshommes, des pages et des dames de la cour, paraissait fort au courant des intrigues du Louvre et mettait tout en œuvre pour distraire la princesse.

Mais la princesse avait un voile de mélancolie profonde sur son frais et beau visage.

Ses grands yeux d'un bleu sombre étaient abattus, ses lèvres rouges plissées dédaigneusement, et dans toute sa personne régnait un aspect de morne tristesse.

Pourtant Mme Marguerite était en apparence la plus heureuse des princesses : le roi son frère la traitait en enfant gâtée ; les courtisans l'adoraient ; la bonne ville de Paris l'admirait quand elle passait à cheval dans les rues. Et puis Mme Marguerite ne devait pas, il le semblait du moins, être attaquée de ce terrible mal d'ennui qui minait lentement ceux de sa race. Elle était artiste, elle peignait, elle faisait de la sculpture, elle cultivait les belles-lettres et avait souvent des conférences poétiques avec messire Pierre de Ronsard et l'abbé de Bourdeille, sire de Brantôme, lequel la consultait fréquemment tandis qu'il écrivait sa *Vie des dames galantes*.

Mme Marguerite se trouvait dans le plus charmant réduit qu'eût jamais eu une princesse de France, petite-fille des Médicis.

Les étoffes d'Orient, les richesses sans prix des musées italiens, l'art sévère de la Renaissance, l'école espagnole avec ses tableaux sombres, l'école florentine avec sa peinture aux couleurs éclatantes, tout y était représenté par de merveilleux échantillons.

Au milieu de la salle une statue ébauchée, et, près de la statue, un maillet et un ciseau.

Dans un coin, une table supportant une magnifique édition d'Homère dans le texte grec, des plumes et du parchemin ; un peu plus loin des fleurets et un masque jetés à terre ; un peu plus loin encore, un chevalet avec un paysage commencé.

Tout cela disait éloquemment que la fée de ce logis était à la fois peintre, sculpteur, poète, savante dans les langues anciennes, habile à manier l'épée comme son premier maître d'escrime, le duc d'Henri d'Anjou, roi de Pologne.

Puis, si l'on avisait une grande glace de Venise ajustée par morceaux et que, dans l'un des compartiments, on aperçût une tête adorable, brune et blanche, avec un large front où la pensée s'ébattait à l'aise, un grand œil d'un bleu sombre où brillait le génie, des lèvres d'un rouge ardent où la passion semblait vivre, on s'avouait que la fée de ce logis était la plus ravissante, la plus merveilleuse des créatures, et qu'il était bien impertinent celui qui osait creuser un pli dans ce front d'artiste, jeter un voile de mélancolie sur ce regard qui fascinait, poser un sourire amer sur cette bouche d'où la poésie et l'amour devaient découler à flots.

Qu'avait donc Mme Marguerite ? Quel caprice inassouvi, quel ennui pouvait donc ainsi assombrir son visage? N'était-elle point la belle des belles, l'idole qu'un cavalier, fût-ce l'impie don Juan, eût choisie entre les idoles? Nancy s'escrimait inutilement et babillait comme un page revenant de bonne fortune, sans pouvoir amener un sourire sur les lèvres de Marguerite.

Enfin, à bout d'expédients, d'anecdotes et de jolis cancans, la mutine camériste prononça hardiment un nom qui eut le pouvoir de faire tressaillir Mme Marguerite des pieds à la tête.

— Si Mgr de Guise était ici, dit-elle, il trouverait Son Altesse plus belle que jamais...

— Tais-toi, Nancy, murmura Marguerite tout bas, tais-toi !

— Bah ! fit Nancy, est-il donc défendu de parler du duc?

Marguerite jeta autour d'elle un regard plein d'effroi.

— Tais-toi ! répéta-t-elle, ne prononce pas ce nom : les murs ont des oreilles au Louvre.

— La reine mère est au bal...

— Déjà?

— Sans doute. N'est-elle point obligée de recevoir l'ambassadeur?

— C'est juste.

— Et si la reine est au bal, on peut bien parler du duc.

Un profond soupir souleva le sein de la jeune princesse.

— Le duc est parti... dit-elle.

— Il est à Nancy, une ville qui porte mon nom fit, la soubrette en riant.

— Nancy est bien loin, soupira Marguerite.

— On en revient en trois jours.

— Hélas ! le duc ne reviendra pas.

— Ah ! par exemple !

— Ne sais-tu donc pas, murmura la princesse, que la vie du duc n'était plus en sûreté au Louvre?...

— Bah ! fit Nancy d'un air incrédule.

— Un soir, reprit la princesse, le duc sortait d'ici et s'en allait par le corridor secret et le petit escalier...

— Eh bien? fit Nancy.

— Quand il eut franchi la poterne et se trouva sur la berge de la rivière, un homme masqué l'aborda.

— Et... que lui dit cet homme, madame?

— Ceci : « Monseigneur, vous aimez la princesse Marguerite et elle vous aime. »

« Et comme il tressaillit, l'homme ajouta :

« — Je suis un ami et je viens vous donner un bon conseil.

« — Parlez, dit le duc.

« — Si vous tenez à vivre vieux, monseigneur, montez à cheval demain plutôt qu'après, ce soir plutôt que demain.

« — Et où faut-il que j'aille.

« — A Nancy.

« — Pourquoi faire?

« — Pour y attendre que la princesse Marguerite ait épousé le prince de Navarre.

« — Comment ! fit le duc, mon cousin Henri de Navarre serait homme à me faire assassiner ?

« — Pas lui, monseigneur.

« — Qui donc, alors ?

« — Il y a des noms qui portent malheur quand on les prononce, répondit l'homme masqué.

« Et il disparut dans les ténèbres. »

— Et c'est pour cela que le duc est parti ?

— Oui, répondit Marguerite. Le lendemain soir je le revis et il me conta sa singulière rencontre :

« — Je ne partirai pas, me dit-il, je vous aime et ne crains rien. »

« Mais j'ai insisté, j'ai prié, j'ai pleuré, et il est parti... »

Une larme perla au bout des cils de la princesse.

Puis après un pénible silence :

— Et il faut que j'aille au bal, cependant, murmura-t-elle... il faut que j'aie l'air souriant, que je danse et paraisse heureuse, quand j'ai la mort dans le cœur.

— Oh ! l'affreux prince de Navarre ! fit Nancy en frappant le parquet de son petit pied.

— Je le hais avant de le connaître, dit Marguerite.

— Mais, reprit Nancy, le duc de Guise n'est-il pas un prince plus riche et plus puissant que ce roitelet de Navarre ?

— Certes, oui, mon enfant.

— Eh bien ! pourquoi donc Mme Catherine ne vous fait-elle pas épouser le duc de Guise ?

— Pauvre Nancy, murmura Marguerite, tu ne comprends rien à la politique !

— C'est possible.

— On veut que j'épouse le prince de Navarre, précisément parce que j'aime le duc de Guise.

— Je ne comprends toujours pas.

— Le duc de Guise est plus loin du trône de France d'un degré de parenté que le prince de Navarre, continua Marguerite, mais il en est plus près par sa valeur, sa situation politique, son influence et sa popularité. Ne sais-tu donc pas que le roi frissonne à la pensée que les Valois peuvent s'éteindre et que le duc leur succédera, si on lui fait faire un pas de plus vers le trône ?

— Soit, dit Nancy. Mais, à tout prendre, ne vaut-il pas mieux avoir pour successeur le duc de Guise, catholique et populaire en France, que le roi de Navarre huguenot.

— Non, car mon frère a peur de Henri de Guise et ne craint pas le roi de Navarre. Si le premier m'épousait, Charles s'imaginerait qu'il mourra empoisonné ou assassiné.

— Mais, Mme Catherine ?...

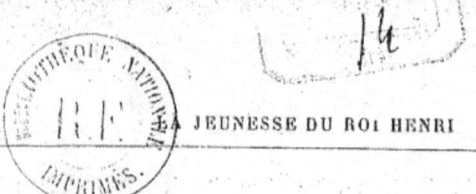

...Le roi jouait avec son capitaine des gardes et deux gentilshommes... (P. 99.)

— Ah! dit Marguerite, ma mère pense comme le roi. Ou plutôt, c'est le roi qui pense comme elle.

Marguerite en était là de ses explications lorsqu'on gratta à la porte. Nancy courut ouvrir. Un homme entra : c'était René, non plus René poudreux, crotté, en habits de voyage, mais René vêtu comme un grand seigneur, portant haut la tête, avec l'insolence d'un favori.

— Madame, dit-il, S. M. la reine mère fait prier Votre Altesse de se rendre au bal, où sa présence est attendue avec une vive impatience.

— Ah!... dit Marguerite avec indifférence.

— Votre Altesse n'a point oublié qu'elle devait danser avec M. l'ambassadeur d'Espagne.

— C'est juste.

— Il est plus de onze heures, madame.

— Hâte-toi, Nancy, dit la princesse.

— Voilà qui est fait, répondit Nancy en piquant une dernière épingle d'or dans la luxuriante chevelure de Marguerite de Valois.

— Eh bien, René, dit la princesse tandis que Nancy lui mettait ses gants, votre colère est-elle calmée?

— Un peu, madame.

— Et ces deux gentilshommes?

— Oh! je les trouverai, madame.

— Et que leur ferez-vous?

— La reine m'a promis qu'ils seraient pendus, madame.

— Ma mère est femme à tenir parole, René.

— Je suis son fidèle serviteur, madame, et j'étais précisément en voyage pour son service quand cette mésaventure m'est advenue.

— Tiens, au fait, d'où veniez-vous?

— De Tours. La reine m'y avait envoyé.

— Dans quel but?

— C'est le secret de Sa Majesté, madame.

— Bon, fit Marguerite je ne tiens pas à le savoir. — Mon mouchoir, Nancy. — Vous êtes vêtu comme un prince, René.

— Votre Altesse me flatte.

— Vous avez l'air d'un vrai gentilhomme, bien que la noblesse que mes oncles les Médicis octroient soit de mauvais aloi.

— Votre Altesse est cruelle.

— Et puisque vous avez si bon air, acheva Marguerite avec un sourire railleur, je vais vous faire un honneur, maître René. Je vais prendre votre poing pour entrer au bal.

René s'inclina profondément. Nancy apporta un mouchoir brodé et armorié. La princesse le prit, jeta les yeux sur les armes et tressaillit.

— Madame, dit tout bas René, je crois que Votre Altesse ferait bien de ne pas prendre ce mouchoir. Il est aux armes de la maison de Lorraine, que la reine mère ne peut plus souffrir depuis que M. le duc de Guise est parti sans lui aller faire sa révérence. La reine est ombrageuse...

Mais Marguerite toisa René des pieds à la tête.

— M. le duc de Guise m'a donné ce mouchoir et j'y tiens beaucoup, dit-elle sèchement.

René se tut.

Marguerite posa sa main ouverte sur le poignet de René, et le Florentin fit son entrée dans les salles d'apparat du Louvre, conduisant une fille de France.

Le favori de la reine mère se croyait tout permis.

L'ambassadeur d'Espagne, un homme d'un âge mûr, mais fort beau cavalier, et qui avait l'air d'un roi, vint s'incliner devant Marguerite, regarda assez dédaigneusement René et offrit sa main à la princesse.

René chercha la reine mère dans le bal et alla la rejoindre. La reine l'entraîna dans la vaste embrasure d'une croisée et s'entretint avec lui à voix basse. En ce moment, le page Raoul passa, lui jeta un coup d'œil furtif et disparut. Les courtisans attendaient avec une vive impatience que le roi parût. Mais le roi se faisait attendre. Plusieurs fois déjà la reine mère avait dit :

— Pourquoi le roi ne vient-il point ?

Un gentilhomme bien informé avait répondu à la reine :

— Le roi a soupé avec M. de Pibrac et il joue à l'*hombre* avec lui.

— On ne joue pas à l'*hombre* à deux, dit la reine ; quels sont les deux autres partenaires ?

— Deux gentilshommes que M. de Pibrac a amenés.

— Leur nom ?

— Je l'ignore.

— Le Gascon, avait murmuré la reine avec humeur, jouit de bien grandes privautés auprès du roi. Heureusement il n'est pas dangereux ; il ne se mêle pas des choses de la politique.

Elle avait continué à causer avec son parfumeur.

Tout à coup on entendit retentir trois coups de hallebarde sur le parquet. C'était le signal d'usage pour annoncer la présence du roi. Tous les regards se tournèrent vers la porte qui se trouvait au fond de la grande salle où deux mille personnes tenaient à l'aise. Cette porte s'ouvrit à deux battants et les choses eurent lieu comme l'avait souhaité M. de Pibrac. Le cabinet du roi apparut. Au milieu se trouvait une table. Autour de cette table, le roi jouait avec son capitaine des gardes et deux jeunes gentilshommes fort galamment vêtus, ayant fort belle mine, mais que personne à la cour ne connaissait,

— Va donc voir, René, dit la reine, quels sont ces gentilshommes.

René s'approcha de la table de jeu, regarda le partenaire du roi et recula stupéfait. Il avait reconnu Henri.

En ce moment le roi disait :

— Nous avons gagné. Messire de Coarasse, vous jouez à ravir et je vous retiens pour faire une partie tous les soirs.

Henri leva la tête et vit la figure pâle et menaçante de René ; il le salua d'un sourire.

En même temps le roi aperçut René.

— Tiens, dit-il d'un ton railleur, tu connais ces gentilshommes, René ?

René salua et balbutia quelques mots que le roi n'entendit pas. Mais le parfumeur avait compris, au sourire de Charles IX, qu'il savait son histoire et s'en réjouissait.

M. de Pibrac comptait ses jetons et paraissait ne s'être aperçu de rien. Il avait même un air si béat et si naïf que le parfumeur se dit :

— Cet imbécile ne sait rien.

Puis le vindicatif Italien ajouta *in petto* :

— Ah! mes gentilshommes, vous vous êtes réfugiés sous la protection du roi et vous croyez m'échapper?... Non, non, j'attendrai... je serai patient... mais je vous perdrai!...

— Mais certainement, Sire, je connais messire René, dit Henri de Navarre, qui continua à sourire gracieusement.

— Ah! fit le roi.

— Nous nous sommes rencontrés en province, ajouta Henri, et je suis même chargé d'un message pour lui.

Le roi se leva, fit trois pas en avant et reçut la révérence de l'ambassadeur espagnol qui venait de faire valser Marguerite.

— Bonjour, Margot, dit le roi, comment vas-tu ?

— Je remercie Votre Majesté, je vais bien...

— Aimes-tu toujours toujours la danse, Margot ?

— Oui, Sire.

— Et bien! messire Henri de Coarasse, un gentilhomme gascon que j'aime fort et que je te présente, va te faire danser... Approchez, monsieur de Coarasse.

Henri s'avança et salua Marguerite. Marguerite le regarda et éprouva sur-le-champ une sensation bizarre, inexplicable, tant il est vrai que l'esprit humain a quelquefois d'étranges révélations. Marguerite eut sur-le-champ comme un pressentiment que cet inconnu jouerait un rôle quelconque dans la suite de son existence.

— Monsieur, lui dit-elle, je vais danser avec M. de Pardaillan, puis, après, je vous agrée pour cavalier, Vous viendrez m'offrir votre main.

René s'était éloigné et avait rejoint la reine.

— Eh bien! lui demanda Catherine de Médicis, quels sont-ils, ces gentilshommes?

— Deux petits Gascons, cousins de Pibrac, dit-on.

— Il pleut des Gascons, fit la reine avec dédain. Sais-tu leurs noms ?

— Oui, madame. Le premier, celui qui a un pourpoint bleu et qui était à la droite du roi, se nomme Coarasse.

— Coarasse? un singulier nom... Et l'autre ?

— L'autre se nomme Noë.

— Ah! je connais ce nom-là, dit la reine; c'est une bonne noblesse de Béarn. Va donc causer avec eux : tu sauras ce qu'ils viennent faire à Paris.

René s'approcha et trouva Henri qui s'était adossé à un pilier et regardait Marguerite qui dansait avec le vieux baron de Pardaillan, lequel avait une jeune femme dont il était fort jaloux et avec qui le roi s'était pris à causer en ce moment.

Henri, voyant que René venait à lui, fit les deux tiers du chemin et marcha à sa rencontre.

Le Florentin le salua avec un sourire hypocrite.

— Vous ne vous attendiez point, sans doute, à me voir ici, monsieur de Coarasse? lui dit-il.

— Je l'avoue, je vous croyais au fond d'une cave.

— J'ai pu en sortir.

— Ah! ma foi! fit le prince, je ne serais pas fâché de savoir comment.

— Eh bien! dit René, je vais vous le conter. Ce pauvre diable d'hôtelier qui m'avait garrotté bien malgré lui, et m'avait porté dans sa cave, a attendu que vous fussiez partis.

— Et il est venu vous délivrer?

— Précisément. Il s'est jeté à mes genoux et m'a demandé pardon de la conduite qu'il avait été contraint de tenir vis-à-vis de moi.

— Je gage que vous lui avez pardonné, dit le prince d'un ton railleur.

— Sans doute.

— Et moi, dit Henri toujours moqueur, me pardonnez-vous?

— Un homme aussi bien avec le roi n'a nul besoin du pardon d'un pauvre parfumeur comme moi, répondit le Florentin.

— Ah! dit le prince, j'avoue que l'amitié du roi est chose précieuse pour moi, mais...

Il s'arrêta et regarda finement René.

— Mais, continua-t-il, quand on a pour ennemi un homme tel que vous, monsieur René, le plus sûr est de chercher en soi-même un moyen de défense.

— Ah! ah!...

— Et ce moyen, je l'ai trouvé.

— En vérité!...

— C'est comme j'ai l'honneur de vous le dire.

— Ma foi!... mon cher monsieur de Coarasse, fit le parfumeur avec ironie, je serais curieux de le connaître.

— Vous y tenez?

— Énormément.

Henri prit le Florentin par le bras et lui dit :

— Allons là-bas, dans cette embrasure de croisée, nous y pourrons causer à l'aise.

— Soit! dit René. Et il le suivit.

Alors Henri regarda le Florentin attentivement et lui dit :

— Consultez-vous toujours les astres?

— Pourquoi cette question?

— Parce que, lorsque ce malheureux hasard que vous savez nous a mis en présence et nous a faits ennemis, je venais à Paris exprès pour causer avec vous de nécromancie. Je me suis beaucoup occupé de sciences occultes.

— Vous plaisantez? dit le Florentin.

— Nullement. Je suis prêt à vous donner une preuve de ce que j'avance. Vous n'êtes point l'unique sorcier du royaume, messire René. Je suis né au pied des monts pyrénéens et j'ai été élevé par un vieux berger espagnol qui m'a initié à cette science mystérieuse de l'avenir.

Henri parlait si sérieusement, avec un accent si convaincu, que malgré lui, le Florentin en fut impressionné.

— Tenez, poursuivit-il, donnez-moi votre main, je vais y lire comme dans un livre.

— Voilà, dit René en tendant sa main droite.

Henri la prit gravement, l'examina avec soin, réfléchit longtemps et finit par dire :

— Vous avez peur de mourir.

Le Florentin tressaillit.

— Soyez franc, monsieur René.

— Tout le monde, plus ou moins, a cette peur-là.

— Oui, mais elle vous dévore et vous ronge, vous...

— Après, monsieur?

— Une femme vous a prédit que vous mourriez par le fait d'une autre femme.

René recula d'un pas et regarda le jeune prince avec stupeur.

— Comment savez-vous cela? dit-il.

— Je l'ignorais il y a quelques minutes. Je viens de l'apprendre...

Et le prince poursuivit l'examen de la main du Florentin avec une gravité imperturbable. Puis il continua :

— La prédiction est bien près de se réaliser. La femme qui vous l'a faite était une bohémienne. Il y a trente ans de cela. C'était à Florence, dans la rue, non loin d'une église.

— Et... l'autre? demanda René, légèrement ému.

— Qui, l'autre?

— La femme qui doit me faire mourir.

— Elle vous doit le jour : c'est votre fille.

René pâlit. Jamais il n'avait confié à personne le secret de la prédiction. Sa fille seule le savait depuis une heure, et il ne put venir à la pensée du Florentin que sa fille et Henri se fussent vus.

Henri poursuivit :

— Votre mort est certaine par ce fait; mais on peut la reculer, et cette ligne transversale que voilà me dit que l'influence d'un homme peut combattre l'influence néfaste de cette femme.

— Et... cet homme?

Henri examinait toujours la main.

Tout à coup il fit un geste de surprise :

— Ah!... dit-il, ceci est bizarre... cet homme, c'est moi!...

Le Florentin le regarda avec une stupeur croissante et sentit quelques gouttes d'une sueur glacée monter à son front :

— Oui, c'est moi, répéta le prince.

XIV

René était superstitieux comme beaucoup de ses compatriotes, à une époque surtout où l'étude des sciences occultes était fort répandue en France et en Italie. A force de consulter les astres pour les autres et sans trop croire à sa propre science, René avait fini par se persuader que cette science était certaine.

En voyant un homme qui lui révélait une des particularités les plus mystérieuses de sa vie, le Florentin fut sérieusement épouvanté, et il ne douta pas un moment que le prince de Navarre n'eût le pouvoir de soulever un des coins du voile mystérieux qui recouvre l'avenir.

— Eh bien! reprit ce dernier après un moment de silence, vous ai-je dit la vérité, monsieur René?

— Oui, touchant la prédiction, mais...

— Mais, quant à l'avenir, vous n'y croyez pas?

— Je ne sais.

— Ma foi! dit le prince, écoutez, je vais vous donner un bon conseil.

— Faites.

— Je ne sais pas quel rôle je dois jouer dans votre vie; toutefois, il paraît que j'y serai mêlé, puisque les lignes de votre main me disent que mon influence pourra neutraliser longtemps l'influence néfaste qui vous menace; mais enfin, il est probable que cette influence, je ne pourrai l'exercer que de mon vivant.

Et le prince regarda René en souriant, puis il ajouta :

— Le premier regard que vous m'avez jeté tout à l'heure, quand j'étais assis auprès du roi, m'a prouvé une chose.

— Quoi donc? fit René.

— Que vous étiez mon ennemi mortel et que vous aviez juré ma mort.

René garda le silence.

— Voyons, soyez franc au moins une fois en votre vie.

— Soit! répondit le Florentin. Je vous hais. Je vous hais parce que vous m'avez humilié, et je me suis juré de me venger tôt ou tard.

— C'est votre droit, fit le prince avec insouciance; mais permettez-moi de vous faire une observation : comme je suis convaincu de la vérité de ma prédiction, je suis fort tranquille. Si vous parvenez à me faire occire, je mourrai certain d'être vengé promptement. Votre mort suivra la mienne.

Ce raisonnement était d'une logique rigoureuse et René le comprit.

En ce moment l'orchestre fit entendre le prélude d'une danse espagnole, et Henri tressaillit :

— Pardon! dit-il à René, nous reprendrons cet entretien tout à l'heure. Je danse avec la princesse Marguerite.

Et il salua le Florentin d'un air protecteur, fendit la foule et vint s'incliner devant Marguerite, qui causait alors avec M. de Pardaillan.

La princesse se leva et prit, sans mot dire, la main de Henri. Henri dansait à ravir et Marguerite pareillement. Tous deux ils exécutèrent un pas espagnol plein de caractère et ils s'en acquittèrent avec une grâce et une perfection telles que le cercle se fit autour d'eux et qu'ils dansèrent seuls. Tout en dansant, ils échangèrent quelques mots.

— Monsieur, dit la princesse, depuis quand êtes-vous à Paris?

— Depuis hier, madame.

— Comptez-vous y rester?

— J'y suis venu chercher fortune...

— Eh bien! dit Marguerite en riant, elle commence assez bien, votre fortune, il me semble.

— A ce point que je crois rêver, madame.

— Les rêves se réalisent.

— Il en est qui sont impossibles, murmura le prince.

Et il jeta sur la princesse un regard qui la fit tressaillir.

— Ce Gascon est bien hardi, pensa-t-elle.

Et comme la danse finissait, elle le regarda de nouveau et s'appuya sur son bras.

Henri était charmant. Ce fut sans doute l'opinion de Marguerite, car elle ne fronça point le sourcil et n'eut pas l'air d'avoir compris son vœu téméraire.

— Monsieur de Coarasse, lui dit-elle, j'aime beaucoup les gentilshommes de votre pays.

— Votre Altesse est trop bonne.

— Ils sont légers d'argent, mais ils ont beaucoup d'esprit.

— C'est un maigre écot, madame.

— Avec les hôteliers peut-être, mais avec les princes... fit Marguerite.

Puis elle ajouta :

— Ne trouvez-vous point qu'on étouffe ici? Venez dans le cabinet du roi ; il y a moins de monde, nous pourrons y causer.

Henri traversa les salons au milieu des regards d'envie des gentilshommes qui trouvaient que ce petit provincial avait un bonheur insolent en devenant, du même coup, le favori du roi et le cavalier de la princesse.

Marguerite conduisit Henri dans le cabinet du roi et le fit asseoir auprès d'elle, lui disant :

— Monsieur de Coarasse, pardonnez-le-moi, mais je suis curieuse comme une simple bourgeoise, et c'est dans un but de curiosité que je vous ai conduit ici.

— Je suis aux ordres de Votre Altesse.

— Vous êtes du Béarn?

— Oui, madame.

— De Pau ou de Nérac?

— De Pau.

— Je gage que vous m'allez donner de précieux renseignements.

Henri prit un air fort naïf et regarda Marguerite.

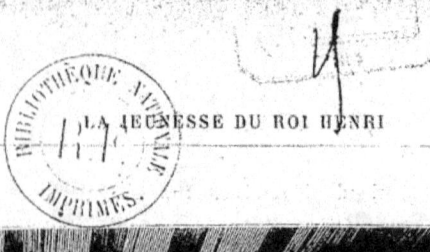

Noë prit la lettre aux mains du prince, et l'approcha du feu. (P. 111.)

Celle-ci continua :

— Vous savez qu'il est question pour moi d'un mariage avec le prince de Navarre?

A l'air d'étonnement qu'il sut prendre, on eût juré que le prince apprenait une chose à laquelle il était loin de s'attendre. Il regarda Marguerite avec une hardiesse qui ne lui déplut pas.

— Ma pauvre patrie, dit-il, serait-elle donc assez heureuse pour avoir une reine jeune et belle?

— Vous êtes un flatteur, monsieur de Coarasse, fit Marguerite en souriant.

— Il est impossible de retenir sa langue, madame, quand elle est poussée par le cœur.

Et il regarda de nouveau la princesse. Une femme est toujours sensible à l'admiration qu'elle excite.

— Monsieur de Coarasse, dit-elle avec un petit ton boudeur, je voudrais bien avoir des renseignements sur la cour de Nérac.

— On s'y ennuie, madame.

— Bon! c'est comme au Louvre. Et le prince?

— Le prince Henri, j'ai peine à le dire, est un ours mal léché, madame.

Marguerite tressaillit :

— J'ai donc deviné juste?

— Il passe sa vie à la chasse, en compagnie de gens de petit état, avec des muletiers et des bergers.

— Pouah! fit Marguerite.

— Il va au prêche, poursuivit Henri.

— Comment est-il vêtu, d'ordinaire?

— Comme un gentillâtre des montagnes, avec un pourpoint de drap cadis, des bottes de peau de vache...

— Ah! l'horreur! dit Marguerite.

— Son linge est fripé d'habitude, poursuivit Henri, sa barbe est inculte, il porte ses cheveux à la façon des huguenots puritains, rasés sur le crâne.

— A-t-il de l'esprit?

— Un esprit grossier, mordant...

— Lui a-t-on connu des intrigues, à Nérac ou à Pau?

— Peuh! fit Henri, des chambrières, des suivantes, la fille d'un gardeur de vaches.

— Cependant, dit Marguerite, j'ai ouï parler de la comtesse de Gramont...

— Ah! madame, répondit le prince, je connais cette histoire à fond et elle est plaisante.

— Dites-la moi...

— Volontiers.

Le rusé prince allait continuer, lorsque Mme Catherine de Médicis entra dans le cabinet du roi.

— Ma mère! dit la princesse avec un mouvement d'effroi involontaire, remettons à plus tard l'histoire de la comtesse de Gramont... Laissez-moi... La reine est ombrageuse.

Et Marguerite se leva et alla au-devant de Catherine de Médicis. Mais, en route, elle se retourna et jeta un dernier regard au jeune prince. Ce regard le fit tressaillir.

— Ventre-saint-gris, murmura-t-il, aurais-je donc touché le cœur de madame Marguerite et travaillé à mon détriment? Ce serait plaisant, un prétendu trompé par lui-même.

Tandis que la princesse s'éloignait, Noë, qui avait longuement devisé avec plusieurs gentilshommes qu'il ne connaissait pas, mais qui, l'ayant vu au jeu du roi, lui avaient fait bonne mine, Noë rejoignit Henri de Navarre.

— Eh bien? demanda-t-il.

— J'ai fait à la princesse le portrait de son futur époux.

— Bah! dit Noë.

— Et je le lui ai dépeint d'une façon peu avenante. Elle était déjà bien marrie de l'épouser ; mais, à cette heure, elle est inconsolable et livrée au plus violent désespoir.

— Quelle plaisanterie me faites-vous donc là, Henri?

— Je ne plaisante pas.

Et le prince raconta son entretien avec Marguerite.

— Mais c'est une folie dangereuse que vous avez faite!

— Tu crois?

— Parbleu! la princesse, qui se souciait médiocrement de vous déjà, mettra tout en œuvre...

— Pour ne pas m'épouser?

— Justement.

— Ah! c'est que, dit le prince, je me suis mis en tête une drôle d'idée.

— Et... cette idée, quelle est-elle?

— De tromper le prince de Navarre par avance.

— Énigme! dit Noë ; je ne comprends pas.

— Le prince de Navarre est à Nérac; le sire de Coarasse est à Paris. Le sire de Coarasse, qui a bonne tournure et qui a beaucoup plu à la princesse, arrive dans un bon moment. Le duc de Guise est parti, la princesse cherche des distractions. Le prince de Coarasse fait sa cour à madame Marguerite, et, pour lui être agréable, il médit de cet époux futur qu'elle a en si grande exécration.

— Le plan de conduite est bizarre.

— Mais il réussira.

— Alors, dit Noë, Votre Altesse veut se faire aimer de la princesse?

— Sans doute.

— Mais... Sarah?

— Ah diable! murmura Henri, je n'y pensais plus.

— Cependant...

— Oh! sois tranquille, ami Noë, répliqua le prince en riant, le fils de mon père est homme à mener de front deux intrigues.

— A présent, pourrait-on savoir, Henri, ce que vous a dit René?

— Non, plus tard.

Henri regarda le sablier.

— Viens, dit-il, je crois qu'il est quatre heures du matin... Si nous allions nous coucher?

— C'est assez mon avis.

— Nous allons nous glisser dans la foule et disparaître.

Et comme les deux jeunes gens mettaient leur projet à exécution, ils se trouvèrent de nouveau face à face avec René. Le Florentin souriait d'un air aimable.

— Est-ce que, lui demanda Henri, vous voulez encore me donner votre main à étudier?
— Peut-être, dit René.
— Que voulez-vous savoir?
— Combien de temps j'ai encore à vivre, en admettant que je me débarrasse de vous, dit le Florentin avec assurance... Voilà ma main.

Henri se prit à l'examiner avec un calme majestueux :
— Vous mourrez huit jours après moi, dit-il.
— Quoi qu'il arrive?
— Attendez donc, fit le prince, voici une ligne que je n'avais pas remarquée et qui débrouille pour moi le reste de l'énigme.
— Ah! dit René. Voyons.
— Il est écrit au livre de l'avenir, reprit gravement Henri de Navarre, que je dois mourir huit jours avant vous. C'est là l'influence que j'exerce à votre endroit. J'ai vingt ans, je suis bien constitué ; si je ne fais pas d'imprudence, vous pouvez vivre vieux. Bonsoir.

Et le prince laissa René tout pensif et s'esquiva. C'était déjà la mode, à cette époque, de quitter le bal sans dire adieu. Cependant, à la porte, ils trouvèrent le page Raoul.

— Bonsoir, mon mignon, lui dit le prince.

Raoul salua, mais il ne s'effaça point pour laisser passer le prince de Navarre.

— Nous allons nous coucher, dit Noë, bonsoir, monsieur Raoul.
— Pardon! dit le page, j'ai une commission pour M. de Coarasse.
— Pour moi? fit Henri étonné.
— Pour vous.
— Mam'zelle Nancy désire vous voir, monsieur.
— Qu'est-ce que mam'zelle Nancy?
— Une bien jolie fille, dit le page, qui poussa un gros soupir... C'est la camérière de Mme Marguerite.

Le prince tressaillit. Puis il se retourna, et, du regard, il chercha la princesse dans les salons qui se trouvaient disposés en enfilade. La princesse avait disparu.

— Eh bien! fit-il en se retournant vers Raoul, où est-elle donc, mam'zelle Nancy?
— Venez avec moi, dit le page.
— Allons!

Et le prince et Noë suivirent Raoul qui, au lieu de descendre le grand escalier, prit un corridor à gauche, fit une trentaine de pas en avant et s'arrêta.

Nancy attendait là, bien encapuchonnée dans sa mante. Elle jeta un coup d'œil investigateur sur le prince et l'embrassa des pieds à la tête.

— Vous êtes monsieur de Coarasse? dit-elle en venant à lui.
— Peste! la jolie fille! murmura Henri assez haut pour être entendu de la camérière.

— Monsieur, répondit Nancy, on sait ce qu'on est et ce qu'on vaut, et on ne cherche pas de compliments. Êtes-vous monsieur de Coarasse?

— Oui, ma belle enfant.

— Eh bien! venez par ici. J'ai un mot à vous dire.

Nancy allongea sa petite main blanche garnie d'ongles roses et prit le bras de Henri, qu'elle entraîna à l'écart.

— Je vous écoute, ma belle petite, dit le jeune prince.

— Monsieur, dit Nancy, Mme Marguerite m'a chargée de vous rappeler que vous lui devez l'histoire de la comtesse de Gramont et du prince de Navarre.

— Je suis prêt à la narrer, ma belle amie, répondit le prince. Seulement, où dois-je rejoindre Son Altesse?

Nancy eut un frais éclat de rire:

— Ah! dit-elle, vous êtes trop pressé, mon beau gentilhomme. Pas aujourd'hui... demain.

— Où cela?

— Vers neuf heures du soir promenez-vous au bord de l'eau et attendez, dit Nancy. Bonsoir, monsieur de Coarasse, bonne nuit...

Et Nancy disparut dans l'ombre du corridor.

Raoul et Noë étaient demeurés à distance, Raoul vint à Henri:

— Monsieur de Coarasse, dit-il d'une voix émue, j'ai encore quelque chose à vous dire.

— Bah! et de quelle part, mon mignon?

— De la mienne.

La voix de Raoul tremblait légèrement.

— Eh bien, fit le prince, prenez mon bras, ami Raoul, et venez me conduire un bout de chemin.

— Je le veux bien, monsieur.

Henri et Raoul se tenant par le bras, et Noë marchant derrière eux, descendirent le grand escalier, traversèrent la cour du Louvre et sortirent par la poterne du bord de l'eau.

— Monsieur de Coarasse, dit alors Raoul, vous trouvez Nancy jolie?

— Charmante!

— Ah!

— Tudieu! mon ami, vous soupirez?

Raoul soupira de nouveau.

— Ventre-saint-gris! murmura le prince, je devine ce que vous voulez me dire. Vous aimez Nancy...

Raoul eut un troisième soupir.

— Et comme je la trouvais jolie et qu'elle voulait me parler...

— Je suis jaloux, dit franchement Raoul.

— Ne le soyez pas. Du moment où vous l'aimez...

— Oh! oui, fit l'enfant dont le cœur était bien gros.

— Moi, dit le prince, je ne l'aimerai pas.

Raoul lui prit vivement les deux mains et les serra.

— Merci! monsieur, dit-il.

— Voyons, fit Henri, causons...
— Soit! répondit le page.
— Vous aime-t-elle?
— Je ne sais pas.
— On sait toujours cela...
— Il est des jours où je le crois... il en est d'autres où... je désespère.
— Je l'ai vue trois minutes, mon mignon, mais je suis fixé.
— Sur elle?
— Parbleu! oui. Nancy est coquette, elle est moqueuse, mais elle doit avoir un cœur d'or...
— Et... vous... croyez?
— Tenez, Raoul, mon mignon, vous êtes un charmant enfant, mais vous ne connaissez pas les femmes. Avez-vous confiance en moi?
— Oui, certes.
— Eh bien! je vous servirai et, avant deux jours, je vous dirai si Nancy vous aime ou si elle ne vous aime pas...
— Vous me le promettez?
— Je vous le promets. Bonsoir, Raoul.
— Bonsoir, monsieur de Coarasse.

Henri serra la main au page, qui s'en retourna, et il prit le bras de son ami Noë.

Le prince et son compagnon passaient devant les bicoques qui environnaient le Louvre, lorsqu'ils virent une porte ouverte, de la lumière au dedans et, sur le seuil, un homme en manches de chemise, qui balayait sa devanture.

— Tiens! dit le prince, c'est notre compatriote Malican qui ouvre son cabaret à l'heure où nous allons nous coucher. Bonsoir, Malican.

Le Béarnais le reconnut et poussa une exclamation de joie.
— Ah! monseigneur, dit-il, c'est le ciel qui vous envoie!...
— Bah! fit le prince.
— Entrez, monseigneur, dit Malican, il faut que je vous parle.
— Que veux-tu donc me dire?
— Venez... venez...

Malican fit entrer les deux jeunes gens dans le cabaret, qui était encore vide à cette heure matinale, puis il ferma la porte.

— Monseigneur, dit-il tout bas à Henri, ne vous ai-je point parlé du duc de Guise tantôt?
— Hein! fit Henri dressant l'oreille. Est-ce que tu as de ses nouvelles?
— Oui, monseigneur.

Henri fit la grimace.
— Et comment cela?
— Un de ses gentilshommes est ici.
— Et qu'y vient-il faire?
— Il est arrivé à la nuit, il m'a demandé une chambre et m'a dit : « Tu vas me cacher, car on me connait au Louvre : mais tu trouveras bien le moyen de

faire passer cette nuit ou demain au matin un billet à Mlle Nancy, la camérière de la princesse Marguerite. » Et il m'a remis un billet.

— Qu'en as-tu fait?
— Le voici.

Malican tira un billet de sa poche et le remit au prince.

— Diable! fit Henri en le flairant.

Puis il se tourna vers Noë :

— Qu'en penses-tu? demanda-t-il. Si on le décachetait?...
— C'est mon avis.
— Pourquoi?
— Parce que, dit tout bas Noë, puisque Mme Marguerite doit être la femme de Votre Altesse, Votre Altesse a le droit de savoir ce qu'on lui écrit.
— Tu as raison, répondit le prince.

Et, sans plus de scrupule, il décacheta le billet.

XV

La lettre que le gentilhomme de M. de Guise apportait était sans signature et d'une écriture évidemment contrefaite.

Elle ne contenait que trois lignes que voici :

« Le *pays* de mademoiselle Nancy lui fait savoir qu'il pense toujours à elle et qu'il l'ira voir au premier jour. »

Henri lut et relut cette lettre, et se dit en la tournant en tous sens :

— Il y a un côté mystérieux que je ne puis saisir.

C'était auprès d'une chandelle placée sur la table que le prince avait lu cette lettre.

Comme il continuait à l'examiner, le hasard voulut que le papier se trouvât placé entre la chandelle et ses yeux, de telle façon qu'il fît le transparent.

Et alors Henri crut remarquer que par places le grain du papier était moins blanc, et il vit comme des caractères effacés.

On eût dit qu'on avait écrit dessus avec une plume trempée dans de l'eau.

— Oh! oh! fit Noë qui regardait pareillement au travers, qu'est-ce donc cela?

Et il s'approcha du foyer où deux tisons couvaient sous la cendre. Il les découvrit et dit à Malican :

— Mets-moi un fagot là-dessus.

Le cabaretier obéit.

Noë prit la lettre aux mains du prince et l'approcha du feu.

— Que fais-tu? s'écria Henri qui ne comprenait point encore.

— Je vérifie mes soupçons. Soyez tranquille, je ne la brûlerai pas.

Il exposa la lettre à trois pouces du fagot qui flambait, et moins d'une minute après les caractères effacés noircirent et apparurent nets et lisibles, tandis que les trois lignes primitives disparaissaient.

— Ventre-saint-gris! ceci est bizarre, dit le prince ébahi.

— Cela prouve, répondit Noë, que M. le duc de Guise connaît la vertu de l'encre sympathique. Tenez, Henri, mettez-vous là et lisez.

Henri reprit le papier des mains de Noë et lut :

« Chère âme,

« Vous avez exigé mon départ ; je suis parti. Mais l'absence me paraît impossible plus longtemps : je souffre mille morts... Un mot de vous, et je reviendrai secrètement à Paris.

« Ce mot, je vous le demande à genoux. Je l'attends et je l'espère.

« Votre Henri. »

— Hé! dit le prince, M. de Guise s'appelant Henri comme moi, Mme Marguerite s'apercevra moins du changement. Moi aussi je m'appelle Henri.

Puis, au lieu de brûler la lettre, il la plia et la mit dans sa poche.

Ensuite il se tourna vers Malican :

— Ainsi le gentilhomme lorrain t'a confié cette lettre ?

— Oui, monseigneur.

— Et tu devais la faire parvenir à mam'zelle Nancy ?

— Cela m'est assez facile, parce que, répondit Malican, ma nièce s'en va quelquefois porter du vin au poste des Suisses, et il lui arrive d'y rencontrer un page qui est au mieux avec mam'zelle Nancy.

— Comment se nomme-t-il ?

— Raoul.

— Je le connais.

— Maintenant que dirai-je au Lorrain quand il s'éveillera ?

— Tu n'attendras point qu'il s'éveille.

— Ah !

— Tu vas aller l'éveiller. Il est quatre heures du matin. Un soudard n'a pas besoin de dormir la grasse matinée.

— Très bien. J'y cours.

— Attends donc. Le Lorrain éveillé, tu lui diras : « Vite ! habillez-vous, mon gentilhomme. Je vais seller votre cheval, et vous allez quitter Paris avant le jour. » Le Lorrain se montrera fort étonné. Tu ajouteras : « Le billet est parvenu à son adresse, et la réponse est revenue du Louvre. Vous direz au *pays* de mam'zelle Nancy qu'on l'attend dans dix jours, pas avant. Il y va de la vie de quelqu'un et on vous prie de partir sur-le-champ. »

Malican ne demanda pas d'autre explication. Il enfila l'escalier et s'en alla frapper à la porte du gentilhomme.

Dix minutes après il redescendit :

— C'est fait, dit-il, notre homme se lève. Il n'a pas mis en doute la véracité de la réponse, et m'a recommandé de donner une bonne avoine à son cheval.

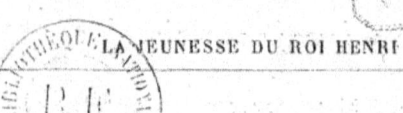

...Il mit le pied sur le premier échelon, et monta bravement. (P. 119.)

— Au revoir, Malican, dit le prince en serrant la main du Béarnais, merci !

Et il s'en alla, suivi de Noë.

Il était grand jour quand les deux jeunes gens arrivèrent rue Saint-Jacques.

Un homme était assis sur un banc placé à la porte de l'hôtellerie. Cet homme, en reconnaissant Henri, se leva.

Le prince fut fort étonné à la vue de ce personnage, qui lui apparaissait pour la troisième fois depuis moins de vingt-quatre heures. C'était Guillaume Verconsin, le commis de l'argentier Loriot, le même qui avait apporté, la veille au soir, la lettre de la belle Sarah.

— Que faites-vous donc ici, maître Guillaume ?
— Je vous attendais, monsieur.
— Depuis hier au soir ?
— Oh ! non, depuis une heure.
— Est-ce que vous avez encore une lettre à me remettre ?
— Non, monsieur ; mais je viens vous prier de me suivre.
— Et où cela, mon ami ?
— Je ne puis vous le dire, mon gentilhomme.
— Oh ! par exemple, fit le prince en riant, ceci devient par trop mystérieux.

Il regarda Guillaume, mais le commis ne parut point disposé à répondre.
Puis il regarda Noë. Noë souriait.

— Qu'en penses-tu ? demanda le prince.
— Je pense que, si j'étais à votre place, Henri, je suivrais ce garçon, fût-ce au bout du monde.
— Et c'est ce que je vais faire, répondit Henri de Navarre.

Puis, serrant la main de Noë :
— Attends-moi, lui dit-il, je ne tarderai probablement pas à revenir.
Et le prince ajouta :
— Allons, maître Guillaume, en route ! je vous suis.
— Venez, messire, dit le commis.

Noë les regarda s'éloigner, puis, lorsqu'ils eurent tourné le coin de la rue Saint-Jacques, il entra dans l'hôtellerie, prit sa clef qui pendait à un clou dans la cuisine, gagna la chambre qu'il habitait en commun avec le prince, se jeta sur son lit et s'endormit.

Il s'éveilla à midi. Le prince n'était point revenu.

— Parole d'honneur ! se dit Noë, ceci est au moins singulier ! Que Son Altesse soit heureuse auprès de la belle Sarah, rien de plus naturel, mais qu'elle le soit au point d'oublier le temps et de me laisser seul et livré aux conjectures les plus bizarres, c'est un peu fort !...

En effet, Henri avait quitté la rue Saint-Jacques à la pointe du jour, avant le lever du soleil, et déjà les brumes du soir enveloppaient Paris...

Noë éprouvait à l'endroit du prince la même inquiétude que le prince avait éprouvée à son endroit la veille au soir.

Henri s'était dit en ne le voyant point revenir :
— Je crains que ce bandit de René ne l'ait trouvé chez sa fille et ne l'ait occis.

Noë ne put s'empêcher de faire cette réflexion :
— Ce jaloux de Samuel Loriot l'aura surpris aux pieds de sa femme, et... d'un coup d'arquebuse...

Cependant, en y réfléchissant, la supposition de Noë pouvait être taxée de témérité.

De deux choses l'une : ou Sarah se conformait aux perfides injonctions de la jalouse Corisandre de Gramont, ce qui était assez admissible, vu la promptitude avec laquelle les vœux galants du prince semblaient être exaucés; ou bien elle obéissait à une sympathie réellement invincible et aimait déjà le prince.

Ce deuxième cas, que l'esprit sceptique de Noë repoussait avec énergie, était le seul qui pût lui faire redouter un danger de la part du mari pour Henri de Navarre.

Dans le premier, au contraire, et s'il était vrai que l'argentier fût tout dévoué à Corisandre, Sarah n'avait rien à craindre de lui.

Noë pesait sagement ces bonnes raisons, accoudé à sa fenêtre et dominant du regard les toits enfumés du vieux Paris.

Un léger grattement qui se fit entendre à la porte l'arracha à sa rêverie.

Un homme entra. C'était Guillaume Verconsin, le commis de boutique de Loriot.

Guillaume avait ce visage honnête et niais que nous lui connaissons, et sa physionomie tranquille rassura sur-le-champ Amaury de Noë.

— Ah! lui dit-il, tu m'apportes des nouvelles du gentilhomme, mon ami?
— Oui, messire.
— Où est-il?

Guillaume, au lieu de répondre, tira un petit billet de sa poche et le remit à Noë.

Noë l'ouvrit et le lut :

« Ne t'inquiète point, cher ami, je suis prisonnier jusqu'à la nuit bien close, et, comme j'ai affaire au Louvre, tu le sais, je ne puis te prédire à quelle heure nous nous reverrons. Tu peux donc, toi aussi, t'occuper de tes affaires. Au revoir...

« HENRI. »

— Prisonnier! murmura Noë en regardant Guillaume.

Guillaume fit de la tête un signe affirmatif.

— Pourrais-tu m'expliquer comment?

Le commis parut embarrassé.

— Ne crains rien, lui dit Noë, mon ami et moi nous n'avons pas de secrets.

Et du geste il invita Guillaume à s'asseoir.

— Mon gentilhomme, dit alors celui-ci, mon père était fauconnier chez le seigneur d'Andouins.

— Ah !

— Vous savez, le père de Mme la comtesse de Gramont.

— Bon! pensa Noë, Henri est dans les filets de Corisandre jusqu'au cou. Puis tout haut :

— Ce qui fait, veux-tu dire, que tu es tout à fait dévoué à ta maîtresse, qui est l'amie de Mme de Gramont.

— Oui, monsieur.
— Eh bien?
— Ce que Mme Loriot veut, je le veux. Si elle me faisait un signe, je me jetterais du pont Saint-Michel dans la Seine.
— Brrr! fit Noë, qui frissonna au souvenir de son bain de la veille, garde-t'en! l'eau est froide...
— C'est une manière de dire, répliqua Guillaume.
— Après?
— Mme Sarah, poursuivit le commis, est bien malheureuse.
— Bah!
— M. Loriot est jaloux de son ombre. Le père Job, un vieux juif comme lui, veille sur madame comme un dragon sur un trésor. Elle ne sort jamais... ou, si elle sort, c'est Job qui l'accompagne.
— Cependant... pour voir mon ami...
— Attendez, monsieur. Vous allez voir. La maison de la rue aux Ours a deux issues. La première...
— Bon! la première est rue aux Ours. Et la seconde?...
— Rue Saint-Denis. Cette seconde issue est une cave ou plutôt une succession de caves qui passent sous les maisons voisines. Toutes ces maisons sont à maître Samuel Loriot.
— Il est donc bien riche?
— Il est plus riche que le roi. Mais ce n'est pas de ses richesses que je vous veux parler : c'est de la deuxième issue.
— Voyons! fit Noë.
— Ce passage souterrain conduit jusqu'à la boutique d'un marchand drapier, rue Saint-Denis. Si M. Loriot passe pour riche, on dit dans le quartier que le drapier ne l'est pas. Bien au contraire, il a toutes les peines du monde à nouer les deux bouts, et l'an dernier les fournisseurs ont été obligés de lui accorder du temps pour payer. Cependant, ajouta Guillaume, tout cela n'est pas vrai, car le marchand drapier n'est qu'un homme de paille de maître Loriot.
— Bah! fit Noë étonné.
— De temps en temps, continua le commis, le drapier reçoit des ballots de laine et des pièces de drap. On empile le tout dans la boutique et, lorsque le soir est venu, maître Loriot fait descendre les ballots dans sa cave. Alors on les éventre et on en retire des sacoches de cuir pleines d'écus et des coffrets remplis de diamants qui ne sont point encore taillés. C'est par la boutique du drapier, que les escarpes ne songeront jamais à dévaliser, que les vraies richesses de maître Loriot entrent et sortent.
— Hé! hé! dit Amaury de Noë, ceci est assez ingénieux. Cependant la maison de l'argentier est garnie de solides barres de fer...
L'honnête figure de Guillaume Verconsin s'épanouit en un large sourire.
— Ah! dit-il, ceci est une belle *frime*. Le soir venu, les ouvriers partis, maître Loriot n'a pas deux mille écus dans cette maison si bien verrouillée et cadenassée.
— A quoi bon alors toutes ces précautions? demanda Noë.

— D'abord c'est un leurre pour les voleurs.
— Bien !
— Ensuite, les verrous sont destinés à garder Mme Sarah.
— Peste ! quelle jalousie !...
— Ah ! dame ! murmura Guillaume, quand on est vieux et laid comme maître Loriot...
— Et qu'on a une femme jeune et jolie comme Mme Sarah...
— Justement, mon gentilhomme... on ne saurait prendre trop de précautions.
— Mais, dit Noë, Mme Sarah doit être peu flattée...
— Elle n'en sait rien, ou plutôt elle feint de ne rien savoir ; et, en effet, sans moi...
— Ah ! fit Noë en riant, tu es dans la confidence de ton maître ?
— Oui, monsieur, Job et moi ; c'est nous qui, chaque soir, quand madame est couchée, descendons les bijoux, les diamants et toutes les matières d'or et d'argent dans les caves, par une issue secrète, et si bien masquée, que jamais les voleurs ne la soupçonneront.
— Et tu le trahis ? ajouta Noë.
— Oh ! dit Guillaume, malheur à celui qui toucherait aux trésors de mon maître, il passerait sur mon cadavre auparavant ; mais pour ce qui concerne Mme Sarah, ce qu'elle veut, je le veux.
— Tout cela, interrompit Noë, ne me dit point comment mon ami est prisonnier...
— Ah ! voici. Le drapier ne couche point dans la boutique, et il vient en ouvrir les volets à sept heures du matin en hiver, à six en été. J'ai donc introduit votre ami par la boutique, ce matin, avant l'arrivée du drapier.
— Et tu attends qu'il l'ait fermée et soit sorti... pour rendre la liberté à mon ami, n'est-ce pas ?
— Oui, monsieur.
— Je commence à comprendre. Mais... où est-il, mon ami ?
— Dans la chambre de Loriot.
— Peste ! Et si le mari l'y trouvait ?
— Oh ! dit Guillaume, il n'y a pas de danger, monsieur...
— Pourquoi ?

Guillaume se gratta l'oreille.

— Parce que, dit-il... votre ami vous l'expliquera... moi, je n'en sais rien...

Et Guillaume se leva et ne voulut point en dire davantage.

— Ceci, pensa Noë, est par trop mystérieux, mais Henri me le dira... Attendons.

Guillaume salua profondément et sortit sans vouloir en dire davantage.

— Hum ! se dit Noë après son départ, tous ces petits détails sur l'intérieur des époux Loriot me semblent devoir écarter de moi la pensée que le mari s'entend avec la femme pour duper mon ami le prince de Navarre et servir les projets ténébreux de Mme Corisandre... Nous verrons bien !

Huit heures sonnaient à l'église Sainte-Geneviève.

— Oh! oh! pensa Noë, puisque me voilà rassuré sur le sort de Henri, songeons un peu à nos propres affaires. Paola m'attend ce soir, il ne faut point l'oublier.

Tout en rêvant à Paola, Noë songea qu'il avait mal déjeuné et que, du moment où Henri ne lui occasionnait plus aucune inquiétude, il devait se rattraper en soupant de bon appétit.

Noë était un garçon sage et plein de sens, qui savait bien que les poètes seuls, — une race de fous! — avaient pu inventer cette balourdise : *que les amoureux ne mangent pas.*

Noë descendit dans la grande salle commune de l'hôtellerie, où maître Lestacade dépeçait gravement un quartier de bœuf rôti. Il se mit à table vis-à-vis d'un moine genovéfain et à côté d'un gentillâtre bourguignon.

Le Bourguignon trouva qu'il mangeait comme un Franc-Comtois, et le genovéfain, qui buvait mieux qu'un lansquenet, ne put s'empêcher de lui témoigner son admiration pour la manière dont il levait le coude.

Ainsi lesté et pourvu de la bonne humeur qui résulte d'un estomac satisfait, Noë prit son manteau, son feutre et son épée, quitta l'hôtellerie, descendit la rue Saint-Jacques et gagna le pont Saint-Michel.

La nuit était si noire qu'on n'y voyait goutte à trois pas. Notre gentilhomme en profita pour passer sur le pont, raser la boutique de René le Florentin et jeter un rapide coup d'œil à l'intérieur.

Paola n'était point dans la boutique, René non plus. Mais Noë aperçut Godolphin qui préparait un lit et le posait en travers de la porte encore entr'ouverte.

— Bon! fit le jeune homme en souriant dans sa barbe naissante, le dragon est à son poste; mais la caverne où gît le trésor a deux issues, et il faudrait deux dragons!

Noë gagna la rive droite de la rivière et la descendit jusqu'à ce qu'il pût apercevoir la façade de ces constructions singulières élevées sur le pont Saint-Michel : constructions dont le rez-de-chaussée était une boutique et l'unique étage supérieur un logement.

Celle que le Florentin occupait était la troisième à gauche en entrant par la Cité, et elle reposait verticalement au-dessus de la seconde pile. Noë descendit une centaine de pas dans le but unique de voir si la fenêtre de Paola était éclairée. En effet, une lumière y brillait comme une étoile dans le ciel noir.

— Elle m'attend! pensa le jeune homme, qui eut un léger battement de cœur.

Et il rebroussa chemin sur-le-champ, passa de nouveau devant le pont; mais, au lieu de le traverser, il remonta la berge jusqu'à la hauteur de la rue Saint-Paul.

En cet endroit, il y avait bon nombre de petits bateaux plats qui se balançaient sur leurs amarres.

Dans l'un d'eux un marinier, étendu de tout son long, dormait fort paisiblement.

Noë mit le pied dans la barque et éveilla le marinier.

— Qui est là et que me veut-on? demanda celui-ci, qui bondit sur ses pieds.

— Chut! dit Noë en posant un doigt sur ses lèvres. Je ne suis pas un escarpe, je suis un gentilhommme.

Malgré l'obscurité, le marinier aperçut l'épée de Noë et ne douta plus de sa qualité.

— Que veut Votre Seigneurie? fit-il.
— Louer ton bateau.
— A cette heure?
— Oui.
— Où dois-je vous conduire?
— Nulle part. Je n'ai pas besoin de toi. Voici deux pistoles. Demain, au point du jour, tu trouveras ton bateau amarré au bac de Nesle.

Ce disant, Noë prit les avirons et s'assit en homme qui sait manœuvrer une embarcation.

— Coupe l'amarre et va-t-en, dit-il.

Le marinier prit les deux pistoles, salua jusqu'à terre et sauta de la barque sur la grève; puis il détacha le bateau.

Noë donna un vigoureux coup d'aviron et poussa au large. La barque arriva au milieu du courant et glissa comme une flèche, habilement conduite, du reste, par le compagnon du prince de Navarre. En dix minutes elle eut atteint le pont Saint-Michel. Or le pont Saint-Michel n'était point alors, comme on aurait pu le croire, bâti en pierres. Il reposait sur pilotis, et ses arches étaient formées par de larges poutres profondément enfoncées dans l'eau et séparées les unes des autres par un intervalle d'environ un pied de largeur. Noë qui, le matin précédent, avait, en revenant du Louvre, examiné fort attentivement sa construction, n'avait point oublié ce détail. Aussi, quand il eut atteint la deuxième arche, celle qui supportait la boutique du Florentin, releva-t-il tout à coup l'un de ses avirons, et, par un mouvement aussi rapide que parfaitement calculé, le glissa-t-il entre deux des poutres qui formaient les assises du pont.

Cette manœuvre arrêta net l'embarcation, que le courant entraînait avec vitesse. Alors, d'une main, Noë s'accrocha à la poutre et de l'autre il l'entoura de la corde qui servait d'amarre au bateau et la noua solidement.

Cette opération terminée, le jeune homme chercha dans les ténèbres, que la réverbération de l'eau rendait moins épaisses, cette autre corde qui devait pendre de la croisée de Paola. La corde pendait en effet.

Noë la secoua légèrement pour avertir de sa présence.

Puis il tira de sa poche une jolie échelle de soie qu'il déroula et dont il noua l'extrémité à celle de la corde.

Aussitôt la corde remonta, et avec elle l'échelle dont l'extrémité inférieure demeura dans les mains de notre héros. Noë attendit quelques minutes; puis, tirant l'échelle à lui pour s'assurer qu'elle était bien solidement fixée à la croisée de Paola, il mit le pied sur le premier échelon et monta bravement.

Revenons à Henri de Navarre que nous avons laissé suivant Guillaume Verconsin, le commis de maître Samuel Loriot, l'argentier.

Ce fut donc rue Saint-Denis que Guillaume, ainsi qu'il le devait apprendre quelques heures plus tard à Noë, conduisait le jeune prince.

— Ah ça! se disait ce dernier durant le trajet, car Guillaume ne desserrait pas les dents, est-ce qu'il va me conduire rue aux Ours?

Mais, au lieu d'entrer dans la rue aux Ours, Guillaume s'arrêta devant la boutique encore fermée du marchand drapier; introduisit la clef dans la serrure, non sans avoir tout d'abord jeté un furtif regard autour de lui pour s'assurer que la rue était déserte, puis il ouvrit, poussa le prince dans la boutique, dont il se hâta de repousser la porte sur eux.

— Où diable me conduis-tu, l'ami? demanda le prince.

— Chut! venez...

Il ne régnait dans ce local qu'une demi-obscurité qui permit au prince de jeter un regard investigateur autour de lui. Il se trouvait au milieu de pièces de drap, de ballots de laine, de morceaux de lisière et d'énormes bobines de fil ou de soie.

La boutique paraissait composée d'une seule pièce assez vaste, mais sans aucunes dépendances.

Cependant Guillaume Verconsin se dirigea vers l'un des angles de la boutique où se trouvaient entassés trois ballots de laine; il en souleva un, et le prince aperçut une trappe dont la porte était levée.

Le commis battit le briquet et alluma un rat-de-cave, prit le prince par la main et lui répéta :

— Suivez-moi !

— Dieu me damne ! murmura Henri de Navarre, mais c'est dans une cave que la belle argentière me donne rendez-vous.

En effet, sur les pas de Guillaume, le prince descendit une trentaine de marches et se trouva dans un caveau ménagé en long boyau.

— Ici, dit le commis, nous sommes de plain pied. Prenez ma main et laissez-vous conduire.

Et comme s'il eût craint que la clarté du rat-de-cave ne lui attirât un danger quelconque, il l'éteignit sur-le-champ.

Le prince se trouva dans une obscurité profonde; mais, guidé par Guillaume, il continua d'avancer. Il marchait, du reste, sur une surface plane, légèrement humide et boueuse, mais sur laquelle le pied se pouvait poser sûrement.

Le mystérieux voyage à travers les ténèbres dura environ dix minutes. Pendant ce temps, Guillaume ne prononça point un seul mot, et le prince ne songea pas davantage à l'interroger. Les ténèbres ont le privilège de rendre silencieux.

Tout à coup le commis s'arrêta :

— Mon gentilhomme, dit-il, vous avez derrière vous une grosse pierre : asseyez-vous dessus et attendez-moi...

Et sans donner à Henri le temps de répliquer, Guillaume lui lâcha la main : et au bruit de ses pas Henri comprit qu'il s'éloignait.

LA JEUNESSE DU ROI HENRI

Parce qu'il est mort, me dit-il, parce que je l'ai tué comme j'avais tué son père! (P. 126.)

Le prince avait vingt ans ; il était de la race aventureuse des lions et n'avait jamais tremblé. Cependant en se sentant seul dans ce souterrain, sans trop savoir où on le voulait conduire, il éprouva une légère inquiétude.

— Hé ! hé ! se dit-il, qui sait si ce Guillaume n'est point un traître et si, après avoir été le messager de la femme, il ne sert point la jalouse vengeance du mari ?

Henri se trompait. Au bout de quelques minutes, les pas de Guillaume se firent entendre dans l'obscurité. Le commis vint droit au prince, en homme qui a une parfaite connaissance des lieux qu'il parcourt ; il lui reprit la main et lui dit :

— Venez... Samuel Loriot et le vieux Job dorment encore...

— Ah ! fit le prince.

— Et madame vous attend.

Un faible rayon de clarté qui frappa tout à coup le visage de Henri lui donna à comprendre que le souterrain formait un coude brusque.

En effet, à une certaine distance, il vit une porte entr'ouverte au haut d'une trentaine de marches. Et, lorsqu'il eut gravi ces trente marches, le prince reconnut avec surprise qu'il se trouvait dans l'atelier de maître Samuel Loriot. Il fit trois pas en avant, entendit un bruit sourd et se retourna. Sa surprise fut grande, car il eut beau regarder derrière lui, il ne vit plus la porte par où il était entré. Cette porte s'était refermée et il n'en restait pas la moindre trace. Guillaume Verconsin souriait.

— Par où diable sommes-nous donc venus ? lui demanda Henri. Et il regardait le mur et n'y trouvait nulle apparence d'ouverture.

— Ah ! dame ! répondit Guillaume, maître Samuel Loriot n'est pas riche sans être prudent.

— Plaît-il ? fit le prince.

— Et, ajouta le commis, il sait prendre ses précautions.

Alors Guillaume raconta l'histoire des caves, puis il posa sa main sur le mur qui était recouvert d'une vieille boiserie et poussa un ressort habilement dissimulé.

Un pan de la boiserie s'entr'ouvrit, puis se referma, et le prince comprit.

— Quand on met le pied sur cette dalle, dit Guillaume, l'entrée des caves se referme. Maître Samuel a fait pratiquer cette ouverture il y a plus de vingt ans, quand il commença sa fortune, et depuis vingt ans il n'y a que quatre personnes qui en connaissent l'existence : le maître, le drapier, le vieux Job et moi. Ah ! c'est-à-dire, s'interrompit le commis, il y a encore Mme Sarah ; mais le maître n'en sait rien.

— En vérité ! fit le prince.

— Dame ! répondit Guillaume, si le maître savait que sa femme possède un pareil secret, probablement vous ne seriez pas ici, mon gentilhomme.

— Et ce secret, de qui le tient-elle ?

— De moi.

Guillaume appuya un doigt sur sa lèvre supérieure :

— Chut ! dit-il. Le maître dort en haut, venez vite... il ne tardera point à s'éveiller.

— Allons! dit le prince.

Guillaume lui fit traverser l'atelier, souleva cette portière que le vieux Job avait écartée la veille, et le prince se trouva sur le seuil du charmant réduit où il avait déjà été reçu par la belle argentière.

Comme la veille, Sarah s'y trouvait. Mais la jeune femme n'avait plus le sourire aux lèvres; elle ne rougit point à la vue de Henri.

Pâle, triste, elle le salua de la main, et lui dit :

— Asseyez-vous, monseigneur, et parlons bien bas, je vous en supplie Guillaume avait disparu, refermant la porte sur lui.

— Oh! oh! pensa le prince un peu déconcerté par l'aspect de tristesse de la belle argentière, ce rendez-vous d'amour me paraît débuter singulièrement.

Il lui prit la main et la porta à ses lèvres.

— Monseigneur, dit Sarah en retirant cette main, ma conduite doit vous paraître au moins étrange, et si je n'avais la conscience d'être honnête femme, je rougirais bien fort de mon audace, en vérité.

Henri comprit que la belle argentière n'avait point menti en lui écrivant qu'elle lui voulait confier un secret; et, sur-le-champ, il vit bien que ce n'était point un rendez-vous d'amour qu'elle lui avait donné.

Mais le prince avait l'âme généreuse de sa race, et, loin de ressentir un violent dépit, il devina, au contraire, que c'était une grande infortune qui s'adressait à lui, et il se jura de la protéger.

Sarah lui avait indiqué un siège. Il s'assit et lui dit :

— Parlez, madame, je vous écoute.

— Monseigneur, reprit la jeune femme, vous m'avez sauvée une première fois sans me connaître, et maintenant que vous savez qui je suis, j'ai la conviction que vous me continuerez votre généreuse assistance.

— Oh! certes! dit le prince.

Sarah poursuivit :

— Mme la comtesse de Gramont, mon amie d'enfance, en vous donnant une lettre pour moi, était loin de se douter que j'étais devenue la plus malheureuse des femmes.

— Malheureuse! vous? fit Henri avec chaleur.

— Elle vous a parlé de mon mari, n'est-ce pas?

— Oui, dit le prince.

— Elle vous l'a dépeint sans doute comme le meilleur des hommes?

— Mais... en effet...

— Samuel Loriot est un misérable assassin, dit la belle argentière d'une voix sombre où perçait la conviction.

— Que dites-vous, madame? s'écria le prince étonné.

— La vérité, monseigneur.

Et comme sa stupeur allait croissant :

— Ah! monseigneur, poursuivit Sarah, lorsque j'ai épousé Samuel Loriot, Corisandre était déjà comtesse de Gramont, et elle n'a rien su de mes douleurs et de mon infortune...

— Si vous avez besoin d'un protecteur, me voilà! dit le prince avec chaleur.

— Monseigneur, continua la belle argentière, Corisandre que vous aimez est aujourd'hui le seul être qui s'intéresse à moi : aussi, quand j'ai reçu sa lettre, ai-je cru que le ciel m'envoyait enfin un protecteur que je cherchais vainement.

— Je le serai, madame.

— Monseigneur, il faut que vous sachiez mon histoire tout entière.

— Je vous écoute, madame.

On entendit un bruit de pas à l'étage supérieur.

— Ne craignez rien, dit Sarah, répondant au geste d'inquiétude du prince. C'est mon mari, mais il n'entre jamais ici. Il ne l'oserait... C'est bien assez que je sois prisonnière ; j'ai su au moins rendre ma prison inviolable.

Sarah, après un court silence, reprit :

— Samuel Loriot était le fils d'un ancien serviteur du sire d'Andouins, mon parrain et mon bienfaiteur. J'avais quinze ans quand je le vis pour la première fois. Il était laid et vieux déjà, et il m'inspira une profonde répulsion, tandis que pour mon malheur je lui fis éprouver un sentiment tout opposé.

— Cela arrive quelquefois, observa le prince.

Sarah poursuivit :

— Cet homme, qui n'avait jamais aimé que l'argent et qui thésaurisait par tous les moyens, cet usurier infâme, se prit à m'aimer d'un amour ardent, passionné, sauvage... mais moi, j'avais donné mon cœur. Un écuyer du sire d'Andouins, nommé Gontran, en avait trouvé le chemin. Gontran avait dix-huit ans. Gontran appartenait au sieur d'Andouins, et ce dernier ne lui avait permis de se marier que lorsqu'il aurait eu vingt années révolues, car son père, pauvre gentillâtre, l'avait donné au châtelain en lui disant : « Vous le garderez et en serez servi jusqu'à ce qu'il ait vingt ans. » Gontran et moi nous n'eûmes point assez de foi dans le noble cœur du sire d'Andouins ; il aimait Gontran, il m'aimait, il nous regardait comme ses enfants. Si nous fussions allés nous jeter à ses pieds en lui confessant notre amour, nul doute qu'il nous eût unis sur-le-champ. Gontran ne l'osa point. Nous nous aimions depuis environ six mois, et l'heure approchait où je ne pourrais plus dissimuler ma faiblesse. Ce fut à cette époque que Samuel Loriot vint en Touraine et me vit. Un jour, Gontran partit pour la chasse, seul, avec deux limiers. Gontran était un chasseur habile. Le soir il ne revint pas. La nuit s'écoula, on ne le vit point davantage.

« Alors le sire d'Andouins, inquiet, envoya tous les serviteurs du château à sa recherche, et bientôt on trouva le malheureux Gontran étendu sans vie au fond d'un ravin. Il s'était précipité du haut d'une roche et s'était tué en tombant. Ce fut du moins l'opinion générale alors, et nul ne songea que l'écuyer eût pu être victime d'un lâche assassinat. Vous devinez mon désespoir, monseigneur. J'aimais Gontran de toute mon âme, et j'allais être mère.., et mon déshonneur était irréparable. Alors Samuel Loriot vint à moi. Il me prit à part, un soir, dans le parc du château et me dit :

« — Mon enfant, le hasard m'a fait découvrir votre secret, et je sais le malheur qui vous accable. Vous aimiez Gontran, et l'infortuné jeune homme s'est tué avant d'avoir pu laisser un nom à votre enfant. Eh bien! écoutez-moi : je suis vieux et je n'ai personne à aimer, voulez-vous m'épouser ? Votre enfant sera le mien... »

« Cet homme me parut un sauveur, et j'accueillis son offre avec un cri de reconnaissance.

« Il alla retrouver le sire d'Andouins, et six semaines après je l'épousai. Nul autre que lui n'avait connu ma faute.

Sarah s'interrompit et essuya deux larmes brûlantes qui coulaient lentement sur ses joues.

— Continuez, dit le prince avec émotion et lui pressant respectueusement la main.

— Samuel m'amena ici, poursuivit la belle argentière. Il prit soin de dissimuler ma situation à tous les yeux : le vieux Job et Guillaume seuls en furent instruits. Quand les premiers symptômes apparurent, Samuel m'amena un médecin à qui on avait bandé les yeux. Moi-même j'étais masquée. Lorsque mon enfant eut vu le jour, le médecin prétendit que j'étais trop faible pour le nourrir moi-même.

« — Je vais le confier à une nourrice que je me suis procurée, » dit Samuel. Et il enveloppa l'innocente créature dans son manteau, et je n'eus pas, hélas ! l'horrible pressentiment de ce qu'il allait faire !...

. . . .

— Ah! je comprends !... murmura Henri de Navarre.

Sarah se prit à fondre en larmes. Mais enfin, dominant sa douleur, elle reprit :

— A partir de ce jour, je n'entendis plus parler de mon enfant. Quand je demandais de ses nouvelles, Samuel me disait qu'il était en bon lieu et n'avait besoin de rien ; et lorsque je le suppliais de faire venir la nourrice ou de me conduire dans le pays où elle était, il me faisait des réponses évasives. Un soir, — oh ! je n'oublierai ce soir de ma vie, — un soir, Samuel revint de l'hôtel des échevins, où il avait été convié à un banquet. Le malheureux était ivre et marchait en chancelant. Je lui demandai mon enfant, et, sous l'influence de l'ivresse, il entra en fureur.

« — Votre enfant, me dit-il avec une rage ironique, vous voulez voir votre enfant?

« — Oh ! par pitié !... murmurai-je.

« — Eh bien ! c'est impossible...

« — Pourquoi? balbutiai-je éperdue...

« — Parce qu'il est mort, me dit-il ; parce que je l'ai tué comme j'avais tué son père !

« Et le scélérat, dans un accès de rage et d'ivresse, me raconta son forfait, ajoutant :

« — Je t'aimais, Sarah, je t'aimais... et je m'étais juré que tu m'appartiendrais. »

— L'infâme! s'écria le prince.

La belle argentière garda pendant quelques minutes le silence. Henri la regardait pleurer et n'osait lui adresser ces consolations banales qui irritent la douleur au lieu de l'apaiser.

— Pardonnez-moi, monseigneur, reprit enfin Sarah, pardonnez-moi de vous avoir confié ce secret terrible. Mais, depuis si longtemps que je suis contrainte de vivre avec ce monstre auquel me lie un serment solennel, vous êtes le premier ami que j'aie rencontré.

— Et je le serai jusqu'à la mort, dit le prince avec un élan parti du cœur. Disposez de moi, madame ; ce que vous voudrez, je le ferai.

— Hélas! dit-elle, que faire? je ne sais encore. Cet homme est mon maître, je lui appartiens, et les lois humaines sont pour lui. Mais je n'ai point fini, monseigneur, le récit de mon histoire, et il faut que vous sachiez tout.

— Parlez, madame.

— Vous m'avez vue, pour la première fois, par une nuit d'orage, à cheval, fuyant un homme qui me poursuivait, et ne parvenant à me sauver qu'en tuant sa monture d'un coup de pistolet.

— C'est vrai, dit le prince, et cet homme, le connaissez-vous, madame?

— C'est René le Florentin, le parfumeur et le favori de la reine.

— Ah! vous saviez son nom?

— Depuis une heure, et depuis une heure je le fuyais comme un mauvais génie, monseigneur.

— Mais, dit le prince, comment votre mari si jaloux a-t-il pu vous laisser seule assez longtemps?...

— Pour que je vinsse à rencontrer René, voulez-vous dire?

— Justement.

— Ceci, dit la belle argentière, est encore une de ces circonstances étranges qui sillonnent la vie de ceux que la fatalité poursuit. Samuel Loriot fait deux voyages par an dans le pays de Touraine. Ces voyages ont un double but : il vend des orfèvreries et touche les revenus de quelques biens que le sire d'Andouins m'a donnés en dot. Samuel m'emmène toujours avec lui ; il n'aurait garde de me laisser à Paris, car il est odieusement jaloux. Le jour où, la dernière fois, nous quittâmes Paris, comme nous traversions le pont Saint-Michel, à cheval, escortés par un seul valet, le même que vous avez vu à l'hôtellerie où vous m'avez sauvée, une aventure m'arriva qui devait être le point de départ de celle dont vous avez été témoin. Samuel montait un gros percheron, cheval solide et dont la paisible allure convenait à la corpulente lourdeur de son cavalier. Moi, au contraire, j'avais pour monture une fine bête limousine un peu ombrageuse qui, vers le milieu du pont, fut effrayée par un lambeau d'étoffe blanche flottant à la porte d'une boutique. Samuel exigeait que je portasse un masque lorsque je sortais. Il voulait dérober mes traits à tous les yeux. Pendant la lutte que j'eus à soutenir avec mon cheval qui voltait et se cabrait, au grand effroi des passants, mon masque se détacha, et un cavalier élégamment vêtu qui se tenait sur le seuil d'une boutique me regarda et poussa une exclamation :

« — La belle créature! dit-il.

« Samuel n'entendit pas ; il était en avant ; il ne vit pas davantage le cavalier se baisser, ramasser mon masque et me le rendre. J'avais réduit mon cheval.

Je repris mon masque, saluai le cavalier de la main et continuai ma route. Quinze jours après, un matin, nous sortions de Tours pour rejoindre la route de Paris, lorsque nous fûmes croisés par un cavalier qui rentrait en ville. C'était le même qui, sur le pont Saint-Michel, avait ramassé mon masque. Il me salua en passant et d'une façon si discrète que Samuel ne le remarqua point. Deux heures plus tard, un homme à cheval, courant au triple galop, nous rejoignit. C'était un valet de l'évêque de Saumur. L'évêque avait appris le séjour de Samuel Loriot à Tours, et il avait eu fantaisie, car il le tenait pour orfèvre habile, de lui commander un ciboire, un ostensoir et autres pièces d'église pour la chapelle particulière de son palais épiscopal. L'évêque avait envoyé son valet à Tours. Le valet courait après nous, et il venait prier, au nom de son maître, Samuel de se rendre à Saumur. Sans la moindre défiance, mon mari m'enjoignit de continuer mon chemin en compagnie de notre valet, et il suivit celui de l'évêque. Le jaloux vieillard savait qu'entre Tours et Blois je n'aurais à traverser que de méchantes bourgades, où je ne courrais aucun danger, tandis qu'il se défiait fort des beaux damoiseaux de Saumur. Il me recommanda de descendre à Blois, où j'arriverais fort tard, à la *Licorne blanche*, une hôtellerie qui se trouvait en dehors des remparts, et que ne fréquentaient point les gentilshommes.

« — Surtout, me dit-il, n'ôtez pas votre masque et attendez-moi : j'arriverai deux ou trois heures après vous.

« Je continuai mon chemin en compagnie de notre valet. Au bout d'une demi-heure, nous entendîmes un galop de cheval derrière nous. Je me retournai, et quel ne fut point mon étonnement en reconnaissant le cavalier du pont Saint-Michel, le même qui, le matin, entrait à Tours, tandis que nous en sortions ! »

Arrivée à cet endroit de son récit, la belle Sarah se tut un moment.

XVII

L'émotion qui dominait la femme de l'argentier Loriot était si vraie, si poignante, qu'en ce moment Noë eût été fort mal venu auprès du prince de Navarre avec ses plaisanteries sceptiques, et son opinion que Sarah jouait le rôle que lui avait imposé son amie d'enfance, la comtesse de Gramont. Si un homme avait jamais été convaincu des malheurs et de la sincérité de la belle argentière, c'était à coup sûr Henri.

Sarah reprit après un silence :

— Le cavalier qui arrivait au galop s'arrêta en me rejoignant, et il me salua de nouveau, non plus comme le matin, furtivement, et plutôt d'un regard et d'un sourire que d'un geste, mais en ôtant son chapeau.

« — Belle amazone, me dit-il en m'abordant, que vous gardiez ou non votre masque, je vous connais.

— Tiens! dit le prince, voilà un soldat qui garde fort convenablement le roi. (P. 134.)

« Je m'inclinai et pensai d'abord qu'il allait continuer son chemin. Mais il rangea son cheval auprès du mien et me dit :

« — Je vous connais parfaitement. C'est vous qui montiez un cheval blanc, il y a quelques jours, celui-là, tenez, lequel se cabra et s'épouvanta en passant sur le pont Saint-Michel.

« — En effet, mon gentilhomme, répondis-je, et je suis demeurée même votre obligée depuis ce jour.

« — Vous êtes merveilleusement belle, poursuivit-il, et, depuis que je vous ai vue, mon pauvre cœur en est tout troublé.

« Je rougis sous mon masque et murmurai tout bas :

« — Messire, vous vous méprenez bien certainement.

« — Sur votre beauté?

« — Non, sur moi. Je suis une honnête femme et ne saurais vous écouter.

« — Bah! me dit-il avec l'assurance d'un homme à qui rien ne résiste, vous ne savez pas qui je suis, ma belle enfant.

« — Que m'importe?

« — Et plus d'une dame de la cour me rudoierait moins que vous. Savez-vous que je suis un homme puissant?

« — Messire, lui dis-je avec une certaine anxiété, passez votre chemin, je vous supplie. Il y a assez de femmes jeunes et belles qui sont libres de tout engagement, pour que vous ne cherchiez point à me tourmenter.

« Il me répondit par un éclat de rire.

« — Vous ignoriez, ajouta-t-il, que j'ai fait le voyage de Touraine tout exprès pour vous, chère belle.

« Je tressaillis.

« — Quand vous passâtes sur le pont Saint-Michel, j'entendis un bourgeois qui murmurait dans la foule : Tiens ! voilà Samuel Loriot, l'argentier, et sa belle femme, qui vont à Tours. Alors je pris un cheval et je m'en allai à Tours comme vous. A Tours, je m'informai et j'appris que le bourgeois Loriot était au château de feu le sire d'Andouins avec vous. Quand j'arrivai à Andouins, vous veniez d'en partir pour retourner à Tours. Nous nous sommes croisés ce matin aux portes de la ville.

« Tandis que le cavalier parlait, j'avais remarqué avec une certaine frayeur que la nuit approchait et que l'horizon était chargé de nuages noirs qui annonçaient un prochain orage. La route qui côtoyait la Loire était déserte, et je n'avais auprès de moi qu'un valet, honnête Tourangeau, qui, tout émerveillé de me voir aborder par un si élégant gentilhomme, l'avait salué jusqu'à terre et se tenait fort respectueusement à trente pas derrière nous.

« Le cavalier continua avec cynisme :

« — Ma belle enfant, je suis un des hommes les plus puissants de la cour de France et je puis beaucoup pour vous. Par conséquent, je vais vous donner un conseil.

« — Mais, monsieur ! m'écriai-je, je n'ai besoin ni de vos conseils ni de votre amour.

« Il se prit à rire.

« — Et moi, dit-il, je me suis juré de vous emmener à Paris, ce soir.

« — Monsieur !

« — Vous y allez en compagnie de votre vieil époux; vous y viendrez avec moi.

« J'essayai de dompter mon effroi et je répondis avec un rire moqueur :

« — Mon mari sera-t-il du voyage?

« — Non, certes, ma belle enfant. Votre mari est à Saumur, où l'évêque lui va faire une bien belle commande...

« Il ricanait en parlant ainsi.

« — Mon mari me rejoindra à Blois, répliquai-je aussitôt.

« — C'est une erreur : vous serez partie de Blois avant qu'il arrive.

« — Oh! par exemple!

« — Tiens! me dit-il avec un sourire dédaigneux et plein d'assurance, ne savez-vous pas, chère belle, que je me nomme René le Florentin, et que...

« Je ne le laissai point achever. Ce nom abhorré de la France entière m'arracha un cri de stupeur et d'épouvante.

« — A moi! à moi! exclamai-je en me tournant sur ma selle pour appeler mon valet à mon aide, car déjà René avait voulu passer son bras sous ma taille.

« Le valet piqua des deux et accourut. Mais René se retourna froidement, prit un pistolet dans ses fontes et fit feu... Je vis le valet et le cheval rouler pêle-mêle sur la poussière de la route, et, à demi morte de frayeur, j'entendis René qui disait :

« — Maintenant, ma belle, je crois que nous allons vraiment voyager de compagnie.

« Mais, dominée par l'instinct du danger, je fouettai mon cheval d'un vigoureux coup de houssine.

« Le cheval étonné bondit et s'élança au galop.

« René me poursuivit.

« D'abord ma bonne jument limousine, plus rapide que son cheval, parvint à le distancer ; mais la monture de René avait plus de fond que la mienne, et au bout d'une course furieuse, pendant laquelle la nuit était venue et la pluie commençait à tomber, accompagnée d'éclairs et de coups de tonnerre, je sentis que la pauvre bête ralentissait son allure.

« J'entendais derrière moi le galop forcené du Florentin, qui ensanglantait les flancs de son cheval.

« Le tonnerre, les éclairs, la pluie qui tombait à torrents, tout cela réuni au sentiment du danger suprême que je courais contribuait à me rendre folle.

« Un moment je me retournai, et un éclair me montra René près de m'atteindre.

« Alors j'eus une de ces inspirations soudaines qui nous viennent aux heures suprêmes.

« René avait renversé mon valet d'un coup de pistolet. Je me souvins que j'avais de semblables armes dans les fontes de ma selle, et, en saisissant une, je me retournai de nouveau, attendis un nouvel éclair, et fis feu.

« René et son cheval roulèrent sur le sol de la route comme mon malheureux valet et sa monture une heure auparavant.

« A partir de ce moment, je ne me souviens plus qu'imparfaitement de ce qui se passa en moi et de ce que je fis. Je continuai à fouetter ma jument qui poursuivit sa route au galop, et je ne retrouvai un peu de calme et de présence d'esprit qu'en voyant enfin blanchir dans les ténèbres les dernières maisons de Blois. Par un hasard providentiel, l'hôtellerie de la *Licorne* où je devais descendre se trouvait sur la route, et ma monture, nous y avions déjà logé plusieurs fois, s'arrêta devant la porte.

« Je frappai, j'appelai : on vint m'ouvrir, et, sans vouloir raconter ce qui m'était advenu, j'expliquai le désordre de mes idées par l'épouvante que j'avais ressentie de l'orage.

« Je me couchai en proie à une fièvre brûlante.

« Quelques heures après, c'est-à-dire vers le matin, on frappa rudement à la porte de l'hôtellerie, et une voix se fit entendre au dehors.

« C'était la voix de mon mari.

« Samuel Loriot arrivait pestant et maugréant, et quand l'hôtelier vint lui ouvrir, il se hâta de demander si sa femme et son valet étaient arrivés.

« — Votre femme, oui, dit l'hôtelier ; mais je n'ai pas vu de valet et je n'ai qu'un cheval à l'écurie.

« Samuel monta dans ma chambre et s'écria en me voyant :

« — Mon Dieu ! que vous est-il arrivé ?

« Je lui racontai ce qui s'était passé, et il m'écouta, les cheveux hérissés et les lèvres écumantes de rage.

« Cependant je lui cachai le nom de René le Florentin.

« — Ainsi, le valet est mort ? s'écria-t-il.

« — Il est mort ou blessé, je ne sais, répondis-je avec égarement. Je ne me souviens de rien.

« — Eh bien ! moi, dit Samuel, je commence à m'expliquer tout ce qui m'est advenu.

« Et à son tour, Samuel me raconta ce qui lui était arrivé.

« En compagnie du prétendu valet de l'évêque, il était arrivé à Saumur. Mais, au lieu de le conduire à l'évêché, le valet l'avait fait descendre dans une hôtellerie en lui disant :

« — Je vais prévenir monseigneur de votre arrivée et je viendrai vous quérir aussitôt.

« Le valet était parti ; une heure s'était écoulée, puis deux, puis trois ; la nuit était venue enfin, et le valet n'avait point reparu.

« Alors Samuel s'était inquiété, il avait fini par demander à l'hôtelier s'il connaissait le personnage qui l'avait conduit chez lui pour un valet de l'évêque.

« — Non, avait répondu l'hôtelier. Je vais cependant à l'évêché souvent. D'ailleurs l'évêque n'est point à Saumur.

« — Comment ! s'écria mon mari.

« — Monseigneur est à Angers depuis plus d'un mois.

« — En êtes-vous certain ?

« — Très certain.

« Samuel courut à l'évêché. On lui répéta que Sa Grâce était absente depuis plus d'un mois, que nul ne savait ce dont lui, Samuel, voulait parler, et qu'une seule chose était fort positive, c'est que l'évêque n'avait pu songer à lui donner rendez-vous à Saumur, puisqu'il n'y était pas.

« Un soupçon terrible traversa l'esprit de Samuel, et il pensa que, sans doute, on avait voulu m'enlever et qu'il était tombé dans un piège.

« Alors il remonta à cheval et courut jusqu'à Blois sans s'arrêter.

« Il achevait à peine de me conter cela lorsqu'on frappa de nouveau à la porte. C'était notre malheureux valet qui revenait sain et sauf.

« La balle de René avait renversé le cheval sans faire le moindre mal à l'homme.

« Mais celui-ci, étourdi de sa chute, était demeuré longtemps évanoui sur le sol.

« Quand il était revenu à lui, René et moi nous étions déjà loin.

« Vous savez le reste, monseigneur, ajouta Sarah. »

Henri avait écouté religieusement ce double récit.

Quand la belle argentière eut fini il lui dit avec émotion :

— Madame, vous vous êtes adressée à moi comme à un protecteur, et ce ne sera point en vain, Vive Dieu ! je vous arracherai, je le jure, à la tyrannie de cet abominable Samuel.

— Ah ! monseigneur, répondit Sarah, vous sentez bien que je ne suis sa femme que de nom, et que jamais, depuis que je connais sa scélératesse, il n'a osé franchir le seuil de cette chambre ; mais ce nom qu'il m'a donné et que je porte, n'est-ce point une chaîne éternelle ?

— Oh ! non, dit Henri, je vous soustrairai par la fuite, s'il le faut, au pouvoir de ce monstre.

— Fuir ! dit-elle, mais où ? comment ?

— Soyez tranquille, répondit Henri, et je vous mettrai en si bon lieu, que ni lui ni René ne vous trouveront jamais.

Henri, ainsi que le commis Guillaume Verconsin l'avait appris à Noë, demeura caché toute la journée chez la belle argentière, et n'en sortit que le soir, à l'heure où les ouvriers de Samuel Loriot furent partis ; quand ce dernier, obéissant à une habitude quotidienne, fut sorti pour aller deviser chez un marchand son voisin et que, enfin, le drapier eut fermé la boutique.

Il était donc près de neuf heures lorsque Henri de Navarre se glissa hors de la maison de l'argentier.

Alors seulement le prince se souvint du rendez-vous que Nancy, la piquante et blonde camérière de Mme Marguerite de Valois, lui avait donné à neuf heures au bord de la rivière, près de la poterne du Louvre.

Il pleuvait légèrement et la nuit était noire.

— Diable ! se dit le prince en prenant le chemin du rendez-vous, je ne voudrais pas faire injure à mam'zelle Nancy ; mais, si beaux que soient ses grands yeux bleus, ils ne parviendront jamais à éclairer son visage assez pour que je la reconnaisse à travers ce brouillard !

La berge du fleuve était déserte.

Henri s'enveloppa de son manteau pour se préserver des âpres caresses de la bise et se mit à se promener de long en large, toussant parfois comme il convient à un homme qui va à un rendez-vous dans l'obscurité et tient à avertir de sa présence ceux qui l'attendent.

Au bout d'un quart d'heure, pendant lequel il ne vit et n'entendit rien, Henri, qui continuait sa promenade, songeant bien plus à la belle argentière qu'à Mme la princesse Marguerite, Henri, disons-nous, aperçut tout à coup quelque chose de blanc qui rasait les murs du Louvre et s'y dirigeait.

— Hé! hé! se dit-il, ce pourrait bien être la robe de mam'zelle Nancy, cela.

Un pas léger se fit entendre, l'ombre blanche s'approcha à une faible distance.

Henri toussa de nouveau.

L'ombre, qui s'était arrêtée, se remit alors en marche, et, contrairement aux habitudes des ombres, qui doivent être muettes, elle toussa à son tour.

Henri fit la moitié du chemin et l'ombre se trouva près de lui.

— Quelle heure est-il, mon gentilhomme? demanda une voix fraîche et légèrement moqueuse.

— Neuf heures, mam'zelle.

— Bon! dit l'ombre, je crois reconnaître cette voix.

— Moi aussi, dit Henri.

— Elle appartient au sire de Coarasse, n'est-ce pas?

— Celle que j'entends pourrait bien être celle de la belle Nancy...

— Chut!!!

Ce seul mot fut accompagné du contact d'une jolie main blanche et parfumée qui s'appuya sur la bouche du prince.

Puis, Nancy, car c'était bien elle, se pencha à son oreille :

— Venez, dit-elle.

Elle lui prit la main, ajoutant :

— J'espère que vous savez marcher dans l'obscurité...

— Parbleu!

— Et que vous n'avez pas de ces bottes fortes que porte le prince de Navarre et qui, dit-on, font un bruit d'enfer dans les escaliers et sur les parquets du château de Nérac?

— Le prince est un malotru, répondit Henri.

Et il eut un silencieux sourire.

Nancy ne fit point entrer son compagnon par la grande porte du Louvre.

Elle le conduisit au contraire le long de la berge, jusqu'à une petite poterne au seuil de laquelle veillait un suisse, si toutefois on peut appeler veiller la façon dont il s'acquittait de sa consigne.

Appuyé contre le mur, les deux mains sur sa hallebarde, il dormait de tout son cœur à la clarté d'une petite lampe suspendue à la voûte d'un corridor.

— Tiens! dit le prince, voilà un soldat qui garde fort convenablement le roi.

— Cachez bien votre visage dans votre manteau, dit Nancy.

— Pourquoi?

— Parce que ce suisse a les yeux ouverts en dormant.

— Ah! bon! je comprends, murmura Henri en riant.
— Vraiment?
— C'est-à-dire qu'il ferme les yeux quand vous sortez?
— Non, mais quand je rentre.

Et Nancy eut un petit rire moqueur :
— Quand je ne rentre pas seule, bien entendu, ajouta-t-elle.
— Hé! pensa le prince avec un fin sourire que Nancy ne put voir, il paraît que mon cousin le duc de Guise a souvent pris ce chemin.

Et ramenant fort soigneusement son manteau sur son visage, il passa devant le suisse qui feignait de dormir.

Nancy le conduisit tout au bout du corridor et lui dit :
— Là, maintenant, voici un escalier, levez votre pied.
— J'y suis, dit Henri qui se dressa sur la première marche.

La lampe placée à l'entrée du corridor n'en éclairait point l'extrémité.
— Montez doucement et laissez-vous conduire, répondit doucement Nancy.

Elle passa la première, tenant toujours la main du prince dans sa main blanche et parfumée.

Il faisait horriblement noir dans cet escalier tournant que gravissait Henri.

A un certain moment il fit un faux pas.
— Chut! dit Nancy, les murs ont des oreilles au Louvre.

Henri redoubla de précautions; puis, comme l'ascension paraissait devoir durer, il se pencha à l'oreille de la jolie camérière :
— Croyez-vous, dit-il, que j'ai la taille du duc de Guise?

Nancy tressaillit. Puis elle répondit de sa voix moqueuse :
— Messire de Coarasse, vous êtes quelque peu fat.
— Bah! vous croyez?
— Et je vous engage à consulter une autre personne que moi sur ces sortes de choses.
— Vous êtes pourtant de bon conseil, murmura Henri montant toujours.
— Quelquefois.
— Eh bien?
— Chut! tout à l'heure je vous répondrai.

Henri leva le pied de nouveau, mais son pied redescendit et ne trouva plus de marche à gravir.

Il était parvenu au haut de l'escalier. Nancy lui dit :
— Tournez à droite, suivez-moi... pas de bruit

Henri marcha dans les ténèbres sur une surface plane, durant trois minutes environ. Puis Nancy s'arrêta.
— A présent, dit-elle, je vais vous donner mon avis.
— Ah! voyons, dit le prince.
— Le duc de Guise était plus grand que vous.
— Tant pis!
— Mais l'esprit ne se mesure point à la toise, et vous en avez beaucoup, monsieur de Coarasse.

Ce disant, la maligne soubrette ouvrit une porte, et un flot de lumière vint frapper Henri au visage.

En même temps Nancy le poussa doucement par les épaules, et Henri se trouva dans l'oratoire de Mme Marguerite, oratoire qu'il connaissait déjà, l'ayant examiné la veille, à travers les pieds du christ d'ivoire, par le trou mystérieux de M. de Pibrac.

Nancy avait disparu.

XVIII

Tandis que Henri de Navarre était introduit par Nancy chez Mme Marguerite de France, Noë grimpait après son échelle de soie fixée à la fenêtre de l'arrière-boutique du Florentin René.

Le pont était haut, l'échelle était longue, et l'ascension ne manquait point d'un certain péril.

Mais Noë avait le pied leste et la bravoure des amoureux.

Et puis la nuit était noire...

La lumière que, de la berge, il avait vue briller à la fenêtre de Paola s'était éteinte, et Noë, levant la tête à mesure qu'il montait, n'apercevait qu'un trou noir d'où sortait le bout de son flexible escalier.

Quand il fut tout en haut, au moment où il atteignit l'entablement de la croisée et s'y cramponna, deux bras satinés et nus l'enlacèrent et l'attirèrent doucement à l'intérieur.

— Tiens! pensa Noë, c'est absolument comme Henri pénétrant chez Corisandre.

Cette réflexion faite, il posa les pieds sur l'entablement et sauta doucement dans la chambre, où régnait une obscurité complète. Mais les deux bras charmants le tenaient toujours, une haleine parfumée effleurait son visage, et il lui sembla qu'il entendait les battements précipités du cœur de Paola.

La fille de René attira Noë doucement vers l'ottomane qui garnissait son oratoire, l'y fit asseoir, puis elle alla vers la croisée, sans prononcer un mot, tant elle était émue.

Alors elle retira l'échelle.

Puis elle revint vers Noë.

— Ah! mon Dieu! dit-elle enfin d'une voix qui tremblait bien fort, mon Dieu! comme j'ai eu peur!

— Peur! fit Noë, et pourquoi?

— J'ai eu peur quand je vous ai vu monter les degrés de cette échelle. Je l'avais bien solidement attachée, et cependant je la tenais encore avec les mains...

— Chère Paola!...

— Et quand je vous ai vu vous balancer dans le vide, un moment j'ai eu le vertige, et il m'a semblé que cette échelle allait casser.

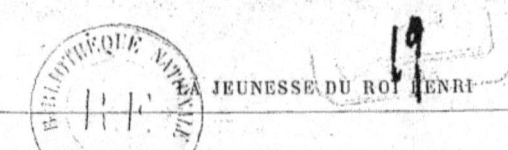

— Continue à dormir, lui dit René d'une voix impérieuse, je te l'ordonne! (P. 141.)

— Folle que vous êtes!

Comme ils étaient dans l'obscurité la plus profonde, Noë osa lui donner un baiser.

Mais Paola se dégagea lestement, puis elle se leva, alla tirer soigneusement l'épaisse draperie qui masquait la porte vitrée de la boutique; puis elle battit le briquet, et une gerbe d'étincelles s'en échappa.

— Que faites-vous? dit Noë.
— J'allume une lampe.
— Pourquoi?
— Mais... pour y voir...
— Chère belle, murmura Noë, les paroles n'ont pas de couleur...
— Oui, mais...
— A quoi bon y voir? supplia-t-il d'une voix caressante.
— Eh bien! dit Paola cessant de tirer des étincelles du briquet, promettez-moi alors d'être raisonnable.
— Je le suis.
— Et de ne pas... m'embrasser...
— Mais... je vous aime.
— Cela ne fait rien.
— Dame! dit Noë, je crois au contraire que cela y fait beaucoup.
— Alors je rallume ma bougie.
— N'en faites rien, je serai sage...
— A la bonne heure, dit Paola.
— Cependant je vous jure que je vous aime, dit le jeune homme d'une voix câline et insinuante.
— Si je ne le croyais, seriez-vous ici?
— Et... vous?

Paola soupira, garda un moment le silence, puis, au lieu de répondre à la question de Noë :

— Savez-vous bien, dit-elle, que j'ai un peu plus de vingt ans?
— Mais... non... je ne crois pas, répondit Noë, qui savait son code de galanterie ; vous en portez seize à peine : on vous aura trompée...
— Et ne pensez-vous pas, flatteur, que je suis bien malheureuse?...
— En quoi?
— En ce que mon père ne me veut point marier...
— Diable! pensa Noë, cette jolie fille est une femme sérieuse. On lui parle amour, elle répond mariage.
— Savez-vous, poursuivit Paola, que mon père est riche comme un juif?
— En vérité!
— Et que, s'il le voulait, il pourrait me donner une dot princière?
— Quelle belle occasion, pensa Noë, de redorer un peu mon blason, si je n'avais pas certains préjugés sur la noblesse!...

Puis, tout haut :

— Une dot! fi donc! chère enfant... vous êtes trop belle pour qu'il vous soit besoin d'écus afin de trouver un mari.
— Croyez-vous?

Et Paola fit cette question d'une voix si tremblante qu'elle toucha Noë.

— Je suis aimé... se dit-il.

Puis il lui prit un nouveau baiser :

— Si je le crois! dit-il, mais...

Il allait sans doute s'expliquer plus clairement, lorsqu'on entendit un bruit de voix dans la pièce voisine, c'est-à-dire dans la boutique. Paola se leva vivement et alla coller son oreille contre la draperie de la porte.

— Ce n'est rien, dit-elle, c'est Godolphin qui rêve.

— Hein! Il rêve tout haut?

— Il rêve et se promène, dit Paola.

— Ah! par exemple, voilà ce que je ne comprends guère, chère Paola.

— Cela est cependant.

— Quand on rêve, c'est une preuve qu'on dort, n'est-ce pas?

— Aussi dort-il.

— Et quand on dort, on peut quelquefois parler tout haut et prononcer des mots sans suite... mais...

— Mais on ne se promène point, voulez-vous dire?

— Dame!

— Eh bien! Godolphin dort et il parle, et il se promène... et parfois il essaye d'ouvrir cette porte...

— Plaît-il?

— Mais rassurez-vous, la porte est toujours fermée au verrou.

— Voilà un étrange sommeil! dit Noë abasourdi.

— Godolphin est somnambule.

— Un singulier mot!

— Ah! soupira Paola, s'il n'était ainsi, mon père ne le garderait pas et n'en aurait point fait mon geôlier.

Noë prit les deux mains de la belle Italienne et lui dit en les pressant doucement :

— Voyons, chère Paola, expliquez-vous un peu plus clairement, de grâce...

— Vous ne savez pas ce que c'est qu'un somnambule?

— Ce doit être un mot latin, dit Noë, et dans ma famille on n'apprend point cette langue.

— Cela veut dire « marcher en dormant ».

— Bon! très bien!...

— En Italie, il y en a beaucoup.

— Cela est donc bien agréable à votre père, un homme qui se promène en ronflant?...

— Cela lui est utile.

— Ah! vraiment?

— Godolphin parle en dormant, et dans son sommeil il voit et dit, prétend mon père, des choses extraordinaires.

— Votre père est fou...

— C'est possible, soupira l'Italienne; mais il paraît cependant que, il y a trois mois, Godolphin a révélé un complot des huguenots contre la reine mère.

— Voilà ce que je ne puis croire, murmura le sceptique Noë.

— Pourtant mon père a été tellement frappé de ses révélations, qu'il en a parlé à la reine mère et que cette dernière a fait arrêter et prendre les conspirateurs.

— Et le complot existait?
— Mais oui.
— C'est bizarre...
— Et mon père a dit à la reine, non point que c'était Godolphin qui avait deviné le complot, mais qu'il avait lu dans les astres. Car, ajouta Paola, vous savez que mon père a la prétention de lire l'avenir dans les étoiles...
— Je sais cela.
— Mais la vérité est que c'est Godolphin qui, dans son sommeil, lui fait des révélations. Souvent, grâce à lui, mon père a retrouvé des objets perdus.
— Bah!
— Et prédit des choses que l'événement a justifiées.
— Et Godolphin ne se trompe jamais?
— Oh! si, dit Paola, souvent même. Mais il devine quelquefois.
— Ah çà! demanda Noé, où donc votre père a-t-il découvert ce singulier personnage, ma chère belle?

Paola tressaillit à cette question.
Un moment elle hésita à répondre:
— Godolphin, dit-elle, ignore son origine, et mon père lui a persuadé qu'il l'avait trouvé exposé sur les marches d'une église.
— Et cela est faux?
— Je le crois.
— Votre père l'a enlevé à sa famille, sans doute?...
— Ah! je ne sais. J'étais enfant alors, et jamais ma mère, qui a su toute cette histoire, n'a voulu me rien révéler; mais je me souviens de ce que j'ai vu.
— Et... qu'avez-vous vu?
— Il y a dix-huit ou vingt ans de cela, nous n'étions pas riches alors, et mon père n'avait point encore gagné la confiance du duc Laurent de Médicis. Nous habitions Venise et nous demeurions dans une pauvre maison au bord des lagunes. Une nuit, mon père rentre pâle, les mains ensanglantées et portant dans ses bras un enfant.

C'était Godolphin.

A la vue de mon père et de l'enfant, ma mère jeta un cri d'épouvante:
— Tiens, lui dit mon père, j'ai eu pitié de cet enfant... Tu en prendras soin.

Ils se parlèrent longtemps à voix basse, à l'extrémité opposée de la pièce dans laquelle était mon berceau, et je ne pus entendre leurs paroles.

Le lendemain nous partîmes de Venise au milieu de la nuit et nous revînmes à Florence, où mon père était né.

Ma mère, qui avait perdu son dernier enfant, allaita Godolphin.

A Venise nous étions pauvres; en arrivant à Florence, au lieu de descendre dans une maigre auberge, mon père acheta un hôtel, de somptueux vêtements; il prit des laquais, et ma mère ne sortit plus qu'en litière. Là commença la fortune mystérieuse de René le Florentin.

— Diable! pensa Noé, cette jeune fille ingénue, qui me proposait tout à l'heure sa main et sa dot, me raconte là une histoire qui pourrait bien être celle de ces trésors dont elle me voulait enrichir.

Mais comme Noë ne fit point part à Paola de cette réflexion peu aimable, la fille du Florentin continua :

— Ma mère, qui était jeune et belle et qui riait toujours du matin au soir avant notre départ de Venise, ma mère, qui souriait à la pauvreté comme l'indigent à un rayon du soleil, tomba tout à coup dans une tristesse mortelle. Sa beauté disparut en moins d'une année, ses cheveux blanchirent, son visage se rida, son regard devint morne et farouche... Elle mourut bientôt, et le prêtre qui reçut sa confession s'en alla pâle et frissonnant...

Deux ans après la mort de ma mère, nous vînmes à Paris, mon père, Godolphin et moi.

Comme Paola terminait cet étrange récit, un bruit plus violent que celui des pas de Godolphin, qui se promenait dans la boutique au milieu des ténèbres, se fit entendre.

— C'est mon père qui rentre, fit Paola.

— Faudra-t-il encore que j'aille me cacher au fond de ce cabinet?

— Non, à cette heure mon père n'entre jamais chez moi, il est même fort rare qu'il vienne ici la nuit.

— Il couche donc au Louvre?

— Généralement. Quand il vient ici, c'est qu'il veut consulter Godolphin sur quelque événement qui l'intéresse.

Le bruit d'une clef tournant dans la serrure de la boutique venait de retentir, et Paola, l'oreille collée à la draperie, entendit les pas de son père.

Elle étendit la main vers Noë :

— Venez écouter, dit-elle bien bas.

Noë s'approcha. Il y avait une fente imperceptible dans la cloison qui séparait l'oratoire de Paola de la boutique du parfumeur. Le Florentin ayant battu le briquet pour se procurer de la lumière, un rayon de clarté passa par la fente. Noë y colla son œil.

René, enveloppé dans son manteau, ferma soigneusement la porte et poussa les verrous.

Puis il regarda Godolphin. Godolphin, en chemise, se promenait gravement de long en large, les yeux fermés, mais parlant tout haut et avec une certaine animation.

Noë, qui connaissait le caractère brutal du Florentin, s'imagina d'abord que René allait éveiller d'un coup de pied le dormeur. Il n'en fut rien. Tout au contraire, le Florentin posa fort délicatement ses deux mains sur les épaules du jeune homme et le fit s'asseoir sur un escabeau placé auprès de son lit de sangles.

Godolphin obéit, mais il ne s'éveilla point.

Alors l'une des mains de René s'appuya tout ouverte sur le front de Godolphin :

— Continue à dormir, lui dit René d'une voix impérieuse, je te l'ordonne!

— Je dors, répondit Godolphin avec soumission.

— Ah! par exemple! murmura Noë, ceci est fort amusant!... Si ce drôle n'avait une mine aussi sérieuse, je croirais qu'il se moque de moi. Mais comme il est loin de se douter que je suis là...

René tint sa main sur le front de Godolphin quelque temps encore, puis il lui dit :

— J'aime une femme...

Noë tressaillit et fit une réflexion :

— Il paraît que les *somnambules* sont employés dans les affaires de cœur. Je consulterai Godolphin, si besoin est.

— J'aime une femme... répéta René.

Godolphin hésita un moment à répondre; puis, de sa voix grêle, que le sommeil et le fiévreux état où il était achevaient de rendre étrange :

— Je le sais, dit-il.

— Ah! tu... le... sais?

— Oui, je la vois...

— La femme que j'aime?

— Oui...

— Où est-elle?

— Elle passe sur un pont, dit le somnambule, qui, n'étant pas d'une lucidité parfaite, brouillait facilement le présent avec le passé et se reportait au moment où, en effet, mais il y avait déjà plus de quinze jours, la belle argentière avait, partant pour la Touraine, traversé le pont Saint-Michel.

— Est-elle à pied? murmura René.

— Non, à cheval.

Le Florentin était habitué sans doute à ces tâtonnements du somnambule, car il lui dit :

— Suis-la...

Godolphin se rejeta en arrière, rêva longtemps et reprit :

— Je la vois maintenant sur une route. Il fait nuit, il pleut, la foudre gronde... Elle est à cheval; un cavalier la poursuit...

— Quel est ce cavalier?

— C'est vous.

— Après? après? fit René avec impatience; suis-la encore.

— Un homme galope auprès d'elle... ils fuient toujours...

— Quel est cet homme? Est-ce moi?

— Non.

— Suis-la toujours.

Godolphin éleva ses deux mains jusqu'à son front et l'étreignit avec un geste de souffrance.

— Elle est près d'ici, dit-il enfin, dans une rue étroite, dans une maison sombre... elle pleure.

— Ah! dit René. Et cet homme qui fuyait avec elle... comment est-il?... Cherche-le...

— Il est gros... il est vieux...

— Où est-il?
— Je le vois qui marche dans la rue et qui descend vers la rivière...
— C'est le mari? murmura René.
— Oui, dit Godolphin, c'est le mari.
— Regarde encore, ordonna le Florentin; cet homme descendait-il hier vers la rivière?
— Oui, maître.
— Et demain?
— Demain, il y descendra encore. Je le vois passer sur le pont...
— Lequel?
— Celui où nous sommes.
— Où va-t-il?
— Je ne sais pas... je le vois disparaître de l'autre côté de la rivière.
— Bien... reviens vers la femme.

Godolphin tourna la tête comme si, en effet, il eût pu voir au travers des murs et de l'espace.

— Regarde dans trois jours.

Godolphin demeura longtemps silencieux.

— Que vois-tu? demanda impérieusement le Florentin.
— Des hommes armés... Ils ont pénétré de force dans la maison...
— Et... elle?
— Je ne la vois pas...
— Et... lui?
— Le mari?
— Oui, dit René.

Godolphin eut un geste de souffrance.

— Je ne vois plus, dit-il épuisé, je... ne... vois... plus...
— Vois! je le veux!

La voix de René était vibrante, terrible. Noë, qui suivait du regard, au travers de la fente, cette séance étrange, Noë vit le somnambule s'agiter sur son siège, frissonner et tomber à terre en murmurant un dernier mot, — un mot étouffé :

— Du sang!

Alors le Florentin enleva Godolphin et le plaça sur son lit.

Puis l'œil du Florentin jeta une lueur étrange, et René murmura :

— Allons, je le vois, je réussirai... j'aurai la belle argentière... Godolphin a deviné mon projet... mon plan réussira.

Et René s'enveloppa de son manteau, ouvrit la porte, éteignit la lampe et sortit de sa boutique en murmurant :

— Retournons au Louvre, la reine m'attend.
— Tout cela est étrange, n'est-ce pas? dit alors Paola à Noë.
— Étrange est bien le mot, répéta le jeune homme tout pensif.

. . . .

Les deux jeunes gens passèrent une heure encore à échanger les plus doux serments ; puis Noë replaça l'échelle de soie à la fenêtre, donna un dernier baiser à Paola et s'en alla par où il était venu, se disant :

— Je crois qu'il est temps que je revoie Henri, car sa nouvelle idole me paraît courir un joli petit danger...

XVIII

Un peu avant que le prince Henri de Navarre fût introduit chez Mme Marguerite, la jeune princesse était seule avec Nancy en son oratoire.

Assise devant une table, un livre sous les yeux, Marguerite avait appuyé son front dans ses belles mains et paraissait en proie à une mélancolie profonde.

Nancy, à quelque distance, rangeait divers objets de toilette dans l'oratoire, et jetait de temps à autre un regard plein de malice sur Marguerite.

— Pauvre princesse! murmurait Nancy, elle a un si grand besoin d'aimer qu'elle inventerait un galant si elle n'en trouvait pas...

Marguerite, les yeux fixés sur son livre, lisait machinalement, et le sens des mots paraissait lui échapper. Sa pensée était ailleurs. Tout à coup elle releva la tête.

— Nancy, dit-elle, sais-tu bien que voici déjà longtemps qu'il est parti? Et depuis je n'ai eu de lui la moindre nouvelle.

— Les hommes sont oublieux, dit Nancy.

Marguerite soupira.

— Et, à votre place, poursuivit la soubrette, je les payerais de monnaie pareille... j'oublierais.

— Ah! pauvre Nancy! murmura Marguerite, comme on voit bien que tu n'as jamais aimé...

Nancy rougit légèrement.

— Qui sait? dit-elle.

Marguerite leva les yeux sur sa jolie camérière, et se faisant un abat-jour de sa main, pour éviter les rayons de la lampe, elle regarda attentivement la jeune fille.

— Tu es bien jeune, Nancy, dit Mme Marguerite.

— J'ai dix-sept ans...

— Et tu aimes?

— Oh! je n'ai pas dit cela, mais... au premier jour... je pourrais bien...

— Comment! mademoiselle, fit la princesse d'un ton moitié grondeur, moitié enjoué, vous avez des secrets pour moi, maintenant?

— Ah! dame! Votre Altesse m'excusera, répliqua Nancy; mais, hier encore, je ne croyais pas... l'amour vient on ne sait comment. D'abord on rit, on se moque, puis le rire s'éteint... et on ne raille plus.

— Dis donc, mignonne, interrompit Marguerite, je gage que je devine.

Nancy rougit plus fort.

Henri prit cette main, osa la porter à ses lèvres... (P. 150.)

— Il y a chez le roi un beau page aux cheveux bruns, à l'œil noir, à la lèvre rouge, qui devient couleur de coquelicot quand il te rencontre... Est-ce qu'on ne le nomme pas Raoul?

— Madame, dit Nancy, je sais bien que Raoul m'aime, mais je ne sais pas au juste...

— Quoi?

— Si j'en puis dire autant.

— Tu le peux, ma petite. Voilà que tu rougis aussi fort que lui.

— Ah! bien, en ce cas, dit Nancy d'un petit air mutin et délibéré, je puis vous promettre, madame, qu'il m'aimera longtemps...

— Coquette!

— J'ai un bon moyen pour cela. Et si Votre Altesse en avait usé avec M. de Guise...

— Tais-toi!

— M. de Guise lui donnerait de ses nouvelles.

— Et quel est ce moyen, mignonne?

— C'est d'aimer sans le dire et le montrer: plus un galant est malmené, plus il nous aime.

Marguerite soupira.

— Tu as peut-être raison, dit-elle.

— Mais, hélas! quand le mal est fait, il est sans remède...

— Que veux-tu dire?

— M. de Guise...

— Tais-toi! ne prononce pas ce nom!...

— Alors je tourne la difficulté et je dis IL. *Il* vous a vu pleurer, il a entendu les battements de votre cœur. Il se sait aimé! c'est fini... L'homme qui se sait aimé devient cruel!

— Nancy, interrompit Mme Marguerite, sais-tu que, pour une fille de dix-sept ans, tu es fort expérimentée?...

— Non, madame, je devine.

— Et tu conclus en me disant que le mal dont tu parles est sans remède?...

— Ah! permettez. Si Votre Altesse me voulait laisser développer ma pensée en une métaphore, peut-être...

— Soit. Voyons la métaphore.

— Supposez donc, madame, que je vous apporte sur un plateau, demain, à l'heure de votre déjeuner, quelques-uns de ces coquillages qu'on pêche dans la mer des Pays-Bas, près de la ville d'Ostende...

— Où veux-tu donc en venir? demanda la princesse un peu étonnée.

— Attendez, madame. Ces coquillages sont délicieux quand on les détache convenablement et qu'on prend bien soin de ne point crever une petite poche qui est remplie d'une liqueur amère comme du fiel...

— Bien. Après?

— Supposez encore que, ayant pris votre couteau et ayant mal détaché le premier coquillage, vous le portiez à votre bouche et fassiez une grimace...

— Soit, supposons-le, dit la princesse fort intriguée de la métaphore de Nancy.

— Sera-ce une raison pour que vous repoussiez le plateau et refusiez de goûter à un second coquillage?

— Assurément non, dit Marguerite.

— Eh bien! reprit Nancy, je comparerai volontiers l'homme qui se sent aimé, et pour lequel il n'est plus de remède, à ce premier coquillage.

— C'est-à-dire, interrompit Marguerite en riant, que tu compares les hommes à des huîtres d'Ostende.

— Dame ! fit Nancy, les hommes sont fats, mais ils sont niais !...

Marguerite fut prise d'un fou rire. Nancy continua :

— Je poursuis ma métaphore. Votre Altesse fera donc bien de renoncer au premier coquillage et de n'en plus parler ; mais elle fera bien aussi de goûter à un second.

— Nancy, ma petite, murmura la princesse avec plus de tristesse que d'irritation, vous êtes bien impertinente !

— Mon Dieu ! répondit la camérière, je suis désolée d'avoir déplu par ma franchise à Votre Altesse, mais...

— Parle, dit Marguerite radoucie.

— Ce gentilhomme béarnais...

La princesse tressaillit et une rougeur fugitive monta à son front.

— Il est charmant et plein d'esprit ! continua la camérière.

— Tu es folle, Nancy...

— Votre Altesse n'oubliera pas que je le dois aller quérir à neuf heures, car Votre Altesse est curieuse d'avoir certains détails sur la cour de Navarre...

— Eh bien ! dit Marguerite, j'ai réfléchi ; tu n'iras pas.

— En vérité ! s'écria Nancy.

— Je le trouve trop hardi, ce gentilhomme...

— Mais, madame, préféreriez-vous qu'il fût lourd et malappris, comme le prince de Navarre ?

— Certes, non.

— Et puis, je lui ai donné rendez-vous...

— Eh bien ! vas-y pour... ton compte...

— Oh ! nenni ! murmura la camérière, et Raoul donc !

— Alors, n'y va point.

— Ah ! madame, dit Nancy d'un ton piteux, ce pauvre jeune homme... le mystifier ainsi... le faire attendre pour rien... Il fait froid... brrr !... murmura la soubrette.

Le plaidoyer de Nancy en faveur de celui qu'elle était loin de croire le prince de Navarre toucha Marguerite.

— Eh bien ! dit-elle, va le chercher... il est neuf heures, précisément. Je veux savoir au juste comment une fille de France pourrait passer le temps dans ce trou de ville qu'on nomme Nérac...

— Mon histoire des coquillages a, je crois, avancé les affaires du cadet de Gascogne, pensa Nancy en s'en allant.

. . . .

Tandis que la camérière descendait au rendez-vous qu'elle avait donné à Henri, Marguerite demeura seule.

Elle se leva de son grand fauteuil, poussa un dernier soupir et alla jeter un regard dans son grand miroir d'acier.

— Je suis laide à faire peur ! pensa-t-elle en soupirant. J'ai tant pleuré depuis quelque temps...

Elle rajusta sa coiffure en un tour de main, dégageant son beau et large front ; puis, comme ses yeux étaient battus et ses joues un peu pâlies, elle couvrit sa lampe d'un abat-jour d'albâtre. Si Nancy avait surpris ce dernier détail, elle eût pensé, peut-être, que le duc de Guise laissait tomber quelques atouts de son jeu dans celui du jeune sire de Coarasse.

Ces petits préparatifs terminés, la princesse vint reprendre sa place auprès de la table : si bien que, lorsque la porte s'ouvrit et que Henri entra, elle parut tout entière à sa lecture. Le prince, comme tout homme qui passe brusquement de l'obscurité à la lumière, eut un moment d'éblouissement et s'arrêta.

Puis il fit deux pas en avant, son chapeau à la main...

Alors Marguerite leva la tête.

— Ah! mille pardons, monsieur, dit-elle, je ne vous avais pas entendu entrer.

Henri s'inclina. Marguerite lui indiqua de la main un siège auprès d'elle.

Bien que le prince fût loin d'être timide, il éprouvait cependant un léger embarras qui ravit Marguerite.

— Monsieur, lui dit-elle, j'ai pris la liberté de vous mander auprès de moi parce que je voulais avoir de très amples renseignements sur la cour de Navarre.

— Je suis aux ordres de Votre Altesse, répondit Henri.

— Et puis aussi, poursuivit Marguerite, parce que vous m'avez semblé posséder infiniment d'esprit...

Henri s'inclina.

— Ah! dit-il, les gens d'esprit ne sont pas rares à la cour de France.

— C'est ce qui vous trompe, monsieur... A part Pibrac et le vieux sire de Brantôme...

— Messire de Brantôme, l'auteur des *Dames galantes?*

— Précisément.

— Votre Altesse le reçoit quelquefois?...

— Je l'ai reçu très souvent et son commerce me plaisait fort. Mais...

Elle parut embarrassée et regarda le prétendu sire de Coarasse, qui se tenait fort humblement sur le bord de sa chaise et paraissait lever sur elle le regard, à la fois timide et plein de finesse, d'un écolier.

— Mais, acheva-t-elle, savez-vous qu'il est très vieux?

— Ah!

— Et laid?

— Votre Altesse aurait-elle de la répugnance pour la laideur et la vieillesse?

— Non, quand elles s'apprécient elles-mêmes et savent se contenir dans leur rôle.

— M. de Brantôme voulait donc en sortir?

Marguerite eut un sourire de fine raillerie.

— Figurez-vous, dit-elle, que le bonhomme vint un soir ici, du temps qu'il composait son livre, et il m'en lut un chapitre.

— Lequel? demanda Henri.

— Celui où l'auteur prétend que les gentilshommes du temps de mon aïeul François Ier avaient coutume d'envoyer une paire de bas de soie à la dame de leurs pensées.

— Ah! très bien, dit Henri, et quand la dame les avait portés *quelques huit, dix jours* ils les envoyaient quérir et les portaient à leur tour.

— C'est cela même.

— Eh! mais, reprit le prince, est-ce depuis ce temps-là que... Votre Altesse?...

— Précisément.

— Ce chapitre lui aurait déplu?

— Le chapitre, non, mais la suite du chapitre, une suite qui n'est pas dans le livre, ajouta Marguerite en riant.

Le prince la regardait tandis qu'elle parlait, et murmurait à part lui :

— Mon Dieu! qu'elle est belle! et comme il est fâcheux que ce M. de Guise... Puis tout haut :

— Excusez ma curiosité, madame, la curiosité d'un provincial... mais je ne devine pas quelle peut être cette suite...

— Eh bien! figurez-vous, monsieur, acheva la princesse, que le bonhomme se grisa avec sa prose, au point qu'il tomba à mes genoux, et que, le lendemain, je reçus un petit coffret de bois du nouveau monde qui contenait... devinez quoi?

— Un exemplaire des *Dames galantes?*

— Non, une paire de bas de soie.

— Ah! murmura Henri, qui feignit une très vive indignation, M. de Brantôme était bien osé.

— Ou bien fou, dit Marguerite.

En ce moment, Henri attachait sur elle un regard beaucoup moins respectueux qu'on n'aurait dû l'attendre d'un petit gentillâtre gascon. La princesse rougit légèrement, mais elle se laissa admirer.

— Madame, dit le prince après un silence, ce M. de Brantôme, en vérité, était bien impertinent ; mais il a obéi à un moment de folie, et convenez que, si la beauté de Votre Altesse tourne ainsi la tête à un homme d'expérience et d'âge comme lui...

— Monsieur de Coarasse, vous êtes un flatteur.

— Excusez-moi, madame, je suis un provincial plein de franchise.

— Et je suppose que vous n'allez pas, demain, m'envoyer, comme M. de Brantôme..

— Ah! madame, murmura Henri avec émotion, le bonheur de voir quelquefois Votre Altesse serait le comble de mon ambition.

Marguerite ne répondit pas, et, trouvant que M. de Coarasse allait un peu vite en besogne, elle rompit les chiens, comme on dit.

— Savez-vous, monsieur de Coarasse, dit-elle, que le roi mon frère vous a déjà pris en grande amitié?...

— Le roi m'a comblé, madame.

— Vous êtes le cousin de M. de Pibrac?

— Oui, madame.

— Il a beaucoup d'esprit, M. de Pibrac.

— Énormément, madame. Mais, dit Henri, qui, tout à fait enhardi, trouvait que Marguerite s'éloignait par trop du premier sujet de leur conversation, est-ce que messire de Brantôme ne vous a point fait présenter ses excuses?

— Non, il s'est retiré, pour se guérir, dans son abbaye.

— Pauvre homme!

— Quoi, dit Marguerite en riant, vous le plaignez, monsieur?... Et pourquoi donc, mon Dieu!

— Parce que je comprends qu'il a dû souffrir.

Cette fois l'allusion était transparente.

— Ah! monsieur de Coarasse, dit Marguerite, vous êtes d'une véritable hardiesse de Gascon.

— Excusez-moi, madame, mais... je suis moi-même si troublé... que...

Et, en effet, Henri jouait si bien l'embarras, que Marguerite en fut touchée.

— Quel âge avez-vous? dit-elle.

— Vingt ans...

— Alors je vous pardonne...

Et elle lui tendit la main.

Henri prit cette main, osa la porter à ses lèvres, et sans doute il allait se laisser glisser de son siège aux genoux de Marguerite, quand on frappa à la porte.

Marguerite tressaillit.

— Qui est là? dit-elle.

— Madame, fit une voix d'enfant, la reine mère m'envoie vous quérir.

Henri avait reconnu la voix du page Raoul.

— Mon mignon, répondit Marguerite, dis à Mme Catherine que je m'allais mettre au lit. Je vais me rhabiller et l'aller trouver.

Elle n'ouvrit point à Raoul, et Raoul s'en alla. Mais elle courut à la petite porte dérobée par laquelle Henri était entré:

— Nancy! appela-t-elle.

Deux secondes après, le froufrou de la robe de Nancy se fit entendre dans le corridor et la caméristese montra.

Alors la princesse, regardant le Béarnais en souriant, lui dit:

— Vous le voyez, je suis contrainte de vous congédier...

— Hélas! soupira Henri.

— Ah! mon Dieu! s'écria Marguerite, moi qui voulais avoir des renseignements sur la cour de Navarre...

— Je suis toujours aux ordres de Votre Altesse.

— Eh bien! revenez demain. Je veux savoir au juste ce que peut être ce prince de Navarre qu'on veut absolument me bailler pour mari. Elle tendit sa main à baiser et dit au prince:

— Suivez Nancy.

— Venez, dit la soubrette, qui le prit par le bras et l'entraîna dans le corridor obscur et le mystérieux escalier par où il était venu.

. . . .

Quelques minutes après, Henri quittait la jolie camérière au seuil de la poterne, où le même suisse feignait de dormir, et il se dirigeait vers son hôtellerie, lorsque, malgré l'heure avancée, il vit le cabaret de Malican encore ouvert, et, mû par un instinct de curiosité vague, il entra. Un homme se chauffait fort tranquillement au coin du feu, tandis que Malican, assis dans son comptoir, commençait à se laisser gagner au sommeil. C'était Noë.

En le voyant, Henri poussa une exclamation de surprise.

— Ah! lui dit Noë, je pensais bien que vous entreriez ici si vous aperceviez la porte ouverte.

— En effet, me voilà.

Henri regarda Noë. Noë avait un air mystérieux, mélangé d'un grain d'inquiétude.

— Diable! fit le prince en se penchant à son oreille, est-ce que, par hasard, tu aurais eu maille à partir du côté du pont Saint-Michel? Tu es soucieux...

— Pour vous, Henri.

— Bah! et pourquoi?

— Vous avez passé toute la journée enfermé chez la belle Sarah Loriot.

— Ah! diantre! dit Henri, je commençais à l'oublier. C'est, du reste, assez curieux : chez Sarah, j'ai oublié que Mme Marguerite m'attendait à neuf heures...

— Et chez Mme Marguerite?...

— Je ne me suis plus souvenu de Sarah.

— Bon! dit Noë! on voit que vous avez la mémoire du cœur...

— Ah! c'est que la princesse est bien belle, murmura Henri avec une pointe d'enthousiasme.

— Alors c'est elle que vous aimez?...

— Oh! non, pas encore...

— Donc, c'est l'argentière...

— Ah! je ne sais, mais elle est fort belle aussi... et malheureuse! Ce Loriot, tu sais, cet honnête bourgeois à qui nous aurions donné le bon Dieu sans confession?...

— Eh bien!

— C'est un misérable, un bandit, un assassin! dit Henri à mi-voix.

— Bon! dit Noë, et moi qui m'étais promis tout à l'heure de le sauver d'un grand danger.

— Comment cela?

— Oh! je crois qu'il va être occis sous peu. Mais je ne m'en mêlerai pas... seulement...

— Explique-toi donc, dit le prince.

— Seulement, acheva Noë, nous ferons bien de sauver sa femme.

— Oh! oh! s'écria le prince un peu ému, quel danger courent-ils donc tous deux et que me chantes-tu là, Noë, mon ami?

XIX

Tandis que Henri de Navarre était encore chez la princesse Marguerite, maître René le Florentin, toujours sous l'empire des révélations somnambuliques de Godolphin, se rendait au Louvre et pénétrait chez Mme Catherine de Médicis.

René entrait à toute heure chez la reine mère.

Catherine n'aurait su passer un seul jour sans voir son parfumeur, et René savait plus de secrets d'État que le roi lui-même. Quand il entra, la reine lisait une volumineuse lettre de son fils, M. le duc d'Alençon, qui lui écrivait d'Angers, dont il était gouverneur, et lui donnait force détails sur les mouvements insurrectionnels des huguenots dans le centre de la France.

— Oh! murmurait-elle avec colère, je finirai bien par arracher à la faiblesse du roi mon fils un bel et bon édit qui fera justice de tous ces partisans du prêche...

René parut.

— Ah! te voilà, dit la reine, tu viens à propos.

— Votre Majesté a besoin de moi?

— Oui, tu vas me servir de secrétaire.

— A qui dois-je écrire?

— A mon fils le duc d'Alençon.

— Très bien, dit René.

Il déposa son chapeau et son manteau et s'assit en face de la reine.

Catherine reprit :

— Il faudra pourtant que j'en finisse avec les huguenots.

— Je suis de l'avis de Votre Majesté.

— D'Alençon m'écrit que ceux de l'Ouest sont intolérables.

— Et que veut répondre Votre Majesté?

— Mon Dieu! je ne sais pas... conseille-moi, René...

René prit un air grave :

— J'ai lu dans les astres, dit-il, que les huguenots perdront la monarchie...

La reine pâlit.

— Si on n'y met ordre, poursuivit René... Les astres ne s'expliquent pas très clairement. Seulement, à les en croire, une femme défendra cette monarchie.

— Et... cette femme?

— C'est vous, dit René.

— Triomphera-t-elle?

— Oui!

— A quel prix?

— Au prix de beaucoup de sang versé. Mais ce sang, rosée salutaire, fécondera l'avenir.

La reine mère avait cinquante ans à peine; elle était fort belle encore... (P. 154.)

Catherine, la femme superstitieuse, écoutait René, son oracle habituel.

— Ah! dit-elle enfin, toi seul peut-être auras le secret de ma politique, mais il y aura au moins un homme qui ne m'accusera pas injustement.

— Vous êtes une grande reine, dit le Florentin avec un accent d'enthousiasme.

Catherine se redressa hautaine et calme.

La reine mère avait cinquante ans à peine, elle était fort belle encore et elle avait la majesté des grandes races.

— René, reprit-elle, je suis venue en France à l'âge de seize ans à peine. Enfant, j'arrivais au milieu d'une cour corrompue et vieillie. François Ier s'éteignait ; Henri II, mon époux, était un beau batailleur qui eût joué sa couronne sur un coup de dés ; la France était ruinée.

Lorrains, Espagnols, Allemands, Italiens, se disputaient ce beau royaume. Je l'ai sauvé par mes conseils.

Veuve à trente ans, mère de six enfants, dont le dernier était au berceau, j'ai eu le poids de la couronne à supporter, et cette couronne était lourde, je te jure ! Au dehors l'étranger, au dedans la guerre civile...

Reine, j'ai tout dominé !

On dit que je suis dissimulée et cruelle ; on m'accable de pamphlets et d'injures, mais on tremble devant moi... et la couronne de France, que mon fils eût laissée choir, reste ferme sur sa tête. Comprends-tu ?

— Oh ! oui, madame, dit René.

— Et penses-tu, poursuivit Catherine avec feu, que la fille des Médicis, une princesse élevée à Florence, la patrie des arts et des idées larges et grandes, soit assez aveuglée par le fanatisme religieux pour jurer la perte des malheureux qui vont au prêche plutôt qu'à la messe, si à propos de religion ces gens-là ne conspiraient ?

René regarda curieusement Catherine.

La reine continua :

— Les huguenots, vois-tu, ce sont les ennemis du trône et de la monarchie. Leurs prêtres, sous prétexte de prêcher la pauvreté, prêchent la ruine du roi, le partage des biens, le pillage des couvents et le renversement de tout ce vieil ordre de choses, qui, à travers les siècles, a fait de la France la plus grande des nations.

— Vous avez raison, madame, murmura René, frappé de la justesse des paroles de Catherine de Médicis.

— Et si, poursuivit Catherine, un jour, ne pouvant plus arrêter ce torrent révolutionnaire que par une digue sanglante, si je fais au Louvre un rempart de cadavres, si j'envoie à Montfaucon l'amiral de Coligny et en Grève Condé et Navarre, l'histoire dira peut-être que je fus une reine cruelle et sanguinaire, mais, que m'importe ! j'aurai sauvé la monarchie !

Jamais Catherine n'avait exposé plus clairement, en quelques mots, cette politique tortueuse et grande à la fois, qu'elle développa sous quatre règnes avec une énergie sauvage.

— Madame, dit René, une seule chose m'étonne, cependant...

— Laquelle ?

— C'est que sachant très bien ce que les huguenots veulent faire...

— Je devine, dit la reine. Tu ne comprends pas que, sachant le but des huguenots, je songe à donner ma fille au prince de Navarre, Henri de Bourbon, un des chefs de ce parti ?

— En effet, dit René.

— Eh bien! écoute... Henri de Bourbon est huguenot parce que son royaume est assez étroit pour qu'il le puisse couvrir de son manteau ; parce qu'il pleut à travers le toit de son château de Nérac, et qu'il s'habille de bure faute d'avoir de quoi se vêtir de soie et de velours...

— C'est bien possible, dit René.

— Ceux qui n'ont rien ne craignent point de partager avec ceux qui ont. C'est pour cela que le prince de Navarre est huguenot. Mais si la fatalité voulait que le dernier de mes fils s'éteignît sans lignée, ah! tu le verrais, ce roi des montagnes, ce monarque des vallées infertiles et des chaumières de bergers, abjurer son hérésie et s'en aller à la messe pour revendiquer le trône de France.

— Vous dites vrai, madame ; mais vous avez trois fils encore, dont l'aîné, le roi, n'a pas vingt-quatre ans, et les Valois ont un long avenir.

Un nuage passa sur le front de Catherine.

— Qui sait? dit-elle.

Puis elle demeura longtemps pensive, comme si un coin du voile qui couvre l'avenir se fût soulevé pour elle.

— Mais alors, dit René, puisque le prince Henri de Bourbon est plus proche du trône que le duc de Guise...

— Ah! dit Catherine, si le duc de Guise, qui en est plus éloigné d'un degré de parenté, épousait ma fille Margot, il en serait plus près bientôt que le roi de France lui-même.

Et Catherine fit à René le tableau de cette hautaine et puissante maison de Lorraine qui convoitait, des bords de la Meurthe et du fond de son palais de Nancy, les rives de la Seine et les vieux lambris du Louvre.

— Comme ma race, dont trois rameaux restent debout, elle a trois rejetons à qui Dieu a donné un bien qui manque à la mienne : la santé !

« Henri le Balafré, le cardinal, Mayenne !

« Ces trois hommes, vois-tu, René, si on leur laissait faire un pas de plus vers le trône, ils le feraient si grand que, semblables au colosse de Rhodes, ils auraient un pied au bord de l'Océan et l'autre au versant des Alpes !

René écoutait, pensif.

— Comprends-tu maintenant, acheva Catherine, pourquoi je préfère encore pour gendre le prince de Navarre, huguenot, au duc de Guise, catholique ?

« Mais, dit la reine, j'ai bien d'autres projets encore sur ce prince qui va nous arriver au premier jour, escortant Mme d'Albret, sa mère, et nous en recauserons une autre fois. Pour le moment, prends la plume. Tu vas écrire sous ma dictée à mon fils d'Alençon.

René se plaça devant la table et attendit.

— Écris, dit Catherine.

Et elle dicta :

« Mon bien-aimé fils,

« Le roi se trouvant dans un état de santé véritablement déplorable, et
« hors d'état de s'occuper sérieusement des choses de la politique, je prends

« sur moi de vous répondre relativement aux troubles que font les huguenots
« par l'Anjou.

« Mon avis est que, en vertu des pouvoirs illimités que le roi vous a con-
« férés, vous usiez de rigueur envers les factieux et fassiez pendre et décapiter
« au besoin leurs chefs et meneurs.

« Sur ce, monsieur et bien-aimé fils, je prie Dieu qu'il vous ait en sa
« sainte et digne garde. »

— Madame, dit René en plaçant le parchemin devant la reine pour qu'elle y apposât sa signature et son sceau, Votre Majesté donne des ordres salutaires touchant les huguenots de province, mais... ceux de Paris.

— Plus tard, dit la reine.

— Ah! c'est que, insista René, j'en connais un qui est considérablemen riche, et dont l'argent est d'un grand secours aux factieux. De plus, c'est un odieux coquin, un monstre d'hypocrisie, qui feint d'aller à la messe, bien qu'il soit huguenot au fond de l'âme.

— Eh bien! dit Catherine, le jour où je réglerai certains comptes avec les huguenots de Paris, tu me rappelleras son nom.

René se mordit les lèvres :

— Il serait à souhaiter, dit-il, que le drôle fût occis en quelque coin par un reître ou un lansquenet ivre...

— Allons! dit la reine, qui enveloppa René de son clair regard, si zélé que tu sois pour le bien de la monarchie, René, mon ami, tu hésiteras à demander la vie d'un indifférent...

— Ah! madame...

— Cet homme est ton ennemi, ou il est riche, et tu le veux dépouiller?

René ne répondit point.

— Je t'ai déjà pardonné bien des peccadilles, continua Catherine, mais enfin je ne puis pas te laisser empoisonner ou assassiner tout le royaume...

— Madame, dit gravement René, j'ai lu dans les astres que la mort de cet homme serait fort utile à la monarchie.

— René, René, dit la reine, il y a trop de secrets terribles entre nous pour que je te marchande la vie d'un homme. Fais ce que tu voudras, je ne veux même point savoir le nom de cette nouvelle victime de ta cupidité... Mais prends garde! un jour le roi s'éveillera de mauvaise humeur, et comme tu me viens demander la vie de quelqu'un, on lui demandera la tienne...

René frissonna.

— Et il l'accordera, acheva Catherine.

Puis elle signa la lettre, la plia, y apposa son scel de cire après l'avoir nouée d'un fil bleu et elle dit à René :

— Va-t'en et envoie-moi mes femmes.

René sortit à reculons, comme un tigre emportant sa proie.

La reine lui avait accordé la vie de Samuel Loriot!

. . . .

René, on le sait, avait un logis au Louvre, à l'étage supérieur, lequel étage était habité par les gentilshommes du roi et ses pages.

Au lieu d'y monter, il descendit, au contraire, dans la cour du Louvre et entra dans le corps de garde des lansquenets. La plupart dormaient sur leurs lits de camp.

L'un d'eux, cependant, se chauffait devant son brasier placé au milieu du corps de garde.

— Voilà justement mon homme, pensa René.

Et il appela :

— Hé ! Théobald ?

Le lansquenet se retourna, vit René, et, sans demander aucune explication, il sortit.

— Tu es gros et tu te fais vieux, dit le Florentin. A ton âge, il faut craindre l'apoplexie, et tu as tort de te chauffer ainsi. Viens donc avec moi faire un tour au bord de l'eau.

— Il fait bien froid, dit Théobald, qui cligna de l'œil.

— Le froid t'est salutaire.

— Le sera-t-il à ma bourse ?

— Peut-être...

René prit le bras du lansquenet et l'entraîna sur la berge, tout au bord de l'eau, de façon à l'isoler complètement des passants, si passants venaient à passer.

— Théobald, mon ami, dit alors René, tu es un vieil ami à moi, et nous avons fait plus d'un coup ensemble.

— Oui, répondit le lansquenet, mais il est toujours arrivé que le coup de dague ou d'arbalète que vous m'avez acheté m'a rapporté fort peu, et à moins que vous ne haussiez le prix...

— On le haussera.

— Cinquante pistoles pour tuer un gentilhomme ! murmura le lansquenet, c'est piteux !

— Les temps sont durs ! dit René ; et puis ce n'est pas d'un gentilhomme qu'il s'agit.

— Ah ! et de qui ?

— D'un bourgeois.

— Est-il riche ?

— Peuh ! on ne sait pas...

— Et puis, reprit Théobald, les édits sont sévères, le chevalier du guet fait bonne garde...

— Oh ! dit René, que cela ne t'inquiète pas, la reine me l'a donné.

— Qui ? le chevalier du guet ?...

— Non, le bourgeois.

— C'est différent.

— C'est jouer sur le velours...

— Heu ! heu ! murmura le lansquenet, un bourgeois que la reine permet d'occire doit avoir quelque valeur.

— Il a une femme...
— Jolie ?
— Oui, je l'aime...
— Bah ! dit Théobald stupéfait, avez-vous jamais aimé personne ?
— Nenni, c'est la première fois.
— Vous pouvez bien prendre la femme sans tuer le mari...
— Non, car je veux l'épouser.
— La femme ?
— Oui.
— Ah ! parbleu ! s'écria Théobald, vous me la baillez belle, monsieur René. Vrai ? vous voulez épouser la femme d'un bourgeois ?...
— Je suis veuf depuis quinze ans.
— J'entends bien ; mais ce que j'entends mieux encore, monsieur René, c'est que vous venez de trahir la valeur de la chose.
— De quelle chose ?
— Je veux dire du mari.
— Hein ?
— Si le mari ne devait pas enrichir sa femme par sa mort, vous ne songeriez point à l'épouser...

René se mordit les lèvres.
— Eh bien ! dit-il, je te baillerai cent pistoles.
— Bon ! ajoutez-en cinquante, et le marché est conclu.
— Soit !
— Où trouve-t-on le pauvre homme ?
— Oh ! dit René, je t'aiderai dans la besogne... Sois sur le pont Saint-Michel, demain, à neuf heures.
— J'y serai. Bonsoir.

Le lansquenet s'en alla.
— Diable ! pensa René, j'ai peut-être tort de brusquer les choses. Godolphin, dans son sommeil, m'a dit que ce serait dans trois jours... ma foi ! je vais retourner le consulter pour savoir si je dois attendre trois jours...

Et René, tournant le dos au Louvre, se dirigea de nouveau vers le pont Saint-Michel.

Au moment où il allait l'atteindre, il entendit un bruit de pas derrière lui, non point le pas furtif du bourgeois attardé après le couvre-feu, mais le pas du gentilhomme dont l'éperon sonne sur le pavé.

Il se retourna.

La nuit, très noire précédemment, s'était éclaircie ; la lune avait fini par percer le brouillard et elle permit à René de distinguer la silhouette de deux gentilshommes qui le suivaient à quelque distance.

Il s'arrêta, et lorsqu'ils ne furent plus qu'à quelques pas :
— Qui va là ? dit-il.

Un éclat de rire lui répondit.
— Hé ! dit une voix railleuse, c'est notre ami, M. René le Florentin !

Et, disant cela, les deux gentilshommes s'approchèrent, et le parfumeur reconnut Henri et Noë.

René tressaillit.

— Ma parole d'honneur ! dit Henri, vous n'avez pas de chance, maître René ; nous sommes deux et vous êtes seul... nous nous trouvons dans un lieu solitaire... la Seine est grosse : elle coule un flot noir...

René porta la main à son épée.

— Et, dit Noë à son tour, mon ami M. de Coarasse a bien envie de vous tuer et de vous jeter à l'eau : qu'en pensez-vous ?

— Arrière ! A moi ! cria René qui mit l'épée à la main.

Mais Henri continua à rire.

— Bah ! dit-il, au lieu de vous tuer, j'aime mieux vous dire la bonne aventure. Vous savez que je lis dans les astres, messire René.

— Ah ! dit le parfumeur, pardonnez, messieurs, au premier mouvement de prudence... des gens comme vous n'assassinent point.

— Fi donc ! dit Noë.

— D'ailleurs, ajouta Henri, je prétends vous rendre tant de services que vous m'aimerez... D'abord, vous vous souvenez de ma prédiction touchant votre mort ?

— Oui, dit René, qui tressaillit.

— Eh bien ! reprit le jeune prince, voulez-vous une nouvelle prédiction ?

— Volontiers.

— Remettez donc votre épée au fourreau.

René obéit.

— Maintenant, donnez-moi votre main.

— La voilà.

— Ventre-saint-gris ! dit Henri, il fait trop noir ici pour que je puisse en étudier les lignes. Venez donc là-bas, sous ce réverbère, à l'entrée du pont.

— Soit, dit René.

Et il suivit Henri et Noë.

Les deux jeunes gens venaient d'éveiller chez le superstitieux Italien un monde de souvenirs.

René se rappelait fort bien la prophétie de la bohémienne de Florence, prophétie que Henri lui avait rapportée mot pour mot.

— Ah ! monsieur de Coarasse, dit-il, vous m'avez fait une prédiction hier, et je serais curieux de savoir si aujourd'hui vous pénétrerez encore ma pensée.

— Je n'en réponds pas, dit Henri, mais je vais essayer.

— Les astres ont donc des secrets pour vous ? ricana le parfumeur.

— Parbleu ! répliqua le prince en riant, le temps est assez couvert aujourd'hui pour qu'on n'y voie pas clair dans les étoiles.

Parlant ainsi, Henri attira le parfumeur sous la lanterne, et examina sa main avec une grave attention.

— Monsieur René, dit-il enfin, vous avez un projet en tête...

René tressaillit.

— Un projet qui doit satisfaire à la fois votre passion pour une femme et votre amour des richesses.

René étouffa un cri.

— Comment... savez-vous?... fit-il avec épouvante.

— Dame! puisque je lis dans les astres... Et, dit Henri, si vous m'en croyez, vous attendrez pour le mettre à exécution.

— Ah! dit René frappé de stupeur. Combien de temps?

— Trois jours, répliqua Henri.

René, pâle et frissonnant, regarda le prince :

— Mais vous êtes donc le diable en personne! s'écria-t-il.

— Peut-être... répondit Henri.

Et les deux jeunes gens virent René le cruel et le terrible, qui se prit à trembler comme une femme.

XX

Henri et Noë, on l'a deviné, sortaient de chez Malican.

Noë avait raconté tout au long au jeune prince les choses extraordinaires qu'il avait vues et entendues chez René le Florentin.

Henri l'avait écouté la sueur au front.

— Ah! dit-il, lorsque Noë eut terminé son récit, dussé-je tuer René, il n'enlèvera point Sarah.

— Il est probable, cependant, que le drôle ne fera pas le coup tout seul et que nous aurons affaire à une douzaine d'estafiers.

— On les pourfendra! s'écria le chevaleresque prince de Navarre.

Mais Noë secoua la tête en riant.

— Il y aurait quelque chose de beaucoup mieux à faire, dit-il.

— Voyons, fit le prince.

— Vous ne tenez pas à sauver le bonhomme?

— Qui? Loriot?...

— Oui. Le mari.

— Certes, non; c'est un misérable qui n'aura, s'il tombe sous la dague de René, que le juste châtiment de ses crimes.

— Bon: dit Noë; alors enlevons la belle argentière.

— Tiens! dit Henri, ceci est une fort belle idée: mais... où la cacher!

— C'est plus difficile que de l'enlever: mais nous verrons...

Tandis que les deux jeunes gens causaient à mi-voix dans le cabaret désert, Malican dormait assis dans son comptoir.

Le cabaretier ne s'était pas éveillé lorsque le prince était entré.

Noë alla pousser la porte du cabaret et donna un tour de clef.

Puis il poussa Malican du coude.

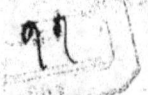

— C'est la *payse* qui vient voir ses *pays*. (P. 167.)

Celui-ci aperçut le prince et se leva avec précipitation.

— Chut! lui dit Henri, nous avons besoin de toi...

— Parlez, monseigneur.

— Tu dois être un homme de bon conseil?

— Heu! heu! fit Malican avec un petit grain de fatuité.

— Voyons, poursuivit Henri, Noë, mon ami, conte le fait à Malican.

— Soit, dit Noë.

Et regardant le cabaretier :

— Tu connais messire René le Florentin, n'est-ce pas?

Malican eut un geste d'effroi.

— Mon Dieu! fit-il, auriez-vous affaire à lui, monseigneur?

— Non, dit Henri, c'est lui qui aura affaire à nous.

— C'est la même chose, murmura Malican, et si j'avais à choisir de Jean Caboche, le bourreau de Paris, ou de messire René...

— Eh bien! qui choisirais-tu?

— Jean Caboche. Avec le bourreau, on meurt par le fer, le feu ou la corde, des supplices connus. Avec René on meurt...

— Par d'étranges et terribles poisons, veux-tu dire?

— Précisément, monseigneur ; et, à votre place, je ne m'attaquerais pas à semblable bête venimeuse.

— Eh bien! cependant, mon pauvre Malican, dit le prince, la lutte est engagée et nous comptons sur toi.

— Sur moi? fit Malican.

Il eut un dernier frisson d'épouvante, puis son intelligente et loyale figure se rasséréna.

— Après cela, dit-il, on ne meurt qu'une fois ; et vous savez, monseigneur, que ma vie est à vous et que vous en pouvez disposer comme il vous plaira.

— Bien, mon ami, mais rassure-toi, ta vie n'a aucun danger à courir, je l'espère.

Noë continua :

— Il y a une femme à laquelle Son Altesse et moi nous nous intéressons beaucoup, Malican.

Malican eut un petit sourire chargé de médisance.

— Malheureusement René s'intéresse également à elle, et il veut tuer le mari...

— Ah! elle a un mari?...

— Justement. Le mari est un misérable, poursuivit Noë, une sorte de juif doublé d'assassin, qui rend la pauvre femme horriblement malheureuse.

— Ma foi! dit Malican, à votre place, en ce cas, je laisserais faire messire René le Florentin.

— Oui, s'il n'en voulait qu'au mari ; mais le mari mort, il enlèvera la femme.

— Eh bien, dit Malican, il faut le prévenir et l'enlever avant lui.

— Nous y songeons.

— Mais où la cacher, où la conduire ensuite? demanda Henri.

— Hum ! murmura Malican, ceci demande réflexion.
— C'est précisément pour cela que nous nous adressons à toi.
Malican rêva quelques instants, puis il dit :
— Paris est vaste, et une femme peut bien s'y cacher ; mais le Florentin dispose de cent yeux et de cent oreilles comme les géants d'autrefois... S'il y avait moyen de l'envoyer en Navarre, la petite femme...
Mais Malican ne s'arrêta qu'un moment à cette idée.
— Voyons, reprit-il, comment est-elle ?
— La femme ?
— Oui. Elle est jolie, naturellement, mais ce n'est pas ce que je demande. Est-elle brune ou blonde ?
— Elle a les cheveux noirs.
— Grande ?
— Comme ta nièce.
— Si même elle avait, ainsi que certaines femmes brunes, un léger duvet sur la lèvre supérieure...
— Justement, dit le prince.
— Alors, reprit Malican, il me vient une fameuse idée.
— Voyons !
— J'ai au pays un neveu qui a quinze ans et qui doit nous arriver d'ici à un mois ou deux. Nous habillerons votre femme en Béarnais et je la ferai passer pour mon neveu. Si René vient la chercher ici, je veux être pendu !
— Bravo ! dit Noë.
— Mais, fit Henri, maintenant que voilà une première difficulté vaincue, il s'en présente une seconde, et celle-là est plus grave, assurément.
En parlant ainsi, le prince regardait son ami Noë.
— Laquelle ?
— Comment enlever la belle argentière ?
— Hé ! dit Noë, n'êtes-vous pas au mieux avec elle, mon cher seigneur ?
— Aussi, je ne mets point sa bonne volonté en doute. Mais je ne sais quand elle m'enverra Guillaume, et si nous pourrons la prévenir à temps. Elle est gardée par le Loriot comme dans une forteresse.
Alors Henri expliqua tout au long à Malican comment Sarah était surveillée à la fois et par son jaloux mari et par le vieux Job, l'âme damnée de Samuel. Puis, comme, en lui donnant certains détails, il prononçait le nom de la comtesse de Gramont, ce nom fut un trait de lumière pour Malican.
— Ah ! dit-il, si vous ne voyez pas le messager ordinaire de Mme Loriot demain, Myette, ma nièce, s'y présentera.
— Mais comment, sous quel prétexte ?
— Elle ira avec sa jupe rouge et sa coiffure béarnaise et dira qu'elle vient de la part de la comtesse de Gramont.
— Malican, dit le prince, tu es plein d'intelligence.
Malican salua.
— Le drôle, murmura Noë, faisant allusion à René, est capable de se hâter et de ne pas attendre les trois jours.

Henri eut le frisson, et son anxiété fut telle, qu'elle se peignit sur son visage.

— Eh! eh! pensa Noë, je crois que mon prince est toqué tout de bon.

— Malican, dit Henri, bonsoir... Nous allons nous coucher, mais tu nous enverras demain ta petite Myette, à l'hôtellerie où nous logeons, rue Saint-Jacques.

— Elle ira, monseigneur.

— Bonsoir, Malican.

. . . .

Les deux jeunes gens sortirent, et ce fut quelques minutes après qu'ils firent la rencontre de René le Florentin. Quand il eut entendu les dernières paroles du prince, le parfumeur de la reine attacha sur lui un regard plein d'épouvante et il se prit à trembler si fort, que Henri lui dit en riant :

— Vous voyez bien, cher monsieur René, que vous auriez tort de me garder rancune pour notre plaisanterie de l'auberge et vos quelques heures de séjour dans une cave... Vous avez plus besoin de moi que je n'ai besoin de vous.

René, toujours épouvanté, ne répondait pas.

— Cordieu! monsieur, poursuivit le prince, il faut avouer que, pour un homme qui s'est occupé d'astrologie autant que vous, la science des astres vous étonne par trop! Comment! est-ce que vous ne savez pas votre métier, que les prédictions d'un confrère vous étonnent si fort... ?

— Monsieur, balbutia René, je suis contraint d'avouer que vous êtes très clairvoyant...

— Ainsi, j'ai dit vrai touchant votre projet?

— Peut-être...

— Et vous attendrez trois jours?

— J'attendrai.

— Voulez-vous savoir quelque chose de plus? poursuivit le prince.

René fit un geste d'effroi.

Mais Henri lui prit vivement la main.

— Ah! ma foi! dit-il, tant pis pour vous, cher monsieur René, mais vous entendrez quelque chose encore. Je veux que vous soyez bien convaincu que les sorciers béarnais pourraient, à la rigueur, rendre des points aux astrologues de Florence et de Venise.

Henri, parlant ainsi, examina fort gravement la main du Florentin.

— Mon Dieu! que vois-je? fit-il d'un air d'une inquiétude subite.

— Que voyez-vous?... demanda le parfumeur avec un redoublement d'effroi.

Après avoir examiné la main, Henri regarda le ciel.

— Les astres sont entourés de brume, dit-il. Je ne saurais vous répondre aujourd'hui, mais je vois des choses bien fâcheuses pour vous dans l'avenir.

— Et... ces choses?

René tremblait et regardait Henri, qui avait su donner à son visage l'expression solennelle d'un véritable sorcier.

— Ces choses menacent votre puissance, mon cher monsieur René.

Le Florentin devint livide.

— Est-ce de mon pouvoir surnaturel que vous voulez parler? demanda-t-il.

— Oui.

— Et l'autre?

— Votre influence sur la reine?

— Oui, balbutia René.

— Elle diminuera le jour où le pouvoir surnaturel s'affaiblira. Mais, ajouta Henri, regardant toujours les astres, si vous voulez que je puisse m'expliquer plus clairement, attendez à demain.

— Soit, dit René.

— Je vous irai voir au Louvre.

— A quelle heure?

— Vers midi.

— Je vous attendrai.

Et le parfumeur, jugeant inutile désormais d'aller consulter de nouveau le somnambule Godolphin, salua les deux jeunes gens, tourna le dos au pont Saint-Michel et rentra au Louvre.

XXI

Lorsque Henri de Navarre et Noë eurent quitté le parfumeur, ils se regardèrent et se prirent à rire.

— Noë, mon ami, dit le prince, crois-tu que maître René songe maintenant à se venger ?

— Maintenant, non, répondit Noë, mais plus tard... René ne pardonne pas.

— Soit, mais il nous craint.

— Eh bien ! il patientera jusqu'au jour où il croira n'avoir plus à nous craindre... Ce jour-là, dit Noë avec l'accent de la conviction, il sera plus cruel qu'un tigre... Et ne croyez point, Henri, que sa haine date surtout du jour où nous l'avons garrotté et jeté dans une fosse. Cette haine qu'il nous a vouée a grandi et s'est développée étrangement hier au soir quand il nous a vus assis à la table de jeu du roi. Vous l'avez effrayé avec ce qu'il prend pour des prophéties; mais s'il venait jamais à me surprendre dans la chambre de Paola et à reconnaître qu'il a été victime d'une mystification, il serait sans pitié...

— Mais, mon bon ami, dit le prince, tu as donc une bien grande peur de ce charlatan?

— Moi? point du tout: seulement je le connais à fond, et je le dis. Maintenant veuillez m'expliquer, mon cher seigneur, quelle était votre pensée lorsque vous avez prétendu que sa puissance surnaturelle était menacée?

— Attends, répondit Henri; d'abord, crois-tu à cette puissance?

— Ma foi, répliqua Noë, après ce que j'ai vu ce soir, je suis convaincu que Godolphin, dans son sommeil, dit des choses surprenantes, et que de ces choses le parfumeur en tire bon parti auprès de la reine mère.

— Mais tu ne crois point à ce qu'il lit dans les astres ?

— Assurément non.

— D'où il suit que si l'on se débarrassait de Godolphin...

— Eh! eh! murmura Noë, ceci est une fort belle idée. Mais.. Paola?...

— Au fait, dit Henri, pourquoi n'enlèverions-nous pas Paola?

— Diable! mais c'est que la petite a de certaines idées.

— Sur quoi ?

— Sur le mariage.

— Ventre-saint-gris! s'écria le prince en riant, ceci est tout à fait différent, Noë, mon ami. Il ne faut jamais enlever les femmes qui veulent se faire épouser : c'est dangereux... Mais, reprit Henri après un silence, on pourrait bien se débarrasser de Godolphin.

— Bah! à quoi bon?

— Comment! fit le prince; mais, si ce garçon a le don merveilleux de seconde vue, quand nous aurons enlevé Sarah et que nous l'aurons bien cachée, il trouvera le moyen de la faire retrouver à René.

— Par Dieu! vous avez raison, Henri ; mais alors... que faire ?

— La nuit porte conseil. Allons nous coucher, j'ai sommeil.

Henri prononça ces deux mots à la porte de leur hôtellerie. Les deux jeunes gens frappèrent et on vint leur ouvrir. Une heure après, ils dormaient de ce bon et lourd sommeil qu'on n'a qu'à vingt ans.

. . . .

Le soleil entrait à flots dans la chambre occupée par le prince de Navarre et Noë que tous deux dormaient encore. Comme huit heures sonnaient à l'horloge de Sainte-Geneviève, on frappa.

— Qui est là? demanda le prince s'éveillant en sursaut.

Une jolie voix fraîche et rieuse répondit à travers la porte en langue béarnaise :

— C'est la *payse* qui vient voir ses *pays*.

— C'est la Myette, dit Noë.

Noë et le prince se vêtirent à la hâte et allèrent ouvrir à la jolie nièce de Malican. Myette s'était vêtue à la mode de son pays et elle avait mis ses habits du dimanche. Une belle croix d'or était attachée à son cou; elle avait ba... ine de velours, jupe rayée de rouge et de bleu, et un mouchoir, selon l'... nais, enfermant à grand'peine sa luxuriante chevelure noire.

— Sais-tu, ma petite, lui dit Noë, que tu es réellement jolie à croquer?

Myette rougit bien fort, regarda Noë et poussa un gros soupir; puis elle répondit, en montrant au jeune homme à blonde moustache ses dents blanches et pointues à travers ses lèvres rouges :

— Ce n'est pas à vous, monseigneur, qu'il convient de me dire cela.

— Et à qui donc, petite?

— A un homme de ma condition, monseigneur.

— Myette a raison, dit Henri d'un ton grave. Si tu étais bourgeois et que tu la pusses épouser, certes !...

— Monseigneur, dit Myette, qui avait hâte de détourner la conversation de cette pente dangereuse, mon oncle m'a mise au courant de ce que j'avais à faire.

— Ah ! ah ! tu sais?...

— Oui-da ! fit la fillette ; je vais me présenter chez Mme Loriot, l'argentière, rue aux Ours, et je dirai que j'arrive du pays ; que la comtesse de Gramont, notre payse, m'a adressée à Mme Loriot, et que si elle me voulait prendre pour servante ou me loger pendant une couple de jours...

— C'est parfait, mon enfant !

— Je dirai, en outre, que je suis descendue chez un oncle à moi, qui est cabaretier...

— Ce qui est la vérité, du reste.

— Mais que je n'y veux point rester, vu que c'est rempli de soudards...

— Tu es pétrie d'esprit, ma jolie Myette, dit le prince, qui posa un baiser fraternel au front de la jeune fille.

— Mais, continua Myette, quand je lui aurai dit tout cela... que faudra-t-il que je lui dise encore ?

— Ah ! c'est juste, j'oubliais.

Henri avait deux bagues à son doigt : l'une était celle qui l'avait fait reconnaître de Malican ; l'autre, un petit anneau d'or avec le chiffre de Corisandre. La veille, Sarah avait remarqué cette dernière.

Le prince la retira de son doigt.

— Tiens, dit-il, tu montreras en arrivant cette bague à Mme Loriot, et tu lui diras que la comtesse de Gramont te l'a remise pour preuve que tu venais bien de sa part. De cette façon, Sarah comprendra, si elle n'est point seule en ce moment, que c'est moi qui t'envoie.

— Et quand je serai avec elle ?

— Tu lui diras : « Madame, l'ami de Corisandre, l'homme qui veille sur vous, vous supplie de vous fier complètement à moi, et de faire ce que je vous demanderai. » Et si elle hésite, tu ajouteras : « Vous courez un péril plus grand que la mort : on veut vous sauver de René. » Va, mon enfant.

— Mais, monseigneur, interrogea Myette, qui était une fille pleine de sens et ne jouait point un rôle sans l'avoir bien appris, quand Mme Sarah Loriot aura consenti à tout, que devrai-je lui faire faire ?

— Tu lui demanderas la permission d'aller chercher tes hardes et tu nous attendras vers midi chez ton oncle.

— C'est convenu, monseigneur.

— Va donc, mon enfant.

Myette prit la bague, fit la révérence aux deux jeunes gens, et disparut dans le noir escalier de l'hôtellerie.

Henri et Noë se mirent à la fenêtre et la regardèrent descendre la rue Saint-Jacques d'un pas leste et délibéré.

— Jolie fille ! murmura Noë.

— Ah ! mon mignon, dit le prince, ceci est du fruit défendu.

PAOLA.

— Vraiment?

— Fi! Noë, mon ami; une Béarnaise, une payse... la nièce d'un homme qui se ferait hacher pour moi...

— C'est égal, murmura Noë, peu convaincu de l'austérité morale affichée par le jeune prince, c'est un beau brin de fille! Elle est, ma foi, plus jolie que Paola.

— C'est possible, mais il est fort heureux, mon mignon, que Paola t'ait un peu tourné la tête.

— Pourquoi?

— Eh! mais, parce que, si tu n'étais entré chez elle, il y a bien des choses que tu ne saurais pas... En attendant, allons déjeuner, et puis nous irons au Louvre.

Le prince et son compagnon s'habillèrent fort élégamment, descendirent à la salle à manger de l'hôtellerie, déjeunèrent d'excellent appétit, puis, vers dix heures, ils prirent le chemin du Louvre.

Dans la cour, un page qui les aperçut vint à eux.

C'était Raoul, le joli petit brun qui avait su trouver le chemin du cœur de la belle Nancy.

XXII

Raoul salua Henri du sourire :

— Je vous attendais, dit-il.

— Bah! fit Henri,

— Parce que j'ai un petit billet à vous remettre, monsieur de Coarasse.

— Et... de quelle part?

— De la part de Nancy.

Raoul rougit en prononçant le nom de la jolie camérière,

— Donnez, monsieur Raoul, donnez.., dit Henri.

— Nancy, que j'ai rencontrée ce matin, poursuivit Raoul, m'a dit :

« — Sais-tu en quelle hôtellerie loge M. de Coarasse?

« — Oui, ai-je répondu.

« — Sais-tu s'il doit venir voir M. de Pibrac aujourd'hui?

— C'est probable. Justement, M. de Pibrac lui a dit avant-hier au bal : le roi chasse demain et je l'accompagne; mais venez, mon cousin, me visiter après-demain dans la matinée.

« — Ah! m'a dit Nancy, tu es sûr de cela, Raoul?

« — Oui, mademoiselle.

« — Eh bien! voici un petit billet pour lui...

« — Faut-il le porter à son hôtellerie?

« — Non. Attends qu'il vienne au Louvre; s'il n'y vient pas, tu iras dans la journée. »

— Et, dit Raoul, j'ai pris le billet.

— Mon mignon, répondit le prince, vous avez une excellente mémoire, et il est très vrai que mon cousin, M. de Pibrac, nous attend...

Disant cela, Henri brisa le scel de cire bleue qui fermait le billet duquel s'échappait un parfum discret et charmant. Puis il lut :

« Monsieur de Coarasse, je ne pourrai me trouver ce soir au rendez-vous
« convenu, la personne à qui vous avez promis un conte ne pouvant vous recevoir;

« mais j'y serai demain à la même heure. Vous avez profité, paraît-il, de mon
« conseil... on parle de vous et j'ai surpris un soupir... Vous voyez que l'esprit
« rachète parfois la taille. »

Pendant que Henri lisait, Raoul étudiait son visage, et comme l'œil du prince eut un éclair de joie, le pauvre petit page, en proie à la jalousie, devint tout pâle.

Mais Noë, qui vit cette pâleur, se pencha à son oreille et lui dit :

— N'ayez crainte, Raoul, mon ami, le cœur de Nancy n'est pour rien dans cette lettre. Il y est question de politique...

Noë accompagna ces mots d'un fin sourire. Raoul devina et fut rassuré.

— Que peut donc avoir à faire ce soir Mme Marguerite? pensait Henri en relisant ce billet de Nancy. Elle ne peut me recevoir, mais enfin il paraît que je ne lui déplais point tout à fait... bien que je n'ai point la taille majestueuse de mon cousin de Guise.

Il plia le billet et le mit dans sa poche, puis il dit à Raoul :

— Excusez-moi, mon mignon, je suis un vrai gentilhomme de province et ort capable de me perdre dans le Louvre, si vous ne me servez de conducteur...

— Où voulez-vous aller, monsieur?

— Chez M. de Pibrac.

— Bon! je vais vous faire passer par le petit escalier et la porte des petits appartements.

— Viens-tu, Noë? dit le prince.

— Sans doute, répondit Noë.

Raoul conduisit les prétendus cousins de M. de Pibrac par le petit escalier, ce qui ne les empêcha point de rencontrer en chemin plusieurs gentilshommes qui leur firent les saluts les plus courtois

Depuis qu'on les avait vus auprès du roi, Henri et Noë étaient devenus des personnages d'importance, et, la veille, il n'avait été bruit au Louvre que de leur faveur.

Raoul les introduisit chez M. de Pibrac et se retira. Le gentilhomme gascon attendit que Raoul eût disparu pour saluer Henri avec respect.

— Eh! mon cousin, dit le prince, je vous dispense des cérémonies. Je viens vous faire une petite visite amicale, et voilà tout! car, vrai Dieu! je n'ai absolument rien à vous dire.

— Ah! fit M. de Pibrac.

Et le spirituel gentilhomme regarda le jeune prince d'un air finement railleur.

— Mais vous, monsieur de Pibrac, vous avec sans doute beaucoup à m'apprendre.

— Peut-être, monseigneur.

— Est-ce touchant le roi?

— Vous lui plaisez fort.

— Il vous l'a dit?

— Hier, à la chasse. Et il a même ajouté que vous plaisiez beaucoup à Mme Marguerite.

— En vérité !

Henri prit un air si naïf, que M. de Pibrac ne put réprimer un sourire :

— Votre Altesse a mauvaise mémoire, dit-il.

— Hein ? fit Henri.

M. de Pibrac étendit silencieusement sa main vers le grand bahut rempli de livres de chasse.

— Eh bien ? fit le prince.

— Votre Altesse a donc oublié comment elle a vu la princesse pour la première fois ?

— Ah ! diable ! s'écria le prince ; je fais une gageure !

— Laquelle, monseigneur ?

— Vous avez regardé par le trou...

— Quand ?

— Hier.

— A quelle heure ?

— Entre neuf et dix heures du soir...

— Justement, monseigneur, et il m'a semblé vous apercevoir portant à vos lèvres...

— Chut ! dit le prince.

Puis il ajouta :

— Pibrac, mon ami, si vous ne me promettez de respecter un peu mes heures, il faudra que vous me donniez la clef de ce bahut.

— Monseigneur, répondit le capitaine des gardes, si vous voulez bien me dire quelles sont ces heures, je m'y conformerai.

— Eh bien ! demain... à partir de neuf heures... Et, ajouta Henri, puisque vous êtes si bien au courant des choses de la cour et des affaires de Mme Marguerite, vous me feriez plaisir de me dire ce que la princesse compte faire ce soir.

— Rien que je sache, monseigneur.

— C'est bizarre ! pensa Henri.

M. de Pibrac reprit :

— Le roi, monseigneur, connaît si bien sa sœur, qu'il m'a dit : « Savez-vous, Pibrac, que ce petit M. de Coarasse a déjà tourné la tête à Margot ?

« — En vérité, Sire ? ai-je demandé naïvement.

« — Bah ! m'a répondu le roi, j'aime cent fois mieux ce garçon, qui me plaît beaucoup, que mon cousin de Guise, qui me déplaît fort. Tant pis pour mon autre cousin, le prince de Navarre ! »

— Merci ! dit Henri en souriant.

— Mais, poursuivit M. de Pibrac, si le roi vous aime déjà, monseigneur, la reine mère vous haïra avant huit jours.

— Et pourquoi cela ?

— D'abord parce qu'elle hait quiconque est aimé du roi.

— Bon ! et ensuite ?

— Ensuite, parce qu'elle s'est mis en tête de conserver comme pain bénit Mme Marguerite au prince de Navarre, son futur époux, et que vous n'êtes et ne serez longtemps pour elle que le sire de Coarasse, un petit cadet de Gascogne.

— Ceci est fort juste, mais qu'y faire?

— Être prudent, monseigneur.

— Je le serai.

— Ah! j'oubliais, dit Pibrac, le roi chasse demain à tir dans les taillis de Saint-Germain, et je suis autorisé à vous emmener.

— Très bien. Nous y serons.

— Maintenant, laissez-moi vous dire que je ne comprends absolument rien à l'affabilité que maître René a témoignée hier en vous abordant...

— Ceci, répondit mystérieusement Henri, est un secret que je ne puis vous divulguer aujourd'hui... mais d'ici à deux jours vous aurez le mot de l'énigme.

— Prenez garde, monseigneur, René tue avec son sourire...

— Eh bien! je le ferai pleurer, répondit Henri.

. . . .

Les deux jeunes gens causèrent quelques minutes encore avec M. de Pibrac, puis ils le quittèrent comme midi sonnait à la grosse tour du Louvre.

— J'ai rendez-vous à midi avec René, dit le prince; mais avant de monter chez lui, je suis d'avis d'entrer chez Malican.

— Allons voir si Myette est de retour.

Myette était justement sur la porte du cabaret et paraissait attendre. En voyant le prince et Noë, elle accourut vers eux.

— Eh bien, petite? demanda Henri.

— C'est fait, dit-elle. Elle a vu l'anneau, et elle a rougi, et j'ai bien vu qu'elle vous aimait, dit Myette.

Henri eut un battement de cœur.

— Puis, continua la jeune fille, attendu qu'il y avait là un gros homme à l'air méchant, qui est M. Loriot, elle m'a dit : « Puisque vous venez de la part de Corisandre, soyez la bienvenue, mon enfant; je vous prends à mon service. »

— Et qu'a dit M. Loriot?

— Il est rentré dans sa boutique en grommelant.

La jeune fille raconta ensuite que, lorsqu'elle s'était trouvée seule avec Sarah, cette dernière lui avait dit :

— « Je ferai tout ce que l'ami de Corisandre voudra. Et maintenant, demanda Myette, que dois-je faire? »

— Attends-moi, dit Henri, tu le sauras tout à l'heure.

Et il laissa Noë dans le cabaret, en compagnie de Malican et de la jolie Béarnaise; puis il rentra au Louvre, et il allait se faire indiquer par un suisse ou un lansquenet le logis de maître René, lorsqu'il aperçut le Florentin. Le favori de Catherine traversait la cour.

Il avait passé la Seine au bac de Nesle et s'en revenait du pays Latin, où il était allé pour on ne sait quelle besogne. Il rentrait au Louvre tout exprès pour y recevoir le sire de Coarasse, dont les prédictions l'avaient si vivement frappé la veille qu'il en était encore tout ému.

— Par Dieu! messire, lui cria Henri, courant après lui, je suis aise de vous trouver.

Le Florentin salua Henri et essaya un sourire affable.

— Je rentrais pour vous attendre, dit-il.

— Et moi je m'informais de votre logis.

— Eh bien, si vous voulez monter...

— Non, répliqua Henri, c'est inutile. La cour est déserte, et nous pouvons causer ici.

René regardait le prince avec inquiétude.

— Monsieur René, dit Henri, nous nous sommes quittés cette nuit par un vilain temps... Il pleuvait et le ciel était couvert...

— Et vous avez prétendu que les astres étaient trop enveloppés de brouillard...

— C'était vrai. Mais, vers trois heures du matin, la pluie a cessé... et le ciel s'est dégagé complètement : ce qui fait, dit Henri avec un sang-froid imperturbable, que j'ai pu lire dans les astres comme dans un livre. Et je les ai consultés sur vous.

René essaya de sourire :

— Que vous ont-ils dit? demanda-t-il en ricanant.

— Oh! d'étranges choses!

— Mais... encore?

— D'abord, il paraît qu'hier je m'étais trompé. C'était la faute du brouillard.

— Comment cela?

— Les astres m'avaient semblé prétendre qu'il était nécessaire que vous attendissiez au moins trois jours pour mettre à exécution ce projet qui doit satisfaire votre passion pour une femme et votre amour pour l'argent.

— Les astres se trompaient donc?

La voix de René accusa un léger tremblement.

— Pas tout à fait. C'était moi qui avais mal compris...

— Ah! Eh bien, que dois-je faire?

— Sous peine de voir échouer votre projet, les astres disent que vous devez vous hâter... aujourd'hui plutôt que demain...

— Je me hâterai, dit René.

— Un jour impair et un nombre cabalistique ne peuvent que vous servir; c'est justement aujourd'hui le 3 du mois et un samedi, jour de sabbat.

— Eh bien! ce soir, murmura le Florentin. Mais ce danger dont vous me parliez?... qui menaçait ma puissance?..

— Ah! voilà, dit Henri; ce danger, disent les astres, se rattache à un événement mystérieux et sombre de votre destinée.

René eut un tressaillement.

Henri continua :

— Vous avez habité Venise autrefois?...

René pâlit.

— Avec votre femme?...

— Oui, balbutia le Florentin.
— Et votre fille, qui avait alors quatre ou cinq ans...
— Mais d'où savez-vous cela? s'écria le Florentin, qui devint livide.
— Mon cher monsieur René, répondit Henri, vous savez aussi bien que moi que les astres révèlent bien des choses. Vous l'avez voulu, je les ai consultés sur vous...

René courba la tête.

Plus que jamais il était convaincu du don que possédait le jeune Béarnais de sonder le passé et l'avenir.

— Il est venu un moment, acheva Henri, où le ciel s'est couvert de nouveau et où le livre du firmament s'est fermé pour moi. Mais je passerai la nuit prochaine à ma fenêtre, et je vous promets de penser à vous.

— Ainsi, c'est là tout ce que vous avez pu savoir?...

— Tout! seulement, il m'a semblé, au moment où les étoiles disparaissaient dans le brouillard, que j'entendais comme une barcarolle des lagunes de Venise.

— Ah!... fit René, et...?

— En même temps, mes yeux se sont fermés et je vous ai vu plus jeune de vingt ans; vous passiez au bord d'un canal et vous sortiez d'une maison... vos mains étaient couvertes de sang, et vous aviez un enfant dans vos bras.

René jeta un cri et s'appuya défaillant contre un mur.

— Demain, je vous en dirai plus long, ajouta Henri. Bonsoir, monsieur René, au revoir!

Le jeune prince sortit du Louvre, et René, saisit de vertige murmura :

— C'est étrange! voilà six ans que, grâce aux révélations somnambuliques de Godolphin, je me suis acquis une réputation de sorcier, et la France entière croit que j'ai le don de lire dans les astres. Cependant, jusqu'à ce jour, je me suis moqué de cette foule ignorante et crédule et de cette science que je croyais ne pas exister... Eh bien! voici qu'un homme vient et me prouve que cette science est réelle... O mystère!

René rentra tout frissonnant chez lui.

. . . .

Le soir de ce jour, vers neuf heures, le parfumeur de la reine mère, maître René, le Florentin, se trouvait dans sa boutique du pont Saint-Michel.

Paola venait de tendre son front à son père, il y avait mis un baiser, et la jeune fille s'était retirée, disant :

— Bonsoir, mon père... j'ai de violentes douleurs de tête, et je vais essayer de dormir.

— Bonsoir, avait répondu le Florentin, trop absorbé pas des choses étrangères pour s'occuper beaucoup des douleurs de tête de sa fille.

Godolphin, assis dans le comptoir, jeta un regard de convoitise et d'amour à la jeune fille, qui le toisa dédaigneusement, et rentra chez elle.

— Godolphin! dit alors René.

— Maître, répondit le jeune homme, qui se leva et vint se placer respectueusement et tremblant devant son terrible magnétiseur.

— Tu vas aller te promener au bord de l'eau pendant une heure.

Godolphin regarda son maître avec étonnement.

— Il va venir ici des gens que tu ne dois pas voir.

Godolphin prit son chapeau.

— Ferme la boutique, emporte ta clef : j'ai la mienne. Quand dix heures sonneront à Saint-Germain-l'Auxerrois, tu reviendras te coucher.

— Oui, maître.

Godolphin mit les volets à la boutique, emporta une des deux clefs de la grosse serrure à secret qui fermait la porte, une serrure forgée à Milan et qui était un chef-d'œuvre, en ce sens qu'elle était impossible à forcer et qu'elle mouvait trois énormes verrous transversaux.

Quand ce fut fait, il prit son manteau et s'en alla.

Quelques minutes après, on frappa à la porte.

René, qui, la tête dans ses mains, méditait profondément, se leva et alla ouvrir. C'était le lansquenet Théobald. René ne le reconnut qu'à sa tournure, car il avait un masque sur le visage.

— Es-tu prêt? demanda le parfumeur à voix basse.

— Oui, certes.

— Allons! en ce cas.

— Pardon! fit le lansquenet, mais je voudrais bien faire nos comptes.

— Lesquels?

— Vous m'avez promis cent cinquante pistoles, n'est-ce pas?

— Oui, tu les auras.

— Eh bien! j'ai réfléchi. Il m'en faut deux cents.

— Juif!

— Sinon, bonsoir.

— Soit, dit René. Va pour deux cents.

— Dont la moitié tout de suite.

Le Florentin n'avait sans doute pas de temps à perdre en pourparlers. Il tira sa bourse de sa poche et la donna à Théobald.

Celui-ci la prit et la glissa dans son pourpoint.

— A présent, dit-il, je suis à vos ordres, messire.

René se dirigea vers la porte, l'entre-bâilla et jeta un regard furtif sur le pont.

Comme la veille, Paris était enseveli dans le brouillard.

Il tombait une pluie fine et glacée; les passants étaient rares.

A peine entendait-on, dans le lointain, sur le bord de l'eau, le bruit d'une barque attardée ou la chanson grivoise d'un écolier de la Sorbonne rentrant au pays Latin.

Le pont était désert.

— Viens, dit tout bas René à Théobald.

Le parfumeur mit un masque sur son visage tout comme le lansquenet; et puis, celui-ci étant sorti le premier, René ferma soigneusement cette boutique où dormait sa chère Paola.

Enfin, il prit le bras de l'estafier et tous deux, longeant le pont, se dirigèrent vers la rive gauche de la Seine.

. . . .

JEUNESSE DU ROI HENRI 177

Mais, à ce moment, il reçut un coup de dague dans le dos... (P. 181.)

Tandis que René et le lansquenet s'éloignaient pour quelque lugubre besogne sans doute, Godolphin, le somnambule, en ce moment fort bien éveillé, se promenait en grelottant sur la rive droite. Le malingre jeune homme, cet être étrange que Paola accablait de son dédain, songeait à la jeune fille et murmurait :
— En vain elle me repousse, je l'aimerai toujours... et si je m'éloigne d'elle une heure il me semble que je souffre mille morts...

Et Godolphin arpentait la berge, recevant la pluie qui lui fouettait le visage, soufflant, pour les réchauffer, dans ses doigts maigres, crochus, et comptant les minutes avec impatience...

Enfin l'horloge de Saint-Germain-l'Auxerrois sonna dix heures.

Godolphin respira, et, esclave de sa consigne, il reprit à grands pas le chemin du pont et de la boutique, disant :

— Ah! je ne la verrai pas, mais au moins je serai près d'elle.

Godolphin continuait son chemin, caressant son rêve d'amour, lorsqu'une brutale réalité le força à s'arrêter.

Deux hommes venaient de se dresser devant lui.

L'un lui jetait un mouchoir sur la figure et le saisissait à la gorge...

L'autre lui appuyait une dague nue sur la poitrine et lui disait :

— Si tu cries, si tu dis un mot, tu es mort !...

Godolphin voulut se débattre, mais on lui poussa le mouchoir dans la bouche et on en fit un bâillon.

En même temps un des deux hommes, l'enlevant de terre, le rejeta sur son épaule, tandis que l'autre disait :

— Vite! dépêchons! nous n'avons pas de temps à perdre!

Celui qui emportait sur ses épaules Godolphin ivre de terreur ajouta en ricanant :

— Je voudrais bien savoir comment, à présent, maître René fera pour lire l'avenir dans les astres!

XXIII

Chez maître Samuel Loriot, on soupait à huit heures du soir dans une vaste salle d'aspect triste et sombre, située au rez-de-chaussée de la maison et à laquelle les fenêtres, garnies d'énormes barreaux, donnaient la sinistre apparence d'une prison.

Il y avait un haut bout de table, ni plus ni moins que chez un gentilhomme de province.

Au bas bout se trouvaient les ouvriers et les serviteurs de la maison, présidés par le vieux Job.

Le haut bout était occupé par le maître et sa femme, la belle Sarah, qui brillait, en ce funèbre lieu où la tristesse pénétrait par tous les pores, comme une étoile qui se serait détachée de la voûte céleste et serait tombée au fond d'un puits dont l'obscurité aurait été impuissante à éteindre ses rayons. Ce soir-là, maître Samuel avait un rendez-vous d'affaires avec un marchand de perles fines, Polonais d'origine, qui demeurait au carrefour Buci, de l'autre côté de la Seine.

Aussi s'était-on mis à table de meilleure heure qu'à l'ordinaire.

A huit heures précises le repas était terminé.

Samuel fit un signe, et les ouvriers quittèrent la table, saluèrent et sortirent, suivis de deux serviteurs.

L'argentier, par mesure de prudence sans doute, n'admettait à coucher dans sa maison qu'une vieille servante et Job, ce premier commis, cet homme de confiance qui remplissait auprès de Sarah le double rôle d'espion et de gardien.

Cependant, ce soir-là, la domesticité de la maison s'était augmentée d'un nouvel hôte.

C'était Myette, la jolie Béarnaise.

Sarah, qui, en échange de sa captivité éternelle, avait du moins obtenu d'être maîtresse absolue de sa volonté au fond de sa prison, avait nettement déclaré à Loriot qu'elle entendait garder la jeune fille et la faire coucher auprès d'elle.

Les serviteurs partis avec les ouvriers, Samuel dit à la vieille servante qui occupait, la nuit, une chambrette dans les combles de la maison :

— Va te coucher, Marthe, tu dors sur ta chaise.

Sarah n'attendit point un ordre semblable ; elle se leva sans adresser à celui qui était son maître, et non plus son époux, d'autre adieu qu'un froid salut, et, faisant un signe à Myette, elle se retira dans son appartement, où Samuel ne pénétrait plus depuis que l'aveu de son crime lui était échappé.

Aussitôt que la porte de l'appartement de Sarah se fut refermée, Samuel tira un verrou qui s'assujettissait au dehors.

Ce n'était point assez que le vieil argentier eût fait de sa maison une véritable forteresse, il fallait encore que Sarah fût prisonnière chez elle.

Cela fait, Samuel, aidé du vieux Job et de Guillaume Verconsin, ouvrit la porte secrète qui conduisait à ces caves dans lesquelles étaient enfouies les richesses de l'argentier, et qui communiquaient avec la boutique du drapier ; et tous trois y transportèrent les écrins, les bijoux étalés dans la boutique, le travail inachevé des ouvriers et les monnaies d'or et d'argent provenant des ventes de la journée.

Quand ce fut fini, Guillaume alla se coucher dans la boutique du drapier ; la porte secrète se referma, et, tandis que Job dressait son lit dans le corridor de la maison, à deux pas de la porte, Samuel Loriot sortit.

L'argentier avait fait faire, pour sa maison, une serrure qui ne le cédait pas en complications et en solidité à celle de messire le parfumeur.

Cette serrure était fort large, mais la clef en était très petite et maître Loriot la mettait dans sa poche. Job avait pareillement une clef.

— Je rentrerai tard, dit l'argentier au vieux juif. Je veux terminer ce soir un achat de perles. C'est une belle affaire.

Et il sortit.

Job ferma soigneusement la porte, acheva de dresser son lit de camp dans le corridor, se coucha et ne tarda point à s'endormir.

Bientôt, au fond de l'atelier, on aurait pu entendre ses ronflements sonores.

Alors la porte mystérieuse des caves s'ouvrit et Guillaume Verconsin parut.

Il se dirigea sur la pointe du pied vers le corridor, poussa sans bruit la porte de l'atelier, puis frappa deux coups discrets à celle de l'appartement de Sarah, dont il fit glisser le verrou extérieur.

Presque aussitôt cette porte s'ouvrit.

Guillaume vit d'abord apparaître Myette, puis, derrière elle, un jeune garçon portant sur ses cheveux bouclés le bonnet de laine des paysans béarnais.

— Ah! murmura Guillaume ébahi, maître Samuel lui-même ne vous reconnaîtrait pas, madame.

— Tu crois? dit la belle argentière en souriant.

— Oh! certes!

— Venez, madame, dit Myette. M. Loriot peut rentrer d'un moment à l'autre.

Guillaume les prit par la main; tous trois disparurent dans le souterrain et la porte des caves se referma sans bruit.

Sarah était sauvée!

. . . .

Cependant maître Samuel avait déjà traversé le pont Saint-Michel et il gagnait la Cité.

Mais, au moment où il mettait le pied sur la place de la Sainte-Chapelle, deux hommes, qui s'étaient tenus immobiles, adossés au vieil édifice, s'en détachèrent et vinrent à sa rencontre.

La nuit était noire, la place déserte.

— Qui va là? demanda Loriot, un peu ému en voyant deux inconnus venir à lui.

— Amis! répondit une voix.

Cette voix était inconnue à l'argentier.

— Je ne vous connais pas, dit-il, passez votre chemin!

Il prit un pistolet à sa ceinture et l'arma.

Mais ce geste et le bruit sec de la batterie de l'arme à feu n'intimidèrent point les inconnus.

— Monsieur Loriot... dit l'un d'eux.

Samuel recula de surprise.

— Ah! dit-il, vous me connaissez?

— Certainement, maître Samuel, et vous devriez bien voir à notre tournure que nous sommes des gentilshommes et non des tirelaines et des escarpes.

— Excusez-moi, messeigneurs, dit l'argentier un peu rassuré; mais... à qui en avez-vous, s'il vous plaît?

— A vous, maître Loriot, et nous venons en amis.

— Mais... qui êtes-vous?... murmura l'argentier, que ses terreurs reprirent quand il s'aperçut que les deux étrangers étaient masqués.

— Des amis inconnus que vous envoie la Providence.

— Ai-je donc besoin d'amis?

— Vous courez un danger cent fois pire que la mort.

— Que dites-vous? s'écria l'argentier, qui soudain songea à Sarah.

— On veut vous ravir votre femme.

— Vous... plaisantez?..

— Remettez donc votre pistolet à la ceinture, dit l'inconnu, et écoutez-nous...

Samuel, qui, depuis les dernières paroles de son interlocuteur, ne songeait plus à défendre sa vie, Samuel désarma son pistolet.

— Bien! dit l'homme masqué. Et maintenant, comme il est des noms horribles, des noms qui portent malheur quand on les prononce ailleurs qu'en plein air, loin de toute maison, venez jusqu'au bord de la rivière.

L'homme masqué, en parlant ainsi, prit Samuel par le bras et lui dit à l'oreille :

— Nous sommes des gens de la cour, et cependant, l'homme qui veut vous enlever votre femme est si puissant que nous avons mis des masques et que jamais vous ne saurez à qui vous avez eu affaire et de qui vous aurez tenu un bon conseil.

Ces paroles impressionnèrent si vivement l'argentier qu'il oublia complètement son marchand de perles fines et qu'il se laissa entraîner au bord de la rivière. Là, celui des hommes masqués qui avait toujours pris la parole le fit asseoir sur une pierre et lui dit tout bas :

— Écoutez!... n'étiez-vous pas à Tours, dernièrement?

— Oui, certes, dit Samuel.

— En sortant de Tours, vous avez été rejoint par un prétendu valet de l'évêque de Saumur?

— Précisément. Mais... comment... savez-vous?

— Attendez; quand vous avez rejoint votre femme à Blois, elle vous a raconté sans doute qu'un cavalier l'avait poursuivie et qu'elle n'avait pu lui échapper...

— Qu'en lui tirant un coup de pistolet qui l'avait jeté bas, dit Samuel.

— La balle a tué le cheval et non le cavalier, dit l'homme masqué. Le cavalier est plein de vie et il a juré...

— Mais... son nom? demanda Samuel.

— Ah! votre femme ne vous l'a pas dit?

— Elle ne le savait pas...

— Elle le savait... mais elle aura craint de vous épouvanter.

— Cet homme est donc bien puissant?...

Tandis que Samuel Loriot faisait cette question en tremblant, le second personnage masqué fit deux pas en arrière et se plaça derrière l'argentier, qui n'y prit garde.

Samuel, les cheveux hérissés, attendait ce nom terrible...

— Cet homme qui veut vous prendre votre femme, acheva l'interlocuteur de Loriot, se nomme René le Florentin.

Samuel tressaillit de la tête aux pieds et se leva brusquement.

Mais, à ce moment, il reçut un coup de dague dans le dos, entre les deux épaules, et tomba en jetant un cri étouffé.

— Voilà un maître coup de dague! Théobald, dit alors René avec un rire sinistre... le butor a été tué raide...

René avait raison : l'argentier Samuel Loriot était mort!...

— Fouille-le, dit encore le parfumeur. Il était trop prudent pour avoir beaucoup d'argent dans sa bourse, mais s'il y a quelques pistoles, elles sont à toi. Seulement, tu vas me donner une petite clef qu'il doit avoir sur lui.

— Voilà la clef, répondit le lansquenet, qui mit dans sa poche la bourse du bourgeois défunt.

— A présent, acheva René, pousse-moi cette charogne à l'eau et suis-moi.

Le lansquenet prit le cadavre à bras le corps et le jeta dans la Seine. Puis il suivit René, qui le fit remonter sur le pont.

Mais le Florentin n'entra point dans sa boutique et ne s'inquiéta point de savoir si Godolphin avait été relevé de sa faction en plein air par la dixième heure sonnant à Saint-Germain-l'Auxerrois.

Il traversa le pont, la place du Châtetelet, et, par la rue Saint-Denis, se dirigea vers la rue aux Ours.

Arrivé devant la porte de l'argentier, René prit la clef et l'enfonça dans la serrure.

La clef tourna.

René avait tué Loriot, et par conséquent il ne le redoutait plus : mais il n'en eut pas moins un battement de cœur en ouvrant les portes de cette maison, qui passait dans Paris pour une forteresse.

Qui sait quels mystérieux et terribles moyens de défense ce vieil avare, qui possédait à la fois une jeune femme et d'immenses richesses, avait accumulés à l'intérieur de cette maison?

Quand il sentit la porte céder, René, obéissant à un sentiment de peur, s'effaça et dit au lansquenet :

— Entre le premier.

— Soit, répondit celui-ci, mais ce sera cinquante pistoles de plus.

La peur dominait René, il céda encore.

— Va, dit-il.

Le lansquenet entra.

Le corridor était plongé dans les ténèbres, et le soudard avança, les mains en avant et sa dague au poing.

René, l'entendant marcher, entra à son tour et poussa la porte sur lui.

Mais presque au même instant on entendit une voix cassée par l'âge qui disait :

— Est-ce vous, maître?

Le lansquenet ne répondit point.

Aussitôt une lueur se fit et on entendit battre le briquet.

C'était le vieux Job qui, éveillé en sursaut par un bruit de pas, ne reconnaissait point la marche de son maître. Le juif arracha de son briquet une gerbe d'étincelles, aperçut, à cette clarté de quelques secondes, deux hommes au lieu d'un, et jeta un cri.

— A moi ! maître ! à moi ! cria-t-il.

Mais si les étincelles du briquet lui avaient permis d'entrevoir les deux inconnus, ceux-ci avaient pu également apercevoir le vieillard à demi dressé sur son lit de camp.

Job avait des pistolets auprès de lui, sous son oreiller, mais il n'eut pas le temps de s'en servir.

Le lansquenet bondit jusqu'à lui, l'enlaça d'un bras vigoureux et de l'autre le frappa.

Le corridor était retombé dans l'obscurité.

René perçut un cri étouffé, puis la chute d'un corps...

Mais il n'osa faire un pas avant qu'il eût entendu le lansquenet qui lui dit :

— Vous pouvez venir... j'ai le coup de dague sûr. Le vieux est bien mort.

Et, cherchant à tâtons le briquet, le lansquenet se mit à le battre et alluma une chandelle qui se trouvait placée auprès du lit de sangle.

Alors René y vit clair.

Le corridor était long et percé de portes à droite et à gauche.

Au pied du lit de sangle gisait, dans les convulsions de l'agonie, le vieux Job frappé à mort.

— Messire René, dit l'estafier, nous ferons un compte à part pour ce deuxième coup de dague, j'imagine ?

— Avance toujours, ordonna René...

Et, le lansquenet marchant le premier, ils montèrent à l'étage supérieur et en parcoururent les diverses pièces. Toutes étaient désertes.

— Allons ! se dit René, ce n'est point ici qu'elle est... Redescendons.

Ils redescendirent, en effet, et passant sur le corps du malheureux Job, qui avait rendu l'âme, ils entrèrent dans l'atelier, et au fond de l'atelier ils virent une porte entr'ouverte.

René entra le premier, cette fois, car un secret instinct lui disait que c'était la chambre de Sarah.

Cette chambre, comme les autres, était déserte. René vit bien cependant à l'ameublement, qui était élégant et coquet, et à mille chiffons jetés çà et là, qu'il ne s'était point trompé.

Dans une seconde pièce se trouvait le lit de la belle argentière.

Le Florentin eut un battement de cœur, alla droit à ce lit, en écarta les rideaux et resta stupéfait...

Le lit n'avait pas été foulé...

Alors le Forentin fut pris d'un accès de rage ; il se mit à parcourir la maison en tous sens et monta jusqu'aux combles.

Le bruit de ses pas et de ceux du lansquenet finit par éveiller Marthe, l'unique servante qui couchât dans la maison.

Marthe se leva, accourut en chemise, rencontra ces deux hommes masqués et jeta un cri d'épouvante.

Ce cri fut son arrêt de mort. Le lansquenet la saisit à la gorge, et, dédaignant de faire usage de sa dague, il étrangla la pauvre vieille femme.

René, ivre de rage de ne point trouver la belle argentière, allait et venait par la maison... Il en visita tous les recoins ; il en sonda tous les mystères.

Sarah n'y était pas !

Mais, si amoureux que fût René, il était homme à ne point oublier que le meurtre de Samuel avait un double but.

Si la première partie était manquée, restait la seconde.

— Au moins, murmura-t-il, j'aurai l'or et les diamants du vieil avare.

L'atelier avait si bien l'aspect d'une forteresse, avec ses croisées grillées en dedans et en dehors, qu'alors même qu'on n'eût pas aperçu un énorme coffre de bronze placé au milieu, on eût juré que c'était là que se trouvait la caisse de maître Samuel Loriot.

Seulement, cette caisse n'avait pas de clef, et à moins que la clef qui ouvrait la porte d'entrée, et qui était la seule que le lansquenet eût trouvée sur le cadavre de l'argentier, n'ouvrît également le coffre de bronze, il fallait chercher ailleurs.

René prit le flambeau et retourna auprès du cadavre de Job.

Job était en chemise, mais il portait une clef pendue au cou, une petite clef tréflée dont René devina sur-le-champ l'usage et dont il s'empara.

C'était la clef de la caisse.

Mais au moment de la mettre dans la serrure, un nuage passa sur le front de René.

— Il va donc falloir partager! pensa-t-il en voyant le lansquenet dont le regard brillait de convoitise.

Une inspiration infernale traversa le cerveau du Florentin, qui, enfonçant la clef, parut faire un violent effort pour la tourner.

— Ah! dit-il, je n'ai pas le poignet assez robuste. Essaye...

Et il s'effaça.

Le lansquenet, sans aucune défiance, mit la main sur la clef, et René passa derrière lui.

Mais soudain, et rapide comme l'éclair, le Florentin tira son poignard, et, de même que le lansquenet avait frappé Samuel Loriot, il le frappa entre les deux épaules.

— Ouf! cria le lansquenet.

Et il tomba la face contre terre.

— Moi aussi, ricana le Florentin, j'ai le coup de dague sûr, et viens de faire une économie de plus de trois cents pistoles.

Puis, repoussant le cadavre du pied, il tourna la clef et ouvrit le coffre... mais à peine la porte de bronze eut-elle tourné sur ses gonds que le Florentin jeta un grand cri et recula frémissant... Le coffre était vide!!!

XXIV

René demeura longtemps bouche béante, l'œil morne devant ce coffre-fort qui ne renfermait d'autres richesses qu'une sébile pleine de monnaies de cuivre et d'argent.

— Si Loriot ne met point son or et ses bijoux dans ce coffre, murmura-t-il, où les met-t-il donc?

Une sueur glacée perlait au front du Florentin.

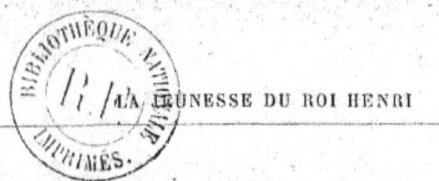

...Il passa et repassa sur les cadavres... (P. 186.)

Ce n'était pas assez que la belle argentière eût disparu, il fallait encore que le coffre-fort fût vide.

Un moment, René eut un soupçon bizarre.

— Qui sait, pensa-t-il, si *elle* n'a point volé son mari en prenant la fuite...

Mais, en y réfléchissant, René repoussa bien vite cette idée.

LIV. 24. — PONSON DU TERRAIL. — LA JEUNESSE DU ROI HENRI. — ÉD. J. ROUFF ET Cⁱᵉ.   LIV. 24.

D'abord, il lui paraissait peu probable que Sarah eût pris la fuite, attendu que lorsqu'il avait pénétré dans la maison, Job était couché dans le corridor, et que, pour admettre l'évasion de la jeune femme, il était nécessaire de supposer la complicité du vieux serviteur. En second lieu, c'était à son cou que la clef du coffre avait été trouvée, et si Job avait pu faciliter le vol, bien certainement il ne fût point demeuré dans la maison et il aurait fui avec Sarah.

— Non! non! pensa René, qui oubliait déjà la belle argentière pour ne songer qu'au trésor de sa victime, Loriot avait peur des voleurs, sans doute, et il cachait son or ailleurs... Le coffre-fort était un appât... voilà tout.

Alors le parfumeur se mit à visiter la maison en tous sens, pièce par pièce, enfonçant les placards, brisant les meubles, et tellement dominé par sa soif d'or, qu'il ne songeait ni au chevalier du guet, qui pouvait entendre le bruit et s'inquiéter de ce qu'on faisait chez l'argentier Loriot, ni aux voisins qui pouvaient accourir.

Les perquisitions de René durèrent plusieurs heures ; il passa et repassa sur les cadavres de Job, du lansquenet Théobald et de la servante, sans même prendre garde de les heurter du pied ; il ne laissa pas un seul recoin qu'il n'eût visité...

Mais il ne trouva point le ressort mystérieux qui faisait tourner un pan de mur de l'atelier.

Tout à coup, la bougie qu'il tenait à la main s'éteignit, et René effaré aperçut un rayon de jour qui passait à travers les solides barreaux de fer des croisées.

Alors seulement la peur le prit.

Il fallait, à tout prix, sortir, et sortir au plus vite.

Si René ne craignait que médiocrement le chevalier du guet, il craignait beaucoup les ouvriers de l'argentier, lesquels l'eussent tué sur place en arrivant, sans vouloir entendre ses explications.

D'ailleurs, si la reine lui avait accordé la vie d'un homme, elle n'avait point garanti l'impunité pour les trois autres, et sans compter le corps du malheureux argentier qui s'en allait à la dérive, il y avait trois cadavres dans la maison.

René eut donc peur de ce premier rayon de l'aube. Il reprit son manteau, se cacha le visage, alla ouvrir la porte et jeta un regard furtif dans la rue.

La rue était déserte.

Alors le Florentin s'élança hors de la maison sans même songer à refermer la porte, et d'un pas rapide il se dirigea vers la rue Saint-Denis. Sur la place du Châtelet il se prit à courir, traversa le pont au Change et la Cité et gagna le pont Saint-Michel.

Arrivé devant sa boutique, il chercha dans sa poche la clef et ne la trouva point.

Soudain il se souvint qu'il avait posé cette clef, ainsi que son poignard, sur un siège dans la chambre de Sarah, tandis qu'il faisait ses perquisitions.

La clef et le poignard étaient restés dans la maison de l'argentier.

René, la sueur au front, songea un moment à retourner rue aux Ours, car ces deux objets trouvés dans la maison où s'était commis un triple meurtre pouvaient gravement le compromettre ; mais le jour avait grandi ; déjà quelques boutiques s'ouvraient, et oser rentrer dans la maison de l'argentier, c'était avouer hautement son crime.

— Allons ! pensa René, Godolphin va m'ouvrir.

Et il frappa.

Godolphin avait pourtant le sommeil assez léger vers le matin, mais, au grand étonnement de René, rien ne bougea dans la boutique.

René frappa de nouveau.

Le même silence continua de régner à l'intérieur.

Alors René, étonné et furieux, ébranla la porte, criant :

— Holà ! Godolphin !... holà ! Paola !...

A ce dernier nom, une fenêtre s'ouvrit au premier étage, et la belle Paola se montra en toilette de nuit.

— Est-ce vous, mon père ? demanda-t-elle.

— C'est moi, dit René. Cette brute de Godolphin dort donc bien fort ?

— Vous n'avez donc pas votre clef ?

— Je l'ai laissée au Louvre.

— Attendez... je vais ouvrir.

Paola se vêtit à la hâte et descendit. Mais quand elle fut dans la boutique, René, qui était au dehors, l'entendit jeter un cri d'étonnement.

Puis, la jeune fille ouvrit la porte.

— Qu'est-ce que tu as donc à crier ? demanda René.

— Mon père... Godolphin n'y est pas...

Et Paola s'effaça et laissa pénétrer son père dans la boutique, où déjà le jour venait à flots.

En effet, Godolphin n'y était pas.

Bien plus, le lit de sangle qu'il tirait ordinairement de dessous le comptoir n'était pas développé et se trouvait toujours à sa place.

Évidemment, Godolphin n'était pas rentré depuis que René l'avait envoyé sur le bord de l'eau, au moment où il attendait le lansquenet Théobald.

Alors René jeta un cri et se laissa tomber anéanti sur un escabeau, murmurant :

— Ah ! si je ne retrouvais pas Godolphin, que deviendrait donc ma puissance ?

Et René se souvint de la nébuleuse prédiction du gentilhomme béarnais

XXV

Ce jour-là, le roi Charles IX avait chassé à Saint-Germain.

Le roi avait couru un louvard, et Sa Majesté, qui était réellement passionnée pour la vénerie, s'était donné le plaisir d'arracher la malheureuse bête aux abois du supplice qui l'attendait en lui campant une balle en plein travers juste au moment où la meute la coiffait et se disposait à la mettre en pièces toute vivante.

Le loup forcé et tué, le roi s'était aperçu qu'il n'était guère que midi.

— Messieurs, avait-il dit à sa suite, il me semble que nous aurions bien le temps de chasser un chevreuil. Qu'en pensez-vous, Pibrac?

— Je suis de l'avis de Votre Majesté, Sire.

— Et vous, monsieur de Coarasse?

Henri et Noë étaient de la suite du roi, qui les avait conviés, on s'en souvient, par l'intermédiaire de M. de Pibrac.

— Mais, Sire, répondit le prince, si Votre Majesté veut chasser un chevreuil avec ces jolis chiens bassets que j'ai vus ce matin dans la cour du château de Saint-Germain, nous aurons un plaisir sans pareil.

— Vous croyez?

— J'en suis sûr.

— Eh bien, dit Charles IX, Pibrac, mon ami, envoyez chercher les bassets...

Et, tandis que M. de Pibrac piquait des deux pour ramener l'équipage de bassets au plus vite, le roi ajouta :

— En vérité, ma sœur Margot, qui cependant aime beaucoup la chasse, a eu bien tort de n'être pas des nôtres aujourd'hui. Qu'en pensez-vous, monsieur de Coarasse? le temps est superbe!

— En effet, Sire.

— Et Margot se fût beaucoup amusée, acheva le roi, qui jeta un regard malin au jeune prince.

Henri soutint ce regard et demeura impassible.

— Est-ce que Son Altesse aurait été indisposée ce matin? demanda-t-il.

— Margot avait la migraine.

— Un vilain mal, Sire.

— Vous croyez, monsieur de Coarasse?

— Je l'ai ouï dire, du moins.

Le roi haussa les épaules :

— Les femmes ont toujours la migraine lorsqu'elles ne veulent pas faire telle ou telle chose. Je gage que si ma sœur Margot avait su que vous chassiez avec moi...

Cette fois Henri ne put s'empêcher de rougir.

— Elle serait venue...

— Ah! Sire, quelle plaisanterie!

Le roi comprit qu'il était allé un peu loin et mettait le jeune homme dans un bien grand embarras.

— Mon Dieu! dit-il, je ne plaisante pas du tout. Depuis que Marguerite sait qu'elle doit épouser le prince de Navarre, elle court après tous les Béarnais qu'elle rencontre, espérant toujours qu'il s'en trouvera un qui lui pourra faire le portrait de son futur époux.

M. de Pibrac revint avec les bassets et on attaqua le chevreuil.

Le chevreuil fut pris en moins de trois heures, et le roi, ravi de sa journée, s'écria :

— Je crois, ma foi, que je vais souper d'excellent appétit ce soir.

— Tant mieux, Sire, dit Pibrac. Quand le roi mange, ses sujets ont faim.

Le roi sourit :

— Eh bien, je vous invite à souper, Pibrac.

— C'est un grand honneur pour moi, Sire.

— Ainsi que vos deux cousins.

Henri et Noë s'inclinèrent, et le roi Charles IX donna le signal du départ et revint à Paris avec sa suite.

Sa Majesté, en franchissant la poterne du Louvre, avait dit à M. de Pibrac :

— Voyez donc ma sœur Margot, Pibrac, et sachez si elle a toujours la migraine. Vous l'inviteriez à souper de ma part.

— Sire, était revenu dire le capitaine des gardes, Son Altesse Mme Marguerite souffre toujours beaucoup et s'est mise au lit.

— Diable! pensa Henri, et le rendez-vous qu'elle m'a donné?

Le roi se mit à table avec M. de Pibrac, les deux jeunes gens qui passaient pour ses cousins, M. de Crillon, colonel des gardes, et deux autres gentilshommes qui avaient chassé.

— J'ai une faim de loup, dit-il. Si mon futur beau-frère, le prince de Navarre, a un pareil appétit quand il revient de la chasse, ma sœur Margot ne sera point trop à plaindre... et, ajouta Charles IX en riant, les Bourbons ne s'éteindront pas.

Mais le roi avait compté sans le hasard, qui se plait parfois à paralyser l'appétit le plus robuste par quelque malencontreuse nouvelle.

Charles avait à peine englouti sa fameuse soupe au lard et sucé une aile de faisan qu'un de ses pages, celui qu'on nommait Gauthier, entra et vint lui dire :

— Sire, le prévôt des marchands supplie, à deux genoux, Votre Majesté de lui donner audience sur l'heure.

— Au diable le prévôt! dit le roi. Que peut-il me vouloir? Dis-lui qu'il revienne demain.

— Sire, il prétend qu'il vient dévoiler à Votre Majesté un crime abominable.

— Eh bien! murmura Pibrac, cela regarde le chevalier du guet.

Mais le roi avait dressé l'oreille à ce mot de crime abominable.

— Hé! hé! dit-il, qu'est cela? Fais entrer, Gauthier, mon mignon.

Le page sortit; deux minutes après, il souleva la portière, ouvrit un battant de la porte, et l'on vit entrer M. le prévôt des marchands.

C'était un majestueux viellard, portant la simarre avec dignité, et qui avait bien plus les allures d'un gentilhomme que celles d'un bourgeois.

On le nommait Joseph Miron, et il était le frère du médecin du roi.

— Monsieur le prévôt, dit Charles IX, qui lui tendit, selon l'usage, sa main à baiser, le feu est-il aux quatre coins de Paris?

— Non, Sire.
— Les ponts ont-ils été emportés par une crue subite de la Seine?
— Pas davantange, Sire.
— Alors, que nous arrive-t-il donc de si terrible, que vous soyez sans pitié pour un pauvre roi qui se meurt de faim par extraordinaire, que vous le veniez ainsi troubler?
— Sire! répondit le prévôt, que cette brusque réception ne déconcerta point, je viens demander justice à Votre Majesté.
— Justice! fit le roi.
— Un crime abominable a été commis la nuit dernière dans la maison d'un bourgeois de Paris, et la rumeur publique...
— Est-ce qu'on l'a assassiné? interrompit le monarque.
— Assassiné et volé.
— Et que dit la rumeur publique?
— Elle accuse des gens au service de Votre Majesté.
— Cordieu! monsieur le prévôt, dit vivement le roi en laissant retomber sur la table le couteau qu'il avait à la main, je n'ai à mon service que des gentilshommes et des gens de bien.
— Sire, répondit le prévôt avec fermeté, je n'affirme rien. Mais on a trouvé un lansquenet mort...
— Ah çà! voyons, dit le roi, expliquez-vous, monsieur le prévôt?
Henri et Noë avaient déjà échangé un rapide coup d'œil d'intelligence.
— Eh bien, Sire, reprit Miron, je dois vous dire qu'il y avait dans la rue aux Ours un marchand bijoutier-orfèvre, du nom de Samuel Loriot.
— Un juif!
— Un juif converti.
— Converti ou non, dit le roi, peu importe! il était bourgeois de Paris?
— Oui, Sire.
— C'est bien... continuez.
— Samuel Loriot avait la réputation d'un très honnête homme, mais il était riche, très riche même... et, quelque soin qu'il prît de le dissimuler, on le savait fort bien. De plus, Samuel Loriot avait une fort jeune et fort jolie femme...
— Ah! ah! fit le roi, qui, prêt à bâiller d'ennui, se redressa et prêta l'oreille.
— Cette femme a disparu.
— Seule?
— On ne sait pas.
— Et le mari?
— Ce matin, les premiers habitants qui se sont levés dans la rue, poursuivit le prévôt, ont été fort étonnés de voir la porte de la maison de Loriot entr'ouverte, attendu qu'il s'y enfermait toujours comme en une citadelle. Ils ont poussé cette porte et sont entrés; mais dès les premiers pas qu'ils ont faits dans le corridor, ils ont rencontré un cadavre.

— Celui du mari?
— Non, Sire.
— Et de qui donc?
— D'un vieux serviteur nommé Job.
— Bon! Après? fit le roi.
— Dans la première pièce à droite du corridor, auprès du coffre-fort ouvert et vide, on a trouvé un second cadavre.
— Le mari, cette fois?
— Non, Sire. C'était le cadavre d'un lansquenet, et un bourgeois l'a reconnu pour l'avoir vu, il y a trois jours, en faction à la porte du Louvre.
— Diable! fit le roi fronçant le sourcil.
— Enfin, au premier étage, on a trouvé un cadavre, celui de la servante.
— Mais... le mari?
— Le mari a été retrouvé noyé et frappé d'un coup de poignard dans le dos.
— En quel endroit?
— Au bac de Nesle.
— Cordieu! monsieur le prévôt, s'écria le roi, mais savez-vous que cela fait quatre homicides?
— Quatre, Sire.
— Et que vient faire ce lansquenet mort au milieu de tout cela?
— Sire, répondit le prévôt, je me suis livré à une enquête qui a donné des résultats bizarres.

Le roi regarda le prévôt avec curiosité.

— De cette enquête, continua Joseph Miron, il résulte que le bourgeois Samuel a été assassiné hors de chez lui, au bord de la Seine, et quelques gouttes de sang ont été trouvées sur une pierre, sous le pont Saint-Michel.

Charles IX tressaillit et il eut comme un vague pressentiment qu'il y avait dans toute cette affaire du René le Florentin.

Le prévôt continua :

— Le bourgeois Samuel a été frappé par derrière entre les deux épaules d'un coup de poignard. Un barbier-chirurgien, que j'ai requis, a déclaré que la mort avait dû être instantanée. Le cadavre a été jeté à l'eau ensuite. Mais, une chose bizarre, la blessure paraît avoir été faite avec le même poignard qui a frappé le vieux Job et la servante...

— Et le lansquenet? dit le roi.
— Oh! non, sire.
— Bah! fit Charles IX, tout à fait intéressé par ce récit.
— Le vieux Job, le bourgeois Samuel et la servante ont été frappés avec une dague triangulaire et de fabrique française.
— Tandis que le lansquenet?...
— Le lansquenet l'a été avec un stylet italien, de forme carrée et qui n'a fait qu'un trou imperceptible. Cependant, ajouta le prévôt, c'est également entre les deux épaules, comme le bourgeois, qu'il a été atteint, et la blessure a dû déterminer la mort sur-le-champ.

— Voilà, murmura le roi, qui devient tout à fait incompréhensible.

— Or, reprit Joseph Miron, la dague qui était pendue au flanc du lansquenet était en tout semblable comme forme à celle qui a dû frapper le bourgeois et ses deux serviteurs.

— Est-ce qu'il faut en conclure, par hasard, que l'assassin aurait changé d'arme?

— Non pas, Sire! Il y avait deux assassins, c'est plus que certain. Tous deux ont tué le bourgeois sous le pont Saint-Michel.

— Bien.

— Et, avant de le jeter à l'eau, ils l'ont dévalisé, se sont emparés de la clef de sa maison qu'il avait dans sa poche, et c'est à l'aide de cette clef qu'ils se sont introduits chez lui un peu plus tard.

— Ah! je commence à comprendre, dit le roi. Mais... le lansquenet?

— Le lansquenet était un des assassins. Son complice l'aura tué pour n'avoir point à partager le contenu du coffre-fort.

— Savez-vous, monsieur le prévôt, observa Charles IX, que c'est chose grave que porter ainsi une accusation contre un lansquenet!

— Sire, dit le prévôt, j'ai une accusation bien plus grave à formuler...

— Hein! fit le roi.

— Si grave, que je supplie Votre Majesté de m'écouter seul à seul.

Le roi se leva, un peu ému, fit un signe et entraîna Joseph Miron à l'autre extrémité de la salle.

— Voyons! dit-il, je vous écoute...

Et il murmura avec humeur :

— C'est un fait exprès! J'ai faim une fois l'an, et c'est juste ce jour-là qu'on me vient empêcher de dîner.

XXVI

Les révélations de Joseph Miron, prévôt des marchands, avaient produit une certaine sensation parmi les convives du roi Charles IX; sensation fort désagréable du reste, car déjà, à cette époque, on pressentait les idées indépendantes et les turbulences futures des bourgeois de Paris.

Le règne de Charles IX laissait deviner les désordres du règne suivant, et il ne se passait, pour ainsi dire, pas un jour que la bourgeoisie, les confréries, les congrégations, n'eussent maille à partir avec la noblesse...

Il y avait déjà du ligueur dans ce grand et majestueux prévôt des marchands, qui avait l'audace d'interrompre le souper du roi et de venir porter une accusation contre les gens d'épée.

Le roi avait entraîné maître Joseph Miron assez loin pour que, de la table, on n'entendît point ce qu'il disait; mais les convives de Sa Majesté ne la quittaient point du regard.

— Messieurs, dit tout bas M. de Pibrac, il y a de l'orage dans l'air : le roi

A son tour, la reine était pâle, sombre. (P. 198.)

fronce le sourcil et il me semble que ses lèvres pâlissent : c'est un signe de tempête.

— Gare à René! murmura Noë à l'oreille du prince.

— Ces marchands deviennent d'une insolence extraordinaire! grommela Crillon. Pour un bourgeois tué, si on les écoutait, on assemblerait les parlements.

Tandis que les convives du roi causaient à voix basse, Joseph Miron, le hautain prévôt, disait à Charles IX :

— Sire, il est temps que Votre Majesté, par quelque sévère édit, fasse bonne justice de certains étrangers...

— Que voulez-vous dire, monsieur le prévôt?

— On a trouvé chez le malheureux argentier un poignard de forme italienne, ce stylet avec lequel on a tué le lansquenet...

— Ah! dit le roi, vous l'avez, ce poignard?

— Oui, Sire, le voilà.

Et le prévôt tira le stylet du Florentin de dessous sa simarre.

A la vue de cette arme, le roi, qui se souvenait de l'avoir vue au flanc de René et d'en avoir même admiré le travail, car la poignée en était merveilleusement ciselée, le roi eut un tressaillement et ses narines se gonflèrent.

— Donnez-moi cela, dit-il, et achevez votre déposition, monsieur le prévôt.

— Avec le poignard, continua Joseph Miron, il y avait une clef... l'assassin a oublié le tout sur un siège. Or, Sire, cette clef est d'un merveilleux travail et on n'en forge point, assurément, de pareilles dans le royaume. Un Italien seul...

— Donnez-moi cette clef, interrompit brusquement Charles IX.

Et il prit la clef que le prévôt lui tendit.

— Maître Joseph Miron, lui dit-il alors, il est inutile que vous prononciez certains noms. Rentrez chez vous, je vous engage ma parole que justice sera faite.

— J'y compte, Sire, répondit le prévôt avec fermeté.

Il salua profondément et se retira.

Alors le roi revint se mettre à table, et il ne dit pas un mot de ce que le prévôt lui avait révélé; mais après avoir gardé le silence pendant quelques minutes :

— Messieurs, dit-il, je vous serai très obligé de ne point répéter ce qui vient de se dire ici. Je veux éclaircir cette affaire avant qu'on la divulgue.

Puis il ajouta, s'adressant à M. de Pibrac :

— Vous ferez prévenir la reine mère que j'irai la visiter ce soir.

Le roi prononça ces derniers mots avec un accent de colère concentrée qui fut remarqué par ses convives.

A partir de ce moment, le roi ne mangea plus que du bout des dents et il demeura sombre et pensif.

Les convives se regardaient d'un air consterné. Seuls, Henri et Noë échangeaient parfois un regard.

Enfin le roi se leva de table.

— Prévenez la reine mère, dit-il à Pibrac.

Le capitaine des gardes se leva et sortit sans mot dire.

— Messieurs, je vous salue! dit le roi; congédiant ainsi les gentilshommes à qui il avait fait l'honneur de les admettre à sa table.

— Harnibieu! murmura M. de Crillon, si le lansquenet de malheur qui nous a ainsi changé l'humeur du roi n'était pas mort, je lui tordrais le cou moi-même.

Henri et Noë sortirent les derniers.

Mais au moment où Henri passait le seuil de la porte, il aperçut Raoul dans l'antichambre, qui lui faisait un petit signe mystérieux.

Le prince s'approcha du page :

— Monsieur de Coarasse, lui dit Raoul, j'ai une commission pour vous.

— Ah! dit Henri, de qui donc?

— De Nancy...

— Vraiment, mon mignon?

— Oui, monsieur.

— Et que me veut-elle, Nancy?

— Elle m'a chargé de vous dire qu'il y avait *migraine* et *migraine*.

— Bon!

— Et qu'il en était une qui se calmerait peut-être, si vous alliez vous promener au bord de l'eau.

— A quelle heure?

— A dix heures, dit le page.

— Est-ce tout, ami Raoul?

— Tout, monsieur.

— Eh bien! merci... au revoir!

— Monsieur de Coarasse, dit Raoul, pardon... j'oubliais...

— Ah!

— J'oubliais de vous rappeler que... vous m'avez fait une promesse...

— Oui, certes, de parler pour vous à Nancy, n'est-ce pas?

Au lieu de répondre affirmativement, Raoul se contenta de rougir.

— Eh bien, soyez tranquille, dit le prince, je m'occuperai de vous.

En parlant ainsi, Henri regardait le sablier qui se trouvait dans l'antichambre.

Le sablier ne marquait que neuf heures.

— Que vais-je donc faire d'ici à dix heures? pensait-il.

Mais M. de Pibrac, qui s'était acquitté de la mission que lui avait donnée le roi, revint et lui dit en passant :

— Attendez-moi, monseigneur...

Henri et Noë demeurèrent dans l'antichambre et entendirent le capitaine des gardes disant au roi :

— Sa Majesté la reine mère est en ce moment chez Mme Marguerite.

Le roi répondit :

— Eh bien je vais l'aller trouver chez Margot.

M. de Pibrac sortit de chez le roi et dit aux deux jeunes gens :

— Venez avec moi...

— Hum! pensa le prince, je gage que M. de Pibrac nous veut questionner et qu'il se doute que nous en savons plus long que lui sur l'histoire de la nuit dernière.

Le prince se trompait. M. de Pibrac n'avait pas soupçonné un seul instant ni quel fût le véritable assassin de Samuel Loriot, ni qu'Henri et Noë se trouvassent indirectement mêlés à cette ténébreuse affaire.

Le capitaine des gardes emmena les deux jeunes gens chez lui et ferma la porte au verrou. Aussitôt qu'ils furent entrés :

— Monseigneur, dit-il en souriant, le roi va aller voir Mme Catherine, qui se trouve en ce moment chez la princesse. Je gage que, comme moi, Votre Altesse est curieuse de savoir ce qui va se passer. Bien certainement, ajouta Pibrac, il s'agit de quelque estafier de la reine mère. Le prévôt des marchands en a dit très long au roi, dans l'embrasure de la croisée.

Henri se prit à sourire :

— Est-ce que vous ne devinez pas? dit-il.

— Deviner quoi?

— Quel est l'assassin de Loriot?

— Ah! mon Dieu! dit Pibrac, où avais-je donc la tête? ce nom de Loriot qu'on prononce devant moi depuis une heure ne m'avait pas encore frappé. Mais, c'est ce bourgeois dont vous avez arraché la femme aux griffes de René. ?

— Oui, fit le prince d'un signe de tête.

— Mais alors?...

— Alors René a été plus heureux la seconde fois que la première.

— Il a enlevé la femme?

— Oh! non, dit le prince, mais il a tué le mari. Quant à la femme, elle est en sûreté.

Alors, Henri raconta au capitaine des gardes ébahi tout ce qui s'était passé depuis deux jours.

— Ah! monseigneur, dit enfin Pibrac, savez-vous que vous jouez un terrible jeu?...

— Bah! je ne crains point René.

— Craignez-le, au contraire, monseigneur. René sera d'autant plus dangereux qu'il sera terrassé. La partie est engagée, ne reculez pas... mais soyez aussi prudent que courageux, car, sans cela, vous êtes perdu.

M. de Pibrac ouvrit alors le bahut aux livres de chasse et démasqua le passage secret.

— Certes, dit-il, ce n'est plus la curiosité qui me pousse, c'est l'instinct du danger. Il faut se faire des armes de tout et savoir à tout prix ce qui va se passer entre la reine mère et le roi.

— Allons! dit Henri.

Noë demeura dans la chambre de M. de Pibrac, et ce dernier, ainsi que Henri, se glissa à pas furtifs dans le couloir mystérieux.

Ce fut Henri qui colla son œil au trou ménagé dans les pieds du Christ.

Marguerite et la reine étaient seules.

Marguerite disait :

— Que peut vouloir le roi à cette heure? On dit qu'il est d'une humeur charmante depuis ce matin.

— C'est que je ne lui ai point parlé des affaires de l'État, répondit la reine mère avec aigreur; le roi ne s'ennuie que lorsqu'on le veut occuper du bien de son royaume.

— C'est qu'aussi c'est bien ennuyeux, la politique, murmura la jeune princesse.

La reine n'eut pas le temps de répondre, car des pas retentirent et un chambellan ouvrant la porte à deux battants annonça :

— Le roi !

Charles IX entra.

Marguerite et la reine mère s'attendaient à le voir sourire ; mais elles demeurèrent interdites en le voyant pâle, sombre, le sourcil froncé, marchant d'un pas brusque et inégal.

— Bonjour, Margot, dit-il en baisant la main de sa sœur.

Puis il s'inclina fort sèchement devant sa mère :

— Bonsoir, madame, dit-il.

Et il s'assit. La reine mère le regardait avec plus de curiosité que de frayeur.

— Madame, dit le roi après un moment de silence farouche, je vous viens prévenir qu'il y aura demain assemblée du Parlement.

La reine fit un geste de surprise.

— Et je vous viens prier d'y assister, continua le roi, car il y sera jugé un grand coupable.

Catherine ne comprenait point et continuait à lever sur le roi un regard étonné.

— Le coupable, continua Charles IX, sera condamné au supplice de la roue, et la sentence sera exécutée avant trois jours.

— Mais de quel coupable parlez-vous, Sire ? demanda la reine.

— D'un voleur, d'un lâche assassin.

La reine tressaillit.

— Mais, dit-elle sans se départir un seul moment de son calme, les voleurs et les assassins regardent votre grand prévôt, Sire, et non moi.

— Vous vous trompez, madame.

— Et j'ai cru que Votre Majesté m'allait parler de quelque prince ou seigneur qui avait conspiré contre le bien de l'État ou celui de la couronne...

— Les conspirateurs, madame, sont ceux qui désaffectionnent les peuples en s'abritant sous la protection royale pour égorger de paisibles bourgeois et les dépouiller...

Catherine de Médicis comprit tout ; elle se souvint que René lui avait, la veille, demandé la vie d'un homme.

— Vous aviez donc protégé quelque misérable, Sire ? dit-elle.

— Moi, madame ? non. Mais vous !

— Moi !

Le roi ne se laissa point dominer par l'air majestueux de sa mère.

— Écoutez-moi donc, madame, dit-il froidement, écoutez-moi.

— Je vous écoute, Sire.

— On a assassiné, dans la rue aux Ours, la nuit dernière, dans le double but de lui enlever sa femme et de le voler, un argentier du nom de Loriot.

— Un huguenot, je crois, hasarda la reine.

— Un bourgeois de Paris, madame.
— Eh bien? fit la reine.
— L'assassin a oublié, dans la maison de sa victime, un poignard et une clef.
— Oh! pensa Catherine, l'imprudent!
— Ce poignard et cette clef, les voilà, dit le roi.

Et il montra les deux objets à la reine, qui ne put réprimer un geste de surprise.

— Est-ce que vous ne reconnaissez point cette arme? demanda le roi.
— Non, Sire... Comment voulez-vous?...
— Allons donc! madame, regardez bien.. il y a un chiffre sur la lame, et ce chiffre... c'est celui de votre favori, de René le Florentin!

A son tour la reine était pâle, sombre.

— Si René a commis le crime, je le châtierai, dit-elle.
— Oh! pardon, répliqua le roi, ceci ne vous regarde point, madame. C'est l'affaire du Parlement, et ensuite du bourreau.
— Sire, dit-elle, René est un serviteur dévoué... il a rendu de grands services... il a sauvé la couronne en dévoilant un complot.
— C'est un assassin, madame.
— Mais, Sire, pour un bourgeois...

La reine n'eut pas plutôt prononcé ce mot avec un dédain suprême qu'elle se mordit les lèvres et comprit qu'elle venait de perdre René en voulant le sauver

— Un bourgeois! s'écria Charles IX, dont la colère éclata comme un coup de tonnerre, un bourgeois! mais ce sont les bourgeois, madame, qui renverseront mon trône un jour, si je n'y prends garde! Avant huit jours, René sera roué vif en place de Grève!

Et le roi se leva avec emportement et sortit, sans que la reine mère songeât à le retenir.

Le roi parti, Catherine et Marguerite se regardèrent.

— Ce René, dit enfin la reine, est un misérable qui finira par me brouiller avec le roi.

Marguerite se tut,

— Mais, ajouta Catherine, il m'est utile, je le sauverai.

Et la reine sortit à son tour, sans doute pour rejoindre le roi.

Alors Henri se pencha à l'oreille de M. de Pibrac :

— Allons-nous-en! dit-il.
— Venez! dit le capitaine aux gardes.

Ils quittèrent le couloir mystérieux, et lorsque le bahut fut refermé, Noë les regarda tous les deux.

Les éclats de voix du roi avaient traversé le couloir et étaient parvenus jusqu'à lui.

— Eh bien! mais, reprit Henri, cela sent mauvais pour René.
— Peuh! fit M. de Pibrac.
— Et, ajouta le prince, il pourrait bien être roué vif.

Pibrac haussa les épaules :

— Le roi est le roi, dit-il, mais la reine seule est maîtresse.

— Que voulez-vous dire?
— Que le Parlement acquittera René.
— L'osera-t-il donc?
— Si toutefois on en arrive là, dit le capitaine des gardes. Mais on n'arrêtera pas le parfumeur.

M. de Pibrac se trompait, car en ce moment on gratta à la porte :
— Qui est là?
— Moi, dit la voix de Raoul.
— Que nous veux-tu?
— Le roi vous mande !
— Diable ! murmura le capitaine gascon, qui ne put se défendre d'un mouvement d'effroi. Puis il dit au prince :
— Attendez-moi ici... je reviens.

Henri, qui n'oubliait point son rendez-vous, regarda le sablier.
— Impossible, dit-il, il est dix heures... Monsieur de Pibrac, je vous serai reconnaissant de ne point rouvrir votre bahut ce soir.

Et tandis que M. de Pibrac s'en allait chez le roi, qui sans doute lui voulait commander d'arrêter René le Florentin, mission que M. de Pibrac redoutait fort, Henri et Noë sortirent du Louvre.

. . . .

M. de Pibrac entra chez le roi.
— Votre Majesté m'a fait demander? dit-il, prenant un air étonné.
— Oui.
— Je suis aux ordres du roi.
— Pibrac, mon ami, dit Charles IX, qui se promenait à grands pas dans son cabinet, vous allez prendre avec vous quatre de mes gardes, et vous me chercherez dans le Louvre ou dans Paris, jusqu'à ce que vous l'ayez trouvé, maître René le Florentin.
— Est-ce que Votre Majesté, demanda Pibrac, désire consulter les astres?
— Je veux punir un assassin, dit le roi.

Pibrac jugea bon de manifester une grande stupeur.
Mais le roi continua :
— C'est René qui a assassiné le bourgeois Samuel Loriot.
— Est-ce que Votre Majesté me commande de l'arrêter?
— Certainement.
— Où le conduirai-je?
— Au Châtelet, et vous le ferez mettre aux fers; puis vous direz au gouverneur de la prison qu'il répond de lui sur sa tête...

Pibrac s'inclina, fit un pas vers la porte, puis revint.
— Qu'est-ce? demanda le roi.
— Sire, répondit Pibrac, je suis un pauvre gentilhomme que la reine mère aimait déjà fort peu, et qui sera un homme perdu, demain, lorsqu'il aura arrêté le favori de Mme Catherine.
— Plaît-il? fit le roi avec hauteur.

— Ah! soupira Pibrac, si Votre Majesté me voulait envoyer à la guerre, j'irais de meilleur cœur m'exposer à une arquebusade...

— Est-ce que vous auriez peur, Pibrac?

— Sire, répondit le capitaine des gardes, si M. le duc de Crillon était chargé de ma besogne, il s'en tirerait mieux que moi...

Charles IX regarda son favori, puis il songea que sa mère était la plus vindicative des femmes :

— Tu as raison, mon pauvre Pibrac, dit-il; ma mère n'osera pas toucher à Crillon, tandis que toi...

— Oh! moi, dit Pibrac, je suis un homme perdu, si Votre Majesté exige que j'arrête cet empoisonneur.

— Va me chercher Crillon, dit le roi.

Quelques minutes après, le duc de Crillon arriva.

— Duc, dit le roi, vous allez me faire arrêter René le Florentin, le parfumeur de la reine.

— Harnibieu! Sire, s'écria Crillon, l'homme sans peur; jamais Votre Majesté ne m'a commandé plus agréable besogne.

— Je penserais comme vous, monsieur le duc, dit M. de Pibrac, si je m'appelais Crillon.

— Allez! dit le roi, toujours sombre et farouche.

XXVII

Tandis que le roi donnait l'ordre d'arrêter René le Florentin, Henri et Noë sortaient du Louvre et rencontraient à vingt pas de la poterne un homme qui, enveloppé de son manteau, marchait à grands pas. Comme il faisait clair de lune, l'homme les reconnut et ils le reconnurent.

— René! exclama Henri.

Le Florentin, car c'était lui, s'arrêta et regarda les deux jeunes gens.

— Où allez-vous donc ainsi, messire? demanda Henri.

René était pâle, et son visage abattu, ses yeux mornes, témoignaient chez lui de quelque catastrophe.

— Messieurs, dit René, excusez-moi, je vais au Louvre et je suis pressé; il faut que je voie la reine sur l'heure.

— Mon Dieu! comme vous êtes pâle, monsieur René.

— Vous trouvez? balbutia le parfumeur.

— Ma foi! messire, dit Henri d'un air candide et sans la moindre pointe d'amertume ni de raillerie, vous marchez d'un air effaré, vous avez la mine assombrie. Est-ce que vous n'auriez pas réussi dans ce grand projet qui devait assurer votre fortune et votre amour?

— Non, messire.

— Ah! diable! Si vous m'aviez laissé consulter plus longtemps les astres,

— Maintenant, continua Crillon, ouvrez la porte (P. 207.)

avant-hier au soir, j'aurais peut-être fini par voir clair dans cette influence néfaste qui livrait bataille à votre chance heureuse.

Henri parlait sans raillerie, du ton d'un homme convaincu de sa science et qui ne tient que des moyens surnaturels les choses étranges qu'il a découvertes.

Il jouait si bien son rôle que René s'y laissa prendre.

— Monsieur de Coarasse, lui dit-il, un grand malheur m'est arrivé... mais je vous consulterai là-dessus plus tard... peut-être viendrez-vous à mon aide... Maintenant il faut que j'aille au Louvre.

— Mais, que vous est-il donc arrivé? Parlez...

— On m'a volé ou assassiné, je ne sais pas au juste, mon enfant.

— Votre fille?

— Oh! non, dit René, un jeune homme que j'élevais comme mon fils et que j'aimais...

— Est-ce possible! fit Henri d'un air si naïf que désormais le Florentin aurait pu soupçonner la terre entière de l'enlèvement de Godolphin avant de songer à lui. Ma parole d'honneur! monsieur René, continua-t-il d'un ton presque affectueux, c'est peut-être folie à moi, car vous avez la réputation d'un méchant homme, et je sais que vous êtes mon ennemi acharné...

— Moi? non, dit René.

— Vous l'étiez, du moins.

— Je vous ai pardonné.

— Vrai?

— Mon Dieu! fit le Florentin avec une certaine franchise, je me suis promis de devenir meilleur. La fatalité semble m'accabler et je commence à me repentir.

— Eh bien! reprit Henri, folie ou non, je vous vois si triste, si abattu, que vous m'inspirez quelque intérêt.

René regarda Henri.

Le prince avait su donner à sa physionomie un tel aspect de franchise que l'astucieux Italien en fut dupe.

— Et si, Noë et moi, nous vous pouvions être utiles...

René parut hésiter :

— Tenez, dit-il, vous m'avez déjà prédit tant de choses extraordinaires, qui se sont réalisées à moitié, que je finis par croire à votre puissance de divination.

— Vous devez d'autant mieux y croire que...

— Oh! moi, fit René, je crois que j'ai perdu mon pouvoir... les astres ne me révèlent plus rien depuis hier... mais si vous pouvez me retrouver mon enfant...

— Je tâcherai.

Henri regarda le ciel tout constellé d'étoiles en ce moment :

— Voilà une belle nuit, dit-il. Donnez-moi votre main!

René tendit sa main.

Henri la prit et continua à regarder les étoiles.

Tout à coup, il étouffa un cri :

— Monsieur René, lui dit-il, vous allez au Louvre?

— Oui, monsieur.
— N'y allez pas!
— Pourquoi?
— Je ne sais, mais il vous y arrivera malheur...
— Mais la reine m'attend...
— N'avez-vous rien perdu la nuit dernière?

René tressaillit.

— Je ne sais ce que c'est, mais je vois deux objets dont je ne puis préciser la forme exacte...

René pâlit et songea à sa dague et à sa clef.

— N'allez pas au Louvre, répéta Henri, car ces deux objets que je ne puis définir...

— Eh bien?

— Eh bien! ils vous porteront malheur. N'y allez pas...

Henri parlait d'un ton convaincu qui impressionna vivement le Florentin.

Un moment René hésita et faillit rebrousser chemin.

Mais c'était l'heure où chaque soir la reine mère l'attendait, et si René faisait trembler la France entière, un froncement de sourcils de Catherine le faisait trembler à son tour.

— Il le faut! dit-il. Si mon étoile s'éclipse, que les destins aient leur cours! ajouta-t-il avec tristesse. Bonsoir, messieurs.

Et cet homme, si hautain la veille, s'en alla la tête basse et la mort au cœur. La disparition de Godolphin, cet être qui était pour lui le livre mystérieux où il puisait son influence sur la reine mère, avait jeté l'épouvante et le découragement dans son âme.

Tandis que Henri et Noë paraissaient s'éloigner, René entra au Louvre, non point par la grande porte, mais par cette petite poterne gardée par un Suisse et par laquelle Nancy avait fait entrer Henri l'avant-veille, lorsqu'elle l'avait conduit chez Marguerite.

René monta le même petit escalier noir. Seulement, au lieu de prendre le couloir à gauche, il tourna à droite et se dirigea vers les appartements de la reine mère. René avait l'habitude d'entrer par une porte qui communiquait de ce couloir dans un cabinet de toilette attenant à la chambre à coucher de la reine.

Cette porte n'était jamais fermée qu'au loquet. René l'ouvrit, la referma sur lui et pénétra dans le cabinet.

Puis, guidé par un rayon de clarté, il entra dans la chambre. La chambre était vide. Mais il y avait une lampe et des papiers épars sur une table, et devant cette table un grand fauteuil.

— La reine ne peut être loin, pensa René.

Et, en effet, à peine se fut-il adossé à la cheminée au manteau fleurdelisé, que le pas de la reine mère se fit entendre dans la pièce voisine.

Catherine, en sortant de chez sa fille, avait couru chez le roi. Mais déjà le roi s'était enfermé dans son cabinet, et le hallebardier en faction à sa porte croisa sa pique en travers :

— Le roi ne reçoit pas, dit-il.

— Pas même moi !

— C'est pour Votre Majesté que la consigne est donnée, dit le soldat.

Catherine rentra donc chez elle la rage au cœur, lorsqu'elle aperçut René. La colère qu'elle éprouvait était si violente que tout d'abord Catherine regarda le Florentin et la parole expira sur ses lèvres.

— Madame, s'écria René, qui ne prévit pas l'orage qui allait éclater, madame... je viens vous demander justice.

— Justice! fit la reine en reculant d'un pas.

— Oui, madame...

— Et que t'a-t-on fait, maître René? cria la reine, dont René ne devinait point encore la terrible irritation.

— On m'a assassiné ou enlevé un enfant que j'avais chez moi!

— Ah! dit Catherine, qui, avec ce merveilleux sang-froid que les femmes savent reconquérir si vite, regarda son parfumeur. Puis elle ajouta :

— C'est bizarre, mon pauvre René, et il se commet d'étranges choses dans Paris. Ainsi, tandis qu'on te volait ton enfant...

— Eh bien? fit René curieux et s'apercevant enfin que la reine était pâle et que son œil brillait de courroux.

— Pendant ce temps, poursuivit Catherine, on assassinait un bourgeois de la rue aux Ours, un vieillard, une femme et un lansquenet.

— Vraiment? fit René, dont la voix trembla tout à coup.

— Et le meurtrier laissait une clef et une dague dans la maison...

René devint livide.

— Et cette dague, exclama Catherine dont la colère éclata enfin, c'était la tienne, misérable!

Catherine, en parlant ainsi, foudroya le Florentin d'un regard...

— Madame... balbutia-t-il... vous m'aviez permis... vous..

— Tais-toi, infâme!

René courba le front et se prit à trembler.

Catherine continua :

— Mais, pour cette fois, je te retire ma protection qui m'a fait abhorer de la cour tout entière...

— Madame...

— Le prévôt des marchands est allé demander justice au roi, la clameur publique t'accuse, et le roi a permis que la justice eût son cours.

René frissonna.

— Tu vas être arrêté, jugé par le Parlement, condamné et roué vif.

En prononçant ces derniers mots, la reine regarda René. René avait la mine piteuse d'un patient qui attend l'heure de son supplice. Mais, Catherine l'avait dit elle-même deux jours auparavant, il y avait tant de secrets entre elle et René que la pitié s'empara de son âme.

— Tiens, dit-elle, je ne puis rien que te donner le conseil de fuir.

René, éperdu, la regarda :

— Fuis, dit-elle, fuis au plus vite!

Et elle lui montrait la porte, et il y avait une telle anxiété sur son visage que le Florentin comprit qu'il n'y avait pas à hésiter. René reprit son manteau et voulut baiser la main de la reine. Mais elle le repoussa :

— Arrière! assassin! dit-elle.

René courba la tête et sortit.

Alors le Florentin regagna le couloir, et, la tête perdue, courut à la poterne par laquelle il était entré.

Comme il l'allait franchir, le Suisse croisa sa hallebarde.

— Imbécile! dit René, qui retrouva un reste d'assurance, est-ce que tu ne me reconnais pas?

— Vous êtes messire René, dit le Suisse.

— Alors, laisse-moi passer.

— Non, dit le soldat. C'est ma consigne, monsieur René.

— Mais tu m'as bien laissé entrer...

— J'en avais l'ordre.

— Et de qui donc?

— Du roi.

René, épouvanté, s'enfuit ; il remonta l'escalier noir et rentra chez la reine :

— Madame, dit-il d'un ton effaré, la poterne est gardée.

— Eh bien! dit la reine, ouvrant la porte de sa chambre qui donnait sur les grands appartements, tiens, passe par là! peut-être n'a-t-on point donné de consigne aux sentinelles du grand escalier.

René traversa les grands appartements et arriva à l'escalier. Deux sentinelles étaient placées sur la première marche.

— Place! cria René.

Les sentinelles s'effacèrent. Au bas de l'escalier se trouvaient deux autres sentinelles.

— Place! répéta René.

Les deux autres sentinelles s'effacèrent.

— Je suis sauvé! pensa-t-il.

Il traversa la cour du Louvre et arriva sous la voûte.

A cette heure, la grande porte du royal édifice était toujours fermée, mais il suffisait de frapper à l'huis du corps de garde pour qu'elle s'ouvrît.

René frappa.

— Ouvrez! dit-il.

Un Suisse parut.

— Qui va là? demanda-t-il.

— Moi...

— Qui, vous?

— René.

Le parfumeur avait espéré que son nom lui ouvrirait la porte. Mais à peine l'eut-il prononcé qu'un homme sortit du corps de garde. Cet homme, c'était Jean, duc de Crillon.

— Holà! cria-t-il, à moi!

A cette voix retentissante, tout le poste sortit.

— Monsieur, dit René d'une voix insinuante, vous ne me reconnaissez peut-être pas?

— Plaît-il? fit Crillon avec hauteur.

— Je suis René...

— Arrêtez-moi ce drôle! ordonna le duc, qui ne daigna point lui répondre, et demandez-lui son épée.

Le Florentin comprit que Crillon avait reçu des ordres.

Un Suisse lui prit son épée, et il ne songea pas même à la tirer pour se défendre.

Alors Crillon prit cette épée, l'arracha du fourreau, jeta la gaine loin de lui, et, la tenant d'une main par la poignée et de l'autre par la pointe, il la brisa sur son genou.

— Voilà, dit-il, comme on traite ces aventuriers qui singent les gentilshommes et font accuser les gens du roi... Çà! enchaînez-moi cet assassin, ordonna-t-il.

Il n'y avait pas de chaînes dans le corps de garde, mais il y avait des cordes. Sur un signe de Crillon, on lia les mains du parfumeur derrière son dos.

— Maintenant, continua Crillon, ouvrez la porte...

La porte s'ouvrit.

Deux Suisses se placèrent à côté de René.

Crillon le poussa devant lui

— Marche! drôle! lui dit-il.

C'était la première fois qu'un seigneur de la cour traitait aussi cavalièrement le parfumeur, cet homme dont la faveur avait été si grande jusque-là que chacun tremblait de lui déplaire. Il est vrai que celui qui lui parlait ainsi se nommait le brave Crillon et que la reine mère elle-même comptait avec lui.

— Foi de Crillon! murmura le duc, c'est une vilaine besogne que le roi m'a donnée là; mais puisque personne ne voulait s'en charger, je m'en suis chargé, moi.

Et il fit marcher René, et le conduisit jusqu'au Châtelet, dont les portes ferrées s'ouvrirent devant lui.

Par malheur pour René, le gouverneur du Châtelet était une sorte de Crillon au petit pied, un gentilhomme incorruptible et sans peur, un vieux soldat qui se nommait le sire de Fouronne et qui haïssait tous ces courtisans italiens venus en France à la suite de la reine mère.

— Monsieur, lui dit Crillon, vous voyez cet homme?

— Oui, certes, c'est René le Florentin, dit le sire de Fouronne.

— Eh bien! c'est un assassin qui sera roué sous peu de par le roi!

Le sire de Fouronne toisa René.

— Il y a longtemps, dit-il, que ce devrait être fait...

— Je vous le confie, ajouta Crillon, et vous en répondez sur votre tête...

— J'en réponds, dit simplement le vieux gouverneur.

René comprit, en entrant dans son cachot, où on lui mit les fers aux pieds, qu'il n'avait ni merci ni pitié à attendre.

— Ah ! murmura-t-il, si j'avais écouté ce sire de Coarasse, cet endiablé Béarnais qui lit l'avenir dans les astres...

. . . .

Tandis que les portes massives du Châtelet se refermaient sur René le Florentin, Henri et Noë causaient au clair de lune, assis au bord de la rivière, en attendant que dix heures vinssent à sonner à l'église de Saint-Germain-l'Auxerrois.

— Noë, mon ami, disait Henri, comment trouves-tu que je m'acquitte de mon rôle d'astrologue ?

— A merveille !

— Sais-tu que j'ai accompli un tour de force, mon mignon ?

— Certes, oui !

— Persuader à un homme qui jouit de la réputation de sorcier que l'on est plus sorcier que lui, c'est joli !

— Mais dangereux...

— Bah ! j'ai eu un moment de pitié pour lui tout à l'heure, tant il avait l'air épouvanté ; mais ma pitié n'y a rien fait, il est allé tombé dans la souricière.

— Je suis de l'avis de Pibrac, moi !

— Et que dit Pibrac ?

— Qu'il sortira du Châtelet, et que, s'il n'en sort pas, le Parlement l'acquittera.

— Oh ! fit Henri.

— Bah ! vous verrez. Et comme, tôt ou tard, il apprendra que nous l'ayons mystifié...

Mais Henri interrompit son compagnon :

— Noë, mon ami, dit-il, il me vient une idée, une idée merveilleuse !

— Voyons.

— Et qui nous metttra pour toujours à l'abri des colères et des représailles de ce maudit Florentin.

— Ah ! par exemple ! dit Noë ; mais voyons-la donc, cette idée.

— Paola t'aime, n'est-ce pas ?

— A la folie !

— Eh bien ! enlève-la...

— Diantre ! c'est grave.

— Ce sera un otage.

— Soit ! Mais où la mettrons-nous ?

— Avec Godolphin. Godolphin aime Paola. Si Paola consent à demeurer ta prisonnière, il ne sera plus besoin d'enfermer Godolphin.

— Ah ! par exemple ! dit Noë, l'idée est bonne, et j'y réfléchirai.

— Je te le conseille.

— Et dès ce soir je sonderai le terrain.

— Tu y vas donc ?

— Parbleu !

En ce moment dix heures sonnèrent.

LA JEUNESSE DU ROI HENRI 209

Le prince prit Nancy par la taille, mais Nancy se dégagea... (P. 21?.)

— Et moi, dit Henri en riant, je vais médire du prince de Navarre.

Les deux jeunes gens remontèrent sous les murs du Louvre, se donnèrent une poignée de main et se séparèrent. Noë prit le chemin du pont Saint-Michel. Henri se mit à se promener de long en large, trouvant la lune indiscrète et attendant Nancy.

LIV. 27. — PONSON DU TERRAIL. — LA JEUNESSE DU ROI HENRI. — ÉD. J. ROUFF ET Cie. LIV. 27.

Nancy ne tarda point à paraître sur le seuil de la poterne. Elle toussa, Henri s'approcha.

Le Suisse qui avait tout à l'heure si gaillardement croisé sa hallebarde devant René le Florentin paraissait maintenant dormir tout debout. Cependant, ce n'était pas le même que celui de l'avant-veille.

— Il paraît, pensa Henri, que c'est la consigne ordinaire. Et il se laissa prendre la main par Nancy, qui l'entraîna vers l'escalier noir.

Le prince monta, conduit par Nancy.

L'escalier était plus sombre que jamais, et il sembla au prince qu'il s'était allongé.

— Mais, dit-il, comme il continuait à monter, il me semble que ce n'était pas si haut.

— C'est vrai.

— Comment! le Louvre a grandi?

— Non certes, dit la camérière.

— Alors, Mme Marguerite...

— Chut!

— Elle est donc montée d'un étage?

— Nullement.

— Mais... alors?

— Alors, lui souffla Nancy à l'oreille, avez-vous ouï dire que les princes se mariaient quelquefois par procuration?

— Sans doute.

— Eh bien! ce soir, *elle* fait comme eux...

— Hein? fit Henri.

— C'est moi que vous trouverez au rendez-vous.

Et ce disant, Nancy ouvrit une porte et fit entrer le jeune prince dans une jolie petite chambre bien coquette et toute parfumée.

— C'est mon logis, dit Nancy. Vous pouvez vous jeter à mes pieds, tout ce que vous direz sera fidèlement rapporté... Et Nancy se prit à rire comme une folle, ferma sa porte et tira le verrou :

— Allons donc! dit-elle, voyons!... Mais tombez à mes genoux!

Henri la regarda... Nancy était jolie à croquer!

XXVIII

Le prince avait vingt ans, Nancy pouvait en avoir seize.

Si la camérière était moqueuse, Henri était hardi.

Les cheveux blonds et les yeux bleus de Nancy lui tournèrent la tête pendant cinq minutes et lui firent oublier Mme Marguerite aussi bien que la belle argentière.

— Ventre-saint-gris! murmura-t-il; parbleu! oui, je vais me mettre à genoux.

Et il fléchit, en effet, un genou devant Nancy, prit sa main rosée et baisa cette main fort galamment.

— Bon! très bien!... dit Nancy; c'est parfait, mon beau chevalier... maintenant asseyez-vous...

Et elle lui retira sa main.

Henri essaya de la retenir dans la sienne, mais la main de Nancy était fluette et satinée, et elle glissa entre ses doigts comme une anguille.

— Vous êtes charmante, dit Henri, jolie comme un cœur.

— Vous trouvez?

— Et je vais vous le prouver.

Le prince prit Nancy par la taille, mais Nancy se dégagea et fit entendre un petit rire moqueur :

— Ah! dit-elle, la procuration de Mme Marguerite ne va pas jusque-là...

Ces mots étourdirent quelque peu le jeune prince.

— Comment?... dit-il en regardant Nancy, qui riait toujours de son rire mutin.

— Hé da! fit-elle, vous savez bien que je représente ici Mme Marguerite.

— Bah! dit Henri, je ne songe qu'à vous; vous êtes charmante...

— On me l'a dit souvent.

— Et si vous vouliez m'aimer!..

— Nenni! mon beau chevalier... je ne puis pas...

— Et pourquoi?

Le prince avait tout à fait la tête tournée; il avait fini par reprendre la main de Nancy et par s'asseoir à côté d'elle.

— Pourquoi? fit-elle, toujours railleuse, mais parce que je ne suis pas une grande dame ni une princesse, moi.

— Hein? murmura le prince abasourdi.

— Et qu'une fille de petite noblesse comme moi, acheva Nancy, qui n'a pour dot que ses dents blanches, ses cheveux blonds et ses yeux bleus, cherche un mari... et non autre chose, monsieur de Coarasse.

— Eh! dit le prince, qui sait? nous pourrions peut-être nous entendre...

Nancy le regarda :

— Vous seriez un bien joli mari, dit-elle, mais je ne veux pas de vous pour trois raisons.

— Bah!

— La première c'est qu'une fille qui n'a que ses appas pour dot ne doit pas épouser un gentilhomme qui n'a que sa cape et son épée. On ne tire pas du beurre de deux cailloux.

— J'ai peut-être bien un héritage à faire quelque part.

— Peuh! fit la camérière, ce doit être quelque manoir en Espagne ou quelque clos de vigne sur le bord de la Garonne.

Henri se prit à sourire.

— Voyons la seconde raison, dit-il.

— Je ne chasse pas volontiers sur les terres des autres.

Henri songea que la veille il était aux genoux de Marguerite.

— Le braconnage a bien son charme, répliqua-t-il.

— C'est possible, mais je préfère le système du charbonnier qui veut être maître chez lui.

— Bon, et la troisième?

— Ah! la troisième, dit Nancy, est la plus sérieuse.

— En vérité!

— Mais, oui... et j'ai bonne envie de la garder pour moi.

— Tarare! murmura le prince; c'est une défaite, ma belle enfant.

— Si vous le prenez ainsi, je vais vous la dire, monsieur de Coarasse.

— Voyons!

— Eh bien! c'est que je suis... *retenue*.

Ce mot que la moqueuse fille souligna avec une nuance d'émotion, fit tressaillir le prince.

— Ah! mon Dieu! s'écria-t-il, et moi qui avait promis à Raoul... pauvre Raoul!

Nancy rougit bien fort, et son sourire railleur s'effaça.

Mais Henri lui prit la main :

— Pardonnez-moi, ma petite, dit-il; on trompe volontiers la femme qu'on n'aime pas, et plus volontiers encore la femme qu'on aime...

— Peste! la jolie morale...

— Mais on ne manque point à sa parole, et vous êtes si appétissante que j'ai failli cependant oublier la promesse que j'avais faite à Raoul...

— Mais, dit vivement Nancy, je n'ai pas dit que c'était Raoul.

— Non, certes; mais votre visage est devenu si sérieux que je n'en saurais douter.

Nancy baissa légèrement la tête :

— Au moins, dit-elle, ne lui dites pas...

— Oh! soyez tranquille...

Henri regarda Nancy une dernière fois :

— Quel dommage! pensa-t-il, j'ai eu grand tort de promettre...

— Monsieur de Coarasse, reprit la camériste, qui retrouva sur-le-champ son rire moqueur et son regard espiègle, savez-vous que vous êtes très étourdi?...

— Bah! vous trouvez?

— Dame! voilà dix minutes que vous êtes ici et vous ne m'avez pas demandé encore...

— Pourquoi j'y suis, n'est-ce pas?

— Précisément. Eh bien, vous y êtes parce que Mme Marguerite n'avait point prévu tout à l'heure cet événement qui met tout le Louvre en rumeur.

— Quel est cet événement, ma petite?

— C'est la colère du roi à cause de l'assassinat de la rue aux Ours.

— Ah! j'y suis, dit Henri.

— Et l'arrestation de René.

— On l'a arrêté?

— Il y a un quart d'heure. C'est M. de Crillon qui s'en est chargé. Or, continua Nancy, la reine mère est comme une folle; elle va et vient de chez elle chez Mme Marguerite. Vous comprenez...

— Oui, sans doute. Mais pourquoi, ma petite, hier...

— Ah! vous êtes bien curieux...

— Dame! fit le prince.

Nancy prit un air sérieux :

— Puisque vous avez mon secret, autant vaut que je devienne votre amie, dit-elle.

— Je suis déjà le vôtre, moi.

— Vrai?

— Parbleu! il faut bien que je me contente de cela, puisque Raoul...

— Chut!

Nancy posa sa petite main sur la bouche de Henri :

— Si vous prononcez encore ce nom, dit-elle, vous ne saurez rien.

— Bon! je suis muet, parlez...

— Eh bien, Mme Marguerite n'avait pas la migraine hier, et elle n'avait absolument rien à faire...

— Elle pouvait donc me recevoir?

— Certainement.

— Pourquoi donc?...

— Pourquoi les femmes ont-elles des caprices? Mme Marguerite a eu peur...

— Peur? et de qui?

— De vous...

Henri eut un battement de cœur.

— Mon bel ami, continua Nancy, le cœur des femmes sera toujours un mystère. Celui de Mme Marguerite est plein de bizarreries et de faiblesses... Vous avez vu Son Altesse pour la première fois il y a trois jours. Certes elle n'allait à ce bal que malgré elle... La pauvre princesse avait pleuré durant tout le jour.

Henri avait l'habitude de comprendre à demi-mot. Un malin sourire vint à ses lèvres :

— Elle avait pleuré, les yeux tournés vers la Lorraine... dit-il.

— Peut-être...

— Et après le bal?

— Elle ne pleurait plus, mais elle était songeuse. Vous lui aviez promis des histoires sur la cour de Navarre.

— J'ai tenu ma parole, ce me semble.

— Oui, joliment, dit Nancy.

— L'aurais-je offensée?

— Mon Dieu! fit Nancy, qui le regarda avec ce grand air de compassion qu'ont les femmes pour la naïveté de l'homme, si vous l'aviez offensée, vous ne seriez pas ici...

— Mais, alors, pourquoi, hier?...

— Les scrupules faisaient leur testament, murmura la spirituelle camérière, et la Lorraine, qui se noyait, cherchait à s'accrocher à quelque branche.

— Et la branche?..

— La branche a cassé, fit Nancy.

Henri rougit comme un écolier, et ce fut au tour de Nancy à le railler.

— Voyez-vous, dit-elle, si j'eusse ajouté foi tout à l'heure à votre manoir espagnol et à votre clos de vigne gascon, je serais bien campée! Vous aimez déjà Marguerite... comme... elle vous aime!...

— Nancy!...

— Ne vous en défendez donc pas, mon beau papillon. Quand on regarde cette beauté resplendissante, on y brûle son cœur et ses ailes.

— Ma petite Nancy, dit le prince, qui reprit la main de la jeune fille dans les siennes, puisque je ne suis que votre ami, dites-moi si je vais attendre bien longtemps pour la revoir.

— Vous êtes prisonnier ici jusqu'à ce que Mme Catherine ait consenti à s'en aller.

— Et alors vous me conduirez?...

— Sans doute, je n'ai pas l'intention de vous garder éternellement.

— Je le voudrais bien... murmura le prince, qui ne pouvait s'empêcher de trouver les cheveux de Nancy d'une nuance adorable.

Nancy le menaça du doigt :

— Je le dirai à Raoul, fit-elle, et il vous donnera un bon coup d'épée...

Soudain et comme elle achevait, Nancy se leva et prêta l'oreille...

— La reine rentre chez elle! Venez, dit-elle.

Elle reprit le prince par la main, le fit sortir de sa jolie chambrette et l'entraîna de nouveau dans l'escalier noir.

La chambre de Nancy était au second étage du Louvre, l'appartement de Mme Marguerite au premier et verticalement au-dessous.

C'était donc un étage à redescendre.

Comme il entrait dans le couloir mystérieux, Henri s'aperçut que son cœur battait.

— Voilà qui est bizarre, pensa-t-il. Ce matin, en regardant Sarah, j'éprouvais exactement la même émotion. Est-ce que, décidément, j'aimerais deux femmes à la fois?

A la porte dérobée de l'appartement de la princesse, Nancy s'arrêta :

— Un mot, dit-elle, en mettant la main sur le bouton de la porte et se penchant à l'oreille du prince, ou plutôt un conseil.

— J'écoute.

— Soyez timide et ne me trahissez pas... je vous servirai!

Nancy ouvrit la porte, et le prince se trouva chez Mme Marguerite.

La princesse, au bruit, leva la tête et aperçut Henri.

Un léger incarnat monta alors à son front, mais il ne régnait qu'un jour mystérieux dans l'oratoire, et il fallait un œil bien effronté pour remarquer cette rougeur passagère qui colora le visage de la jeune princesse.

Elle salua Henri de la main et fit un signe mystérieux à Nancy.

Nancy alla pousser le verrou de la porte qui ouvrait sur les grands appartements, et sortit par celle qui donnait sur le couloir.

Alors Marguerite regarda celui qu'elle prenait pour un petit gentilhomme du pays de Gascogne.

Henri demeurait debout à distance, et, fidèle peut-être à la recommandation de Nancy, peut-être aussi obéissant à une émotion vraie, il était dans l'attitude de l'amoureux le plus respectueux et le plus timide du monde.

Cet embarras charma Marguerite en même temps qu'il lui permit de dissimuler son émotion.

— Ah! monsieur de Coarasse, dit-elle en lui tendant sa main à baiser, comme vous êtes heureux de ne pas être prince!...

Henri eut un sourire, mais il soupira.

— Je voudrais l'être... murmura-t-il.

— Ne le soyez jamais, reprit Marguerite, c'est un vilain état. Depuis ce matin, j'ai la tête cassée de politique; la reine mère ne me laisse pas un moment de répit.

Henri s'approcha timidement de deux pas.

— Asseyez-vous, monsieur de Coarasse, continua la princesse. J'espère que, pour aujourd'hui, on ne viendra plus me fatiguer des colères du roi et des terreurs de ma mère pour son cher René...

Henri prit un escabeau et le plaça tout auprès du fauteuil de Marguerite.

— Voyons, monsieur de Coarasse, reprit Marguerite, vous m'avez promis de me faire le récit des amours de la comtesse de Gramont avec le prince de Navarre, mon futur époux?

La question de Marguerite mettait Henri à son aise, en le replaçant sur le terrain d'une conversation galante et enjouée.

— Madame, répondit-il, la comtesse Corisandre passe pour une jolie femme en Navarre.

— Je l'ai vue, dit Marguerite.

— Surtout lorsqu'elle est accompagnée de son mari.

— Il est vrai, observa la princesse, que ce pauvre comte est vieux et horriblement laid. Mais aussi, sa femme en a pris à son aise, il me semble...

— Heu! heu! fit Henri.

— Elle est folle, m'a-t-on dit, de ce petit prince...

— Folle! non... mais elle l'aimait beaucoup.

— Comment! ne l'aimerait-elle plus?

— Peut-être bien. Toujours est-il que le prince a cessé de l'aimer.

— Que me dites-vous donc là, monsieur de Coarasse?

— La vérité, madame.

— Il y a rupture?

— C'est tout comme.

— Mais le dernier gentilhomme arrivé de Navarre, M. de Miossens, que la reine Jeanne d'Albret avait chargé de ses compliments pour ma mère, ne lui a point dit cela.

— Que lui a-t-il donc dit, madame?

— J'ai surpris une conversation entre elle et lui, dit Marguerite. M. de Miossens disait à la reine mère : « S. M. la reine de Navarre, qui tient beaucoup au mariage du prince, n'a qu'une crainte, c'est que sa passion pour Mme de Gramont ne soit bien difficile à déraciner. »

— Vraiment? fit Henri.

— J'en ai conclu que le prince chercherait peut-être à se soustraire comme moi à l'union qui nous menace.

Henri eut toutes les peines du monde à réprimer une légère grimace.

— Si le prince vous voyait, madame, il ne se trouverait pas si fort en péril, dit-il.

— Monsieur de Coarasse, je vous ai déjà dit que je n'aimais pas les flatteurs.

Henri rougit de nouveau et avec une ingénuité si parfaite que Marguerite le trouva charmant et reprit :

— Ainsi le prince n'aime plus Corisandre?

— Non, madame.

— Depuis quand?

— Depuis un mois environ.

— Mais... qu'en savez-vous?

— Ah! dit Henri, cela tient à deux raisons.

— Vraiment?

— La première, c'est que la comtesse de Gramont était d'une jalousie insupportable.

— Pauvre femme!

— La seconde, c'est que le prince aime ailleurs.

— Bah!

— Et, chose bizarre, madame, diraient les maris, il aime celle qui doit être sa femme.

— Que dites-vous donc, monsieur? s'écria Marguerite, qui étouffa un cri de véritable surprise.

— Je vous rapporte, madame, les rumeurs et les *on dit* de la cour de Nérac.

— Ainsi... il... m'aimerait?

— Depuis qu'il a vu votre portrait.

— Ah! par exemple, dit Marguerite en riant, il est prompt à s'enflammer, ce me semble...

— Il a vingt ans, madame, et dans notre pays...

Henri s'arrêta et regarda si tendrement Marguerite qu'elle en eut un violent battement de cœur.

— Eh bien, moi, dit-elle, j'aurais beau voir le portrait de ce prince en bottes fortes et en pourpoint de bure, je n'en deviendrais jamais folle...

— Je puis vous faire son portrait, madame.

— Non, je n'y tiens pas. Revenons à la comtesse. Elle doit se désoler...

Cette question embarrassa quelque peu le prince.

— Ma foi! répondit-il, voilà ce qu'il m'est impossible de dire à Votre

Sarah, pâle et frissonnante, écoutait toujours... (P. 221.)

Altesse, car je suis parti de Nérac juste à l'époque où le prince cessait d'aimer la comtesse.

— Ah! fit Marguerite un peu désappointée...
— En sorte que, acheva Henri, il m'est assez difficile...
— Monsieur de Coarasse, dit Marguerite en regardant le sablier, savez-vous qu'il est fort tard...

Henri rougit et se leva.

— Si Votre Altesse le désire, murmura-t-il, je lui pourrai faire demain le portrait du prince de Navarre.

— Demain?

Et Marguerite rougit à son tour

Puis elle regarda le jeune homme, dont l'œil suppliant était plein d'éloquence.

— Soit! dit-elle, venez demain...

Il lui prit la main, et cette main trembla légèrement dans la sienne...

Il la porta à ses lèvres, et cette main trembla plus fort.

Il se laissa tomber à genoux.

— Mais partez donc! s'écria Marguerite toute troublée et d'une voix émue. Elle lui retira sa main et appela :

— Nancy! Nancy!

Le prince se releva, Nancy ouvrit une porte, le prit par le bras et l'entraîna.

— Allons! pensa le prince, Nancy avait dit vrai.. je suis aimé. Je voudrais bien, à présent, ne pas être le prince de Navarre.

XXIX

Tandis que Henri de Navarre s'en allait voir Mme Marguerite, Noë, selon l'habitude qu'il avait prise depuis trois jours, n'avait garde d'oublier le rendez-vous de sa chère Paola.

Seulement, ce soir-là, une vague curiosité avait poussé le jeune homme à entrer chez Malican avant d'aller à son rendez-vous quotidien.

D'ailleurs Noë avait un motif pour entrer chez Malican, comme on va le voir. C'était l'heure où les lansquenets de garde au Louvre pendant la journée étaient relevés par les Suisses, et avaient la liberté de rentrer à leur caserne de Saint-Germain-l'Auxerrois, dans la rue de l'Arbre-Sec.

Un lansquenet a toujours soif. La première chose que faisaient ceux qui sortaient du corps de garde du Louvre était de se répandre dans les auberges et les cabarets voisins.

L'établissement du Béarnais Malican était un des mieux achalandés, et les gentilshommes n'en faisaient point fi. On y voyait parfois des officiers et des gens de marque.

Au moment où Noë y pénétra, la salle était pleine ; chaque table était garnie de buveurs. Les uns jouaient, les autres causaient. Malican et la jolie Myette se multipliaient pour servir leurs pratiques.

Cependant ils avaient un auxiliaire depuis le matin.

Maître Malican avait vu arriver, disait-il, un sien neveu, le fils de son propre frère, qui venait du pays chercher fortune à Paris. C'était un garçon vêtu à la mode des Pyrénées, portant le bonnet rouge sur les oreilles, joli comme une demoiselle, un peu timide, un peu gauche et n'ayant point un seul poil au menton.

Malican l'avait présenté à ses pratiques en leur disant :

— Myette ne pouvait pas tout faire ici : voici mon neveu.

— Un beau petit gars, avait répondu un lansquenet. Quel âge a-t-il ?

— Quinze ans.

— Son nom ?

— Nûno ; c'est un nom de nos montagnes.

Et Nûno était devenu sur l'heure garçon de cabaret.

Noë, en entrant, échangea un regard d'intelligence avec lui.

Puis il alla à une table qui était libre et demanda du vin.

Myette accourut pour le servir.

— Ah ! vous voilà, monsieur Noë ? lui dit-elle en s'efforçant de sourire, tandis que malgré elle le rouge montait à son front.

— Oui, lui dit Noë.

— Et votre ami ?

— Je viens de sa part.

— Ah ! fit Myette.

— Comment se trouve-t-*elle* ici ?

— Oh ! très bien... vous voyez...

— C'est que, dit Noë à voix basse et se servant, par excès de prudence, de la langue béarnaise, j'ai peur qu'*elle* ne se laisse deviner.

— Jamais de la vie, répondit Myette, on ne la reconnaîtra sous ce costume.

— Oui, mais elle peut se trahir.

— Vous croyez ?

— Dame ! si elle apprenait...

— Quoi ? fit Myette avec inquiétude.

— Une catastrophe qui est arrivée cette nuit.

— Où donc ?

— Chez elle.

— Bah ! fit Myette, qui n'était point encore au courant des événements accomplis rue aux Ours, son mari a été... furieux ?

— Hélas ! non, le pauvre homme n'a rien su.

— Comment cela ?

— Parce qu'il était mort. On l'a assassiné...

— Ceux qui voulaient enlever sa femme ?

— Précisément.

— Mon Dieu ! dit Myette, il faudrait la prévenir.

— Tu as raison, ma petite.

Mais Noë et Myette s'y prenaient trop tard.

Déjà un Suisse en congé venait d'entrer et pérorait dans un coin de la salle :

— Ah ! mes maîtres, disait-il, depuis ce matin il y a belle *queue* de monde dans la rue aux Ours.

— Bah! dit le lansquenet. Ce n'est pourtant pas aujourd'hui qu'on y fait feu de joie en mémoire de l'archer qu'on y a brûlé pour avoir outragé la Madone placée dans sa niche au coin de la rue.

— Certes, non, dit un bourgeois qui s'était faufilé parmi les soldats.

— Alors, pourquoi la queue?

— Parce qu'on y a commis un crime.

— Un crime?

— Après cela, fit le Suisse d'un ton dégagé, c'est un crime si vous voulez; moi je trouve que c'est à peine une peccadille.

— Mais enfin qu'a-t-on fait?

— On a assassiné un bourgeois.

Aux mots « rue aux Ours », qu'il avait entendus, le petit Béarnais s'était approché de la table où un groupe s'était formé autour du Suisse.

— Il est certain, dit un lansquenet, qu'il n'y a pas grand mal à tuer un bourgeois. Si c'était un lansquenet...

— C'est que justement, fit le Suisse, on a de plus tué un lansquenet.

— Allons donc!

— Et une servante...

— Aussi?

— Et un vieux juif!

Le petit Béarnais frissonna et devint tout pâle sous son béret rouge.

— Ah! c'est donc pour cela, dit un troisième soldat, que Maître Miron, le prévôt des marchands, est venu au Louvre?

— Et qui sait, fit un nouveau venu, si ce n'est point pour cela aussi que M. le duc de Crillon vient de faire arrêter le parfumeur de la reine, messire René le Florentin?

Ces derniers mots produisirent une commotion violente chez le petit Béarnais.

Il laissa choir la cruche de vin qu'il tenait et s'appuya au mur pour ne point tomber.

Heureusement tous les regards étaient tournés vers le Suisse qui parlait, et personne, dans le cabaret, ne prit garde au neveu de Malican.

Noë et Myette s'étaient approchés de lui sans bruit.

Le compagnon du prince de Navarre se pencha à son oreille et lui dit :

— Soyez calme! prenez garde! madame, c'est de votre mari qu'il s'agit! Le misérable est mort.

Sarah Loriot, car c'était bien elle que nous retrouvons ainsi affublée, Sarah, blanche comme une statue, fit un effort suprême, domina son émotion et écouta attentivement.

Le Suisse continua :

— Ce qu'il y a de plus bizarre, c'est que le bourgeois était fort riche, qu'on l'a assassiné pour le voler, et que probablement il avait caché ses trésors, car, d'après la rumeur publique, l'assassin a cherché partout et n'a rien trouvé.

Sarah songea aux caves et pensa que les meurtriers de son époux n'avaient pas découvert le ressort qui faisait mouvoir un pan du mur de l'atelier et démasquait ainsi le souterrain où son mari avait entassé ses richesses.

— Il était donc riche, le bourgeois?
— Très riche. C'était un argentier.
— L'argentier Loriot? dit un des auditeurs.
— Justement, voilà son nom...

Sarah, pâle et frissonnante, écoutait toujours...
Myette la prit par le bras :
— Hé! cousin! dit-elle, montez donc avec moi là-haut.

Sarah, dont l'émotion était au comble, suivit Myette et gravit sur ses pas l'escalier de bois qui conduisait à l'unique étage supérieur.

Noë suivit les deux jeunes femmes.

Feu le bonhomme Samuel Loriot, si on se souvient du récit que la belle argentière avait fait à Henri de Navarre, avait été, durant sa vie, un assez grand misérable, et il n'avait, après son décès, aucun droit aux regrets et aux prières de sa femme.

Cependant, la nouvelle de cette mort avait été si inattendue pour Sarah et la bouleversa à ce point qu'elle s'évanouit en entrant dans la petite chambrette de Myette.

En bas, dans le cabaret, Malican servait ses pratiques, et ces dernières avaient fini par former un grand cercle autour du narrateur du crime consommé rue aux Ours.

Noë et la jolie Béarnaise s'empressèrent autour de l'argentière, lui jetèrent de l'eau au visage, lui frottèrent les tempes avec du vinaigre et finirent par la rappeler à elle.

— Madame, lui dit alors Noë, Henri vous viendra voir demain matin et vous dira comment tout cela est advenu. Seulement, n'ayez plus aucune crainte : René, qui a assassiné votre mari et voulait vous enlever, René a été arrêté et emprisonné par ordre du roi.

Myette et Noë passèrent environ une heure auprès de Sarah et la firent mettre au lit.

En dépit des sévères remontrances du prince, Noë regardait toujours fort tendrement la jolie Béarnaise, tout en causant avec Sarah, et plus d'une fois Myette se sentit rougir.

Mais enfin le couvre-feu sonna.

— Ah! diable! pensa Noë, je me laisse si bien ensorceler par les beaux yeux de Myette que je ne songe plus à Paola... et Paola doit m'attendre... et puis je ne serais pas fâché de savoir ce qui est arrivé chez le Florentin.

Noë, après cette réflexion mentale, prit la main de Sarah, y déposa un baiser et descendit.

Myette le suivit.

— Adieu, monsieur de Noë, lui dit-elle.
— Comment, adieu?
— Au revoir, veux-je dire.

Les Suisses et les lansquenets avaient quitté le cabaret en entendant sonner le couvre-feu, et Malican se trouvait seul.

— Et notre prisonnier? lui demanda Noë.

— Il est toujours dans la cave

— A-t-il mangé?

— Non. Il pleure... et il m'a dit qu'il voulait se laisser mourir de faim.

— Hum! se dit Noë, il en est bien capable. Et, ma foi, il me vient une bien belle idée... Malican?

— Monsieur...

— Allume ta lanterne.

— Dois-je aller avec vous?

— C'est inutile. Le drôle ne me dévorera point, j'imagine.

— Il a cependant des accès de rage.

— Bah! fit Noë; s'il est méchant, je lui tordrai le cou.

Malican souleva la trappe de sa cave : Noë descendit et s'enfonça dans le boyau tortueux creusé sous le cabaret et divisé en plusieurs caveaux où les vins du Béarnais étaient rangés par rang d'ancienneté.

Dans le caveau le plus éloigné, solidement fermé par une porte de chêne garnie de trois verrous extérieurs et d'une bonne serrure, se trouvait le prisonnier dont avait parlé Noë.

Le compagnon du prince de Navarre ouvrit la porte du caveau et y pénétra.

Un être humain, couché sur un monceau de paille, se souleva vivement en entendant la porte s'ouvrir.

Mais il n'avait de libres que les mains, et on lui avait si bien garrotté les jambes qu'il lui était impossible de se tenir debout et encore moins de marcher.

Cet homme, dont la lueur de la lanterne de Noë éclaira en plein le visage, n'était autre que Godolphin.

Godolphin, l'être chétif et souffreteux, le somnambule épuisé par les expériences magnétiques de messire René, Godolphin, que Henri de Navarre et Noë avaient enlevé la nuit précédente et qu'ils avaient amené les yeux bandés chez Malican, qui s'était constitué son geôlier.

Godolphin était livré à un violent désespoir, et son visage était baigné de larmes. Il regarda Noë et jeta un cri de rage :

— Ah! lui dit-il, que me voulez-vous encore? que vous ai-je fait pour que vous me reteniez prisonnier?

Noë ferma sur lui la porte du caveau, posa sa lanterne à terre, s'assit sur la paille qui servait de lit à Godolphin et lui dit :

— Je viens causer avec vous, mon cher monsieur Godolphin, et je vous apporte des consolations.

— Allez-vous me rendre la liberté?

Noë sourit.

— Oh! pas encore, dit-il; plus tard... nous verrons...

Godolphin jetait sur lui un regard plein de haine.

C'était plus qu'un geôlier qu'il voyait en lui, c'était un rival, car il reconnaissait parfaitement Noë pour ce gentilhomme qui était entré un soir dans la boutique de René et avait, sous prétexte d'acheter des parfums, débité force galanteries à Paola.

Godolphin, après s'être perdu en conjectures sur le motif qui avait pu amener son enlèvement, avait fini par soupçonner que le gentilhomme amoureux de Paola s'était débarrassé de lui.

— Que me voulez-vous donc, alors, lui dit-il, si vous ne venez point me délivrer?

— Je veux causer avec vous.

— Je ne vous connais pas...

— Bah! je vous connais, moi. Vous êtes l'esclave la victime de René le Florentin, et vous le haïssez.

Godolphin tressaillit.

— Qui vous a dit cela? fit-il.

— Qu'importe? je le sais... mais, comme vous aimez sa fille...

— Ah! ricana Godolphin avec rage, Paola vous a dit...

— Paola n'a point de secrets pour moi, répondit Noë avec un grain de fatuité.

Si le regard de Godolphin avait eu le pouvoir de tuer, sans nul doute Noë eût vu sa dernière heure.

— Oh! je vous hais... murmura-t-il, je vous hais!...

— Parce que vous êtes jaloux...

— Et si je pouvais me repaître de vos entrailles, boire votre sang, continua le somnambule en proie à une exaltation terrible, je le ferais!...

Noë souriait toujours.

— Voyons, mon cher monsieur Godolphin, lui dit-il, entendons-nous un peu; vous aimez Paola?

— Oh! je voudrais mourir pour elle.

— Eh bien! fit Noë en riant, contentez-vous d'être prisonnier, cela lui est déjà très agréable.

Cette plaisanterie de Noë fut un coup de foudre pour Godolphin; elle lui arracha d'abord un cri de rage, puis elle eut le don de le rendre morne et de remplacer sa douleur bruyante par une sorte de douleur résignée.

— Ah! dit-il, elle est heureuse de me savoir ici?

— Dame! elle n'a plus de gardien... Pensez-vous donc, monsieur Godolphin, qu'une fille de vingt-cinq ans ait un grand amour pour un père qui la rend esclave et pour un homme qui s'est fait l'espion de son père?

— C'est que je l'aime... balbutia le malheureux jeune homme...

— Elle vous hait, elle...

— O mon Dieu! dit Godolphin, qui mit ses deux mains sur ses yeux et éprouva une si vive douleur que Noë en eut pitié.

— Voyons, lui dit-il avec bonté, vous aimez Paola, soit! mais qu'espérez-vous?

— Rien, murmura Godolphin d'un air sombre.

— Alors?...

— Pourvu que je sois près d'elle, c'est tout ce que je demande...

— Bah! dit Noë.

— La voir, l'entendre chaque jour, même quand elle me rudoie et me repousse, c'est le paradis sur la terre...

— Monsieur Godolphin, soyez franc, dit Noë: vous aimez René?

— Oh! fit-il avec dégoût.

— Vous l'aimez avec la reconnaissance d'un fils...

Godolphin secoua énergiquement la tête.

— Je le hais, dit-il.

— Vrai?

— Sur le salut de mon âme.

— Et si vous demandez votre liberté, ce n'est pas pour le rejoindre?

— C'est pour voir Paola.

— Bon! j'entends bien.

— Mais René, répéta Godolphin, je le hais.

Il y avait dans la voix du jeune homme un tel accent de vérité que Noë ne put s'y tromper.

— Ainsi, dit-il, si Paola n'était point avec son père...

— Je quitterais René pour suivre Paola.

— Et si on vous confiait la garde de Paola comme René vous l'avait confiée?

Godolphin eut un frisson de joie.

— Comment, que voulez-vous dire? fit-il.

— Je veux dire, ajouta Noë, qu'il serait fort possible que Paola se trouvât fort mal de la captivité où la tient son père.

— Eh bien?

— Et qu'elle voulût se soustraire à sa tyrannie. Alors comme ceux qui s'intéressent à elle ne pourraient cependant vivre toujours avec elle...

— Ah! s'écria Godolphin, qui oublia sa jalousie, si vous faisiez cela, monsieur, si...

La voix de Godolphin tremblait; il riait et pleurait tout à la fois.

Noë se leva:

— Soyez calme, lui dit-il; prenez quelque nourriture. Je reviendrai demain, et peut-être reverrez-vous bientôt Paola.

Godolphin se prit à fondre en larmes comme un enfant.

— Je l'aime! je l'aime! balbutia-t-il.

Noë se leva, jeta un regard de compassion à ce pauvre être chétif et déshérité, reprit sa lanterne et s'en alla.

En remontant, il trouva Myette seule dans la salle du cabaret.

— Où est ton père, mignonne?

— Il est allé voir comment va Mme Loriot, dit Myette.

— Tu lui souhaiteras le bonjour pour moi.

— Comment, vous partez?

Et Myette eut un petit tremblement dans la voix qui fit tressaillir Noë.

— Il est tard, dit-il. Le couvre-feu est sonné, ma petite.

Paola entre-bâilla la porte de la boutique... (P. 226.)

— Bon! la porte est fermée...
— Et puis, j'ai veillé la nuit dernière...
— Moi aussi, fit la Béarnaise d'un ton de reproche. Et cependant...
— Mais je reviendrai demain matin. Adieu, ma jolie payse...

Noë prit la jeune fille par la taille, l'embrassa sur la joue et la laissa toute confuse.

Puis il s'en alla précipitamment, comme si lui-même eût éprouvé quelque confusion du baiser qu'il venait de prendre à la jolie nièce de Malican.

— Ma parole d'honneur! se dit-il, je crois que mon cœur court des dangers sérieux chez Malican. Cette petite fille, avec son mouchoir rouge, ses cheveux noirs et son œil fripon, finirait par me tourner la tête! hum! hum! Et le prince qui trouve que ce serait fort mal de prendre sa nièce à un homme qui joue sa vie pour nous!... Allons voir Paola; avec Paola, du moins, je n'ai pas de scrupules.

Et Noë longea la berge du fleuve d'un pas rapide, essayant de songer à Paola, et ne pensant, en réalité, qu'à Myette.

— Bah! se dit-il comme il traversait le pont au Change et gagnait la rue de la Barillerie, Malican est fort brave homme, c'est vrai, mais ce n'est pas à moi qu'il se dévoue, après tout... c'est à Henri. Ce n'est pas moi qui aime Sarah... ce n'est pas moi...

Noë s'arrêta court au milieu de son monologue.

— Fi! dit-il après un silence, voilà de bien méchantes pensées. Vite! allons nous jeter aux pieds de Paola.

Le jeune homme pressa le pas et atteignit le pont Saint-Michel.

— René est en prison, pensa-t-il. Godolphin est solidement renfermé dans la cave de Malican. Donc Paola est seule. Je ne vois pas la nécessité d'aller sous le pont pour grimper ensuite avec une corde, lorsqu'il m'est si facile d'entrer par la porte.

La nuit était noire. Les paisibles habitants du pont, marchands pour la plupart, étaient couchés depuis longtemps.

Le pont était désert.

Noë alla jusqu'à la boutique de maître René le Florentin et il heurta doucement.

XXX

Aux deux premiers coups frappés par Noë à la porte du Florentin, on ne répondit pas; mais, au troisième, une voix fluette, que le jeune homme reconnut aussitôt, demanda :

— Qui est là?

— Moi, Paola... dit Noë.

— Vous? dit la jeune fille, vous?

— Oui... ouvrez... n'ayez pas peur...

Paola entre-bâilla la porte de la boutique et dit en tremblant :

— Êtes-vous seul?

— Tout seul, répondit Noë.

Il se glissa dans la boutique et serra la jeune fille dans ses bras.

Paola referma la porte et lui dit dans l'obscurité, car elle avait depuis longtemps éteint toute lumière :

— Mais comment avez-vous osé frapper?

— Je savais que vous étiez seule.
— Ah! mon Dieu! fit Paola.

Elle entraîna Noë dans son oratoire, referma soigneusement toutes les portes et poursuivit :

— Vous savez donc ce qui est arrivé?
— Je viens du Louvre.
— Et... au Louvre?...
— J'ai su que la nuit dernière Godolphin n'était pas revenu, que toute la journée s'était écoulée sans que votre père le vît revenir.
— Ah! dit Paola, mon père est désespéré et furieux...
— Je le sais. Il a porté plainte à la reine.
— Figurez-vous, reprit la jeune fille, que la nuit dernière, après votre départ, je me suis mise au lit et n'ai point tardé à m'endormir. Je savais que Godolphin était parti et j'avais ensuite entendu mon père causer à voix basse avec un étranger.
— Ah! fit Noë.
— Cet inconnu était masqué, comme j'ai pu le voir par la fente que vous connaissez; mon père a causé quelques minutes avec lui à voix basse, puis il a pris un masque pareillement et ils sont sortis ensemble.
— Je sais cela...
— Comment! vous savez? fit Paola étonnée.
— Continuez, chère Paola.
— Je me suis mise au lit. Je dormais profondément lorsqu'on a frappé vigoureusement à la porte : c'était mon père. D'abord je ne me suis point levée, je croyais Godolphin rentré, et...
— Et Godolphin n'avait pas reparu, n'est-ce pas?
— Non, je suis allée ouvrir à mon père. Il paraissait agité., il était pâle... Il m'a dit avoir laissé sa clef au Louvre... puis, quand il s'est aperçu que Godolphin n'était pas rentré, il a jeté un cri terrible, disant :. « Ah! la prédiction! la prédiction! »

Paola continua :

— Tout cela est bien étrange, n'est-ce pas?
— Pour vous, du moins.
— Est-ce que vous sauriez?...
— Je sais bien des choses.
— Oh! mais, parlez donc, dit Paola, parlez tout de suite, car tout à l'heure il m'est venu un soupçon bizarre.
— Un soupçon?
— Oui, j'ai pensé que c'était peut-être vous... qui aviez enlevé...
— Ma chère Paola, dit Noë, n'achevez pas. Mais, écoutez-moi, au contraire; j'ai de terribles choses à vous apprendre.
— Mon Dieu! fit-elle avec effroi.

Noë s'assit auprès d'elle et lui prit la main :

— Je crois, dit-il, vous avoir dit que j'étais le cousin de M. de Pibrac, capitaine aux gardes du roi.

— En effet, et vous allez au Louvre.
— Tous les jours. Or, aujourd'hui, j'ai soupé avec le roi.

Paola eut un frisson d'orgueil :

— Vous devez lui plaire, Amaury, dit-elle, vous êtes charmant...
— Flatteuse! dit Noë.

Il lui prit un baiser et continua :

— Je vous disais donc que j'ai soupé chez le roi et j'y ai appris bien des choses.
— Touchant mon père?
— Justement.
— En vérité! fit-elle avec inquiétude.
— Votre père, poursuivit Noë, était fort bien avec la reine mère, et il jouissait auprès d'elle d'une grande faveur, une faveur dont le roi lui-même était jaloux...
— Oh! je le sais, dit Paola.
— Cette faveur, vous le savez, maître René la devait à la croyance où l'on est qu'il lit dans les astres. Mais, en définitif, le jour où on a su que c'était par Godolphin...
— Quoi! dit vivement Paola, on a su cela?
— Mon Dieu! oui. Et c'est bien la faute de votre père, en vérité.
— Comment?
— Il s'est grisé un soir, le soir du bal de M. l'ambassadeur d'Espagne, et comme un homme gris ne saurait retenir sa langue, il a jasé...
— Et il a parlé de Godolphin?
— Justement.
— L'imprudent! fit Paola.
— Alors, continua Noë, ceux qui en voulaient à René et à sa faveur...
— Ont tué Godolphin, peut-être?
— Non, mais ils l'ont enlevé et emprisonné.
— Et... savez-vous où... il est?
— Hélas! non. Mais je sais malheureusement autre chose.
— Qu'est-ce encore?
— Ma chère Paola, reprit Noë, qui feignit une vive émotion, je frémis à la pensée que je vais vous apprendre... un malheur...

Paola eut un accès de terreur.

— Ciel! dit-elle, mon père est mort!
— Rassurez-vous, il vit.
— Qu'est-ce donc, mon Dieu!
— Je vous disais que j'avais soupé chez le roi aujourd'hui.
— Oui. Eh bien?
— Pendant le souper, un homme est venu; cet homme, qui a fait supplier le roi de le recevoir, est maître Joseph Miron, prévôt des marchands.
— Je l'ai vu une fois, dit Paola.
— Miron est venu demander justice au roi d'un crime abominable...

Paola eut le frisson. Elle avait entendu si souvent de vagues murmures contre son père!

— La nuit dernière, poursuivit Noë, on a assassiné un bourgeois de la rue aux Ours, nommé Samuel Loriot. Ce bourgeois avait une jolie femme... une femme dont les assassins ou plutôt l'assassin était épris...

Noë parlait lentement. Paola frissonnait.

— Chère Paola, dit Noë, justement, il y a deux jours, Godolphin a parlé de cette femme et de ce bourgeois dans son sommeil.

— Mon Dieu!

— Ne vous en souvient-il pas?... votre père l'interrogeait.

— Amaury! s'écria Paola, qu'allez-vous donc m'apprendre encore?

— On ne sait pas, reprit le jeune homme, ce que la femme est devenue, mais le bourgeois et deux serviteurs ont été assassinés, et le coffre-fort de l'argentier, car c'était un argentier très riche, a été pillé.

— Après? après? fit Paola, que de terribles pressentiments assaillaient.

— Après, ma chère, les assassins, qui étaient deux, se sont querellés sans doute à propos du trésor de l'argentier.

— Et ils se sont battus?

— C'est-à-dire que l'un a tué l'autre en le frappant par derrière. L'assassin mort avait l'uniforme des lansquenets du roi...

Paola eut un horrible battement de cœur, car elle se souvint que l'inconnu de la veille était ainsi vêtu.

— Et il était masqué.

— Oh! fit Paola dont l'effroi augmenta.

— Quant à l'autre assassin, il avait pris la fuite, mais dans sa précipitation il oublia chez le malheureux bourgeois une dague et une clef.

Paola devint livide. Elle songea que son père lui avait dit, le matin précédent, qu'il avait laissé sa clef au Louvre.

Noë continua :

— Miron a apporté ces objets au roi, et le roi a reconnu la dague. C'était...

Noë s'arrêta.

— Achevez... murmura Paola frémissante, au nom du ciel!

— C'était la dague de votre père!

Paola jeta un cri :

— Horreur! horreur! fit-elle.

— Alors, dit Noë dont l'émotion paraissait augmenter, alors, ma chère Paola, j'ai senti mon cœur se briser.

— Ah! cher Amaury!

— Surtout, poursuivit le rusé Béarnais, quand j'ai songé qu'il faudrait nous séparer.

— Nous séparer! s'écria Paola.

— Hélas!

— Oh! c'est impossible!

— Paola, dit Noë d'une voix lente et triste, votre père est un misérable, et il vous faut choisir entre lui et moi.

— Mon Dieu !

— Mais c'est votre père... et vous l'aimez... Adieu, Paola !

Noë fit un mouvement et voulut se lever. Mais Paola se jeta à son cou, l'enlaça de ses bras et s'écria :

— Non !... non !... plutôt mourir ! Je vous suivrai...

La jeune fille était sincère en sa passion, et Noë en fut ému.

— Vraiment, dit-il, vous me suivrez ?

— Au bout du monde.

— Non. Mais si j'exigeais que vous quittassiez votre père ?...

— Je le quitterais.

— Pour ne jamais le revoir ?

— Je ne le reverrai pas. Je t'aime !

— Si j'étais obligé de vous cacher, de vous enfermer dans quelque maison d'un quartier ignoré et perdu...

— J'irais avec joie.

— Où je vous viendrais voir chaque jour...

— Oh ! le paradis ! s'écria-t-elle.

— Eh bien ! murmura Noë, dès demain, Paola, dès demain, ma bien-aimée...

— Tu m'emmèneras ?

— Oui, demain, à la nuit tombante. Sois prête !

Et il s'en alla.

Elle le reconduisit jusqu'à la porte, et lorsqu'il fut parti, la jeune fille tomba à genoux et fondit en larmes.

— Oh !... dit-elle, infamie ! être la fille d'un assassin !

Noë s'en alla monologuant ainsi :

— Jusqu'à un certain point, Henri a raison en disant que le plus sûr moyen de tenir en respect René est de garder sa fille comme otage. Mais... qu'en ferai-je ? Évidemment, je ne veux pas l'épouser, et si jolie que soit une femme aimée, l'heure de la séparation arrive tôt ou tard... Paola est fort jolie... mais... Myette ?...

Depuis deux jours le cœur de Noë battait plus vite chaque fois qu'il voyait la brune Béarnaise ou qu'il songeait simplement à elle.

— Est-ce Myette que j'aime ? est-ce Paola ? se demandait-il en montant la rue Saint-Jacques.

Il se trouva à la porte de son hôtellerie avant d'avoir pu trancher la question ; et, sur le seuil de cette porte, il trouva un personnage qui avait joué un rôle assez important la nuit précédente. C'était Guillaume Verconsin, ce commis bijoutier qui avait sauvé la belle argentière.

— Ah ! monsieur ! monsieur ! lui dit Guillaume, savez-vous ce qui est arrivé ?

— Mais, oui, mon garçon, dit Noë, on a assassiné ton maître.

— Hélas! monsieur... et c'est pendant que Mme Sarah fuyait. Ah! j'ai été trop faible, monsieur, j'ai trahi mon maître au profit de ma maîtresse.

— Imbécile! dit Noë, crois-tu donc que c'est elle qui a fait assassiner son mari?

— Oh! non, monsieur! mais... si j'avais été là... au lieu de suivre madame...

— On t'aurait assassiné pareillement.

Cette réponse fit réfléchir Guillaume.

— Voyons, dit Noë, comment as-tu su l'événement, car tu ne devais pas reparaître rue aux Ours après avoir favorisé la fuite de ta maîtresse?

— Il est certain, dit Guillaume, que si mon pauvre maître eût vécu, il n'eût pas manqué de me soupçonner.

— Pourtant, tu es revenu rue aux Ours.

— Ah! voici comment. Après avoir conduit Mme Loriot vous savez où, j'ai pris mes jambes à mon cou et je m'en suis allé au village de Chaillot, où j'ai une parente.

— Un instant! interrompit Noë, qu'est-ce que c'est que cette parente?

— C'est la sœur de feu mon père.

— Alors, c'est ta tante?

— Justement.

— Et elle demeure au village de Chaillot?

— Oui, monsieur.

— A-t-elle une maison à elle?

— Oui, certes, une maison et un beau jardin. Ma tante est à son aise.

— C'est bien, dit Noë; continue maintenant.

— Je suis donc allé à Chaillot, poursuivit le commis, et j'ai dit à ma tante que je venais passer quelques jours chez elle, attendu que je m'étais fâché avec M. Loriot, mon patron. Ma tante m'aime beaucoup, car je suis son héritier.

— Ce n'est pas toujours une raison, fit observer Noë en souriant.

— C'en est une pour elle.

— Et alors?...

— Alors, ma tante m'a dit : « Tu es ici le bienvenu, Guillaume, et tu peux y rester aussi longtemps qu'il te plaira. Ma maison est la tienne. »

Ma tante m'ayant ainsi parlé, a ajouté :

« — Maintenant que tu viens de Paris, il faut que tu y retournes. Il y a, dans la rue Saint-Denis, un marchand mercier qu'on appelle Jean Maritou, lequel, par suite du décès de feu ton oncle, qui était son propre cousin, me paye une rente annuelle de cinquante-deux *sols parisis*. C'est aujourd'hui que tombe la rente, et tu vas me l'aller quérir. »

— Vous comprenez, monsieur, reprit l'honnête Guillaume Verconsin, que je n'ai pas osé refuser à ma tante, vu que je suis son héritier; mais cela me coûtait cependant beaucoup de m'en retourner rue Saint-Denis, par la crainte que j'avais de rencontrer ce pauvre Samuel Loriot, qui m'aurait redemandé sa femme, soyez-en sûr.

— Mais tu y es retourné, cependant?

— Oui, monsieur, après avoir dîné avec ma tante. Quand j'ai été dans la rue Saint-Denis, j'ai vu une grande affluence de monde, j'ai entendu causer, médire des gentilshommes, accuser le roi et la reine, et, à la hauteur de la rue aux Ours, laquelle était encombrée d'une foule immense, j'ai entendu prononcer le nom de maître Samuel Loriot.

« — Pauvre homme! disaient les uns.

« — Il est mort sur le coup, disaient les autres.

« — Où l'a-t-on repêché?

« — Au bac de Nesle, » répondait-on.

Ma foi! monsieur, quand j'ai entendu tout cela, j'ai fendu la foule et je suis entré dans la maison où on avait apporté le cadavre du malheureux argentier. J'y ai vu également ceux du lansquenet, de Marthe et du vieux Job. On accusait Mme Sarah d'être partie pendant la nuit avec un gentilhomme, lequel avait assassiné et volé l'argentier. Mais j'ai jeté un coup d'œil vers le pan de mur qui s'ouvre et conduit aux caves, et j'ai compris que les assassins n'avaient point deviné le secret.

— Ce qui fait que les trésors de l'argentier sont intacts?

— Oui, monsieur, je l'espère, du moins.

Noë et Guillaume en étaient là de leur conversation, lorsqu'un pas rapide se fit entendre dans la rue.

Ils se retournèrent et reconnurent le prince de Navarre.

Henri s'en revenait du Louvre, heureux comme un homme aimé, et il ne songeait guère ni à René le Florentin, ni à son ami Noë, ni surtout à l'honnête commis Guillaume Verconsin.

— Chut! dit Noë à Guillaume, nous allons causer de tout cela à huis clos.

Et il souleva le marteau de la porte cochère de son hôtellerie.

Henri les atteignit et reconnut Guillaume, auquel il secoua vigoureusement la main.

La porte de l'hôtellerie s'ouvrit; Noë entra le premier.

La présence du commis intriguait fort le prince.

— Que venez-vous faire ici, maître Guillaume? lui demanda-t-il.

Mais Noë, qui déjà grimpait l'escalier, se retourna et dit :

— Guillaume va nous rendre un important service.

— Bah! fit le prince.

Les deux jeunes gens montèrent à leur logis et s'y enfermèrent avec le commis.

— La maison de ta tante est-elle grande? demanda Noë.

— Oui, monsieur.

— Pourrait-elle contenir deux hôtes de plus?

— Oh! certainement.

— Deux hôtes qui se cacheraient et redouteraient d'être découverts?

— Ce n'est pas à Chaillot qu'on va chercher ceux qui se cachent, répondit Guillaume.

René vit entrer la reine dans son cachot... (P. 240.)

Alors, Noë se tourna vers le prince de Navarre :
— Vous m'avez donné un bon conseil, tout à l'heure, Henri.
— Lequel ?
— Celui de nous réserver Paola comme otage.
— Eh bien ?
— Eh bien, Paola nous suivra et fera ce que je voudrai.

— Ah! ah!
— Et puisque Guillaume sait où la loger...
— Mais, dit Henri, tu parlais de deux hôtes?
— Oui, certes.
— Quel est le second?
— Godolphin.
— Diable! fit le prince, c'est peut-être dangereux.
— Non.
— Pourquoi?
— Parce que Godolphin détestait René et aimait Paola. Il gardera Paola et n'aura nul souci de rejoindre René.
— Tu as peut-être raison, dit Henri. Et puis, qui sait? avec Godolphin, nous saurons peut-être bien des choses.

XXXI

Tandis que Noë et le prince de Navarre s'occupaient, avec Guillaume Verconsin, de trouver un logis convenable à la belle Paola, d'autres événements s'accomplissaient au Louvre.

Sa Majesté le roi Charles IX avait fort mal dormi, s'était levé de fort méchante humeur et avait mandé près de lui M. le duc de Crillon, colonel général des Suisses et des gardes.

Crillon était entré chez le roi, une fleur de sourire aux lèvres, exprimant, par sa physionomie, le contentement d'un homme qui a fait son devoir et s'est en même temps procuré une jouissance toute particulière.

— Eh bien, monsieur de Crillon, demanda le roi, qu'est-il arrivé?
— Les ordres de Votre Majesté ont été fidèlement accomplis.
— Vous avez arrêté René?
— Oui, Sire.
— Hier au soir?
— Comme il sortait de chez la reine.
— Ah! dit Charles IX fronçant le sourcil, il en faudra découdre avec Mme Catherine aujourd'hui.
— C'est probable, Sire.
— Et bien certainement elle aiguise ses griffes pour nous arracher son favori. La lutte sera chaude.
— Hum! Sire, dit Crillon, quand le roi le veut, on ne lutte pas avec lui.
— Je serai inflexible, Crillon, mon ami.
— Votre Majesté fera sagement.
— J'ai prévenu ma mère bien souvent, continua le roi. Bien souvent, je lui ai dit : « Madame, prenez garde! c'est un scandale de voir un homme sans naissance et sans valeur comme ce René jouir auprès de vous d'une faveur sans

égale, écraser mes gentilshommes de son luxe, séduire les femmes, empoisonner les hommes, piller et voler. Un jour, ma patience lassée en fera bonne justice. »

— Et ce jour est venu, n'est-ce pas, Sire?

— Oui, mon ami.

— Votre Majesté ne faiblira pas?

— Certes, non!

— Elle ne se laissera pas attendrir?

— Dieu m'en garde!

— La reine pleurera...

— Je la laisserai pleurer.

— Elle dira que René est sorcier... et qu'il y a les plus grands dangers pour le royaume à le sacrifier...

— On brûle les sorciers en France.

On gratta à la porte.

— Qu'est-ce? dit le roi.

Raoul, le joli page, souleva la portière et montra son visage éveillé et mutin.

— Que veux-tu, mon mignon?

— Sa Majesté la reine mère supplie le roi de lui vouloir donner audience.

— Eh bien, qu'elle entre! dit Charles IX.

Crillon se leva.

— Restez, duc! fit le monarque. Vous allez voir si je suis roi à mes heures...

Mme Catherine de Médicis entra.

La reine était triste, solennelle, vêtue de noir.

— Sire, dit-elle, je viens entretenir de choses graves Votre Majesté.

— Je suis prêt à vous écouter, madame.

— De choses intéressant les affaires du royaume de France...

— Parlez, madame...

Catherine regarda Crillon, et son regard, qu'elle reportait sur le roi, semblait dire : « J'attends que cet importun soit sorti. »

Mais le roi répéta :

— Parlez, madame. Crillon est un de ces hommes devant qui on peut tout dire : le nom de Crillon signifie loyauté.

Le duc s'inclina. La reine mère se mordit les lèvres, puis elle prit bravement son parti et dit résolument :

— Sire, je viens vous demander la liberté d'un homme qui a rendu de grands services à la monarchie.

— La monarchie, madame, répondit froidement le roi, n'a point coutume d'emprisonner ses serviteurs.

— D'un homme, continua Catherine, qui a découvert un complot il y a quelques mois à peine.

— On a dû le récompenser, alors.

— Cet homme, que j'honorais de mon amitié, Sire, on l'a arrêté hier...

— Ah! fit le roi.

— Arrêté et conduit en prison.
— Est-ce que vous parleriez de René le Florentin, madame?
— Oui, Sire.
— Justement, voici le duc, qui s'est chargé de son arrestation.

Le duc s'inclina.

Catherine l'enveloppa d'un regard plein de haine :
— Ah! dit-elle, c'est le duc?...
— Oui, madame, répondit simplement le brave Crillon.
— Et c'est par ordre de Votre Majesté?
— Oui, certes, dit le roi.
— Ah! Sire...

La reine était émue, elle avait des larmes dans les yeux.
— Madame, poursuivit Charles IX, je vous ai prévenue bien souvent. René est un misérable assassin qui finirait par lasser ma bonne ville de Paris et révolterait le peuple, qui mettrait le feu au Louvre.
— On a calomnié René.
— C'est ce que le Parlement aura à juger.
— Ainsi, il sera... jugé?
— Et condamné, je l'espère...

Catherine frissonna.
— Mais, Sire, dit-elle, René est un homme indispensable...
— A vous, peut-être, madame.
— Au trône... il prévoit les complots qui menacent la monarchie.
— C'est-à-dire qu'il est sorcier?
— Peut-être...
— En ce cas, madame, il n'a pas besoin de moi ni de vous pour se tirer du Châtelet. Le Châtelet n'a ni portes ni murailles pour un homme doué d'un pouvoir surnaturel.

Le roi parlait en souriant, sans colère, et Catherine comprit que sa résolution était prise.
— Tenez, madame, ajouta Charles IX, j'ai si bien à cœur de vous prouver que l'heure de ma clémence est passée et que j'ai résolu de voir René le Florentin terminer sa vie criminelle et abominable en place de Grève sous huit jours, que je vais charger notre ami Crillon de la besogne.

Et le roi dit à Crillon :
— Duc, je vous fais lieutenant criminel du roi pour cette affaire, et vous ordonne de poursuivre l'assassinat du bourgeois Loriot devant le Parlement de Paris, que vous ferez assembler dès lundi matin, vu que c'est demain dimanche; et j'entends que si René, ce dont je ne doute pas, du reste, est reconnu coupable, il soit rompu vif et écartelé sur la place de Grève...

Catherine, éperdue, se jeta aux genoux du roi et les embrassa.
— Grâce! Sire, grâce! dit-elle.

Le roi la releva :
— Madame, dit-il, Dieu m'est témoin que je suis prêt à faire grâce à un innocent, mais non à un coupable.

— Ainsi, vous me refusez, Sire?
— Je refuse.

Le roi prononça ce mot d'un ton sec qui fit perdre tout espoir à la reine mère.

Elle sortit, contenant à grand'peine ses larmes, en jetant un dernier regard de haine sur Crillon.

— Eh bien! fit le roi, êtes-vous content, duc?
— Très content, Sire.
— Ai-je été ferme?
— Inébranlable. Votre Majesté me chargera-t-elle toujours de cette affaire?
— Certainement.
— Me donne-t-elle ses pleins pouvoirs?
— Sans doute.
— Pourrai-je récuser les membres du Parlement dont je craindrai la faiblesse?
— Vous le pourrez, duc.
— Alors, Sire, dit Crillon, Votre Majesté peut faire mettre sa tribune sur la place de Grève. Elle assistera, sous huit jours, à l'exécution de René.
— J'y assisterai, répliqua le roi.

Le page Raoul reparut.

— Qu'est-ce encore? fit Charles IX.
— C'est Mme Marguerite de France qui désire voir le roi.

Raoul achevait à peine que la princesse montra son beau visage au seuil de la chambre royale.

— Ah! c'est toi, Margot? dit le roi. Je gage que je devine pourquoi tu me viens voir.
— C'est possible, Sire.

Marguerite entra et se laissa prendre la main par son frère.

— Tu viens de voir la reine mère?
— Elle sort de chez moi, Sire.
— Et elle te mande ici pour me demander la grâce de René.
— Oh! pas précisément.
— Qu'est-ce donc?
— La reine voudrait qu'il lui fût permis de voir ce malheureux.
— Non, certes, Margot, ma chère!
— Mais, Sire... le voir...
— Ma foi, Sire, dit Crillon, si Votre Majesté veut que j'accompagne la reine mère, je lui garantis qu'elle ne séduira ni le gouverneur, ni les geôliers, ni moi...
— Eh bien, soit, répondit Charles IX. Margot, tu peux dire à la reine que je l'autorise à visiter René dans son cachot, pourvu que l'entrevue ait lieu en la présence de M. le duc de Crillon.
— Merci bien, Sire, dit la princesse; je vais lui porter cette bonne nouvelle.

Le roi lui baisa galamment la main et lui dit, avec un malicieux sourire :
— Sais-tu bien que ce petit gentillâtre béarnais qu'on nomme Coarasse danse à ravir?
— En effet, dit Marguerite qui rougit légèrement.
— Et il est plein d'esprit.
— Ah! vraiment?
— Tu le sais aussi bien que moi, ma pauvre Margot. Va!... nous en causerons...

Marguerite s'en alla toute troublée, et le roi, enchanté de la fermeté qu'il venait de déployer, se mit à rire :
— Cette pauvre Margot! répéta-t-il. Décidément, notre cousin Henri de Guise a eu tort de s'en retourner à Nancy.

Tandis que Mme Catherine et sa fille Marguerite sollicitaient le roi sans succès pour obtenir la grâce de René, le Florentin était gisant sur la paille humide du plus sombre cachot que possédât le Châtelet, cette prison mille fois plus horrible que la Bastille.

La veille au soir, messire le duc de Crillon l'avait remis aux mains du gouverneur, lui disant :
— Vous me répondez de cet homme sur votre tête, monsieur!

Le gouverneur s'était incliné.

Puis il avait appelé deux gardiens, lesquels étaient apparus à René comme des démons vomis par l'enfer.
— Emparez-vous de cet homme!... avait ordonné le vieux soldat; mettez-lui les fers aux mains et aux pieds et conduisez-le dans le cachot qui se trouve sous le donjon.

Les gardiens du Châtelet, peu soucieux de savoir s'ils avaient affaire à un homme bien en cour ou à un coquin vulgaire, avaient pris René par les épaules et l'avaient entraîné.

Mais le gouverneur et Crillon avaient voulu voir par eux-mêmes si leurs ordres étaient exécutés; ils étaient descendus, éclairés par des torches, sur les pas des gardiens et du prisonnier, et avaient assisté à l'incarcération.

René s'était vu mettre les fers aux pieds et aux mains, puis on l'avait enchaîné par le milieu du corps à un anneau scellé dans le mur.

Enfin il avait vu s'ouvrir un guichet dans la porte massive du cachot, et, derrière le guichet, Crillon avait posé une sentinelle en lui disant :
— Cet homme que tu vas garder tentera de te corrompre : il t'offrira de l'or et te promettra la faveur de la reine, mais je te promets, moi, de te faire rompre vif si tu ne fais pas ton devoir.
— Monsieur le duc, avait répondu la sentinelle, je suis soldat et je ne me vends point.

Cet accent de franchise avait éteint tout espoir chez René.

Le prisonnier avait passé une nuit affreuse; ses fers le meurtrissaient et il ne pouvait faire que très peu de mouvements.

Mais ce n'était point la souffrance physique qui le dominait; une torture morale épouvantable s'était emparée de son esprit. Certes, si un mois auparavant, quand il était dans tout l'éclat de sa puissance et de sa fortune, on eût arrêté et mis au cachot le Florentin comme on venait de l'y mettre, le favori de Catherine eût pesté, maugréé, juré Dieu et le diable, mais il se fût dit :

— Avant trois jours, la reine m'aura délivré et je châtierai tous ceux qui auront osé porté la main sur moi.

Un mois auparavant, René ne doutait point de son étoile.

Mais depuis, un homme s'était trouvé sur sa route, qui lui avait fait une sinistre prophétie, et cette prophétie concordait avec celle de la bohémienne qui, un jour, dans sa jeunesse, lui prédit que l'union de sa fille avec un gentilhomme causerait sa mort.

Or, un soupçon terrible venait d'envahir l'âme de René :

— Godolphin a disparu, s'était-il dit; on l'a tué, sans doute, afin de pouvoir m'enlever Paola... et si le ravisseur est gentilhomme, je suis un homme mort...

A partir du moment où il fut frappé de cette idée, René s'abandonna au plus violent désespoir et ne chercha même point à s'arrêter à la pensée que Catherine ferait tous ses efforts pour le sauver.

Le superstitieux Italien voyait déjà le Parlement avec ses robes rouges, puis derrière, la place de Grève, le bourreau, la roue sur laquelle une barre de fer briserait ses membres, le chaudron rempli de plomb fondu qu'on ferait couler dans ses plaies; les chevaux qui emporteraient par quartiers ses membres pantelants.

René pleura comme une femme, puis à cette douleur violente succéda une sorte d'atonie, et il tomba en une prostration dont rien ne put le tirer durant le reste de la nuit, ni le bruit des sentinelles qu'on relevait à la porte de son cachot, ni le geôlier qui vint au jour lui apporter une cruche d'eau et un morceau de pain.

Cet homme qui avait fait trembler la cour, cet empoisonneur redouté devant lequel on s'inclinait bien bas, était devenu plus misérable qu'un manant à qui on passe la corde au cou.

Cependant, vers midi, une voix bien connue vint l'arracher à sa léthargie morale.

De l'autre côté du guichet, le duc de Crillon disait :

— Venez, madame.

— Ah ! quelle horreur ! répondit la voix de la femme ; avoir mis mon pauvre René en ce sordide lieu !

— C'est le cachot des assassins.

— Duc, je vous jure qu'il est innocent !

René bondit sur lui-même et essaya de briser les fers qui le chargeaient.

Il avait reconnu la voix de Catherine de Médicis.

La reine mère daignait descendre en ces souterrains infects pour visiter son cher Florentin.

— Ouvrez ! ordonna Crillon au geôlier.

Le geôlier ouvrit et entra le premier dans le cachot, portant une torche qu'il ficha dans un talon de fer planté dans le mur et destiné à cet usage.

René vit entrer la reine dans son cachot, et il lui sembla que c'était un ange qui venait briser ses chaînes.

— Mon pauvre René! fit-elle avec émotion en voyant la condition misérable où son favori se trouvait réduit.

Et elle se tourna vers le duc.

— Est-ce que vous n'allez pas lui faire ôter ses fers? demanda-t-elle.

— Hélas! non, madame.

— Duc, fit-elle avec colère, prenez garde!

— Madame, répondit Crillon avec un respect plein de fermeté, j'obéis au roi, mon seul et unique maître.

— Ah! madame, madame... supplia René, faites-moi sortir d'ici... N'êtes-vous pas la reine? N'avez-vous pas tout pouvoir?

— Je n'ai pas même celui de te faire ôter tes fers, soupira la reine, et le roi mon fils me traite plus cruellement que le dernier de ses sujets.

La reine se tourna de nouveau vers M. de Crillon :

— Duc, dit-elle, je ne demande point à délivrer de ses fers, mon pauvre René, mais je veux lui parler seul à seul.

— C'est impossible, madame, je dois assister à votre entrevue : le roi me l'a commandé.

— Oh! c'en est trop! s'écria Catherine avec une explosion de colère.

Crillon, impassible, s'assit auprès de la porte, que le geôlier avait refermée.

Alors la reine, qui se trouvait à trois pas de distance du duc, se pencha vers René, et lui dit en italien :

— Parle bas...

— Harnibieu! murmura Crillon, je suis un homme *roulé*. Je ne sais pas l'italien.

La reine ne dédaigna point de s'asseoir sur la paille du cachot.

— J'ai vainement demandé ta grâce, dit-elle : le roi est inflexible.

— Ah! je le sais, dit René.

— Le Parlement s'assemble après-demain lundi.

— Mon Dieu! fit René frissonnant.

— Et tu seras soumis à la torture.

— Ah! dit René, je suis perdu!

— Et cependant, continua la reine, je ne perds pas tout espoir...

René la regarda, et son œil eut une étincelle de joie.

— On te donnera la question...

René eut un geste d'effroi.

— Mais, dit la reine, si tu es homme, tu la supporteras et tu nieras tout.

— Et si je nie?

— Je te sauverai peut-être. Je n'affirme rien encore, dit Catherine.

— René secoua tristement la tête :

— Ah! dit-il, je suis un homme mort par avance, et la bohémienne a dit vrai.

LA JEUNESSE DU ROI HENRI

— Certainement, disait une jolie mercière... (P. 248.)

— La bohémienne !...

Catherine était superstitieuse elle-même, et elle prononça ce mot de bohémienne avec une sorte d'anxiété.

— Oui, madame, dit René, une bohémienne m'a prédit dans mon enfance que j'aurais une fille qui causerait ma mort.

— Que dis-tu? fit Catherine, et comment ta fille peut-elle?...

— Ma fille causera ma mort le jour où elle aimera un gentilhomme, murmura René avec l'accent d'une conviction profonde.

Et il raconta à la reine la prophétie de la bohémienne; puis il ajouta :

— J'avais placé près d'elle un jeune homme que j'avais élevé et qui était chargé de la garder comme le dragon garde un trésor...

— Eh bien?

— Eh bien! on a enlevé ou assassiné ce jeune homme hier.

— Et tu crois?...

— C'était pour m'enlever ma fille, j'en ai le pressentiment.

— Tu te trompes peut-être, René...

— Ah! madame, depuis hier au soir... cette épouvantable idée me poursuit.

— Et puis, qui sait? dit Catherine, la bohémienne s'est trompée peut-être.

René hocha la tête.

— Le Béarnais m'a dit la même chose, fit-il tristement.

— Le... Béarnais?

— Oui, comme moi, il lit dans les astres.

La reine tressaillit.

— De quel Béarnais parles-tu?

— De M. de Coarasse.

— Ce jeune homme que le roi a pris en affection et qui me déplaît fort?

— Oui.

— Celui qui t'a rossé et enfermé dans une cave? ajouta la reine.

— Lui-même, madame.

— Et tu dis qu'il lit dans les astres?

— Il m'a dit des choses que je savais seul au monde, et il m'a épouvanté...

— C'est bizarre... murmura Catherine.

— Ainsi, avant-hier, il m'a prédit ce qui m'arriverait...

— En vérité!

René, par un reste de prudence, crut devoir altérer quelque peu son récit; il ne voulait point avouer à la reine que les seuls astres qu'il eût jamais consultés, lui René, c'était Godolphin endormi du sommeil somnambulique.

Mais il raconta à Catherine, touchant le prince de Navarre, des choses qui étonnèrent fort la princesse.

— Oh! oh! pensa-t-elle, il faudra que je le voie de près, ce M. de Coarasse.

Puis elle jeta un rapide regard sur Crillon.

Le brave duc avait la mine renfrognée d'un homme devant lequel on parle une langue inconnue et qui enrage de n'y pouvoir rien comprendre.

XXXII

Ce que René venait de conter à la reine touchant Henri et ses prédictions ne laissa point que de la rendre pensive pendant quelques minutes.

Tout à coup elle lui dit :

— Comment nommais-tu ce jeune homme qui gardait Paola?

— Godolphin.

— En étais-tu sûr?

— Comment cela? fit René, étonné de cette question.

— Oui, avais-tu confiance en lui?

— Comme en moi-même,

— Ne t'aurait-il point trahi?

Cette question procura une sueur froide à René, et un soupçon rapide traversa son cerveau et l'illumina comme un éclair illumine tout à coup une nuit obscure.

René songea que peut-être Godolphin et le gentilhomme béarnais se connaissaient, et que celui-ci lui avait tout révélé.

Dans ce cas-là, Henri était un charlatan, un imposteur, et sa prétendue science divinatoire devenait une mystification dont il avait été victime.

Mais une seconde réflexion de René vint battre en brèche ce soupçon subit : « Godolphin ne parle de mes affaires que pendant son sommeil, et quand il est éveillé, il ne se souvient de rien, pensa-t-il. Godolphin n'a jamais su sa propre histoire. Il n'a jamais su que je l'avais apporté chez moi les mains rougies du sang de son père, et cependant le Béarnais m'a dit tout cela... »

— Non, madame, dit-il tout haut, Godolphin est incapable de me trahir. D'ailleurs, il ne savait pas ce que le Béarnais m'a dit.

— Tout cela est étrange, répéta Catherine.

René reprit :

— Madame... madame, il y a une fatalité qui me poursuit. Je vous en supplie, veillez sur ma fille, prenez-la avec vous, enfermez-la, que jamais un gentilhomme ne l'approche! Sans cela, je suis un homme mort...

— Je te le promets, dit Catherine. Tu quitteras le Châtelet, et je vais aller prendre ta fille...

— Vous l'emmènerez au Louvre?

— Oui.

— Vous l'enfermerez?

— Je te le jure.

— Et puis, acheva René, faites rechercher Godolphin, car ce sont mes ennemis...

— On le retrouvera! dit la reine.

Une lueur d'espoir brilla dans les yeux du Florentin.

— Allons! courage, dit Catherine, je vais tenter de te sauver.
— Vous fléchirez le roi ?
— Non, mais je tâcherai de te faire déclarer innocent.
— Ils ont... des preuves...
— Qu'importe?
— Ma dague!... ma clef!...
— Tais-toi! dit Catherine. Nous verrons... Seulement, prends garde de te perdre toi-même.

René la regarda avec inquiétude.
— On te donnera la question, tu seras soumis à la torture.

Le Florentin frissonnait.
— Si tu avoues, tu es perdu!
— Et si... je nie?
— Je te sauverai.

Elle se pencha à son oreille et ajouta :
— Ce soir, tu demanderas un confesseur.
— Me l'accordera-t-on?
— On n'a jamais refusé un confesseur à personne.
— Et... ce confesseur?
— Il t'apportera mes instructions.

La reine se leva et dit à Crillon :
— Duc, je suis prête à vous suivre. Adieu! mon pauvre René.

Elle lui tendit sa main à baiser, et le Florentin la couvrit de ses larmes.
Crillon frappa du pommeau de son épée sur la porte.
Le geôlier revint et ouvrit.
Le duc, qui était un parfait gentilhomme, offrit son poing à la reine, selon l'usage du temps.
— Merci, fit-elle avec hauteur. Éclairez-moi, duc.

Le duc se mordit les lèvres et passa le premier portant la torche.
Quand il fut hors du souterrain, il se retourna et regarda Catherine.
— Mon cher duc, lui dit la reine mère, qui espéra fléchir le rigide et loyal Crillon, avez-vous jamais rêvé l'épée de connétable?
— Certainement, madame.
— Ah! fit la reine.

Elle eut un sourire rempli de promesses.
Mais Crillon ajouta, avec sa rude franchise de soldat :
— Seulement, je n'ai jamais songé, madame, que je pourrais l'obtenir en favorisant l'évasion d'un prisonnier confié à ma loyauté.

Catherine pâlit de colère.
— Vous avez le parler haut, duc, dit-elle.
— Très haut, madame, quand il s'agit de mon honneur.
— Et vous n'êtes pas... courtisan...
— On me nomme Crillon, répliqua simplement le rude soldat.
— Oh! pensa Catherine, un jour viendra où je châtierai cet homme.

Et elle sortit la tête haute, dédaigneuse, de ces sombres voûtes du Châtelet sous lesquelles un homme, un simple gentilhomme français, avait osé lui résister.

La litière de la reine mère était à la porte du Châtelet.

La reine salua Crillon de la main et ne l'invita point à monter auprès d'elle.

Ses porteurs voulurent reprendre le chemin du Louvre, mais la reine s'y opposa et dit au chambellan qui la précédait, armé d'une grosse canne :

— Menez-moi dans l'île Saint-Louis, en la rue qui porte ce nom.

La litière de Catherine remonta paisiblement et au pas nonchalant de ses porteurs la berge de la Seine jusqu'au Petit-Pont, entra dans l'île Saint-Louis, puis dans la rue de ce nom, et vers le milieu, la reine ordonna d'arrêter à la porte d'une vieille maison d'aspect triste, aux fenêtres garnies de barres de fer, au toit pointu et couvert d'ardoises.

Là elle descendit et souleva elle-même le marteau de la porte bâtarde.

La porte s'ouvrit.

Catherine abaissa son voile de guipure sur son visage, entra seule et referma la porte sur elle.

Elle se trouva alors dans une vaste cour où l'herbe poussait entre les pavés; une vieille servante vint à elle, et, se doutant peu qu'elle eût devant elle la reine, elle lui demanda ce qu'elle désirait.

— Voir le président Renaudin, répondit Catherine de Médicis.

— Venez avec moi, dit la servante.

Catherine gravit un escalier à marches usées, à balustrade de fer ouvragé, et fut introduite dans une sorte de cabinet où un homme vêtu de noir travaillait devant une table.

Cet homme, jeune encore, avait le front dégarni par l'étude, l'œil vif et clair, les lèvres minces, le nez pointu, et une grande expression de finesse et de méchanceté dans toute sa physionomie.

En entendant marcher derrière lui, il se retourna et aperçut Catherine, dont le voile de guipure empêchait de voir le visage.

La servante sortit et referma la porte du cabinet.

Alors la reine souleva son voile, et le président Renaudin jeta un cri d'étonnement et de respect.

— Votre... Majesté!... balbutia-t-il.

— Maître Renaudin, dit la reine, qui posa un doigt sur ses lèvres, je vous ai fait président, et c'est vous qui êtes chargé des mises en accusation.

— Votre Majesté m'a comblé de ses bienfaits, et ma reconnaissance est sans bornes, dit le robin en s'inclinant.

— Je viens la mettre à l'épreuve.

Alors Catherine raconta sans détours, brièvement, quoique dans tous ses détails, ce qui venait d'arriver : l'assassinat du bourgeois Samuel Loriot, la colère du roi, l'arrestation de René et l'assemblée prochaine du Parlement.

— Que faut-il faire pour sauver René? demanda Catherine.

— Madame, répondit le robin, je ne suis que président au Châtelet et non président au Parlement. J'interroge les coupables, mais je ne les juge pas.

— Vous serez président au Parlement, dit froidement Catherine, vous le serez dans trois mois, mais d'ici là...

— D'ici là, je le sens bien, dit le robin, il faut sauver René.

— Il le faut! dit la reine.

— Le Parlement est incorruptible. D'ailleurs votre favori a amoncelé sur sa tête la haine universelle.

— Je le sais.

— C'est avec joie que le Parlement le condamnera.

— Je le sais encore. Mais c'est vous qui lui ferez donner la question...

— Oui, madame.

— Et s'il n'avoue rien?...

Le président sourit :

— Les innocents avouent, quand on leur donne la torture, dit-il.

— René niera.

— Et si j'étais seul avec le bourreau, je pourrais abréger la question, poursuivit Renaudin ; mais je serai assisté de deux juges qui sont incorruptibles.

— René aura du courage, il niera tout.

— Mais cela ne l'empêchera point d'être jugé, et ce poignard, cette clef, seront des preuves suffisantes...

— C'est vrai, dit la reine frappée de la justesse de l'observation.

Et comme elle avait oublié de parler de Godolphin, elle raconta la disparition du jeune homme.

— Ah! dit Renaudin, si on pouvait le retrouver et le forcer à avouer que c'est lui qui a commis le crime et volé la dague de René...

— Voilà une belle idée! s'écria Catherine ; mais où le retrouver?

— Ou bien...

Renaudin s'arrêta.

— Ou bien? fit la reine anxieuse.

— Madame, murmura le président, je trouverai le moyen de sauver René... je vous le promets... à une condition toutefois.

— Laquelle?

— C'est qu'il subira la torture sans sourciller.

— Il la subira.

— Votre Majesté peut-elle me recevoir au Louvre?

— Quand?

— Ce soir, si c'est possible...

— Vous vous promènerez devant la poterne du bord de l'eau, et vous attendrez que sonnent neuf heures. Un homme vous abordera et vous conduira près de moi.

— J'y serai, madame.

La reine se leva.

— Adieu, maître Renaudin, dit-elle ; à ce soir!

Le président la reconduisit humblement jusqu'à sa litière.

— Au pont Saint-Michel! dit la reine.

La litière repassa de l'île Saint-Louis dans la Cité, prit la rue de la Barillerie et vint s'arrêter devant la boutique de maître René le Florentin.

Or, moins d'une heure avant, Paola se trouvait seule dans la boutique dont les volets étaient demeurés fermés toute la journée. Abritée derrière la porte, l'œil collé à un petit trou qui permettait de voir au dehors, la jeune fille, toute tremblante, écoutait avec terreur les commérages des marchands du quartier.

C'était le deuxième jour que la boutique du terrible parfumeur demeurait fermée, et les voisins, les marchands du pont, qui avaient coutume d'apercevoir Godolphin chaque matin et souvent la belle Paola, s'entretenaient entre eux, et se trouvaient en grand émoi de n'avoir vu ni l'un ni l'autre.

La population redoutait peut-être moins maître René que les grands seigneurs et les gentilshommes. On savait bien sa faveur à la cour, mais le populaire du pont Saint-Michel, avec qui le parfumeur vivait en bonne intelligence, sans doute à cause de sa fille et de sa boutique, se gênait peu pour exprimer son opinion sur son compte. La veille, on avait aperçu René, pâle, le sourcil froncé, jetant alternativement un regard égaré sur les deux issues du pont. Ce jour-là on n'avait vu personne...

— Certainement, disait une jolie mercière, M. René se dégoûte d'avoir une boutique, lui qui entre au Louvre mieux que chez lui.

— Bah! répondit un drapier, je vous gage qu'il lui est arrivé quelque chose de mauvais.

— Et que voulez-vous qu'il lui arrive? fit un troisième interlocuteur.

— Hier au soir, je passais dans la rue Saint-Denis; il y avait du monde attroupé au coin de la rue aux Ours et j'ai entendu prononcer le nom de René.

— Qu'est-ce que cela prouve?

— Un bourgeois disait : « Cette fois le roi fera justice! »

— Ah! dit la mercière.

Le narrateur ajouta :

— Je me suis approché pour écouter, mais le bourgois a dit tout bas: « Taisons-nous! cet homme qui s'approche est un chaussonnier du pont Saint-Michel. Chut! » Comme j'étais pressé, j'ai continué mon chemin.

— C'est tout de même fort drôle qu'on ne voie plus Godolphin, reprit la mercière.

— Ni cette belle demoiselle Paola qui était si fière avec nous...

Un nouvel interlocuteur s'approcha.

— Tiens! dit-il, la boutique est fermée... On ne m'avait pas trompé, je le vois bien...

— Qu'est-ce qu'on vous a dit?

Et chacun se retourna curieusement vers le nouveau venu.

— J'ai un cousin qui est soldat, dit le marchand.

C'était un bijoutier-orfèvre qui avait une échoppe sur le pont.

— Ah! fit-on à la ronde.

— Il est dans les lansquenets, vu qu'il est Allemand, comme moi, et mon cousin m'a dit...

Le cavalier masqué en sortit avec une femme à son bras. (P. 250.)

L'orfèvre regarda la boutique avec inquiétude :
— Oui, ça doit être vrai, fit-il.
— Que vous a-t-il dit, votre cousin?
— Je l'ai rencontré tout à l'heure, et il m'a raconté qu'hier au soir il avait été chargé, avec trois de ses camarades, d'arrêter René.
— Oh! oh! murmura-t-on.

— Comme mon lansquenet de cousin était gris, j'ai cru qu'il plaisantait, d'autant mieux qu'il me parlait de M. le duc de Crillon...

— Arrêté aussi?

— Non, au contraire, c'est le duc qui a fait arrêter René.

— Pourquoi?

— On dit qu'il a assassiné un bourgeois de la rue aux Ours.

— C'est bien cela! s'écria le chaussonnier, c'est bien cela...

Les commentaires seraient allés leur train longtemps encore sans un événement qui mit le pont en rumeur.

Paola, blottie derrière la porte de sa boutique, écoutait, frémissante, tout ce qu'on disait de son père, lorsqu'elle entendit le pas de plusieurs chevaux.

Les marchands assemblés sur le pont virent s'avancer une litière que deux cavaliers à cheval escortaient.

A cette époque, le masque n'était point chose extraordinaire en tout autre temps que celui du carnaval.

Il n'était pas rare de voir, en plein jour, une dame ou un cavalier qu'une raison quelconque, intrigue d'amour ou de politique, poussait à garder l'incognito, s'en aller par les rues, un loup de velours noir sur le visage.

Les deux cavaliers qui escortaient la litière étaient masqués, mais ils montaient de fort beaux chevaux, et leurs habits disaient suffisamment qu'ils étaient gens de qualité.

Quant à la litière, elle était fort simple et telle que nombre de dames et de seigneurs en avaient à Paris.

Le cortège s'arrêta, au grand ébahissement des badauds du pont, devant la boutique de maître René.

Les badauds s'écartèrent, et l'un des gentilshommes mit pied à terre, parut s'inquiéter fort peu que la boutique fût fermée, et en frappa la devanture du pommeau de sa dague.

— Qui est là? dit au dedans la voix de Paola.

— Moi... Amaury... Ouvrez, répondit le cavalier.

Les marchands du pont Saint-Michel virent la porte s'entre-bâiller et le cavalier se glisser dans la boutique.

— Arrière donc, marauds! dit l'autre gentilhomme masqué, lequel était demeuré à cheval; ce qui se passe ici ne vous regarde pas.

Les marchands intimidés s'éloignèrent, mais ils continuèrent à avoir les yeux fixés sur la litière, et peu après ils virent la porte de la boutique se rouvrir.

Le cavalier masqué en sortit avec une femme à son bras.

La femme était masquée comme lui, mais personne de ceux qui la virent ne s'y trompa : c'était la belle Paola.

Le cavalier la fit monter dans la litière, sauta de nouveau en selle, se plaça à la portière de gauche, tandis que son compagnon se mettait à celle de droite, et le cortège s'en alla du côté du pont au Change, et passa sur la rive droite de la Seine.

Alors, les marchands, un moment stupéfaits, se groupèrent de nouveau.

— Là! dit la mercière, voilà l'oiseau déniché.

— Cela devait finir comme ça. A belle fille, il faut beau damoiseau, murmura l'Alsacien.

— Et puisque René est en prison, tout est pour le mieux.

Mais les étonnements des badauds du pont ne touchaient point à leur terme.

Dix minutes après le départ de cette litière qui emportait Paola, une autre litière déboucha par la rue de la Barillerie : c'était celle de Mme Catherine.

La reine mère s'en allait incognito, précédée seulement par un estafier armé d'une hallebarde, et les marchands qui venaient d'assister à l'enlèvement de Paola furent loin de supposer que la dame qui descendit et frappa à la porte de la boutique fût ni plus ni moins que Mme Catherine de Médicis, mère du roi.

La reine frappa : personne ne répondit. Elle frappa plus fort, et aucun bruit ne se fit à l'intérieur.

Alors, voyant le groupe des marchands, elle s'en approcha.

— Pardon, mes amis, dit-elle, c'est bien là, ce me semble, la boutique du parfumeur René?

— Oui, madame.

— Il n'y est donc pas?

— On dit qu'il est en prison, hasarda la jolie mercière.

— Mais... sa fille?

— Ah! répliqua la mercière, vous venez trop tard, ma belle dame.

— Et pourquoi? demanda Catherine.

— Mais parce qu'il y a un quart d'heure que deux beaux seigneurs viennent de l'enlever, la belle Paola.

Catherine étouffa un cri d'effroi ; elle se souvint des angoisses de René, du récit qu'il venait de lui faire, et la superstitieuse Italienne se demanda si la bohémienne de Florence n'avait pas eu raison, et si son cher René n'était point un homme désormais voué à la mort.

La prédiction semblait devoir se réaliser.

XXXIII

Tandis que Mme Catherine se faisait raconter par les marchands du pont Saint-Michel les détails de l'enlèvement de Paola, cette dernière s'en allait, en litière, de l'autre côté de l'eau.

Le cortège et les deux gentilshommes gagnaient le quartier Saint-Paul et la porte Saint-Antoine.

Mais là, une fois cette porte franchie, la litière s'arrêtait.

— Maintenant, dit le cavalier qui chevauchait à gauche de la belle Florentine, le tour est joué... Descendez, chère Paola. Si on suit les traces de la litière, on n'en sera pas plus avancé.

En même temps l'autre cavalier disait aux porteurs :

— Mes bons amis, vous pouvez vous en retourner, nous n'avons plus besoin de vous.

Il leur jeta quatre écus que l'un d'eux reçut dans son chapeau, et les porteurs, rebroussant chemin, repassèrent la porte Saint-Antoine et rentrèrent dans Paris.

Noë et Henri, car c'était bien eux, s'élancèrent alors au galop dans la direction de Charenton, et longèrent les murs du couvent des Pères de Saint-Antoine.

Mais, au bout d'un quart d'heure, ils rebroussèrent chemin pareillement, tournèrent le dos à Charenton et se jetèrent dans le sentier qui bordait l'enceinte fortifiée de Paris au nord.

Noë tenait toujours Paola en croupe.

Quand ils eurent atteint, se dirigeant toujours vers l'ouest, les marais de la Grange-Batelière et la porte Montmartre, ils s'arrêtèrent.

Paola se laissa glisser de la selle de Noë, Henri mit pied à terre.

Alors l'Italienne posa son pied mignon sur le genou du prince, et, grâce à ce point d'appui, sauta lestement sur le cheval qu'il lui cédait.

— Adieu, à ce soir... dit Henri à Noë.

Noë et Paola montant le cheval du prince reprirent leur course au galop et continuèrent à suivre le mur d'enceinte.

Quant à Henri de Navarre, il ôta son loup, le mit dans sa poche, rentra dans Paris par la porte Montmartre, et s'en alla fort tranquillement à pied, se dirigeant du côté du Louvre.

Juste au moment où il atteignait le bord de l'eau et se dirigeait vers la poterne du Louvre, il aperçut une litière précédée par un estafier qui suivait le même chemin que lui.

Une femme mit la tête à la portière et le prince reconnut Mme Catherine de Médicis.

Henri salua très bas et s'effaça pour laisser passer la litière.

Mais la reine agita son mouchoir et l'appela par son nom :

— Monsieur de Coarasse! dit-elle.

Henri s'approcha de nouveau.

— Est-ce que vous alliez au Louvre? fit la reine.

— Votre Majesté dit vrai.

— Chez le roi?

— Oh! fit Henri avec modestie, Votre Majesté se rit de moi ; je suis un trop pauvre gentilhomme pour m'en aller ainsi chez le roi. Je vais voir M. de Pibrac, qui est mon cousin...

— Ah! fit la reine.

Elle regarda attentivement Henri et lui trouva un air fort simple et fort naturel.

— Eh bien, reprit-elle, je vous prie, monsieur de Coarasse, de rester quelques instants chez Pibrac, et d'y attendre que je vous envoie quérir.

— Moi!... madame!...

— Je viens de voir René, dit la reine.

Henri tressaillit, mais son visage demeura impassible.

— Et René, continua Catherine, m'a dit que vous aviez un talent tout particulier pour lire dans les astres.

En parlant ainsi, Catherine attachait un regard ardent, scrutateur, sur le prince de Navarre.

Mais Henri prit un air à la fois grave et modeste et répondit :

— Votre Majesté sait sans doute que je suis Béarnais?

— Oui, certes.

— J'ai longtemps vécu dans les Pyrénées au milieu de bergers espagnols et de gitanos qui s'occupaient de nécromancie et de chiromancie, madame, et ils m'ont initié à leur art...

Henri parlait avec un tel accent de bonne foi que la reine en fut très vivement impressionnée.

— Mais, ajouta-t-il, je dois humblement avouer à Votre Majesté que, si je devine quelquefois, je me trompe souvent.

— Ah!

— La science que j'ai étudiée est encore nébuleuse pour moi. Souvent j'erre à tâtons et il suffit d'un léger obstacle pour me faire dévier du droit chemin, c'est-à-dire de la vérité.

— Cependant, vous avez dit la vérité à René.

Henri regarda la reine à son tour.

— Vraiment? fit-il.

— Oui, monsieur de Coarasse. Maintenant, allez chez Pibrac et attendez que je vous fasse prévenir. J'entre, à présent, chez ma fille, Mme Marguerite, et puis je rentre en mon oratoire.

— Votre Majesté désirerait-elle?...

— Je veux vous consulter, monsieur de Coarasse.

Et la reine entra au Louvre.

Henri rencontra M. de Pibrac qui venait de visiter le poste des Suisses.

— Venez, lui dit-il vivement, conduisez-moi chez vous à l'instant même... il le faut!

M. de Pibrac crut qu'il s'agissait de Marguerite et, sans questionner le prince, il lui dit simplement :

— Allons!

Puis il le conduisit chez lui par le petit escalier.

— Fermez votre porte au verrou, dit Henri; si on frappe, vous n'ouvrirez pas.

Il courut au bahut, l'ouvrit et se glissa dans le couloir mystérieux, laissant M. de Pibrac assez stupéfait.

Quand le prince colla son œil à ce trou perfide que le génie de Mme Diane de Poitiers avait creusé dans les pieds d'ivoire du Christ, la reine n'était point encore arrivée chez sa fille.

En revanche, Mme Marguerite était avec Nancy.

La belle princesse, à demi couchée sur une ottomane placée vis-à-vis du christ, faisait sauter du bout de son pied mignon sa mule de satin rouge et regardait sa camérière avec mélancolie.

La jolie Nancy, assise sur un escabeau, une aiguille à la main, ajustait des nœuds de rubans à une robe de la princesse.

— Vraiment? disait Marguerite, tu crois qu'il m'aime?...

— J'en suis sûre, madame.

Marguerite soupira.

— Mon Dieu! dit-elle, comme il est triste d'être prince... Les princes sont des esclaves couronnés, ma petite. Il ne leur est permis ni d'aimer, ni d'être aimés, ni de pleurer, ni de se réjouir...

— Oh! Votre Altesse exagère...

— Non.

— Elle voit les choses bien en noir...

— Tu crois? Mais tu ne sais donc pas, mignonne, que si j'étais maîtresse de ma destinée, au lieu d'épouser ce vilain prince de Navarre, je voudrais être une simple fille de noblesse comme toi et mettre ma main dans la *sienne*...

Nancy eut un joli sourire et se tut.

— Il y a dans la vie des pressentiments étranges, poursuivit Marguerite. La première fois que je l'ai vu, il y a huit jours, j'ai éprouvé une émotion extraordinaire... et sur le champ une voix s'est élevée en moi qui me disait : cet homme jouera un rôle dans ta destinée...

Mme Marguerite en était là de ses confidences, et le prince les écoutait avec un sensible plaisir, lorsqu'on gratta à la porte.

C'était la reine.

Henri vit entrer Mme Catherine, pâle, émue.

Elle fit un signe à Nancy, et Nancy sortit sur-le-champ.

La reine mère n'aimait pas beaucoup sa fille; elle n'avait jamais eu qu'une affection vraie et sérieuse, son dernier fils, M. le duc d'Alençon.

Mais à défaut de cette affection qu'elle refusait à ses autres enfants, il y avait pour elle un lien d'habitude et plus, peut-être, un besoin d'épanchement qui la faisait accourir chez la princesse et la poussait à lui confier ses chagrins.

Or, pour Mme Catherine, la résistance inattendue de Charles IX était une douleur violente, la foudre qui menaçait René l'épouvantait comme si elle eût dû fondre sur sa tête.

Marguerite savait que la reine était allée visiter René dans son cachot.

— Eh bien! madame, dit-elle en se levant et courant à elle.

— Ah! soupira Catherine, c'est affreux... on l'a enchaîné... Il est dans un cachot humide et sans air. Le roi a ordonné qu'on le traitât avec la dernière rigueur.

Marguerite ne répondit point.

— Pourtant, murmura la reine, j'espérais le sauver.

— Ah! fit Marguerite.

— Mais voici qu'un évènement étrange me bouleverse.

— Mon Dieu! murmura la princesse.

Alors Catherine raconta son entretien avec René et les choses extraordinaires que celui-ci lui avait confiées, tant au sujet de la prédiction que lui fit autrefois la bohémienne de Florence que touchant le jeune sire de Coarasse.

Si la reine eût été moins émue elle-même, elle eût vu Marguerite rougir et pâlir tour à tour.

La jeune princesse ne savait pas un mot des entretiens qui avaient eu lieu entre René et Henri, et cette prétendue science divinatoire la jeta dans une stupeur profonde.

La reine continua :

— J'ai supposé d'abord qu'il y avait quelque supercherie au jeu de ce Gascon, mais il paraît qu'il a dit à René des choses que lui seul savait.

— En vérité! fit la princesse toute bouleversée.

— Et, comme la bohémienne, il lui a prédit que sa fille causerait sa mort...

— Quelle plaisanterie!

— Le jour où elle aimerait un gentilhomme. Or, René était tellement frappé de cette idée qu'il m'a suppliée de l'amener au Louvre et de veiller sur elle comme un dragon veille sur un trésor, mais...

La reine s'arrêta un moment, comme si elle eût succombé sous le poids de l'émotion.

— J'ai voulu, avant que d'aller chercher Paola, reprit-elle, voir Renaudin, le président au Châtelet, chargé des instructions criminelles. Renaudin me doit tout, il m'a promis de faire tous ses efforts pour sauver René.

— Renaudin n'est pas le Parlement, objecta Marguerite.

— Non, dit la reine, mais il m'a promis de trouver un moyen.

— Lequel?

— Je ne sais encore, mais il le trouvera. Je l'attends ce soir à neuf heures.

— Mais, continua la reine, en sortant du Châtelet, au lieu de courir au pont Saint-Michel prendre Paola, j'ai donc voulu aller rue Saint-Louis-en-l'Ile, chez Renaudin, et ce n'est qu'en sortant de chez lui que je suis revenue au pont.

— Eh bien?

— On venait d'enlever Paola.

Marguerite fit un geste d'étonnement.

— Un quart d'heure auparavant, poursuivit Catherine, une litière, escortée par deux cavaliers masqués, s'était arrêtée devant la boutique de René, la porte s'était ouverte, et Paola était montée dans la litière.

— C'est étrange! murmura Marguerite.

La reine reprit :

— Alors j'ai eu un soupçon... un soupçon bizarre ; je me suis souvenue que ce sire de Coarasse, qui prétend lire dans les astres, avait un compagnon, cousin comme lui de Pibrac; j'ai songé que tous deux peut-être étaient les ravisseurs.

— Oh! quelle idée! fit la princesse qui se sentit mordre au cœur par un sentiment de jalousie.

— Si cela eût été, poursuivit Catherine, il devenait évident que l'un ou l'autre était aimé de Paola, et que Paola trahissait son père à leur profit... Alors ceci expliquait la prétendue science divinatoire de ce gentillâtre.

— En effet... balbutia Marguerite.

— Mais, continua la reine qui ne prit point garde à l'émotion croissante de la princesse, cela n'était pas.

— Oh! dit Marguerite qui respira bruyamment, vous... croyez?...

— Je me suis fait indiquer le chemin qu'avaient pris la litière et les ravisseurs.

— Et vous l'avez suivi?

— Oui, jusqu'à la porte Saint-Antoine. Là j'ai rencontré la litière et les porteurs, mais la litière était vide. L'un des cavaliers masqués avait pris Paola en croupe, et tous deux s'étaient élancés au galop sur la route de Charenton.

Mes porteurs étaient essoufflés. C'eût été folie de songer à poursuivre des hommes montés sur des chevaux frais. J'ai rebroussé chemin et je suis rentrée au Louvre.

— Mais, madame, dit Marguerite, comment savez-vous alors que ce sire de Coarasse n'est point un des deux ravisseurs?

— Parce que, au moment où je rentrais, je l'ai trouvé à la porte du Louvre, à pied, marchant fort tranquillement et s'en allant chez M. de Pibrac, son cousin.

Le visage assombri de Marguerite s'éclaira tout à coup.

— Ainsi, murmura la reine, cet homme a dit vrai; il a prédit que la fille de René serait enlevée par un gentilhomme et que, ce jour-là, René courrait un danger de mort.

— Tout cela est bien extraordinaire, madame, dit Marguerite.

Mais Catherine songeait à René et se désolait.

— Le roi est inflexible, disait-elle, et si Renaudin ne trouve pas un moyen...

— Renaudin est homme de ressources, il trouvera ce moyen, répondit Marguerite, qui cherchait à calmer l'inquiétude dévorante de la reine.

— Puisque ce Coarasse est sorcier, dit la reine, je le vais consulter.

— Y songez-vous, madame?

— Oui, dit la reine, je veux savoir...

Et elle appela :

— Nancy! Nancy!

Nancy ne répondit pas.

Marguerite tira alors le gland d'un cordon qui correspondait avec une sonnette placée à l'étage supérieur.

Au bruit, Nancy, qui était montée chez elle, redescendit :

— Ma petite, lui dit Catherine, tu vas aller chez M. de Pibrac.

— Oui, madame.

— Tu y trouveras son cousin, M. de Coarasse...

— Oui, madame.

— Et tu le conduiras dans mon cabinet.

Nancy s'inclina et sortit.

Alors Henri quitta son observatoire, d'où il n'avait perdu ni un mot ni un geste du colloque de Catherine avec la princesse Marguerite.

Il revint dans la chambre de M. de Pibrac, ferma le bahut, et dit au capitaine des gardes :

— Poussez votre verrou... on va venir...

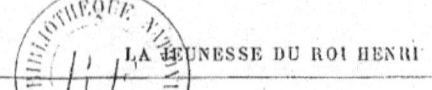

Puis il prit de la main gauche le flacon d'encre sympathique. (P. 260.)

M. de Pibrac, fort étonné, regardait le prince.

— Je vous conterai tout cela plus tard, dit-il. Maintenant c'est impossible... je n'en ai pas le temps...

En effet, trois secondes après M. de Pibrac entendit frapper à sa porte, alla ouvrir et vit entrer Nancy.

Henri s'était assis dans un fauteuil et feuilletait fort négligemment un livre de chasse.

— Monsieur de Coarasse, dit la jolie camérière, je vous engage à me suivre.

— Où me conduirez-vous, ma belle demoiselle? demanda le prince.

— Chez Mme Catherine.

— Chez la reine! exclama M. de Pibrac.

Et il regarda Henri avec inquiétude.

Henri souriait.

— La reine a su que je m'occupais de nécromancie, dit-il. Au revoir, mon cousin.

Et il suivit Nancy.

Mais quand il fut dans la grande salle qui précédait l'appartement de M. de Pibrac, salle alors déserte, Henri regarda la camérière :

— Ma petite Nancy, dit-il, je crois que nous sommes amis...

— Et alliés, monsieur de Coarasse.

— Tu sais pas mal de mes secrets...

— Et vous savez... le mien...

— Aussi je me fie à toi.

— De quoi s'agit-il? fit Nancy, vous pouvez parler...

— Tu ne... jaseras... pas?

— Moi! dit Nancy.

— C'est que... les femmes...

— Je suis muette comme la porte d'un cachot.

— Très bien!

— Est-ce que vous avez un secret à me confier, monsieur de Coarasse?

— A peu près...

— Voyons!

— Aussitôt que tu m'auras introduit chez la reine, tu retourneras chez Mme Marguerite.

— Bien!

— Et tu lui diras : madame, Henri de Coarasse vous supplie de ne pas croire un mot touchant sa sorcellerie.

— Hein? fit Nancy.

Henri continua :

— Il n'est pas plus sorcier que vous et moi, diras-tu, mais il supplie Votre Altesse d'attendre à ce soir... et il lui expliquera tout.

— Très bien! dit Nancy.

— Seulement, acheva le prince, tu auras bien soin d'ajouter : la confidence que je vous fais, madame, est des plus graves! le sire de Coarasse joue sa tête...

— Que me chantez-vous là! exclama la camérière stupéfaite.

— La moitié de la vérité, ma petite. Mais tu es mon amie?

— Oh! certes!

— Et tu rapporteras cette moitié de vérité comme une vérité tout entière.

— Bon !

— Et Mme Marguerite se taira... et elle me recevra ce soir...

Nancy regarda Henri en clignant de l'œil.

Puis elle le conduisit chez Mme Catherine et le laissa seul dans le cabinet de travail de la reine.

Quelques minutes après, la reine arriva.

Henri avait pris une attitude assez embarrassée.

— Asseyez-vous donc, monsieur de Coarasse, dit la reine.

— Madame... en présence de Votre Majesté... je n'oserais...

— Monsieur de Coarasse, dit la reine, il n'y a pas de majesté ici... Vous êtes un sorcier, et moi une pauvre femme qui veut qu'on lui dise la bonne aventure.

En parlant ainsi la reine regardait Henri, et on eût dit qu'elle voulait pénétrer au plus profond de sa pensée.

Henri soutint ce regard avec calme.

— Ainsi, demanda Catherine, vous lisez dans les astres?...

— Oh! bien imparfaitement... madame...

— Vous pronostiquez dans l'avenir?

— Je me trompe bien souvent.

— Mais vous devinez parfois des événements enfouis dans les brumes du passé...

— Ceci est plus facile, madame, dit Henri.

— Ah! vraiment?

— Ainsi, avec certaines préparations cabalistiques, poursuivit le prince, il m'arrive parfois de réussir assez bien quand les événements sur lesquels on me consulte ne sont pas très éloignés.

— M. de Coarasse, dit la reine, vous m'avez vue rentrer au Louvre tout à l'heure.

— Oui, madame.

— Pourriez-vous me dire d'où je venais?

— Peut-être...

— Et ce que j'ai fait et dit en route?

— J'essayerai, madame.

— Faut-il vous donner la main? demanda la reine.

— Oui, madame, mais... auparavant...

Henri se leva et parcourut d'un regard distrait le cabinet de travail de la reine. Son regard finit par s'arrêter sur un flacon qui renfermait une liqueur noirâtre.

— Qu'est-ce que cela, madame? demanda-t-il.

— Ça, dit la reine, c'est de l'*encre sympathique*.

Henri prit le flacon qui se trouvait placé sur la cheminée et le posa sur la table devant laquelle la reine s'était assise.

— Maintenant, dit-il, je supplierai Votre Majesté de me permettre d'allumer cette bougie.

— Faites...

— Et de tirer les épais rideaux des croisées.

— Faites, répéta la reine.

Henri ferma les rideaux, alluma le flambeau, le posa sur la table, et s'assit.

Puis il prit de la main gauche le flacon d'encre sympathique et, le plaçant entre la flamme de la bougie et son œil, de manière à voir au travers, il dit à la reine :

— Maintenant, je supplie Votre Majesté de me donner sa main.

— Laquelle?

— La gauche, celle que les Latins appelaient *sinistra*.

La reine tendit sa main, et le prince, grave et solennel, regarda au travers du flacon d'encre sympathique transformé en oracle.

XXXIV

Henri jouait merveilleusement son rôle de sorcier, mais une femme moins superstitieuse que la reine ne s'y fût peut-être pas laissé prendre.

Le prince regarda longtemps et alternativement le flacon d'encre sympathique et les lignes de la main que lui tendait Catherine.

— Madame, dit-il enfin, je vois Votre Majesté marchant dans un souterrain, éclairée par deux torches que portent deux hommes devant elle.

— Où est ce souterrain? demanda la reine.

— Je ne sais au juste, mais il est dans le voisinage de la Seine.

— C'est vrai, dit la reine. Après?

— Je vois Votre Majesté entrer dans un réduit noir, infect; un homme est couché par terre en ce lieu.

— C'est vrai encore.

— Un autre homme s'asseoit non loin de Votre Majesté...

— Quel est cet homme?

— Son visage est dans l'ombre, hors du cercle de lumière de la torche... je ne puis le voir.

— Et... l'autre?

— Celui qui est couché?

— Oui.

— C'est René, dit le prince après un moment de silence; et le souterrain où se trouve Votre Majesté doit être le Châtelet.

— C'est vrai, fit Catherine étonnée. Que dis-je à René?

— Vous êtes penchée sur lui, madame; vous parlez bas... mais vous parlez de quelqu'un que je connais...

— Quel est ce quelqu'un?

— Attendez... je ne sais pas...

Henri se reprit à examiner la main de la reine, puis il regarda fort attentivement au travers du flacon.

— Tiens! dit-il tout à coup et avec un accent qui jouait admirablement la surprise, cet homme dont vous parlez, c'est moi!

La reine, vivement impressionnée, murmura :

— C'est toujours vrai, monsieur de Coarasse.

— René parle de moi avec terreur, continua le prince

— Et... moi?

— Vous! fit Henri... ah! mon Dieu!... je vous vois froncer le sourcil... vous paraissez irritée contre moi... vous me traitez d'imposteur...

À ces derniers mots, s'il fût resté quelque doute dans l'esprit de la reine sur la science divinatoire du sire de Coarasse, ces doutes se fussent évanouis.

En effet, pour que Henri pût connaître ce dernier détail par les moyens ordinaires et naturels, il eût fallu qu'il se trouvât dans le cachot de René lorsque la reine y était, ou bien qu'il eût assisté à son entretien avec Marguerite.

Or, la reine ignorant l'existence du trou mystérieux pratiqué dans les pieds du christ, et convaincue que le prince n'avait pas vu Marguerite, la reine, disons-nous, ne pouvait plus douter qu'il ne possédât des moyens surnaturels.

Henri continua :

— Ce qu'il y a de bizarre, madame, c'est que vous parlez avec René une langue que je ne comprendrais pas si je l'entendais de mes oreilles.

— Et cependant... vous comprenez...

— Le flacon me l'a traduite.

La reine était stupéfaite. Jamais le charlatanisme de René n'avait produit des résultats aussi exacts.

— C'est étrange! dit-elle.

— Vous faites une promesse à René, poursuivit le prince.

— Quelle est cette promesse?

— De le sauver!

— Et pensez-vous, demanda la reine, qui regardait maintenant Henri comme un oracle, pensez-vous que je la tiendrai, cette promesse?

Henri répondit résolument :

— Oui, madame.

En répondant ainsi le prince pensait : je puis toujours le lui promettre, ça fait bien; si je me trompe, tant mieux.

La reine respira.

— Voyons, dit-elle, comment croyez-vous que je pourrai la tenir?

Cette question parut embarrasser quelque peu le sire de Coarasse.

Il ferma les yeux et sembla consulter le monde invisible; puis ses yeux se rouvrirent et plongèrent un regard ardent à travers le flacon; puis encore il serra la main de la reine et l'examina une fois encore :

— Madame, dit-il, je vous vois marchant sur un pont; vous traversez une rivière.

— Où vais-je?

— Vous pénétrez dans une rue triste et silencieuse, vous entrez dans une maison... Je vous vois avec un homme...

— Quel est cet homme?

Henri répondit sans hésiter :
— Il est vêtu de noir. C'est un juge.
La justesse de ces révélations impressionnait la reine à ce point qu'elle était toute tremblante.
— Et... ce juge? fit-elle avec angoisse.
— Je le vois marcher... il vient...
— Où?
— Ici.
— Pourquoi vient-il?
— Il vous apporte le moyen de tenir la promesse que vous avez faite... il sauvera René!
— En êtes-vous sûr? demanda la reine d'une voix mal assurée.
— Le flacon le dit.
— Et quand viendra ce juge?
A cette question, Henri crut devoir varier quelque peu sa mise en scène.
— Je vais essayer de le préciser.
Puis il se leva, prit le flambeau et s'approcha du sablier placé sur la cheminée. Il plaça devant le sablier le flacon magique, et après un moment d'hésitation :
— Le juge viendra entre neuf et dix heures du soir, dit-il.
— C'est vrai, murmura la reine.
Et confondue par toutes ces révélations, elle regarda le prince d'un œil égaré, et pendant un moment elle n'osa l'interroger.
— Est-ce tout ce que Votre Majesté veut savoir? demanda Henri.
— Oh! non, répondit la reine.
Henri revint s'asseoir devant la table et reprit la main de Catherine.
— Que voyez-vous sur le pont Saint-Michel? demanda la reine.
Henri garda un silence assez long pour laisser croire à la reine que le flacon magique ne rendait ses oracles que lambeau par lambeau.
— Je vois un rassemblement de populaire, dit-il enfin, devant la boutique de maître René.
— Cette boutique est-elle ouverte?
— Non, elle est fermée.
— Est-ce tout?
— Non, je vois encore venir une litière avec deux cavaliers.
— Ah! dit la reine; les connaissez-vous?
— Non, madame. D'ailleurs je ne puis voir leur visage.
— Pourquoi?
— Parce qu'il est masqué.
— Quelle est la personne qui est dans la litière?
— Elle est vide, répondit Henri, les yeux fixés sur le flacon.
— Regardez toujours... Est-elle encore vide?
— Non, l'un des cavaliers descend de cheval et la porte de la boutique s'ouvre devant lui. Une femme en sort.
— Ah!...

— Cette femme est la fille de René... Elle monte dans la litière... et la litière se met en marche.

— Suivez-la, dit Catherine.

— Elle traverse le pont de la Cité, elle passe une seconde fois la Seine...

— Bien.

— Elle suit la rivière.

— En aval?

— Non, en amont... Je la vois sortir de Paris. Tiens! dit Henri avec une surprise naïve, elle s'arrête... la fille de René en descend... elle monte en croupe de l'un des cavaliers.

— Ah! ah!

— Et les deux cavaliers s'éloignent au galop.

— Où sont-ils?

Henri ferma les yeux, puis les rouvrit et regarda au travers du flacon, puis les referma encore.

— Ils galopent, dit-il, ils galopent... toujours en remontant le cours de la Seine... La nuit vient... je ne vois plus.

— Regardez bien! regardez bien!

Mais Henri secoua la tête.

— La nuit... répéta-il. L'oracle est fatigué.

Et il reposa le flacon sur la table, parut en proie à une grande lassitude et s'essuya le front comme s'il eût été baigné de sueur.

— Cependant, monsieur de Coarasse, insista Catherine, je voudrais bien savoir encore une chose.

— Parlez, madame, répondit-il avec soumission, j'essayerai de vous répondre.

Il reprit le flacon et l'exposa de nouveau à la flamme de la bougie.

— La prédiction de la bohémienne touchant René se réalisera-t-elle et pensez-vous que René mourra parce que sa fille aura épousé un gentilhomme?

— Oui, madame.

— Cependant vous venez de me dire que le juge le sauverait.

— Aussi l'heure du trépas de René est loin encore.

— Ce cavalier qui enlève Paola n'est donc pas son amant?

— Il ne le sera jamais.

— Pourquoi?

— Parce que René retrouvera sa fille.

— Quand?

Henri recommença le manége du sablier, puis il prit une plume et écrivit plusieurs chiffres sur un morceau de parchemin qui se trouvait sur la table.

La reine, pleine d'anxiété, le regardait faire.

— Dans un mois, dit-il enfin.

Et alors, regardant la reine :

— Madame, dit-il, je supplie Votre Majesté de ne plus m'interroger aujourd'hui. Je suis accablé de lassitude et je pourrais me tromper.

— Soit, dit la reine, mais je vous attends demain, monsieur de Coarasse. Je veux savoir bien d'autres choses encore.

— Demain, je serai aux ordres de Votre Majesté.

Henri se leva de nouveau et alla écarter les rideaux des croisées. Mais la précaution était inutile, car la nuit était venue.

Catherine lui tendit sa main à baiser et le congédia en lui disant :

— A demain, monsieur de Coarasse.

. . . .

Henri, en sortant de chez la reine, au lieu de quitter le Louvre, monta chez Nancy.

La jolie camérière l'attendait dans sa chambre pour le conduire chez Mme Marguerite.

— Venez vite! lui dit-elle, venez! la princesse, à qui j'ai rapporté vos paroles énigmatiques, est dans une grande anxiété.

— Ah! ah! fit Henri.

Nancy le prit par la main et le fit descendre par le chemin ordinaire.

Marguerite, en effet, attendait le prince avec une impatience mêlée de curiosité et de crainte.

Henri le comprit à la façon spontanée dont elle lui tendit la main.

— Voilà le sorcier! dit Nancy en riant.

Et la railleuse camérière s'en alla.

Alors Marguerite regarda le jeune homme.

— Ah! lui dit-elle, expliquez-vous... expliquez-vous bien vite, monsieur!

Et tandis qu'il portait sa main à ses lèvres, la princesse le conduisit sur l'ottomane et l'y fit asseoir.

— Madame, lui dit Henri, je vais faire à Votre Altesse une confidence qui pourrait m'envoyer en Grève, si jamais la reine en était instruite.

Marguerite frissonna.

— Mon Dieu! dit-elle.

— Mais je crois à la loyauté de Votre Altesse et je puis parler.

— Vous avez raison, dit-elle en pressant doucement sa main. Je suis votre... amie... et je ne vous trahirai pas... quelque épouvantable que puisse être votre révélation...

La voix de Marguerite était émue...

— Oh! rassurez-vous, madame, dit Henri, je n'ai commis aucun crime et je suis digne de votre amitié...

— Eh bien! parlez...

Henri raconta à Marguerite comment, en venant à Paris, il avait fait, entre Tours et Blois, la rencontre de René; puis comment il l'avait trouvé entre Blois et Beaugency.

— Ah! mon Dieu! s'écria Marguerite, votre ami Noë et vous étiez donc les deux gentilshommes que René voulait faire pendre?

— Précisément.

Alors le prince, continuant son récit, expliqua l'embarras où il s'était trouvé

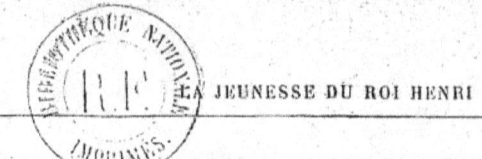

MARGUERITE DE VALOIS.

en venant au Louvre, et la terreur que lui avait inspirée la réputation d'empoisonneur que possédait René.

— C'est alors, dit-il, que, pour nous protéger contre René, M. de Pibrac songea à nous présenter au roi.

Après avoir narré sa première entrevue avec Charles IX, Henri en vint à la hardiesse de Noë qui s'était introduit chez Paola. Il raconta comment le jeune homme avait malgré lui entendu les confidences du superstitieux Italien.

— Cela, madame, acheva-t-il, me donna la malheureuse idée de m'emparer de l'esprit crédule de René et de jouer auprès de lui le rôle de sorcier. L'enchaînement des faits m'a dominé.

Henri termina son récit par l'enlèvement de Godolphin et de Paola.

Il ne cacha que trois choses à Marguerite : d'abord la passion naissante qu'il éprouvait à de certaines heures pour la belle argentière.

Ensuite, l'existence du trou percé dans les pieds du christ.

Enfin, sa véritable identité. Il demeura pour elle le sire de Coarasse, gentilhomme béarnais.

Marguerite écouta les révélations du jeune homme comme elle aurait écouté un conte de fées, et lorsqu'il eut fini, elle le regarda :

— Mon pauvre ami, lui dit-elle, vous avez raison de me dire que si la reine savait la vérité, elle vous enverrait en Grève.

— Mais elle ne le saura pas.

Marguerite, anxieuse, ne répondit point d'abord et se prit à songer.

Enfin, relevant la tête et regardant Henri :

— Jusqu'à présent, dit-elle, tout est allé pour le mieux.

— En effet.

— Mais l'avenir m'effraye.

— Bah! fit Henri.

— Comment continuer ce rôle?

— Dame! c'est difficile. Cependant, puisque René tirait ses révélations du sommeil de Godolphin, pourquoi n'en tirerions-nous pas, nous aussi?

— C'est vrai... mais...

Marguerite s'arrêta rêveuse :

— Écoutez, dit-elle après un moment de silence, moi aussi je vais vous confier un secret.

— J'écoute, madame.

— La reine mère a fait remanier le Louvre tout entier pendant un automne où le roi était à Saint-Germain. Son esprit défiant a creusé des escaliers et des corridors dans l'épaisseur des murs, percé des judas çà et là.

Henri tressaillit et crut un moment que la princesse savait l'histoire du christ d'ivoire.

Marguerite continua :

— Un jour je m'aperçus que Sa Majesté me faisait épier. On avait fait un trou dans le mur...

L'inquiétude d'Henri augmenta.

— L'esprit soupçonneux de la reine lui avait suggéré l'idée de m'espionner à travers une cloison... Ah! s'interrompit Marguerite, j'oubliais de vous dire que je n'habitais point alors cette chambre, mais une autre qui se trouve à l'autre extrémité du corridor.

Henri respira en écoutant cette explication.

— Un jour, poursuivit la princesse, je surpris un œil qui m'observait...

— Celui de la reine?

— Précisément.

— Diable! murmura Henri.

— Alors j'allai gratter à sa porte et je lui dis : « Madame, je vous déclare que quelque respect que j'aie pour vous, je m'irai plaindre au roi, si vous ne me permettez point de changer d'appartement d'abord, et si vous ne me jurez ensuite sur le salut de votre âme que les murs de ma nouvelle demeure resteront intacts. »

— Et que répondit la reine, madame?

— La reine eut peur de la colère du roi. Elle me fit le serment que je demandais, et elle est trop superstitieuse pour y manquer.

— Très bien, dit Henri ; mais où Votre Altesse en veut-elle venir?

— Attendez, continua Marguerite en souriant, vous allez voir. A quelque temps de là, des circonstances qu'il est inutile de vous rapporter...

— Bon! pensa Henri, je gage qu'il est question de mon cousin de Guise.

— De certaines circonstances m'obligèrent à me défier de la reine ; je me mêlais un peu de politique...

— Ah! fit Henri avec un fin sourire.

— Ma manière de voir n'était pas celle de la reine; je recevais ici des personnes que Sa Majesté voyait avec défiance. Si la reine ne m'épiait plus à travers les murs, du moins elle pouvait entrer chez moi à tout moment... Alors je songeai à lui appliquer la peine du talion.

Henri se prit à sourire.

Marguerite leva la main vers le gland de sonnette qui correspondait avec la chambre de Nancy :

— Nancy et moi, dit-elle, nous imaginâmes de percer un trou à notre tour, non point dans le mur, mais dans le plafond du cabinet de travail de Mme Catherine, un jour que Sa Majesté était partie pour aller passer un mois à Amboise.

« La chambre de Nancy est située au-dessus du cabinet de travail. Nous enlevâmes une des dalles du parquet de cette chambre, puis nous perçâmes le trou.

« Or, acheva Marguerite, quand je m'occupais de politique, Nancy montait dans sa chambre, soulevait la dalle et s'assurait que Mme Catherine était dans son cabinet. Si la reine se levait et sortait, vite! Nancy tirait à elle le cordon, en prenant bien soin de ne pas agiter la sonnette. Et comme je voyais remuer le cordon, je m'empressais de faire sortir par cette petite porte les personnes qui étaient chez moi.

— Hé! hé! dit Henri, c'était fort bien imaginé, cela.

— N'est-ce pas? Seulement, depuis que je ne me mêle plus... de... politique...

— Le trou devient inutile.

— Cependant, à cette heure, dit Marguerite en riant, Nancy fait le guet, car vous êtes ici...

— Mais, madame, dit Henri, voulez-vous maintenant m'expliquer?...

— Pourquoi j'ai songé au trou?

— Oui.
— Nous mettrons Nancy dans la confidence. Nancy écoutera tout ce qui se fera et se dira dans l'appartement de Mme Catherine.
— Et je le lui répèterai le lendemain?
— Précisément. De cette façon vous pourrez soutenir votre réputation de sorcier.

Et parlant ainsi, Marguerite agita le cordon de la sonnette.

Quelques minutes après Nancy arriva.

— Petite, dit la princesse, il est neuf heures, tu vas conduire M. de Coarasse dans ta chambre.
— Pourquoi, madame?
— Tu lui feras appliquer son œil au judas que tu sais.
— Ah!
— Et tu le laisseras écouter la conversation que Mme Catherine va sans doute avoir avec le président Renaudin.

Cette dernière combinaison de la princesse acheva de rassurer Henri, qui se disait :

— J'ai bien raconté à Mme Catherine comment j'avais surpris les secrets de René, mais j'aurais été fort embarrassé de lui expliquer demain comment j'aurais su que le président Renaudin voulait sauver René.

Et le prince, souriant dans sa barbe, ajouta *in petto* :

— C'est un singulier logis que le Louvre ; chacun y possède son petit judas, et personne ne s'imagine que les autres sont capables d'en faire autant. La reine espionne sa fille et ne se doute point que la princesse l'observe à son tour, et celle-ci est bien loin de supposer que moi aussi j'ai mon judas...

— Allez vite, lui dit Marguerite.

Elle lui donna sa main à baiser, et Nancy, ouvrant la porte du couloir, poussa le prince par les épaules :

— Vite! répéta-t-elle.

Henri et Nancy montèrent à pas de loup dans la chambre de la jolie camérière, qui se trouvait plongée dans l'obscurité. Seulement un point lumineux brillait sur le parquet.

— Voilà le trou, dit Nancy.

Henri se coucha à plat ventre et aperçut verticalement au-dessous de lui la table sur laquelle il faisait tout à l'heure ses expériences de sorcellerie.

La reine était assise auprès de cette table.

En face d'elle, un homme chauve, vêtu de noir, était assis.

C'était maître Renaudin.

— Écoutez bien, dit Nancy, moi je m'en vais.

Et la jolie camérière s'en alla sur la pointe du pied, comme elle était venue, et redescendit auprès de Mme Marguerite qui, sans doute, l'allait mettre entièrement dans sa confidence.

Henri, attentif, écoutait ce que le président Renaudin disait à Mme Catherine.

XXXV

Tandis que ces événements se passaient au Louvre, René, plein d'angoisses et de terreur, gisait sur la paille humide de son cachot.

Après le départ de la reine, le Florentin avait été un moment réconforté par la pensée que Mme Catherine allait veiller sur sa fille.

Il croyait si bien à la prédiction de la bohémienne qu'il lui semblait impossible qu'il pût mourir tant que sa fille n'aurait point épousé un gentilhomme.

Mais si René commençait à espérer, il n'en songeait pas moins avec épouvante à la torture qu'il devait subir.

René était lâche, il craignait la douleur presque autant que la mort.

Plusieurs heures s'écoulèrent avant que la porte de son cachot se rouvrît.

Enfin le geôlier vint lui apporter son souper. Ce souper consistait en un morceau de pain et une cruche d'eau.

René se souvint de la recommandation de la reine :

— Tu demanderas à te confesser, lui avait-elle dit.

— Mon ami, dit le Florentin d'un ton suppliant en regardant le geôlier, veux-tu me rendre un service ?

— Si mon devoir me le permet, monsieur René.

— Je voudrais me confesser.

— Je ne suis pas prêtre, monsieur René.

— Mais tu peux m'en envoyer un.

— Je vais en parler à M. de Fouronne, le gouverneur.

Et le geôlier sortit...

Quelques instants après, il revint.

— Monsieur René, dit-il, le gouverneur n'est pas au Châtelet.

— Où est-il ?

— Au Louvre, chez le roi.

— Quand reviendra-t-il ?

— Je ne sais.

— Eh bien, à son retour... tu ne manqueras point de lui en parler, n'est-ce pas ?

— Soyez tranquille.

René attendit quelques heures encore ; enfin, comme dix heures sonnaient, le sire de Fouronne, gouverneur du Châtelet, revint du Louvre.

Le geôlier lui fit part de la demande du prisonnier.

— Diable ! dit le gouverneur, il est bien tard... les prêtres sont couchés à cette heure...

— Cependant, observa le geôlier, le prisonnier insiste et se désole... il veut avouer ses péchés sans retard.

— Eh bien, répondit le gouverneur, va lui chercher un moine.

Le geôlier sortit pour aller exécuter les ordres du gouverneur.

Comme il franchissait le seuil de la prison, il fut accosté par un frère génovéain qui lui demanda l'aumône.

— Parbleu ! pensa le geôlier, voilà qui tombe à merveille !

Et, regardant le moine :

— Avez-vous la messe? dit-il.

— Oui, mon frère, répondit le génovéfain.

— Alors, vous pouvez confesser, j'imagine. Venez avec moi...

Le moine se laissa conduire par le geôlier, qui le conduisit dans le cachot de René et l'y enferma.

— Vous serez dans l'obscurité, dit-il en s'en allant, mais ne craignez rien, le prisonnier est enchaîné...

— Je ne crains que Dieu ! murmura le moine.

— Et d'ailleurs, ajouta le geôlier en refermant la porte, les péchés que M. René va vous confesser sont d'une si vilaine couleur que vous ne perdrez rien à ne pas les voir.

Quand il fut seul, le moine se pencha vers René et lui dit tout bas :

— Je viens de la part de la reine.

— Je l'ai bien pensé, murmura le Florentin.

— La reine travaille à vous sauver...

— Ah !

— Demain, vous subirez la torture...

René frissonna.

— De votre courage dépendra votre salut.

— Mais on me brisera les os...

— On les meurtrira, mais on ne les brisera point.

— On me gonflera le ventre comme une outre, soupira le Florentin

— On ne meurt point de la question.

— On m'enfoncera des coins de bois entre les jambes liées l'une à l'autre.

— Il faudra supporter cette douleur atroce et nier.

— Mon Dieu ! mon Dieu ! murmura René.

— Songez, dit le moine, que si vous avouez, vous êtes condamné par avance.

— Mais, observa le Florentin, mon poignard et ma clef qu'on a trouvés...

— Vous direz que le soir du crime vous avez laissé le tout chez vous, dans votre boutique du pont Saint-Michel, que vous avez confié votre dague à Godolphin pour qu'il la portât à un rémouleur.

— Je le dirai, fit René, qui crut comprendre que la reine voulait rejeter le crime sur Godolphin.

— Quant à la clef, poursuivit le moine, Godolphin en avait une semblable. Ce sera celle qu'on aura trouvée...

— Mais si on me demande compte de mon temps pendant la nuit du crime?

— Vous direz que vous étiez au Louvre... travaillant avec la reine...

— Et... la reine?...

— La reine l'affirmera... Adieu ! dit le moine, je n'ai plus rien à vous dire. Mais prenez bien garde ! Si la torture vous arrache un aveu, vous êtes perdu et la reine ne pourra vous sauver.

— Je nierai... dit René.

Le moine frappa à la porte du cachot et le geôlier vint lui ouvrir.

— Eh bien, mon père, lui dit-il, n'est-ce pas que c'est un grand pêcheur ?

Le moine cachait son visage dans ses mains, donnait tous les signes d'une vive douleur et s'en alla en murmurant :

— Ah ! le pauvre homme !...

— Bon ! pensa le geôlier, je gage que ce misérable René lui aura persuadé qu'il est innocent. Le drôle est de force à mentir à Dieu lui-même.

. . . .

René passa une nuit affreuse, rêvant d'instruments de torture et d'échafaud.

— Ah ! se disait-il, si la reine veut me sauver, pourquoi ne me fait-elle pas grâce de la torture aussi ?

Et le Florentin écouta sonner les heures les unes après les autres, et la nuit s'écoula sans qu'il eût fermé les yeux.

Quand il vit poindre un faible rayon de jour par le soupirail de son cachot, il se prit à trembler de tous ses membres.

L'heure approchait...

Lorsqu'il entendit résonner des pas dans le couloir souterrain, derrière la porte, il faillit se trouver mal.

— On vient me chercher, pensa-t-il.

En effet, la porte de son cachot s'ouvrit et René vit apparaître d'abord le geôlier, puis le gouverneur, et, derrière lui, deux soldats.

— Maître René, dit le sire de Fouronne, vous allez être conduit à la chapelle et vous y entendrez la messe.

René respira, mais ce ne fut pas pour longtemps.

— Après quoi, ajouta le gouverneur, vous subirez la question, si toutefois vous ne préférez confesser votre crime.

— Je suis innocent, dit René.

Le gouverneur haussa les épaules et ne répondit pas.

On débarrassa René des chaînes qu'il avait aux pieds et on le conduisit à la chapelle, où il entendit la messe.

René n'était certes point dévot, bien qu'il eût de tout temps professé une grande haine pour les calvinistes ; cependant il écouta la messe avec une grande ferveur, et il eût voulu la prolonger indéfiniment, tant il redoutait le terrible instant...

Mais la messe finit comme finit toute chose en ce monde.

René, qui l'avait entendue à genoux, se releva, et il marcha d'un pas si faible, que les deux soldats qui l'escortaient le soutinrent.

La *salle de la question* était de plain-pied avec la chapelle. Quand la porte s'entr'ouvrit devant René, il sentit ses jambes se dérober sous lui et devint livide à la vue d'un personnage vêtu de rouge, qui soufflait le feu d'un brasier.

Ce personnage, c'était M. de Paris, comme on disait, c'est-à-dire le bourreau. Deux hommes pareillement vêtus de rouge, mais n'ayant point, comme le maître, une échelle peinte en noir sur le dos, ce qui distinguait le bourreau de ses aides, se tenaient auprès de M. de Paris.

René, frissonnant, aperçut un chevalet sur lequel on étendait le patient pour lui faire subir la torture de l'eau.

Puis il regarda d'un œil hébété le brasier au-dessus duquel on lui exposerait les mains l'une après l'autre; ensuite les coins qui devraient meurtrir ses chairs et ses os; puis le brodequin qui étreindrait son pied et le briserait lentement.

Puis encore il vit une porte s'ouvrir dans le fond de la salle, et un homme entra qui lui arracha un cri d'épouvante.

Or, ce matin-là, au point du jour, le roi Charles IX, en s'éveillant, avait appelé son page Raoul.

Raoul était accouru.

— Va me chercher Pibrac, dit le roi.

M. de Pibrac, averti par Raoul, s'empressa d'arriver.

— Pibrac, mon ami, dit le roi, vous m'avez témoigné avant-hier de la répugnance à arrêter René.

— Ah! Sire, la reine mère...

— Bon! je sais... et je n'ai point insisté, comme vous l'avez pu voir, pour vous charger de cette besogne...

— Mais, dit le capitaine des gardes, si Votre Majesté me veut ordonner ce matin d'arrêter toute autre personne, elle n'a qu'à parler, je suis prêt... quand il s'agirait d'un prince du sang.

— Tudieu! s'écria le roi, vous faites un grand honneur à René, Pibrac, mon ami, en le redoutant plus qu'un de mes parents.

— Les princes du sang ne sont pas des empoisonneurs, sire.

— C'est juste. Mais, rassurez-vous, Pibrac, mon ami; je vous veux simplement convier à une petite fête.

— Eh! fit le Gascon.

— J'ai prévenu Crillon hier soir. Raoul!

— Sire, dit le page en s'avançant.

— Habille-moi, mon mignon.

Charles IX sauta lestement hors de son lit, et tandis qu'il s'habillait :

— Nous allons traverser la Seine, dit-il.

— Où allons-nous, sire?

— Au Châtelet.

M. Pibrac fut inquiet.

— On donne la torture à René, ce matin, et je veux vous y faire assister.

— Ah! Sire, murmura le capitaine, je continue à avoir peur.

— Peur de quoi?

— De Mme Catherine. Si j'assiste à la torture, elle s'imaginera que c'est pour me réjouir...

Le bourreau introduisit l'entonnoir dans la bouche du patient. (P. 274.)

— Mon pauvre Pibrac, dit le roi, je gage que vous ne croyez pas au supplice prochain de René. Voyons, soyez franc.
— Eh bien, dût Votre Majesté me retirer ses faveurs, je serai franc. Non, Sire, je n'y crois pas.
— Et qui donc le sauvera?
— Je ne sais... mais René a fait un pacte avec le diable.

Le roi se prit à rire.

— Allons, dit-il, je vois que vous perdez la tête, Pibrac, et si je vous dispense de me suivre au Châtelet, c'est par pure bonhomie.

— Votre Majesté me comble.

— Mais, ajouta le roi, je vous jure que vous assisterez au supplice de René.

— Oh! de grand cœur! murmura le capitaine avec un sourire incrédule.

Le roi s'habilla et demanda sa litière.

M. de Crillon était déjà dans la cour du Louvre, à cheval.

— Duc, dit le roi, savez-vous pourquoi je veux voir donner la question à René?

— Non, Sire.

— C'est pour ouïr de mes oreilles la confession de son crime et m'ôter ainsi toute possibilité de céder aux supplications de la reine mère.

— Moi, dit Crillon, j'avouerai à Votre Majesté que ce me sera agréable de voir ce drôle ingurgiter un tonneau d'eau.

. . . .

Or, ce personnage qui entrait dans la salle de la question et dont la vue épouvanta si fort René, c'était le roi.

Derrière le roi marchaient M. de Crillon, le gouverneur et un page chargé de recueillir et de transcrire sur parchemin les aveux du patient.

On avança un fauteuil au roi et il s'assit, tandis que les deux gentilshommes et le page demeuraient debout et tête nue.

— Allons, maître Renaudin, dit le roi s'adressant au juge, faites votre office.

Le juge regarda sévèrement le Florentin.

— René, dit-il, voulez-vous confesser votre crime?

René chancelait; mais il se souvint des paroles du moine : « Si vous avouez, vous êtes perdu! » Et il répondit avec une certaine fermeté :

— Je suis innocent du crime dont on m'accuse.

Le juge fit un signe.

Alors le bourreau prit René et le coucha sur le chevalet où on le lia aussitôt par les pieds et les mains et le milieu du corps. Après quoi l'un des aides apporta le terrible entonnoir.

Le bourreau introduisit l'entonnoir dans la bouche du patient et on y versa une première pinte d'eau, puis une seconde, puis une troisième...

René se débattait et cherchait à briser ses liens; mais il n'avouait pas.

À la dixième pinte, le bourreau dit :

— Il est impossible d'aller plus loin; on tuerait le patient.

On détacha René, qui déjà était enflé, et on l'assit contre le mur.

Le malheureux roulait des yeux hagards et rendait l'eau par gorgées.

— Passez au brodequin, dit le juge, après qu'on eut accordé au patient un quart d'heure de répit.

Le bourreau recoucha de nouveau René, qui criait et se débattait, sur le chevalet, et il lui enferma le pied droit dans l'horrible chaussure.

A la première pression de la vis de rappel le patient jeta un cri épouvantable, puis il se tut un moment, puis ses cris recommencèrent...

— Avoue, René, avoue ton crime! disait le juge.

Et le bourreau serrait toujours, et René sentait ses os crier sous la pression.

Un moment la douleur fut si atroce qu'il faillit avouer; mais tout aussitôt une épouvantable fantasmagorie passa devant ses yeux, et il crut voir se dresser l'échafaud, la roue, la barre de fer qui lui romprait les membres; il crut entendre hennir les chevaux qui le disloqueraient ensuite et le tireraient à quatre quartiers.

— Je suis innocent! hurla-t-il, je suis... innocent!

On desserra le brodequin et le Florentin en vit sortir son pied ensanglanté.

Quand on l'eut délié, il voulut se lever et marcher, mais il poussa un nouveau cri et s'affaissa sur lui-même.

— Le pied est-il cassé? demanda le roi.

— Non, Sire, mais le patient sera longtemps boiteux.

— Il le sera toujours, en ce cas, répondit Charles IX, car il n'a plus longtemps à vivre.

René jeta un regard stupide autour de lui, le regard de la bête fauve prise au piège, et qui, les reins brisés, réduite à l'impuissance, attache son œil sanglant sur les objets qui l'environnent.

— Le drôle espère se sauver en niant, Sire, dit Crillon.

— Oui, dit le roi; mais il est une preuve auprès de laquelle tout cela est un jeu... nous verrons bien...

Et le roi indiquait du doigt le brasier qui flambait au milieu de la salle et que l'un des aides de M. de Paris attisait avec un soufflet.

René regarda le feu et sentit s'évanouir ce qui lui restait de force et de courage.

— Je préfère avouer, pensait-il: mieux vaut la mort encore...

Mais, en ce moment, le juge le regarda, et soudain René eut un tressaillement, il lui sembla que le visage de ce juge mentait avec sa parole, et tandis que sa voix l'exhortait à confesser son crime, sa physionomie tout entière l'encourageait à nier.

Maître Renaudin s'était hasardé à lui faire un signe.

Les aides du bourreau soulevèrent René et lui passèrent leurs bras sous les aisselles, puis ils l'approchèrent du brasier.

Alors le bourreau l'exposa au-dessus du feu, assez loin pour que les chairs ne fussent pas consumées, assez près pour que la brûlure fût terrible.

René se reprit à hurler:

— Grâce! grâce! Sire... grâce!... vociférait-il.

Le juge fixait sur lui un œil ardent, magnétique, et cet œil disait éloquemment :

— Tais-toi!... malheureux... Si tu veux vivre, tais-toi!

Et, fasciné par ce regard, René hurlait, mais il n'avouait pas...

— Je suis innocent, disait-il... J'étais au Louvre, la nuit du crime... j'ai travaillé avec la reine... C'est... Godolphin... Sire, grâce! grâce!...

— Laissez-le un moment, dit le roi.

Le bourreau lâcha la main que René retira vivement.

Alors il se traîna aux genoux de Charles IX :

— Sire, Sire, disait-il d'une voix lamentable, Sire, je suis innocent... Ma dague, je l'avais... confiée à Godolphin... pour qu'il la portât à un rémouleur... Cette clef... c'était... la sienne... Sire!... Sire!...

— Monsieur de Paris, dit froidement le roi, quelle est la main que vous venez de brûler?

— La gauche, Sire.

— Eh bien! brûlez la droite, maintenant. C'est celle qui a tué le bourgeois Loriot. C'est la plus coupable.

Le bourreau s'empara de la main droite de René et l'approcha du brasier.

Mais à peine la flamme l'eut-elle effleurée, que le patient, épuisé, à bout de force et de courage, jeta un dernier, un suprême cri, et s'affaissa évanoui dans les bras des exécuteurs...

Alors le juge dit au roi :

— Sire, je crois que Votre Majesté devrait permettre qu'on reconduisît le patient dans sa prison. Son évanouissement peut être long... Il pourrait succomber... On recommencera demain.

— Soit! dit le roi. Demain on passera à l'épreuve des coins.

— Et s'il n'avoue pas? dit Crillon.

— Eh bien, répliqua le roi avec calme, on lui donnera trois jours de répit pour que ceux qui s'intéressent à lui trouvent le vrai coupable, et comme ce coupable n'existe pas, que c'est bien lui, le Parlement le condamnera le quatrième, et... le cinquième il sera rompu!..

M. de Crillon se prit à sourire.

— Il est fâcheux que Pibrac n'entende pas Votre Majesté. Il reviendrait peut-être sur son opinion.

René gisait toujours évanoui sur le sol de la salle de la question.

— Emportez-moi cette charogne! dit Charles IX, elle sent mauvais. Venez Crillon, allons déjeuner, je meurs de faim.

Et le roi s'en alla.

Alors un sourire vint aux lèvres du président Renaudin :

— Je commence à croire, murmura-t-il, que René ne sera pas rompu.

. . . .

Maître Renaudin, en quittant la salle de torture, et tandis qu'on emportait René évanoui, au lieu de sortir du Châtelet, descendit dans le cachot d'un voleur émérite que le grand-prévôt avait condamné à être pendu.

XXXVI

Pour les coupables de haut lieu, comme René, par exemple, on assemblait le Parlement, on mettait en scène la torture, mais pour un simple voleur, pour un escarpe ou un tire-laine, la juridiction du grand-prévôt était suffisante, et on se contentait de pendre le pauvre diable, haut et court, un matin que monsieur de Paris, comme on désignait le bourreau, avait affaire en place de Grève.

Il était rare que ce redoutable fonctionnaire se dérangeât pour un condamné de mince valeur.

Un tire-laine, condamné par le prévôt, attendait ordinairement pour subir son supplice que quelque criminel de *haute volée* occupât les loisirs de l'exécuteur.

Alors, à côté de l'échafaud sur lequel un grand seigneur félon devait être rompu vif, on dressait la potence du pauvre diable, que l'on pendait aux yeux émerveillés de la foule et devant le grand seigneur qui bientôt allait être roué.

La pendaison du tire-laine était une manière de hors-d'œuvre qui devait mettre les spectateurs en appétit de curiosité.

Or, précisément le lendemain du jour où le parfumeur de la reine, arrêté par M. de Crillon, avait été conduit au Châtelet, le chevalier du guet avait capturé un voleur bien connu des Parisiens sous le nom de Gascarille.

Gascarille était la terreur des bourgeois; aïeul de Cartouche, il séduisait les femmes, rossait les maris, pillait et volait.

Chef d'une bande de tire-laine, qui vivaient rue Mauconseil et dans les environs de la cour des Miracles, Gascarille assassinait peu, presque jamais même. Il fallait des circonstances exceptionnelles pour le réduire à cette pénible extrémité.

Un de ses complices l'avait vendu pour trois écus d'or au chevalier du guet, qui l'avait surpris en un coupe-gorge de la rue Vide-Gousset.

Le chevalier du guet avait livré Gascarille au grand-prévôt.

Le grand-prévôt, qui allait vite en besogne, avait jugé inutile de s'enquérir du fait pour lequel Gascarille était arrêté, et il s'était contenté de le condamner à être pendu.

Gascarille, qui craignait d'être roué vif, s'était bien gardé de réclamer.

Le prévôt, en condamnant le tire-laine, lui avait dit :

— On a amené hier au Châtelet messire René le Florentin, accusé d'avoir assassiné un bourgeois dans la rue aux Ours. Il est probable que messire René sera condamné à être rompu vif. Or, si cela advient, tu seras pendu le même jour qu'il subira son supplice, ce qui sera un grand honneur pour toi.

Gascarille n'avait peut-être point la même manière de voir que le prévôt, mais il n'osa pas le contredire, et retourna dans sa prison du pas d'un homme à qui on vient de faire une belle promesse.

Or, c'était précisément dans le cachot de Gascarille que le président Renaudin descendit sous prétexte de l'interroger touchant les complices qu'il avait ou devait nécessairement avoir.

Gascarille reçut assez mal le président:

— Puisque je suis condamné, lui dit-il, et que vous m'allez pendre, vous pourriez bien me laisser tranquille.

— Gascarille, mon ami, répondit Renaudin, tu es un garçon ingrat envers la justice.

— Bon! fit le tire-laine, je n'ai déjà pas tant à m'en louer.
— Tu te trompes.
— Je vais être pendu...
— Tu aurais pu être roué, ce qui est beaucoup plus douloureux.
— Oh! pardon! dit le voleur, je n'ai pas assassiné, et la roue...
— Ta réputation est mauvaise, cela suffit.
— Après? fit le condamné.

Renaudin prit son air le plus mielleux.

— Cher monsieur Gascarille, dit-il, vous avez tort de me mal recevoir.
— Hein?
— Je vous veux du bien...
— Plaît-il? fit le tire-laine.

Le président s'assit sans trop de répugnance sur la paille où Gascarille gisait les fers aux mains et aux pieds.

— As-tu... des enfants? lui demanda-t-il.
— Dieu m'en garde!
— Es-tu marié?
— Non.
— Mais il y a bien quelqu'un en ce monde à qui tu t'intéresses?

A cette question, Gascarille pâlit, rougit et manifesta une émotion subite.

— Pourquoi me demandez-vous cela?
— Réponds toujours.
— Eh bien! il y a Farinette...
— Qu'est-ce que Farinette?
— Une femme que j'aime... soupira le voleur toujours ému, et que je ne reverrai plus qu'une fois... le jour où je serai pendu... Je suis sûr qu'elle viendra me voir pendre... Pauvre Farinette!
— Tu l'aimes donc?...
— C'est le seul être que j'aie aimé. Et, tenez, ajouta le voleur avec un accent de colère jalouse, il y a des moments où j'enrage et deviens furieux...
— Bah! fit Renaudin.
— Quand je songe que bientôt un autre... car enfin elle n'a que dix-huit ans, Farinette...
— Ah!
— Elle est jolie... et un mort ne tient pas les pieds chauds, comme on dit.
— Est-ce que tu voudrais lui laisser une fortune?

Gascarille regarda le président avec étonnement.

— Je n'ai rien, dit-il, le guet m'a pris une dizaine de pistoles, tout ce que je possédais...
— Et... Farinette?
— Farinette n'a rien... que ses yeux bleus et ses trente-deux dents blanches... C'est peu...
— C'est beaucoup, dit méchamment le président au Châtelet.
— Taisez-vous donc, le juge! s'écria Gascarille avec colère; vous pouvez bien me laisser mourir tranquille...

— Pardon, mon ami! reprit le président; écoute-moi jusqu'au bout.
— Parlez...
— Tu vas mourir d'ici quelques heures; si on te demandait un petit service... en échange des deux cents écus d'or qui constitueraient une jolie dot à Farinette et lui permettraient de pleurer honnêtement ta mémoire...
— Deux cents écus d'or! exclama le pauvre tire-laine ébloui...
— Oui, certes...
— Deux cents écus pour Farinette?... Chère Farinette!... Et que faudrait-il faire pour cela?...
— Écoute-moi bien, reprit Renaudin. Tu es condamné, tu seras pendu.
— J'en ai peur.
— Or, on ne meurt qu'une fois.
— C'est vrai.
— Et que ce soit pour trois crimes ou pour deux... la corde qu'on vous passe au cou ne serre ni plus ni moins fort.
Gascarille regarda le président.
— Est-ce que vous voudriez que je prisse l'affaire d'un autre à mon compte? demanda-t-il.
— Précisément.
— Quelle affaire?
— L'assassinat de la rue aux Ours.
— Ah! bon! je comprends, dit le voleur; on veut sauver messire René à mes dépens.
— Qu'est-ce que cela te fait?
— Cela me fait qu'on me rompra vif au lieu de me pendre.
— Non.
— Qu'en savez-vous?
— J'obtiendrai que tu sois simplement pendu.
— Et, si j'avoue... cela...?
— Farinette aura deux cents écus d'or.
— Pauvre Farinette! répéta le bandit en qui une sorte de lutte semblait s'élever; mais tout à coup il hocha la tête.
— Ma foi! non, dit-il.
— Hein? dit le président.
— Je ne veux pas.
— Pourquoi?
— Parce que, quand Farinette sera riche, elle m'oubliera; je serais trop jaloux de penser dans l'autre monde que... un autre... jouit de l'aisance que j'aurais faite à Farinette.
— Niais! dit le président.
— C'est possible, mais je ne veux pas!
— Que veux-tu donc pour t'avouer coupable de l'affaire du bourgeois Samuel?
— Rien.
— Si on doublait la somme...?

— Belle avance! je serai pendu dans trois jours... Les morts n'ont besoin de rien.

— Entêté! murmura le président Renaudin d'un ton paterne. Que te faut-il donc?

— La clef des champs.

— Peste! exclama le juge, tu demandes là une chose impossible, car, si tu t'avouais coupable du meurtre de Loriot, les bourgeois sont si exaspérés qu'il faudrait bien qu'on te pendît pour leur faire plaisir.

— Merci.

— Cependant...

Ce simple adverbe, que Renaudin prononça d'un air distrait, fut pour le tire-laine comme le bruit lointain du clairon pour un destrier de bataille.

— Hein? fit-il.

— Mon bonhomme, reprit Renaudin après un moment de réflexion et de silence, ne t'impatiente pas et ne perds point courage... nous nous reverrons ce soir...

Et Renaudin quitta le tire-laine Gascarille et sortit du Châtelet.

. . . .

Trois heures après, le président Renaudin était à la fenêtre de son cabinet de travail, lorsqu'il vit déboucher par la rue Saint-Louis une litière précédée d'un simple estafier.

— La reine est exacte, se dit-il.

Il descendit jusque dans la rue et marcha à la rencontre de la litière.

Mme Catherine de Médicis mit pied à terre et reçut les humbles salutations du président.

Comme elle était vêtue fort simplement et portait un loup sur le visage, les rares passants de la rue Saint-Louis la prirent pour quelque dame de province ayant un procès pendant devant le Parlement, et ne s'en inquiétèrent pas davantage.

Renaudin fit monter la reine chez lui, et ce ne fut que lorsqu'il eut tiré les verrous de son cabinet de travail qu'elle ôta son loup.

— Eh bien? demanda-t-elle avec une vive anxiété.

— Eh bien! madame, répondit le président, René a supporté la torture.

— Sans avouer?

— Sans avouer.

Les yeux de la reine brillèrent de joie.

— Mais le voleur sur lequel je comptais est incorruptible.

— Comment cela?

— Il n'a ni femme ni enfant.

— A-t-il un amour au cœur?

— Oui, mais il ne veut pas.

Renaudin raconta alors à la reine son entretien avec Gascarille.

— Il veut la vie, ajouta-t-il.

La reine haussa les épaules.

— Et moi, ajouta Renaudin, je lui ai promis qu'il vivrait.

En effet, la princesse, aidée de Nancy, se couchait. (P. 536.)

— Êtes-vous fou? exclama la reine.

Le président eut un mystérieux sourire.

— J'ai une idée, dit-il.

— Voyons!

— René doit en vouloir mortellement au bourreau...

— Dame! fit la reine, René ne pardonne guère...

— Et il est probable que, si nous sauvons le Florentin, il imaginera quelque tour à lui jouer...

— Tant pis pour Caboche!

— C'est juste, madame; mais si on promettait à Caboche que René lui pardonnera, il ferait peut-être quelque chose pour obtenir ce pardon.

— Que ferait-il?

— Ce qu'il fit, il y a cinq ans, pour un pauvre archer condamné à être pendu. Au lieu de faire un nœud coulant à la corde, il fit un nœud ordinaire, puis, en lui sautant sur les épaules, il se cramponna fortement à la corde maîtresse qui passe sous les bras du condamné, de telle sorte que la grosse corde l'empêcha de peser sur le patient, tandis que la petite, destinée à l'étrangler, retenue par le nœud ordinaire, ne serra point.

« L'archer, qui avait le mot, gigota dans le vide un moment, puis garda l'immobilité la plus complète.

« On le crut mort et la foule s'écoula.

— Et il n'était pas mort? fit la reine.

— Nullement. A la nuit, le bourreau vint le dépendre et il en fut quitte pour quelques contusions et un torticolis.

— Et vous voudriez, maître Renaudin, que Jean Caboche procédât de la même façon pour Gascarille?

— Oui, madame.

— C'est difficile...

— Pourquoi?

— Parce que Caboche est homme à tout révéler au roi.

— Diable! fit Renaudin.

— Mais, reprit la reine, je vais vous donner une idée.

— Laquelle?

— Promettez à Gascarille que la chose se fera ainsi : René reconnu innocent, on parlementera avec Caboche, mais... pas avant... ce serait dangereux...

— Et si Gascarille consent?

— Eh bien! vous vous présenterez au Louvre comme c'était convenu... et vous direz au roi...

Renaudin secoua la tête :

— Il y a quelque chose qui vaut mieux, peut-être, dit-il.

— Qu'est-ce?

— C'est d'attendre que le roi revienne au Châtelet.

— Il y reviendra donc?

— Demain au matin.

— Dans quel but?
— René a encore une torture à subir.
— Mon Dieu! fit Catherine avec effroi.
— Et c'est la plus terrible... l'épreuve du feu... Il s'est évanoui ce matin... Mais demain j'arrangerai tout cela... Laissez-moi faire, madame...
— Soit! dit la reine.

Mme Catherine se levait pour se retirer et rentrer au Louvre.
— Ah! madame, dit Renaudin, je n'ai plus qu'une demande à vous faire.
— Qu'est-ce encore?
— Gascarille ne me croira pas si je n'ai un mot de vous, votre royale signature.
— Y songez-vous?
— Il le faut!
— Mais... si... ce mot... cette signature... venait à tomber dans les mains du roi?
— J'en réponds.

Catherine jeta un regard plein de défiance au président.

Renaudin comprit ce regard :
— Madame, répondit-il avec l'assurance de l'homme nécessaire, sans cette signature, je ne réponds plus de René.
— C'est-à-dire, fit la reine, que c'est une garantie.
— Pour Gascarille.
— Et... pour vous...

Renaudin se tut.
— Allons! pensa Catherine, il veut siéger au Parlement...

Elle s'assit devant la table du président et écrivit sur un morceau de parchemin ces mots :

« Je ferai grâce à Gascarille.

« CATHERINE. »

Le président s'empara du parchemin et la reine sortit.

Dix minutes après que la litière de Mme Catherine eut tourné l'angle de la rue Saint-Louis, le président Renaudin sortit à son tour, s'en retourna au Châtelet et redescendit dans le cachot du tire-laine.
— Tu vivras, lui dit-il.

Et il lui raconta comment Jean Caboche, le bourreau de Paris, avait procédé cinq années auparavant pour sauver son ami l'archer.

Mais Gascarille était un rusé compère.
— Quelle preuve me donnerez-vous de cela? demanda-t-il.

Le président tira de sa robe le parchemin signé par Catherine et sur lequel, outre sa signature, elle avait apposé ses armes, à l'aide d'une bague qu'elle portait au doigt.
— Au fait! murmura Gascarille, la reine doit tenir à sauver René.
— Parbleu!
— Aurai-je les deux cents écus d'or que vous destinez à Farinette?

— Tu les auras.

— Hum! dit le tire-laine, ce n'est pas bien, cela... dépouiller une pauvre fille comme Farinette...

— Alors on lui laissera les deux cents écus.

— Mais... moi?...

Le président se mit à rire.

— Tu en auras deux cents autres, lui dit-il.

— Alors, c'est bien.

— Est-ce marché conclu?

— Oui. Seulement, je ne sais pas du tout ce que je dois dire...

— Sois tranquille, répondit le président Renaudin, je te ferai ta leçon une heure avant la torture.

— Comment, la torture?

— Oh! rassure-toi, tu avaleras deux pintes d'eau, à la troisième tu parleras.

— Quand je serai sauvé, murmura le tire-laine, lorsque mon ami Caboche m'aura dépendu, j'irai vivre en province avec Farinette... On court trop de dangers à Paris.

XXXVII

Revenons à Henri de Navarre, que nous avons laissé étendu à terre dans la chambre de Nancy, l'œil collé à ce trou ménagé dans le plancher et qui permettait de voir et d'entendre ce qui se passait dans l'oratoire de Mme Catherine.

Le prince avait donc assisté au conciliabule de la reine mère et du président Renaudin, lequel avait exposé son plan pour sauver René.

Quand Renaudin se retira, Henri replaça une dalle qui bouchait ordinairement le trou, puis il se dirigea à tâtons vers le cordon de sonnette qui correspondait avec la chambre de Mme Catherine. Nancy l'avait enfermé.

Henri avait tiré le cordon de haut en bas, ce qui n'avait nullement agité la sonnette.

Une minute après, la sonnette tinta et le cordon s'agita de bas en haut.

Ce tintement semblait dire : « On va venir vous ouvrir. »

En effet, peu après Nancy arriva.

— Venez, monsieur de Coarasse, dit-elle.

Nancy prit le prince par la main et le fit sortir de sa chambre.

Puis elle l'entraîna par le corridor et le petit escalier tournant.

— Est-ce que la princesse m'attend? demanda-t-il.

— Ouais! fit Nancy, vous êtes insatiable, monsieur.

— Pourquoi?

— Mais parce que... vous l'avez déjà vue.

— C'est vrai.

— Et que la princesse a l'habitude de se coucher au moins une fois chaque soir, ajouta la railleuse soubrette.

Henri se tut.

— Où voulez-vous aller? reprit Nancy, hors ou à l'intérieur du Louvre?

— Je voudrais voir M. de Pibrac.

— En ce cas, passez par ici.

Nancy fit prendre au jeune homme un détour de corridor qu'il ne connaissait point encore, et le conduisit jusqu'à cet autre escalier qui lui était déjà familier et par lequel le page Raoul l'avait, plusieurs fois, fait monter chez M. de Pibrac.

— Vous savez maintenant votre chemin? lui dit-elle.

— Oui.

— Adieu, en ce cas.

Mais Henri la retint.

— Petite, un mot.

— Qu'est-ce?

— A quelle heure... demain?

— Ah! c'est juste... on ne vous a rien dit. Eh bien, à tout hasard, venez à neuf heures, comme à l'ordinaire.

— Certainement.

Henri serra la main de Nancy qui s'esquiva, et il s'en alla frapper à la porte de M. de Pibrac.

Le capitaine des gardes attendait, en proie à une assez vive inquiétude.

Le prince était sorti de chez lui d'un air si mystérieux, que le digne gentilhomme avait pensé que quelque grave événement s'accomplissait à cette heure.

— Ah! mon Dieu! dit-il en le voyant reparaître enfin.

— Vous étiez inquiet?

— On ne peut plus.

— Rassurez-vous; tout va bien.

— Qu'est-il donc arrivé?

— Je vous le dirai tout à l'heure.

— Pourquoi pas maintenant?

— Parce qu'il faut que je sache quelque chose encore.

En parlant ainsi, Henri alla ouvrir le bahut et se glissa de nouveau dans le couloir mystérieux.

— Diable! murmura-t-il en collant son œil au trou de la serrure, j'arrive dans un mauvais moment... Mme Marguerite se met au lit...

Et le prince regarda effrontément.

En effet, la princesse, aidée de Nancy, se couchait.

— Vrai, madame, disait Nancy, ce pauvre M. de Coarasse, qui lit si bien dans les astres et qui a fini par persuader Mme Catherine qu'il était sorcier, se trouve ensorcelé lui-même.

— Tu crois, petite?

— Il vous aime à en mourir.

Henri vit Marguerite, sur le visage de qui tombaient d'aplomb les rayons de la lampe, rougir comme une pensionnaire.

— Figurez-vous, madame, poursuivit la camérière, qu'il voulait revenir...

— Ici ?
— Ici-même.
— Ce soir ?
— Dame !

Et Nancy eut un sourire espiègle.

— Il savait bien que demain...
— Demain ? Je n'ai rien dit...
— Bah ! je me suis permis de lui assigner le rendez-vous.
— Comment ! petite ?...
— Oh ! mon Dieu ! fit Nancy avec une humilité hypocrite, si Votre Altesse ne le veut point recevoir, je le préviendrai...
— Nous verrons... répondit Marguerite un peu émue.

Nancy reprit :

— Il est du reste charmant, ce garçon.
— Tu trouves ?
— Et si j'étais princesse...
— Impertinente !

Nancy ne se déconcerta point.

— Si Votre Altesse devient reine de Navarre...
— Eh bien ?
— Elle me permettra un conseil.
— Voyons !
— La reine de Navarre fera bien de faire donner une charge à la cour au sire de Coarasse.
— Silence ! petite...
— On s'ennuie tant à Nérac, paraît-il !
— Nancy, ma mignonne, dit la princesse sans colère, je commence à croire que le sire de Coarasse est de tes amis.
— Quelle idée, madame !
— Et que tu conspires avec lui contre moi. Tu finiras par me le faire aimer...
— Ah ! madame, murmura Nancy, tandis que le prince frissonnait de joie au fond de sa cachette, Votre Altesse conviendra qu'elle m'a un peu encouragée à conspirer.
— Tais-toi, folle !...

Et Marguerite se mit au lit :

— Va-t'en, ajouta-t-elle, et laisse-moi dormir.

Nancy souffla la lampe et se retira.

Alors Henri entendit la princesse qui murmurait tout bas :

— Mon Dieu ! mon Dieu ! mais c'est que je l'aime !
— Parbleu ! pensa Henri, je m'en suis bien aperçu, madame.

Et il regagna la chambre de M. de Pibrac.

Celui-ci, à demi couché dans un vaste fauteuil, avait, en regardant le prince, la mine de ce voyageur antique à qui le sphinx que vainquit Œdipe donnait une énigme à deviner.

— Mon cher Pibrac, dit le prince, si vous avez quelque faveur à me demander, vous le pouvez.

— Plaît-il, monseigneur?

— Je jouis déjà de l'amitié du roi...

— C'est vrai.

— Et je suis en passe d'obtenir les bonnes grâces de Mme Catherine.

Pibrac ouvrit de grands yeux.

— J'ai pris la place de René.

— Votre Altesse confectionne des parfums?

— Non, mais je lis dans les astres.

L'étonnement de M. de Pibrac était à son comble.

Alors Henri lui narra ses aventures de la soirée, depuis l'enlèvement de Paola et sa rencontre avec la reine mère, y compris la scène de sorcellerie qu'il avait si bien jouée, jusqu'à l'intervention officieuse de Marguerite, qui venait de lui fournir les moyens de continuer son rôle.

M. de Pibrac l'écoutait, le sourcil froncé.

— Monseigneur, dit-il enfin, je vous dirai ce que Mme Marguerite vous a déjà dit.

— Bah!

— Le jeu est dangereux.

— Mais j'ai de la chance...

— Je l'espère... car s'il en était autrement...

— Pibrac, mon ami, vous vous alarmez trop facilement.

— Je connais la reine.

— Moi aussi.

— Et je connais René, ce qui est pire.

— Oh! pour celui-là, dit le prince, je sais que sa vie est en mes mains.

— Peut-être?...

— Et il me suffit d'aller trouver le roi et de lui tout révéler.

— Ah! monseigneur, s'écria Pibrac, gardez-vous-en!

— Pourquoi?

— Eh! le sais-je? Si René n'a point, à mes yeux, fait un pacte avec le diable, il a conclu ce pacte aux yeux de tous...

— Qu'importe!

— Que le roi sache la vérité, qu'il fasse arrêter Renaudin et le jette à la Bastille, qu'il rende la liberté à Gascarille et parvienne à prouver que René est coupable, René ne sera point pendu ni roué pour cela.

— Allons donc!

— La reine mère fera plutôt une révolution en France.

— Alors, quel est votre avis, Pibrac?

— Que le roi ne doit rien savoir.

— Bon!

— Qu'il faut laisser René se tirer des griffes du Parlement.

— Après?

Monseigneur, lui dit Sarah en lui prenant doucement la main. (P. 291.)

— Et que Votre Altesse fera bien de continuer tant qu'elle le pourra son rôle de sorcier auprès de la reine.

— Vraiment?

— Car, monseigneur, poursuivit M. de Pibrac, la reine aime René parce qu'elle croit au pouvoir surnaturel de ce damné parfumeur.

— Rien que pour cela?

— Peuh ! fit le Gascon ; ajoutez à cette raison un peu d'habitude, ce sera tout.

— En vérité !

— Et le jour où la reine aura trouvé un sorcier qui en remontrera à René, René sera perdu. Ce résultat vaudra mieux que l'arrêt du Parlement.

— Je suis de votre avis, Pibrac.

— Donc, acheva le capitaine des gardes, si vous m'en croyez, monseigneur, nous laisserons le roi, la reine et René s'arranger entre eux.

— Soit !

— Et Votre Altesse, si elle a toujours envie d'épouser Mme Marguerite...

— Certes, oui, Pibrac, mon ami. Mme Marguerite est charmante, et, ajouta Henri, je n'aurai peut-être nul besoin d'être son mari pour pénétrer dans ses bonnes grâces.

— Alors... à quoi bon ?

— Mais j'ai des raisons politiques... Qui peut savoir l'avenir ? acheva le prince de ce ton grave et pour ainsi dire inspiré qu'il avait eu une première fois déjà en parlant de son mariage il y avait quelques jours.

— A présent, ajouta Henri de Navarre, que j'ai pris votre avis, je me retire.

— Votre Altesse rentre à son hôtellerie ?

— Pas encore, j'ai une dernière expédition nocturne à mener à bien. Adieu, monsieur de Pibrac.

— Au revoir, monseigneur.

. . . .

Henri, en sortant du Louvre, s'en alla droit au cabaret de Malican.

Le cabaret était fermé et les derniers buveurs en étaient sortis depuis longtemps ; mais à travers la porte bien close et les volets discrètement fermés, le prince vit passer un mince rayon de clarté.

Il frappa doucement.

— Qui est là ? demanda à l'intérieur la voix fraîche de Myette.

— Le *pays* de la *payse*, répondit le prince en langue béarnaise.

Myette s'empressa d'ouvrir.

Le prince, en entrant dans le cabaret, aperçut Noë et la belle argentière toujours sous son costume de paysan des montagnes.

Malican, qui se levait chaque jour bien avant l'aube, était allé se coucher, et tout d'abord Sarah et Myette étaient demeurées seules.

Mais bientôt on avait frappé et Noë était survenu.

Noë revenait du village de Chaillot, où il avait placé Paola sous la garde de Guillaume Verconsin et de sa tante. Il était revenu par le bord de l'eau, et en pénétrant dans le cabaret il avait dit à Myette, en la prenant par la taille et en lui mettant un baiser sur le front :

— Je meurs de faim, ma petite, et tu serais bien gentille de me donner à souper.

Or, Noë soupait, tout en causant avec les deux femmes, lorsque le prince arriva.

— Parbleu! dit Henri, voilà qui m'explique enfin un certain malaise que j'éprouvais sans le pouvoir définir. Je n'ai pas dîné.

Et il s'assit en face de Noë et se versa une ample rasade de ce vieux vin que Malican conservait religieusement pour les gentilshommes de son pays.

Henri et Noë soupèrent de fort bon appétit, sans se faire la moindre confidence ; un regard d'intelligence échangé à la dérobée leur suffit.

Puis le prince, qui toute la soirée avait rêvé de Marguerite, se reprit à regarder l'argentière.

Sarah était toujours belle en dépit de son costume et de ce béret béarnais qu'elle enfonçait sur ses yeux et qui lui couvrait la moitié du front.

Henri se laissa aller à la contempler, et la jeune femme rougit si fort que son cœur se prit à battre :

— C'est singulier, pensa-t-il, je n'aurais jamais cru qu'on pût aimer deux femmes à la fois. Et cela est pourtant vrai : je me suis brûlé les yeux à la beauté de Mme Marguerite, et voici que Sarah me fait frissonner rien qu'en levant sur moi ses regards... Bizarre chose que le cœur de l'homme !

— Monseigneur, lui dit Sarah en lui prenant doucement la main, est-ce que vous ne retournez pas bientôt en Navarre ?

— Non, ma mie.

Sarah poussa un gros soupir.

— Pourquoi me demandez-vous cela ?

— Mais... parce que... je voudrais y aller.

— Vous ?

— Corisandre, ma bonne sœur, me recevrait.

Ce nom de Corisandre fit tressaillir Henri des pieds à la tête.

— Ah ! diable, pensa-t-il, j'oublie toujours que Sarah et Corisandre sont les deux doigts de la main...

Il fronça le sourcil et dit à l'argentière :

— Ma belle amie, si vous voulez aller en Navarre, rien n'est plus facile.

— Vous m'accompagnerez ? demanda-t-elle.

— Non, mais...

Sarah devint fort pâle.

— Je n'irai pas, dit-elle.

— Pourquoi ?

— Parce que, murmura-t-elle tout bas, vous m'avez sauvée...

— Ah !

— Et que quelque chose me dit que je pourrai peut-être à mon tour vous arracher à un grand péril.

Henri montra ses blanches dents de montagnard en un fin sourire.

— Je ne crains rien, dit-il.

— Qui sait ?

Et elle prononça ces deux mots avec une tristesse profonde.

— Ventre-saint-gris ! murmura le prince, décidément le monde est un vaste laboratoire de nécromancie. Voici que tout le monde s'y mêle de prédire l'avenir, depuis le prince de Navarre jusqu'à Mme Samuel Loriot.

Tout en faisant cette réflexion mentale, le prince contemplait toujours la belle argentière. Sarah était triste, et son œil noyé de mélancolie semblait annoncer qu'elle souffrait de quelque mal inconnu.

— Elle m'aime, pensa Henri.

Et il oublia Marguerite et reprit dans les siennes la main de Sarah.

Pendant ce temps, Noë caquetait avec la jolie Myette, à l'autre bout de la table ; et de même qu'en regardant Sarah Henri oubliait Marguerite, Noë ne songeait plus trop à Paola, tant il prenait plaisir à voir le sourire mutin et les lèvres rouges de la Béarnaise.

Myette regardait Noë comme Sarah regardait Henri ; et Myette avait de légers battements de cœur.

Heureusement pour elle et pour Sarah, minuit sonna au beffroi de Saint-Germain.

— Hé ! hé ! Noë, mon mignon, dit le prince, penses-tu que nous ferions bien de songer à Godolphin ?

— C'est juste, répondit Noë.

— Qu'en allez-vous donc faire, de ce malheureux ? demanda Myette. Il pleure et se désole nuit et jour. J'en ai le cœur fendu chaque fois que je descends à la cave.

— Nous l'allons consoler, ma mie.

Puis le prince, regardant Sarah :

— Vous ferez bien, mes belles, dit-il, de vous aller coucher toutes deux. Soyez tranquilles, nous n'emporterons rien.

— Quelle plaisanterie ! fit Myette.

Elle alluma une chandelle à celle qui brûlait sur la table.

— Puisque vous voulez rester seuls, restez ! dit-elle. Bonsoir !

— Bonsoir, petite, dit Noë, qui lui prit un nouveau baiser.

— Bonsoir, madame, fit le prince en posant ses lèvres sur la main de Sarah.

Les deux femmes gagnèrent l'escalier et laissèrent le prince et son compagnon maîtres du rez-de-chaussée du cabaret.

Alors, Henri et Noë se regardèrent.

— Ma parole d'honneur ! murmura ce dernier, je crois, Henri, que vous êtes plus que jamais amoureux de Sarah.

— Je le crois aussi...

— Donc, vous ne l'êtes pas de Mme Marguerite ?

— Tu te trompes ; je le suis tout autant.

— Ah ! par exemple !

— Mais, toi-même, dit le prince, aimes-tu Paola ?

— Certes, oui.

— Alors, pourquoi regarder si tendrement Myette ?

— Au fait ! c'est juste...

— Or, continua le prince, tu les aimes donc toutes deux ?

— Peut-être...

— Prends garde ! Myette est sous ma protection, et je ne veux pas...

— Prenez garde ! monseigneur... dit à son tour Noë, Sarah est toujours l'amie de Corisandre, et vous pourriez bien être joué...

Henri se mordit les lèvres.

— Tu as raison, peut-être ; occupons-nous de Godolphin, dit-il, et laissons ces deux enchanteresses.

— Hum ! pensa Noë, je ne renonce point à Myette, moi.

Henri prit la chandelle, tandis que Noë soulevait la trappe de la cave.

— Tu as ton cheval à l'écurie, n'est-ce pas? demanda-t-il.

— Certainement, je prendrai Godolphin en croupe, comme j'avais pris Paola.

Henri descendit le premier dans la cave, et Noë, qui le suivait, armé d'un trousseau de clefs, ouvrit la porte du caveau.

Godolphin, toujours lié, toujours garrotté, gémissait sur la paille de son cachot. Au moment où la porte s'ouvrit, il se dressa sur son séant ; en voyant apparaître Noë, il eut comme un cri de joie.

— Ah ! dit-il, vous venez me délivrer, comme vous me l'avez promis, n'est-ce pas ?

— Cela dépend, répondit Noë ; es-tu homme à tenir un serment ?

— Je n'ai jamais été parjure.

— Si je te conduis auprès de Paola, ne chercheras-tu point à fuir ?

— Paola ! Paola ! murmura le jeune homme... Être auprès d'elle, c'est le paradis... Je ne fuirai point, je vous le promets.

— Tu ne t'efforceras point de rejoindre René ? ajouta Henri.

— René ! dit Godolphin, dont l'œil brûla d'une lueur sinistre, je le hais de la haine que l'esclave a pour le maître.

— En ce cas, viens.

Noë débarrassa Godolphin de ses liens et lui banda ensuite les yeux.

Puis il le prit par la main et, avec l'aide du prince, il le fit sortir de la cave et remonter dans le cabaret.

. . . .

Quelques minutes après, Noë prenait Godolphin en croupe et le prince regagnait la rue Saint-Jacques.

Godolphin avait les yeux bandés, mais au moment où le cheval se mettait en route, il écarta un peu son bandeau et regarda furtivement autour de lui.

La nuit était sombre, mais cependant Godolphin reconnut la façade du Louvre.

XXXVIII

C'était le lendemain que René avait subi la première torture, en présence du roi, de M. de Crillon, du sire de Fouronne, gouverneur du Châtelet, et du président Renaudin.

C'était aussi le lendemain que la reine, Mme Catherine, attendait le prétendu sire de Coarasse pour une deuxième séance de sorcellerie.

La reine avait fixé l'heure elle-même; c'était à cinq heures de relevée.

A cinq heures moins quelques minutes, le prince entrait au Louvre; mais, au lieu de se rendre sur-le-champ chez la reine, il gagnait le petit escalier de la chambre de Nancy.

La jolie camérière était chez elle et attendait Henri avec impatience.

— Ah! lui dit-elle en le voyant entrer, savez-vous que vous avez eu une bien vilaine idée de vous faire sorcier?

— Pourquoi cela, mon enfant?

— Parce que je suis obligée de passer ma journée ici, afin de savoir au juste ce que fait et dit Mme Catherine.

— Eh bien, dit Henri, je vous revaudrai quelque jour ce que vous faites pour moi.

— Ah! fit Nancy.

— Je vous enverrai Raoul.

— Pourquoi faire? demanda la camérière, qui rougit jusque dans le blanc des yeux.

— Pour vous tenir compagnie.

Le naturel railleur de Nancy eut bientôt pris le dessus.

— Bah! dit-elle, je n'ai pas besoin de cela.

— Vraiment?

— Non, car Raoul sort d'ici.

— Oh! oh!

— Et pourquoi pas? fit la jeune fille d'un ton mutin, vous y êtes bien venu, vous.

— Mais, moi... je suis... votre ami.

— Raoul aussi...

— Hum!

— Et, de plus, il est mon messager, et justement, je l'ai mis en campagne pour vous, tout à l'heure.

— Comment cela?

— Mme Catherine est sortie ce matin.

— Pour voir son cher René, sans doute?

— Non.

— Où est-elle donc allée?

— Figurez-vous, continua Nancy, que la reine a passé une nuit fort agitée.

— En serais-je la cause?

— Vos révélations y sont bien pour quelque chose, j'imagine.

— Vous croyez?

— Toute la nuit elle a eu de la lumière chez elle; tantôt elle se levait et marchait à grands pas, tantôt elle se recouchait et essayait de dormir. Quelquefois il lui est arrivé de prononcer votre nom et de murmurer assez haut pour que de mon poste je l'entendisse : « Ce Coarasse m'a révélé des choses « étranges! Jamais René, dans ses meilleurs jours de divination, ne m'en a dit « autant... »

— Mais, vous ne m'expliquez pas pourquoi Raoul...

— Attendez.
— Bon ! j'écoute.
— C'est ce matin qu'on a donné la torture à René.
— Je le sais.
— René n'a rien avoué ; mais il paraît que la reine ignorait ce matin les détails de l'épreuve.
— Ah !
— Le roi, Crillon et le gouverneur, qui seuls y ont assisté avec le juge interrogateur, avaient gardé le secret.

« La reine est venue dès onze heures chez Mme Marguerite et l'a priée de passer chez le roi.

« Mme Marguerite est allée chez le roi ; mais le roi, qui revenait justement du Châtelet, déjeunait tranquillement avec M. de Crillon et n'a pas dit un mot de René.

« Alors, Mme Catherine a envoyé son page Renaud au Châtelet.

« Renaud a questionné tout le monde et n'a appris qu'une seule chose, c'est que René avait été apporté évanoui de la salle de torture.

« Midi est venu. Mme Catherine, rongée d'inquiétude, a demandé sa litière et elle a dit à Renaud :

« — La litière sans armoiries, bien entendu.

« J'ai compris sur-le-champ, poursuivit Nancy, que la reine allait faire quelque expédition mystérieuse, et je me suis mise à la fenêtre.

« Ma fenêtre, vous le savez, donne sur la cour du Louvre. Dans la cour, Raoul dressait, comme chaque jour, à la même heure, un gerfaut que le roi lui a donné. J'ai agité mon mouchoir, Raoul a compris, et il est monté, son gerfaut sur l'épaule.

« Ah ! monsieur de Coarasse, soupira Nancy, convenez que je suis bien votre amie, car si ce n'eût été pour vous...

— Eh bien ?
— Raoul ne serait point entré chez moi.
— Il vous aime, pourtant...
— C'est justement pour cela qu'il le faut tenir à distance. Et je l'eusse fait...
— Hein ? fit Henri.
— Mais c'est le cas de dire qu'il est effronté comme un page, il a osé...
— O mon Dieu ! exclama Henri.
— Il m'a vendu le service que je lui demandais.
— Fi ! le juif !...

« — Mon petit Raoul, lui-ai-je dit, tu es mignon à croquer, et tu vas bien me rendre un bon office.

« — Certes, oui, m'a-t-il dit. Que faut-il faire ?
« — Mme Catherine va sortir...
« — Ah !
« — Dans sa litière sans armoiries...
« — Bon !

« — Tu suivras de loin la litière, en prenant bien garde d'être vu.
« — Après?
« — Tu me diras où est allée la reine.
« — Parfait.
« Et Raoul m'a regardée, puis il a eu l'effronterie de me dire :
« — Mam'zelle Nancy, vous espionnez la reine.
« — Que t'importe? Aimes-tu mieux la reine que moi?
« — Oh! non, certes.
« — Alors, tu vas m'obéir?...
« — Oui, à une condition... »

— Vous comprenez, dit Nancy, que j'ai froncé le sourcil. Cela me paraissait plaisant, et même impertinent, que ce bambin me proposât des conditions.

— Et quelles étaient-elles? demanda Henri.

— Raoul m'a dit sans se déconcerter :

« — Je veux bien suivre la reine et vous rapporter fidèlement en quel lieu elle va, mais vous me laisserez prendre un baiser sur votre joue gauche. »

— Ah! le drôle! fit Henri en riant.

« — C'est à prendre ou à laisser, m'a-t-il dit.

— Alors, continua Nancy, vous comprenez : c'était pour vous... et Raoul m'a pris un baiser.

— Puis, il est parti?

— Oh! nenni!

— Comment, nenni? Il a manqué à sa parole? fit le prince.

— Non, mais il m'a dit :

« — Je vous ai promis de suivre la reine, et je la suivrai, soyez-en sûre. Mais je n'ai pas promis de ne lui point révéler que je l'ai suivie, et cela par votre ordre.

« — Comment! me suis-je écriée, tu oserais me trahir?

« — Non, si vous achetez ma discrétion : c'est deux baisers sur la joue droite, tout au juste, » m'a-t-il dit.

— Et vous avez accordé les deux baisers?

— Dame! fit Nancy ingénument, il le fallait bien.

— Chère Nancy...

Le prince voulut imiter Raoul, car la joue rosée de Nancy avait le séduisant velouté d'une pêche, mais elle l'arrêta :

— Ah! pardon! dit-elle, je n'ai pas besoin de votre discrétion, moi; c'est vous qui avez besoin de la mienne.

— C'est juste, murmura le prince. Ainsi, Raoul a suivi Mme Catherine?

— Oui.

— Et elle est allée?

— Rue Saint-Louis-en-l'Ile.

— Très bien! chez le président Renaudin?

— Justement.

— Mais vous ne savez pas ce qu'ils ont dit?

Le roi achevait de souper mélancoliquement et seul. (P. 304.)

— Bah! répliqua Nancy, puisque nous jouons le rôle de sorcier, il faut le bien jouer.

— Comment! vous savez?...

— Quand la reine est revenue, Mme Marguerite est passée chez elle, et voici ce que la reine, qui lui fait ses confidences, lui a dit : « René n'a rien avoué Renaudin a trouvé un homme qui s'avouera coupable. C'est un voleur bien connu, du nom de Gascarille. On lui a promis sa grâce, c'est-à-dire que le bourreau sera gagné et le pendra mal... ou bien... » a ajouté Mme Catherine avec son mauvais sourire.

— Et maintenant, acheva Nancy, sauvez-vous, la reine vous attend... Allez jouer votre rôle...

— Vous reverrai-je en la quittant?

— Sans doute.

— Où?

— Ici.

— M'y attendrez-vous?

— Non, je vais chez Mme Marguerite.

Henri baisa la main de Nancy et descendit avec elle jusqu'à l'étage inférieur.

— Prenez ce couloir, dit-elle; il conduit au grand escalier. Vous entrerez par les grands appartements, et le premier page que vous rencontrerez vous conduira chez la reine. A bientôt...

— Au revoir...

Henri suivit à la lettre les recommandations de Nancy, traversa les grands appartements et trouva dans l'antichambre de Mme Catherine, non point le page Renaud, mais bien le page Raoul.

Celui-ci vint à la rencontre d'Henri.

— Bonjour, monsieur de Coarasse, dit-il.

— Bonjour, Raoul.

— Est-ce que vous voulez parler à la reine?

— Elle m'attend.

— Oh! oh! fit le page émerveillé de la faveur du Béarnais.

— Dites donc, Raoul, fit le prince en se penchant à son oreille, savez-vous que vous êtes un peu juif...

— Hein? fit Raoul.

— Vous ne rendez pas service pour l'amour de Dieu.

Raoul rougit jusqu'au oreilles.

— Qu'en savez-vous?

— Un baiser pour le service, deux baisers pour la discrétion.

— C'est pour rien, dit Raoul, et puisque Nancy se plaint, à l'avenir elle payera le double.

— Vous êtes plein d'esprit, fit le prince. Annoncez-moi.

Raoul pénétra chez Mme Catherine et l'avertit que le sire de Coarasse attendait.

— Fais entrer, mon mignon, dit la reine, et puis, tu garderas bien ma porte.

— Oui, madame.

— Tu ne laisseras entrer personne.

— Votre Majesté peut s'en fier à moi.

Raoul s'effaça et laissa entrer le sire de Coarasse.

Henri fit trois pas vers la reine et s'inclina profondément.

Puis, tandis qu'elle lui faisait signe d'approcher, il l'envisagea.

Catherine était fort pâle, mais une joie sombre éclatait dans ses yeux.

— Allons! pensa le prince, elle a désormais la certitude de sauver René.

— Monsieur de Coarasse, dit la reine, savez-vous que vous occupez fort mon esprit depuis hier?

— Je le sais, madame.

— Ah! vous le savez?

— Votre Majesté n'a pas dormi de la nuit.

La reine eut un geste d'étonnement, presque d'effroi.

Henri poursuivit :

— J'imagine que Votre Majesté ne va plus m'interroger sur des choses vulgaires, comme, par exemple, ce qu'elle a fait, dit ou pensé depuis hier.

— Mais vous vous trompez, répondit Catherine. Il y a des heures où je doute, et je voudrais une dernière preuve.

— Parlez, madame.

— Où suis-je allée aujourd'hui?

— Madame, répondit Henri, je m'attendais si bien aux questions de Votre Majesté, que j'ai voulu les résoudre par avance.

— Comment cela?

— Tantôt j'étais chez moi, dans la chambre de mon hôtellerie, et j'ai consulté mon oracle.

— Vous n'avez cependant point ce flacon dont vous vous serviez hier, observa la reine qui montra du doigt, sur la cheminée, la fiole d'encre sympathique.

— Non, madame.

— Alors, comment avez-vous fait?

— J'ai pris une carafe.

— Une carafe?

— Remplie d'eau pure.

— Et cela vous a suffi?

— Parfaitement.

— Étrange! murmura la reine.

— J'ai voulu savoir alors ce que Votre Majesté avait fait depuis l'heure où elle m'a congédié hier.

— Ah! voyons!

— Votre Majesté a reçu la visite du juge que je lui avais annoncé. Le juge a dit à Votre Majesté que, pour sauver René, il fallait que René eût le courage de subir la torture et de ne rien avouer.

— Bien. Après?

— Le juge a promis de trouver un condamné à mort qui prendrait à sa charge l'assassinat de la rue aux Ours.

— C'est vrai encore.

— Le juge parti, Votre Majesté est demeurée en proie à une vive anxiété. Elle a prononcé plusieurs fois mon nom...

— Mais, c'est vrai, cela!

— Et ce matin, acheva Henri, sa grande préoccupation était de savoir si René, en subissant la torture, avait fait des aveux.

La reine était confondue.

— Allons, dit-elle, un dernier mot, monsieur de Coarasse, et je vous croirai comme un oracle.

— Parlez, madame.

— Je suis sortie du Louvre...

— En effet.

— Où suis-je allée?

— Chez le juge.

— Que m'a-t-il dit?

— Qu'il avait trouvé le condamné qui prendrait la place de René.

— Quel est... ce condamné.

— Un voleur.

— Savez-vous son nom?

— Ah! ceci, madame, est plus difficile à dire.

— Pourquoi?

— Parce que je n'ai point songé à le demander à mon oracle.

— Demandez-le-lui.

Henri se leva et alla prendre sur la cheminée le flacon d'encre sympathique.

Puis, regardant au travers :

— Voulez-vous, madame, dit-il, me nommer successivement les vingt-quatre lettres de l'alphabet?

— Soit! dit Catherine.

Quand elle fut au G, Henri l'arrêta.

— Voilà la première lettre de son nom, dit-il. Votre Majesté peut recommencer, je lui nommerai l'une après l'autre les lettres qui le composent.

— C'est inutile, dit la reine, je suis convaincue pour ce qui touche le présent et le passé. Mais... l'avenir?

— Madame, répondit Henri, j'ai prévenu humblement Votre Majesté : je me trompe bien souvent... mais cependant j'essayerai... Que désirez-vous savoir?

— D'abord, si René sera sauvé.

— Il le sera, madame, mais...

— Ah! voyons le *mais*..

— René ne retrouvera point son pouvoir surnaturel.

— Pourquoi cela? demanda la reine, qui ne put s'empêcher de tressaillir.

— Hélas! madame, parce que René avait dans les mains un instrument qui lui est échappé.

— Que voulez-vous dire?

— René n'a jamais lu dans les astres.

— Mais, cependant... dit-elle.

— René avait auprès de lui un garçon dont le sommeil avait une propriété étrange, ajouta Henri.

— Laquelle?
— La propriété de voir à distance.

Alors Henri expliqua de son mieux à Catherine ce que c'était que le somnambulisme de Godolphin.

Et la reine, le sourcil froncé, l'écouta.

— Ainsi, dit-elle, René était un imposteur?
— A peu près...
— Et il m'a trompée?
— Oui et non, madame. Oui, en prétendant qu'il lisait dans les astres. Non, en révélant des choses que l'événement a justifiées.
— Et ce pouvoir, René l'a perdu pour toujours?
— Oui, madame.
— Pourquoi?
— Parce que Godolphin est mort.

La reine regarda sévèrement Henri.

— Ne seriez-vous point pour quelque chose dans ce trépas? demanda-t-elle.

Henri soutint le regard.

— Non, madame.
— Connaissez-vous le meurtrier?
— C'est le gentilhomme qui a enlevé Paola.
— Sera-t-il puni?
— Un jour.
— Quand?
— Le lendemain des noces du prince de Navarre avec Mme Marguerite de France.
— Ah! dit la reine que cette réponse jeta dans un autre ordre d'idées. Ce mariage se fera donc?
— Oui, madame.
— Prochainement?
— Très prochainement.
— Sans aucun obstacle?
— Oh! pardon... j'en vois un...

Le prince reprit le flacon et regarda de nouveau au travers; puis, comme s'il eût obéi à une force inconnue, il tourna lentement la tête vers l'est:

— L'obstacle est là! dit-il.

Catherine songea que l'est était le point cardinal placé en droite ligne de la Lorraine.

— Et pourtant, interrogea-t-elle, cet obstacle sera vaincu?
— Oh! sans nul doute.
— Par qui?

Henri regardait toujours à travers le flacon.

— C'est bizarre, dit-il enfin.
— Quoi? demanda Catherine.
— Ce que je vois là...

— Que voyez-vous?

— L'homme qui renverse l'obstacle dont je parle et qui s'oppose au mariage du prince de Navarre avec la princesse Marguerite.

— Quel est cet homme?

— C'est moi, dit froidement Henri.

Depuis qu'elle interrogeait le prétendu sire de Coarasse, la reine marchait d'étonnement en étonnement.

— Vous? dit-elle.

— Moi! dit le prince.

— Mais, comment?

— Ah! je ne sais encore...

— Cherchez...

— Oh! madame, dit Henri, voilà ce que je ne puis vous dire aujourd'hui.

— Quand le pourrez-vous?

Le prince recommença le manège du sablier interrogé à travers le flacon.

— Dans un mois, dit-il. Avant, c'est tout à fait impossible.

— Singulier homme! murmura Catherine abasourdie.

Henri se leva.

— Votre Majesté me veut-elle demander quelque chose encore?

— Non, dit la reine; mais il faudrait que vous revinssiez demain; je veux vous consulter sur les huguenots.

Henri baisa respectueusement la main que Catherine lui tendait et sortit.

En passant, il salua Raoul.

— Monsieur de Coarasse, lui dit le page, M. de Pibrac vous cherche.

— Ah! vraiment?

— Et il vous attend.

— J'y vais.

Henri n'eut point la peine d'aller jusqu'à l'appartement de M. de Pibrac: il le rencontra sur la dernière marche du grand escalier.

— Monseigneur, lui dit tout bas le capitaine des gardes, j'ai un message pour vous.

— De qui?

— Du roi.

— Oh! oh! Et que me veut-il, le roi?

— Le roi est de très bonne humeur ce soir, et il veut jouer à l'*hombre*.

— Sa Majesté me prend pour partner?

— Justement.

— J'irai, en ce cas.

— Votre Altesse me fait-elle l'honneur de souper avec moi?

— Sans doute. Mais à une condition.

— J'écoute.

— Vous allez me donner deux minutes.

— Faites, monseigneur.

Henri monta chez Nancy.

— Ma mie, lui dit-il, me voilà bien embarrassé.

— Pourquoi?

— Le roi m'invite à son jeu.

— Et Mme Marguerite vous attend?

— Justement. Comment faire?

Nancy se prit à sourire :

— Il est avec l'amour des accommodements, dit-elle. Parfois, quand il le faut, il sait se coucher tard. Fiez-vous-en à moi, bonne chance!

XXXIX

En quittant Nancy, Henri rejoignit M de Pibrac qui l'attendait chez lui, les pieds devant un bon feu, auprès d'une table fort convenablement servie.

— Peste! dit le prince en entrant et lorgnant le menu du dîner.

Entre deux flacons de vin vieux aux couleurs vermeilles fumait un salmis de perdreaux.

A gauche du salmis, un morceau de bœuf cuit dans son jus.

A droite, une hure de sanglier.

Quelques menues friandises, telles que des rillettes de Tours, des andouillettes de Troyes, une assiettée de thon mariné et des sardines à l'huile, s'éparpillaient à l'entour.

— Peste! répéta le prince, voilà un premier service, mon cher Pibrac, qui a bien son mérite.

— Votre Altesse est trop bonne, répondit en s'inclinant le capitaine des gardes.

— D'où tirez-vous donc votre cuisine?

— De chez le roi. Je me suis entendu avec le cuisinier de Sa Majesté.

— Ah! ah! fit Henri.

— Et, comme vous le voyez, fit modestement le capitaine des gardes, je ne m'en trouve pas trop mal.

Henri se mit à table et soupa d'un excellent appétit.

M. de Pibrac était de fort bonne humeur et se mit en frais d'esprit.

Puis, le repas terminé, il dit au prince :

— Le roi joue chez la reine.

— Plaît-il? fit Henri.

M. de Pibrac répéta son assertion.

— Mais, dit le prince, s'il en est ainsi, le roi est au mieux avec Mme Catherine?

— Vous vous trompez...

— Et après l'arrestation de René, la torture et le reste...

M. de Pibrac interrompit le prince d'un geste :

— Les Valois sont cruels autant qu'ils sont faibles, dit-il.

Henri ouvrit de grands yeux.

— Le roi Charles IX est si fier d'avoir montré une heure de fermeté en faisant arrêter René, qu'il va pousser son énergie inaccoutumée jusqu'à la cruauté.

— Comment cela?

— Persuadé que désormais le Florentin ne pourra lui échapper, il veut narguer la reine.

— Allons donc!

— Et c'est pour cela qu'il va chez elle ce soir.

Henri eut un sourire :

— Malheureusement, dit-il, s'il en est un de berné, de la reine mère ou du roi, je crains bien que ce ne soit...

— Le roi, n'est-ce pas?

— Précisément.

— Et moi, j'en suis sûr. Mais le roi ne sait rien de tout cela, et c'est pourquoi il triomphe encore...

— Ainsi, le roi joue chez la reine?

— Ce soir; au reste, vous allez en avoir la preuve, monseigneur.

M. de Pibrac se leva de table.

— Venez avec moi, ajouta-t-il.

Henri suivit M. de Pibrac, qui le conduisit chez le roi.

Le roi achevait de souper, mélancoliquement et seul; en voyant entrer le prétendu sire de Coarasse, il éprouva un mouvement de joie.

— Ah! s'écria-t-il, voilà un partner sérieux, au moins. Bonjour, monsieur de Coarasse; vous jouez fort bien à l'hombre.

— Votre Majesté me comble...

— Et nous ferons ce soir une fort belle partie, ajouta Charles IX.

— Si Votre Majesté me prend dans son jeu, hasarda Henri.

— Comment donc! monsieur de Coarasse, mais c'est convenu. Nous jouons ensemble et nous défions l'univers entier.

Henri sourit et se tut.

Le roi s'essuya le coin des lèvres avec sa serviette et continua :

— Monsieur de Coarasse, voulez-vous que je vous charge d'une mission?

— Je suis aux ordres de Votre Majesté.

— Vous allez vous rendre chez la reine.

— La reine mère?

— Oui, certes.

— Que lui dirai-je?

— Vous la préviendrez que je serai très heureux, ce soir, de faire ma partie chez elle.

Henri s'inclina.

— Et vous m'y attendrez, ajouta Charles IX, qui avait un méchant sourire aux lèvres.

Le prince laissa M. de Pibrac chez le roi et s'en fut droit aux appartements de Mme Catherine.

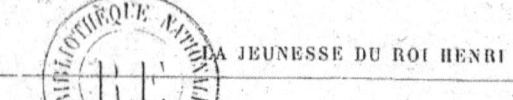

... Marguerite de France faisait son entrée dans l'oratoire de la reine mère (P. 309.)

La reine mère avait coutume de réunir chaque soir, dans son oratoire, une douzaine de seigneurs et de dames de la cour, qui arrivaient à neuf heures et partaient à onze.

On jouait, on devisait de magie et de sorcellerie; parfois messire l'abbé de Brantôme y venait lire un chapitre de ses *Dames galantes*.

L'arrestation de René et le désespoir de Mme Catherine avaient, depuis deux jours, mis un terme à ses réunions.

La reine était d'humeur farouche, et bien qu'il n'y eût pas un courtisan qui ne détestât cordialement René, son infortune subite avait jeté dans le Louvre une consternation générale.

En effet, plaindre René, c'était déplaire au roi; se réjouir de sa disgrâce, c'était braver la reine.

En cette occurrence, les plus prudents *faisaient le mort* et restaient chez eux.

Or, lorsque Henri arriva, la reine mère était seule, lisant fort mélancoliquement un volume de poésie italienne, interrompant de temps à autre sa lecture pour soupirer profondément.

Catherine avait le ferme espoir de sauver René; mais elle n'en éprouvait pas moins un profond chagrin; car, pour la première fois, le roi lui avait résisté et s'était montré le maître.

En voyant entrer M. de Coarasse, elle fut quelque peu étonnée.

— Madame, lui dit Henri avec une aisance parfaite, je ne viens point dire la bonne aventure à Votre Majesté. Je ne suis sorcier qu'à mes heures.

— Quel bon vent vous amène donc, monsieur de Coarasse? fit Catherine avec un sourire gracieux.

— Je suis messager du roi.

— Ah! fit la reine qui fronça légèrement le sourcil.

— Mais un messager de hasard, ajouta vivement Henri, qui crut comprendre que sa faveur auprès du roi portait ombrage à Mme Catherine.

— Comment cela?

— M. de Pibrac, dont j'ai l'honneur d'être le cousin, fit humblement Henri, m'a rencontré au moment où je sortais de chez Votre Majesté.

— Eh bien?

— Et il m'a invité à souper.

— Bon! dit la reine. Mais...

— S. M. le roi, poursuivit Henri, avait daigné m'honorer en m'admettant à son jeu, il y a quelques jours. Je joue assez bien à l'hombre.

— Très bien même, à ce qu'il paraît.

— Alors, poursuivit Henri, le roi, sachant que j'étais chez M. de Pibrac, a eu envie de jouer à l'hombre.

— Et il vous a fait appeler?

— Justement, dit le prince.

— Mais il faut être à quatre, pour jouer à l'hombre.

— C'est pour cela que le roi m'envoie chez Votre Majesté.

— Ah! fit Catherine avec une pointe d'ironie, le roi a besoin d'un quatrième?

— C'est-à-dire qu'il supplie Votre Majesté de le recevoir chez elle ce soir.

— On ne joue plus chez moi, dit sèchement Catherine.

— Madame, murmura Henri, si j'avais l'audace de faire une observation à Votre Majesté...

— Voyons, monsieur de Coarasse.
— J'engagerais Votre Majesté à recevoir le roi ce soir.
— Pourquoi?
— Qui sait? fit hypocritement Henri. Le roi est peut-être désespéré de s'être montré fort sévère envers René, et il se repent peut-être d'avoir chagriné Votre Majesté.
— Vous avez raison, dit vivement la reine.

Et elle prit une baguette d'ébène et en frappa trois coups sur un timbre.

Un de ses officiers parut.

C'était un jeune gentilhomme qu'on appelait M. de Nancey et qui remplissait auprès d'elle les fonctions d'écuyer.

— Nancey, lui dit la reine, veuillez donner des ordres, faire allumer des bougies, dresser des tables, et prévenez les gentilshommes et les dames qui se trouvent au Louvre que le roi joue chez moi ce soir.

Le visage de M. de Nancey s'illumina. Il sortit tout joyeux pour transmettre les ordres de la reine.

— Votre Majesté le voit, dit Henri, M. de Nancey juge la chose comme moi.

— Et comment la jugez-vous?

— Si le roi vient chez Votre Majesté, c'est qu'il se veut réconcilier avec elle.

— Monsieur de Coarasse, dit la reine, vous pronostiquez trop bien l'avenir pour que je ne vous veuille point interroger.

— Je suis aux ordres de Votre Majesté.

— Le roi ne viendra probablement point avant un quart d'heure. Venez avec moi...

Elle prit Henri par la main et le conduisit dans une sorte de cabinet de toilette voisin de l'oratoire, où elle s'enferma avec lui.

— Madame, dit le prince en souriant, les oracles mentent quelquefois, surtout quand on les fatigue. Je ne sais encore ce que Votre Majesté va me demander, mais il se pourrait bien que je fusse devenu un simple mortel et que j'eusse momentanément perdu mon pouvoir.

— Bah! dit Catherine, je gage, au contraire, que vous allez lire dans l'avenir comme dans un livre.

La reine mère était désormais convaincue du pouvoir surnaturel du gentilhomme béarnais.

Le cabinet de toilette était une toute petite pièce où il n'y avait que deux chaises.

La reine en indiqua une au prince et prit l'autre.

Mais Henri demeura debout.

— Voulez-vous le flacon d'encre sympathique? demanda la reine.

— C'est inutile, madame.

— Alors, que vous faut-il?

— Votre main.

— La voilà. Et ensuite?

— Rien.

En prononçant ce dernier mot, Henri souffla le flambeau et la pièce se trouva dans une obscurité profonde.

Mais comme Mme Catherine était habituée aux bizarreries des gens qui prétendent interroger l'avenir, elle ne se récria point.

Henri lui prit la main, la tint pressée dans les siennes et garda un moment le silence.

— Madame, dit-il tout à coup, le roi vient chez Votre Majesté, poussé par un sentiment de méchanceté.

— Ah! fit la reine, qui tressaillit soudain.

— Je ne sais pas ce qu'il fera, ce qu'il dira, ajouta Henri; mais, il tâchera de faire de la peine à Votre Majesté.

Comme Henri parlait ainsi, on entendit des pas dans l'oratoire et une voix qui disait :

— Où donc est madame ma mère?

— C'est le roi! dit Catherine.

Elle chercha le mur à tâtons ; sa main trouva le bouton d'une serrure et une porte s'ouvrit.

— Tenez, dit-elle à Henri, passez par là ; il est inutile que le roi sache que nous nous occupons de divination. Cette porte donne sur un corridor. Vous le suivrez...

— Bien, madame.

— Au bout, vous trouverez une autre porte, celle de l'appartement de ma fille Marguerite.

— Frapperai-je?

— Vous frapperez. On vous ouvrira, et vous direz à Margot que le roi joue chez moi et que je la prie de venir.

Henri s'esquiva et la reine ferma la porte sans bruit.

Quand il fut dans le corridor, il se prit à rire dans sa barbe.

— Cette bonne Mme Catherine, murmura-t-il, est un peu naïve en m'indiquant la porte que je connais si bien.

Il parcourut le corridor dans toute sa longueur, arriva à la porte de la princesse et frappa doucement.

— Qui est là? demanda Marguerite.

— Un sorcier, répondit Henri.

La princesse ouvrit, reconnut Henri et rougit.

— Comment! dit-elle avec une sorte d'effroi, vous osez...

— C'est la reine qui m'envoie...

— Ah! fit Marguerite en respirant.

Henri se hâta de raconter à Marguerite ce qui venait d'avoir lieu.

La princesse appela Nancy et se fit habiller.

— Vous allez assister à ma toilette, dit-elle.

Henri, tout frémissant de joie, s'assit auprès d'un splendide miroir de Venise, devant lequel Marguerite venait de se placer.

Un quart d'heure après, Mme Marguerite de France faisait son entrée dans l'oratoire de la reine mère, appuyée sur le poing du jeune sire de Coarasse.

Il y avait déjà nombreuse réunion chez Mme Catherine.

Grâce à M. de Nancey, la nouvelle s'était rapidement répandue à travers le Louvre que le roi venait jouer chez la reine mère.

Comme l'écuyer de la reine Catherine, tout le monde avait cru à une réconciliation, et chacun s'était empressé d'accourir. M. de Crillon lui-même était venu.

Cependant, le duc n'était pas courtisan, mais il obéissait sans doute à un ordre du roi.

Charles IX s'était mis à la table de jeu. Il avait galamment baisé la main de la reine qui, mise en garde par la prédiction de Henri, attachait sur lui un regard scrutateur.

Le roi paraissait d'une humeur charmante.

— Ah! voilà mon partner, dit-il en voyant entrer Henri. Approchez, monsieur de Coarasse. Bonjour, Margot.

Et le roi battit les cartes, tandis que Henri prenait place à la table de jeu...

— C'est singulier! dit un gentilhomme tout bas à M. de Nancey, le roi n'est plus le même qu'hier.

— En effet.

— Ce matin encore, m'a-t-on dit, il a assisté à la torture de René avec une joie qui était loin de faire présager qu'il viendrait ce soir chez la reine.

— Mme Catherine a pu perdre un moment son influence, mais cela ne pouvait durer, repartit M. de Nancey.

— Moi, dit un troisième qui s'approcha, je gagerais volontiers...

— Que gageriez-vous?

— Que René sortira de prison ce soir ou demain.

— Ah! par exemple!

— Vous verrez...

— Pour moi, dit Nancey, je suis de l'avis de monsieur.

— Ah!

— Si le roi vient chez la reine, c'est que la paix est faite.

— Qu'est-ce que cela prouve?

— Cela prouve que le roi a pardonné à René.

— Ou que la reine a abandonné son parfumeur.

M. de Nancey sourit et haussa les épaules.

— Jamais, dit-il.

— Cependant, René a été torturé ce matin.

— Oui.

— Et il a avoué...

— Il n'a rien avoué.

— Vraiment!

— Il a enduré la question, le brodequin, le brasier.

— En vérité?

— Et il a tout nié.

En ce moment le roi posa les cartes sur la table et il regarda la reine mère.

— A propos, madame, dit-il, je veux vous donner une nouvelle.

La reine tressaillit, car le roi avait un accent railleur et un mauvais sourire.

— J'écoute Votre Majesté, dit-elle.

— René, votre protégé, poursuivit le roi, a subi la torture ce matin.

— Je le sais, Sire, répondit la reine.

Le roi se tourna vers la galerie.

— Le drôle n'a rien avoué, dit-il. On lui a fait avaler dix pintes d'eau, on l'a chaussé du brodequin, on lui a brûlé la main gauche...

— Il est innocent, Sire, dit la reine.

— C'est ce que je commence à croire, madame, répliqua le roi.

Catherine tressaillit.

— Et demain je m'en assurerai.

— Demain ? fit la reine avec inquiétude.

— Oui, madame. Ainsi demain, poursuivit le roi, on chaussera le pied gauche de René comme on lui a chaussé le pied droit.

La reine frissonna.

— On lui brûlera la main droite.

— Ah! Sire, quelle cruauté !

— Puis, s'il persiste à nier, on lui enfoncera les fameux coins entre les jambes solidement liées.

Catherine, haletante et pâle, s'écria :

— Mais il est innocent... cependant...

— On le verra bien. S'il l'est, maître Caboche n'aura qu'à se croiser les bras.

— Mais, Sire, les coins brisent les jambes.

— Ce sera fâcheux, dit froidement le roi, car il faudra le porter sur l'échafaud.

— Oh! Sire, supplia la reine, que voulez-vous que devienne ce malheureux lorsqu'il aura les mains brûlées et les jambes brisées?

— J'y ai songé, madame, dit froidement le roi. Si René est coupable, il sera roué : mais, s'il est innocent, je ferai quelque chose pour lui.

Les hôtes de Catherine regardaient le roi avec étonnement.

— Justement, poursuivit Charles IX, le mendiant titulaire du porche de Saint-Eustache est mort hier. Je donnerai la place vacante à René.

Et après cette sanglante ironie, le roi ramassa les cartes éparses sur le tapis.

— C'est à vous de donner, monsieur de Coarasse, dit-il.

Charles IX ajouta :

— Messieurs, je vous *invite*...

Il insista tellement sur ce mot qu'il devint un ordre.

— Je vous invite à me suivre demain au Châtelet. Vous y assisterez à la torture.

Les courtisans s'inclinèrent, frissonnant, et n'osèrent regarder la reine.

— Et vous aussi, madame, ajouta Charles IX, qui était dans ses jours de cruauté.

— Ah! Sire!...

La reine regarda en ce moment le prince de Navarre.

Le prince lui adressa un mystérieux sourire qui signifiait :

— Acceptez, madame!... nous triompherons, vous verrez...

Henri avait déjà deviné si souvent, que Catherine eut foi en lui.

— J'irai, Sire, dit-elle en courbant la tête.

XL

Le roi Charles IX s'éveilla le lendemain à huit heures précises et appela un de ses pages en frappant sur un timbre qui se trouvait à la portée de sa main.

Le page Gautier entra.

— Quelles sont les personnes qui sont dans mon antichambre? demanda le roi.

— M. de Pibrac, Sire.

— Après?

— M. le duc de Crillon.

— Et puis?

— Et l'écuyer de la reine mère, M. de Nancey.

— Fais entrer ces messieurs.

Gautier souleva la portière et dit :

— Messieurs, le roi reçoit.

M. de Crillon entra le premier.

— Ah! mon cher duc, dit le roi en le voyant entrer, j'ai dormi comme un moine cette nuit. Les deux cents pistoles que nous avons gagnées de moitié, le petit gentillâtre béarnais et moi, m'ont porté bonheur. Moi qui dormais comme un roi, c'est-à-dire d'un œil et d'une oreille, j'ai ronflé comme le dernier de mes sujets.

Crillon était railleur à ses heures :

— Votre Majesté pense-t-elle, dit-il, que la reine mère, qui a perdu les deux cents pistoles, ait aussi bien dormi?

— Ce n'est pas probable, dit le roi.

— Pourtant, fit M. de Pibrac avec un sourire hypocrite, Mme Catherine est fort belle joueuse.

— Peuh! fit le roi.

— Elle perd sans sourciller.

— Oui, quand elle joue de moitié avec son cher René.

Et le roi eut de nouveau son mauvais sourire.

— Mais, poursuivit-il, hier, René n'était pas là, et la reine mère a fort mal joué. Ce petit détail que je lui ai donné sur la torture l'a même troublée à ce point qu'elle a fait faute sur faute : elle a joué comme un clerc qui tient les cartes pour la première fois.

— A propos de torture, reprit Crillon, est-ce que Votre Majesté nous va régaler aujourd'hui encore ?

— Mais certainement, dit le roi. Duc, quelle heure est-il ?

— Huit heures, Sire.

— Peste ! je vais me lever, en ce cas. J'ai fait prévenir M. de Paris pour neuf heures.

— Sire, dit M. de Pibrac, Votre Majesté sait que je suis nerveux.

— Bah ! fit le roi.

— Impressionnable à l'excès.

— Allons donc !

— Et si je fais ma partie comme un autre dans une bataille...

— Vous vous évanouissez en présence de hautes œuvres, n'est-ce pas, mon pauvre Pibrac ?

— Justement, Sire.

— Ainsi, Pibrac, mon ami, vous craignez qu'en voyant tenailler René...

— Ah ! Sire, je frissonne par avance, et si Votre Majesté me voulait dispenser...

— Dieu m'en garde ! fit le roi. Vous êtes mon capitaine des gardes, Pibrac, vous faites partie de ma maison... et je ne veux pas aller seul au Châtelet.

Pibrac s'inclina.

— J'ai fait mes réserves en présence de M. de Nancey, pensa-t-il. La reine mère le saura, et cela me suffit.

Charles IX continua :

— Je suis d'ordinaire un roi fort bonhomme, et hier je ne vous ai pas trop chagriné, mon pauvre Pibrac, mais aujourd'hui...

— Aujourd'hui Votre Majesté est impitoyable, murmura M. de Crillon, qui riait dans sa barbe noire.

— Duc, répondit le roi, j'ai *invité* hier, au jeu de la reine, tous les gentilshommes qui m'entouraient à venir voir René. S'il en manque un seul... je le fais pendre comme un vilain, et malgré son droit de gentilhomme d'être décapité.

Le roi ne riait plus.

— Sire . hasarda M. de Nancey.

— Ah ! vous voilà, Nancey ? dit le roi.

— Oui, Sire.

— C'est la reine qui vous envoie ?

— Votre Majesté devine.

— Je gage, continua Charles IX, qu'elle me fait supplier de la dispenser...

— La reine craint de ne pouvoir supporter un pareil spectacle.

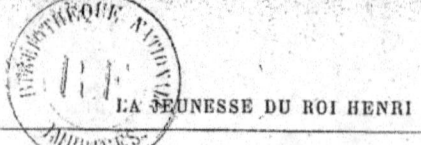

Tandis que le roi et les deux princesses y montaient, les gentilshommes se rangeaient aux deux côtés. (P. 316.)

— Eh bien, répondit Charles IX, je suis un peu de son avis, Nancey.
— Ah! Votre Majesté la dispense...
— Non pas, mais je lui donne à choisir : venir au Châtelet et voir tenailler et brûler son cher René, ou bien...

Le roi s'arrêta.

— Ou bien? fit M. de Nancey.

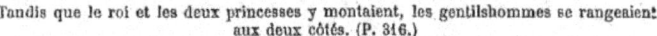

— Ou bien partir à l'instant même pour Amboise, où je lui *conseillerai*...

Le roi appuya sur ce mot.

— Où je lui *conseillerai*, acheva-t-il, d'attendre que j'aie des cheveux gris pour revenir au Louvre.

— Harnibieu! Sire, murmura Crillon, Votre Majesté n'y va pas de main morte aujourd'hui.

— Vous trouvez, duc?

— Et je sais bien ce que choisira Mme Catherine de la torture ou de l'exil.

— Ah! que choisira-t-elle?

— La torture, Sire. Elle préférerait bien certainement se faire tenailler elle-même que s'en aller en exil.

M. de Nancey se glissa derrière Crillon :

— Monsieur le duc, lui dit-il tout bas, vous jouez un jeu dangereux.

— Bah! fit le duc en se retournant, qu'en savez-vous?

— René empoisonne les ducs tout comme les simples chevaliers...

— Eh bien, répondit Crillon avec son loyal sourire, conseillez-lui donc d'empoisonner M. de Paris ; cela pourra lui être beaucoup plus profitable.

Pendant que Crillon et M. de Nancey échangeaient ces quelques mots à voix basse, le roi s'habillait.

— M. de Coarasse est-il venu? demanda Charles IX.

— Il est chez moi, Sire, répondit Pibrac.

— Très bien!

— Avec mon autre cousin, Amaury de Noë, acheva le capitaine des gardes.

Le roi dit à M. de Nancey :

— Allez porter ma réponse à Mme la reine mère.

— J'y cours, Sire.

— Et vous me viendrez dire ce qu'elle aura décidé.

M. de Nancey sortit et passa chez Catherine.

La reine mère achevait sa toilette en présence de Mme Marguerite, et elle chiffonnait un petit papier dans ses doigts. Ce papier, un inconnu l'avait remis au page Raoul en lui disant :

— Pour la reine mère.

Raoul avait regardé le papier.

— Mais il est blanc, avait-il dit.

En effet, on n'y voyait aucun caractère.

— Portez-le toujours, avait dit l'inconnu en s'en allant.

Raoul était arrivé tandis que M. de Nancey se trouvait chez le roi pour le supplier de dispenser la reine d'assister à la torture.

Catherine avait pris le papier des mains de Raoul, puis, congédiant le page, elle avait dit à Marguerite :

— Allumez un flambeau, ma fille.

Marguerite s'était empressée d'obéir.

Alors la reine-mère, qui faisait elle-même grand usage d'encre sympathique, avait approché le papier blanc de la bougie.

Sur-le-champ, au contact de la chaleur, le papier s'était couvert de caractères pâles d'abord, qui n'avaient point tardé à noircir, et Mme Catherine avait lu les lignes suivantes, qui n'étaient suivies d'aucune signature :

« Il est important que la reine assiste à la torture. Le sort de René en dépend peut-être. »

— Bon ! murmura la reine, qui tendit le billet à Marguerite, c'est Renaudin qui m'écrit. J'irai.

M. de Nancey revint, et apporta à Catherine la réponse de Charles IX.

— C'est bien, lui dit-elle. Retournez auprès du roi et dites-lui que ses volontés sont pour moi des ordres.

— Diable ! pensa M. de Nancey, la reine, qui était agitée tout à l'heure, est bien calme maintenant. Que s'est-il donc passé ?

Comme il sortait, la reine le rappela.

— Vous demanderez ma litière, dit-elle.

M. de Nancey retourna auprès du roi.

Charles IX était vêtu, il avait le manteau sur l'épaule, le toquet, et il appuyait sa main gauche sur la garde de son épée.

— Eh bien, Nancey ? demanda-t-il.

— La reine m'a chargé de demander sa litière, Sire.

— Pour aller à Amboise ?

Nancey sourit :

— Non, Sire, pour suivre Votre Majesté au Châtelet.

— Vive Dieu ! fit le roi, voici que ma mère devient raisonnable, et puisqu'il en est ainsi, je lui veux faire une galanterie. Nancey, mon ami, il est inutile que vous demandiez la litière de Mme Catherine, je lui donnerai une place dans la mienne. Allez l'en prévenir.

M. de Nancey s'inclina et sortit.

— Messieurs, dit le roi qui s'approcha de la croisée et jeta un regard dans la cour, je crois que personne de mes invités ne veut être pendu... Voyez plutôt...

La cour du Louvre était en effet encombrée des courtisans qui, la veille, assistaient au jeu de la reine.

— Allons ! ajouta le roi.

Crillon et Pibrac s'effacèrent. Le roi sortit de sa chambre, traversa les grands appartements, frappa du revers de la main sur la joue du page Gauthier qu'il affectionnait, descendit en fredonnant un air de chasse, et lorsqu'il fut dans la cour il leva la tête.

Le temps était superbe ; le ciel, d'un bleu d'azur sans nuages, était inondé des rayons du soleil.

Alors le roi se retourna vers Crillon :

— Duc, lui dit-il, nous sommes en retard de trois jours.

— Comment cela, Sire ?

— Si nous étions plus vieux de trois journées, au lieu d'aller au Châtelet, nous irions à la place de Grève. Il fait un temps superbe pour une exécution, et je crains qu'il ne pleuve le jour où René sera rompu.

— En disant cela, le roi vit Mme Catherine qui descendait, appuyée sur le bras de sa fille, la princesse Marguerite.

Il alla vers elles et les salua.

— Ah ! Sire, murmura la reine mère, vous êtes cruel.

Le roi ne répondit pas, mais il offrit son poing à la reine.

— Venez, madame, lui dit-il.

Et il la conduisit à sa litière.

Tandis que le roi et les deux princesses y montaient, les gentilshommes se rangeaient aux deux côtés, et parmi eux Catherine aperçut Henri et Noë.

Henri lui adressa de nouveau son mystérieux sourire qui l'avait tant réconfortée la veille.

Le cortège se mit en route et prit le chemin du Châtelet.

Durant le trajet, le roi se montra d'une humeur railleuse et charmante, et comme la litière passait sur le pont au Change, il dit à la reine :

— Après tout, madame, je conçois que vous ayez eu quelque affection pour René, attendu qu'il était assez bon sorcier, dit-on, et qu'il faisait les cartes avec une habileté sans pareille..

— Ah ! Sire, ne raillez pas...

— Mais, continua le roi, je vous veux consoler...

Il s'arrêta un moment et sourit de son cruel sourire.

— On m'a parlé, reprit-il, d'un bohémien qui fait merveille en ce moment sur ce pont que nous traversons. Tous les jours il a un auditoire de plus de cent badauds. Il lit, dit-on, dans les astres comme vous lisez dans votre missel, vous, madame, et je veux l'attacher à votre personne... Je lui baillerai des lettres patentes et je le ferai noble homme...

— Sire... je vous en supplie !... balbutia la reine, que cette ironie accablait.

— Bah ! fit le roi, je gage que dans quinze jours, quand vous aurez goûté des prédictions de Candelare, c'est le nom du bohémien, vous ne songerez plus à René.

La litière s'arrêtait en ce moment devant le Châtelet.

Sur la porte du sombre édifice, Catherine et la princesse aperçurent d'abord messire de Fouronne, le gouverneur, qui venait recevoir le roi.

Puis auprès de lui trois hommes d'aspect sinistre dont les casaques annonçaient suffisamment la profession.

C'étaient M. de Paris et ses deux aides.

— Madame, dit Charles IX, je vous présente les confesseurs de votre protégé

La reine ne put réprimer un frisson ; mais presque aussitôt elle vit apparaître derrière les exécuteurs un homme vêtu d'une longue robe noire.

Cet homme avait, comme Henri, un mystérieux sourire aux lèvres, et ce sourire, plus puissant encore que celui du sire de Coarasse, rassura complètement Mme Catherine.

L'homme à la robe noire n'était autre que le président Renaudin, le juge interrogateur. Le roi, donnant toujours le poing à Catherine et suivi des courtisans qui l'avaient accompagné, se fit conduire à la salle de torture.

Par ses ordres, M. de Fouronne avait fait dresser des bancs et des chaises autour des murs.

Au milieu se trouvait un fauteuil dans lequel Charles IX s'assit.

— Messieurs, dit-il en se couvrant, je crois que la séance sera longue et je vous engage à vous asseoir.

Mme Catherine était fort pâle, et son œil s'attachait avec une sorte d'effroi sur les instruments de torture.

Henri avait trouvé moyen de se glisser derrière le siège de Marguerite.

La princesse lui avait déjà envoyé plusieurs sourires.

Quand elle le sentit auprès d'elle, elle se pencha vers lui :

— Ma mère serait moins émue, lui dit-elle bien bas, si on appliquait la torture à un de ses enfants.

— Cependant, répondit Henri, elle a la certitude de le sauver...

— Renaudin l'a promis.

— Et il tiendra sa promesse, soyez-en sûre.

— Oui, mais on va tenailler René... il ne peut empêcher cela.

— Qui sait? fit Henri.

Précisément le roi disait :

— Monsieur de Fouronne, faites amener le patient; il est temps de commencer.

Le sire de Fouronne se tourna vers le lansquenet qui se trouvait en faction à la porte et lui fit un signe.

A ce signe, le lansquenet frappa trois coups sur le sol avec le bout de sa hallebarde.

Au bruit, la porte s'ouvrit et René parut entre deux soldats.

Le Florentin avait les mains liées derrière le dos, et une chaîne d'un pied de longueur, qui lui attachait les chevilles, ne lui permettait de marcher qu'à petits pas.

René était fort pâle; il paraissait se soutenir à peine et il manifesta un grand effroi en apercevant le roi et sa nombreuse suite; puis il vit Catherine, et la présence de la reine sembla lui donner quelque courage.

— Couchez le patient sur le chevalet, monsieur de Paris, dit le président Renaudin, on va recommencer l'épreuve de l'eau.

Et tandis que le bourreau s'emparait du malheureux parfumeur, le juge s'assit devant une petite table et prit une plume pour recueillir les aveux du patient.

— Je suis innocent! cria René, je suis innocent!

Le roi fit un signe :

— Allez! monsieur de Paris, dit-il. Faites boire ce drôle qui crie par avance.

Un des aides du bourreau assujettit la tête de René sur le chevalet tandis que l'autre lui introduisait l'entonnoir dans la bouche.

René se débattit, mais il avala trois grandes pintes.

Catherine, émue, détourna la tête.

— Quelle barbarie! murmura-t-elle.

— Madame, répondit le roi, c'est de l'eau de Seine, on l'a filtrée, elle est fort pure...

Les courtisans ne purent y tenir et ils se prirent à rire.

René secouait le chevalet et cherchait à broyer l'entonnoir avec ses dents.

— Sire, dit le bourreau, l'eau ne lui arrachera aucun aveu. Mais... le feu...

— Eh bien, maître Caboche, dit Charles IX, brûlez la main droite de ce drôle, en ce cas.

Mais tandis qu'on détachait René du chevalet, le président prit à son tour la parole :

— Sire, dit-il, puisque René nie si énergiquement, il y a peut-être un moyen de savoir la vérité.

— Ah! ah!

— René avait des complices.

— Qu'en savez-vous? demanda Charles IX.

— On a arrêté il y a deux jours, poursuivit naïvement le président Renaudin, un voleur du nom de Gascarille.

René laissa échapper un geste de surprise.

Ce geste fut mal interprété par le roi.

Charles IX s'imagina que la surprise de René était de la terreur.

— Hé! dit-il, notre drôle pâlit... Voyons, maître Renaudin, qu'est-ce que ce Gascarille?

— Un voleur que le grand-prévôt a condamné pour vol à être pendu.

— Et vous pensez qu'il est complice de René?

— Je le crois.

— Sur quoi basez-vous votre opinion?...

— Gascarille est dans le même cachot qu'un autre voleur qui remplit au Châtelet l'office de *mouton*.

— Plaît-il? fit le roi.

— Sire, dit Renaudin, on appelle *mouton* un prisonnier qui questionne adroitement les autres, les fait jaser et révèle ensuite aux juges ce qu'il a pu surprendre de leurs secrets.

— Bon! dit Charles IX, je comprends; continuez, maître Renaudin!

Le président poursuivit :

— Gascarille a dit au mouton : « Ce pauvre messire René le Florentin « n'a pas de chance; il va payer pour moi; tandis qu'on se contentera de me « pendre, il sera rompu vif. »

— Ah! dit le roi, le mouton a dit cela?

— Oui, Sire.

— En ce cas, il était complice...

— C'est probable...

— Eh bien, on va brûler la main droite de René d'abord...

René frissonna et jeta autour de lui son regard de bête fauve...

— Puis, continua le roi, tandis que Catherine, pâle et frémissante, se soutenait à peine, s'il n'avoue pas, on fera usage des coins... et enfin on le tenaillera...

— Et s'il s'entête à ne pas avouer?...

— Alors vous enverrez quérir Gascarille, et on lui donnera la question.

— Sire, dit Renaudin, Votre Majesté me permettrait-elle un avis?

— Parlez...

— C'est aujourd'hui que le Parlement doit s'assembler pour juger René, si toutefois René avoue... ou, ce qui revient au même, si, par son complice Gascarille, on sait la vérité.

— Sans doute. Eh bien?

— Si on brûle la main droite comme on a brûlé la main gauche, il sera impossible au condamné de tenir un cierge en s'en allant à l'échafaud.

— C'est juste, dit le roi. Alors, passons aux coins tout de suite.

— Mais, dit encore le président Renaudin, si René est condamné aujourd'hui, on le pourra exécuter demain.

— Certainement.

— Et ce serait d'un bien plus grand exemple pour le peuple, qui est exaspéré de l'assassinat de la rue aux Ours, que le condamné s'en allât à l'échafaud pieds nus, un cierge à la main, après avoir fait amende honorable au parvis Notre-Dame.

— Je suis de votre avis, maître Renaudin.

— Si on fait usage des coins, il ne pourra marcher.

— Ah! diable! murmura le roi. Eh bien, en ce cas, envoyez quérir Gascarille.

Catherine et René respirèrent.

Crillon se pencha à l'oreille de M. de Pibrac :

— Hum! lui dit-il avec sa rude franchise de soldat, je crois que le roi se laisse attraper... Ce juge m'a l'air d'un rusé compère... et...

Crillon n'acheva pas, mais il regarda la reine, et il lui sembla que l'œil de Catherine brillait de joie.

— Le roi est *roulé!* pensa-t-il.

XLI

Il y eut un vif mouvement de curiosité parmi les assistants, lorsque le roi eut ordonné d'introduire Gascarille et de lui appliquer la question.

On posa de nouveau René contre le mur.

Le Florentin, tout en rendant l'eau par gorgées, continuait à promener son regard féroce et louche sur tous ces hommes que le roi avait conviés à son supplice.

Et certes, ceux-ci étaient si convaincus maintenant que le Florentin était un homme perdu, qu'ils avaient calmé leur terreur; mais s'ils eussent pu penser un seul moment qu'il pouvait encore échapper au sort qui l'attendait, ils se fussent montrés beaucoup moins rassurés, tant était grande l'épouvante qui s'était attachée si longtemps au nom du parfumeur.

Le roi ayant ordonné d'aller quérir le voleur Gascarille, messire de Fouronne s'était empressé de donner des ordres.

Quelques minutes s'écoulèrent pendant lesquelles chacun garda le silence.

Seul, le duc de Crillon marmottait quelques mots inintelligibles entre ses dents.

Le roi se tourna vers lui.

— Que dites-vous donc, duc? demanda-t-il.

— Moi, Sire! répondit Crillon, je dis que je voudrais bien être le roi pendant une heure.

— Et pourquoi cela, duc?

— Parce que je laisserais Gascarille tranquille en son cachot.

— Ouais! fit le roi. Sur quoi donc basez-vous cet avis, duc?

— Votre Majesté me permet-elle d'exprimer mon opinion?

— Mais sans doute : parlez, duc.

Renaudin et la reine fixèrent un regard inquiet sur Crillon.

René frissonna jusqu'à la moelle des os.

— Sire, reprit Crillon, il m'est avis que la condamnation de René le Florentin sera d'un très bel exemple pour le peuple de Paris...

— C'est mon avis aussi, duc.

— Le supplice de René prouvera aux Parisiens la justice de Votre Majesté, en leur montrant que la reine mère sait faire des sacrifices et renoncer à protéger un homme désormais indigne de sa bienveillance.

La reine jeta au duc un regard empoisonné comme les parfums du Florentin.

Crillon supporta ce regard et continua fort tranquillement :

— Si Gascarille avait assassiné le bourgeois de la rue aux Ours, lui tout seul, on pendrait Gascarille tout simplement et le peuple de Paris ne s'en préoccuperait pas davantage. Mais René le Florentin, René l'empoisonneur du pont Saint-Michel, René dont le nom a fait trembler tous les gentilshommes de la cour de Votre Majesté, excepté moi pourtant, fit le duc avec un sourire dédaigneux, René devient un morceau friand à servir en place de Grève.

— Duc, interrompit Charles IX, qui ne savait point encore où Crillon en voulait venir, cela ne me dit point pourquoi vous voulez laisser Gascarille en son cachot.

— Ah! voici, répondit le duc. Si Gascarille a trempé dans l'assassinat, comme René il sera rompu, n'est-ce pas?

— Naturellement.

— Voilà ce que je ne voudrais pas.

— Pourquoi?

— Parce que, Sire, dit Crillon, quand j'ai un fin morceau de venaison pour mon dîner, comme un cuissot de chevreuil, ou une hure, ou bien encore une bisque de perdreaux, je me soucie peu de manger un plat de haricots ou de lentilles.

En disant cela il le poussa dans le vide, et lui sauta sur les épaules. (P. 327.)

— Hé! dit le roi, vous êtes un gourmet, mon cher duc.

— Pour moi et pour les Parisiens, poursuivit le duc, René est le morceau de venaison, Gascarille représente le plat de lentilles.

Le roi éclata de rire, les courtisans l'imitèrent et le bourreau lui-même en fit autant.

— Diable! murmura Henri à l'oreille de Marguerite, cet entêté de Crillon est capable de déranger et de renverser les savantes combinaisons du président Renaudin et de la reine mère.

Catherine, en effet, était d'une pâleur mortelle et les cheveux de René se hérissaient. Le président Renaudin était aussi fort mal à son aise.

Si on n'interrogeait pas Gascarille, René était perdu.

— Voyons, dit le roi ; achevez, duc.

— Eh bien! moi, Sire, dit Crillon, si j'étais le roi, je ferais rompre René tout seul. Je servirais le cuissot de chevreuil aux Parisiens et je ne voudrais pas leur en gâter le goût par des lentilles.

Les plaisanteries du duc avaient quelque chose de lugubre, au milieu de cette salle de torture, parmi ces instruments de supplice, en présence du bourreau et du juge.

Il y eut un moment de terrible anxiété pour René, le juge et la reine mère.

Mais le roi, riant toujours :

— Eh bien! duc, dit-il, je vais tâcher de tout concilier, et je vais vous rendre comparaison pour comparaison.

— J'écoute, Sire, murmura le duc, inquiet à son tour.

— Supposez que, le lendemain du jour où vous aurez dîné d'un cuissot et d'une bisque, vous n'avez plus que des lentilles, que ferez-vous?

— Je mangerai des lentilles, Sire.

— Eh bien! le peuple de Paris fera de même.

— Comment cela, Sire?

— René sera rompu tout seul d'abord ; ce sera le chevreuil ; puis, huit ou dix jours après, on rompra Gascarille, qui sera le plat de lentilles. Après le carnaval, le carême.

Crillon se mordit les lèvres.

— Il en sera comme Votre Majesté voudra, dit-il.

En ce moment, la porte des patients s'ouvrit, et Gascarille apparut entre deux soldats.

René et la reine respirèrent. Le président Renaudin éprouva un notable soulagement. Gascarille était un grand garçon de vingt-huit ans, beau et fort, bien découplé, à la mine intelligente, au regard effronté. Le roi le trouva si bien à son goût qu'il dit au duc :

— Peste! voilà pour vos bons Parisiens un plat de lentilles fort convenable, Crillon mon ami.

Puis il regarda Gascarille.

— Çà, drôle, lui dit-il, tu vois ce chevalet, ces coins, ce brasier, ces petites chaussures qui brisent le pied... Qu'en dis-tu?

— Je connais tout cela, Sire, répondit Gascarille avec une aisance parfaite ; j'ai subi la torture à Orléans il y a quatre ans à peu près.

— Et tu as avoué, j'imagine ?

— Rien, Sire, rien absolument. J'avoue de bonne volonté, si cela me convient ; mais M. de Paris que voilà...

Et Gascarille salua le bourreau...

— M. de Paris, dit-il, me calcinerait les mains, me couperait les os et me tenaillerait les mamelles, que, si j'avais mis dans ma tête de ne point parler, je ne parlerais pas.

— Ah ! ah ! fit le roi.

— Gascarille, dit sévèrement le président Renaudin, vous oubliez que vous êtes en présence du roi.

— Dieu m'en garde ! répondit Gascarille ; mais comme je suis condamné à mourir, je crois avoir mon franc-parler.

— Eh bien, qu'il parle ! dit le roi. L'assurance de ce drôle me plaît !

— Sire, dit Gascarille qui jeta un regard moqueur sur René, je devine pourquoi j'ai l'honneur d'être en présence de Votre Majesté.

— Ah ! tu devines ?

— Le *mouton* aura jasé, et il s'agit de la petite affaire de la rue aux Ours.

— Précisément, mon garçon, et c'est pour que tu racontes la vérité là-dessus qu'on te va faire avaler quelques pintes d'eau.

— C'est inutile, Sire, dit Gascarille.

— Pourquoi cela ? Est-ce que tu vas parler tout de suite ?

— Cela dépend.

— Hein ? fit le roi.

— Je suis condamné à être pendu, reprit Gascarille, et je me suis résigné à cela. C'est un mauvais moment à passer, mais il est court... tandis que, si je m'avouais coupable de l'assassinat de la rue aux Ours, je serais rompu comme messire René.

— Alors tu nies ?

— Oh ! pardon, Sire, je ne dis pas cela. Seulement, si Votre Majesté me fait donner la torture, je ne dirai rien... tandis que... si elle me faisait une promesse...

— Bah ! fit le roi en riant, je gage que le drôle va demander sa grâce.

Gascarille sourit avec résignation.

— Je ne suis pas ambitieux, dit-il, et j'ai du reste pris mon parti de la potence. Donc, si Votre Majesté me voulait promettre que, quelque crime que j'aie commis, on se contentera de me pendre...

— Tu parlerais ?

— Oui, Sire.

Le roi se tourna vers Crillon :

— Après tout, dit-il, les Parisiens pourront bien se contenter d'avoir leurs lentilles à l'huile, au lieu de les avoir au beurre : qu'en pensez-vous, duc ?

— Sire, je suis du pays de la bonne huile et j'ai un grand mépris pour le beurre, répondit Crillon.

— Drôle! dit le roi en regardant Gascarille, remercie M. de Crillon, il vient d'opter pour toi, tu seras pendu.

— Quoi qu'il arrive et que je puisse révéler? demanda le tire-laine.

— Oui, dit le roi, je t'en donne ma parole de gentilhomme.

— Alors, répondit Gascarille, Votre Majesté peut renvoyer M. de Paris, nous n'avons plus besoin de lui.

— Parle, dit le roi.

Gascarille promena autour de lui un regard assuré et commença ainsi :

— Je vais vous conter comment l'affaire de la rue aux Ours est arrivée. Messire René que voilà était en assez bons termes avec Mme Loriot, la femme de l'argentier.

René fit un nouveau geste de surprise et Henri étouffa un cri.

Le président Renaudin regarda sévèrement René, et René comprit...

Gascarille continua :

— Messire René connaissait un lansquenet de mes amis appelé Théobald. Théobald et moi nous avions fait plus d'un bon coup ensemble. Quand l'argentier était sorti et que maître René était chez la belle, Théobald faisait le guet dans la rue. Un jour Théobald me rencontra et me dit :

« — L'argentier est riche comme le roi ; si nous pouvions mettre la main sur son coffre?

« — C'est difficile, répondis-je.

« — Il sort tous les soirs. C'est l'heure où René va voir l'argentière.

« — Ah! ah! Eh bien! il faut en parler à René.

« — Non, me dit Théobald, René enlève ce soir l'argentière.

« — Où la conduit-il?

« — Je ne sais.

« — Alors que veux-tu faire?

« — Il faut tuer l'argentier quand il passera sur le pont Saint-Michel, et nous lui prendrons la clef de sa maison.

« — Bon! et ensuite?

« — Puisque l'argentière et René n'y seront pas.

« — Es-tu sûr?

« — C'est Godolphin qui me l'a dit. »

« Godolphin, observa Gascarille, c'était le fils adoptif de René.

— Après? fit le roi qui ne voyait point encore comment René intervenait dans le meurtre de Samuel Loriot.

— Godolphin, que nous guettions en même temps que le bourgeois Loriot, poursuivit Gascarille, sortit vers dix heures de la boutique ; il portait la dague de son maître chez le rémouleur.

— Hein? fit le roi. C'est donc vrai?

— Godolphin avait la dague dans sa poche ainsi que deux clefs. L'une de ces clefs était celle que l'argentière avait confiée à René. René l'avait donnée à Godolphin pour qu'il allât prévenir l'argentière qu'elle ne l'attendît point ce soir-là comme c'était convenu, mais que le lendemain il serait à minuit au coin de la rue Mauconseil avec des chevaux et l'enlèverait.

Gascarille s'arrêta pour reprendre haleine. On l'avait écouté avec une vive attention.

— Après? fit le roi impatient.

— Théobald me fit un signe, nous nous comprîmes et nous entraînâmes Godolphin au bord de la rivière, puis je le saisis à la gorge, et tandis que Théobald lui prenait la dague et les deux clefs, je l'étranglai et je le jetai à l'eau.

« — Maintenant, me dit le lansquenet, nous avons la clef de la maison de Loriot et la clef de la boutique de René, cela nous servira. Nous allons nous débarrasser du bourgeois, puis nous irons trouver l'argentière et nous lui dirons que nous venons de la part de René, à la place de Godolphin. »

— Une heure après, nous tuâmes Loriot...

— Comment?... dit le roi, et... René?

— Attendez, Sire! dit Gascarille impassible; vous allez voir...

— Nous avions perdu un peu de temps, et nous n'arrivâmes que passé minuit rue aux Ours.

« L'argentière, qui n'avait pu voir Godolphin, puisque nous l'avions noyé, était sortie pour rejoindre René. Avec la clef que nous avions prise à Godolphin, nous pénétrâmes dans la maison.

« Mais le vieux juif, qui ne nous connaissait pas, ne voulut rien entendre quand nous lui dîmes que nous venions de la part de René.

« — Vous êtes des voleurs! s'écria-t-il.

« Théobald le tua d'un coup de dague.

« La servante accourut, et il la tua pareillement. Puis nous fouillâmes la maison de fond en comble, et nous ouvrîmes le coffre-fort; il était vide, sauf une poignée de pistoles,

« Ce n'était pas la peine de partager. Comme Théobald se baissait, je pris la dague de René et je la lui plantai dans le dos.

— Mais, s'écria le roi, pâle de colère, que faisait donc René pendant ce temps?

— Il travaillait au Louvre avec la reine, répondit froidement Gascarille.

— C'est vrai! dit la reine, qui jeta un cri de triomphe.

— Ainsi René est innocent?...

— Oui, dit Gascarille.

Il passa comme un frisson dans la salle de torture, et tous les visages pâlirent.

Le roi semblait frappé de stupeur.

— Ainsi... répétait-il, il est innocent?

— Je le jure! s'écria Gascarille.

M. de Crillon, pâle de rage, mordait sa moustache; les courtisans étaient épouvantés.

Seuls René et la reine triomphaient.

Charles IX jeta à sa mère un regard étrange et terrible.

— Madame, lui dit-il, si René est innocent, c'est un grand malheur; s'il est coupable, vous avez bien joué votre partie... Mais j'aurai ma revanche.!

Et le roi se leva furieux, et dit aux courtisans qui l'avaient accompagné :

— Venez, messieurs, suivez-moi !

Puis, quand il fut sur le point de franchir le seuil de la salle de torture, il se retourna et dit au président Renaudin :

— Puisque cet homme est innocent, faites-le mettre en liberté ; et, quant à l'autre, pendez-le haut et court sur l'heure, monsieur de Paris.

Une heure après, M. de Paris, c'est-à-dire le bourreau, conduisait Gascarille en place de Grève.

Gascarille, confiant en la promesse de la reine et du président Renaudin, regardait le bourreau en souriant, et il marchait auprès de lui du pas d'un homme qui s'en va à une noce ou à l'enterrement d'un oncle dont il hérite.

— Il fera mal le nœud, il a reçu des ordres, pensait-il. Dans quelques heures, j'aurai rejoint Farinette.

Ce qui achevait de confirmer les espérances de Gascarille, c'est que le président Renaudin s'était approché de lui au moment où il sortait du Châtelet pour marcher au supplice, et lui avait glissé un rouleau d'or dans la main.

— Mets cela dans ta poche, lui avait-il dit ; tu le porteras toi-même à Farinette ce soir. Caboche a le mot, il fera son nœud en conséquence. Sois tranquille...

Et Gascarille s'en alla fort gaiement en place de Grève.

On ne s'attendait pas dans Paris à cette rapide exécution : la place était presque déserte. A peine Gascarille vit-il une centaine de badauds se grouper autour de la potence.

— Mon garçon, lui dit le bourreau, tu n'as pas de chance.. la chose va se passer presque en famille.

— Farceur ! dit le tire-laine.

Maître Caboche lui passa la corde autour des reins.

— Est-elle solide, au moins ? demanda Gascarille.

— Très solide, répondit le bourreau.

Puis il lui fit mettre le pied sur le premier degré de l'échelle.

— Allons ! monte, dit-il ; dépêchons-nous.

Gascarille monta et arriva en haut de l'échelle. Le bourreau était derrière lui et préparait la petite corde.

— Voilà ! lui dit-il en la lui passant au cou.

— Mais que faites-vous donc ? s'écria Gascarille ; êtes-vous fou ?

— Que chantes-tu là, mon garçon ?

— Le nœud est coulant... au lieu d'être arrêté.

— Eh bien ! comment veux-tu donc que je t'étrangle, dit le bourreau, si le nœud n'est pas coulant ?

— Mais vous savez bien que... fit Gascarille inquiet.

— Je ne sais rien.

— Vous devez me pendre pour rire...

— Hein ! dit le bourreau, qui donc t'a conté cette sornette, mon garçon ?

Et disant cela, il le poussa dans le vide et lui sauta sur les épaules.

Gascarille se trouva pendu pour tout de bon, et la reine n'avait point tenu sa promesse...

XLII

Une énorme stupeur avait régné tout le jour dans le Louvre.

Le dénouement imprévu de l'affaire de René avait répandu parmi les courtisans une consternation générale.

René relâché faute preuves, René hors de prison devenait d'autant plus terrible qu'il sortait altéré de vengeance.

Le roi, furieux mais impuissant, s'était enfermé chez lui, dans cette pièce qu'on appelait son *cabinet*, et il en avait défendu la porte.

Mme Catherine était rentrée au Louvre la tête haute, l'éclair dans les yeux.

Tous ceux qui s'étaient réjouis plus ou moins hautement commençaient à trembler.

M. de Pibrac rencontra, une heure après le retour du Châtelet, le duc de Crillon qui, en proie à un accès de rage indicible, se promenait dans la cour du Louvre et ne parlait de rien moins que de souffleter René s'il le rencontrait, pour le forcer à se battre avec lui.

— Monsieur le duc, lui dit le capitaine des gardes, je vais vous donner un conseil.

— Qu'est-ce ? fit le duc.

— Vous avez une fort belle terre en Provence et un hôtel à Avignon dont on dit des merveilles.

— Eh bien ?

— A votre place, j'irais voir moi-même si mes récoltes s'annoncent bien et si mon hôtel n'a pas besoin de réparations.

— Vous moquez-vous ?

— La bête fauve est lâchée...

— Bah ! dit Crillon, si elle vient à moi, je lui tordrai le cou...

— Monsieur le duc, murmura le prudent Gascon, le roi n'a pu en venir à bout.

— Mais moi...

— Oh ! vous, je gage qu'avant trois jours vous aurez goûté de quelque potage qui vous procurera des maux d'estomac et des douleurs d'entrailles.

M. de Crillon haussa les épaules :

— Tenez, dit-il, je vais faire un serment devant vous.

M. de Pibrac le regarda.

— Je jure, dit le duc, de ne boire que de l'eau et de ne manger, à Paris, que des œufs à la coque jusqu'à ce que j'aie tordu le cou de René.

M. de Pibrac secoua la tête.

— Morbleu ! murmura le duc, je vais voir le roi et je lui dirai ma façon de penser.

— Prenez garde !

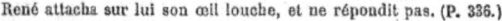
René attacha sur lui son œil louche, et ne répondit pas. (P. 336.)

— A quoi donc?
— La reine mère s'y trouve déjà.
— Chez le roi?
— Chez le roi, répéta lentement Pibrac.
— Eh bien! qu'importe?
Et le loyal Crillon s'en alla gratter à la porte du cabinet du roi.

Le page Raoul était dans l'antichambre.
— Le roi ne peut recevoir personne, dit-il.
— Il me recevra, moi.
— Je vais lui dire que vous attendez, monsieur le duc.

Raoul entra, et Crillon entendit la voix aigre du roi qui disait :
— Dis à M. de Crillon que j'ai mal à la tête et ne puis lui donner audience.

— Oh ! murmura le duc, ivre de colère, la reine m'a prévenu. Le roi est trop faible.

Et le duc s'en alla mordant sa moustache et traversa plusieurs salles où des gentilshommes, la mine allongée, s'entretenaient à voix basse.

— La reine est chez le roi, disait-on. René va venir au Louvre. Gare à nous !

— Moi, disait un gentilhomme picard, je vais faire un tour à Amiens et je couperai ma barbe au retour. J'ai eu le malheur de rire ce matin.

— Moi, ajoutait un autre, je vais demander un congé au roi, et s'il me refuse, je ne sortirai plus qu'avec une cotte de mailles.

M. de Crillon s'était arrêté pour écouter tout cela, et il haussait les épaules.

— Tas de trembleurs ! dit-il, je vais faire ce que ni le roi ni le bourreau n'ont pu faire. Je vais m'établir sous la grande porte du Louvre, et quand René viendra, je lui tordrai le cou !

Et Crillon, comme il le disait, descendit dans la cour et s'assit tranquillement sur une borne, sous la voûte de la porte principale, et il attendit. Mais il y était depuis une heure à peine, et René n'avait point encore paru, lorsque M. de Pibrac vint à lui d'un air mystérieux.

— Ah ! dit le duc en le voyant, vous venez me quérir de la part du roi ?
— Non, monsieur le duc.
— Qui est-ce donc alors ?
— C'est le roi qui m'envoie avec un message.
— Quel est-il ?
— Le roi vous prie de monter à cheval.
— Bon ! dit le duc.
— Et de vous en aller à Avignon, où il vous transmettra de nouveaux ordres.

— Harnibieu ! s'écria Crillon, est-ce par disgrâce ?
— Je le crains, murmura le prudent capitaine des gardes ; c'est mieux que cela même : c'est un exil !

Le loyal Crillon se prit à jurer comme un païen.
— Monsieur le duc, ajouta Pibrac, convenez que je vous donnais tout à l'heure un bon conseil.

— Morbleu ! s'écria Crillon, puisque le roi m'exile, j'obéirai ; mais avant de partir, je tordrai le cou à René.

— Hélas ! dit M. de Pibrac, voilà encore une chose impossible.
— Oh ! nous verrons bien...

— Car le roi m'a commandé, acheva le capitaine des gardes, d'obtenir de vous votre parole d'honneur que vous monteriez à cheval sur-le-champ.

— Ah! fit le duc, et si je refusais?

— Alors, monsieur le duc, je vous demanderais votre épée.

La colère de Crillon, au lieu d'éclater, tomba tout à coup.

— Mon pauvre ami, dit-il, vous aviez raison tout à l'heure, l'air de Paris ne me vaut rien désormais. Je n'ai que faire à la cour d'un roi faible et fantasque, et je m'en retourne dans mes terres. Le soleil de Provence vaut mieux que celui du Louvre. Pauvre roi!...

Et M. de Crillon s'en alla faire ses valises et ne songea plus à René.

Comme il quittait la grande porte du Louvre, Henri de Navarre en franchissait le seuil.

— Hé! Pibrac, cria-t-il.

M. de Pibrac n'avait point aperçu le prince et marchait tristement.

Il se retourna, aperçut Henri et vint à lui :

— Monseigneur, lui dit-il tout bas, je viens de donner un excellent conseil à M. de Crillon.

— Vraiment?

— Je lui ai conseillé d'aller respirer l'air pur et contempler le ciel bleu du Midi.

— Et pourquoi cela?

— Par la même raison que je vais vous dire : monseigneur, voici la saison favorable pour chasser le coq de bruyère. Si vous alliez faire un tour dans nos montagnes du Béarn...

— Mon cher Pibrac, répondit Henri en riant, il n'y a décidément que Crillon et moi qui n'ayons pas peur de René.

— C'est un tort, monseigneur.

— Mais René a plus besoin de moi que de la reine, poursuivit le prince, et vous verrez qui de nous deux doit craindre l'autre.

— Il ne faut plus compter sur l'appui du roi, dans tous les cas.

— Bah! fit Henri.

— Mme Catherine l'a ensorcelé en moins d'une heure. Ah! il ne s'agit plus de rouer René et d'exiler la reine. Bien au contraire.

— Que s'est-il donc passé?

— Je ne sais... mais... le roi a exilé M. de Crillon.

— Ceci est par trop fort! murmura Henri.

— Et je commence à croire que René est véritablement sorcier.

— Je le suis plus que lui, vous verrez... Bonsoir, Pibrac.

— Où donc allez-ous, vmonseigneur?

— Chez la reine mère.

— Elle est chez le roi...

— Eh bien! je l'attendrai.

Henri avait son idée. Il voulait prévenir René et ne rien perdre de sa réputation de sorcier.

Le prince s'était fait un raisonnement assez juste qui était celui-ci :

— Mme Catherine, s'était-il dit, a tout mis en œuvre pour sauver René ; mais elle doit lui garder rancune des angoisses qu'il lui a causées, de l'humiliation qu'elle a subie en voyant le roi demeurer sourd à ses prières.

« Il est possible qu'elle se venge cruellement de l'opposition qu'on lui a faite et que sa colère soit terrible pour ceux qui se sont un moment réjouis du sort de René ; mais elle va au retour bouder celui-ci et le traiter fort mal.

« Or, depuis hier surtout, mes prédictions se sont si bien réalisées que je dois être, moi, en grande faveur dans l'esprit de Mme Catherine. L'important est de s'y maintenir et aux dépens de René. »

Henri s'en alla donc chez la reine mère.

Catherine, ainsi que le lui avait annoncé M. de Pibrac, était toujours chez le roi ; mais le prince trouva M. de Nancey dans l'oratoire.

M. de Nancey était radieux, comme les gens dont le parti triomphe.

Or, comme en toute cette affaire du Florentin, Henri avait paru au mieux avec Mme Catherine et que la reine mère avait montré un grand empressement à le recevoir, M. de Nancey lui fit un accueil aimable.

— Sa Majesté est chez le roi, lui dit-il ; mais elle reviendra bientôt, j'imagine. Veuillez vous asseoir, monsieur de Coarasse.

Henri regarda M. de Nancey, et il lui parut que le jeune officier de la reine mère avait de fortes démangeaisons à la langue et ne demandait pas mieux que de causer.

— Voilà qui tombe à merveille, pensa-t-il, car j'ai grande envie, moi, de savoir ce qui s'est passé depuis ce matin.

Et comme le prince savait que le meilleur moyen de faire jaser les gens est de ne point les questionner, il s'assit et leva les yeux au plafond en homme amoureux de l'architecture.

— D'où venez-vous donc, monsieur de Coarasse ? lui demanda Nancey.

— De mon hôtellerie, monsieur.

— Vous nous avez quittés, je crois, en sortant du Châtelet ?

— Oui, monsieur. Cette cérémonie de la torture n'avait rien de divertissant, je vous jure.

— Je suis de votre avis.

— Et elle ne m'a produit d'autre effet que de me donner un grand appétit, que je suis allé satisfaire.

M. de Nancey se prit à sourire. Henri retomba dans son mutisme.

— De sorte, reprit M. de Nancey, après un silence, que vous ne savez rien de ce qui s'est passé ?

— Où cela ?

— Ici.

Henri le regarda d'un air naïf.

— Il s'est donc passé quelque chose ?

— Oui, monsieur.

— Ah !

— Le roi était furieux, comme vous avez pu le voir ; il avait défendu sa porte à qui que ce fût. Il ne voulait voir personne et disait tout haut que la reine l'avait joué, mais qu'il se vengerait d'une manière terrible.

— En vérité! fit Henri.

— Tous les gentilshommes de service ont pu l'entendre, et chacun de nous, un moment, a cru à un exil de la reine mère.

— Mais, dit Henri, il paraît que cela s'est un peu calmé depuis?

— Beaucoup même. Et savez-vous comment?

— Non, certes.

— Tandis que le roi exhalait sa colère, la reine est entrée ici et elle a trouvé un gentilhomme qui l'attendait, comme vous l'attendez en ce moment.

— Et... ce gentilhomme?

M. de Nancey eut un fin sourire :

— Ce gentilhomme, dit-il, ne savait pas le premier mot de l'affaire de René; il ignorait complètement que la reine mère fût en disgrâce, et il venait directement à elle comme au vrai souverain; car, ajouta M. de Nancey avec quelque insolence, entre nous, c'est le roi qui règne et Mme Catherine qui gouverne, n'est-ce pas?

Henri garda un silence diplomatique.

— Or, continua Nancey, ce gentilhomme se nommait M. de Duras, et il venait d'Angers à franc étrier.

— Ah! fit Henri, la course est bonne, d'Angers ici.

— Vous savez que Mgr le duc d'Alençon est gouverneur de la province d'Anjou?

— Oui, dit Henri.

— Or, le duc d'Alençon est le fils bien-aimé de Mme Catherine. Elle lui donnerait un royaume, si elle en avait un. Justement M. le duc d'Alençon vient de découvrir à Angers une conspiration des calvinistes, et il en donnait la nouvelle et les détails à Mme Catherine dans le message qu'apportait M. de Duras.

— Oh! oh! fit Henri, je commence à comprendre.

— Alors la reine s'est emparée du message et elle a couru chez le roi, et elle y est pour ainsi dire entrée de force. Que s'y est-il passé? Je ne puis vous le dire au juste, mais on vient de refuser tout à l'heure la porte du roi à M. de Crillon, et j'en augure que la reine a fait sa paix avec Sa Majesté.

— Cela me fait aussi le même effet, monsieur, dit Henri.

En ce moment Mme Catherine entra.

La reine avait l'œil brillant et le sourire sur les lèvres.

A la façon dont elle lui donna sa main à baiser, le prince comprit qu'il était toujours en faveur, et il en eut bientôt la certitude, car la reine lui dit :

— C'est fort heureux que vous soyez venu, j'allais vous envoyer chercher. J'ai besoin de vous...

— Diable! pensa Henri.

Et le prince s'inclina.

. . . .

Mais avant de dire ce que la reine attendait du prince de Navarre, qu'elle persistait à prendre pour le sire de Coarasse, racontons ce qui était advenu chez le roi.

Charles IX, nous l'avons dit, s'était enfermé dans son cabinet, en proie à un accès de fureur terrible.

Il n'avait songé à rien moins, tout d'abord, qu'à exiler la reine mère à Amboise et à se dédommager ainsi de la ruine de l'espérance qu'il avait eue de faire rouer le Florentin.

Il tenait même déjà la plume pour signer la lettre d'exil, lorsque la voix de la reine mère s'était fait entendre dans son antichambre.

— Madame, disait respectueusement, mais d'un ton ferme, un garde en faction à la porte, je ne puis vous laisser entrer.

— Dites au roi qu'il s'agit de la sûreté de l'État et de sa couronne.

Soit que ces mots, que le roi entendit parfaitement, l'eussent frappé, soit qu'il voulût rompre avec sa mère par un éclat, le roi se leva, ouvrit la porte lui-même et dit :

— Entrez, madame.

— Tenez, Sire, dit la reine, qui semblait avoir repris son assurance dominatrice des anciens jours, pendant que vous faites jeter en prison et torturer ceux qui me sont fidèles et sont innocents, les prétendus amis de Votre Majesté conspirent, et pendant que vous m'abreuvez d'humiliations, je veille à votre sûreté.

— Que dites-vous, madame ? fit le roi légèrement ému.

— La vérité, Sire.

— Où donc conspire-t-on ?

— A Angers, dans le Poitou, en Bretagne... Voyez plutôt ce que m'écrit M. d'Alençon, à qui j'avais donné, il y a quinze jours, un premier avertissement.

En effet, Mme Catherine, par son dernier message au frère du roi, lui avait recommandé, avec une instance toute particulière, de faire surveiller de très près trois gentilshommes de l'Ouest fort connus et très influents dans le pays huguenot.

On eût dit que Catherine avait flairé la conspiration qui avait pour but, du reste, de créer un royaume d'Angoumois indépendant de la France ; et, chose bizarre ! les gentilshommes désignés par la reine étaient précisément dans le complot.

Le duc d'Alençon donnait les plus grands détails et sa lettre commençait ainsi :

« D'après vos indications, madame... »

Donc tout le mérite de la découverte revenait à la reine mère.

La colère du roi tomba alors comme par enchantement.

Il voulut reprendre la main de la reine mère et la baiser.

Mais elle la retira avec fierté et lui dit :

— Maintenant, Sire, vous me permettez de sortir et de ne point attendre une lettre d'exil ?

— Madame...

— Je m'exile moi-même et je vais me retirer en Lorraine chez nos parents, les princes de la maison de Guise.

— Y pensez-vous? s'écria Charles IX, à qui le seul nom de Guise donnait la chair de poule.

— Je renonce à la politique, poursuivit Catherine, et je me retire heureuse d'avoir prévenu un si grand danger.

— Mais, madame, s'écria le roi, qui demeura de nouveau persuadé qu'il ne pouvait régner seul et que les conseils de sa mère lui étaient indispensables en un semblable moment, vous ne m'abandonnerez pas ainsi... quand mes ennemis...

— Et que voulez-vous que je fasse en une cour où j'ai dévoré tant d'humiliations? dit la reine. Non, je ne veux pas m'exposer aux regards de vos courtisans, Sire, qui vous ont vu me refuser la grâce d'un innocent...

— Eh! madame, dit le roi, laissons cela, et ne parlons plus de René.

La reine se leva.

— Adieu... Sire...

— Restez, madame.

— Je ne puis, fit-elle, avec fermeté.

Et elle répéta, en faisant un pas de retraite :

— Adieu, Sire, Dieu garde Votre Majesté!

— Madame! s'écria le roi, si vous avez une grâce à me demander, parlez, mais restez...

La reine parut hésiter.

— Parlez! madame, insista Charles IX.

Un éclair brilla dans l'œil de Catherine

— Eh bien! dit-elle, je resterai, mais à une condition.

— Laquelle?

— C'est que M. de Crillon, cet homme hautain qui a osé me braver, quittera la cour.

Le roi soupira, mais il avait promis, et ce fut pour cela que le loyal serviteur reçut, dix minutes après, l'ordre de monter à cheval et de quitter Paris.

La reine triomphait.

XLIII

Tandis que ces choses se passaient au Louvre, René sortait du Châtelet.

La bête fauve, prise au piège et parvenant à force de bonds et d'efforts à se dégager, donnerait seule une idée exacte de ce que fut René lorsque, le roi et les courtisans partis, on lui annonça qu'il était libre.

Le président Renaudin était demeuré, ainsi que le bourreau et ses aides, dans la salle de torture.

— Déliez M. René, dit Renaudin, et prenez garde de le meurtrir; il n'a que trop souffert déjà.

René, appuyé contre le mur, était comme abruti.

En entendant les paroles de Renaudin, il releva la tête et le regarda d'une façon étrange.

Puis, tandis que les exécuteurs lui ôtaient ses liens, il lança sur eux son œil sanglant et louche.

— Oh! monsieur René, murmura Caboche, qui ne put réprimer un frisson, vous devez m'en vouloir beaucoup, mais, cependant, vous me devez un beau cierge...

René, sombre et farouche, ne répondit pas.

— Car, acheva le bourreau, j'ai déclaré au roi, par deux fois, que vous ne pouviez supporter l'eau plus longtemps. Sans cela vous étiez mort.

— Je m'en souviendrai en temps et lieu, mon pauvre Caboche, répondit enfin René d'une voix qui fit dresser les cheveux sur la tête au bourreau.

Pour calmer son effroi, M. de Paris s'en alla pendre le malheureux et crédule Gascarille.

Alors René s'approcha en boitant de la table devant laquelle le président Renaudin était assis.

— Vous avez remarqué tous ceux qui riaient? demanda-t-il.

— Oui.

— Ah! fit René, ils s'en souviendront... et Crillon...

— Prenez garde! monsieur René, dit le juge, Crillon est homme à vous tordre le cou.

René eut un sourire d'hyène.

— Oh! celui-là, dit-il, ce n'est pas avec ma dague que je l'attaquerai.

— Avec quoi donc?

— C'est mon secret, dit le Florentin.

Et il s'en alla en boitant et agitant sa main gauche, horriblement brûlée et entourée de bandelettes.

— Le loup est lâché! murmura le président Renaudin en ricanant.

René, si souffrant qu'il fût, sortit du Châtelet la tête haute.

Sur le seuil il trouva le gouverneur, messire de Fouronne.

— Vous l'échappez belle, lui dit celui-ci.

René attacha sur lui son œil louche et ne répondit pas.

— Bête venimeuse! murmura le gouverneur.

René sortit, altéré de vengeance.

— Oh! tous ces gens qui ont ri... dit-il avec rage, comme ils trembleront avant peu!

Et il s'en allait, méditant de terribles représailles.

Cependant il n'osa point tout d'abord aller au Louvre.

— La reine doit être irritée, pensait-il. Je vais m'en retourner au pont Saint-Michel, j'attendrai qu'elle me fasse demander.

René était plus que jamais superstitieux. De même que, lorsqu'il s'était cru perdu, il avait eu la conviction que Paola profiterait de ce qu'il était en prison pour se faire enlever par quelque beau gentilhomme, de même, se voyant libre et sauvé, il ne douta pas un moment que sa fille ne fût au Louvre sous la sauvegarde de la reine mère.

La petite merclère alla chercher un verre de vin et lui prodigua quelques soins. (P. 339.)

Il s'en alla donc fort tranquillement au pont Saint-Michel, ne s'étonna nullement de voir la boutique fermée, et se servit, pour entrer, de la clef que lui avait rendue le président Renaudin.

Cette clef avait été déposée, ainsi que la dague, sur la table du juge, comme pièce de conviction.

Mais comme René reparaissait en plein jour sur le pont, son arrivée produisit naturellement une grande sensation parmi les marchands ses voisins.

Depuis trois jours, le bruit de son arrestation et de la colère du roi s'était si bien répandu dans tout Paris que personne parmi les habitants du pont ne s'attendait à le revoir ailleurs qu'en place de Grève.

Son apparition produisit donc une véritable épouvante.

On avait jasé sur lui, le croyant perdu; il avait même été question un moment de mettre le feu à sa boutique.

Les marchands du pont éprouvaient à peu près la même panique que les courtisans du Louvre. Mais René ne daigna point y faire attention.

Il répondit à peine aux profonds saluts dictés par la peur qu'il recueillit sur son passage, et il ouvrit fort tranquillement la porte de sa boutique.

Endurant d'atroces douleurs, il avait cependant marché d'un pas assez ferme, et sa main gauche était soigneusement cachée sous son manteau.

René referma sur lui la porte de sa boutique et monta dans son laboratoire.

Le Florentin s'était trop occupé de chimie durant sa vie pour n'avoir point des baumes et des essences doués de qualités calmantes et curatives.

Il monta sur un escabeau et atteignit ainsi la dernière étagère d'un vaste bahut dont les rayons étaient chargés de fioles et de pots de toute grandeur et de toute forme.

Puis il prit un vase qui contenait un onguent rougeâtre presque liquide, après quoi il débarrassa de ses bandelettes sa main brûlée, et, se servant d'un pinceau, il la barbouilla avec l'onguent.

Cela fait, il l'entoura de nouveau avec des bandes de linge.

— Je serai guéri dans huit jours, pensa-t-il.

Il ôta sa botte à entonnoir et examina son pied meurtri par le terrible brodequin.

Ainsi que l'avait annoncé le bourreau, les muscles seuls avaient souffert, et les os n'étaient point brisés.

René déboucha une fiole qui renfermait une sorte de vinaigre, et il en versa le contenu sur les chairs meurtries, puis il chercha des chaussures larges et souples, et y mit son pied, qu'il enveloppa de linge comme sa main.

— Ceci sera plus long, murmura-t-il; mais si ingambes que soient mes ennemis, mon pied boiteux ne m'empêchera point de les rejoindre.

Après cette sourde menace, René redescendit dans sa boutique.

Mais tout à coup il poussa un cri et son regard demeura cloué au sol, stupide et hagard.

Un objet venait de frapper ses yeux.

C'était un gant de buffle jaune, un gant comme seuls en portaient les cavaliers et les gentilshommes élégants.

Et la vue de ce gant fut toute une révélation pour René.

Un homme était entré chez lui.

René, le cupide et l'avare, eut un moment une espérance folle, celle d'avoir été volé.

Le comptoir de sa boutique renfermait toujours un peu d'argent... quelques pièces d'or...

Il y courut dans l'espoir que le tiroir en aurait été forcé et qu'on se serait introduit dans la boutique après le départ de sa fille.

Mais le tiroir était intact. Il l'ouvrit et y trouva cinquante pistoles en différentes monnaies.

Le possesseur de ce gant s'était donc introduit chez lui pour un tout autre motif.

Saisi de vertige, René courut à la chambre de sa fille.

— Si elle est au Louvre, pensa-t-il, elle a dû emporter plusieurs vêtements.

Il ouvrit le cabinet de toilette, y pénétra et jeta un cri.

Il venait de trouver cette échelle de soie qui avait favorisé les nocturnes ascensions de Noë.

Au même instant on frappa doucement à la porte de la boutique. René espéra que c'était Paola.

Hélas! Paola était bien loin sans doute.

René ouvrit et vit apparaître la jolie petite mercière à qui, deux jours auparavant, Mme Catherine avait adressé plusieurs questions.

— Que voulez-vous? lui dit brutalement le parfumeur.

— Je viens vous parler de votre fille, monsieur René, répondit la mercière.

— Ma fille! s'écria le parfumeur, vous savez où elle est?

— Non, mais je l'ai vue partir.

— Quand?

— Il y a deux jours.

— Avec la reine, n'est-ce pas? avec une dame qui est venue la chercher en litière?

— Non, dit la mercière. Elle est bien partie en litière, cependant.

— Avec qui donc?

— Avec deux cavaliers masqués, répondit la jeune femme. Une dame en litière est venue après, mais Mlle Paola était partie.

René se laissa tomber anéanti sur un siège! On eût dit qu'il voyait apparaître devant lui les terribles instruments de la salle de torture.

Le Florentin avait en ce moment un air si misérable et si abattu, que ses plus cruels ennemis en eussent eu pitié. La petite mercière alla chercher un verre de vin et lui prodigua quelques soins.

Puis quand René se fut un peu calmé et eut retrouvé quelque présence d'esprit, elle lui dit :

— Il paraît, monsieur René, qu'il y a déjà longtemps que... votre fille...

— Comment! longtemps? s'écria-t-il brusquement.

— Oui...

— Qu'en savez-vous?

— Qu'un beau gentilhomme venait le soir.

Et la mercière raconta qu'elle avait vu un cavalier entrer vers onze heures du soir dans la boutique après avoir frappé deux petits coups.

— Quel jour avez-vous vu cela? demanda-t-il.
— Jeudi dernier.

René calcula. C'était précisément le jeudi soir qu'il avait été arrêté par Crillon et conduit au Châtelet.

Le Florentin n'eut plus de doutes alors.

Ceux qui avaient enlevé ou tué Godolphin étaient les mêmes que ceux qui avaient enlevé Paola.

Alors René, qui une heure auparavant ne songeait qu'à se venger de ceux qui l'avaient outragé et raillé, René se sentit plus faible et plus découragé qu'un enfant, et il se mit à fondre en larmes.

. . . .

Or, pendant ce temps, le jeune prince de Navarre était chez Mme Catherine.

La reine, en rentrant dans son oratoire, l'avait aperçu et lui avait tendu la main en lui disant :

— J'allais vous envoyer chercher ; j'ai besoin de vous.

Puis, se tournant vers Nancey, elle lui avait fait un signe. A ce signe, M. de Nancey était sorti, laissant Henri seul avec la reine.

— Que va-t-elle donc me demander encore? pensait Henri.

— Monsieur de Coarasse, dit la reine, j'ai une si grande confiance désormais en votre science, qu'il faut vous attendre à ce que je vous mande souvent auprès de moi.

Henri s'inclina.

— Je suis aux ordres de Votre Majesté, dit-il.

— Je vous ai fait venir, poursuivit Catherine, parce que je désire avoir des éclaircissements sur une conspiration qui vient d'être découverte à Angers.

Bien que Henri fût déjà au courant de la conspiration par ce que lui en avait dit M. de Nancey, il n'en prit pas moins un air fort naïf.

— On a conspiré à Angers et à Nantes, poursuivit la reine, contre la sûreté de l'Etat.

— Diable! fit Henri.

— Le duc d'Alençon, mon fils, m'avise bien de cela, il me nomme les chefs, mais il ne me donne aucun détail, Et j'ai pensé que vous pourriez me faire des révélations curieuses.

Ceci embarrassait quelque peu notre héros.

— Madame, dit-il, excusez-moi, mais je ne me suis jamais occupé des choses de la politique, et je demanderai à Votre Majesté de m'accorder quelques heures pour lui répondre.

— Pourquoi quelques heures ?

— Parce que j'ai besoin de consulter des oracles plus sérieux que ceux auxquels je m'adresse pour les choses que Votre Majesté me demande d'ordinaire.

Puis Henri, avec un très grand sang-froid, regarda le sablier :

— Il est deux heures de relevée, dit-il ; à huit heures je reviendrai et j'apporterai des détails à Votre Majesté.

La mine du prince était si grave que Catherine n'eut pas un seul moment l'idée qu'il pouvait bien se moquer d'elle.

— Allez, lui dit-elle ; je vous attendrai ce soir à l'heure que vous indiquez.

Henri lui baisa la main et se retira, mais, au lieu de sortir du Louvre, il monta chez Nancy.

Nancy était fort tranquillement dans sa chambre, l'oreille collée au petit trou qui correspondait avec l'oratoire de Mme Catherine.

— Ah ! mon pauvre ami, dit-elle au prince, vous voilà bien embarrassé, n'est-ce pas ?

— Passablement, murmura Henri.

— Et vous ne pouvez pas, en effet, vous en aller à Angers et revenir en moins de six heures.

— Ce serait difficile, n'est-ce pas ?

— Ma foi ! mon pauvre ami, dit Nancy, je ne sais plus comment vous allez jouer votre rôle de sorcier.

— Ni moi non plus, répliqua Henri.

— Mais, continua la mutine camérière, pourquoi ne faites-vous pas ce que faisait René ?...

— Consulter le somnambule ?

— Oui.

— C'est une idée, cela.

— Et, à votre place...

— Vous avez raison, Nancy. Je vais essayer...

— Moi, pendant ce temps, dit la soubrette, j'écouterai. Qui sait ? nous trouverons quelque bonne chose, peut-être...

Henri quitta Nancy, sortit du Louvre et, dans l'espoir de trouver Noë, s'en retourna à son hôtellerie de la rue Saint-Jacques.

Noë n'y était pas. Mais, en revanche, il y avait dans la cour de l'hôtellerie deux chevaux couverts de boue, de poussière et de sueur.

Ces chevaux paraissaient avoir fait une longue route, et leur aspect intriguait quelque peu le prince.

— Qu'est-ce donc que ces chevaux ? demanda-t-il à son hôte, un Gascon qui, on s'en souvient, se nommait Lestacade.

— Ce sont les chevaux de deux gentilshommes qui viennent d'arriver.

— Où vont-ils ?

— A Nancy.

— D'où viennent-ils ?

— D'Angers.

Henri tressaillit.

— Hum ! murmura-t-il, des gentilshommes qui viennent d'Angers et qui vont à Nancy, voilà qui sent fièrement la conspiration.

L'hôte avait répondu fort naïvement et ne pouvait pas présumer que le prince attachât la moindre importance à ses réponses.

Henri, au contraire, monta tranquillement dans sa chambre, car il avait entendu Lestacade dire à sa servante :

— Tu serviras ces gentilshommes dans leur chambre. Tu sais ? ils sont au numéro 13.

Or le numéro 13 n'était séparé du numéro 15 que par une cloison, et la cloison était mince, et le numéro 15 était précisément la chambre que le prince occupait avec Noë.

Henri y monta et s'enferma.

Dans la pièce voisine, c'est-à-dire au numéro 13, deux hommes causaient à mi-voix.

C'étaient les deux gentilshommes qui venaient d'Angers.

Henri prêta l'oreille et écouta attentivement.

XLIV

Henri entendit sans doute d'étranges choses, car, au bout de dix minutes, il se leva et alla frapper à la porte de la chambre occupée par les deux gentilshommes qui venaient d'Angers.

— Entrez! dit une voix.

La clef était sur la porte ; Henri tourna et s'arrêta un moment sur le seuil pour voir à qui il avait affaire.

Un coup d'œil lui suffit.

Des deux gentilshommes, l'un était vieux, l'autre jeune.

Le premier pouvait avoir cinquante-cinq ou soixante ans.

Le second avait la moustache aux poils follets d'un adolescent qui touche à peine à sa vingtième année.

Ils portaient à peu près le même costume, c'est-à-dire le pourpoint de drap gris, les chausses amaranthe, la collerette en guipure laissant le col à découvert, le feutre à larges bords que les gens de cour avaient depuis longtemps remplacé par un petit chapeau aux ailes étroites, entouré d'une plume de paon ou de coq de bruyère.

C'était à la coiffure qu'on distinguait un gentilhomme de province.

Henri avait quitté sa chambre sur la pointe du pied, et, avant qu'il entrât, les deux gentilshommes étaient tellement occupés de leurs affaires qu'ils ne l'avaient point entendu marcher.

Aussi, lorsque le prince se montra sur le seuil, le regardèrent-ils avec un profond étonnement et semblèrent-ils se demander quel était cet homme et d'où il venait.

Henri s'était déjà laissé aller à l'élégance de la cour; il avait le pourpoint de soie verte, les chausses de velours gris-perle, le manteau noir à galon d'argent agrafé sur l'épaule, et on voyait bien que le petit gentillâtre béarnais était en passe de faire fortune.

Cette mise élégante et sa bonne mine naturelle ne laissèrent aucun doute aux deux gentilshommes. Ils avaient affaire à un seigneur de la cour.

Mais cette visite ne parut pas les flatter beaucoup, car le plus âgé fronça le sourcil, tandis que le jeune portait instinctivement la main à son épée.

Ce geste fit sourire Henri.

— Messeigneurs, dit-il, calmez-vous. Jusqu'à présent, je suis un ami inconnu qui vient peut-être vous rendre un grand service.

— Monsieur, fit le vieux gentilhomme de province, veuillez au moins nous permettre de vous demander...

— Mon nom, n'est-ce pas?

— Précisément.

— C'est trop juste, messieurs. Je me nomme Henri de Coarasse; je suis gentilhomme béarnais et le cousin de M. de Pibrac, capitaine des gardes du roi Charles IX.

L'énumération de ses titres et qualités fut loin de rassurer les deux gentilshommes.

— Vous, monsieur, reprit Henri, s'adressant au plus vieux, vous êtes un gentilhomme du Maine, qu'on appelle, si je ne me trompe, le sire de Barbedienne.

— Vous savez mon nom? exclama le vieillard étonné.

— Et vous, monsieur, poursuivit Henri, s'adressant au plus jeune, vous êtes le neveu de monsieur, et vous vous nommez Hector de Beauchamp.

— Mais, monsieur...

— Vous étiez à la tête du parti huguenot du Maine, ainsi qu'un troisième gentilhomme beaucoup plus riche que vous ne l'êtes, bien que vous possédiez de nombreuses seigneuries, et ce troisième gentilhomme a nom le marquis de Bellefond. Ai-je dit vrai?

— Pardon, monsieur, interrompit le sire de Barbedienne, comme j'ai l'honneur de vous voir pour la première fois, vous me permettrez de m'étonner quelque peu de vous entendre me donner ces détails.

— Excusez-moi, dit Henri, je suis peut-être un peu sorcier.

— Oh! la bonne plaisanterie...

— Et je vais vous donner un détail de plus : vous étiez à la tête d'une petite conspiration qui avait pour but... de secouer l'autorité royale.

— Monsieur!

— Vous avez été arrêtés, M. de Beauchamp, vous et le marquis de Bellefond.

— C'est vrai.

— Arrêtés et conduits au château d'Angers.

— C'est encore vrai.

— Et il est probable que, si vous n'étiez parvenus, vous et M. de Beauchamp, à vous évader... d'ici à quinze jours le Parlement vous condamnerait à être roués vifs ou tout au moins décapités.

Une légère pâleur avait couvert le front du vieillard, qui envisageait Henri d'un air soupçonneux et plein de défiance.

Henri devina sa pensée :

— Monsieur, dit-il en souriant, remarquez simplement que, puisque je sais tout cela, si j'avais eu envie de vous trahir, je me serais contenté, au lieu de me présenter seul à vous, sans autre arme que mon épée, de prendre avec moi une demi-douzaine de suisses que commande M. de Pibrac, mon cousin, et je vous eusse fait arrêter. Je viens, au contraire, vous donner le charitable avis de faire manger l'avoine à vos chevaux et de partir sur-le-champ. Vous allez en Lorraine, n'est-ce pas?

— Comment! s'écria de M. de Barbedienne stupéfait, vous savez cela aussi?

— Je vous l'ai dit, répliqua le prince souriant toujours, je suis un peu sorcier.

— Mais enfin, monsieur, fit le jeune homme, qui jusque-là avait gardé le silence, pourrions-nous savoir...

— Monsieur, répondit Henri, je vais m'expliquer. Voulez-vous me permettre de fermer la porte au verrou?

Le vieillard se leva, ferma lui-même la porte et avança un siège au prince.

Henri s'assit et continua :

— Messieurs, ne vous effarouchez point du titre de cousin que j'ai donné au capitaine des gardes. Je ne suis point à la solde du roi Charles IX, encore moins à celle de Mme Catherine, et je déteste cordialement le duc d'Alençon. Puisqu'il faut tout vous dire, regardez...

Henri prit leurs mains et les serra.

Puis il leur dit :

— A présent, je puis vous parler à cœur ouvert et me fier à votre discrétion.

Sans toutefois trahir son incognito, Henri apprit aux deux gentilshommes comment, quinze jours auparavant, il avait fait la rencontre de René le Florentin, ce qui s'en était suivi, et ce rôle de sorcier qu'il jouait bien malgré lui.

— Vous allez, leur dit-il, me tirer de peine.

— Comment cela?

— En me racontant les détails de votre évasion. Quand je les rapporterai à la reine, vous serez loin de Paris et hors de toute atteinte.

Les deux gentilshommes hésitaient encore.

— Ma foi! dit Henri, je crois qu'il me faut vous faire ma confession tout entière. Quand vous saurez mon vrai nom...

— Votre... vrai nom?

— Vous ne vous méfierez plus de moi... il y a mieux, vous comprendrez que j'ai autant de sympathie que vous en pouvez avoir pour notre parti, et que, me trouvant mêlé aux secrets de la reine mère, je puis rendre de grands services à nos frères en faisant faire fausse route à la haine de Mme Catherine.

— Mais, qui donc êtes-vous? murmura le sire de Barbedienne de plus en plus étonné.

Henri retira sa main gauche de son pourpoint et la montra au vieux seigneur :

— Connaissez-vous cette bague? dit-il.

En voyant entrer Henri elle lui fit signe de marcher doucement. (P. 346.)

Le sire de Barbedienne tressaillit.

— Je me nomme Henri de Bourbon, prince de Navarre... dit tout bas le prétendu sire de Coarasse.

Les deux gentilshommes étouffèrent un cri, se levèrent avec précipitation et voulurent fléchir un genou.

— Chut! dit Henri; n'oubliez pas que je me nomme le sire de Coarasse à Paris, et que je suis le cousin de M. de Pibrac, capitaine des gardes. Asseyez-vous et causons, messieurs.

Une heure après, les deux gentilshommes huguenots montaient à cheval, et le prince leur serrait la main en leur faisant la recommandation bizarre que voici :

— Vous irez d'une course jusqu'à Charenton, et vous vous arrêterez à la porte d'une auberge qui a pour enseigne : *Au roi François Ier*.

— Bien ! dit le sire de Barbedienne.

— Vous appellerez l'hôte et vous lui direz : « Donne-nous un verre de vin. »

— Très bien.

— En le vidant, vous demanderez la route de Melun et vous direz que vous allez à Lyon.

— Mais ce n'est pas notre chemin...

— Attendez donc ! le verre de vin vidé, vous donnerez un écu à l'effigie du roi de Navarre, celui-là, tenez...

Henri tira un écu de sa poche, et, avec la pointe de sa dague, il y fit une croix sur le revers.

M. de Barbedienne et son neveu, M. de Beauchamp, étaient quelque peu étonnés.

Henri poursuivit :

— Vous piquerez des deux, sortirez de Charenton, ferez un crochet et, traversant le bois de Vincennes, vous gagnerez Bondy et la route du pays Messin.

M. de Barbedienne prit l'écu et partit avec son neveu.

Henri s'en alla fort tranquillement au Louvre, se disant :

— Décidément, je vais être ce soir plus sorcier que jamais.

Il était alors six heures. La reine mère ne l'attendait qu'à huit heures.

Henri monta chez Nancy.

Nancy n'avait pas quitté son petit judas ménagé dans le parquet.

En voyant entrer Henri, elle lui fit signe de marcher doucement.

— Venez voir... souffla-t-elle.

Henri s'approcha et la camérière lui céda la place.

Alors le prince aperçut la reine assise devant sa table de travail et occupée à écrire.

Puis, à deux pas, debout et dans l'attitude humble et suppliante qu'il avait le matin avant la torture, maître René le Florentin.

— Oh ! oh ! pensa le prince, mes prévisions étaient justes, il me semble, et je crois que maître René n'est pas au mieux avec son illustre protectrice.

En effet, la reine avait le sourcil froncé, et toute sa physionomie dénotait une grande irritation.

Enfin, elle leva la tête et regarda René :

— Comment, dit-elle, tu n'es pas parti encore, misérable ? je t'ai pourtant répété que je ne voulais plus te voir et que je t'engageais à retourner en Italie...

— Madame, supplia le Florentin, c'est à genoux que je vous demande grâce et merci...

René s'était agenouillé. Catherine haussa les épaules.

— Oui, dit-elle, et lorsque je t'aurai pardonné, tu assassineras et pilleras de plus belle...

— Je me repens... et Dieu m'est témoin... balbutia le Florentin.

— Tais-toi ! misérable !

— Ah ! madame, murmura René dont la voix était pleine de sanglots, on m'a volé ma fille... et si Votre Majesté me refuse désormais sa protection, que me restera-t-il ?

— Ta fille, dit la reine, on la retrouvera...

René étouffa une exclamation de joie.

— M. de Coarasse me l'a promis.

Ce nom fit pâlir René.

— Ah ! c'est que, continua la reine, M. de Coarasse lit plus nettement que toi dans les astres.

— Oh ! fit René, qui fut pris d'un horrible sentiment de jalousie.

— Viens, dit la reine, je vais te soumettre à une épreuve.

Le Florentin tressaillit.

— Car enfin, continua Catherine, je ne puis avoir aucune amitié pour un détestable empoisonneur, pour un assassin tel que toi ; et si je t'ai sauvé, c'est parce que tu m'étais utile... et que tes prédictions se réalisaient quelquefois...

René soupira en songeant qu'il n'avait plus Godolphin en son pouvoir.

La reine reprit :

— J'ai reçu aujourd'hui un messager qui m'a apporté une grande nouvelle. Puisque tu es sorcier, dis-moi donc de quoi il était question.

René pâlit. Cependant il eut un accès d'audace, s'approcha de la croisée, l'ouvrit et fit mine d'examiner l'étoile du soir qui se levait à l'horizon.

La reine le suivait du regard.

Au bout de quelques minutes, René se retourna et dit :

— Madame, je ne sais point quels sortilèges ce sire de Coarasse, dont Votre Majesté paraît si contente, emploie pour deviner l'avenir et le passé. Moi, je n'ai qu'une façon : lire dans les astres ; et c'est pour cela que, tandis que j'étais dans un cachot du Châtelet, je suis redevenu un homme ordinaire, n'ayant plus aucun moyen surnaturel en mon pouvoir qui me pût tirer de peine. Mais, en revoyant les étoiles...

René eut un sourire plein de suffisance.

— Voyons ! dit la reine, quelle est donc cette grande nouvelle que j'ai reçue ?...

René répondit avec calme :

— Vous avez appris la prochaine arrivée d'un prince.

La reine ne sourcilla point.

— Après ? dit-elle.

— Ce prince est celui de Navarre.

— Bon !

— Et il vient à Paris pour épouser Mme Marguerite.
— Très bien ! Pourrais-tu me dire d'où venait le messager en droite ligne ?
— De Nérac. La reine Jeanne s'y trouve en ce moment.

Et René, l'œil fixé sur les astres, eut l'audace d'ajouter :

— Je la vois, en ce moment, se promenant dans le parc du château, et causant avec un gentilhomme que je ne connais pas... mais qui pourrait bien être...

La reine interrompit René par un éclat de rire moqueur :

— Les astres se moquent de toi, dit-elle, et toi tu oses te moquer de ta souveraine... Sors, misérable !

Et la reine se leva, courroucée, et montra la porte à René par un geste si terrible que le Florentin sortit à demi foudroyé et plus épouvanté qu'il ne l'était la veille et le matin en présence des instruments de torture qui allaient calciner ses chairs et broyer ses os.

— Ah ! par exemple ! murmura Nancy à l'oreille du prince, ce n'était pas la peine que Mme Catherine se donnât tant de mal pour arracher son protégé au bourreau. Le voilà joliment en disgrâce...

Mais Henri ne répondit point.

Rapide comme l'éclair, il s'élança hors de la chambre, traversa le corridor en courant et disparut.

— Où va-t-il donc ? exclama la camérière étonnée.

Le prince connaissait maintenant tous les détours du Louvre aussi bien que la reine mère elle-même.

Il enfila un petit escalier qu'il descendit quatre à quatre, et sortit du palais par une poterne qui donnait du côté de la rue Saint-Honoré.

Puis il se mit à courir, doubla l'angle du royal édifice et arriva sur la berge de la rivière.

Là il fit mine de se diriger vers la grand'porte du Louvre, et aperçut René qui en sortait par la poterne du bord de l'eau.

René était pâle et plus morose qu'un mari défunt qui, revenant de l'autre monde, trouverait sa femme remariée.

Il marchait à pas lents, détournant parfois la tête et levant les yeux vers la croisée de la reine mère.

— L'imbécile ! pensa Henri, il s'imagine que Mme Catherine le va rappeler.

Marchant ainsi, le Florentin alla se heurter au prince, qui cheminait en sens inverse.

— Tiens ! monsieur René, fit Henri. Pardon ! mille excuses ! je regardais le ciel... La nuit est sombre... je ne vous voyais pas.

René reconnut son rival en nécromancie, et il eut un frisson de colère suscité par la jalousie.

Il voulut passer outre ; mais Henri lui prit les mains.

— Laissez-moi vous féliciter, lui dit-il d'un ton affectueux... Vous l'avez échappé belle ce matin... J'ai vu le moment où ce damné Crillon...

— Ne parlons point de tout cela, monsieur de Coarasse, dit le Florentin d'un air sombre.

— Vous avez raison, monsieur René. Vous veniez du Louvre?
— Oui.
— J'y vais, moi. Je vais coucher avec mon cousin Pibrac. Mais, mon Dieu! comme vous êtes pâle, monsieur René!...
— Je suis un peu souffrant...

Et René voulut passer. Henri le retint, et, secouant la tête :
— C'est mal, ce que vous faites là, monsieur René, dit-il.
— Mal?
— Sans doute vous avez quelque grand chagrin...
— J'ai souffert beaucoup hier et ce matin.
— Oh! dit Henri, ce n'est point cela. Il vous est arrivé quelque mésaventure au Louvre, et, au lieu de me la confier, au lieu de me consulter, car, enfin, je suis votre ami...
— Monsieur!
— Bah! je vous ai déjà donné plus d'un bon avis, et si vous les aviez suivis...
— Mais... je vous jure...
— Allons! dit Henri avec un sourire à demi railleur, voilà que vous oubliez que, tout comme vous, je lis dans les astres.

René eut un rire nerveux et forcé.
— Eh! bien, dit-il, je vous défie de me dire ce qui vient de m'arriver au Louvre.
— Bah!
— Je vous en défie!...
— Ah! monsieur René, vous savez bien que je n'ai qu'à regarder dans le creux de votre main...

René eut un moment d'angoisse; mais il avait si peur d'être deviné, il redoutait tant qu'on ne connût cette disgrâce à laquelle il avait peine à croire, qu'il paya d'audace et tendit sa main.

Henri la prit, puis il entraîna le Florentin sous une lanterne.
— Oh! oh! dit-il tout à coup.
— Que voyez-vous donc? fit René qui essaya de prendre un ton moqueur.
— Je vois, répondit Henri, que la reine vient de vous chasser de chez elle.

Le Florentin jeta un cri et recula tout frémissant.

XLV

Décidément, Henri de Navarre avait un bonheur inouï dans ce rôle de sorcier qu'il s'était imposé.

René sortait de chez la reine et le rencontrait à cent pas du Louvre.

Le prince avait l'air de venir de son hôtellerie. Il ne paraissait pas possible qu'il eût pu savoir par des moyens ordinaires et naturels ce qui venait d'avoir lieu chez la reine.

Donc, aux yeux de René, le prince était plus sorcier que jamais.

Le Florentin était bien l'homme que la France entière connaissait et exécrait le plus : insolent avec les faibles, timide, cauteleux, servile et rampant avec les forts.

Il haïssait Henri et en était jaloux ; car la reine lui avait appris, d'un seul mot, qu'elle avait consulté le jeune Béarnais et qu'elle appréciait ses talents.

Mais le Béarnais lui prouvait sa supériorité d'une manière si inattendue et si incontestable, qu'intérieurement il se sentait dominé et vaincu.

Il passa donc brusquement de l'irritation à la douceur, de l'incrédulité à la confiance, de l'audace à la crainte.

— Eh ! bien, dit-il, s'efforçant de sourire, admettons que vous ayez deviné.
— Vous pouvez l'admettre ; car j'en suis sûr, dit le prince.
— Soit !
— Eh bien !
— Si la reine m'a chassé, c'est que... je suis... en disgrâce...
— Précisément.
— Bon ! dit René ; mais, cette disgrâce n'est que momentanée ?...
— Hum ! répondit Henri, voilà encore ce que je ne puis vous dire sans réfléchir.
— Réfléchissez, murmura le Florentin dont la voix tremblait.

Henri reprit la main de René, l'examina de nouveau et regarda ensuite les astres.

— Monsieur René, lui dit-il, je vois des influences contraires qui se disputent votre sort.
— Hein ? fit René.
— Vous avez un grand ennemi qui luttera de tout son pouvoir pour vous empêcher de rentrer en grâce auprès de la reine.
— Et cet ennemi, quel est-il ?
— C'est vous, dit Henri.
— Moi ! moi ! dit le parfumeur abasourdi, et sur des tons différents.
— Vous, monsieur René.
— Mais... vous... plaisantez...
— Non, et je m'explique. Ainsi, vous allez rentrer chez vous, et la première chose que vous avez l'intention de faire, c'est d'écrire à la reine une longue lettre de supplications et d'excuses. Voyons, convenez-en.
— C'est vrai. J'y songeais.
— Demain, vous retournerez errer aux abords du Louvre, et vous tâcherez de vous trouver sur le passage de Sa Majesté quand elle sortira.
— Mais...
— Les jours suivants, vous agirez sans doute de même... et la reine, au lieu de vous prendre en pitié, vous prendra en grippe, et les courtisans qui se sont moqués de vous ce matin, et qui tremblent ce soir en vous sachant hors du Châtelet, les courtisans se reprendront à rire et se moqueront de vous de plus belle.
— Oh ! mais, cependant...

— Tenez! monsieur René, dit Henri avec un tel accent de bonhomie que le parfumeur s'y laissa prendre, avant de vous donner un conseil, je vais vous prouver que je suis votre ami. Je savais fort bien que c'était vous qui aviez assassiné Loriot...

— Monsieur!...

— Chut! ceci est entre nous. Je savais bien que Gascarille, à qui on avait promis deux cents écus d'or et persuadé qu'on le pendrait mal...

— Mais... taisez-vous!... murmura René avec effroi.

— N'ayez pas peur, nous sommes seuls... Je savais donc tout cela, et si ce matin j'avais dit un mot au roi, on n'eût pas interrogé Gascarille, mais on vous eût renvoyé devant le Parlement. Si je n'ai rien dit, c'est que je suis votre ami; est-ce clair?

— Oui, balbutia René, qui commençait à croire, en effet, que le prince avait du penchant pour lui.

— Donc, si je vous donne un conseil, il est sincère...

— Eh bien, voyons votre conseil...

— Le voici : faites le mort pendant quelques jours. Allez-vous-en, soit en province, soit aux environs de Paris, ou contentez-vous de vous enfermer dans votre boutique du pont Saint-Michel.

— Mais pourquoi?

— De cette façon, tous ces seigneurs qui se réjouissaient de votre mésaventure, ne vous voyant pas, seront inquiets : René, se diront-ils, a été envoyé sûrement en mission par la reine. A son retour, gare à nous! il sera féroce...

— Hé! diantre! interrompit René, c'est une idée, que vous me donnez là.

— Une bonne idée, monsieur René; l'essentiel, pour vous, est qu'on ignore votre disgrâce, et la reine n'ira pas se vanter de vous avoir mis à la porte. Mme Catherine sait qu'il faut laver son linge sale en famille.

— Mais... murmura le parfumeur, si la reine ne me voit plus... elle m'oubliera.

— Au contraire, si elle ne vous voit plus, sa colère tombera; puis, après sa colère, elle sera prise d'un sentiment d'orgueil bizarre. Elle s'étonnera que vous ayez accepté aussi fièrement votre disgrâce... et elle vous enverra quérir... Comprenez-vous?

— Oui. Mais pensez-vous que les choses adviennent ainsi?

— J'en suis sûr.

— Et combien de temps durera ma disgrâce?

— Environ huit jours. Pendant ce temps, je vous remplacerai.

— Hein? fit le Florentin, qui regarda le jeune homme avec défiance.

— Oh! rassurez-vous, fit Henri en riant; je n'ai point envie de vous supplanter éternellement. Quand j'aurai fait de la sorcellerie pendant quelques jours avec Mme Catherine, je m'effacerai... je disparaîtrai...

— Où donc irez-vous?

— Je retournerai en Navarre. Ainsi, n'ayez crainte. Je suis un sorcier amateur, je ne consulte les astres que pour mon plaisir; et je vous rendrai même ce dernier service d'empêcher un rival de prendre votre place... je vous la garderai...

— Monsieur de Coarasse, interrompit le parfumeur, qui commençait à avoir une foi aveugle dans les paroles du prince, vous savez qu'on m'a enlevé ma fille...

— Oui, certes. La reine m'a même interrogé là-dessus.

— Et que lui avez-vous prédit?

— Qu'on retrouverait votre fille.

— Quand?

— Je n'ai pu le préciser.

— Et... ce... gentilhomme?

— Elle ne l'épousera pas. Mais, adieu, monsieur René, suivez mes conseils... vous vous en trouverez bien.

Henri se hâta de quitter René, qui, sans nul doute, eût voulu savoir bien des choses encore, et il rentra dans le Louvre par la poterne du bord de l'eau, d'où il s'en fut tout droit chez la reine.

Mme Catherine l'attendait avec une certaine impatience.

Henri se garda bien de lui confier qu'il venait de rencontrer René; mais il prit, au contraire, une mine étonnée de voir la reine seule, et lui dit :

— Je crois, madame, que les astres se sont moqués de moi, car ils m'apprennent d'étranges choses...

— Plaît-il? fit la reine.

— Peut-être ne veulent-ils pas m'initier aux mystères de la politique...

— Mais, que vous ont-ils donc appris, monsieur de Coarasse? demanda Catherine inquiète.

— Madame, reprit Henri, je vais vous supplier de placer sur cette table la lettre de Mgr le duc d'Alençon et de l'y placer fermée.

— La voilà.

— Maintenant, donnez-moi votre main droite.

— Tenez.

— Et placez votre main gauche sur la lettre.

Tout en exécutant ces momeries, auxquelles la superstitieuse Catherine se prêtait à merveille, le prince pensait :

— Jamais de la vie elle ne me pardonnera tout cela quand je serai son gendre, et qu'elle saura que son sorcier n'était autre que le prince de Navarre... Mais, bah !... continuons...

Il prit donc la main droite de la reine qui tenait sa gauche appuyée sur la lettre du duc d'Alençon ; puis il s'empara de nouveau du flacon d'encre sympathique.

— Madame, dit-il alors, faisant miroiter le flacon à la flamme de la bougie, M. le duc d'Alençon a fait un beau coup de filet, puisqu'il a pris en même temps le marquis de Bellefond, le sire de Barbedienne et le sire de Beauchamp, qui sont des huguenots forcenés et fort dangereux.

— Et j'espère bien, dit la reine, que le Parlement de Poitiers condamnera ces gentilshommes à la décollation.

Nous sommes dans un lieu isolé et je puis vous casser la tête d'un coup de pistolet. (P. 360.)

— Oui, madame. Mais...
Henri parut hésiter.
— Pensez-vous donc, dit la reine, que l'arrêt du Parlement ne sera point exécuté?
— Il le sera pour le marquis de Bellefond seulement.
— Pourquoi pas pour les deux autres?

— Parce qu'ils ne sont plus au pouvoir de M. le duc d'Alençon, et, par conséquent, du Parlement de Poitiers.

La reine jeta un cri d'étonnement.

Henri continua avec gravité :

— Je n'ai jamais vu le sire de Barbedienne, non plus que son neveu, et cependant je les vois en ce moment...

Henri regardait au travers du flacon, et la reine croyait fermement qu'il voyait les deux huguenots.

Le prince continua :

— Le sire de Barbedienne est un vieillard ; le sire de Beauchamp, un tout jeune homme. Ils sont enfermés dans un cachot, au faîte d'une tour du château d'Angers. Des jardins s'étendent au pied de la tour. Il fait nuit... une nuit sombre et sans étoiles... Les prisonniers sont sans lumière, et il m'est impossible de voir au juste ce que fait celui qui est assis sur son lit. Mais j'entends comme un bruit de linge qu'on déchire en droit fil. Je crois qu'il coupe ses draps en minces lanières.

— Et l'autre ?

— L'autre est près de la croisée étroite du donjon. Cette croisée est garnie d'épais barreaux de fer. Le sire de Barbedienne, tandis que son neveu fait une longue corde avec ses draps, scie l'un de ces barreaux...

— Après ? après ? fit la reine avec une certaine anxiété.

Le prince avait toujours l'œil fixé sur le flacon, où toute cette scène semblait se refléter, et il paraissait prêter l'oreille à des bruits éloignés, perceptibles pour lui seul.

— Après, dit-il, j'entends un coup de sifflet lointain, puis le cri d'un oiseau nocturne... le *houloulement* d'une chouette... C'est un homme qui imite ce cri... cette chouette-là est un beau cavalier qui se promène dans le jardin du château ; je ne puis voir ses traits, il est masqué.

— Ah ! fit la reine.

— Le sire de Barbedienne a fini de scier son barreau et il laisse pendre par la croisée du donjon la longue corde formée avec les bandes des draps de lit.

— Vraiment !

— Mais il y a une sentinelle placée au-dessous du donjon.

— Elle va donner l'alerte, au moins ! fit la reine anxieuse.

— Elle n'a pas le temps. L'homme masqué s'approche en rampant... dans l'ombre... la sentinelle sommeille... l'homme masqué bondit ; je vois briller un poignard... j'entends un cri étouffé... le soldat tombe frappé à mort...

Henri paraissait si bien voir tout cela dans le flacon d'encre sympathique, que la reine avait fini par se croire à Angers, et elle s'était transportée par la pensée dans le jardin où la sentinelle venait d'être poignardée.

— Après ? insista-t-elle.

— L'homme masqué, poursuivit Henri, attache après les fragments des draps de lit un petit paquet, qui remonte aussitôt dans le donjon ; c'est une échelle de corde.

— Ils vont s'évader ?

— Oui, madame. Le plus jeune descend le premier. L'échelle se balance et oscille, mais elle est solidement attachée, et le jeune homme touche le sol. Le vieillard descend après lui... Tous deux, précédés et guidés par l'homme masqué, traversent les jardins en courant, escaladent un mur... Je les vois sauter dans une ruelle étroite... Il y a trois chevaux tout sellés attachés à la grille d'une maison. Tous trois sautent en selle... Mais ils se séparent : l'homme masqué prend à droite... les deux prisonniers à gauche. J'entends le galop des chevaux, murmura Henri, mais je ne vois plus rien...

Et le prince feignit une grande lassitude et se laissa tomber épuisé sur un siège.

— Oh! monsieur de Coarasse, s'écria la reine, faites un effort, de grâce... et voyez où ils vont.

Henri reprit la main de la reine et approcha de nouveau le flacon de la bougie. Mais en ce moment on entendit un grand bruit dans les antichambres.

— Arrêtez! dit la reine.

Le page Raoul souleva la portière, et M. de Nancey entra.

— Qu'est-ce donc, Nancey? demanda la reine, visiblement irritée d'être troublée dans ses expériences de sorcellerie.

— Madame, un messager de Mgr le duc d'Alençon.

— Un messager! exclama la reine.

— Il descend de cheval à l'instant même... Il est porteur d'une lettre.

La reine regarda Henri.

— Ah! dit-elle, nous allons bien voir si vous ne vous êtes pas trompé, monsieur de Coarasse. Fais entrer ce messager, Nancey.

— Entrez, mon gentilhomme! cria le jeune officier.

La reine vit apparaître sur le seuil de l'oratoire un homme couvert de poussière et qui paraissait exténué de fatigue.

Il tendit à Catherine, après s'être incliné profondément, une lettre scellée aux armes du duc et entourée d'un fil de soie bleu.

La reine s'en empara, brisa le fil, rompit le scel, déplia la lettre, et dès les premiers mots, jeta un cri.

Puis elle tendit cette lettre au prétendu sir de Coarasse, qui lut avec un calme parfait :

« Madame la reine mère,

« Deux de mes prisonniers, le vieux sire de Barbedienne et le sire de Beau-
« champ, son neveu, se sont évadés cette nuit. La sentinelle a été poignardée...
« Tout porte à croire que cette évasion, dont on ne s'est aperçu que ce matin vers
« sept heures, a été accomplie entre neuf et dix heures du soir.

« Je suppose, et j'ai quelque lieu de supposer aussi, que les deux fugitifs
« ont pris la route de Paris. Je vous en avise donc sur-le-champ pour que vous
« les fassiez arrêter, si c'est possible... »

Henri regarda Catherine.

— Eh bien, madame, dit-il, que pensez-vous de cela?

La reine ne répondit point à Henri, mais elle dit à Nancey :

— Sors, Nancey, emmène ce gentilhomme et laisse-moi seule avec M. de Coarasse, mais tiens-toi prêt à monter à cheval sur l'heure...

Nancey s'inclina et sortit avec le messager.

Alors Catherine dit à Henri :

— Il faut absolument, monsieur de Coarasse, que vous trouviez ces deux gentilshommes.

— Ah! madame, dit Henri, je ne réponds point de cela.

— Pourquoi?

— Mais parce qu'ils ont douze ou quinze heures d'avance... et que s'ils parviennent à gagner la frontière... ce n'est point ma science qui réussira à les arrêter...

— Mais, cependant...

— Cependant, je vais vous indiquer la route qu'il auront suivie. C'est beaucoup déjà, ce me semble.

— Voyons!

Henri regarda de nouveau au travers du flacon.

— Ah!... s'écria-t-il tout à coup; je les vois! et c'est bizarre!...

— Où sont-ils? demanda vivement Catherine.

— Ils sont à cheval, à la porte d'une hôtellerie. Ils vident un verre de vin sans quitter la selle.

— Ah!... Et cette hôtellerie?

— Est dans un pays qui m'est inconnu... mais le flacon tremble dans mes mains, et ce m'est un signe qu'ils ne peuvent être éloignés de Paris... Du reste... attendez... je lis une enseigne au-dessus de la porte :

Au roi François Ier.

— C'est à Charenton! s'écria la reine.

— Je ne sais... mais la rue est en pente et descend vers la rivière.

— Justement.

— Le plus vieux prononce le nom de Lyon, continua Henri, et il donne un écu à l'hôte. Ah! cet écu est bizarre... c'est un écu de Béarn... à l'effigie du feu roi Antoine de Bourbon... il est même marqué d'une croix. Bon! ils repartent... J'entends toujours le galop... mais... je ne les vois plus...

Henri avait soin d'espacer par un geste de lassitude chacune de ses révélations.

— Ah! dit-il tout à coup, je les revois... ils sont dans une ville... au bord d'une rivière... ils descendent dans une autre hôtellerie et demandent à coucher.

La reine frappa sur un timbre.

— C'est Melun, dit-elle, ils couchent à Melun. On aura le temps de les rattraper.

Au coup de baguette qui retentit sur le timbre, M. de Nancey se hâta d'accourir.

— Nancey, mon mignon, dit la reine, tu vas monter à cheval avec trente gardes du roi, et tu les conduiras à Charenton d'abord, où tu demanderas à l'hôtelier de l'auberge du *Roi François Ier* s'il n'a pas vu passer deux gentilshommes, un jeune et un vieux... qui paraissaient venir de loin... Tiens, au fait! emmène le messager de M. d'Alençon jusque-là... il connaît les fugitifs, il les reconnaîtra au portrait qu'on lui en fera.

— Bien, madame, dit M. de Nancey.

— Puis tu me renverras ce pauvre gentilhomme, qui doit être exténué de fatigue.

— Et où irai-je, moi ?

— A Melun, avec tes trente gardes, bride abattue ; tu y arriveras au milieu de la nuit, tu fouilleras toutes les auberges et tu finiras bien par trouver les fugitifs... Tu les ramèneras pieds et poings liés.

— Oui, madame.

M. de Nancey s'inclina et sortit.

Henri s'était laissé tomber sur un siège, exténué de fatigue.

— Ah ! madame, murmura-t-il, je plains fort ceux qui font de la nécromancie par métier... Je suis plus las, plus rompu que si j'avais fait vingt lieues à cheval depuis ce matin.

— Eh bien, monsieur de Coarasse, dit la reine, je vous vais dédommager.

Le prince regarda Catherine avec étonnement.

— Je vous invite à souper.

— Ah ! madame...

— Non chez moi... mais... chez Mme Marguerite... qui me convie ce soir.

Henri eut un battement de cœur assez agréable.

— Et, acheva la reine, je vous serais reconnaissante, si vous vouliez aller chez la princesse tout de suite et la prévenir que je vous suis.

La reine appela ses camérières pour se faire ajuster, et Henri, tout palpitant de joie, s'en alla chez Mme Marguerite.

En route, il rencontra Nancy.

Nancy lui montra ses petites dents blanches en un sourire et lui dit :

— Savez-vous, mon pauvre ami, que la reine va vous proposer la place de René... j'ai tout vu et tout entendu.

— Ah ! fit Henri.

— Et vous ferez bien de l'accepter.

— Pourquoi ?

— Mais, fit la soubrette avec un sourire étincelant de malice, parce que vous aurez votre logis au Louvre... que, chaque soir, vous ne vous en irez plus par la pluie, le froid et le brouillard...

En parlant ainsi, l'espiègle camérière ouvrit la petite porte du corridor et poussa le prince aux genoux de Mme Marguerite, qui s'était levée en rougissant.

XLVI

Nous avons un peu négligé, depuis quelque temps, notre ancienne connaissance Amaury de Noë, le sceptique à la moustache blonde, aux yeux bleus, au sourire railleur ; il est temps de revenir à lui. Noë avait commencé par se moquer de l'amour de son royal ami pour Mme Corisandre, et il n'avait pas peu contribué peut-être à détacher de la comtesse de Gramont le volage Henri de Navarre

Puis il l'avait mis en garde contre la belle argentière, laquelle, disait-il, suffisamment avertie par la lettre de Corisandre, se moquerait du prince le plus possible ; puis enfin il avait trouvé passablement ridicule que Henri de Bourbon s'amusât à faire, sous le nom du sire de Coarasse, une cour très assidue à Mme Marguerite de France, sa future épouse.

Tout cela n'avait point empêché notre ami Noë de devenir amoureux de Paola et de faire les yeux doux à la jolie Myette, la nièce de son compatriote Malican le Béarnais.

Depuis trois jours, Henri et Noë s'étaient à peine vus.

D'abord Mme Catherine s'étant mis en tête de consulter le sire de Coarasse et d'expérimenter sa science en sorcellerie, le prince avait passé une bonne partie de ses journées au Louvre.

Ensuite, Noë avait bien autre chose à faire, vraiment ! que de tuer le temps à attendre son royal ami dans l'hôtellerie de maître Lestacade, rue Saint-Jacques.

Noë venait bien chaque jour à Paris, mais il oubliait d'aller prendre des nouvelles du prince.

L'amour avait presque séparé momentanément ces deux amis inséparables.

Pour bien comprendre la bizarre existence que Noë menait depuis trois jours, il est nécessaire de nous transporter au village de Chaillot, chez la tante de l'honnête Guillaume Verconsin, le commis bijoutier de l'infortuné Samuel Loriot.

Guillaume avait offert, on s'en souvient, le domicile de sa tante aux deux jeunes gens, non pour eux, mais pour Paola.

Le prince avait accepté, mais à une simple condition.

Cette condition était que le commis ne soufflerait mot à Paola de l'argentière et du cabaret de Malican, non plus qu'il ne confierait à Sarah et à Myette que sa tante donnait un abri à la fille de René le Florentin.

Guillaume Verconsin était de la nature des gens discrets : il promit et tint sa promesse.

Or donc, trois jours avant la mise en liberté du parfumeur de la reine, tandis que Henri mettait pied à terre à la porte Montmartre, Paola sautait sur son cheval et Noë la conduisait, en suivant le mur d'enceinte, jusqu'à Chaillot.

La tante Verconsin habitait, auprès d'un couvent, une jolie maison, ornée d'un petit jardin, précédée par une cour dans laquelle veillait un dogue hargneux.

La maison était toute neuve ; le jardin, planté de beaux arbres fruitiers.

La tante Verconsin, ancienne dame de la Halle, s'était retirée du commerce avec huit cents livres de rente, ce qui, pour une petite bourgeoise, était un fort joli denier.

Elle avait la soixantaine, ne possédait d'autre parent que Guillaume, et lui devait laisser tout son bien.

L'affection de la bonne femme pour son héritier était sans bornes ; elle lui eût tout donné de son vivant, si Guillaume l'avait exigé. Mais le commis était un honnête garçon fort désintéressé, et qui — chose rare chez un héritier ! — demandait tous les jours à Dieu d'accorder de longs jours à sa tante.

Noë et Paola trouvèrent Guillaume sur la porte.

Il les attendait et avait arrangé pour sa tante une petite histoire dont le but était de laisser en paix les susceptibilités morales et religieuses de la bonne femme. Il avait raconté à la tante Verconsin que Paola était la fille d'un gentilhomme qui refusait de l'unir à Noë, et que, en cela, il était poussé par la marâtre de la jeune fille, laquelle aurait voulu qu'elle embrassât la religion réformée. D'après Guillaume, Paola n'avait consenti à suivre son fiancé que pour se soustraire aux violences religieuses de son père et de sa belle-mère.

Noë avait, disait-il, écrit au roi et au pape pour obtenir d'eux l'autorisation d'épouser promptement la jeune fille sans qu'il fût besoin du consentement de son père.

Cette petite fable, que Guillaume n'avait répétée, du reste, que d'après les instructions de Noë, avait produit un excellent effet sur la bonne femme.

Elle avait compris la nécessité d'entourer la jeune fille du plus grand mystère, et elle lui avait préparé un joli logement au premier étage de sa maison.

Noë avait installé Paola ; puis il avait passé toute la journée avec elle et ne s'en était allé que vers le soir, à dix heures, et encore avait-il promis de revenir le lendemain de fort bonne heure.

Le lendemain, en effet, il était avant midi au village de Chaillot.

C'était durant la nuit précédente qu'il avait arrêté avec le prince que, si Godolphin voulait s'engager à demeurer auprès de Paola, on le conduirait chez la tante Verconsin.

On sait ce qui advint, la promesse que fit le somnambule, et on se souvient qu'au moment où Noë piquait des deux en l'emportant en croupe, il souleva un peu le bandeau qui lui couvrait les yeux, et, malgré l'obscurité, reconnut les pignons du Louvre.

Noë galopa jusqu'à l'entrée de Chaillot, puis il arrêta court son cheval, et il fit descendre Godolphin.

— Vous pouvez ôter votre bandeau, lui dit-il.

Le somnambule avait regardé en dessous pendant tout le temps et reconnu parfaitement le chemin qu'il suivait.

Or, au moment où Noë lui permettait de voir, ce dont il ne s'était point privé, tous deux se trouvaient au milieu d'un champ entouré de murs par trois côtés. Le village était à portée de mousquet.

A cette heure tardive tout le monde dormait à Chaillot : il eût été facile à Noë de tuer son chétif prisonnier sans que personne accourût à son secours.

Mais Noë n'y songeait pas sérieusement ; seulement il dit à Godolphin :

— Mon jeune ami, avant d'aller plus loin, je désire avoir avec vous un petit bout de conversation.

Le jeune homme tremblait et supposait à son geôlier quelque dessein sinistre.

Noë lui mit la main sur l'épaule :

— Remarquez, lui dit-il, qu'il est plus de minuit, que nous sommes en un lieu isolé, et que je puis vous casser la tête d'un coup de pistolet sans que personne au monde s'en préoccupe.

— Oh! murmura Godolphin avec effroi, je sais bien que vous ne m'avez amené ici que pour m'assassiner.

— Vous vous trompez; je vous ai promis de vous conduire auprès de Paola et vous m'avez promis, en échange, de demeurer paisiblement auprès d'elle et de ne point chercher à la quitter.

— Je l'aime... balbutia Godolphin.

— C'est précisément à cause de cela, mon cher monsieur Godolphin, que je veux, avant d'aller plus loin, provoquer une petite explication entre nous.

— Je vous écoute, monsieur, dit le jeune homme, tremblant toujours.

— Vous aimez Paola?...

— Oh! si je l'aime...

— Et... elle?

Godolphin courba le front et garda un silence farouche.

— Moi, poursuivit Noë, je sais qu'elle ne vous aime pas, et cela pour deux raisons.

Godolphin tressaillit.

— La première, c'est que vous avez été son espion, son geôlier...

— J'étais sous la domination de René... et puis?...

Godolphin s'arrêta et roula ses yeux louches autour de lui.

— Et puis, comme vous l'aimiez, vous étiez jaloux, n'est-ce pas?

— Peut-être...

— La seconde raison est plus simple encore. Paola ne vous aime pas parce qu'elle m'aime...

Noë prononça ces mots avec une nuance de fatuité.

Godolphin était livide, mais il ne proféra aucune parole.

— Vous sentez bien, poursuivit Noë, que si vous aimez Paola, c'est déjà beaucoup pour vous d'être auprès d'elle, au lieu de moisir dans une cave...

— Oh! oui...

— Mais vous comprenez aussi que si vous alliez vous permettre des scènes de jalousie comme au pont Saint-Michel, je me verrais dans l'obligation de vous reconduire dans votre cave.

— Monsieur, murmura Godolphin, je ne demande qu'à voir Paola... Je sais bien qu'elle ne m'aime pas... et que... elle vous aime...

— Bien! Votre résignation me plaît.

Le somnambule soupira.

— Jurez-moi donc, acheva Noë, que vous jouerez en conscience le rôle que je vais vous imposer.

— Quel rôle?

— Vous êtes le frère de Paola, et Paola est la fille d'un huguenot.

Noë expliqua alors à Godolphin ce qu'il devait être aux yeux de la tante Verconsin, et Godolphin prêta le serment qu'il exigeait de lui.

En ce moment, un homme se montra sur le seuil. (P. 366.)

Ce fut ainsi que le somnambule fut introduit à Chaillot.

Noë avait fait à Paola l'aveu de l'enlèvement de Godolphin, et lorsque celle-ci lui demanda, saisie d'un vague effroi, pourquoi il voulait la contraindre à vivre de nouveau avec l'être qu'elle abhorrait, il lui répondit :

— Ma chère belle, un jour ou l'autre Godolphin aurait pu nous échapper. Il serait retourné au pont Saint-Michel dans le but de vous y trouver, et il serait, par conséquent, retombé dans les mains de votre père. Or, votre père, à l'aide de Godolphin, vous aurait retrouvée à son tour, et il n'aurait point tardé à nous séparer.

Cette raison était déjà assez bonne ; cependant Noë en fit valoir une seconde.

— Ma chère amie, dit-il, puisque votre père tirait de merveilleuses révélations du sommeil de Godolphin, nous ferons comme lui, ce qui nous permettra de veiller sur notre bonheur avec d'autant plus de prudence ; car, n'en doutez pas, Mme Catherine va remuer ciel et terre pour vous retrouver.

— Oh! jamais! s'écria Paola, jamais je ne veux retourner chez mon père et me séparer de vous.

Noë passa toute la journée du lendemain auprès de Paola, puis la journée suivante.

Mais, le troisième jour, le compagnon du prince de Navarre éprouva comme une lassitude vague, comme un besoin de retourner à Paris.

— Ma chère amie, dit-il à la fille de René, voici deux longs jours que je n'ai vu mon ami le sire de Coarasse, et vous trouverez tout naturel, j'imagine, que je l'aille rejoindre.

— Quand reviendrez-vous? demanda la jeune fille.

— Demain.

— De bonne heure?

Noë manifesta quelque fatuité dans son sourire.

— Mais, dame! fit-il, vous n'exigez pas, j'imagine, que je revienne avant le jour?

— Non.

— Alors, attendez-moi pour déjeuner.

Noë embrassa Paola, et partit au petit trot de son cheval, comme un homme qui va faire un long voyage.

Jusqu'au mur d'enceinte, Noë songea tout naturellement à Paola.

La porte de Paris franchie, il regarda la Seine, et, dans le lointain, il aperçut le Louvre.

Alors, il éprouva un léger tressaillement.

— C'est singulier! se dit-il; je crois que j'éprouve un certain plaisir à retourner à Paris. Pourquoi donc?

Cette question, que Noë s'adressa fort naïvement, lui parut tout d'abord impossible à résoudre. Et cependant, il continua son chemin, regardant toujours les pignons du Louvre.

— Ma foi! oui, reprit-il après avoir médité quelque temps, je suis très content de retourner à Paris. Mais... pourquoi?

Ce *pourquoi* qu'il cherchait conduisit le gentilhomme béarnais jusqu'à mi-chemin du Louvre.

Arrivé là, il se frappa le front.

— Ah! parbleu! murmura-t-il, je crois que je tiens la raison qui m'a fait quitter Chaillot si volontiers! Henri m'a dit un soir que Mme Marguerite de Navarre, son aïeule, avait écrit quelque part dans ses contes que « *l'amour, pays enchanté* tant qu'il n'était abordable que par un chemin malaisé et semé d'embûches, devenait un lieu malplaisant aussitôt qu'on y parvenait par une belle route bien frappée... » J'y suis!

Et Noë, donnant un léger coup d'éperon à sa monture, continua ainsi son monologue :

— Évidemment Paola est une fort belle jeune fille, mais elle me paraissait beaucoup plus belle quand il me fallait grimper après une échelle de soie, au risque de me rompre le cou ou tout moins de me noyer... Depuis qu'elle est en ma possession, que je n'ai plus à redouter la dague de René et l'espionnage de Godolphin, elle me paraît moins séduisante... Est-ce bizarre!

Tout en se parlant ainsi, Noë passa devant le Louvre et ne songea point à s'informer si son royal ami s'y trouvait : preuve évidente que ce n'étaient point les toits du Louvre qui lui avaient fait battre le cœur.

Mais, lorsqu'il eut atteint la place sur laquelle se dressait l'humble cabaret du Béarnais Malican, son cœur se reprit à palpiter.

En même temps, son cheval s'arrêta.

— Bon! murmura Noë en souriant, je crois que les bêtes ont plus d'esprit que les gens. Cela s'est vu... Je ne savais pas où j'allais, et mon cheval le savait!

Noë mit pied à terre à la porte de cabaret de Malican.

Précisément, la jolie Myette était sur le seuil.

Le battement de cœur de Noë augmenta, bien que Noë prît soin de tortiller sa moustache blonde d'un certain air dégagé et conquérant.

Myette se prit à rougir, et son front se couvrit d'un bel incarnat qui fit pâlir le ton cerise de ses lèvres.

Cependant, Myette ébaucha un sourire et chiffonna gentiment son tablier, affectant une certaine indifférence.

— Bonjour, petite, dit Noë.

— Bonjour, monsieur de Noë, répondit Myette.

La voix de Noë tremblait un peu; celle de Myette tremblait très fort.

— Où est ton oncle?

— Il est sorti, monsieur de Noë.

— Où est-il allé?

— A la Grange-Batelière, qui, vous le savez, appartient au roi.

— Et qu'est-il donc allé faire à la Grange-Batelière, ma petite?

Noë, en faisant cette question, attachait son cheval à un anneau de fer placé en dehors du cabaret.

— Mon oncle est allé quérir des grenouilles et du poisson, répondit Myette : les suisses soupent ici, ce soir.

— Au diable soient les suisses !

— Hein ? fit Myette.

— Ah !... pardon... murmura le jeune homme.

— Comment ! monsieur de Noë, dit la jeune fille, vous trouvez mauvais que les suisses soupent chez nous et fassent prospérer notre établissement ?

— Non... pas du tout... mais...

Noë cherchait la fin de la phrase et ne la trouvait pas.

Il entra dans le cabaret.

Le cabaret était vide. Sarah, la belle argentière, ravaudait des bas à l'étage supérieur, et Myette attendait des clients qui n'arrivaient pas.

Noë s'assit.

— Que faut-il vous servir, messire ? demanda Myette qui s'approcha du comptoir de chêne sur lequel brillaient les hanaps et les pots d'étain soigneusement entretenus.

— Je n'ai pas soif.

— Ah !

Myette prononça cette exclamation d'une syllabe d'un ton qui voulait dire : « Je vois bien pourquoi vous venez, mais je ne veux pas m'en apercevoir. »

— Vous voulez sans doute parler à mon oncle ? reprit-elle tout haut.

— Non.

— Ah !

Le deuxième *ah !* de Myette fut plus significatif encore que le premier.

Elle s'assit dans son comptoir et Noë se prit à la regarder avec une secrète admiration. Quelques minutes s'écoulèrent ainsi. Le jeune homme regardait ; Myette baissait les yeux.

— C'est singulier, pensait Noë, voici que je me sens niais et timide comme un clerc ; après tout, cependant...

Myette ne s'adressait aucun monologue, mais elle avait aussi un violent battement de cœur.

Enfin, Noë se leva.

En le voyant s'approcher du comptoir, Myette sentit redoubler son battement de cœur.

A mesure qu'il faisait un pas vers elle, Noë éprouvait une sorte d'hésitation dans sa démarche et ses membres fléchissaient.

Cependant, il arriva jusqu'au comptoir et s'y accouda.

Myette aurait bien voulu fuir, mais une force invincible et mystérieuse la retenait.

Noë continua de la regarder et Myette baissa les yeux de plus belle.

Tout à coup Noë eut un accès d'audace, et, étendant la main, il osa prendre celle de la jeune fille.

— Que faites-vous, monsieur de Noë ? s'écria-t-elle.

— Je ne sais, répondit-il naïvement.

Elle voulut retirer sa main, mais elle ne put la dégager.

— Myette, murmura Noë d'une voix émue, savez-vous bien que je vous aime?

Myette étouffa un cri et jeta un regard éperdu vers la porte.

La place était déserte, le seuil était vide... ils étaient seuls !

— Oui, répéta Noë, je vous aime...

— Ah ! murmura la jeune fille, qui parvint à dégager sa main et fit un effort suprême pour parler ; ah ! c'est mal, ce que vous me dites là, monsieur de Noë... car, je ne suis qu'une pauvre fille... et...

Elle n'acheva pas, tant elle émue...

Noë allait sans doute se mettre à ses genoux, mais un bruit de pas se fit entendre au dehors.

— Monsieur ! monsieur ! supplia Myette.

Noë, étourdi de son audace, alla se rasseoir en trébuchant, et Myette se baissa comme si elle eût laissé tomber quelque objet à terre...

En ce moment un homme se montra sur le seuil, et une voix à demi railleuse se fit entendre.

C'était Henri qui revenait du Louvre.

— Ah ! pardieu ! murmura-t-il, je gage que je trouble votre tête-à-tête, mes enfants ; mais je suis votre ami... ne craignez rien !

Henri était radieux : sans doute il avait eu bien du bonheur au Louvre.

XLVII

Tandis que Noë quittait Chaillot et s'en allait à Paris, Paola s'était accoudée à la fenêtre et le regardait s'éloigner. La jeune fille avait les yeux pleins de larmes, et, soit qu'un vague pressentiment l'assaillît, soit que son amour fût devenu si impérieux qu'il s'effrayât de la moindre séparation, il lui semblait qu'elle venait de perdre pour toujours celui qu'elle aimait.

Elle passa une nuit sans sommeil, attendant avec impatience l'heure du retour de Noë.

Noë avait promis de revenir le lendemain à l'heure du déjeuner.

Mais cette heure arriva ; puis d'autres la suivirent ; puis la journée s'écoula.

Alors Paola, en proie à une inquiétude mortelle, s'imagina que son père avait rencontré Noë, qu'un indice quelconque le lui avait désigné comme le ravisseur de sa fille, et qu'il l'avait poignardé.

Cette idée bizarre la frappa, et, la nuit venue, elle prit des proportions telles que l'épouvante pénétra dans son cœur.

Godolphin, muet, pâle, envieux, la regardait pleurer.

Paola s'arrêta à vingt partis différents et les abandonna successivement.

D'abord, elle voulait courir à Paris chercher Noë, soit au Louvre, soit à son hôtellerie de la rue Saint-Jacques.

Ensuite elle songea à envoyer Godolphin. Puis elle se défia du jeune homme, dont elle connaissait la haine pour son heureux rival. Tantôt elle voulait partir, tantôt elle retombait sans force sur son siège et se prenait à sangloter.

Une seconde nuit s'écoula, puis le jour vint, Noë n'avait point reparu. Paola se sentait mourir...

Tout à coup elle eut une inspiration étrange et appela Godolphin.

Godolphin, qui n'osait lui parler, Godolphin, qui avait fini par souhaiter le retour de Noë, tant les larmes de la jeune fille lui brisaient le cœur, Godolphin accourut.

La Florentine le regarda pendant quelques minutes silencieusement et comme si elle eût éprouvé une certaine hésitation.

Puis elle lui dit :

— Quand mon père voulait savoir quelque chose de toi, que faisait-il?

— Il m'endormait, répondit-il machinalement.

— Comment?

— En me regardant fixement.

— Eh bien, dit Paola, je désire savoir quelque chose, moi, et je vais te regarder, il faut que tu dormes, parce que je le veux!

La Florentine prononça ces mots avec une fiévreuse énergie, et son regard fut si ardent, que Godolphin tressaillit et s'écria :

— Ah! ne me regardez pas ainsi... Vous avez les yeux de votre père.

— Je le veux! répéta Paola.

Elle prit Godolphin par le bras et le poussa rudement sur une chaise où elle le fit asseoir.

Puis, le regardant toujours :

— Dors! dit-elle, dors! je le veux...

Godolphin aimait Paola. Nature faible et obéissante, le jeune homme se sentait dominé par le regard énergique et la volonté de la jeune fille.

Il voulut résister un moment à cette volonté, car il haïssait Noë et sentait bien que c'était pour savoir où il était que Paola cherchait à l'endormir; mais cette volonté l'emporta.

Paola lui mit une main sur le front, lui serra le poignet avec l'autre et continua à faire peser sur lui son regard étincelant...

Alors, peu à peu, Godolphin sentit que sa volonté de résister s'évanouissait; que cet œil brillant fixé sur lui avait le charme fascinateur que possédait celui de René, et sa tête, sur laquelle était appuyée la main de Paola, se renversa insensiblement en arrière.

D'abord, il baissa les yeux pour éviter l'étincelle du regard de la jeune fille, puis ses paupières s'alourdirent et se fermèrent... Godolphin dormait!

Un moment Paola fut comme tout épouvantée du pouvoir magique dont elle se trouvait douée; puis la volonté de savoir où était Noë domina son effroi.

— Parle! dit-elle à Godolphin.

Le somnambule garda un moment le silence. Il luttait contre le sommeil qui l'étreignait et il s'agitait sur sa chaise.

— Parle! répéta la jeune fille d'une voix vibrante et dominatrice.

— Que voulez-vous savoir? demanda le somnambule faiblement et la langue épaissie, comme s'il eût été pris de vin.
— Je veux savoir où il est.
— Qui?
— Celui que j'aime... Noë!

Ce nom produisit une impression pénible, qui devint ensuite farouche, sur le visage de Godolphin.

— Je ne sais pas, dit-il avec une sorte d'irritation sourde et moqueuse.
— Je veux que tu le saches! ordonna la fille du parfumeur.

Le somnambule appuya ses deux mains sur son front et parut méditer profondément, vaincu qu'il était par la volonté de Paola.

Plusieurs fois les muscles de son visage tressaillirent, et ce visage exprima tour à tour la colère, la haine et le dédain.

Tout à coup ses lèvres s'entr'ouvrirent et grimacèrent un sourire.

Ce sourire était amer, ironique et révélait une joie féroce :

— Je le vois, dit-il enfin.
— Ah! s'écria Paola. Tu le vois?
— Oui.
— Où est-il?
— A Paris.
— Blessé... mort, peut-être! murmura-t-elle avec angoisse et épouvantée par le méchant sourire de Godolphin.
— Oh! non...

Elle eut un cri de joie :

— Il est donc prisonnier? fit-elle.
— Non, il est libre...
— Pourquoi ne vient-il pas, alors?

Godolphin sourit.

— Mais pourquoi ne vient-il pas? insista la fille de René.

Godolphin souriait de plus belle.

— Par ce qu'il ne pense plus à vous, dit-il brutalement.

La réponse de Godolphin pénétra au cœur de Paola comme la pointe acérée d'un stylet. L'Italienne devint pâle.

— Tu mens! exclama-t-elle.
— Non, je ne mens pas...
— Que lui est-il donc arrivé et quelle besogne a-t-il qu'il ne pense plus à moi? s'écria l'impétueuse jeune fille.
— Il en aime une autre.

Et Godolphin, dont le sommeil était d'une lucidité merveilleuse en ce moment, Godolphin ricana et ajouta :

— Il en aime une autre que vous.

Paola jeta une exclamation sauvage, un cri étrange, recula d'un pas et s'appuya défaillante au mur de la chambre.

— Je le vois... il est auprès d'elle... à ses genoux... il tient sa main... Elle est belle... et elle l'aime...

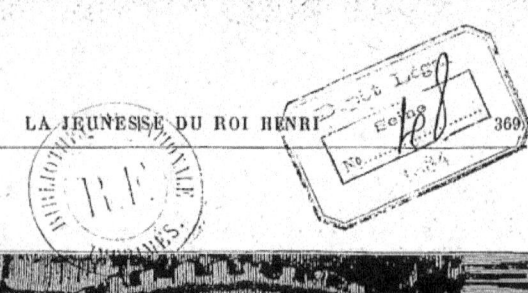

Alors le cavalier s'arrêta tout interdit. (P. 372.)

La jeune fille eut un accès de rage qui succéda sur-le-champ à son état de faiblesse et d'anéantissement.

Elle saisit un petit poignard à fourreau d'or qu'elle portait à sa ceinture et le leva sur Godolphin.

— Misérable! dit-elle, tu mens!... et je vais te tuer...

Godolphin ne vit pas le poignard peut-être, mais il entendit la menace, et, au lieu de s'en effrayer, il répondit tranquillement :

— Elle a les cheveux noirs, les lèvres rouges, et son visage a la blancheur du lait ! Il l'adore...

Le somnambule parlait avec un tel accent de conviction, que le bras de Paola retomba sans frapper.

— Eh bien ! dit-il, confies-moi où il est, et je te jure que, s'il m'a trahie, que, si tu me le montres aux pieds de ma rivale...

— Vous ne l'aimerez plus, n'est-ce pas ? ricana Godolphin.

— Je le haïrai et ma vengeance sera terrible, murmura-t-elle d'une voix sourde...

— Il est dans la maison où j'étais prisonnier, dit le somnambule.

— Ah !... Où est cette maison ?

— Près du Louvre.

— Peux-tu m'y conduire ?

— Non.

— Pourquoi ?

— Parce que je dors... et puis ce n'est pas maintenant que vous l'y trouverez, bien que je le voie en ce moment !... car il est dans une salle où il y a de la lumière, et nous sommes en plein jour !... Je vois ce qui se passera ce soir... voilà tout !...

— Comment est cette salle ?

— C'est un cabaret !

Paola, pâle de courroux, frémissante, éperdue, écoutait les paroles de Godolphin et sentait s'éveiller en elle le démon de la jalousie et de la haine.

Paola n'était point impunément la fille de René le Florentin ; elle savait aimer et haïr : elle devait savoir se venger...

. . . .

Quand elle eut entendu les révélations de Godolphin, elle dédaigna de le questionner davantage, mais elle forma sur l'heure le dessein de surprendre Noë aux pieds de sa rivale.

Comme tous ceux dont l'âme est fortement trempée pour l'amour ou la haine, Paola savait attendre.

Elle réveilla Godolphin en lui passant les mains sur le front afin de le dégager de la lourde atmosphère magnétique qui l'enveloppait.

Godolphin soupira, s'agita sur son siège une seconde fois et ouvrit les yeux.

Puis il jeta autour de lui le regard hébété de l'homme qui s'éveille, et aperçut Paola, qui avait entendu dire à son père que Godolphin perdait, au réveil, le souvenir de ce qu'il avait vu et dit pendant son sommeil magnétique.

— Que vous ai-je donc dit de si terrible ? lui demanda-t-il naïvement. Vous êtes pâle, pâle comme la mort.

Paola fit un effort suprême pour refouler ses terreurs et ses colères au fond de son cœur, et calme, presque souriante, elle répondit :

— Tu m'as engagée à faire un voyage.

— Ciel! fit Godolphin avec effroi, vous voulez partir?

— Sans doute.

— Et... me quitter?...

— Non, tu m'accompagneras.

— Oh! alors, fit-il avec joie, partons! je vous suivrai jusqu'au bout du monde. Où allons-nous?

— Je te le dirai plus tard.

— Ah!

Et Paola ajouta :

— Tu passes ici pour mon frère; il faut continuer à jouer ce rôle jusqu'à ce soir. Seulement, tu vas t'esquiver un moment dans la journée, et tu te procureras des chevaux.

— Bien! où les conduirai-je?

— Tu t'arrangeras pour que nous les trouvions à la porte ce soir, à l'entrée de la nuit. Tiens, voici de l'argent.

Et Paola donna sa bourse à Godolphin.

Godolphin descendit dans le jardin, et, comme Guillaume Verconsin était absent et que la tante du jeune commis ignorait complètement que le somnambule fût comme une manière de prisonnier sur lequel elle devait veiller, elle ne s'en inquiéta pas autrement en le voyant sortir. Une heure après, Godolphin revint.

— Les chevaux seront dans la rue à huit heures du soir, dit-il à Paola.

. . . .

La journée s'écoula sans que Noë parût; le soir vint, puis la nuit.

— Allons! se dit Paola, si Godolphin m'a trompée, je le tuerai; s'il a dit vrai, et que Noë m'ait trahie, j'irai trouver mon père et je lui confierai le soin de ma vengeance!

Elle s'enveloppa d'une longue mantille, cacha son visage sous un masque et s'esquiva de la maison de la tante Verconsin, la haine et la jalousie au cœur, étreignant dans sa main la poignée ciselée de son stylet.

Godolphin était déjà dans la rue, tenant en main les chevaux.

— Où allons-nous? lui demanda-t-il en pliant son genou pour faire un marchepied à la jeune fille.

— A Paris, dans un cabaret, aux environs du Louvre.

— Ah!

— C'est dans ce cabaret que je dois, m'as-tu dit, le voir aux genoux de ma rivale..,

Et Paola s'élança en selle et mit son cheval au galop.

— La haine doit être rapide comme la foudre! murmura-t-elle, tandis que son cheval arrachait des gerbes d'étincelles aux pavés de la rue.

XLVIII

Tandis que Paola, suivie de Godolphin, abandonnait Chaillot le cœur altéré de vengeance et tourmenté de jalousie, un cavalier entrait dans Paris et descendait la berge droite de la Seine, dans la direction du Louvre.

Monté sur un vigoureux cheval allemand, enveloppé d'un long manteau, dont le large collet dissimulait à moitié son visage, la tête recouverte d'un grand chapeau sans plume, ce personnage paraissait être de médiocre condition.

A sa mise, son allure modeste, on eût juré un de ces gentilshommes, aux trois quarts valets, qui se mettaient à la solde d'un grand seigneur.

Comme il était nuit et que le bord de la rivière était désert, le cavalier, arrivé à la hauteur du pont au Change, parut hésiter.

Traverserait-il la Seine et aborderait-il dans la Cité ? Descendrait-il jusqu'au Louvre ?

Après quelques minutes d'incertitude, il opta pour le premier parti et s'engagea sur le pont au Change.

Au milieu du pont, il y avait un poteau qui supportait une lanterne.

Au moment où le cavalier entrait dans le cercle de lumière projeté par cette lanterne, un piéton cheminant en sens inverse y entrait pareillement.

Le cavalier, qui avait pris pour franchir la porte Bordeuille de minutieuses précautions, afin de cacher le plus possible son visage aux yeux des suisses qui la gardaient, s'était, la nuit et l'isolement aidant, un peu relâché de sa prudence.

Le manteau s'était entr'ouvert ; le chapeau, rabattu sur les yeux tout d'abord, s'était un peu rejeté en arrière.

Bref, le visage, au moment où il passait sous la lanterne, se trouva si bien à découvert, que le piéton, le reconnaissant sans doute, ne put réprimer une exclamation de surprise.

Alors le cavalier s'arrêta tout interdit.

En même temps le piéton mit la main sur la bride du cheval et dit :

— Bonsoir, monseigneur !

Le cavalier laissa tomber un regard sur le piéton.

— René ! murmura-t-il.

Puis, involontairement, il porta la main à ses fontes pour y prendre un pistolet et casser la tête au Florentin, car c'était bien lui qui s'était permis de le reconnaître.

Mais il vit au parfumeur de la reine une mine piteuse, il lui trouva l'air si humble, que l'arme resta dans sa sacoche et qu'il poussa un grand éclat de rire.

— Ah çà ! s'écria-t-il, tu es donc en disgrâce, valet du diable ?

— Oui, monseigneur...

— Eh bien, donne-moi l'hospitalité en ce cas.

— Volontiers, monseigneur.

— Tu es de la nature des traîtres, je le sais, mais j'ai un moyen de prévenir tes trahisons. Rebrousse chemin, mon drôle, et conduis-moi à ta boutique du pont Saint-Michel.

— Venez, monseigneur.

René se prit à marcher devant le cavalier.

— Je te préviens, lui dit celui-ci, que, si tu t'avises de ne pas marcher droit et de tourner la tête, je t'envoie une balle entre les deux épaules. Tu es comme une manière de prisonnier.

René se tint pour averti et se mit à cheminer d'un pas rapide.

En quelques minutes le cavalier et le piéton eurent atteint le pont Saint-Michel.

— Venez, monseigneur.

— Ouvre ta boutique, dit le cavalier.

René obéit.

Le cavalier mit pied à terre, attacha sa monture à un anneau de fer fixé à la devanture et suivit le Florentin dans sa demeure, lui faisant signe de fermer la porte.

René battit le briquet, alluma une bougie et conduisit son visiteur dans cette arrière-boutique, naguère le logis, l'oratoire de Paola.

Puis il lui avança respectueusement un siège et demeura devant lui, debout et tête nue.

Le cavalier, si simplement vêtu qu'on l'eût pris pour un homme de médiocre condition, et à qui, cependant, René donnait le titre de monseigneur, s'assit sans plus de façon.

— René, dit-il, tu es certainement l'homme que je tiens le moins à rencontrer, car tu es l'âme damnée de la reine mère, et Mme Catherine est femme à me faire poignarder si elle me sait à Paris.

— N'ayez crainte, monseigneur, elle ne le saura pas.

Le Florentin, pour la première fois de sa vie peut-être, était sincère.

En effet, tout pénétré de sa disgrâce, il était en veine de se faire humble et de devenir serviable.

Le voyageur reprit:

— Aimes-tu beaucoup le prince de Navarre, René?

— Non, monseigneur.

— Le hais-tu?

— Je ne le connais pas, je ne l'ai jamais vu, mais je le hais instinctivement.

— Pourquoi?

— Parce qu'il est Béarnais et que je hais tous les Béarnais.

En parlant ainsi, René alla fermer soigneusement la porte de la boutique et mit la clef dans sa poche.

— Et que t'ont fait les Béarnais?

— Ah! monseigneur, beaucoup de mal, je vous jure.

— Mais encore?...
— Ils m'ont fait perdre ma faveur.
— Hein?
— Je suis disgracié.
— Par la reine mère?
— Et supplanté.
— Par qui?
— Par un certain sire de Coarasse... qui lit dans les astres... comme moi... mieux que moi, monseigneur.

Le voyageur poussa un grand éclat de rire.

— Comment! s'écria-t-il, la reine mère a trouvé un meilleur astrologue que toi, mon pauvre René?
— Oui, monseigneur.
— Et tu es disgracié?
— Complètement.
— Diable!
— J'ai même failli être roué, ajouta le Florentin.

Cette fois, le voyageur ouvrit de grands yeux.

Alors, René, qui était en veine de confidences, ne cela rien à son hôte. Il lui raconta son équipée de la rue aux Ours, la colère du roi et les efforts que la reine mère avait faits tout d'abord pour le sauver.

Le voyageur écoutait gravement.

Quand René eut fini, l'inconnu lui dit:

— Tout ce que tu me dis là est-il bien vrai?
— Sur l'honneur!
— Bon! Fais-moi un autre serment, je le préfère.
— Sur ma tête!...
— J'aime mieux ça. Eh bien, le récit de tes mésaventures modifie peu mes idées à ton endroit.
— Hein? fit René.
— Et je te conseille de t'avouer très heureux d'avoir failli être roué.
— Plaît-il? fit le Florentin.
— Et d'être en brouille avec Mme Catherine, ajouta l'inconnu.
— Pourquoi cela, monseigneur?

Le voyageur croisa ses jambes, caressa sa barbe noire, qu'il portait en pointe, selon la mode du temps, et répondit:

— Mais parce que cela te sauve d'un grand péril.

Les yeux démesurément ouverts de René s'agrandirent encore.

— Car, poursuivit son interlocuteur en posant sa main droite sur la poignée de sa dague, je ne te cacherai pas plus longtemps que j'avais, en entrant ici, l'intention de te fouiller le cœur avec cet outil.

René pâlit légèrement.

— Tu es de la race de ces bêtes fauves, poursuivit l'inconnu, qu'on tue sans scrupule et sans remords quand on les trouve sur son chemin.

— Merci! monseigneur, murmura René, qui riait jaune.

— Mais ta disgrâce me fait réfléchir.

— C'est heureux pour moi, et sans doute Votre Altesse a pitié...

— Nullement. Mais je pense que tu pourras me servir.

— Je ne demande pas mieux.

— Du moment où tu es en froid avec Mme Catherine, tu n'as plus aucune raison pour la servir?

— Aucune, monseigneur?

— Eh bien, je te prends, moi.

— Vous, monseigneur!

— Et je fais de toi mon homme de confiance, mon messager d'amour...

— Bon, dit René, je devine...

— Bah!

— Votre Altesse revient à Paris à la seule fin de...revoir...

René cligna de l'œil.

— C'est bien, dit le voyageur. Tu as compris.

— Que dois-je faire, monseigneur?

— Aller au Louvre.

René se trouva mal à l'aise.

— C'est que la reine m'a chassé.

— Aussi n'est-ce point chez elle que je t'envoie.

— D'accord, mais on peut me rencontrer...

— Qu'importe?

— Les suisses me chasseront...

— Allons donc! fit le voyageur, ils n'oseraient pas, j'imagine.

René soupira.

— Ah! monseigneur, dit-il, comme on voit bien que vous venez de Nancy!

— J'en arrive.

— Et que vous n'avez pas pris l'air du Louvre... La reine m'a chassé, le roi a voulu me faire rouer, M. de Crillon m'a menacé de sa cravache, et les suisses me rient au nez. Je suis un homme ruiné et perdu.

René contait ses aventures d'un ton si lamentable, que le voyageur riait de bon cœur.

Cependant il poursuivit :

— Il faut pourtant, mon pauvre René, que tu ailles au Louvre... il faut que tu arrives jusqu'à *elle*... il faut que tu lui annonces que je suis ici...

— J'irai, monseigneur, je braverai tous les périls...

Et René se leva, armé sans doute d'une résolution subite.

— Si tu ne peux arriver jusqu'à *elle*, poursuivit l'inconnu, au moins tu verras Nancy ; tu lui diras que j'ai bravé tous les périls pour revenir à Paris, et que je suis prêt à faire toutes les folies pour l'empêcher d'épouser le prince de Navarre.

— Ce sera difficile, monseigneur ; la reine mère...

— Oh! je bouleverserai le monde, s'il le faut!

— Enfin, monseigneur, demanda catégoriquement René, que dois-je faire?

— Aller au Louvre.
— Bien.
— Voir Nancy, si tu ne peux voir Marguerite.
— Je les verrai toutes deux.
— Et dire à Marguerite qu'il faut que ce soir même elle me reçoive...
— Mais, monseigneur, si vous mettez le pied dans le Louvre et qu'on vous reconnaisse, vous serez sûrement poignardé.

Le voyageur parut réfléchir.

— Alors, qu'elle vienne ici ! dit-il.
— Diantre ! fit René, le voudra-t-elle ?

Cette interrogation produisit un singulier effet sur l'interlocuteur du Florentin. Ce doute qu'il exprimait le fit pâlir.

— Penses-tu donc, s'écria-t-il, que déjà elle ne m'aime plus ?
— Oh ! je ne dis point cela...

Le voyageur respira.

— Mais sortir du Louvre à cette heure, furtivement, passer les ponts et venir jusqu'ici... vous comprenez, monseigneur.
— Alors c'est moi qui irai au Louvre...
— Non, monseigneur, dit René, c'est elle qui viendra. Mme Marguerite est femme à braver tous les périls pour vous éviter un simple danger. Vous allez m'attendre ici, et je vous la ramènerai avant une heure.

René, tout à l'heure embarrassé et tremblant, s'exprimait avec assurance ; il paraissait sûr du succès, et un moment son hôte fronça le sourcil.

— Tu avais si grand'peur d'entrer au Louvre... lui dit-il.
— Certainement, monseigneur. Mais j'ai trouvé un moyen.
— Lequel ?
— C'est mon secret, fit René en clignant de l'œil.

Il prit son épée et son manteau, et, boitant toujours, il se dirigea vers la porte, disant au voyageur :

— Tenez, monseigneur, voici des livres de *vénerie* et de *volerie* dont la lecture vous permettra d'attendre patiemment que je revienne avec elle.

L'inconnu fit un geste approbateur. René ouvrit sa porte comme il l'avait fermée, c'est-à-dire en évitant tout bruit criard, et il laissa son hôte maître du logis.

Puis, bien que son pied lui fit un mal affreux, il se dirigea rapidement vers le Louvre, s'adressant le monologue que voici :

— La reine m'a disgracié, mais, au fond de son cœur, elle a conservé quelque affection pour moi, et il est hors de doute qu'au premier service que je lui rendrai elle me rendra toute son amitié.

« Or, le hasard semble vouloir me servir à souhait.

« Voici Mgr le duc Henri de Guise qui tombe en mes mains juste au moment où je cherche un prétexte pour entrer au Louvre.

« Le duc a été obligé de quitter Paris furtivement pour éviter le poignard des assassins armés par la reine mère ; mais comme il aime toujours Mme Marguerite et que, bien certainement, il en est encore aimé, il en résulte

Paola, dont le cœur battait violemment, approcha son œil du trou de la serrure. (P. 384.)

que Son Altesse revient à Paris et veut, à tout prix, revoir la fiancée du prince de Navarre.

« Je vais livrer le duc de Guise à la reine mère et je ferai ma paix avec elle. »

René s'en allait bien décidé à accomplir cette nouvelle trahison, et déjà il avait atteint la petite place voisine du Louvre, sur laquelle s'élevait la guinguette de Malican, lorsqu'un événement inattendu vint modifier ses premiers plans.

Comme René avançait dans l'obscurité qui était grande, guidé seulement par la lanterne lointaine du poste des suisses et le bruit de la Seine qui roulait son flot noir, il entendit tout à coup un bruit étouffé, un cri de femme... Et ce cri lui résonna au fond de l'âme; il crut reconnaître la voix qui l'avait poussé, et il se précipita dans la direction où il l'avait entendu.

Presque au même instant une lueur instantanée se fit et perça les ténèbres. C'était la porte du cabaret de Malican qui s'ouvrait et livrait passage à un flot de clarté.

René s'arrêta immobile et vit la silhouette de deux hommes se dessiner sur ce cadre lumineux.

En même temps une voix disait :

— La nuit est noire... c'est quelque tire-laine qui dévalise une ribaude. Ne nous mêlons pas de ces affaires, ami Noë.

Et le rayon lumineux disparut en même temps que les deux hommes derrière la porte qui se referma.

René se prit à avancer dans la direction où il avait entendu ce cri, et soudain il aperçut dans les ténèbres deux ombres noires, dont l'une se mouvait et se penchait sur l'autre. L'ombre qui se mouvait était celle d'un jeune homme qui essayait de rappeler à elle une femme évanouie.

René approcha tout à fait.

— Qui êtes-vous et que faites-vous ? dit-il.

— Monsieur René !

— Godolphin !

Le Florentin et le somnambule venaient de se reconnaître à la voix; et le son de celle du premier était si vibrant qu'il eut le don de rappeler à elle la femme évanouie.

— Mon père !!! murmura Paola...

René prit sa fille dans ses bras, en proie à une émotion indicible, et Paola lui dit :

— Pardonnez-moi d'abord, mon père, et ensuite vengez-moi !

XLIX

Tandis que René retrouvait sa fille, le duc Henri de Guise, surnommé le *Balafré*, car c'était bien ce prince que le Florentin avait rencontré et emmené chez lui, le duc de Guise, disons-nous, attendait dans la boutique du pont Saint-Michel le retour de son messager.

Le prince était toujours fort épris de Mme Marguerite, et le silence qu'elle avait gardé avec lui lorsqu'il lui avait envoyé un messager n'avait fait qu'irriter son amour au lieu de le calmer.

Or, on le sait, le messager du duc était descendu chez Malican, et la missive dont il était porteur, au lieu de parvenir à Mme Marguerite, était tombée dans les mains de Henri de Navarre.

Le duc, son envoyé de retour à Nancy, était parti sur-le-champ ; il avait couru jour et nuit, et il arrivait à Paris avec l'exaltation passionnée de l'homme qui craint d'être oublié et remplacé.

D'abord assis dans le fauteuil que lui avait avancé René, le prince calcula assez patiemment le temps qu'il fallait pour aller au Louvre et en revenir.

Puis, ce temps écoulé et aucun bruit ne retentissant au dehors, il se leva et se prit à arpenter la boutique de long en large ; puis il alla vers la porte et essaya de l'ouvrir.

René l'avait fermée en s'en allant. Alors un soupçon passa dans l'esprit du duc.

— Le drôle, pensa-t-il, est capable de m'avoir enfermé pour me faire prendre par les estafiers de Mme Catherine.

Le soupçon ressemble à la tache d'huile, et grandit en un clin d'œil.

Le Balafré se remémora rapidement toutes les trahisons de René et s'avoua qu'il avait eu un véritable moment de folie en songeant que cet homme pourrait le servir.

— Pardieu! se dit-il, ce damné de Florentin m'a fait un conte. Il n'est pas disgracié le moins du monde, et c'est un rôle qu'il joue avec moi. Tandis que je l'attends ici avec la confiance d'un bourgeois naïf, il court chez la reine, et dans un quart d'heure, peut-être, je serai pris et assassiné dans un traquenard...

Le duc avait bien son épée au côté et sa dague au flanc, et Dieu sait si elles étaient vaillantes ! mais il avait laissé son cheval à la porte et dans les fontes de sa selle une paire de bons pistolets chargés jusqu'à la gueule.

Or, S. A. le duc de Guise savait fort bien le cas qu'on faisait de lui, et, du moment où il eut admis dans son esprit que René courait au Louvre pour le faire assassiner, il demeura persuadé que les assassins seraient en nombre respectable et qu'ils préféreraient se servir d'arquebuses tuant à bonne portée, plutôt que de poignards qui se seraient émoussés ou tordus sous la lame de son épée.

Le duc regrettait donc ses pistolets ; puis, comme il était homme de race et trouvait que, si brave que soit un gentilhomme, il ne doit s'escrimer avec des manants qu'à la dernière extrémité, il songea sérieusement à éviter cette rencontre.

— Se retirer devant des estafiers n'est pas prendre la fuite, pensait-il.

Le duc examina la serrure de la porte, puis la porte elle-même.

La serrure était, on s'en souvient, une œuvre milanaise du plus merveilleux travail. Il ne fallait songer ni à la briser, ni à la fausser, et moins encore à la crocheter.

La porte était en chêne massif, solidement ferrée, et, bien que le duc fût vigoureux, il essaya vainement de lui faire subir une pesée.

Henri de Guise abandonna la porte et se dirigea vers la fenêtre, — cette fenêtre de l'oratoire de Paola, qui donnait sur la rivière et par laquelle Noë s'était évadé plus d'une fois.

Le duc eut la même pensée que Noë, et comme lui il se prit à chercher une corde.

Il trouva bientôt mieux qu'une corde, il trouva l'échelle de soie de l'ami du prince de Navarre.

— Ah! par ma foi! se dit-il, j'aime mieux encore prendre un bain froid que me faire tanner la peau avec une arquebuse.

Il noua solidement l'une des extrémités de l'échelle aux barreaux de la croisée, laissa pendre l'autre, roula son épée en son manteau et descendit bravement jusqu'à la rivière.

Après quoi il se jeta fort résolument à l'eau et gagna, en nageant vigoureusement, la rive gauche de la rivière.

Ensuite, tout transi, mourant de froid, mais s'applaudissant de plus en plus du parti qu'il avait pris, il revint sur le pont Saint-Michel.

Son cheval était toujours attaché à l'anneau de fer fixé dans la devanture de la boutique.

Le duc sauta en selle et gagna la place Maubert, où se trouvait une hôtellerie dans laquelle descendaient les gentilshommes de médiocre condition.

Le costume que portait le duc était, du reste, parfaitement analogue à la situation qu'il voulait afficher : pourpoint de gros drap, chapeau gris sans plume, bottes fortes, éperons d'acier sans ornements.

L'hôtellerie avait pour enseigne : *Au Cheval rouan;* son propriétaire se nommait Jean Maltravers et jouissait de la réputation d'un catholique enragé.

Maltravers ne parlait jamais des huguenots qu'en blasphémant.

Le duc appela les valets, leur jeta la bride de son cheval et mit pied à terre.

Maltravers accourut, parut saluer le cavalier avec le peu de courtoisie que mérite un gentilhomme grossièrement vêtu, et le fit entrer dans la cuisine. La cuisine était alors, comme aujourd'hui, la première pièce, la salle de réception par excellence de toute hôtellerie. Le duc vit une énorme tranche de bœuf qui tournait devant le feu, et à deux pas de la cheminée une table recouverte d'une nappe bien blanche.

Soit que le bain qu'il venait de prendre eût quelque peu refroidi son exaltation amoureuse, soit qu'il eût réfléchi et cédé à un mouvement de prudence, lequel mouvement lui conseillait d'attendre à plus tard pour aller au Louvre, le duc se mit à table et demanda à souper, après avoir préalablement changé d'habits.

L'hôte, en dépit de la réception assez cavalière qu'il avait paru lui faire, ne s'était point trompé sur la véritable qualité du voyageur.

La preuve en fut qu'il s'approcha tout doucement de ce dernier et lui dit assez bas pour que personne de ceux qui se trouvaient disséminés dans la salle ne l'entendît :

— Monseigneur a-t-il besoin de moi?

— Peut-être... répondit le prince sur le même ton. As-tu quelqu'un de hardi et d'intelligent sous ta main ?

— J'ai mon fils, un garçon de quinze ans, adroit et malin comme un singe, qui étudie pour être clerc en Sorbonne, et, pour le quart d'heure, est enfant de chœur à Sainte-Geneviève.

— Bon ! dit le duc, un gaillard comme cela doit être ce qu'il me faut. Où est-il ?

— Dans l'écurie ; il veille à ce qu'on ait soin de votre cheval.

— Va le quérir.

L'hôte sortit de la cuisine, et peu après le duc vit apparaître le gamin.

C'était bien l'écolier mauvais sujet, l'enfant de chœur qui vide les burettes, le méchant drôle capable des tours les plus pendables.

Le duc le jugea d'un coup d'œil à sa mine éveillée, à ses vêtements en loques, à la façon insolente dont il le salua.

Il le prit par l'oreille et lui dit :

— Va te promener sur le pont Saint-Michel, mon garçon, aux environs de la boutique de messire René le Florentin.

— Oh ! je la connais bien, dit le gamin. Chaque fois que je passe devant elle je jette une pierre dans les croisées.

— Pourquoi cela ?

— Parce que maître René m'a fait fouetter un jour de l'an dernier que je l'appelais empoisonneur. Aussi, quand on a dit qu'il allait être rompu vif, j'étais bien content.

Le duc tressaillit : René ne lui avait donc pas menti, et il était en disgrâce après avoir frisé la roue.

— Et qu'est-ce que je ferai sur le pont Saint-Michel ? demanda le fils du cabaretier Maltravers.

— Tu regarderas ce qui s'y passe.

— Et s'il ne s'y passe rien d'extraordinaire ?

— Tu reviendras.

— Drôle de commission que vous me donnez là, mon gentilhomme !

— Eh bien, je t'en vais donner une seconde, poursuivit le duc, à qui décidément le visage de Garguille, c'était le nom du gamin, inspirait pleine confiance.

— Voyons !

— Es-tu jamais entré au Louvre ?

— Oh ! bien souvent...

— Connais-tu quelqu'un de la cour ?

— Je connais M. Raoul, un joli page qui est généreux comme le roi. M. Raoul vient souvent ici avec d'autres messieurs comme lui, et, dans la semaine, il m'arrive plus d'une fois de lui porter du vieux vin de Cahors qu'il met dans sa chambre, les jours où il est de service auprès du roi.

— Alors, tu sais où est le logis du page Raoul ?

— Pardienne !

— Te chargerais-tu de m'y conduire ?

— Certainement, et les yeux fermés.

Le duc avait une inspiration bizarre :

— Conduis-moi d'abord à ma chambre, dit-il en repoussant son assiette vide et avalant un dernier verre de vin.

— Venez, dit le gamin, qui prit un chandelier de cuivre sur la cheminée, et se mit en devoir de précéder le voyageur.

Quand le duc et Garguille furent seuls dans la chambre d'auberge réservée au prince lorrain, ce dernier reprit :

— Dans quoi portes-tu le vin de Cahors au page Raoul?

— Dans un panier; dame! je lui en porte toujours six bouteilles à la fois.

— Ce qui fait que, si tu lui en portais douze, il te faudrait deux paniers?

— Justement.

— Eh bien, tu lui porteras douze bouteilles et tu prendras deux paniers.

— Merci! c'est trop lourd.

— J'en porterai un.

— Vous? fit Garguille stupéfait.

— Sans doute, et tu vas me donner la veste et le bonnet de laine d'un garçon d'auberge, ajouta le prince lorrain, qui se débarrassa de ses bottes à l'écuyère, de son pourpoint et de son épée.

Cette métamorphose plut à l'esprit mystificateur du gamin.

— Attendez un moment, dit-il, j'ai ce qu'il vous faut.

Il sortit, courut dans une pièce voisine et en revint avec les vêtements du garçon palefrenier de l'hôtellerie.

Le prince s'habilla promptement, et, quelques minutes après, il était méconnaissable. Un quart d'heure plus tard, il passait sur le pont Saint-Michel, portant à son bras un panier de bouteilles et marchant à côté du jeune Garguille.

Le pont Saint-Michel était désert, et la boutique de René toujours fermée. Aucune lumière ne se faisait jour à travers les fentes de la porte.

— Le drôle est au Louvre, pensa le duc, et sans doute il vend à Mme Catherine, au prix de sa rentrée en grâce, le secret de ma présence à Paris. Mais, ajouta-t-il avec un sourire, si on me reconnaît sous ces habits, c'est que le diable s'en mêlera.

Il était déjà fort tard quand le fils de l'aubergiste du *Cheval rouan* et son prétendu garçon palefrenier se présentèrent au grand guichet du Louvre.

Le suisse de faction fit même quelques difficultés pour les laisser passer.

Mais Garguille parla fort insolemment, prononça le nom de Raoul, page du roi, avec emphase, et on les laissa entrer.

Une fois le guichet franchi, le duc se sentit à l'aise. Il suivit Garguille à travers les escaliers et les corridors jusqu'au deuxième étage, que les pages et les femmes de service habitaient.

Garguille alla frapper à la porte de Raoul.

Raoul, de service la nuit précédente, s'était couché de bonne heure, et il dormait profondément sur son lit où il s'était jeté tout vêtu.

— Monsieur Raoul, dit la voix câline et bien connue du jeune cabaretier, c'est moi, moi Garguille... Ouvrez, je vous prie, j'ai une commission pour vous...

Raoul, éveillé en sursaut, sauta en bas de son lit en maugréant, ouvrit sa porte et demeura tout étonné en reconnaissant que Garguille n'était pas seul.

Garguille entra, le duc se glissa derrière lui et ferma vivement la porte.

— Je vous amène un gentilhomme qui désire causer avec vous, dit tout bas le gamin.

— Ça, un gentilhomme! fit Raoul stupéfait et toisant, à la clarté d'une bougie posée sur une table voisine, le personnage qui lui arrivait.

Heureusement le duc ôta le bonnet de laine qui lui descendait sur les yeux, et Raoul étouffa un cri de surprise.

— Son Altesse!

— Chut! fit le duc.

Puis il montra la porte à Garguille.

— Tu peux t'en aller, lui dit-il. Raoul me donnera l'hospitalité pour cette nuit.

Il mit trois pistoles dans la main de l'écolier, qui s'en alla.

Raoul, toujours étonné de voir le duc de Guise chez lui, ne trouvait ni un mot, ni un geste.

— Mon petit Raoul, dit le duc en se jetant dans un fauteuil, tu es gentilhomme, et par conséquent incapable de me trahir.

— Ah! monseigneur...

— De plus, tu aimes Nancy.

Raoul devint pourpre.

— Et Nancy est dévouée corps et âme à Mme Marguerite.

— Je le sais.

— Or, j'aime Mme Marguerite, tu le sais bien.

— Oui, monseigneur.

— Et Mme Marguerite m'aime...

Raoul ne répondit pas, et le duc prit son silence pour une adhésion.

— Or, donc, poursuivit Henri de Guise, c'est à toi que je me fie... pour arriver jusqu'à *elle*...

— Mais, monseigneur...

— Va me chercher Nancy.

Le nom de Nancy soulagea quelque peu Raoul et le tira momentanément d'un grand embarras.

— Nancy, pensa-t-il, expliquera mieux que moi bien des choses à Son Altesse...

Et, saisissant au vol l'ordre que lui donnait le duc, il le laissa dans son logis, lui recommandant de ne point ouvrir si l'on venait à frapper. Puis il courut chez Nancy.

La jolie camérière était dans sa chambre et regardait par le trou percé dans le plancher ce qui se passait chez Mme Catherine.

Et sans doute il s'y passait d'étranges choses, car Nancy était fort pâle et manifestait un violent effroi.

— Ah! le pauvre sire de Coarasse... murmurait-elle.

Sans doute le prince de Navarre courait à cette heure quelque terrible danger.

L

Pour comprendre l'effroi de Nancy et donner une idée du péril que courait Henri de Navarre, il faut se reporter au moment où Paola quittait Chaillot en compagnie de Godolphin, à la nuit tombante.

Le somnambule, pour lors bien éveillé, avait parfaitement interrogé ses souvenirs et les avait mis au service de sa jalousie et de sa rancune.

Godolphin haïssait Noë, non seulement parce que le Béarnais était aimé de Paola, mais il le haïssait encore, et plus peut-être, parce qu'il était beau, vigoureux, de bonne maison, tandis que lui-même était petit, chétif, malingre et de naissance inconnue.

La façade du Louvre avait servi de *point de repère* à Godolphin. Il savait que la maison où il avait été détenu prisonnier au fond d'une cave était située auprès du royal édifice.

Les bruits lointains qui lui étaient parvenus dans son cachot improvisé lui avaient appris que cette maison était un cabaret.

C'en était assez pour que ses recherches ne fussent pas de longue durée.

Quand il fut arrivé sur la petite place qui entourait l'église Saint-Germain-l'Auxerrois, Godolphin conseilla à l'Italienne de mettre pied à terre, et ils allèrent remiser leurs chevaux dans une hôtellerie de la rue de l'Arbre-Sec, puis ils revinrent sur la place du Louvre, à pied, marchant lentement.

Il était déjà tard, la nuit était sombre, le temps pluvieux, la place était déserte.

Comme si Godolphin eût eu à l'état de veille une partie de cette lucidité merveilleuse qu'il possédait durant son sommeil magnétique, il se sentit attiré tout droit vers le cabaret de Malican.

La porte en était fermée, et sans doute les buveurs, s'il y en avait, étaient d'humeur taciturne, car on n'entendait aucun bruit à l'intérieur.

Cependant un rayon de lumière filtrait à travers les ais mal joints de la porte. Godolphin fit signe à Paola de se tenir à distance, puis, comme un loup qui rôde auprès d'une bergerie, il fit le tour de la maison et revint coller son œil aux fentes de l'huis. Après quoi, ivre de joie sans doute, il vint prendre Paola par la main et lui dit tout bas :

— Approchez... et regardez!

Paola, dont le cœur battait violemment, approcha son œil du trou de la serrure et recula presque aussitôt en jetant un cri terrible.

Noë était assis auprès de la jeune Myette, tenait ses deux mains dans les siennes et la regardait avec amour. Derrière lui, Henri causait avec la belle argentière, toujours vêtue en petit paysan béarnais.

Ah! monseigneur, dit la camérière, qui referma prudemment la porte
et tira tous les verrous. (P. 391.)

En jetant ce cri d'effroi et de colère, Paola s'affaissa défaillante dans les bras de Godolphin: mais en ce moment le somnambule, en dépit de son apparence débile, se sentit doué d'une force herculéenne, et, enlevant la jeune fille d'un bras nerveux, il l'emporta en courant à plus de cent pas de distance, de telle sorte que, lorsque Noë et Henri accoururent et ouvrirent la porte, ils ne virent plus rien. L'obscurité était complète.

LIV. 49. — PONSON DU TERRAIL. — LA JEUNESSE DU ROI HENRI. — ÉD. J. ROUFF ET Cie.   LIV. 49.

Mais le cri de Paola avait guidé René. René avait retrouvé sa fille, et l'Italienne, un moment foudroyée, se redressait à la vue de son père et lui disait :

— Vengez-moi !

— Te venger ? s'écria René ému, et chez qui, peut-être, le cœur de père parlait moins haut alors que cet intérêt superstitieux qui lui faisait croire que sa vie dépendait du célibat de sa fille.

— Oui, dit Paola d'une voix sourde, vengez-moi ! Il y a là... dans cette maison... un homme que j'aimais et qui me trahit !

René ne demanda pas d'abord d'autre explication à sa fille ; il courut vers le cabaret dont il avait vu la porte s'entr'ouvrir et se refermer. Il s'en approcha, comme Godolphin, à pas de loup, et il regarda comme Paola avait regardé.

Soudain le Florentin tressaillit et sentit une goutte de sueur perler sur son front.

Il avait aperçu Noë et le sire de Coarasse, puis le visage du jeune paysan l'avait frappé, et il avait reconnu, sous ce déguisement, la belle argentière.

René était trop prudent pour pénétrer dans le cabaret de Malican ; il revint vers sa fille, la prit silencieusement par la main et l'entraîna vers la rivière.

— Dis-moi, fit-il alors, et quand ils se trouvèrent loin du cabaret, quel est celui de ces deux hommes que tu aimais et qui t'a trahie ?

— C'est Noë.

— Ah ! c'est lui... qui...

— C'est lui qui nous a enlevés, Godolphin et moi.

— Bien, fit René avec calme. Dis-moi tout, mon enfant.

René, quelque sourde colère qu'il eût au cœur, comprenait que l'heure des récriminations et des reproches envers sa fille n'était point venue.

René voulait savoir...

Alors Paola fit à son père le récit exact de ce qui s'était passé, elle ne lui cela rien, ni ses entrevues nocturnes avec Noë à de certaines heures où lui, René, interrogeait le sommeil somnambulique de Godolphin, ni la manière dont le jeune homme entrait et sortait de chez elle, ni les confidences qu'elle-même lui avait faites.

René, silencieux, écoutait attentivement, et à mesure que sa fille parlait, un voile se déchira pour lui, et il comprenait par quel moyen il avait été possible au sire de Coarasse de jouer son rôle de sorcier.

— Sois tranquille, mon enfant, dit-il, lorsque Paola eut terminé son récit, tu seras vengée !

— Oh ! cet homme que j'aimais, murmura la vindicative Italienne, je le hais maintenant d'une haine féroce, inextinguible, et je lui souhaite la plus affreuse et la plus cruelle des morts.

— Tu seras vengée ! répéta le Florentin, qui ajouta mentalement :

— Et moi aussi !

René avait vu la belle argentière, et maintenant il comprenait une grande partie de la vérité. Le sire de Coarasse l'avait joué au complet ; il l'avait battu avec ses propres armes, lui prenant la femme que lui, René, convoitait.

— Viens au Louvre, dit-il à sa fille.

— Au Louvre!

— Oui, certes! tu vas raconter tout cela à Mme Catherine.

— Mais, dit la jeune fille, qui avait oublié de compléter sa narration par le récit des amours de Henri avec Mme Marguerite, touchant lesquelles Noë avait eu l'imprudence de lui faire quelques révélations, — faut-il aussi parler... de la princesse?

— Quelle princesse? demanda le Florentin étonné.

— Mme Marguerite.

— Qu'est-ce que Marguerite peut avoir affaire en tout ceci?

— Marguerite l'aime...

— Qui? Noë?

— Non, le sire de Coarasse.

— Oh! oh! fit René, qui se trouva brusquement jeté au milieu d'une série d'idées; es-tu bien certaine de cela, ma fille?

— Oui, mon père; chaque soir le sire de Coarasse est reçu au Louvre, chez Mme Marguerite.

— Corbleu! murmura l'Italien, s'il en est ainsi, j'ai ma vengeance prête...

René songeait au duc de Guise qui, lui aussi, aimait Marguerite et serait homme à tuer son rival.

Puis, s'adressant à sa fille:

— Non, mon enfant, dit-il, tu n'as nul besoin de parler de tout cela; tout au contraire, il est utile à notre vengeance que nous célions profondément cet amour de la princesse pour ce misérable imposteur.

— Soit, dit Paola.

— Allons au Louvre, reprit René.

Puis il dit à Godolphin, en lui remettant la clef de la boutique du pont Saint-Michel:

— Toi, tu vas aller à la maison, tu entreras et trouveras dans l'oratoire de Paola un gentilhomme assez mal vêtu; mais il ne faut pas se fier à l'apparence, et tu l'appelleras respectueusement: « Monseigneur. »

— Que lui dirai-je?

— Tu le prieras de te suivre.

— Où le conduirai-je?

— Ici, où nous sommes.

— Et... après?

— Tu m'y attendras avec lui.

— C'est bon, dit Godolphin, qui s'associait déjà, du fond de son cœur plein de haine, à la double vengeance de René et de sa fille Paola.

Godolphin se mit à courir dans la direction du pont Saint-Michel, arriva à la boutique du parfumeur, introduisit la clef dans la serrure, entra, et, guidé par la clarté du flambeau que René avait, une heure auparavant, allumé sur un dressoir, il pénétra dans l'oratoire.

Mais sa stupéfaction fut grande en voyant que la pièce était vide.

— Où diable est-il donc? se demanda le somnambule.

Il revint dans la boutique, monta au laboratoire, entra dans la chambre du parfumeur et redescendait dans l'oratoire de Paola; tout à coup il remarqua la fenêtre ouverte et aperçut l'échelle de soie solidement nouée aux barreaux, et dont l'extrémité trempait dans la rivière.

C'en fut assez pour que Godolphin ne cherchât plus.

Seulement il ne comprenait pas pourquoi le gentilhomme à qui René accordait le titre de monseigneur s'en était ainsi allé.

Il attendit une heure, espérant le voir revenir, puis il s'en retourna tout seul à l'endroit que René lui avait assigné comme rendez-vous sur la rive droite de la rivière, à peu de distance du Louvre.

. . . .

Maintenant, voici ce qui se passait dans le royal édifice et ce que Nancy avait vu et entendu :

Mme Catherine était seule dans son oratoire, assise devant une table et écrivant.

Tout à coup on avait frappé à sa porte d'une certaine manière, et, tressaillant, la reine avait levé la tête et s'était retournée en fronçant le sourcil.

La petite porte qui donnait sur le corridor que nous connaissons et qui était, comme on disait au Louvre, la porte des familiers, la petite porte, disons-nous, s'ouvrit aussitôt après. Une femme entra qui arracha un cri de surprise à Catherine. C'était Paola.

Puis, derrière Paola, la reine mère vit poindre le visage inquiet de René.

Cependant le Florentin avait une fleur de sourire aux lèvres, et son regard ne manquait pas d'assurance.

La reine, qui avait fait une étude constante des physionomies, devina à ce regard et à ce sourire que René venait lui offrir, en échange de son pardon, quelque chose d'important.

— Ah! ah! dit-elle, tu as donc retrouvé ta fille?

— Oui, madame.

— Au bras de quelque beau gentilhomme?

— En compagnie de Godolphin, madame, et juste assez à temps pour empêcher Votre Majesté d'être mystifiée.

— Hein? fit la reine dont le fier regard étincela. Qu'est-ce à dire, monsieur René?

— Je dis la vérité, madame.

— Plaît-il?

— Interrogez ma fille, plutôt...

Et René fit un signe à Paola, qui s'avança et fléchit le genou devant Catherine. Paola était pâle de fureur; son sang italien bouillonnait, ses yeux lançaient des éclairs.

Elle refit à la reine le même récit qu'elle avait fait à son père, omettant seulement, ainsi que ce dernier le lui avait recommandé, de parler des amours de Mme Marguerite avec le sire de Coarasse.

Catherine de Médicis n'interrompit point Paola; elle l'écouta jusqu'au bout, puis, lorsque la jeune fille eût fini, elle regarda froidement René.

— Eh bien ! lui dit-elle, en quoi cela peut-il me toucher?
— Comment, en quoi? murmura le Florentin stupéfait de ce calme.
— Sans doute.
— Mais Votre Majesté a été mystifiée.
— Et comment?
— En ce que le sire de Coarasse n'est pas sorcier, qu'il ne lit pas dans les astres...
— Un moment! fit la reine; il est fort possible que le sire de Coarasse t'ait raconté une foule de choses que M. Noë, caché chez toi dans la chambre de ta fille, avait entendues...
— Parbleu !
— Mais ce que je sais, moi, poursuivit la reine, c'est qu'il m'a révélé des secrets extraordinaires.
— Qu'il aura appris par des moyens semblables, madame.
— C'est possible, mais il m'en faudrait la preuve.
— Je vous la donnerai.
— Par exemple, continua Catherine, il m'a révélé l'évasion des prisonniers huguenots du château d'Angers, leur passage à Paris, leur arrivée à Charenton... « Là, m'a-t-il dit, ils ont donné à un hôtelier une couronne à l'effigie du feu roi de Navarre, laquelle doit être marquée en un coin d'une rayure légère. » Tout cela s'est trouvé exact. Penses-tu, dit Catherine, que le sire de Coarasse ait appris tout cela de Godolphin ou de ta fille?
— Il était le complice des huguenots, dit René avec assurance, bien qu'il ne sût pas un mot de l'événement.

Un éclair brilla dans les yeux de la reine mère.
— Ah! si cela était, dit-elle, le sire de Coarasse aurait à compter avec moi...
— Si je vous le prouvais?...
— Prouve-le...
— Je demande vingt-quatre heures à Votre Majesté.

Et René faisait mine de se retirer, lorsqu'un page ouvrit la porte des grands appartements et dit :
— Voilà M. de Nancey qui vient de Melun.
— Faites entrer ! dit la reine avec une joie subite.

Et regardant René :
— Nous allons savoir tout de suite si le sire de Coarasse et les prisonniers d'Angers se connaissaient et étaient complices.
— Comment cela, madame?
— Nancey a dû les arrêter à Melun.
— Ah !
— Et s'il le faut, je leur ferai donner la torture.

René tressaillit et eut un léger frisson.

Le mot de torture avait le don de l'émouvoir outre mesure.

M. de Nancey entra.
— Eh bien? demanda vivement Catherine.

M. de Nancey était couvert de boue et de poussière; il avait la mine allongée, l'œil morne, la démarche pénible d'un homme accablé de fatigue.

— Madame, dit-il tristement, le sire de Coarasse s'est moqué de vous. J'ai fouillé toutes les hôtelleries, tous les cabarets de Melun; je suis allé jusqu'à Montereau, j'ai battu toute la campagne environnante, et nulle part je n'ai pu retrouver la moindre trace de ces deux gentilshommes signalés à Charenton.

— Ah! s'il en est ainsi, s'écria la reine, qui eut une subite et sourde irritation dans la voix, gare au sire de Coarasse!

LI

On devine à présent combien l'effroi de la pauvre Nancy, qui s'intéressait déjà si vivement au sire de Coarasse depuis que Marguerite l'aimait, avait dû s'accroître lorsque la reine avait prononcé ces derniers mots : Gare au sire de Coarasse!

En voyant apparaître Raoul, la jolie camérière mit un doigt sur sa bouche pour lui recommander le silence.

Raoul s'approcha :

— Qu'avez-vous, mon Dieu! lui demanda-t-il tout bas.

— Le sire de Coarasse court un grand danger.

— Je le sais, dit Raoul.

A ces mots, Nancy, qui s'était de nouveau penchée vers le judas, se redressa vivement et regarda le page :

— Comment! dit-elle, tu le sais?

— Sans doute... et je viens vous trouver tout exprès. Il est ici.

— Qui donc, fit Nancy, M. de Coarasse?

— Non, le duc.

— Quel duc?

— Le duc Henri.

De pâle qu'elle était, Nancy devint livide.

— Ah! mon Dieu! fit-elle... le duc ici, le duc de Guise au Louvre!

— Chez moi, dans ma chambre, il vous attend...

Nancy regarda Raoul et se demanda si son bel amoureux n'avait point perdu la tête.

Mais Raoul, fort pâle et fort agité lui-même, parlait très sérieusement.

— Le duc, dit-il, est entré au Louvre déguisé en cabaretier ; il s'est présenté chez moi sous prétexte de m'apporter un panier de vin et en compagnie de Garguille; puis il m'a chargé de vous venir quérir à l'instant.

— Et il est dans ta chambre?

— Oui.

Nancy indiqua du doigt le petit trou pratiqué dans le parquet :

— Tiens, dit-elle, mets-toi là, écoute bien, regarde bien...

— Soyez tranquille.
— Et attends-moi.
— Voilà ma clef.
— Bon! dit Nancy, qui enferma Raoul chez elle et courut à la chambre du page où le duc attendait.

Henri de Guise entendit le froufrou de la robe de Nancy dans le corridor, et un moment il eut l'espoir que c'était Marguerite elle-même qui lui arrivait.

Nancy entra, et le duc étouffa un cri.

Pendant le court trajet de sa chambre à celle de Raoul, Nancy avait eu le temps de calmer un peu son émotion, de réfléchir et d'arrêter à la hâte un plan de bataille.

Il fallait défendre Henri contre tant d'ennemis à la fois : René d'une part, la reine mère de l'autre, puis le duc de Guise, qui soupçonnerait bien vite un rival.

Nancy entra dans la chambre de Raoul, fit une belle révérence au duc, tout en laissant bruire sur ses lèvres un petit rire moqueur qui s'adressait au déguisement assez burlesque dont il était affublé.

Ce sourire fit au duc un bien infini.

— Puisque Nancy m'aborde en riant, pensa-t-il, c'est que je suis toujours aimé.

— Ah! monseigneur, dit la camérière qui referma prudemment la porte et tira tous les verrous, savez-vous bien que vous êtes d'une imprudence folle?...

— Tais-toi, Nancy! je suis venu parce que je l'aime...

— Oh! je le sais bien.

— Et quand on aime...

— On ne craint rien, n'est-ce pas, monseigneur? interrompit Nancy. Mais Mᵐᵉ Catherine ne comprend rien à l'amour, monsieur le duc, et comme elle a mis dans sa tête...

— Ah! Nancy, ma mignonne, dit vivement le duc, si tu m'en crois, tu me parleras d'*elle*.

— Soit! monseigneur, répondit Nancy qui laissa échapper un léger soupir.

— Elle m'aime toujours, n'est-ce pas?

— Mais... je le crois...

Le duc tressaillit.

— Comme tu dis cela! fit-il.

— C'est que...

— Voyons, ma mignonne, explique-toi... je t'en prie... murmura le jeune prince, qui tenait la main de Nancy dans la sienne et la pressait doucement. Explique-toi, mon enfant, tes réticences me font mourir.

— Monseigneur, reprit Nancy, Mᵐᵉ Marguerite vous aime toujours, vous n'en sauriez douter, mais elle est si bien entourée d'espions qu'il vous sera impossible de la voir.

— Oh! fit le duc, il faut que je la voie pourtant.

— Mᵐᵉ Catherine est chez elle en ce moment.

— Mais elle en sortira?...

— Non, dit résolument Nancy.

— Comment! non?

— La reine a, depuis quelques jours, des terreurs imaginaires, des visions, des hallucinations, que sais-je! murmura Nancy, qui se décidait à mentir avec l'aplomb d'un jeune page.

— Eh!

— Eh bien, elle s'est fait dresser un lit dans la chambre de Mme Marguerite, si bien qu'elle y couche chaque nuit.

— Mais, s'écria le duc, dont la voix tremblait de colère, je ne pourrai donc pas la voir aujourd'hui?

— Hélas! non, monseigneur.

— Ni... demain?

— Ah! demain, répondit Nancy, qui compta sur le hasard pour la dégager de sa parole, demain... je m'arrangerai pour cela...

— Je la verrai?

— Oui, monseigneur.

— A quelle heure?

— Je ne sais encore... mais fiez-vous à moi... Dès demain matin elle sera prévenue de votre présence à Paris.

Le duc se leva en soupirant:

— Il faut donc que je m'en aille? murmura-t-il.

— Faites-le, pour elle, monseigneur. La reine mère a entraîné le roi dans son camp. La moitié de la cour de France est huguenote en ce moment, et si on vous savait à Paris, Mme Marguerite, qu'on veut garder pieusement au roi de Navarre, Mme Marguerite serait enfermée en quelque donjon.

Cette perspective que Nancy ménageait aux yeux du duc le fit tressaillir et frissonner, lui qui était brave entre tous. S'il méprisait les assassins stipendiés par la reine, si dans une mêlée il restait calme et souriant comme au sein d'une fête, il n'en tremblait pas moins à cette heure en songeant aux malheurs qui pouvaient fondre sur la femme qu'il aimait.

Nancy avait touché juste.

Le prince se leva et dit à la camérière :

— Tu as raison, ma bonne Nancy, et j'aurai le courage d'attendre, d'autant plus...

Il regarda Nancy et eut un sourire mystérieux.

— Voyons, répéta-t-il, penses-tu qu'elle m'aime toujours autant ?

— Mais, dit Nancy assez embarrassée de la question, on ne se guérit pas du mal d'amour en quelques semaines, monseigneur.

— Elle n'a donc nulle envie d'épouser le prince de Navarre?

— Certes, non. Elle le hait...

— Crois-tu qu'elle serait toujours aussi volontiers duchesse de Guise ou de Lorraine?

— Ah! monseigneur, dit Nancy, qui ne voyait point encore où le prince

Myette, rougissante et les yeux baissés, était alors sur la porte; Noë etait entré. (P. 398.)

en voulait venir, Votre Altesse sait bien que, si la politique n'avait passé à travers, Mme Marguerite règnerait à Nancy depuis plus d'une année.

— Eh bien, répliqua le duc, j'ai trouvé moyen de me moquer de la politique, ma mignonne.

— Hein? fit Nancy.

— Et si Mme Marguerite veut...

— Mais quoi, monseigneur?
— Je l'enlève.
— Bon! et après?
— En douze heures de galop nous sommes hors des terres de France.
— Très bien.
— Le lendemain au soir nous arrivons à Nancy, où mon oncle, le cardinal de Lorraine, nous unit.
— Et, dit Nancy, qui décidément se mêlait de politique à ses moments perdus, le jour d'après M. de Crillon, ou le connétable de Montmorency, ou le roi Charles IX lui-même monte à cheval et investit les frontières de votre duché de Lorraine, monseigneur.
— D'accord.
— Et la guerre éclate...
— Mes préparatifs sont faits : Mayenne et moi nous tiendrons la France en échec.
— Parfait! murmura Nancy; mais le roi de France est le fils bien-aimé de l'Église, Mme Catherine est un peu parente du pape; le pape excommunie le duc de Guise, et ses sujets, au lieu de le défendre, remettent l'épée au fourreau.
— Tu te trompes, mignonne, répondit le duc, peu touché de la logique serrée de Nancy.
— Ah! vraiment?
— Le pape n'excommuniera point le duc de Guise quand il saura qu'il a épousé une princesse qu'on destinait à ce huguenot de Navarre.
— Diable! fit Nancy à part d'elle, il a raison, peut-être...
Mais elle ne se tint pas pour battue.
— En ce cas, reprit-elle, comme la reine Catherine est habile aux conversions et mouvements politiques, elle menacera le pape, si on ne lui rend sa fille, d'appeler à elle tous les huguenots de France et de Navarre, ceux de Hollande et du Palatinat, et de faire scission complète avec l'Église.
— Ah ça, ma petite Nancy, fit le duc en souriant, tu te mêles donc de politique?
— Non, monseigneur, mais j'y vois clair.
— Et tu me conseilles de ne point enlever Mme Marguerite?
— Dieu vous en garde!
— Mais... je l'aime...
— Qu'importe! vous la verrez... elle verra... nous verrons... fit Nancy, qui conjugua le verbe *voir* sur trois tons fort différents.
Un homme plus clairvoyant que le jeune prince, et surtout moins épris, eût froncé le sourcil à ces trois intonations différentes.
Le duc ne comprit pas.
— Où pourra-t-on vous trouver demain matin, monseigneur? demanda Nancy.
— Place Maubert, à l'hôtel du *Cheval rouan*.
— Bien! dit Nancy.
— A quelle heure me donneras-tu de ses nouvelles?

— Je ne sais, mais fiez-vous-en à moi... Et maintenant, monseigneur, ajouta Nancy, partez... comptez sur moi, mais partez... dans une heure le guichet du Louvre sera fermé... un soldat pourrait vous reconnaître... Partez !

Il y avait une certaine angoisse dans la voix de Nancy. Le duc l'attribua au danger qu'il courait, lui, Henri de Guise. L'angoisse de Nancy avait une cause toute différente. La jolie camérière craignait que le duc, en prolongeant son séjour au Louvre, ne s'aperçût qu'elle lui avait menti, et n'apprît d'une façon quelconque que jamais Mme Catherine n'avait eu l'idée de s'établir pour la nuit dans la chambre de sa fille.

Heureusement pour elle le duc se leva, reprit son panier à bouteilles, rabattit son bonnet sur ses yeux et dit en souriant :

— Du diable si quelqu'un me reconnaît ainsi !...

Nancy le prit par la main.

— Venez, dit-elle, je vais vous faire descendre par le petit escalier et sortir par la poterne du bord de l'eau.

— Chère Nancy ! murmura le duc... dis-lui bien que je l'aime toujours aussi ardemment.

— Soyez tranquille, monseigneur...

Et Nancy conduisit le prince jusqu'au petit escalier tournant et lui dit :

— Descendez hardiment. Quand vous serez près de la poterne, vous tousserez trois fois et vous passerez... Le Suisse qui s'y trouve en sentinelle ferme toujours les yeux et feint de dormir dans sa guérite quand on tousse en passant près de lui.

C'est un Suisse muet et aveugle.

. . . .

Deux minutes après, le prétendu garçon cabaretier sortait du Louvre sans encombre ; mais il n'avait pas fait vingt pas dans l'obscurité qu'il se heurtait à un homme qui se promenait de long en large, les yeux fixés sur la façade du Louvre, où les lumières devenaient rares, vu l'heure avancée de la nuit.

— Imbécile ! murmura le duc, qui ne put réprimer un premier mouvement d'impatience et oublia de dissimuler sa voix.

Mais, au même instant, l'inconnu le saisit par le bras et lui dit :

— Ah ! parbleu ! monseigneur, j'étais sûr de vous trouver à la sortie du Louvre.

— René ! exclama le duc.

— Oui, monseigneur. Et, murmura le Florentin, c'est mal à vous, monseigneur, de vous être enfui par la fenêtre et d'avoir cru que je voulais vous trahir, alors que je vous suis plus dévoué que jamais.

— Ah ! fit le prince d'un air de doute.

— Et vous en aurez bientôt la preuve

— Hein ?

— Je viens du Louvre tout exprès pour vous.

— Et tu n'as pas vu Mme Marguerite.

— Je ne l'ai pas vue, en effet, mais j'ai vu Mme Catherine.

— Ah ! pardon, fit le prince, tu ferais bien de m'expliquer comment, ayant vu la reine, tu n'as pas vu Marguerite, puisque maintenant Mme Catherine couche tous les soirs dans la chambre de sa fille.

— Bah! fit René en riant, qui vous a donc conté cette sornette-là, monseigneur?

— C'est Nancy.

— Nancy est une pécore qui s'est gaussée de vous, dit froidement le Florentin.

— René!

— Et tenez, monseigneur, poursuivit le parfumeur en étendant la main vers la façade du Louvre, voyez-vous la lumière qui brille aux fenêtres de l'oratoire de Mme Catherine?

Henri de Guise regarda et reconnut, en effet, que les croisées du cabinet de la reine mère étaient éclairées.

— Si la reine était couchée auprès de sa fille, dit René, elle ne travaillerait pas, je ne l'aurais point quittée il y a un quart d'heure... et je ne serais pas ici à vous attendre...

— Comment! dit le duc soucieux, tu... m'attendais?

— Oui, monseigneur, vous vous êtes enfui de chez moi...

— C'est vrai. Tu m'avais enfermé...

— Par discrétion, monseigneur.

— Et comme tu n'en es pas à ta première trahison...

— Monseigneur, interrompit vivement René, je viens de passer une heure avec Mme Catherine, et j'adjure le ciel de me foudroyer à l'instant si j'ai seulement prononcé le nom de Votre Altesse.

— C'est bien! je te crois...

— Non seulement Votre Altesse a eu tort de se défier de moi, mais encore elle a peut-être donné l'éveil en s'introduisant au Louvre.

— L'éveil à qui? fit le prince.

— Monseigneur, reprit René, Votre Altesse a-t-elle bien étudié les femmes?

— Pourquoi cette question?

— Ah! dame! parce que... parce que... c'est très difficile à dire cela, monseigneur.

— Voyons?

— Pour les femmes, le temps et les distances ne subissent point la loi commune : huit jours valent parfois huit années, une distance de cent lieues n'existe pas.

— Mon cher René, dit le prince, je ne comprends pas un mot de ce que tu me chantes-là; explique-toi.

— Les femmes sont d'humeur inconstante...

— Eh bien?

— L'homme aimé la veille est souvent oublié le lendemain.

Si René et le prince se fussent trouvés en plein soleil, le parfumeur eût vu pâlir son interlocuteur.

— Est-ce que tu voudrais me persuader, fit ce dernier d'une voix étranglée, que Mme Marguerite a cessé de m'aimer et qu'elle aime le prince de Navarre?

— Oh! je ne dis pas cela, et je crois même qu'elle hait le prince béarnais plus que jamais.

— Poursuis.

— Mais je crois aussi, monseigneur, qu'elle ne vous aime plus.

Le prince recula d'un pas.

— Prends garde! dit-il.

— A quoi, monseigneur? fit René avec calme.

— A ceci. Ecoute bien : si tu as menti, je te tue!

— Je suis sûr encore, en ce cas, de me bien porter longtemps, répondit René avec le calme d'un homme certain de ce qu'il avance.

— René... René... fit le duc avec un accent étouffé.

— Monseigneur, dit le Florentin, si je vous disais : il y a un homme, ici près, assez heureux pour vous avoir supplanté dans le cœur de Mme Marguerite, que feriez-vous?

— Tu mens!

— Que feriez-vous! répéta René, si je vous disais surtout que chaque soir cet homme est conduit chez la princesse par Nancy, qu'il y entre à neuf heures et en sort à minuit...

— Je me battrais avec cet homme... je le tuerais. Mais cet homme n'existe pas, René, tu es fou... Marguerite m'aime toujours...

Et le duc avait des sanglots dans la gorge en parlant.

— Cet homme existe, monseigneur.

— Oh! fit le duc, cherchant à son côté une épée absente.

— Et il est près d'ici.

— Montre-le moi... nomme-le moi...

— Tenez, monseigneur, continua René, prenez mon épée, mon manteau et mon chapeau.

— Donne.

— Puis regardez là-bas, sur la place, cette lueur discrète qui filtre à travers les fenêtres de cette maison.

— C'est le cabaret du Béarnais Malican.

— Justement.

— Eh bien? cet homme...

— Cet homme est dans le cabaret. Il se nomme le sire de Coarasse... Allez! monseigneur, entrez et demandez-le.

— Et... c'est... lui!

— C'est lui.

Le duc ne proféra plus un mot, mais il s'affubla du manteau de René, jeta son bonnet de laine pour le chapeau à plume du parfumeur, ceignit l'épée et marcha droit au cabaret, murmurant :

— Il me faut la vie de cet homme!

LII

Jetons un rapide regard en arrière et voyons ce que Henri et Noë avaient fait depuis deux jours que nous les avons perdus de vue.

Noë, on s'en souvient, en quittant l'avant-veille, la maison de la tante Verconsin où il laissa Paola, n'en était point parti avec l'intention de n'y plus retourner ; loin de là !

Mais Noë avait la nostalgie du bonheur et songeait tout simplement à changer un peu d'amour, absolument de la même façon qu'on change d'air.

Le compagnon du prince de Navarre s'était avoué, le long du chemin, qu'il avait été la dupe de son imagination bien plus que de son cœur. En effet, Paola, fille du terrible et perfide René, Paola, enfermée dans cette boutique où Godolphin la gardait comme un trésor ; Paola, auprès de qui il ne pouvait parvenir qu'avec un bateau, une échelle de soie et un poignard, Paola, disons-nous, était une ravissante proie, et elle avait dû séduire Noë.

Mais Paola dépourvue de l'échelle de soie, du poignard, de la barque et des mille périls qu'on courait à rechercher son amour, Paola au pouvoir de Noë perdait les trois quarts de son prestige.

— Je m'étais monté la tête un peu trop tôt, s'était dit le jeune homme : ce n'est point Paola que j'aime, c'est Myette.

Noë, on s'en souvient encore, était allé tout droit au cabaret de Malican ; il avait trouvé Myette seule et il avait risqué un aveu.

Puis Henri était arrivé.

Henri revenait du Louvre, où il avait dîné avec la reine chez Mme Marguerite.

Pendant qu'il était à table, le gentilhomme angevin qui avait accompagné M. de Nancey et ses Suisses jusqu'à Charenton était revenu, et il avait confirmé de tout point la prédiction du prétendu sorcier, à savoir que l'hôtelier auquel il s'était adressé lui avait affirmé qu'il avait vu deux gentilshommes, un vieux et un jeune ; qu'ils avaient bu un verre de vin sans quitter la selle, et que l'un d'eux lui avait donné une couronne à l'effigie du feu roi de Navarre.

Ce dernier événement avait si bien assis la réputation de sorcier du sire de Coarasse que la reine mère lui avait offert un logis au Louvre.

Henri avait demandé deux jours pour réfléchir.

Ce soir-là, les deux jeunes gens s'en étaient allés, vers minuit, coucher chez leur hôtelier Lestacade.

Puis, le matin, Noë s'était levé avec l'intention d'aller à Chaillot voir Paola ; mais il avait eu le malheur de passer devant le cabaret de Malican.

Myette, rougissante et les yeux baissés, était alors sur la porte. Noë était entré.

— Ma foi ! s'était-il dit, je crois que j'ai faim... je vais déjeuner ici.

Les beaux yeux de Myette et la bonne humeur de Malican, qui versait à son hôte le vin muscat des Pyrénées, avait fait grand tort à Paola. Vers le soir, à la brune, Noë était encore à table.

Il était trop tard désormais pour retourner à Chaillot.

Puis Henri était revenu au Louvre.

Chaque fois que le prince quittait Mme Marguerite, il poussait un tout petit soupir à l'endroit de la belle argentière. Mais, en revanche, il ne s'oubliait jamais assez auprès de Sarah pour manquer à l'heure de ses nocturnes rendez-vous au Louvre.

Noë et Henri avaient soupé chez Malican ; ensuite le prince était allé narrer un conte à Mme Marguerite, puis il était revenu au cabaret à l'heure où l'hôtelier béarnais fermait sa devanture, renvoyait ses pratiques et restait comme il disait, en famille.

Le prince et Noë n'étaient peut-être pas *de la famille*, mais ils n'étaient pas non plus des clients. Ce qui faisait que tous deux étaient demeurés après la clôture du cabaret.

Malican était allé se coucher, Henri avait repris dans ses mains les mains de la belle argentière, Myette avait laissé prendre la sienne par Noë.

Tout à coup un cri s'était fait entendre au dehors, un cri de femme, strident, aigu, désespéré.

Les deux jeunes gens avaient couru ouvrir la porte ; mais la nuit était noire et le premier cri n'avait pas été suivi d'un second.

— Ma foi ! s'était dit le prince en refermant la porte, ceci ne nous regarde pas ! Je n'irai certes pas prendre une lanterne pour explorer la place.

Et il était retourné auprès de Sarah, tandis que Noë s'asseyait de nouveau à côté de Myette.

Une heure encore s'était écoulée pour les quatre jeunes gens dans une douce intimité, lorsque, tout à coup, des pas s'étaient fait entendre au dehors, puis on avait frappé à la porte.

A la façon dont on frappait, il était aisé de comprendre que ce n'était point un buveur attardé et encore altéré, en dépit de nombreuses libations.

Noë se leva et alla ouvrir.

Un homme entra, marchant la tête haute, le front pâle, le regard étincelant.

C'était le duc Henri de Guise.

Il s'arrêta au milieu de la salle, regarda les deux jeunes gens, le petit Béarnais, sous les habits duquel tout d'abord il ne devina point une femme, puis la jolie Myette, et la vue de la jeune fille eut le don singulier de le calmer quelque peu.

— Messeigneurs, dit-il, lequel de vous est le sire de Coarasse.

Henri fit un pas et salua :

— C'est moi, dit-il.

Le duc fit un autre pas et salua à son tour avec une courtoisie parfaite.

— Monsieur, lui dit-il, je n'ai pas l'honneur d'être connu de vous.

— En effet, monsieur.
— Cependant on a dû vous parler de moi, j'en suis certain.
— Votre nom, monsieur?
— Je vous le dirai seul à seul.
— Sortons en ce cas, monsieur, dit Henri qui devinait la provocation.

Il prit son chapeau, et, comme le petit Béarnais pâlissait, il lui jeta un sourire, le sourire du fort qui ne craint rien, pas même les éclats du tonnerre.

Noë s'était levé pour accompagner le prince.

— Reste! lui dit celui-ci. Si j'ai besoin de toi, je t'appellerai.

Henri montra la porte au duc, s'effaça pour le laisser passer, et sortit derrière lui.

La nuit était toujours noire, mais une lanterne qui brillait à quelque distance servit de but au prince lorrain.

Le prince de Navarre suivit son inconnu et s'arrêta comme lui dans le cercle de lumière décrit par la lanterne.

Alors, le duc de Guise, se retournant, lui dit simplement :

— Je me nomme, monsieur, Henri de Lorraine, duc de Guise.

Henri, stupéfait, fit un pas en arrière.

Puis il ôta son chapeau.

— Je vous salue, monseigneur.

Henri de Guise était pâle et en proie à une fureur concentrée; Henri de Navarre maîtrisa en quelques secondes son émotion, et se trouva calme, froid, impassible.

— Monsieur, reprit le duc, est-il vrai que vous allez tous les soirs au Louvre et que vous soyez aimé de Mme Marguerite?

— Monseigneur, reprit Henri, votre question est un peu à brûle-pourpoint...

— Répondez! fit le duc avec la hauteur particulière à sa race.

— Et si je refusais?

— Monsieur, dit le duc avec emportement, si on m'a menti, je châtierai le calomniateur.

— Et si... on vous a... dit vrai?

— Ce sera vous que je punirai.

— Pardon, dit Henri avec calme, vous le preniez un peu haut...

— Plaît-il?

— Et comme vous vous imaginez, vous, le duc de Guise, parler à un petit gentillâtre, vous élevez la voix, monseigneur.

Le duc eut un rire insolent.

— Mille excuses, monsieur, dit-il d'un ton railleur; je ne savais pas que les Coarasse fussent de maison souveraine.

— Monseigneur, répliqua Henri toujours calme, voulez-vous me permettre une simple question?

— Faites.

— Sous quel nom êtes-vous ici?

— Que vous importe?

LA JEUNESSE DU ROI HENRI

Le prince, atteint au-dessous de l'épaule, tomba en poussant un cri. (P. 404.)

— Il m'importe beaucoup, monseigneur.
— Plaît-il?
— Tout me prouve que nous allons nous battre...
— C'est mon intention, du moins.
— Eh bien, supposez que je vous blesse grièvement.

Le duc eut un fin sourire.

— Tout est possible, reprit Henri. On vous transportera dans une maison voisine et je dirai : ce gentilhomme est le duc de Guise.

— Monsieur, dit vivement le duc, vous devez être un homme d'honneur, et je ne vous donnerai la preuve d'estime qui consiste à croiser le fer avec un homme que lorsque vous m'aurez fait le serment de respecter mon incognito.

— Je vous le fais....
— Quoi qu'il arrive?
— Sur mon honneur!
— Bien, monsieur, fit le duc, prêt à dégainer.
— Un instant, monseigneur, continua Henri, je vais vous demander le même serment.
— A moi?
— A vous.
— On ne vous connaît donc pas à Paris sous le nom de Coarasse?
— Au contraire. Seulement, ce n'est pas mon nom.
— Ah! dit le duc surpris.
— Et, poursuivit Henri, pour que vous n'ayez nul regret de croiser le fer avec un simple gentillâtre, j'attends votre serment pour vous prouver que je suis d'assez bonne maison.

— Monsieur, dit le duc, quel que soit votre nom, je jure de ne le révéler à âme qui vive.

— Alors, répondit Henri en riant, vous pouvez dégainer, *mon cousin*.
— Hein? fit le duc, votre... cousin?...
— Je me nomme Henri de Bourbon et dois être roi de Navarre, dit lentement le prince.

Et Henri prit à son tour l'attitude hautaine d'un homme de race et toisa fièrement le duc.

— Ah! ah! dit celui-ci, qui mit aussitôt l'épée à la main, nous sommes plus ennemis encore que je ne le croyais, mon cousin...

— Il est certain que nous avons plus d'une rivalité, répliqua Henri : rivalité d'amour, rivalité de politique, rivalité de religion.

— Et certes, dit le duc en croisant le fer, l'occasion est assez belle de nous mesurer, il me semble...

— Vous m'en voyez tout ravi...

Henri croisa pareillement le fer.

Henri de Guise et Henri de Navarre semblaient avoir eu le même maître d'armes et ils tiraient tous deux dans la perfection.

Ils ferraillèrent plus d'un quart d'heure sans pouvoir s'atteindre, et, tout en ferraillant, ils échangèrent, à la façon des héros d'Homère, les quelques mots que voici :

— Mon cher cousin, dit Henri de Navarre, vous avez aimé Mme Marguerite et vous en vouliez faire une duchesse.

— Mieux que cela dans l'avenir, peut-être, mon cousin, ricana le duc, dont l'épée sifflait comme une couleuvre et voltigeait comme un ruban de feu.

— Moi, poursuivit Henri, j'en veux faire une reine.

— Il est plus petit que mon duché, votre royaume, cousin.

— Il s'agrandira, cousin.

— Au détriment de la France ou de l'Espagne ? ricana le duc.

— De l'une et de l'autre, peut-être.

— Bah ! fit le duc, vous avez de l'appétit, il me semble.

— Et un bon estomac qui me permet de bien digérer.

— Ma foi ! continua le duc, je ne m'étonnerais pas qu'un jour vous ne songeassiez à ma bonne ville de Nancy.

— J'y songe, dit froidement Henri.

Et sur ce mot, qui fit tressaillir le duc, Henri allongea le bras et blessa son adversaire à l'épaule.

Le duc jeta une exclamation de colère et riposta par un coup de quarte qui atteignit Henri dans l'avant-bras.

— Il y a quelqu'un qui songera peut-être plus que vous à ma bonne ville de Nancy, cousin, dit-il en ricanant.

— Ah ! qui donc ?

— La reine de Navarre, acheva le duc d'un ton railleur.

Henri de Navarre eut un éclair de fureur.

Cette fureur lui devint fatale : il se découvrit et l'épée du duc trouva le chemin de sa poitrine.

Le prince, atteint au-dessous de l'épaule, tomba en poussant un cri.

— Ma foi ! murmura le duc de Guise, s'il est mort, tant pis pour lui ! s'il n'est que blessé, tant pis pour moi !... un prince de Lorraine n'a jamais frappé un homme à terre.

Et le duc se prit à courir vers le cabaret de Malican.

Noë et les deux femmes attendaient, pleins d'anxiété, le retour de Henri, ne soupçonnant point l'événement.

— Le sire de Coarasse, dit le duc vivement, est mort ou grièvement blessé... allez le chercher... là-bas !... sous cette lanterne !

Et avant que Noë, aussi stupéfait que les deux femmes, eût songé à le retenir, Henri de Guise disparut dans la nuit et rejoignit René.

. . . .

René attendait sur le bord de l'eau.

Il avait bien entendu le cliquetis des épées, mais il était trop prudent pour s'approcher afin d'avoir des nouvelles du combat.

— Si le Coarasse tue le duc, s'était-il dit, il est parfaitement inutile, pour le moment, qu'il sache que c'est moi qui lui ai attiré cette querelle.

— René ! René ! appela le duc.

— Ah ! fit René avec joie, c'est vous, monseigneur?
— C'est moi.
— Eh bien ?
— Je crois qu'il est mort !
— Comment ! vous n'en êtes pas sûr ?...
— Non...
— Cependant...
— René, dit brusquement le prince lorrain, je te répondrai une autre fois... Pour le moment, je n'ai pas le temps... bonsoir...
— Où allez-vous, monseigneur?
— Au Louvre.
— A cette heure !... y pensez-vous?
— J'y pense. Bonsoir !

Et le duc se reprit à courir vers le Louvre et ne s'arrêta qu'à la poterne
Le Suisse qui gardait la poterne allait croiser sa hallebarde devant lui lorsque le prince se souvint de la recommandation de Nancy.
— Où allez-vous? demanda le Suisse, et qui êtes-vous?
— Voici ma réponse, répondit le duc.
Et il toussa trois fois à intervalles réguliers. Le Suisse s'effaça.
— Passez ! dit-il.

Henri de Guise connaissait le Louvre aussi bien que son palais ducal de Nancy ; il gravit en courant le petit escalier, gagna le couloir qui conduisait aux petits appartements et s'en alla droit à cette porte dérobée qui ouvrait dans l'oratoire de Mme Marguerite.

Un mince filet de lumière s'échappait par le trou de la serrure.
Henri frappa doucement.
— Entrez ! dit une voix qui le fit tressaillir.
C'était la voix de Marguerite.

Le prince pressa un ressort que peu de gens sans doute connaissaient ; la porte tourna sur ses gonds, et Mme Marguerite de France, qui en ce moment causait avec Nancy et ne s'attendait point sans doute à pareille visite, Mme Marguerite jeta un cri d'épouvante et recula consternée.

Le duc de Guise était devant elle, et le duc était couvert de sang !

LIII

Revenons à notre amie Nancy.
La jolie camérière, en quittant le duc de Guise qui s'en allait persuadé que Mme Catherine couchait auprès de sa fille, la jolie camérière, disons-nous, rejoignit Raoul qu'elle avait laissé dans sa chambre.
Quand elle arriva, le page n'était plus à plat ventre, l'œil collé au trou du plancher ; il était tranquillement assis dans un bon fauteuil.

— Eh bien! demanda-t-elle vivement, que s'est-il donc passé?
— René est parti.
— De chez la reine?
— Oui.
— Et Nancey?
— Nancey est parti avec lui. La reine est seule.
— Bon! dit Nancy; mais qu'a décidé la reine?
— Rien.
— Comment rien?
— Elle a dit à René simplement : « Va-t'en et laisse-moi réfléchir. Reviens demain, et nous verrons. »
— Oh! murmura Nancy, ceci est gros d'orage. Et René est parti?
— Avec sa fille. Nancey est sorti par la porte des grands appartements.
— Eh bien, reste là, mon petit Raoul, reprit Nancy. Si tu entends du bruit dans l'oratoire, écoute bien.
— Soyez tranquille...
— Et si tu me sers fidèlement, ajouta la jolie fille, tu seras récompensé un jour ou l'autre.

Elle montra ses dents blanches en un sourire qui transporta d'aise le page Raoul, et elle s'en alla chez Mme Marguerite.

Mme Marguerite ne savait absolument rien encore de ce qui se passait au Louvre.

Henri était venu comme à l'ordinaire, et comme à l'ordinaire aussi, il avait passé une grande heure aux pieds de la princesse, baisant ses belles mains, s'enivrant de son regard et de son sourire, et lui disant tout le mal possible de ce prince de Navarre que la politique la condamnait à épouser.

Puis Henri était parti.

— Mon Dieu! mon Dieu! avait murmuré Marguerite une fois seule, je croyais ne plus pouvoir aimer, et je sens aujourd'hui que mon cœur est pris: je l'aime...

La princesse n'avait point voulu se mettre au lit sur-le-champ: trop agitée pour éprouver le besoin du sommeil, elle s'était assise devant une petite table, avait appuyé son large front dans sa main blanche, et feuilleté une belle édition manuscrite de *Sophocle*.

Marguerite lisait fort couramment la langue grecque.

Mais la pensée de Marguerite était à chaque instant distraite de sa lecture.

Jamais la jeune princesse n'avait éprouvé une émotion aussi vive les jours précédents.

De vagues pressentiments l'assaillaient-ils, ou bien cet amour avec lequel elle avait cru jouer prenait-il les proportions majestueuses d'une passion violente?

Toujours est-il que, pendant plus d'une heure, Marguerite ne put parvenir à recouvrer un peu de calme, et elle était toujours aussi agitée, aussi émue, lorsque Nancy entra.

Nancy elle-même avait une pâleur inaccoutumée qui frappa Marguerite.

— Qu'as-tu donc, mignonne? demanda la princesse.
— Rien, madame... absolument... rien...
— Oh! fit vivement Marguerite, il t'est arrivé quelque chose...
— Mais... non...

Nancy, qui jouissait à certaines heures d'une grande liberté auprès de sa royale maîtresse, vint s'asseoir auprès d'elle et lui dit :

— Madame, il faut que Votre Altesse me permette de lui conter un apologue que j'ai composé.

— Comment! dit la princesse, tu composes des apologues!

— Quand les circonstances l'exigent.

— Plaît-il? Explique-toi, ma mignonne.

— Votre Altesse veut-elle écouter mon apologue?

— Volontiers.

— Alors, dit Nancy, je commence.

Et Nancy posa ses bras nus jusqu'au coude sur la table devant laquelle la princesse elle-même était assise, et elle commença, en effet :

— Madame, dit-elle, il était jadis une princesse belle comme le jour et spirituelle au possible. Cette princesse avait dix-neuf ans environ, son cœur commençait à battre doucement. Un jeune prince se présenta et lui fit la cour..

— Ah! dit Marguerite.

— Et elle l'aima...

— Je m'en doutais, fit la princesse en souriant.

Nancy reprit :

— Mais un beau jour le prince partit, disant à la princesse un adieu éternel. Et la princesse pleura, pleura bien fort et bien longtemps jusqu'au jour où...

Nancy s'arrêta.

— Voyons? fit Marguerite.

— Jusqu'au jour, poursuivit Nancy, où elle rencontra un simple gentilhomme beau et bien fait, d'esprit agréable et d'humeur charmante...

— Petite, interrompit la princesse, prends garde, ton apologue est un peu trop facile à deviner.

— Laissez-moi continuer, madame.

La princesse, qui avait beaucoup pleuré, qui s'était désolée très fort, qui avait juré ses grands dieux que l'image du fugitif demeurerait éternellement gravée en son cœur, la princesse fut fort étonnée un beau matin de s'éveiller en soupirant et de soupirer en songeant à ce petit gentilhomme qui narrait un conte à ravir.

— Après? fit Marguerite.

— Le beau prince fut oublié, le petit gentilhomme fut aimé.

— Tais-toi folle...

Mais Nancy continua :

— La princesse avait une camérière qui lui était dévouée jusqu'à la mort et à qui parfois, oubliant son rang, elle contait ses peines.

— C'est le tort que j'ai eu, dit Marguerite en souriant.

— Pardon, madame; il s'agit non de Votre Altesse et de moi, mais de la princesse de mon apologue et de sa camérière.

— Eh bien! voyons!

— La camérière, en sa qualité de confidente, avait d'abord servi l'amour du beau prince; et le beau prince parti, elle l'avait regretté... parce que la princesse, sa chère maîtresse, pleurait toutes les larmes de son corps.

Mais lorsque les yeux bleus de la princesse eurent été essuyés, quand le sourire fut revenu sur ses lèvres roses, grâce à l'esprit du petit gentilhomme, la camérière fit comme la maîtresse : elle oublia le beau prince.

— Où veux-tu donc en venir? interrogea Marguerite.

— Attendez, madame. Le prince était parti pour toujours, il ne devait jamais reparaître, on l'avait pleuré comme un mort. Mais on prétend cependant que les morts reviennent.

— Ah! s'écria Marguerite, qui interrompit vivement Nancy et devint toute pâle, je devine à présent ce que tu veux me dire.

— Madame...

— Henri est à Paris!

— Peut-être.

— Il y est... et tu l'as vu... n'est-ce pas? et...

Une violente émotion s'était subitement emparée de Marguerite.

— Oh! oh! pensa Nancy, l'aimerait-elle encore? En ce cas j'aurais été un peu légère avec le duc...

— Oui, poursuivit Marguerite, je m'explique à présent les pressentiments étranges qui me poursuivaient depuis ce matin. Henri est à Paris... il est venu au Louvre... tu l'as vu?...

— Hélas! oui, madame.

— Et il va venir ici sans doute... il veut me voir... Oh! mon Dieu!

Et Marguerite était pleine d'angoisse et d'effroi, et il eût été impossible de deviner quel sentiment la dominait, de son ancien amour ou de la terreur que lui inspirait le duc trahi et jaloux.

— Rassurez-vous, madame, dit Nancy, le duc n'est pas au Louvre...

— Ah!

— Il en est parti...

Marguerite respira.

— Je lui ai persuadé que Mme Catherine passait la nuit auprès de vous, et je l'ai déterminé à s'en retourner à son hôtellerie.

— Et il a consenti à partir.

— Oui, madame.

— Et... il ne reviendra pas?

— Ah! dame! murmura Nancy, je n'ai pas pu obtenir cela de lui... Il aurait fallu tout lui dire... vous comprenez; mais j'ai gagné du temps.

— Mon Dieu! mon Dieu! fit Marguerite éperdue.

— Rassurez-vous, madame, reprit la spirituelle soubrette, je trouverai un moyen... vous verrez...

Une femme pâle, les cheveux au vent, les vêtements en désordre,
se précipita vers le prince. (P. 412.)

Mais Nancy n'eut pas le temps de faire appel à son imagination, car ce fut au moment où elle parlait ainsi qu'on frappait à la porte et que Marguerite vit apparaître Henri de Guise couvert de sang.

. . . .

Le duc était aussi pâle qu'une des statues de marbre que Mme Marguerite avait fait placer dans les corridors et le grand escalier du Louvre.

Cependant un sourire nerveux retroussait sa lèvre et son regard railleur était plein d'amertume.

Soit que les cendres encore tièdes de son amour éteint eussent dégagé une dernière étincelle, soit qu'elle obéit à un mouvement de vertige, Marguerite jeta un cri et s'élança d'abord vers lui ; mais, à la vue du sang qui jaspait son pourpoint, elle recula épouvantée.

— Ah! fit-elle... ah!... Henri... que vous est-il donc arrivé?

— Madame, répliqua le duc avec le sang-froid menteur que les hommes du Nord ont appelé la colère blanche, rassurez-vous et ne tombez point en syncope, je ne suis que légèrement blessé. J'ai un simple coup d'épée dans l'épaule.

— Henri! murmura Marguerite, vous vous êtes battu!

Et elle eut un horrible pressentiment.

— Madame, reprit Henri de Guise, vers lequel désormais Marguerite n'osait faire un pas, je suis arrivé à Paris il y a une heure ; j'y suis revenu par ce que je vous aimais, parce que je voulais vous faire duchesse de Lorraine ; j'y suis revenu bravant le poignard des séides de votre mère, j'y suis revenu surtout parce que j'ai cru que vous m'aimiez encore.

— Henri! fit Marguerite en pâlissant.

— Car, dit le duc, il y a quelques jours à peine que nous nous séparâmes, échangeant le serment de nous aimer toujours, car c'est vous qui exigeâtes mon départ et ma fuite précipitée...

— Oh! Henri... Henri, murmura la princesse ; pourquoi me rappeler tout cela? vous êtes blessé, mon ami, vous avez besoin de soins.

Marguerite ne devinait pas encore.

— Bah! dit le duc, ma blessure est légère, je vous l'ai déjà dit, et ce n'est point de cela qu'il s'agit. Je viens vous demander, madame, si vous m'aimez encore?

— Henri!

Et Marguerite était, en prononçant ce nom, aussi pâle que le duc.

— Répondez, madame.

— Ah! le singulier ton! dit-elle enfin, parvenant à se maîtriser. Pourquoi cet éclair de fureur dans vos yeux, Henri? pourquoi cette menace à la bouche? pourquoi?

— Je vais vous le dire, madame, dit le duc en ricanant.

Et il regarda Nancy qui n'osait l'envisager.

— Il y a une heure, j'ai voulu que Nancy m'amenât à vos genoux, et savez-vous sous quel prétexte Nancy m'a refusé?

— Non... balbutia Marguerite.

— Sous le prétexte que Mme Catherine couchait dans votre chambre. Nancy mentait. Pourquoi mentait-elle?

Nancy baissa les yeux ; Marguerite était au supplice.

— J'ai cru aux paroles de Nancy, reprit le duc, et j'ai consenti à sortir du Louvre. Mais quand je me suis trouvé au bord de l'eau, j'ai rencontré un homme qui m'attendait... un homme que vous connaissez, madame... on le nomme René le Florentin.

Nancy frissonna. Quant à la princesse, elle semblait être en proie à une sorte de torpeur morale.

— René m'a dit : « La reine Catherine n'est point couchée auprès de Mme Marguerite. Nancy vous a menti... et savez-vous pourquoi? Parce que Mme Marguerite ne vous aime plus ! » René a-t-il dit vrai? s'écria le duc avec un éclat de voix subit.

Marguerite eut un accès de fierté.

— Je ne vous répondrai pas, dit-elle.

Le duc se prit à ricaner.

— René m'a dit encore : « Elle ne vous aime plus... mais elle en aime un autre... »

— Mon Dieu! murmura Nancy, je devine tout, maintenant...

— Et votre rival, a ajouté René, se nomme le sire de Coarasse.

Marguerite jeta un cri et se laissa tomber, défaillante, dans le fauteuil d'où elle s'était levée précipitamment quand le duc était entré.

— Madame, acheva le prince lorrain, j'ai cherché le sire de Coarasse, je l'ai trouvé... nous nous sommes battus.

A ces derniers mots, Marguerite se dressa échevelée, l'œil en feu, la gorge aride, voulant parler et ne le pouvant pas.

— Le sire de Coarasse était dans un cabaret, chez le Béarnais Malican; je suis allé l'y trouver. Nous avons dégainé sous une lanterne... il m'a blessé... je l'ai couché par terre... je ne sais pas s'il est mort, mais...

Le duc n'acheva pas.

Semblable à cette lionne qui sommeille, allongée sur le sable jaune du désert, et que le cri de ses lionceaux en détresse éveille en sursaut, Marguerite poussa un cri terrible, repoussa le duc et bondit vers la porte.

— A moi! Nancy... à moi!... dit-elle, se souciant peu d'éveiller par ses cris les hôtes endormis du vieux Louvre.

Et le duc, qui jusque-là avait ricané, le duc, qui avait eu la menace à la bouche et l'éclair dans les yeux, le duc se trouva seul, chancela et finit par couvrir son visage de ses deux mains.

Deux larmes brûlantes jaillirent au travers de ses doigts.

— Mon Dieu! murmura-t-il, comme elle l'aime !

. . . .

Quelques minutes auparavant, Noë et Myette s'élançaient au dehors du cabaret de Malican, tandis que le duc de Guise disparaissait dans les ténèbres.

Noë, sur les indications du duc, arriva tout droit dans le cercle de lumière décrit par la lanterne, et il se précipita sur le corps de Henri.

Le prince respirait encore, mais un flot de sang s'échappait de sa poitrine et il était évanoui.

Noë le prit dans ses bras, Myette accourait derrière lui.

— Aide-moi, Myette, aide-moi! Mon Dieu! mon Dieu! murmurait Noë éperdu.

Il chercha des yeux l'argentière.

Mais l'argentière n'était pas là. Sarah aimait Henri, et, tandis que Noë et

Myette se précipitaient hors du cabaret, trahie par ses forces, dominée par son émotion, elle s'était laissée tomber mourante sur un des bancs du cabaret.

Noë et Myette prirent Henri évanoui à bras le corps et l'emportèrent vers le cabaret.

Malican, éveillé en sursaut, s'était levé à la hâte et descendait, à demi vêtu, au moment même où Noë et Myette revenaient avec leur triste et précieux fardeau.

— Tonnerre et sang! s'écria le cabaretier en se jetant sur le corps pantelant de Henri, on m'a tué mon prince!

— Non, répondit Noë, il n'est pas mort, il respire. Voyez, il rouvre les yeux.

En effet, le jeune prince ouvrait un œil mourant et promenait autour de lui un regard étonné.

Malican s'élança dans sa chambre, en redescendit avec des matelas, dressa un lit de camp à la hâte, et on y plaça le prince, tandis que Noë coupait les agrafes de son pourpoint, déchirait sa chemise et sondait sa blessure.

La blessure était peu profonde, mais elle avait déterminé une violente hémorragie, et la perte de son sang était la cause de l'évanouissement momentané de Henri.

Malican avait été berger dans les Pyrénées; il avait quelques connaissances en chirurgie. Il eut bientôt déclaré que la blessure n'était pas mortelle.

Henri, revenu tout à fait à lui, promenait sur Noë, Malican et Myette un calme regard, mais il semblait chercher quelqu'un.

C'était l'argentière.

— Où donc est-elle? demanda-t-il enfin, lorsqu'il put prononcer quelques mots et tandis que Malican le pansait.

Alors seulement Myette et Noë s'aperçurent que Sarah avait disparu et se regardèrent avec étonnement.

— Au moment où je descendais, dit Malican, j'ai entendu un cri étouffé. Quand je suis arrivé, je n'ai vu personne.

Noë et le prince se regardèrent, mais ils n'eurent pas le temps d'échanger un seul mot, car la porte s'ouvrit brusquement et une femme pâle, les cheveux au vent, les vêtements en désordre, se précipita vers le prince et l'enlaça dans ses bras...

C'était Marguerite!

LIV

Deux jours après la scène émouvante que nous venons de décrire, le roi Charles IX, qui dormait mal depuis longtemps et ressentait les premières atteintes d'une maladie de cœur, passa, contre son ordinaire, une fort bonne nuit et s'éveilla de très bonne heure.

— Gauthier, mon mignon, dit-il à l'un de ses pages qui fit glisser sur leurs tringles les rideaux de l'alcôve, quel temps fait-il?

— Beau temps, Sire.
— Il ne pleut pas?
— Le soleil est magnifique...
— Tant mieux! va chercher M. de Pibrac. J'ai envie de chasser aujourd'hui.

M. de Pibrac était justement dans l'antichambre, et il attendait même avec une certaine impatience que le roi ouvrit les yeux.

— Hé! M. de Pibrac, lui cria le page en soulevant la portière, Sa Majesté veut vous voir.

M. de Pibrac était courtisan. Il vit le roi de bonne humeur, il entra le sourire aux lèvres.

— Pibrac, mon ami, dit le roi, vous me devriez aller détourner, un cerf à Saint-Germain.

M. de Pibrac s'inclina.
— Quelle heure est-il?
— Sept heures, Sire.
— Eh bien, je partirai à dix heures.
— Je vais donner des ordres, Sire.
— Et prévenez vos cousins...

M. de Pibrac tressaillit.

Le roi continua :
— Vos cousins Noë et Coarasse...
— Ah! Sire... murmura M. de Pibrac avec tristesse, pour Noë, c'est facile... mais quant à Coarasse...

Et M. de Pibrac hocha la tête d'une façon piteuse.
— Hein? fit le roi, lui serait-il arrivé malheur?
— Hélas!

Charles IX n'était pas précisément un monarque sensible, il éprouvait même un certain plaisir à voir torturer, pendre, rouer ou décapiter.

Cependant il laissa échapper une douloureuse exclamation :
— Comment! dit-il, est-ce qu'il est mort?
— Il n'en vaut guère mieux, Sire.
— Blessé?
— D'un coup d'épée en pleine poitrine.
— Par qui?
— Ah! voilà qui est encore un mystère, Sire.
— Il n'y a pas de mystères pour moi, le roi, Pibrac, mon ami, dit Charles IX avec fierté.
— Ma foi! Sire, dit ingénument le capitaine des gardes, je ne suis pas sorcier... et comme on ne m'a rien dit...
— Mais vous savez au moins comment la chose s'est passée?
— Oui, certes. Le sire de Coarasse était avec Noë, il y a deux jours, dans un cabaret voisin tenu par le Béarnais Malican.
— Bon! dit le roi.
— C'est de Malican que je tiens la chose, poursuivit M. de Pibrac. Noë

et Coarasse causaient fort tranquillement en buvant une bouteille de vin muscat, lorsqu'un homme est entré. C'était un gentilhomme inconnu, mais de mine fière, dit-on ; il a prié le sire de Coarasse de vouloir bien le suivre, et il est sorti avec lui. Dix minutes après, l'inconnu est revenu annoncer que le sire de Coarasse était mort ou du moins grièvement blessé. Puis il a disparu.

— Étrange ! murmura le roi.

— On a rapporté M. de Coarasse chez Malican ; puis, quelques minutes après, deux femmes que Malican ne connaît pas sont survenues. L'une a versé d'abondantes larmes ; l'autre, qui paraissait être une suivante, semblait aussi affectée de ce fatal évènement.

— En sorte, dit le roi, que ce pauvre Coarasse est chez Malican ?

— Oh! non, Sire.

— Où donc l'a-t-on transporté ?

— Je ne sais.

— Comment ! vous... ne .. savez ?...

— La dame inconnue a envoyé chercher une litière et elle est partie avec son cher blessé, la suivante et Noë.

— Mais Noë a dû vous dire ?...

— Je n'ai pas vu Noë.

— Et vous n'avez pas d'autres nouvelles de ce pauvre Coarasse ?

— Aucune.

— Savez-vous, Pibrac, mon ami, dit le roi, que moi, qui suis si peu sentimental d'ordinaire, j'avais pris Coarasse en grande amitié ?

— Ah! Sire!...

— Et que j'ai bonne envie de faire rechercher son meurtrier et de l'envoyer décapiter en place de Grève.

— Tudieu! Sire, quand Votre Majesté honore quelqu'un de son amitié, elle n'y va pas de main morte!

— Mais, dit le roi, il est évident que le motif de ce combat n'est pas douteux.

— Vous croyez, Sire ?

— Et bien certainement c'est cette dame inconnue qui... Corbleu! s'interrompit le roi, il me vient une drôle d'idée, Pibrac, mon ami.

Pibrac regarda le roi.

— Quelle idée, Sire ?

— Je crois deviner quelle est cette femme.

Pibrac continua à regarder le roi avec une naïveté parfaite.

— Oui, dit malicieusement Charles IX.

— Votre Majesté la connaît ?

— Peut-être...

— Ce petit Coarasse, poursuivit M. de Pibrac, est joli garçon, il est entreprenant, et la bienveillance que Votre Majesté lui a témoignée a fort bien pu lui attirer les bonnes grâces de quelques dames de la cour.

— Hé! hé! dit le roi, vous souvenez-vous, ami Pibrac, du bal que j'ai donné à l'ambassadeur d'Espagne ?

— Oui, Sire.

— Coarasse n'a-t-il pas fait danser ma sœur Marguerite?

— En effet, Sire.

M. de Pibrac jugea convenable de ne comprendre ni le malin sourire ni le regard moqueur du roi.

Charles IX reprit :

— Cette pauvre Margot était si désolée du départ de son cher duc de Guise, qu'elle ne venait que pour obéir à mes ordres.

— La princesse était fort triste, en effet.

— Mais, reprit le roi, quand elle eut dansé avec ce petit Coarasse, elle se prit à sourire un peu.

— Bah! fit M. de Pibrac.

— Et je ne sais quel conte il lui narra, mais elle y prit un plaisir extrême.

— Vraiment, Sire?

— Et tenez, Pibrac, mon ami, acheva le roi, je ne serais pas étonné que cette belle dame qui a fait enlever le blessé...

« Heu! heu! murmura Charles IX, je connais ma sœur Margot... elle en a fait bien d'autres...

M. de Pibrac n'eut pas le temps de défendre la réputation de Mme Marguerite, car on gratta à la porte, et le page Raoul, le bel amoureux de Nancy, se montra et salua profondément le roi.

— Que veux-tu, mignon? demanda Charles IX.

— Sire, dit Raoul, c'est Mme Marguerite qui m'envoie.

— Ah! Sire, quelle idée!...

— Bon!... dit le monarque, c'est quand on parle du loup qu'on en voit poindre les oreilles. Et que me veut-elle, ma sœur Margot?

— Son Altesse, dit Raoul, m'a chargé de m'enquérir du réveil de Votre Majesté.

— Tu le vois, j'ai les deux yeux ouverts.

— De la façon dont Votre Majesté a passé la nuit.

— J'ai bien dormi, tu le vois.

— Enfin de l'humeur de Votre Majesté ce matin.

— Je suis triste, dit le roi, parce qu'il est arrivé malheur à ce pauvre Coarasse, qui est fort expert en matière de vénerie et qui jouait à l'*hombre* comme pas un. J'aimais beaucoup le sire de Coarasse.

Raoul s'inclina.

— Porte ces nouvelles à Margot, acheva le roi.

— Ah! dit Raoul, Son Altesse m'a chargé encore de solliciter pour elle une audience de Sa Majesté.

— Eh bien! dis-lui que je vais la recevoir. — Gauthier!

Le page qui répondait à ce nom accourut.

— Habille-moi, dit Charles IX, qui sauta hors du lit. Quant à vous, Pibrac, allez me détourner un cerf à Saint-Germain.

— Je pars, Sire.

Et, tandis que le roi s'habillait, M. de Pibrac sortit à son tour.

Mais, au lieu de monter à cheval sur-le-champ et de partir pour Saint-Germain, le capitaine des gardes s'en alla chez Mme Marguerite.

Celle-ci était pâle et fort triste et attendait avec anxiété le retour du page Raoul.

M. de Pibrac entra sur les talons de ce dernier, et lorsque Raoul eut rendu compte de son message, il ajouta, lui, Pibrac :

— Vous pouvez aller chez le roi, madame, et vous obtiendrez de lui tout ce que vous voudrez.

— Ah ! mon ami, murmura la princesse, qui était en proie à la plus vive émotion, j'ai si grand'peur que cet abominable René ne vienne à découvrir la retraite où nous l'avons caché.

— Il faut tout dire au roi, madame.

— J'y vais, répondit Marguerite qui s'arma d'une résolution soudaine.

Pendant ce temps, Charles IX achevait de s'habiller.

Il avait revêtu un justaucorps de chasse vert, un haut-de-chausse gris perle, et il peignait sa barbe avec autant de soin que si, au lieu de s'en aller chasser, il eût dû se rendre à un rendez-vous galant.

Tout en s'habillant, le roi monologuait ainsi :

— Cette pauvre Margot, comme elle est bien la nièce de sa grand'tante la reine de Navarre !.. La chose est claire, elle aime ce petit Coarasse, et...

« Ah ! pardieu ! je suis en veine d'imagination, ce matin... j'ai déjà trouvé le motif du duel, le nom de la femme... Hé ! morbleu ! le vainqueur pourrait bien être mon cousin de Guise... Je vais le savoir ! »

Un froufrou de robe qui se fit entendre dans l'antichambre interrompit Charles IX.

Marguerite entra.

— Bonjour, Margot, dit le monarque en lui baisant galamment la main.

— Bonjour, Sire.

Le roi lui avança un siège et fit signe au page Gauthier de sortir.

— Comme te voilà pâle et émue, ma pauvre Margot ! dit le roi.

— Je le suis, en effet, Sire.

— Et tu t'en viens trouver ton frère Charlot parce que tu sais bien qu'il t'aime et que tes caprices sont des ordres pour lui, bien qu'il soit le roi.

Charles IX avait pris la main de sa sœur et la pressait doucement.

— Ah ! Sire, vous êtes bon..

— Pour toi, oui, dit le roi, pour toi qui es le seul être de ma famille qui ne m'ait point trahi à ses heures.

La voix du roi était caressante, et il continuait à serrer la belle main de Marguerite dans les siennes.

— Sire, dit Marguerite, je viens à vous parce que vous êtes mon frère et que vous m'aimez; je viens à vous parce que vous êtes le roi et que vous pouvez tout; je viens à vous aussi parce que j'ai le cœur brisé et que j'ai à vous faire l'aveu d'une faute.

Le roi s'était promis d'être diplomate et de s'amuser du trouble et l'embarras

Marguerite, Nancy et Myette suivaient. (P. 423.)

de sa sœur; mais, en présence de cette douleur vraie et profonde qui était en elle, il renonça à son rôle et prit la jeune princesse dans ses bras.

— Je devine l'aveu que tu vas me faire, mon enfant, lui dit-il.
— Ah! sire...
— Tu aimes... et celui que tu aimes est en péril?

— C'est vrai, sire, répondit Marguerite, qui avoua noblement et simplement son amour.

— Et tu viens me demander de le venger?

— De le protéger d'abord, sire.

— Hein? fit le roi. Le sire de Coarasse...

Marguerite rougit à ce nom, mais elle répondit franchement :

— C'est lui, sire, et je l'aime ! Eh bien, le sire de Coarasse, dont les jours ne sont plus en danger, est cependant sous le coup d'une menace de mort.

— De la part de qui?... est-ce de?

Et le roi eut un sourire.

— Non, sire, le duc est parti. Je le vois, vous avez tout deviné.

— Il est... parti?

— Hier matin. Il ne me reverra plus. Ce n'est pas là qu'est le danger.

— Oh! oh! fit le roi, et qui donc, alors, se permet d'en vouloir au sire de Coarasse?

— René d'abord, sire.

— René! s'écria le roi avec colère, René!

— Oui, sire.

— Ah! ça, mais ceci est trop plaisant, en vérité, ma pauvre Margot, que tous ceux qui m'entourent, tous ceux que j'aime, éprouvent une pareille terreur vis-à-vis de ce misérable...

— Et après René, acheva Marguerite, la reine Catherine, notre mère.

Le roi fronça le sourcil.

— Oh! oh! dit-il, voilà une complication à laquelle je ne m'attendais pas.

Charles IX demeura silencieux un moment.

— Ah! ça, dit-il enfin, qu'est-ce que le sire de Coarasse peut avoir fait à René?

— Il a dit la bonne aventure à la reine Catherine.

— Bon! et qu'a-t-il fait à la reine Catherine?

— Il a dit du mal de René.

— Je ne comprends pas bien, ma pauvre Margot, fit le roi avec bonhomie.

— Sire, dit la princesse, je vais tout vous avouer, tout vous dire.

— Parle, mon enfant.

Marguerite raconta alors au roi tout ce qui était advenu depuis quelques jours et comment, pour intimider René, le sire de Coarasse avait eu l'idée, grâce aux confidences de Noë et à l'enlèvement de Paola, de jouer le rôle de sorcier.

Puis elle lui parla encore du rôle infâme que le président Renaudin, de concert avec la reine, avait joué dans l'histoire de René.

Marguerite ne se trompait pas en agissant ainsi. Elle savait d'avance que le roi serait furieux d'avoir été joué, et qu'il prendrait parti pour le sire de Coarasse, tout exprès pour se venger des artifices de Mme Catherine.

— Ah! ah! s'écria Charles IX, puisqu'il en est ainsi, je vais y mettre bon ordre. Tu vas voir, Margot.

— Que va faire Votre Majesté?

— Je vais faire arrêter le président Renaudin.
— Et... après?
— Je le ferai pendre.
— Votre Majesté ferait mieux d'envoyer René à la potence.
— J'y songe, reprit froidement le roi.
— Mais, reprit Marguerite, je ne demande point tout cela à Votre Majesté.
— Que veux-tu donc?
— Je veux qu'il protège mon pauvre Henri, voilà tout.
— Sois tranquille. Où est-il?
— Je l'ai fait transporter rue des Prêtres-Saint-Germain-l'Auxerrois, dans la maison d'un bourgeois qui m'est dévoué. Mais je crains à chaque instant que la reine ne découvre sa retraite et que René...
— Tiens! Margot, fit le roi, il me vient une assez bonne idée.
— Je vous écoute, Sire.
— Si on transportait ton sire de Coarasse au Louvre?
— Y songez-vous, Sire?
— Tu vas voir... écoute bien.
— J'écoute, Sire.
— Miron, mon médecin, m'est dévoué.
— Oh! je le sais.
— De plus, c'est un savant homme.
— On le dit, du moins.
— Et il te soignera ton Coarasse comme le roi de France.
— Mais... notre mère... Sire?

Charles IX eut un sourire plein de malice.

— Nous allons nous moquer d'elle, ma petite Margot.
— Comment cela?
— Je chasse aujourd'hui à Saint-Germain.
— Ah!
— Et je vais faire prier la reine mère de m'accompagner.
— Très bien!
— Je serai gracieux au possible avec elle.
— A merveille!
— Et tu mettras, pendant ce temps, ce pauvre Coarasse dans ta litière. Peut-il supporter la litière?
— Je l'espère, Sire.
— Tu entreras au Louvre par la petite porte, tandis que je serai à Saint-Germain avec toute la cour.
— Très bien! Mais, où ferai-je transporter mon Henri?
— Dans ma chambre, dit le roi.

Mme Marguerite resta stupéfaite.

— Tiens, dit le roi, on lui dressera un lit là, dans ce cabinet, et si René ou Mme Catherine le viennent chercher ici, c'est que je ne serai plus roi de France!

— Ah! Sire, s'écria la princesse avec un élan de reconnaissance, vous êtes noble et bon!

— Je t'aime, ma bonne Margot, répondit le roi, et j'aime ceux que tu aimes.

Et le roi embrassa Marguerite, dont les beaux yeux s'emplirent de larmes.

Le sire de Coarasse était sauvé, du moins Marguerite l'espéra.

LV

Tandis que Mme Marguerite s'en allait chez le roi et le suppliait de protéger son cher Henri de Coarasse, nous eussions retrouvé celui-ci dans une petite maison de la rue des Prêtres-Saint-Germain-l'Auxerrois, et voici comment il y avait été transporté.

La jeune princesse, en entrant dans le cabaret de Malican, s'était précipitée sur Henri, l'avait enlacé de ses bras et couvert de baisers. Elle pleurait à chaudes larmes.

Mais Malican lui avait dit en toute hâte :

— Rassurez-vous, madame, la blessure n'est pas mortelle...

Les paroles de Malican avaient arraché un cri de joie à Marguerite.

— Elle est large, elle est profonde, avait continué Malican; mais j'ai quelque part, là-haut, une liqueur extraite des plantes de nos montagnes qui la fermera en moins de huit jours.

Malican songeait à transporter le prince au premier étage du cabaret et à le coucher dans son propre lit.

Mais Nancy, qui avait mis en lambeaux le mouchoir de la princesse et le sien pour faire de la charpie, Nancy se pencha à l'oreille de Marguerite et lui dit :

— Il ne peut rester ici.

— Pourquoi?

— René... murmura la camérière avec effroi.

— C'est juste, dit la princesse.

Et tout à coup Marguerite se frappa le front et songea à un bourgeois de la rue des Prêtres-Saint-Germain, qui était son obligé et sur lequel elle pouvait compter.

Ce bourgeois se nommait Onésime Jodelle; il était même, disait-il, quelque peu parent du poète de ce nom.

Onésime Jodelle n'avait point cependant, comme le poète de la Pléiade, entretenu des relations avec le Parnasse et les doctes sœurs. Loin de là, il s'était borné à cultiver la profession d'épicier-droguiste, cet honneur éternel de la bourgeoisie parisienne.

Pourtant, sans Mme Marguerite, ce paisible commerce l'eût conduit tout droit à la potence, et voici comme :

Maître Onésime Jodelle payait ses plantes exactement, faisait partie du conseil des prud'hommes de Paris, était un parfait honnête homme et jouissait de la considération générale dans son quartier. Ses pruneaux étaient excellents, son miel fort pur, le beurre qu'il salait n'avait pas son pareil.

Malheureusement, il n'est pas de félicité sans trêve, et l'honnête épicier, qui avait vécu jusque-là fort heureux dans son veuvage, car, à cinquante ans, il était veuf et père d'une belle fille de quinze à seize ans, qui se nommait Brigitte; l'honnête épicier, disons-nous, eut l'idée saugrenue de se remarier et d'épouser une sorte de mégère, veuve elle-même d'un marchand drapier.

La nouvelle Mme Jodelle était une femme acariâtre, quinteuse, et dotée d'une jalousie non moins ridicule que violente, si on songeait qu'elle avait atteint la cinquantaine. Maître Onésime Jodelle s'était marié gros et gras, la lèvre souriante et le teint fleuri. Au bout de six mois de ménage il était pâle, hâve, jaune, amaigri... Au bout d'une année il n'était plus que le fantôme de lui-même... L'humeur de la nouvelle Mme Jodelle l'avait ainsi transfiguré.

Un soir d'été que le pauvre homme était mélancoliquement assis sur le seuil de sa porte, une jeune fille vint à passer qui lui fit la révérence, attendu qu'elle était sa pratique.

— Bonjour, ma belle enfant, répondit le pauvre épicier, qui se prit à soupirer.

Mme Jodelle, qui, en ce moment pilait des drogues dans un mortier, vit la jeune fille, entendit le compliment et le soupir, s'élança comme une furie et saisit son mari par les quelques cheveux grisonnants qu'il avait encore sur la nuque.

Que se passa-t-il dans l'âme inoffensive du bourgeois en ce moment critique? Il ne le sut jamais lui-même ; mais l'agneau devint loup pour deux minutes, la victime se révolta et devint oppresseur, et le paisible épicier, saisissant le pilon dont sa femme se servait tout à l'heure, lui en déchargea sur la tête un coup si vigoureux qu'il se trouva veuf pour la seconde fois.

Dans la rue des Prêtres, on en trouva pas cela mauvais; bien au contraire, on prétendit que Mme Jodelle n'avait que ce qu'elle méritait.

Malheureusement le grand prévôt ne fut point de cet avis, et les archers se saisirent du pauvre épicier, qui fut condamné à être pendu.

Or, comme un soir, vers quatre heures, Mme Marguerite passait à cheval suivie d'un écuyer et de deux pages, elle rencontra maître Caboche, le bourreau, monté sur une charrette à côté du malheureux Onésime Jodelle qu'il menait pendre. Derrière la charrette marchait une jeune fille fort belle qui pleurait à chaudes larmes.

C'était la pauvre Brigitte, la fille de l'infortuné droguiste.

Mme Marguerite fut touchée et des larmes de l'enfant et de la physionomie honnête et consternée de l'épicier. Elle fit arrêter le cortège, s'enquit du crime du patient, pria le prévôt de suspendre l'exécution, s'en alla au Louvre au grand galop, se jeta aux genoux du roi et obtint grâce pleine et entière.

Or, ce fut donc à Onésime Jodelle, épicier et bourgeois de Paris, que Mme Marguerite songea sur-le-champ.

— Jodelle est un honnête homme, dit-elle à Nancy ; il a une maison assez grande pour qu'il lui soit facile de cacher Henri pendant quelques jours, et il est peu probable que René ou Mme Catherine l'y viennent chercher.

La princesse fit part de cette idée à Noë, qui l'approuva.

— Cependant, fit-il en souriant, nous n'avons point à craindre René.

— Vous croyez? demanda Nancy d'un air de doute.

— Dame! je le tiens...

— Comment?

— J'ai sa fille en mon pouvoir.

Nancy secoua la tête :

— Vous vous trompez, dit-elle.

— Hein? s'écria Noë, qui tressaillit tout à coup.

— Paola n'est plus à Chaillot.

— Allons donc!

— Elle a été jalouse... Godolphin l'a guidée...

Noë pâlit.

Nancy, qui ne jugeait point nécessaire de mettre Malican dans certaines confidences, se pencha à l'oreille du compagnon de Henri.

— Il y a deux heures, lui dit-elle bien bas, Paola vous a vu, à travers la porte, tenir dans vos mains les mains de cette jolie fille que voilà.

— Mon Dieu! murmura Noë, qui commençait à comprendre.

Il se souvint de ce cri perçant qu'il avait entendu et qui lui avait fait entr'ouvrir la porte du cabaret et plonger un regard inquiet et curieux dans la nuit.

— Paola a retrouvé son père, poursuivit Nancy, elle lui a tout avoué, tout appris, et c'est pour cela que notre pauvre sire de Coarasse est là, couché dans une mare de sang.

Et comme la situation paraissait se compliquer étrangement pour Noë, Nancy ajouta :

— Savez-vous quel est l'homme qui s'est battu avec Henri?

— Non.

— C'est le duc de Guise.

— Oh! fit Noë.

— René lui a tout dit, et il a tout dit à la reine-mère. A cette heure, le sire de Coarasse n'est plus qu'un imposteur. Comprenez-vous?

— Diable! murmura Noë, nous voici en de beaux draps.

— Malican, disait pendant ce temps Mme Marguerite, peut-on transporter le blessé sans danger?

— Oui, madame.

Henri regardait tour à tour Marguerite et les personnes qui l'entouraient. Mais il ne pouvait parler.

— Eh bien! reprit la princesse, allez-vous-en rue des Prêtres, à l'enseigne du *Pilon d'or*, chez l'épicier Jodelle.

— C'est ma pratique, dit Malican. Depuis que Votre Altesse l'a empêché d'être pendu, le bonhomme se livre à la boisson.

— Il doit être à jeun à cette heure, fit Marguerite en souriant. Allez donc, et s'il est couché, faites-le lever.

Malican partit. Noë ferma la porte et se plaça derrière, l'épée à la main.

— Si René vient, dit-il, nous verrons...

Mais René ne vint pas, et sans doute il avait bien autre chose à faire.

Le blessé continuait à regarder autour de lui et semblait chercher quelqu'un.

Dix minutes s'écoulèrent, puis on entendit des pas au dehors, et on vit bientôt arriver Malican suivi du bonhomme Jodelle.

L'épicier, qui ne maigrissait plus depuis la mort de sa femme, avait repris sa corpulence et sa vigueur herculéenne.

Aidé de Malican, il transporta le blessé sur le lit de camp qu'on lui avait dressé à la hâte.

La nuit était noire, la place Saint-Germain-l'Auxerrois et la rue des Prêtres désertes. Minuit sonnait au beffroi de la vieille église.

Le bonhomme Jodelle et Malican portaient le brancard.

Noë marchait à côté l'épée à la main.

Marguerite, Nancy et Myette suivaient.

. . . .

Or, deux jours après, nous eussions retrouvé Henri couché, mais déjà convalescent, chez le bonhomme Jodelle.

La blessure commençait à se fermer, grâce au baume mystérieux de Malican.

Malican avait été berger dans les Pyrénées. C'en était assez pour qu'il possédât le secret de guérir, à l'aide du suc de certaines plantes exprimées ensemble.

L'épicier avait placé Henri dans la pièce la plus reculée de sa maison, et le secret était parfaitement gardé par les garçons de magasin et les domestiques.

Chaque jour, et même matin et soir, l'épicier s'en allait au cabaret de Malican, sous le prétexte de boire une bouteille, et il y causait longuement avec le Béarnais, lui racontant minutieusement comment le blessé avait passé la nuit, combien de temps il avait dormi, s'il avait peu ou beaucoup souffert, si la fièvre s'était calmée.

Malican, improvisé chirurgien, donnait ses prescriptions, et Jodelle s'en retournait les exécuter.

Quelquefois, à de certaines heures, Nancy se glissait hors du Louvre et parvenait, par de nombreux détours, jusqu'à la rue des Prêtres ; puis elle montait, par un escalier noir garni d'une corde graisseuse en guise de rampe, jusqu'au premier étage de la maison de l'épicier, et elle y trouvait Henri couché, mais déjà calme, souriant et presque en convalescence, qui la chargeait de répéter à Mme Marguerite combien il l'aimait et lui était reconnaissant de son dévouement et de son amour.

Le lendemain du jour où il avait été porté chez l'épicier, Henri avait vu arriver Marguerite elle-même. La jeune princesse, au risque d'être remarquée, suivie, compromise, s'était glissée hors du Louvre, avait passé devant les Suisses, couru les rues comme une bourgeoise et même pis, et s'en était venue chez le bonhomme Jodelle.

Elle avait passé plusieurs heures au chevet du lit de Henri et n'était retournée au Louvre que bien avant dans la nuit. Mais, comme elle quittait la maison de l'épicier, il lui avait semblé qu'un homme s'attachait à ses pas et la suivait, et alors la peur s'était emparée d'elle, et elle s'était dit que cet homme n'était autre que René, et c'était pour cela qu'elle avait eu le courage, le lendemain matin, après s'être concertée avec M. de Pibrac, d'aller trouver le roi et de lui tout avouer.

Pendant ce temps, Henri causait avec Noë assis à son chevet.

— Mon pauvre Noë, disait-il, je suis persuadé que mon cousin de Guise doit être fort désolé.

— Pourquoi?

— Parce que je ne suis pas encore mort, parbleu!

— Peuh! fit Noë.

— Comment! peuh?

— Dame! du moment où il s'est aperçu que Mme Marguerite ne l'aimait plus, il a dû renoncer à son idée première d'en faire une duchesse de Lorraine.

Henri eut un sourire mystérieux.

— Bah! dit-il, le duc de Guise et moi nous avons plus d'une rivalité, mon cher Noë.

— Comment cela?

— Je te l'expliquerai plus tard.

— Pourquoi pas tout de suite?

— Le temps n'est pas encore venu, répondit froidement le prince de Navarre.

Et changeant brusquement de conversation :

— Mais, dit-il, qu'est donc devenue Sarah!

— La belle argentière?

— Oui.

— Je le sais, dit Noë ; elle était là quand le duc est venu nous annoncer l'issue fatale du combat.

— Eh bien?

— Myette et moi nous nous sommes élancés et nous avons cru qu'elle nous suivait.

— Et...

— Et quand nous sommes rentrés vous portant, mon cher Henri, elle n'était plus là.

— Mais... où était-elle?

— Disparue! fit Noë.

Henri demeura silencieux pendant quelques minutes. Puis, tout à coup, regardant Noë :

— C'est René qui a tout dit au duc?

— Oui. Du moins Nancy le prétend.

— Paola a quitté Chaillot.

— Avant-hier au soir, avec Godolphin, et René sait tout.

— Bon! Or, si René a tout dit au duc, il est probable que, tandis que je

Sarah, éperdue et à demi morte de terreur, vit apparaître un homme
à figure rébarbative. (P. 427.)

ferraillais avec ce cher cousin, le mauvais parfumeur se promenait dans les
alentours.

— C'est probable, en effet.

— Et que se trouvant près du cabaret de Malican, tandis que je me
battais...

— Hé! hé! fit Noë.

— Il aura profité du premier moment d'alarme, poursuivit Henri, et il aura enlevé Sarah.

— Mais elle eût crié.

— Qui sait? tu ne l'as pas entendue, ou bien elle s'est évanouie.

— Malédiction! murmura Noë, si je savais cela, j'irais lui planter ma dague en plein cœur.

— Tu aurais tort.

— Pourquoi?

— Parce que René est un misérable avec lequel il ne faut pas jouer un jeu d'enfant, dit le prince.

— Oh! fit Noë, dont l'œil étincela de colère, une heure viendra où je le tiendrai; et j'espère bien le hacher aussi menu que de la chair à pâté.

— Tout vient à point à qui sait attendre, dit sentencieusement le prince. Mais, en attendant, il faut retrouver Sarah...

Le prince avait à peine prononcé ces derniers mots qu'un bruit de pas se fit au dehors, une porte s'ouvrit, et comme si quelque génie protecteur eût voulu exaucer ses vœux, Sarah, la belle argentière, se montra sur le seuil, émue, mais souriante et le bonheur dans les yeux. D'où revenait-elle?

LVI

Nous avons perdu de vue René le Florentin au moment où le duc de Guise lui apprenait en quelques mots l'issue de sa rencontre avec Henri et se prenait à courir vers le Louvre...

René, quelques minutes avant d'aborder le prince lorrain pour lui apprendre qu'il avait un rival nommé le sire de Coarasse, René avait renvoyé sa fille et Godolphin, qu'il avait retrouvés au rendez-vous assigné.

— Va, mon enfant, dit-il à Paola, va m'attendre au pont Saint-Michel, et dors tranquille, tu seras vengée!

En désignant le sire de Coarasse à la colère du duc de Guise, René oubliait qu'il songeait bien plus à sa propre vengeance qu'à celle de sa fille.

En effet, ce n'était pas au sire de Coarasse que Paola en voulait, mais bien à Noë, qui l'avait trahie.

Or René commençait par le sire de Coarasse et non par Noë, ce qui était une preuve que le Florentin mettait volontiers en pratique le proverbe: *«Charité bien ordonnée commence par soi-même.»*

Quoi qu'il en soit, René, en apprenant que le sire de Coarasse avait reçu un fort beau coup d'épée, éprouva une grande joie et ne songea plus à sa propre fille; mais il s'en alla rôder autour du cabaret dont la porte venait de s'ouvrir, et tandis que Noë et Myette couraient relever Henri, le Florentin aperçut la belle argentière qui s'appuyait défaillante contre le mur intérieur du cabaret.

René eut alors une inspiration soudaine, une inspiration diabolique.

— Ah! murmura-t-il, cette fois tu ne m'échapperas pas... je t'ai bien reconnue, malgré tes habits d'homme.

Le Florentin bondit comme une panthère et s'élança vers Sarah déjà brisée par l'émotion.

A la vue de son ennemi, de cet homme qui la poursuivait avec acharnement, la belle argentière jeta un cri terrible et s'évanouit...

Cet évanouissement servit les projets coupables de René.

Il enleva la jeune femme dans ses bras, la chargea sur son épaule et prit la fuite.

Quand l'argentière revint à elle, elle se sentit emportée avec vitesse... l'obscurité la plus profonde l'environnait, un vent frais fouettait son visage.

Elle était renversée sur l'épaule de René qui courait toujours.

Sarah voulut crier, appeler au secours; l'effroi qu'elle éprouvait étouffa sa voix; elle essaya de se dégager, mais les mains de René l'étreignaient comme en un étau.

Le Florentin n'avait pas songé un seul instant à porter Sarah dans sa boutique du pont Saint-Michel. Paola s'y trouvait. Mais René avait plus d'un logis à sa disposition outre celui qu'il possédait au Louvre.

Il traversa le pont au Change, longea la rive gauche de la rivière en amont, entra dans une ruelle étroite et déserte auprès de Notre-Dame, et s'arrêta devant une vieille maison vermoulue à un seul étage et qui n'avait qu'une porte bâtarde.

Alors il déposa l'argentière à terre et, tout en la tenant fortement par le bras, il frappa à la porte de cette maison.

Sarah voulut se dégager.

— Bah! lui dit René, vous faites des efforts inutiles, ma chère.

Elle cria, espérant que le guet viendrait à son secours.

René se prit à rire.

Cependant un bourgeois attardé vint à passer.

— Au secours! à moi! exclama la jeune femme.

Le bourgeois s'approcha et leva un gourdin qu'il tenait à la main ; mais par malheur, cela se passait sous une lanterne : le bourgeois reconnut René qu'il avait rencontré maintes fois à pied ou à cheval, la peur le prit il se hâta de fuir.

En même temps, la porte sur laquelle René avait frappé plusieurs fois s'ouvrit enfin.

Sarah, éperdue et à demi morte de terreur, vit apparaître un homme à figure rébarbative qui tenait à la main une petite lampe triangulaire.

Cet homme était vêtu à peu près comme les saltimbanques, joueurs de mystères ou musiciens ambulants, qui exerçaient leur métier sur les ponts, c'est-à-dire qu'il portait une jaquette mi-partie rouge et bleue, des chausses jaune-clair et une barrette à plume de coq. Sa physionomie était un mélange de ruse et de férocité ; il avait l'œil faux, la lèvre épaisse, le nez épaté, le front fuyant.

Ce personnage se nommait Gribouille. Il était danseur de corde le jour, filou la nuit, parfois estafier de maître René, et il tuait pour dix écus.

La maison dont il venait d'ouvrir la porte lui était louée par le Florentin pour la somme mensuelle de seize deniers parisis, et il y habitait avec une vieille bohémienne qui passait pour être sa mère.

Gribouille se montra quelque peu étonné à la vue de René et surtout de ce beau jeune homme qui criait et se débattait : mais il eut bien vite, à la voix et en dépit de ses vêtements masculins, reconnu une femme, et son étonnement cessa.

— Gribouille, lui dit le Florentin, je t'amène ce beau damoiseau... Éclaire-nous !

René poussa la belle argentière dans l'allée humide et noire de la maison, et Gribouille les précéda avec sa lampe.

— Je te l'amène et tu vas m'en répondre sur ta tête, poursuivit le Florentin.

— Faut-il *la* tuer? demanda le danseur de corde.

— Imbécile !

— Ah ! bon ! je comprends...

Et Gribouille eut un sourire équivoque. Puis il ouvrit une porte, et la belle argentière, toujours poussée par René, pénétra dans une petite salle basse, dont les fenêtres étaient garnies d'épais barreaux.

Il y avait un lit de sangle dans un coin, auprès de ce lit deux escabeaux et une table.

— Madame, dit René, je vous demande mille pardons d'être obligé de vous faire passer la nuit dans ce taudis, mais croyez bien que demain vous aurez un logis beaucoup plus convenable et digne en tous points de la favorite d'un homme que la reine honore de sa bonté.

René prononça ces mots d'un ton goguenard, et la jeune femme y répondit par un geste de dédain suprême.

Gribouille, sur un signe du Florentin, posa sa lampe sur la table.

— Voulez-vous me permettre de vous servir de femme de chambre? demanda René.

Ces derniers mots excitèrent l'indignation de Sarah à un tel degré, qu'elle retrouva quelque énergie.

— Ah ! misérable ! je suis en tes mains et tu peux me tuer, mais ma vie seule est en ton pouvoir, et tu ne saurais m'outrager.

René eut un sourire silencieux.

Tout à coup le regard de l'argentière tomba sur la table placée auprès du lit de sangle et y surprit un couteau, un couteau long, pointu, à manche de corne, et tel qu'en portaient les paysans de la frontière espagnole. Gribouille l'avait volé la veille à un soldat catalan qui servait dans les lansquenets.

S'emparer de ce couteau et en tourner la pointe contre son cœur fut pour Sarah l'affaire d'une seconde.

René jeta un cri et voulut s'élancer sur elle.

Mais Sarah le regarda fièrement et lui dit :

— Si tu fais un pas, je me tue !

L'œil de Sarah étincelait d'une telle résolution que le Florentin comprit sur-le-champ qu'elle était femme à exécuter sa menace, s'il voulait se porter sur elle à la moindre violence.

— Soit ! ma belle enfant, dit-il en ricanant. Je vais me retirer et vous laisser dormir. Demain, il faut l'espérer, vous serez plus calme et vous comprendrez qu'il y aura pour vous honneur et profit...

— Sors, misérable ! s'écria l'argentière.

René se sentit légèrement intimidé.

Il fit signe au danseur de corde :

— Viens ! dit-il.

— Bonsoir, madame... bonne nuit ! murmura Gribouille en saluant. Si Votre Seigneurie a besoin de quelque chose, elle n'aura qu'à frapper contre le mur, je suis là.

— Adieu ! chère madame, ricana le Florentin... et calmez-vous... Je vous aime et veux vous faire un sort splendide... Pour peu que vous l'exigiez, je vous épouserai, maintenant que la mort de ce pauvre Samuel Loriot, assassiné par ce brigand de Gascarille, vous laisse maîtresse de votre main.

Et René sortit triomphant.

Sarah entendit qu'on fermait et verrouillait la porte au dehors, et elle comprit qu'il ne lui restait d'autre moyen que le trépas pour échapper au sort que René lui réservait.

Elle se mit à genoux, adressa à Dieu une courte et fervente prière, et, nouvelle Lucrèce, elle reprit le couteau pour s'en frapper.

Mais son bras levé ne retomba point, car un souvenir avait traversé son cerveau, rapide comme l'éclair ; car un nom venait de jaillir de ses lèvres :

— Henri !

Henri mort ou mourant à cette heure, Henri qu'elle aimait, Henri qui l'avait sauvée une première fois, Henri qu'elle voulait sauver à son tour, si déjà la mort n'avait étendu sur lui son aile noire.

Et Sarah jeta le couteau loin d'elle, et elle voulut vivre, et toute son intelligence, toutes ses aspirations se concentrèrent en une pensée unique : revoir Henri.

Alors, comme cet hôte des forêts profondes qui tombe dans la fosse creusée par le chasseur et qui fait en tous sens le tour de sa prison et cherche vainement une issue, Sarah examina cette chambre où elle était renfermée ; elle ouvrit les fenêtres et vit les barres de fer qui en garnissaient l'entablement ; elle secoua la porte de chêne massif et ne parvint pas à l'ébranler ; elle sonda les murs avec son poing et s'aperçut bien vite qu'ils étaient aussi épais que ceux d'une véritable prison.

Enfin, pour comble de malheur, les deux fenêtres de la salle basse ne donnaient pas même sur la ruelle, mais sur une petite cour intérieure.

Sarah ne se rebuta point cependant, elle se prit à réfléchir, cherchant le moyen d'échapper à René par la ruse.

Tout à coup, elle trouva une idée, et son œil brilla, ses traits se rassérénèrent.

— Ah ! dit-elle, s'il pouvait revenir bien vite !

Elle passa le reste de la nuit en prières ; le jour vint, Sarah espéra que René ne tarderait pas à revenir.

Sarah se trompait : la matinée se passa sans que René parût. Gribouille seul se montra vers dix heures environ.

Le danseur de corde, à qui René avait laissé des ordres, apportait sur un plateau quelques aliments et du vin à la prisonnière.

Il salua Sarah avec toute l'humilité d'un serviteur.

L'argentière l'enveloppa d'un regard ardent, scrutateur.

— Où est René? lui demanda-t-elle.

— Je ne l'ai pas revu.

— Viendra-t-il?

— Je ne sais ; il ne m'a rien dit.

— Comment te nommes-tu, valet?

— Gribouille, pour vous servir, répondit le danseur de corde, qui ne s'offensa point de l'épithète de valet.

— Es-tu riche?

— J'ai de la peine à gagner ma vie et quand, bon an mal an, et grâce aux diverses cordes de mon arc, j'ai noué les deux bouts, je m'estime heureux.

— Veux-tu que je fasse ta fortune?

Gribouille tressaillit et regarda la belle argentière.

— Veux-tu mille écus d'or?

— Tonnerre et sang ! s'écria le danseur de corde reculant ébahi.

— Mille écus d'or, répéta l'argentière.

Gribouille ébahi murmura :

— Combien d'hommes faut-il donc que je tue pour gagner une telle somme?

— Aucun.

— Hein? fit le danseur de corde.

— Il faut simplement me laisser sortir d'ici, acheva l'argentière.

Sarah avait la naïveté de croire que l'homme qui proposait d'assassiner pour gagner mille écus d'or s'empresserait de lui ouvrir toutes les portes.

Sarah se trompait.

Gribouille murmura :

— C'est beau, mille écus d'or !

— Tu les auras dans une heure.

— Mais, acheva le sauteur de corde après avoir hésité un moment, si je vous laisse sortir, René me tuera...

— Tu peux fuir !

— On n'échappe pas à René, c'est inutile !... ne me parlez plus de cela.

Et Gribouille fit un pas pour sortir. Puis il revint, et dit :

— D'ailleurs, ma petite dame, il ne faut pas vous désoler, vous ne resterez pas longtemps ici.

— Tu crois?

— René vous fait disposer aujourd'hui une jolie petite maison du côté de la Grange-Batelière... Ce sera un palais, m'a-t-il dit...

Sarah haussa les épaules.

— Si tu veux me laisser fuir, dit-elle, je triple la somme.

Gribouille hocha la tête :

— Vous la décupleriez inutilement, fit-il. René me ferait bouillir dans l'huile ou griller sur des charbons ardents.

. . . .

Sarah, pleine d'angoisse, attendit René durant tout le jour. René ne vint pas. Vers le soir, elle fut en proie à une soif ardente et un moment elle songea à tremper ses lèvres dans le vin que Gribouille lui avait apporté ; mais elle craignit que ce vin ne renfermât un narcotique, et elle endura la soif et la faim durant toute la nuit suivante.

Comme le jour apparaissait, elle entendit grincer les verrous de la porte, la clef tourner dans la serrure, et elle vit le Florentin entrer.

René avait aux lèvres un sourire vainqueur.

— Eh bien ! ma belle enfant, dit-il, sommes-nous plus raisonnable aujourd'hui ?

Sarah s'était hâtée de reprendre ce couteau qui était sa sauvegarde vis-à-vis de René.

— Arrière ! lui dit-elle, n'avance pas, misérable, mais écoute-moi...

— Ah ! ah !

— Nous allons peut-être nous entendre, poursuivit Sarah avec calme... à la condition toutefois que vous n'avancerez pas d'une semelle.

René, âme corrompue, soupçonnait la corruption partout. Il s'imagina qu'après avoir mûrement réfléchi, l'argentière se décidait à accepter son amour, mais qu'elle y mettait des conditions.

— Elle veut se faire épouser, pensa-t-il.

Il s'assit et prit l'attitude d'un homme disposé à écouter patiemment.

— Voyons, madame, dit-il, parlez.

Sarah étreignait toujours le manche du couteau catalan.

— Monsieur René, dit-elle avec un calme qui prouva au Florentin qu'elle était prête à faire ce qu'elle annonçait, je préfère mille fois la mort à la honte de votre amour.

— Hé ! hé ! ricana René, vous êtes peu polie, madame.

— Pourtant je ne veux pas mourir.

— Alors, aimez-moi...

— Monsieur, reprit Sarah, que le ton insolent du Florentin ne déconcertait point, je ne veux pas mourir parce que je puis payer cher ma rançon.

René eut un tressaillement.

— Nous sommes seuls ici, poursuivit Sarah, et je suppose que nul ne nous écoute. Nous pouvons donc parler à cœur ouvert. C'est vous qui avez assassiné Samuel Loriot, mon mari.

— Madame ! fit René en pâlissant.

— C'est vous ! articula froidement Sarah, et vous aviez la double intention de m'enlever et de piller notre maison.

— Prenez garde ! fit René, ivre de rage.

— Eh bien ! acheva l'argentière, vous n'avez trouvé ni la femme ni les trésors. Ces trésors, moi seule je peux vous les indiquer, vous les donner. Je vous les offre en échange de ma liberté.

— Je vous épouserai et aurai femme et trésors, dit insolemment le favori de Catherine.

— Vous vous trompez, répliqua l'argentière, et si vous ne choisissez à l'instant, je m'enfonce ce couteau dans le cœur et j'emporte dans la tombe le secret de mon mari, Samuel Loriot : vous n'aurez ni femme ni trésors.

René comprit que Sarah tiendrait sa parole et qu'il lui faudrait renoncer à tout, c'est-à-dire à ses trésors.

Il étouffa un cri de rage que lui arracha la suprême beauté de la jeune femme, enveloppa Sarah d'un regard profond de convoitise et de regret, et murmura tout bas et d'une voix à peine intelligible :

— Soit ! j'accepte...

Sarah allait se dépouiller afin de revoir son cher Henri et d'échapper à l'odieux amour de René le Florentin.

LVII

La cupidité avait, chez René parlé plus haut que l'amour.

Du moment où le sacrifice eut été résolu dans son esprit, l'amoureux s'évanouit, et Sarah n'eut plus devant elle que ce hideux vampire, cet homme altéré de rapine et dont les mains, toujours rougies de sang, comptaient sans cesse un or mal acquis.

S'il avait tressailli tout à l'heure en voyant Sarah appuyer sur son cœur la pointe du couteau catalan, il se prit à frissonner de plus belle quand il songea qu'elle pouvait, en se donnant la mort, lui ravir les trésors de Samuel Loriot.

La terreur se manifesta d'une façon si visible même sur son visage, que Sarah comprit sur-le-champ que les rôles étaient changés.

Ce n'était plus René qui dominait la situation, c'était elle !

Elle regarda tranquillement le Florentin et lui dit :

— Je suis une honnête femme, je n'ai jamais menti ni à Dieu ni aux hommes, et je suis esclave de ma promesse, moi. Mais toi, René le Florentin, René l'empoisonneur, René l'assassin, tu te joues des serments les plus sacrés et je ne saurais croire à ta parole...

— Cependant... fit René inquiet.

— Si je te jure que tu seras mis en possession des trésors de mon époux défunt le jour même que j'aurai posé le pied sur la terre de Navarre, où, Dieu merci ! je serai à l'abri de tes pièges, si je te jure cela, je tiendrai mon serment.

René pâlit ; l'argentière l'avait deviné.

— Tu vas donc me laisser sortir d'ici, reprit-elle. Tu me conduiras chez le Béarnais Malican, d'où je partirai pour la Navarre dès demain. Un homme

Sarah gagna le corridor, tenant toujours la pointe du couteau tournée vers sa poitrine. (P. 434.)

que tu désigneras m'accompagnera durant le voyage, et, au moment où j'aurai passé la frontière de France, je lui remettrai une lettre à ton adresse.

— Et si vous me trompez? demanda René.

— Je ne manque jamais à mon serment, dit l'argentière. C'est à prendre ou à laisser.

René hésitait encore.

— Sais-tu bien, reprit-elle, que Samuel Loriot, mon époux, avait des richesses immenses, de l'or, des bijoux, des diamants, pour une somme fabuleuse? Tout cela est si bien enfoui, si bien caché, que tu ferais raser inutilement ma maison de la rue aux Ours : tu ne parviendrais point à rien trouver. Laisse-moi sortir d'ici, laisse-moi arriver sans encombre en Navarre, où j'irai me réfugier chez mon amie d'enfance, la duchesse de Gramont, et tout cela est à toi... je t'en renouvelle le serment.

Sarah parlait avec un accent de vérité qui finit par convaincre le soupçonneux Florentin.

— Soit ! dit-il.

Il recula d'un pas et ouvrit la porte :

— Vous êtes libre, madame, dit-il.

— Au large ! lui cria l'argentière, qui craignait que René ne s'élançât sur elle pour lui enlever son poignard.

René s'effaça pour la laisser passer.

Sarah gagna le corridor, tenant toujours la pointe du couteau tournée vers sa poitrine.

Elle ouvrit la porte bâtarde qui donnait sur la ruelle et franchit le seuil de la maison.

Quelques rares passants battaient le pavé, le soleil brillait en haut des toits, et l'argentière, se retournant, vit René qui s'était arrêté sur le seuil et la regardait s'en aller.

Désormais Sarah était libre.

Aussi ce fut en courant qu'elle traversa la Seine au pont au Change, et qu'elle arriva chez le Béarnais Malican.

Myette était précisément sur le pas de la porte lorsque Sarah entra. Elle se jeta à son cou en poussant un cri de joie :

— Ah ! dit-elle, qu'êtes-vous devenue? que vous est-il arrivé? d'où venez-vous?

Mais Sarah, au lieu de répondre, ne put prononcer qu'un nom :

— Henri !

— Sauvé ! répondit Myette.

— Sauvé !... répéta l'argentière avec une joie qui tenait du délire.

— Oui... sa blessure n'est pas dangereuse, il vivra.

— Oh ! je veux le voir, où est-il?

Et Sarah, croyant que Henri était couché dans le cabaret, voulut s'élancer vers l'escalier.

— Il n'est pas ici, dit Myette.

— Où donc est-il?

— Dans une maison de la rue des Prêtres.

— Oh ! viens !... emmène-moi... disait la belle argentière.

Myette secoua la tête :

— René pourrait nous suivre... il a peut-être aposté des espions.

Mais Sarah se méprit au sens des paroles de Myette, et elle eut un sourire de triomphe.

— Je ne crains plus René, dit-elle, et nous pouvons marcher le front haut.
— Que voulez-vous dire?
— Plus tard... je m'expliquerai... Marchons!

Et Sarah entraîna Myette, en répétant avec angoisse :
— Conduis-moi!

Myette, sans trop savoir quel était le moyen à l'aide duquel Sarah ne redoutait plus René, Myette conduisit l'argentière tout droit chez maître Jodelle.

Cependant, obéissant à un instinct de prudence, elle fit entrer Sarah par la boutique de l'épicier et non par la porte de la maison.

Le bonhomme Jodelle, assis sur un sac de pruneaux, gourmandait ses deux commis et regardait en souriant la jolie Brigitte sa fille.

Brigitte vint à la rencontre de Myette, et les commis, s'imaginant sans doute avoir affaire à un client, se hâtèrent de prendre une attitude respectueuse derrière le comptoir de chêne massif.

Mais le bonhomme Jodelle, reconnaissait Myette, lui fit un petit salut mystérieux et vint à elle en lui disant tout bas :
— Il va mieux... beaucoup mieux, ce matin...
— Conduisez-nous près de lui alors, monsieur Jodelle...

L'épicier regardait curieusement Sarah, toujours vêtue en petit paysan béarnais.

— C'est mon cousin, dit Myette, qui n'avait pas le temps de donner des explications.

On comprend, à présent, l'étonnement de Henri en voyant entrer Sarah, Sarah, pâle, frémissante, mais saine et sauve, et qui se précipita vers le prince et lui prit vivement la main. Henri voulut se soulever, mais il était trop faible encore et il retomba sur son oreiller, laissant échapper une légère exclamation de douleur.

— Mon Dieu! fit l'argentière, qui tenait ses deux mains dans les siennes et les pressait doucement, vous souffrez beaucoup?

Mais Henri répondit par un sourire et porta à ses lèvres la petite main de Sarah.

— Je ne souffre plus, dit-il, puisque vous êtes là...

De pâle qu'elle était, Sarah devint rouge comme une cerise, et Noë, le railleur éternel, murmura à part lui :

— Bon! voici que l'argentière trahit ses petits secrets de cœur, et si Mme Marguerite arrive aussi, ce sera piquant!

Puis, pour faire cesser ce silence plein d'extase, que Sarah et Henri n'osaient rompre et pendant lequel ils se regardaient, Noë s'écria :

— Mais d'où venez-vous? Que vous est-il arrivé? Parlez, de grâce!
— Je viens de passer deux jours en prison, répondit Sarah souriante.
— En prison!
— Avec René pour geôlier.
— René!

Henri et Noë se regardèrent, et, tout braves qu'ils étaient, ils ne purent se défendre d'un léger frisson.

— J'ai failli, comme Lucrèce pour échapper à Tarquin, m'enfoncer ce couteau dans le cœur, poursuivit Sarah, qui montra le couteau catalan qu'elle avait emporté de chez Gribouille.

Puis elle raconta ce qui lui était advenu et à quel prix elle avait racheté sa liberté.

— Peste! s'écria Noë, René n'a pas fait un mauvais marché, madame.

— Hé! dit Sarah, que voulez-vous que je fasse des trésors de Samuel Loriot?...

— Bon! murmura Henri, on trouve toujours l'emploi de ces sortes de choses.

Sarah secoua la tête.

— Mon enfant est mort, dit-elle.

Henri ne répondit point, mais son regard semblait dire :

— Vous êtes jeune et belle... et vous pouvez être mère encore...

— Corbleu! grommelait Noë, libre à vous, madame, d'enrichir René, mais je vous garantis que je ferai tout mon possible pour empêcher ce maudit Florentin de posséder les trésors de feu Loriot.

— J'ai juré, dit Sarah.

— Madame a raison, dit Henri.

Mais, tout en approuvant tout haut l'argentière, le prince avait regardé Noë d'une façon mystérieuse qui signifiait clairement :

— Ne t'inquiète point de cela, nous y mettrons bon ordre.

Myette s'était modestement assise dans un coin et se tenait à l'écart, les yeux baissés, car elle sentait peser sur elle le regard ardent de l'amoureux Noë.

Noë prit l'argentière par la main et la fit asseoir dans le fauteuil qu'il occupait au chevet du lit.

Puis tout naturellement il se rapprocha de Myette et ouvrit la croisée qui donnait sur la rue.

— Myette? dit-il tout bas.

Myette tressaillit, leva les yeux et rougit bien fort.

Noë lui fit un signe de tête, et Myette, qui comprit, se leva et vint s'accouder auprès du jeune homme sur l'entablement de la croisée.

— Ma petite Myette, dit Noë, sais-tu que je suis bien content qu'il ne soit pas arrivé malheur à Sarah?...

— Ah! certes! fit Myette.

— Mais, poursuivit Noë, je serais bien autrement content si elle n'était pas ici, je te le jure!

— Pourquoi donc?

— Parce que... parce que...

Myette ouvrait de grands yeux et regardait Noë.

— Tu ne comprends pas?

— Non.

— C'est pourtant bien simple...

Myette fronça tout à coup ses noirs sourcils et pinça ses lèvres rouges :
— Ah! oui, dit-elle, je comprends.
— C'est bien heureux!
— Mme Marguerite peut venir...
— D'un moment à l'autre, ou tout au moins, envoyer Nancy.
— Et elle verra Sarah... et Sarah aime le prince...
— Dame! tu le sais aussi bien que moi.
— Et Mme Marguerite l'aime aussi...
— Et Henri les aime toutes les deux!
— Oh! fit Myette, scandalisée de l'opinion émise par Noë.
— C'est pourtant ainsi.
— Comment voulez-vous, monsieur de Noë, balbutia Myette, qu'on puisse aimer deux femmes à la fois?
— Je n'ai pas dit à la fois, ma petite.
— Mais c'est tout comme.
— Nullement, dit Noë avec gravité, et tu vas comprendre sur-le-champ.
— Voyons!
— Tiens, regarde! Sarah est assise dans le fauteuil où je me trouvais tout à l'heure. Henri tient une de ses mains et la presse tendrement. Ceci te prouve parfaitement qu'en ce moment il aime Sarah.
— Bon! dit Myette.
— Mais, supposons que Sarah s'en aille, poursuivit Noë, et que, lorsqu'elle sera partie, Mme Marguerite arrive...
— C'est vrai tout de même, dit la Béarnaise, c'est vrai...
— Alors, tu comprends, petite?
— Mais non, reprit Myette, car, si Mme Marguerite arrivait tandis que Sarah sera encore là...
— C'est ce que je ne voudrais pas.
— Mais enfin, si cela était, demanda Myette, qui était tenace en matière de logique, qu'arriverait-il?
— Il arriverait, mon enfant, répondit Noë, qu'Henri s'apercevrait qu'il aime l'une plus que l'autre.
— Laquelle?
— Ah! dame! c'est difficile à dire.
— Mais encore...
— Entre nous, fit Noë d'un air mystérieux, je crois qu'Henri n'en sait rien lui-même. Mais moi...
— Ah! vous le savez, vous!
— Oui, fit Noë.
Il cligna l'œil d'un air malin.
— Sais-tu pourquoi, continua-t-il, Henri aime la princesse?
— Non.
— Parce qu'elle a aimé le duc de Guise et que c'est pour lui une conquête. L'amour-propre joue un grand rôle dans cette passion-là.
— Très bien!

— Sais-tu pourquoi il aime Sarah?

— Voyons!

— Parce que Sarah est une pauvre femme victimée par tous, à qui l'un a pris son enfant, l'autre sa liberté et sa fortune, et qui était infailliblement perdue si elle n'eût trouvé en lui, Henri, un protecteur.

— C'est une belle raison que vous me donnez là, monsieur de Noë, mais que faut-il en conclure?

— Une chose fort simple et que je vais t'expliquer en deux mots : « L'amour vrai est celui qui protège. »

— Oh! la drôle d'idée!...

— Elle est vraie, ma petite. La femme qu'on aime, vois-tu, celle pour qui on renonce à tout, pour qui on joue sa vie et même son honneur, c'est l'être chétif et abandonné de tous, même de Dieu; c'est l'orpheline à qui personne ne songe ou ne s'intéresse, c'est la femme qui supporte le joug d'un mari transformé en tyran, c'est l'enfant qui se meurt d'un mal inconnu et pour qui on interroge avec désespoir les arcanes les plus sombres de la science.

« Voilà, ma petite, la femme qu'on aime réellement.

« Maintenant, sais-tu quelle est la femme qu'on croit aimer?

Myette regarda Noë avec une curiosité croissante.

— La femme qu'on croit aimer, reprit Noë, c'est la belle aux épaules charnues, aux joues roses, à l'œil souriant, à l'exubérante santé; c'est la femme heureuse, entourée, adulée, devant laquelle chacun s'incline; c'est la princesse qu'environne le double prestige de la naissance et de la beauté; c'est celle enfin qui n'a besoin ni de notre dévouement, ni de nos soins, ni de notre protection.

Myette murmura avec un air pensif :

— Vous avez raison, monsieur de Noë.

— Alors, acheva Noë, tu comprends très bien qu'Henri aime Sarah et qu'il croit aimer Marguerite.

— Dame!

— Or, si Marguerite arrive, Henri ne pourra lui céler le véritable état de son cœur.

Myette fut frappée de cette logique serrée et regarda Noë avec inquiétude.

— Et Mme Marguerite, qui est notre protectrice à cette heure...

— Elle nous abandonnera... elle sera jalouse... Ah! il faut que Sarah s'en aille... murmura la Béarnaise.

— Certainement, il le faut... Mais comment s'y prendre?

— Attendez!... je vais tâcher...

Myette revint avec Sarah, et sans doute elle ruminait dans son esprit quelque prétexte honnête et plausible pour arracher la belle argentière du chevet de son cher Henri, lorsque le hasard, qui se joue des combinaisons humaines les plus ingénieuses, vint se mettre de la partie.

On gratta doucement à la porte : la porte s'ouvrit, et une jeune et jolie fille entra.

C'était Nancy, la spirituelle camérière de Mme Marguerite; Nancy, la belle âme damnée de la princesse ; Nancy, qui fronça légèrement le sourcil en apercevant Sarah dont Henri tenait la main.

Cependant Sarah était toujours vêtue des habits du prétendu neveu de Malican ; Sarah avait l'air, en ce costume, d'un paysan béarnais.

Naïs Nancy était une fine mouche qui ne prenait pas aisément le change.

Et Nancy devina sinon tout, au moins bien des choses.

Myette et Noë avaient la chair de poule.

LIX

Revenons sur nos pas.

Le duc de Guise avait éprouvé une douleur sans nom en voyant Marguerite échevelée, hors d'elle-même, dans un accès de violent désespoir, le repousser et s'élancer hors de chez elle pour courir auprès du sire de Coarasse.

— Comme elle l'aime ! avait-il murmuré en se laissant tomber sur un siège et défaillant.

Puis, cet homme que l'on appelait le vilain et le terrible, ce prince hardi qui, de son palais de Lorraine, tenait constamment le Louvre en échec, ce héros qui portait au visage une glorieuse cicatrice qui lui avait valu le surnom de *Balafré*, Henri de Guise, enfin, s'était pris à pleurer comme un enfant.

La tête dans ses mains, accoudé sur la table de Marguerite, il demeura là plus d'une heure, l'œil morne et noyé de larmes, contemplant avec un hébétement profond cette pièce où il avait passé tant d'heures charmantes, ces statues, ces tableaux, ces bronzes florentins qu'*elle* aimait, tout ce qu'il avait aimé et admiré avec elle.

Il oubliait le temps qui passait, il oubliait qu'il était au Louvre, à quelques pas de cette sombre et vindicative Catherine de Médicis qui avait juré sa mort à un double titre : d'abord parce qu'elle voulait que Marguerite épousât le prince de Navarre, ensuite parce que, des trois princes lorrains, celui qu'elle redoutait le plus, c'était lui, Henri le Balafré.

Deux heures s'écoulèrent, le duc était toujours là.

Enfin, il entendit un pas léger dans le corridor, puis le froufrou d'une robe, puis la porte s'ouvrit et Nancy parut.

Nancy était seule.

La camérière de Marguerite s'attendait sans doute à retrouver le prince dans l'oratoire, et elle avait eu le temps de reprendre son sang-froid et cette présence d'esprit qui faisait d'elle une femme très forte à de certaines heures.

Elle courut au duc, osa lui prendre la main et la baiser.

— Ah ! monseigneur !... dit-elle.

Ces deux mots furent prononcés avec un tel accent de compassion et de regret qu'ils persuadèrent au duc que si Marguerite l'avait trompé, du moins Nancy lui était demeurée fidèle.

— Ah! monseigneur!... répéta Nancy après un silence habilement calculé, comme vous paraissez souffrir!

— J'ai la mort dans l'âme, murmura le duc d'une voix sourde.

Nancy lui baisa de nouveau la main, et, comme elle était en veine de mensonge, elle ajouta :

— C'est Mme Catherine qui a tout fait, monseigneur :

— La reine !

— La reine, monseigneur.

— Mais pourquoi cela? dans quel but? exclama le duc stupéfait

— Dans le but de... de...

Nancy paraissait hésiter.

— Voyons, achève! fit le duc de Guise...

— Dans le but de vous remplacer à tout jamais.

— Je ne comprends pas...

— Je n'ai pas compris d'abord, monseigneur; puis...

— Puis? fit le duc bouillant d'impatience et de colère

— Puis, acheva Nancy, j'ai compris, monseigneur.

— Explique-toi donc.

— La reine, reprit Nancy, aimait bien mieux voir sa fille duchesse de Lorraine que reine de Navarre... si...

Nancy, la fine mouche, eut l'air d'hésiter encore.

— Parle! supplia le duc.

— Si la Lorraine n'était pas si près de la France... si les princes de votre maison, monseigneur, n'avaient... pas... autant d'ambition... si...

— Oui interrompit le duc avec un fiévreux emportement, si les princes de Lorraine n'étaient pas adorés et populaires dans ce royaume de France où les Valois ne sont pas aimés.

— C'est cela, monseigneur.

Et Nancy continua avec un sourire plein de malice :

— La reine a eu si grand'peur de vous voir faire un pas de plus vers le trône de France, qu'elle a songé au futur roi de Navarre. C'est un paysan, celui-là, c'est un rustre, un ours mal léché dont toute l'ambition, si jamais il en a, consistera à chipoter au roi d'Espagne quelques lieues carrées de montagne et quelques acres de terre fertile. Le roi de Navarre ne songera jamais au Louvre.

— Qui sait? fit le duc de Guise pensif.

Mais Nancy n'y prit garde et continua :

— Or, comme le roi de Navarre se fait attendre, que sa mère, la reine Jeanne d'Albret, semble se faire tirer l'oreille avant d'accepter pour une bru une fille de France, Mme Catherine, qui était fort inquiète de l'amour que vous avait voué Mme Marguerite, a déniché je ne sais où ce sire de Coarasse, qui est un Gascon d'esprit, bien tourné... joli garçon...

— Assez! fit brusquement le duc, interrompant ainsi le petit roman de Nancy.

Vous mourrez assassiné par les ordres d'un roi que vous aurez fait trembler en son palais. (P. 444.)

Et tandis que Nancy se taisait, le duc pensait :

— Ce sire de Coarasse n'étant autre que le prince de Navarre lui-même, je comprends maintenant le but de Mme Catherine. Elle a voulu que Marguerite l'aimât avant de savoir que c'était l'homme qu'on lui destinait pour époux.

Puis il reprit tout haut :

— Eh bien !... ce sire de Coarasse,... est-il mort ?

— Non, monseigneur.

— Ah ! fit le duc frémissant.

— Non seulement il n'est pas mort, ajouta Nancy, mais sa blessure, quoique grave, n'est point mortelle.

— Le duc rongeait sa moustache avec fureur.

— Nancy reprit :

— Monseigneur, Votre Altesse n'a rien compris à la politique de l'amour. Elle est battue pour avoir trop osé.

Cette phrase un peu nébuleuse força le duc à regarder la camérière d'un air interrogateur.

— Vous avez grandi ce sire de Coarasse d'une coudée, monseigneur, en lui enfonçant votre épée dans la poitrine.

— Que veux-tu dire ?

— Ah ! continua Nancy, qui tenait à prouver ce qu'elle avançait, si vous étiez entré ici, il y a trois heures, comme le maître entre chez lui, comme la foudre écarte les nuages, comme le lion reprend possession de son repaire abandonné. Mme Marguerite, qui commençait à peine à remarquer ce petit Coarasse, eût poussé un cri d'effroi d'abord, de joie ensuite... elle se fût jetée dans vos bras... elle eût oublié le présent pour se souvenir du passé...

— N'est-ce pas ce que j'ai fait ? dit tristement le duc.

— Non, monseigneur, vous avez frappé ce petit sire de Coarasse, vous l'avez rendu intéressant, et à cette heure Mme Marguerite l'aime parce qu'il est blessé et mourant, elle s'est installée à son chevet... elle y passera la nuit.

A ces derniers mots de Nancy le duc comprit que tout était fini entre lui et Marguerite.

— Ah ! monseigneur, reprit la camérière, qui probablement mentait encore en disant que Marguerite passerait la nuit au chevet de Henri, ah ! monseigneur, soyez homme ! essuyez cette larme qui coule sur votre joue, reprenez votre manteau et partez !

— Partir !

— Dame ! murmura Nancy, votre vie est en danger ici...

Le duc haussa les épaules :

— Je ne crains pas la mort ! dit-il avec fierté.

— Ah ! répliqua Nancy, je sais bien que Votre Altesse est d'une bravoure folle, mais...

— Mais fit le duc qui tressaillit.

— Mais à la condition des braves, la mort en plein jour, sur un champ de bataille, au bruit de l'arquebusade, à la lueur des épées s'entre-choquant au soleil...

— Oui! fit le duc,

— Tandis qu'ici, poursuivit Nancy, ici où Votre Altesse est incognito, elle peut mourir obscurément sous le poignard d'un assassin, sans bruit, sans éclat, sans que sa mort laisse une trace assez lumineuse pour éclairer ses vengeurs!

Un nuage passa sur le front du jeune prince :

— Tais-toi, Nancy, tais-toi! fit-il, car je vais avoir peur, moi qui n'ai jamais tremblé, peur de cette prédiction obscure qui me fut faite dans ma jeunesse.

— Une prédiction! monseigneur.

— Oui, fit le duc d'un air sombre.

Et comme Nancy n'osait l'interroger.

— Figure-toi, ma bonne Nancy, poursuivit le duc, qu'il y a de cela quinze ans environ. C'était en hiver, la Meurthe charriait des glaçons, le ciel était gris, les toits de Nancy couverts de neige, et il faisait froid dans notre vieux palais ducal.

Le front appuyé aux vitres coloriées de la grand'salle où se tenait le duc notre père, je regardais dans la cour du palais les pages et les valets qui se lançaient des boules de neige.

Un mendiant entra dans la cour, tendit la main et demanda l'aumône. Les valets le repoussèrent, un page jeta une poignée de neige sur la neige de ses cheveux.

J'étais un enfant, mais je savais le respect qu'on doit à la vieillesse, et je m'élançai dans la cour, bouillant de colère et d'indignation.

Je frappai le page au visage, je chassai les valets, puis je pris le vieillard par la main, le conduisis en la grand'salle, le fis asseoir au coin de l'âtre, et lui dis avec respect :

— Chauffez-vous et reposez-vous, mon père.

« Et le duc, notre père à nous, fut touché de mon action : il fit asseoir le vieillard à sa table et le renvoya le lendemain après lui avoir mis une bourse pleine d'or dans les mains. »

— Mais... dit Nancy sa prédiction?

— Attends, reprit le duc. Le vieillard, en s'en allant, me regarda avec une grande attention et me dit :

Vous serez un grand prince, monseigneur, un général hardi, un profond politique, et vous couronnerez une vie glorieuse par une belle mort.

— Comment mourrai-je? demandai-je en riant.

— Vous mourrez assassiné par les ordres d'un roi que vous aurez fait trembler en son palais.

« J'étais bien enfant alors, acheva le duc, mais je me suis souvenu... et... Non, je ne veux pas croire à cette prédiction!

— Partez, monseigneur, dit Nancy, partez!

— Tu as raison, mon enfant.

Le duc trouva une plume et du parchemin sur la table de Marguerite et traça ces mots.

« Adieu! madame; je vous rends vos serments... aimez qui vous aime... et je vous pardonne.

« HENRI. »

Puis il remit cette lettre à Nancy, mit un baiser au front de la camérière et s'en alla, étouffant un dernier soupir.

. . . .

Tandis que Mme Marguerite faisait transporter le prétendu sire de Coarasse dans la maison du bonhomme Jodelle, l'épicier de la rue des Prêtres-Saint-Germain-l'Auxerrois, tandis que le duc de Guise passait deux heures abîmé en sa douleur, au milieu de l'oratoire désert de la princesse, René le Florentin, nous l'avons vu, enlevait Sarah et la conduisait derrière Notre-Dame, dans cette maison habitée par le saltimbanque Gribouille.

On sait ce qui se passa tout d'abord entre le Florentin et l'argentière.

René confia sa prisonnière au saltimbanque et reprit le chemin du pont Saint-Michel.

Paola, conduite par Godolphin, était rentrée dans cette boutique d'où elle s'était échappée furtivement quelques jours auparavant; elle avait repris possession de son oratoire, et, comme si la violente émotion qu'elle avait éprouvée durant toute la soirée se fût calmée subitement, elle avait en quelques minutes repris ses allures et ses habitudes quotidiennes.

Alors le traître Godolphin avait supposé qu'il pouvait, jusqu'à un certain point, faire valoir ses services et en réclamer le prix.

Ce prix, c'était pour lui un sourire et quelques bonnes paroles de Paola.

Mais la jeune fille le toisa d'un regard de mépris et lui dit avec un dédain superbe :

— Que veux-tu donc, misérable?

— Rien... balbutia le somnambule... Cependant je ne mérite point que vous me parliez ainsi.

— Je te méprise, dit Paola.

— Pourquoi?

— Parce que tu es un traître

— Qui donc ai-je trahi?

— Noë.

— Je l'ai trahi pour vous... parce que je vous aimais.

— Et moi je te hais! Va-t'en! répliqua la jeune fille, qui, d'un geste hautain, ordonna à Godolphin de sortir de son oratoire.

Et Godolphin sortit la tête baissée, la rage et le désespoir au cœur.

Peu après René revint.

Paola courut à lui.

— Eh bien? dit-elle.

Sa voix était anxieuse, son œil étincelant, René lui avait promis de la venger.

— Il est grièvement blessé... peut-être mort...

— Qui? Noë? fit Paola, dont le cœur était altéré de vengeance.
— Non, Coarasse.
— Ah! fit-elle avec déception, car il lui importait peu que le sire de Coarasse fût mort ou vivant.
— Demain, ajouta René, ce sera le tour de ton ravisseur.
— Dieu vous entende, mon père!... murmura la vindicative Italienne, dont l'amour s'était transformé en une haine implacable.

En ce moment on frappa à la devanture de la boutique.
— Oh! oh! fit René.
Godolphin alla ouvrir.
C'était le duc de Guise qui entrait.
Le duc revenait du Louvre, le duc avait quitté Nancy quelques minutes auparavant, laissant une lettre d'adieu sur la table de Marguerite.
Il était toujours pâle, et cette pâleur nerveuse qui est l'indice d'une fureur concentrée, mais son œil était calme, et un sourire triste glissait sur ses lèvres.
— René, dit-il au Florentin, je vais quitter Paris et j'ai voulu te voir avant mon départ.
— Monseigneur...
— J'ai voulu te voir, parce que bientôt, je l'espère, les événements qui nous ont réunis ce soir nous réuniront encore... Le sire de Coarasse n'est point mort...
— Ah! fit René avec colère.
— Il n'est point mort, ajouta le duc, et un jour viendra où lui et moi nous nous trouverons face à face.
— Peuh! fit le Florentin avec dédain, un Coarasse... un hobereau.
Le duc fronça le sourcil.
— Il est Béarnais, et pour moi, reprit le duc, il représente la Navarre. Écoute-moi bien, René, l'heure est proche où catholiques et huguenots se diviseront en deux camps. Je ne sais quel sera le chef des derniers, mais je te jure que, aujourd'hui même, j'ai voué une haine mortelle aux calvinistes et que je serai leur exterminateur!

Et le duc, sans vouloir s'expliquer davantage, serra la main à René, repassa le seuil de la boutique et se perdit dans les ténèbres.

Une heure plus tard il galopait vers Nancy, emportant au fond du cœur une haine mortelle pour Henri, le futur roi de Navarre, le favori de la belle Marguerite que lui, le duc Henri de Guise, avait tant aimée!...

LX

La terreur de Noë fut grande lorsqu'il vit entrer Nancy.
— Henri lui-même était si fort occupé en ce moment auprès de la belle argentière qu'un léger incarnat colora ses joues et monta à son front.
Seule, Sarah demeura impassible. Savait-elle l'amour de Marguerite pour

le sire de Coarasse, bien que Henri eût toujours eu soin de le lui dissimuler, ou bien avait-elle tout deviné instantanément?

Ce serait assez difficile à dire, mais toujours est-il qu'elle ne rougit ni ne pâlit et continua à tenir dans sa main une des mains du jeune prince, sans que le sourire de ses lèvres s'effaçât, sans qu'un seul muscle de son beau visage tressaillît.

Le calme de l'argentière rendit aussitôt à Henri tout son sang-froid.

— Bonjour, ma petite Nancy, dit-il.

— Bonjour, monsieur de Coarasse.

— Regarde ce jeune homme.

Et, clignant l'œil, Henri désignait Sarah. Nancy arqua ses lèvres roses en un sourire mutin :

— Ce jeune homme est une femme, monsieur de Coarasse, dit-elle.

— Ah! tu t'y connais.

— Un peu, fit modestement la camérière de Marguerite.

— Et sais-tu quelle peut-être... cette femme, ma petite?

En parlant ainsi, le prince regardait l'argentière.

— Peuh! dit Nancy, une femme qui vous aime, sans doute.

Sarah eut l'héroïsme de sourire au lieu de rougir.

— Et que... vous aimez... peut-être?... ajouta Nancy, qui menaça le prince de son doigt.

— Mademoiselle se trompe, dit froidement l'argentière.

— Bon! fit à son tour le prince, ne vas-tu pas être jalouse, Nancy, ma mignonne?

— Oh! répondit Nancy, ce ne serait point pour mon compte, en tous les cas, monsieur de Coarasse.

Le sang-froid railleur de Nancy mettait Henri mal à l'aise.

Cependant il reprit :

— Comment! ma petite, toi la fine mouche, la futée camérière, le page femelle qui sait tout et voit tout... tu n'as pas deviné?

— Je devine que madame se nomme Sarah Loriot.

— Ah! ah!

— Qu'elle est comme vous une victime de René... et que Mme Marguerite, acheva gravement Nancy, a fort bien fait de prendre ses précautions.

— Que veux-tu dire?

— Dans cette maison, bien que le maître vous soit dévoué, bien qu'on vous y ait transporté la nuit, vous n'étiez en sûreté qu'à moitié.

— Il est certain, ma pauvre Nancy, murmura piteusement le prince de Navarre, il est certain qu'en ce moment un enfant aurait raison de moi.

— Or, continua la camérière, qui se piquait de logique, René a le flair d'un vieux chien de chasse. Vous étiez seul ici et il aurait fini par vous y dénicher; maintenant que vous êtes avec madame, ce sera plus tôt fait. Deux perdreaux ont toujours plus de fumet qu'un seul.

— C'est vrai, cela.

— Aussi, dit Sarah qui se leva vivement, aussi vais-je me retirer.

— C'est inutile, madame.
— Pourquoi?
— Parce que Mᵐᵉ Marguerite, qui s'intéresse quelque peu à M. de Coarasse, lui a trouvé un autre logis.
— Ah! fit Henri.
— Un logis plus agréable...
— Oh! oh!
— Et plus sûr.
— Où est-il situé? demanda le prince en regardant Nancy.
— Au bord de la Seine.
— En amont ou en aval?
— C'est une assez belle maison qu'on appelle le Louvre.

Noë, qui, tout en causant avec Myette, n'avait perdu ni un mot ni un geste de cette scène, Noë laissa échapper une exclamation de surprise.

En même temps une légère pâleur se répandit sur le visage de la belle argentière.

Sarah songeait :

— S'il va au Louvre, je ne le verrai plus, mon Dieu!
— Tu es folle! disait en même temps le prince.
— Mais non, monsieur de Coarasse.
— Comment! Mᵐᵉ Marguerite me veut faire transporter au Louvre?
— Oui.
— Alors Mᵐᵉ Catherine est morte... et René s'est noyé...
— René ne boite presque plus, bien que maître Caboche ait serré fortement le brodequin, et quant à la reine mère, elle se porte comme un charme, à telle enseigne qu'elle vient de partir pour Saint-Germain.
— Avec qui?
— Avec le roi, qui chasse ce matin.

Henri crut que Nancy et Marguerite s'étaient concertées pour le cacher, soit dans la chambre de l'une, soit dans l'oratoire de l'autre.

Nancy, d'un mot, détruisit cette supposition.

— C'est le roi qui s'est chargé de vous loger, dit-elle.
— Le roi!
— Mon Dieu, oui!... et son médecin, vous savez, le bon Miron, le frère du prévôt des marchands, vous pansera.
— Je rêve... murmura Henri. Le roi sait donc!...
— Le roi sait tout. Madame Marguerite est allée se jeter à ses genoux.
— Quand!
— Ce matin.

La pâleur de l'argentière augmenta.

— Elle a tout dit, continua la camérière, c'est-à-dire la trame de René, le courroux de la reine et le péril extrême où vous vous trouveriez, votre blessure une fois guérie...

— Marguerite est un ange! s'écria le prince assez étourdiment et sans

Le roi embrassa Marguerite, puis il entra dans sa chambre. (P. 453.)

trop songer que cette autre femme assise au pied de son lit l'aimait aussi, et plus ardemment peut-être que Marguerite!...

— Bon! pensa Nancy, qui remarqua la pâleur de l'argentière, j'avais touché juste... elle l'aime!... Pauvre Marguerite!...

— Ainsi, reprit Henri, le roi devient mon protecteur?

— Envers et contre tous.

— Hum!

Le prince eut un sourire sceptique dont Nancy se trouva blessée.

— Est-ce que vous ne croyez pas à la protection du roi? demanda-t-elle.

— Mais si...

— Vous dites cela si singulièrement.

— Ah! c'est que...

Henri s'arrêta.

— Voyons! fit Nancy d'un ton piqué.

— Je suis un petit gentillâtre qu'on nomme le sire de Coarasse.

— Eh bien?

— Et M. le duc de Crillon était un de ces grands seigneurs avec lesquels la monarchie a toujours compté.

— Après? fit Nancy.

— M. de Crillon était l'ami du roi. Il a failli faire rouer René... Le roi ne jurait que par lui... et cependant...

Nancy vit venir la botte secrète et prépara sa riposte.

— Cependant, acheva le prince, Mme Catherine a demandé son exil et l'a obtenu.

— Bah! murmura Nancy, c'est un cancan du Louvre, ce que vous me racontez là...

— Je le tiens de Pibrac.

— M. de Crillon s'est retiré dans ses terres, voilà tout.

— Eh bien! fit le prince en riant, savez-vous ce qu'il m'adviendra, à moi qui n'ai pas de terres?

— Voyons!

— On m'enverra en Grève...

Nancy fut prise d'un fou rire :

— Ah! monsieur de Coarasse, dit-elle, je crois que vous devenez poltron...

— Heu! heu!

— Si vous teniez un pareil langage devant Mme Marguerite, elle pourrait ne plus vous aimer...

— Tais-toi, folle...

— Justement, dit Noë, qui était appuyé à la croisée, la voilà.

Noë regardait dans la rue et il venait de voir apparaître à l'angle de la place Saint-Germain-l'Auxerrois une litière fermée dont les panneaux étaient peints aux armes de France et dont les porteurs étaient vêtus mi-partie jaune et bleu, ce qui était la livrée ordinaire de Mme Marguerite.

Un hallebardier précédait la litière. Deux pages marchaient derrière, — le page Gauthier et le page Raoul. Henri regarda l'argentière, puis il regarda Nancy.

Nancy était une de ces natures fines et pénétrantes dont on dit vulgairement *qu'elles voient courir l'air...*

Elle devina la pensée de Henri, se pencha à son oreille et lui dit:

— Je vous comprends... Vous voudriez bien qu'on emmenât pareillement au Louvre la belle Sarah Loriot.

— Dame! fit naïvement Henri, pour l'arracher à René.
— Et pour l'avoir près de vous...
— Chut!

La recommandation de silence que Henri faisait à Nancy était inutile, car, en ce moment, la porte s'ouvrit et la princesse Marguerite entra.

Marguerite était rayonnante.

. . . .

Quelques heures plus tard, le roi Charles IX rentrait au Louvre.

Le roi revenait de Saint-Germain, où il avait forcé un cerf dix cors.

Mme Catherine chevauchait à côté de lui, au milieu d'un groupe de courtisans.

Le roi était de belle humeur, la reine-mère souriait.

Pour que le roi fût de belle humeur, il fallait la combinaison de trois circonstances:

La première était une bonne nuit durant laquelle il n'eût point souffert de sa maladie de cœur.

La seconde, une belle journée de chasse pendant laquelle les chiens ne se fussent pas trouvés en défaut.

Pour la troisième, chose plus difficile, il fallait que Mme Catherine eût oublié d'entretenir son fils de politique et de dissensions religieuses.

Ces trois circonstances, heureusement combinées ce jour-là, avaient fait de Charles IX, prince maussade et violent d'ordinaire, un monarque aimable et plein d'indulgence.

Pour que Mme Catherine se prît à sourire, il fallait également trois choses, mais il n'était pas besoin qu'elles se trouvassent réunies.

Il fallait ou que René, son astrologue, eût lu dans les astres que le duc de Guise mourrait de mort violente, que les huguenots et le roi de Navarre s'entr'égorgeraient un beau jour, et que la reine Jeanne d'Albret, le mariage de son fils accompli avec Mme Marguerite, avalerait de travers une arête de poisson, ce dont elle mourrait assurément.

Ou bien il fallait que le roi eût signé le matin l'arrêt de quelque seigneur son ennemi, lequel aurait été, à tort ou à raison, reconnu coupable de félonie.

Ou bien encore — et c'était alors que Mme Catherine avait son meilleur sourire — il fallait, disons-nous, qu'elle eût à demander au roi quelque chose comme l'autorisation de faire noyer ou poignarder, sans bruit, quelque gentilhomme coupable de trahison à ses yeux, mais que le Parlement n'aurait peut-être pas jugé tel.

Pendant toute la journée, Mme Catherine avait paru rajeunie de vingt ans, elle avait galopé côte à côte avec le roi, et les courtisans s'étaient dit:

— Mme Catherine, qui s'occupe d'alchimie avec son cher René, aura trouvé sûrement quelque philtre mystérieux qui, en l'espace d'une nuit, lui aura rendu ses vingt ans.

Au moment où le royal cortège s'engouffrait sous les voûtes du Louvre, la reine mère se pencha vers le roi et lui dit:

— Votre Majesté me voudra-t-elle recevoir ce soir?

— Avec joie, madame.
— Entre huit et neuf heures, dans son cabinet de travail...
— Mais certainement.
— Je ferai probablement à Votre Majesté une confidence.

Charles IX fronça le sourcil.

— Est-ce que vous m'allez encore parler de politique?
— Non, Sire.

Le roi respira.

— Alors, venez... nous jouerons à *l'hombre*.
— Soit, dit la reine.
— Il est bien fâcheux que ce pauvre sire de Coarasse, ajouta Charles IX, soit en si piteux état...
— Plaît-il? fit la reine, qui tressauta sur sa selle.

René était allé au Louvre le matin, mais il s'était bien gardé, pour de certaines raisons particulières, de parler à la reine ni de sa rencontre avec le duc de Guise, ni de l'amour de Mme Marguerite pour Henri, ni enfin du duel de ce dernier avec le prince lorrain.

— Le sire de Coarasse jouait très bien à *l'hombre*, poursuivit le roi.
— Comment! il est donc mort?
— Non, mais il n'en vaut guère mieux.
— Hein? fit la reine.
— Il s'est pris de querelle dans un cabaret hier soir.
— Ah!
— Et il s'est fait gratifier d'un coup d'épée en pleine poitrine.
— Ah! ah! fit la reine dont l'œil brilla d'une sombre joie.
— Ce pauvre sire de Coarasse, ajouta le roi, je l'aimais beaucoup... Il était veneur émérite, beau joueur... Il avait beaucoup d'esprit.
— C'est précisément de lui que je voulais entretenir Votre Majesté.
— Bah!

Et Charles IX prit un air ébahi.

— Ah! oui, reprit-il, on m'a dit qu'il s'occupait de sorcellerie et qu'il vous avait même fait d'assez belles prédictions. Est-ce vrai?
— J'en entretiendrai ce soir Votre Majesté.

Et la reine mit pied à terre et gagna ses appartements, tandis que Charles IX, qui riait comme un page dans sa moustache blonde, monta lestement chez lui.

Mme Marguerite l'attendait dans cette pièce qu'on nommait le cabinet du roi, et qui précédait sa chambre à coucher.

— Eh bien? fit Charles IX.
— C'est fait, répondit Marguerite.
— Il est là?...
— Oui.
— Il a pu supporter le transport?
— Très bien.
— Miron l'a-t-il vu?
— Miron répond de le guérir en quelques jours.

— Bravo ! murmura le roi.

— Et, acheva Marguerite, si Votre Majesté lui continue sa protection...

— Ah ! dame ! ma belle amie, dit le roi, ce ne sera pas sans peine.

Marguerite tressaillit.

— Et j'aurai maille à partir avec notre bonne mère. Elle m'a souri toute la journée, et tu sais, quand elle sourit...

— Il y a des poignards hors de leur gaine et des poisons dans l'air, murmura Marguerite.

— Mais, rassure-toi, mon enfant, dit le roi, nous serons forts... et rusés...

Le roi embrassa Marguerite, puis il entra dans sa chambre, la traversa et alla droit à la porte de ce petit cabinet dans lequel on avait, d'après ses ordres, couché le prétendu sire de Coarasse.

Deux personnes étaient au chevet du malade, Miron et Noë.

— Bonjour, mon cher sire, dit le roi qui entra et salua Henri d'un affectueux sourire.

LX

Le roi s'assit, tandis que Noë se levait respectueusement.

— Eh bien, monsieur de Coarasse, dit Charles IX, comment vous trouvez-vous ?

— Ah ! Sire, répondit le prince, Votre Majesté est si bonne pour moi, qu'il me semble que je ne me suis jamais mieux porté.

Le roi eut un sourire.

— Vous êtes un flatteur, monsieur de Coarasse, dit-il.

Et regardant Miron :

— Et toi, Miron, que penses-tu de la blessure de M. de Coarasse ?

Miron répondit :

— Un pouce plus haut ou plus bas, à droite ou à gauche, et M. de Coarasse était mort, Sire.

— Peste !

— Mais il a eu du bonheur, et sa blessure sera cicatrisée avant huit jours.

— Alors, dit le roi, vous pourrez jouer à l'hombre, monsieur ?

— Oh ! certainement, Sire.

Le roi fit un signe à Miron.

— Passe dans ma chambre avec M. de Noë, lui dit-il. Tu y trouveras Mme Marguerite et vous deviserez tous les trois. Je veux confier un secret au sire de Coarasse.

Miron et Noë s'inclinèrent et sortirent. Le roi se leva, ferma la porte et revint s'asseoir au chevet de Henri.

Le prince était quelque peu étonné, mais son étonnement ne se mélangeait d'aucune inquiétude, car Charles IX était toujours de fort belle humeur.

— Monsieur de Coarasse, lui dit-il, vous me voyez très embarrassé.

— En vérité, Sire?

— Je ressemble beaucoup à un rocher que deux courants contraires viennent battre.

Henri regarda le roi.

— L'un de ces courants se nomme la reine mère, Mme Catherine.

Henri tressaillit.

— L'autre, poursuivit Charles IX, a nom Mme Marguerite.

Un léger incarnat monta au front du jeune prince.

Cependant, il joua la surprise et dit :

— Comment, Sire, Mme Catherine et Mme Marguerite ne s'accordent pas entre elles?

— Non, monsieur.

— C'est bizarre!

— Elles s'accordaient jadis, mais... aujourd'hui...

— Aujourd'hui? fit naïvement le prince.

— Vous vous êtes placé entre elles...

— Moi! Sire!

— Et vous ressemblez fort, mon cher Coarasse, à cette pomme de discorde dont parle le vieil Homère.

— Mais... Sire...

— Ma sœur **Margot** vous a pris sous sa protection et m'a demandé à vous faire transporter ici.

— La princesse est trop bonne.

— Comme j'aime beaucoup Margot et que je vous aime un peu, monsieur de Coarasse...

— Votre Majesté me comble de joie et d'honneur.

— J'ai fait tout ce que Margot m'a demandé, comme vous voyez; mais...

Sur ce *mais*, Charles IX s'arrêta.

Henri attendit patiemment. Le roi reprit :

— Mais, mon cher monsieur de Coarasse, j'ignorais ce matin que vous eussiez chagriné Mme Catherine.

— Moi, Sire?

— A telle enseigne qu'elle est furieuse et qu'elle me va demander sans doute de vous faire enfermer à la Bastille.

— Diable!

— Vous lui avez dit la bonne aventure, vous vous êtes moqué d'elle et de René, et vous savez, au moins par ouï-dire, mon pauvre monsieur de Coarasse, que, lorsque Mme Catherine et René se donnent la main pour haïr quelqu'un, ils vont assez vite en besogne.

— Sire, répondit humblement M. de Coarasse, je suis entre les mains de Votre Majesté, et s'il lui plaît de m'envoyer à la Bastille et même en place de Grève...

— Non, dit le roi en riant, vous êtes ici, la reine mère n'en sait rien, Miron et vos amis garderont le secret, et j'autoriserai Mme Catherine à vous faire chercher partout où vous ne serez pas.

— Votre Majesté pense donc, demanda Henri, que la reine mère est très irritée contre moi?

— J'en ai la certitude.

— Et qu'elle songe à me punir cruellement?

— Hum! dit le roi, je ne voudrais pas être en votre peau, je vous assure.

— Mais alors, Sire, aussitôt que je serai rétabli et en état de supporter la selle...

— Vous ferez bien de retourner en Navarre, à moins que...

Le roi regarda malicieusement Henri.

— Voyons, mon pauvre Coarasse, reprit-il, je vais vous poser une question, répondez-moi franchement.

— Ah! Sire...

— Je connais bien le motif de la haine que vous a vouée Mme Catherine, mais j'ignore...

Et le sourire railleur du monarque prit des proportions plus larges...

— J'ignore, acheva-t-il, la cause de la sympathie que vous avez inspirée à Mme Marguerite.

Henri prit un air naïf :

— La princesse est si bonne! dit-il.

— Si bonne, reprit Charles IX toujours moqueur, qu'elle est partie au milieu de la nuit pour aller vous trouver dans le cabaret de Malican, où on vous avait transporté. Hé! hé! monsieur de Coarasse, dit le roi, savez-vous que tout cela est bien hardi de votre part?...

— Sire!...

— Car, enfin, ma sœur Margot est une fille de France.

— Sire, dit humblement Henri, si j'ai mérité un châtiment, que Votre Majesté me punisse!

Mais le roi, souriant toujours :

— Si j'étais le prince de Navarre, dit-il, je vous enverrais rouer en Grève ; mais le roi de France ne se mêle point de semblables affaires.

A son tour Henri eut un sourire ; cependant, il ne devinait point encore où le roi voulait en venir.

— Malheureusement, reprit Charles IX, le mariage de ma sœur Margot avec mon cousin de Navarre est arrêté, et cet événement, qui vous sera peut-être désagréable...

Le roi s'arrêta, attendant une réponse du sire de Coarasse ; mais celui-ci garda le silence...

Alors le roi continua :

— Voici bientôt un mois que Mme Jeanne d'Albret, ma cousine, nous a avisés, la reine mère et moi, de son prochain voyage à Paris. Elle sera accompagnée de son fils.

— Ah! fit Henri.

— Et je crois qu'à cette époque, mon cher sire, il vous faudra prendre un bon parti.

— Lequel, Sire?

— Si votre blessure est fermée, vous monterez à cheval et vous vous en irez faire un tour en Navarre ou en Lorraine. Tenez, le duc Henri... vous savez?... le duc vous recevra très bien.

— Je vois, répondit le sire de Coarasse avec son fin sourire de Gascon, je vois que Votre Majesté sait bien des choses.

— Heu! heu! fit le roi.

— Et que je n'ai rien à lui apprendre...

— Ah! dame! Margot était expansive ce matin, elle m'a fait des confidences...

— Cependant, reprit le jeune prince, je gage que je vais apprendre quelque chose à Votre Majesté.

— A propos de qui?

— A propos du prince de Navarre, à qui j'ai fait grand tort.

— Assez comme cela, dit le roi. Et vous allez m'apprendre quelque chose sur lui?

— Oui, Sire.

— Voyons?

Henri se souleva un peu, de façon à parler plus librement, et il commença ainsi :

— Avant de parler à Votre Majesté de S. A. Henri de Bourbon, il est nécessaire que je lui narre une légende de nos montagnes des Pyrénées.

— Ah! dit le roi, vous avez des légendes en Navarre?

— Oui, Sire, et il en est une que je vais vous conter.

— J'écoute.

— Il était une fois, dit le prince, un berger des montagnes espagnoles qui se nommait Antonio. Antonio était jeune, entreprenant; de plus, il était suffisamment beau garçon et pouvait, à la rigueur, être aimé pour lui-même.

— Bah! dit le roi vous me la baillez belle, monsieur de Coarasse; est-ce qu'un berger peut jamais être aimé pour autre chose!

— Ah! dame! Sire, Antonio était riche relativement, et les jeunes filles de son village avaient toutes calculé le nombre de têtes de son troupeau, et les écus que sa vieille mère avait coutume d'enfermer dans un bas de laine en guise de bourse.

— Où diable l'ambition va-t-elle se nicher? fit Charles IX en riant.

— Le monde est ainsi fait, Sire. Or, un matin sa vieille mère, qui était, elle, non point en Espagne, mais sur le versant navarrais, sa vieille mère lui dit : Voici mon enfant qui touche à sa vingtième année, et l'heure est venue de prendre une femme.

— J'y songe, répondit Antonio.

— Je t'ai trouvé, dans ma famille, en Navarre, une fort belle fille qui se nomme Marguerite et qui est ta cousine.

— Ah! ah! dit le roi, elle se nommait Marguerite?

On n'entre au Louvre qu'avec le mot d'ordre. (P. 462.)

— Oui, Sire.
— Après, monsieur de Coarasse ?
— Tu n'as, continua la mère d'Antonio, qu'à t'en aller en Navarre, et tu descendras chez tes cousins, les frères de ta fiancée.
— C'est bon ! répondit Antonio ; si elle me plaît, j'en ferai votre bru.

— Mais, dit la vieille qui était prudente et rusée, ce n'est pas tout qu'épouser une femme et l'aimer, il faut encore qu'elle vous aime.

— C'était sagement penser, observa le roi.

Henri continua :

— La vieille mère d'Antonio lui conseilla alors de partir pour la Navarre et d'aller simplement, un soir, à la tombée de la nuit, frapper à la porte de ses cousins en leur demandant l'hospitalité, comme le premier voyageur venu.

Notre homme partit ; il arriva à la ferme des Navarrais, et il fut accueilli avec la cordialité que les gens de nos montagnes déploient pour les voyageurs.

Il vit Marguerite.

— Était-elle belle ? demanda le roi.

— Éblouissante, Sire.

— Et il l'aima ?

— Sur-le-champ.

— Mais... elle... ?

— Ah ! voici où commence mon histoire, Sire.

— Voyons !

— Le mariage de Marguerite avec son cousin d'Espagne Antonio avait été convenu plusieurs années auparavant par les pères des deux jeunes gens, de telle façon qu'on avait élevé Marguerite dans cette idée qu'elle n'aurait jamais d'autre mari.

— Alors elle devait l'aimer par avance ?

— Bien au contraire, Sire.

— Pourquoi cela ?

— Parce qu'on lui avait dit qu'Antonio était une sorte d'ours mal léché et qu'il habitait la vallée la plus sauvage, la moins fertile et la plus triste de la Navarre espagnole.

— Belle raison, en vérité !

— Ensuite, il y en avait une autre plus sérieuse, peut-être...

— Ah ! ah !

— Marguerite avait un autre cousin... et celui-là, elle l'aimait.

— Pourquoi ne l'épousait-elle pas ?

— Ah ! voilà ! parce que son père et ses frères avaient engagé leur parole à Antonio, et puis que, pour des motifs trop longs à déduire ici, ils préféraient avoir Antonio pour beau-frère.

— Comment se nommait l'autre cousin ?

— Henri... et il habitait la France.

— Bon ! dit le roi qui commençait à ouvrir un œil.

— Les frères de Marguerite, qu'un berger qui faisait l'office de messager entre l'Espagne et la Navarre avait avertis de la prochaine venue d'Antonio, s'étaient hâtés de congédier l'autre cousin, le menaçant de le tuer s'il reparaissait à la ferme.

Le jour où Antonio vint demander l'hospitalité, le cousin était parti de la veille, et Marguerite pleurait toutes les larmes de ses beaux yeux.

Antonio lui dit qu'il était Espagnol et connaissait beaucoup celui qu'elle devait épouser.

La curiosité l'emporta sur la douleur, et Marguerite questionna le prétendu voyageur sur celui dont elle était condamnée à accepter la main.

Antonio ne se fit point faute de se noircir du mieux qu'il put: « Ma belle demoiselle, dit-il, Antonio est laid, Antonio est méchant, Antonio est sot, c'est un véritable ours mal léché. »

Et Marguerite de prendre un plaisir extrême à tout le mal qu'on lui débitait de son futur époux, et d'écouter attentivement et de regarder plus attentivement encore le voyageur qui lui paraissait jeune, beau garçon et doué de quelque esprit.

A ces derniers mots du sire de Coarasse, le roi Charles IX, qui avait déjà ouvert un œil, les ouvrit tous les deux et dit, en tendant la main au jeune prince:

— Dites donc qu'Antonio avait beaucoup d'esprit, mon cousin.

Et Charles IX, reconnaissant enfin, dans le sire de Coarasse, son cousin et futur beau-frère, Henri de Bourbon, ajouta en plaçant un doigt sur sa bouche:

— Chut! écoutez-moi bien, cousin.

— Parlez, sire.

— Marguerite se doute-t-elle que le sire de Coarasse pourrait bien avoir un autre nom?

— Pas le moins du monde.

— Eh bien, je vais vous donner un conseil.

— J'écoute.

— Demeurez le sire de Coarasse, cousin, le plus longtemps possible.

— J'y compte bien, Sire.

— Margot est une fille capricieuse, continua le roi. Elle pourrait bien ne plus vous aimer le jour où elle saurait la vérité.

— Je ne puis cependant prolonger mon incognito outre mesure.

— Pourquoi?

— La reine, ma mère, sera ici dans quinze jours.

— Eh bien, attendez quinze jours de plus.

— Et puis, Mme Catherine et René forceront peut-être le sire de Coarasse à se démasquer.

— Ah! ceci est différent, dit le roi; mais patientons encore un peu, mon cousin.

Comme le roi achevait ces mots, on frappa doucement à la porte que le roi avait fermée avec soin.

— Sire, dit la voix de Miron, Votre Majesté veut-elle ouvrir à M. de Noë? La reine mère vient.

— Ah! diable! fit Charles IX qui ouvrit aussitôt et aperçut Marguerite assise à l'autre extrémité de la chambre et causant avec le page Raoul.

Raoul venait demander au roi, de la part de Mme Catherine, s'il la voudrait bien recevoir sur l'heure.

Il n'y avait donc pas de temps à perdre pour cacher Noë.

Le roi lui indiqua, d'un geste, le cabinet d'où il sortait.

Noë entra, Marguerite le suivit.

— Il est inutile, dit-elle au roi, que Mme Catherine me trouve ici.

Et elle ferma la porte, puis vint prendre les mains de Henri qui la regardait en souriant.

Miron et le roi étaient désormais seuls dans la pièce voisine, où bientôt retentirent les pas de la reine mère.

— Elle vient demander ma tête, murmura Henri en souriant.

— Ma foi! dit Marguerite qui colla son œil au trou de la serrure, puis son oreille, quiconque habite le Louvre a l'habitude d'écouter aux portes... faisons comme tout le monde!

LXII

Nous avons perdu de vue René le Florentin depuis le moment où Sarah, la belle argentière, était sortie librement de sa prison improvisée.

René, que sa passion effrénée tourmentait toujours, bien qu'elle fût dominée par sa cupidité, René regarda Sarah s'éloigner et la suivit des yeux jusqu'à ce qu'elle eût doublé l'angle de la rue.

Alors seulement, il se retourna et vit Gribouille derrière lui.

Gribouille était stupéfait.

— Votre Seigneurie est folle! s'écria-t-il.

— Hein! fit René.

Gribouille avait l'air d'un chat qui, après avoir peloté une souris dans ses griffes, a eu la maladresse de la laisser échapper au bord d'un trou assez grand pour elle, trop petit pour lui.

— Pourquoi suis-je fou? demanda froidement René.

— Parce qu'elle est partie.

— Imbécile!

— Dame! murmura le saltimbanque, ce n'était pas la peine de me recommander sur ma tête de ne la point laisser s'enfuir.

— Elle a payé sa rançon.

A son tour, Gribouille regarda René.

— Pardon, dit-il, mais je croyais que Votre Seigneurie ne l'avait amenée ici que parce que... parce que...

Gribouille hésita.

— Parle donc, butor! s'écria René impatienté.

— Eh bien, je croyais que Votre Seigneurie l'aimait.

— Oui... mais...

— Et je ne pensais pas que c'était pour son argent.

— Bah! pensa René, je puis bien dire à Gribouille le fin mot de la chose.

Et tout haut :

— Figure-toi, dit-il, que je l'aime éperdument.

— Elle ne paraît pas vous payer de retour.

— Hélas! je le sais. Quand elle a vu que je l'approchais, elle s'est emparée d'un couteau que tu avais laissé traîner sur la table. Pourquoi diable laisses-tu traîner des couteaux?

— J'ai eu tort, mais je ne pouvais pas... prévoir...

— C'est bon! Donc, elle s'est emparée du couteau et m'a menacé de se tuer.

— Bah! dit Gribouille qui avait un fond de scepticisme, les femmes crient très haut, mais elles y regardent à deux fois avant d'en venir à cette extrémité.

— Elle l'eût fait comme elle le disait, répondit René convaincu.

— Et alors? interrogea le saltimbanque.

— Alors, dit René, j'ai accepté sa proposition.

— Quelle était-elle?

— Elle m'a fait son héritier.

— Par exemple! murmura Gribouille, je ne comprends plus.

— Pourquoi?

— Mais parce qu'on n'hérite des gens qu'après leur mort.

— C'est ce qui te trompe. Elle m'a donné tout ce qu'elle possède à la condition que je la laisserais partir.

— Bien. Je comprends. Mais alors, fit Gribouille d'un air futé, vous pourrez la rattraper quand vous aurez hérité.

— Non, dit René.

— Pourquoi?

— Mais parce que je n'entrerai en possession de ses biens que lorsqu'elle sera hors de France.

René raconta succinctement alors à Gribouille de quelle façon le marché avait été conclu entre lui et l'argentière.

Gribouille l'écouta hochant la tête.

— Hélas! murmura-t-il.

— Hein! fit René inquiet.

— Votre Seigneurie est volée.

— Bah! j'ai sa parole.

— *Souvent femme varie,* dit le saltimbanque, qui avait quelques notions d'histoire et avait vu le château de Rambouillet et la vitre fameuse sur laquelle François Ier traça son distique non moins fameux.

L'incrédulité de Gribouille fit impression sur René.

— Elle est honnête, dit-il.

— Heu! heu!

— Et certes, j'ai été d'assez bonne foi avec elle.

— Elle a des amis, n'est-ce pas?

— Je le crains.

— Ses amis la conseilleront.

Cette dernière idée émise par Gribouille acheva de troubler René.

— Au fait! dit-il, tu as peut-être raison, et je vais tâcher de la rattraper.

René s'élança en effet hors de la maison et calcula que Sarah devait être allée tout droit au cabaret de Malican.

Aussi se prit-il à courir et traversa-t-il le Pont-au-Change et la place du Châtelet en un clin d'œil.

Mais Sarah avait une avance respectable, et, sans doute, elle courait aussi vite que René.

Quand le Florentin arriva sur la place Saint-Germain-l'Auxerrois, il trouva Malican assis fort tranquillement sur le pas de sa porte.

— Bonjour, messire, dit-il.
— Bonjour, Malican.
— Votre Seigneurie a soif, peut-être?
— Non.
— Elle ne veut pas boire une bouteille de vieux vin?
— Non.
— Alors, en quoi lui puis-je être utile?

René regarda fixement le cabaretier béarnais.

— Tu avais chez toi, dit-il, une femme habillée en homme?

Soit que Sarah, qui venait de partir avec Myette pour la rue des Prêtres, où elle allait voir son cher Henri, eût fait des confidences à Malican, soit que celui-ci eût deviné une partie de la vérité, il répliqua sans hésitation :

— Oui, messire.
— Où donc est-elle?
— Disparue depuis hier au soir.
— Vraiment?
— Hélas! oui.
— Et tu ne l'as pas revue?
— Non.

Et Malican, qui mentait avec héroïsme, poussa un profond soupir.

— Malican, Malican, murmura le Florentin, prends garde!
— A quoi, monseigneur?
— Si tu me mens, je te ferai pendre.
— Monseigneur, j'ai dit la vérité.
— C'est bon! fit brusquement René.

Et il s'en alla au Louvre.

Au Louvre, on ne savait plus que penser touchant le Florentin.

Selon les uns, René était plus que jamais en faveur auprès de la reine; selon les autres, Mme Catherine ne l'avait tiré des griffes de maître Caboche, le bourreau, que parce qu'il possédait une foule de secrets d'État.

Mais, d'après ces derniers, René était en disgrâce.

Le suisse qui gardait la poterne du Louvre était sans doute de cette opinion, car il croisa sa hallebarde et lui dit :

— On n'entre au Louvre qu'avec le mot d'ordre.
— Je l'ai, dit René.
— Voyons.

René le Florentin avait assisté si souvent à la transmission du mot d'ordre qu'il avait fini par savoir par cœur tous les mots usités en pareil cas.

A tout hasard il prononça celui de *chasse*.

C'était justement le mot que le roi avait prononcé en s'éveillant.

Le roi, on le sait, devait chasser à Saint-Germain.

— Passez, dit le suisse.

René s'en alla tout droit chez Mme Catherine.

La reine, que Charles IX avait fait prier, quelques minutes auparavant, de l'accompagner à la chasse, s'habillait avec une coquetterie qui n'était plus de son âge.

Elle vit entrer René et lui dit :

— Je sais d'avance ce que tu viens me demander.

— Peut-être, madame.

— Tu voudrais bien avoir mon avis sur le sire de Coarasse?

La reine prononça ces mots avec un si mauvais sourire que René comprit que la perte de Henri était résolue dans son esprit.

— Il est certain, dit-il, qu'un imposteur pareil mérite...

— Un châtiment exemplaire. Je suis de ton avis. Mais, cependant, je veux avoir le temps de réfléchir.

René se mordit les lèvres.

— Et puis nous débarrasser de lui n'est pas chose facile...

— Pourquoi?

— Il est cousin de Pibrac.

— Peuh !

— Le roi l'aime fort.

René fronça le sourcil.

— Ensuite, j'y veux penser; va-t'en!

Et la reine congédia son ancien favori.

René partit sans avoir pu ou voulu dire à la reine ce qui était advenu la veille, c'est-à-dire le combat du duc de Guise et du sire de Coarasse.

René voulait, sans doute, ménager le duc et tenir la parole qu'il lui avait donnée. Or, pour le Florentin, il n'était pas douteux que le sire de Coarasse eût été blessé grièvement, mais il était bien certain aussi que le sire de Coarasse n'était pas mort.

Si Henri avait succombé pendant la nuit, Malican n'aurait certainement pas eu ce visage calme et tranquille que René venait de lui voir.

Cette réflexion, qu'il fit en s'en allant, fut pour lui un trait de lumière :

— Allons! se dit-il, je suis joué. Malican a vu Sarah, et il est probable que je vais la trouver au chevet de Henri, — lequel, bien certainement, est couché dans le cabaret.

René se dirigea de nouveau vers la maison du Béarnais.

Malican n'avait point quitté le seuil de sa maison, et il salua le Florentin pour la seconde fois avec un profond respect.

René prit un air doucereux.

— Mon cher Malican, dit-il, la reine m'envoie auprès de toi.

— La reine, monsieur René!

Et Malican prit un air niais et profondément étonné!

— La reine a appris qu'un gentilhomme de ton pays, qu'elle aime et que j'aime beaucoup, s'était pris de querelle chez toi.

— Oui, le sire de Coarasse.

— Et il s'est battu?

— Avec un inconnu.

— Qui l'a blessé grièvement, dit-on?

— Non, fit Malican avec calme. La blessure est légère...

— Ah! murmura René, tant mieux! je respire..,

— En huit jours il sera sur pied.

— Tu le crois?

— J'en suis sûr.

— Très bien, en ce cas. Il est chez toi, n'est-ce pas? je vais monter le voir, ce pauvre M. de Coarasse.

— Il n'est pas chez moi, monseigneur.

— Bah!

— Je vous jure.

— Je ne suppose pas qu'il s'en soit allé jusqu'à son hôtellerie.

— On l'y a porté. Son ami M. de Noë est allé chercher l'hôte ce matin au point du jour, et l'hôte est venu avec deux de ses garçons et une litière.

Ce que disait Malican était si vraisemblable que René le crut sur parole. Il s'en alla donc rue Saint-Jacques à l'hôtellerie du *Moine échaudé*.

Le gascon Lestacade était, comme Malican, assis sur le seuil de sa porte.

— Bonjour, lui dit René.

Tout le monde connaissait et redoutait le Florentin. Son visage était terriblement populaire, et quand il passait sur une place où jouaient les enfants, ils s'arrêtaient, saluaient, et n'osaient reprendre leurs jeux que lorsqu'il était loin.

Lestacade fit donc à René la même révérence que Malican.

— Bonjour! monseigneur, dit-il.

— Comment va le sire de Coarasse? demanda René.

— Mais... pas mal... fit Lestacade étonné.

— Comment! pas mal? tu veux dire *mieux*, je suppose.

— Le sire de Coarasse n'est pas malade, que je sache, dit l'aubergiste.

— Allons donc! fit René.

— Il n'a pas couché ici la nuit dernière, et je suppose qu'il sera demeuré au Louvre, chez M. de Pibrac, son cousin.

Lestacade acheva de convaincre René, lorsque ce dernier lui eut dit:

— Comment! tu ne sais pas qu'il a reçu cette nuit un furieux coup d'épée?

Lestacade pâlit et poussa une exclamation de douloureuse surprise:

— O mon Dieu! dit-il...

La douleur de l'aubergiste importait peu à René.

— Ah! bandit de Malican! dit-il, tu t'es moqué de moi. Gare!

René, bouillant de colère, redescendit la rue Saint-Jacques et passa les

Par la mort Dieu, madame, s'écria Charles IX en voyant la reine ainsi bouleversée. (P. 468.)

ponts avec l'intention bien arrêtée de se faire justice lui-même en administrant une volée de bois vert à l'impudent cabaretier.

Heureusement pour Malican, et peut-être aussi pour René, car Malican était homme à lui planter son couteau béarnais dans la gorge, heureusement, disons-nous, le Florentin eut le temps de réfléchir pendant le trajet.

— Pour que le drôle m'ait menti, pensa-t-il, il faut qu'il sache ou devine ma haine pour Coarasse. Celui-ci n'est donc pas chez lui... Mais où est-il?... Je ne le saurai qu'en usant d'astuce...

René rebroussa chemin et s'en retourna au pont Saint-Michel, où il avait laissé Paola.

Or, quelques heures après, madame Catherine revenait de Saint-Germain avec le roi, et demandait à Charles IX une audience pour huit heures du soir.

En mettant le pied dans son oratoire, madame Catherine y trouva René.

René avait rôdé toute la journée aux environs de la place Saint-Germain-l'Auxerrois, où il avait fini par aposter Gribouille.

Mais ni Gribouille ni René n'avaient pu surprendre le secret de la disparition inattendue du sire de Coarasse blessé.

Alors René s'était décidé à faire des aveux complets à la reine, et il attendait patiemment.

— Eh bien! dit-elle en entrant, sais-tu ce qui est arrivé à ce Coarasse?
— Oui, madame.
— Il s'est battu... il est grièvement blessé.
— Sa blessure est légère.
— Ah! il guérira?
— Il est si bien soigné! dit René au hasard et d'un ton railleur.
— Vraiment? et... par qui?...
— Madame, reprit René, qui prit sur-le-champ un air soucieux et pensif, je suis à peine sorti des griffes de maître Caboche, et je vous assure que je n'ai nulle envie d'y rentrer.
— Que me chantes-tu là, René? demanda la reine étonnée.
— Madame, poursuivit le Florentin, le sire de Coarasse a de grandes protections.
— Bah! fit la reine.
— Le roi l'aime beaucoup.

Catherine haussa les épaules :

— Le roi fera ce que je voudrai.
— Pardon... il n'y a pas que le roi qui s'intéresse à lui.
— Qui donc encore?
— Mme Marguerite.
— La reine tressaillit et regarda fixement René.
— Ah! dame! murmura celui-ci d'un ton hypocrite, elle lui doit bien cela, après tout.
— Pourquoi?
— Mais parce qu'il s'est battu pour elle, madame.

La reine se leva stupéfaite du siège où elle était assise.

— Que dis-tu donc là? s'écria-t-elle.
— La vérité, madame.
— M. de Coarasse s'est battu pour Mme Marguerite?
— Oui, madame.
— Et... avec qui?

— Avec monseigneur Henri de Lorraine, duc de Guise, acheva René avec un calme cruel.

Mᵐᵉ Catherine pâlit, et sa gorge crispée ne laissa échapper qu'un mot :
— Parle!!!

Au ton impérieux dont ce mot était prononcé, René sentit que sa faveur dépendait dès à présent des révélations qu'il allait faire.

— Le duc de Guise est venu à Paris incognito hier au soir.
— Ah! et pour revoir Marguerite?
— Rien que pour cela, madame.
— Et… il l'a revue?
— D'abord il a vu Nancy, qui a prétendu que Mᵐᵉ Marguerite était malade… et qu'elle ne le pouvait recevoir.
— Ainsi, il est entré au Louvre?
— Oui, madame.
— Oh! fit la reine avec colère, je suis si mal servie! A l'heure qu'il est, le duc devrait être à la Bastille.
— C'est mon avis, fit René.
— Et il est parti, sans doute?
— Il est loin de Paris à cette heure.
— Mais enfin, Marguerite l'a revu?
— Oui, madame.
— Et…
— Dame! elle ne l'aimait plus…
— Ah! fit la reine.
— Car elle aime?…

René hésita.

— Achève! s'écria Catherine avec colère.
— Hé, mais! dit René, qui retrouva son audace des anciens jours, après tout, le duc de Guise a bien fait d'administrer un bon coup d'épée à ce drôle de Coarasse. Il avait été supplanté par lui.
— René! murmura la reine avec une sourde fureur, prends bien garde de mentir!…
— Je ne mens pas.
— Ainsi donc, Marguerite?…
— Son Altesse protège le sire de Coarasse, n'en doutez-pas, madame.

Madame Catherine était livide.

— Oh! dit-elle, s'il en est ainsi, ce Coarasse mourra!… Je vais chez le roi.

Et, bien que l'heure assignée par Charles IX n'eût point sonné, Mᵐᵉ Catherine, ivre de courroux, se présenta à la porte du roi, et ce dernier n'eut que le temps de pousser Noë et Marguerite dans le cabinet où était couché le sire de Coarasse.

Madame Catherine entra chez Charles IX aussi pâle qu'une statue et son œil lançait de fauves éclairs,

. . . .

— Ah! mon pauvre Henri, murmura Marguerite, qui collait son œil au trou de la serrure, que va-t-elle donc demander! mon Dieu!

Et Marguerite, se retournant, enveloppa le prince d'un regard plein d'amour.

— Mais rassure-toi, dit-elle, je suis là... et je t'aime!...

LXIII

— Par la mort-Dieu! madame, s'écria Charles IX, en voyant la reine ainsi bouleversée, que vous est-il donc arrivé?

— C'est ce que je ne puis confier qu'à Votre Majesté.

Catherine, en parlant ainsi, regardait Miron, qui se tenait respectueusement à distance.

Le roi fit un signe :

— Va-t'en, mon bon Miron, dit-il.

Miron sortit.

Alors Mme Catherine se laissa tomber dans un fauteuil, comme si elle eût été prise d'une faiblesse.

— Je vous écoute, madame, dit le roi. Parlez...

— Sire, reprit la reine mère, je vous ai demandé, il y a peu d'instants, à vous entretenir du sire de Coarasse et vous avez bien voulu m'indiquer une heure...

— Et je vois, répondit le roi, que votre sablier est dérangé.

— Pourquoi, sire!

— Parce qu'il est sept heures et non pas huit.

— Pardonnez-moi. J'étais pressée de revoir Votre Majesté.

— Parlez, madame.

— Je voulais donc vous entretenir du sire de Coarasse.

— Ah! ah! dit Charles IX, qui se prit à sourire, je sais ce que vous venez me demander.

— Vraiment! fit Catherine, qui retrouvait peu à peu son sang-froid.

— Le sire de Coarasse est un habile homme...

— Trop habile, sire.

— Il lit dans les astres...

— Du moins il le prétend.

— Et comme vous prisez fort les astrologues, n'est ce pas?...

— Les vrais, dit la reine.

— Vous me venez demander quelque faveur pour le sire de Coarasse.

La reine eut un sourire cruel.

— Rassurez-vous, Sire, dit-elle, je viens vous demander, au contraire, un châtiment terrible pour ce misérable.

— Ah! mon Dieu! murmura Charles IX, qu'a-t-il donc fait?
— Il s'est joué de moi...
— S'il en est ainsi, il sera puni.

Catherine tressaillit d'aise...

— Mais comment?

La reine aurait bien voulu passer sous silence toutes les scènes de sorcellerie et de nécromancie qui avaient eu lieu entre le pauvre Coarasse et elle; mais le roi voulait des détails.

Elle fut donc obligée de raconter de point en point comment le sire de Coarasse, à force d'audace et d'imposture, était parvenu à capter sa confiance, et comment elle avait fini par s'apercevoir qu'elle était dupée.

— Diable! madame, fit le roi, je suis de votre avis. Le sire de Coarasse mérite un châtiment. Parlez... voulez-vous que je l'envoie passer huit jours à la Bastille?

La reine poussa un cri d'étonnement, presque de colère.

— Votre Majesté plaisante? dit-elle.
— En quoi, madame?
— En ce que je venais lui demander la mort de ce misérable.
— Bah! fit le roi. Votre Majesté n'y songe pas, en vérité! Savez-vous bien que pour faire pendre, brûler ou décapiter le sire de Coarasse, il faudrait remettre en vigueur un vieil édit de mes aïeux touchant les sorciers?
— Eh bien! remettez-le en vigueur, sire.
— Et alors, comme le sire de Coarasse n'est point le seul qui se soit occupé de sorcellerie... on brûlera tous ceux qui ont fait comme lui...
— Je ne sache pas qu'un autre...
— Votre cher René, madame. Et puis...
— Et puis? demanda Catherine qui fronçait le sourcil.
— Et puis... Votre... Majesté... acheva froidement le roi.

Mme Catherine devint pâle de colère.

— Votre Majesté veut rire, dit-elle.
— Hé! mon Dieu! madame, repartit le roi, je vais vous en dire la raison.
— Ah! fit Catherine.
— C'est grand'pitié de voir une reine de France, une fille des Médicis, une femme dont la politique hardie étonne l'Europe, descendre à des haines mesquines, à des colères de bas étage, consulter les astres avec un parfumeur, et se courroucer parce qu'un petit gentilhomme gascon, fort galant homme, du reste, a voulu ruiner ce même parfumeur, qui est un misérable, dans l'esprit de Votre Majesté.

Le roi avait prononcé ces trois mots avec hauteur; Mme Catherine comprit qu'il lui fallait frapper un grand coup.

— Sire, dit-elle, vous avez raison, et je me rends... Je pardonne à l'imposteur.
— Très bien, madame.
— Mais je vais vous confier quelque chose de beaucoup plus grave, et qui touche à la politique.

— Oh! oh!

— Je vais vous parler d'un homme qui peut, d'un jour à l'autre, renverser nos projets les plus sages.

— Vrai Dieu! madame, est-ce que vous m'allez parler de votre cousin le duc de Guise?...

— Peut-être...

— Il était hier ici, vous savez?

La reine se mordit les lèvres jusqu'au sang.

— Eh bien! sire, reprit-elle, le duc de Guise a quitté Paris... Vous savez dans quelles circonstances...

— Ah! madame, répondit le roi, c'est vous qui l'y avez forcé. Du jour où le mariage de ma sœur Margot a été résolu avec le prince de Navarre...

— Votre Majesté, dit la reine, m'a autorisée à faire poignarder le duc de Guise si on le retrouvait au Louvre.

— C'est vrai, madame...

— Et le duc l'a échappé belle... une fois...

— Dites deux, madame; car, je me suis bien informé, le duc a passé trois heures au Louvre la nuit dernière.

— Je ne croyais pas à tant d'audace... Mais, Sire, le duc est parti.

— Bon! il reviendra.

Catherine hocha la tête.

— Je ne le crois pas, dit-elle; mais enfin je viens demander à Votre Majesté une nouvelle autorisation...

— De faire poignarder le duc de Guise?

— Lui... ou un autre...

— Comment! un autre?

— Sire, fit Catherine avec résolution, Margot n'aime plus le duc de Guise.

— Ah! tant mieux...

— Mais elle en aime un autre...

— Oh! oh! madame!

— Et, comme il ne faut pas que son mariage avec le prince de Navarre puisse échouer...

— Bah! murmura Charles IX, le prince de Navarre tient à épouser une fille de France. Mais... quel est cet autre?

— Un simple gentilhomme.

— Margot a des sympathies libérales, convenez-en. Le rang et la naissance sont peu de chose à ses yeux.

Et Charles IX se mit à rire.

— Sire... Sire... ce dont j'entretiens Votre Majesté est grave.

— Pour le prince de Navarre surtout, madame.

— Et Votre Majesté me doit permettre de faire... pour ce gentilhomme... ce que j'ai fait... ou voulu faire...

— Pour le duc de Guise, n'est-ce pas?

— Oui, Sire.

— Ah! pardon! madame. Le duc de Guise est un cousin gênant, un prince lorrain qui voudrait devenir roi de France. Si vous l'eussiez fait poignarder, vous m'eussiez rendu un bien plus grand service qu'au roi de Navarre.

— Cependant...

— Mais un pauvre petit gentilhomme, madame, un adolescent qui s'est épris des lèvres rouges, des cheveux noirs et des grands yeux bleus de Marguerite, le faire poignarder comme un cousin du roi de France! fi!...

— Sire, dit la reine avec résolution, j'avertis Votre Majesté que le mariage n'aura pas lieu...

— Peuh! je crois le contraire.

— Si ce gentilhomme...

— Hé! mais, parbleu! ce gentilhomme, interrompit le roi, je le connais maintenant.

— Ah! murmura la reine...

— Il s'est rencontré avec le duc de Guise... quelque part... peut-être bien dans la chambre de Margot... et le galant de la veille a donné un solide coup d'épée au galant du lendemain.

— Peut-être, Sire.

— Et, je le vois, dit le roi, c'est ce pauvre Coarasse.

La reine garda un silence affirmatif.

— Madame, reprit gravement Charles IX, je vais vous faire une proposition.

— J'écoute, Sire.

— M. de Coarasse est coupable, très coupable d'avoir plu à Margot.

— Oh! certes!...

— Mais il est bien plus coupable encore, convenez-en, d'avoir voulu supplanter votre cher René...

Catherine pâlit de nouveau.

— Eh bien! acheva le roi, je veux fermer les yeux sur le meurtre de ce pauvre Coarasse, bien qu'il soit un beau joueur d'*hombre* et un garçon d'esprit...

La reine eut un frémissement de joie.

— Mais à deux conditions...

— Voyons, Sire?

— La première, c'est que René seul se chargera du meurtre. Si une autre main que la sienne touche au poignard qui frappera ce pauvre Coarasse, je le fais décapiter et je vous fais exiler au château d'Amboise.

— J'accepte, Sire.

— Très bien!

— Et la seconde condition?

— La voici. René ne pourra frapper M. de Coarasse que s'il le surprend aux pieds de Margot...

— En quelque lieu que ce soit?

— Va pour cela, dit le roi avec bonhomie.

— Votre Majesté m'engage-t-elle sa parole?

— Foi de roi, madame.

— Sire, dit la reine en se levant, je vous remercie en mon nom et au nom de l'État, à qui la mort de cet homme qui peut empêcher l'alliance navarroise rendra un très grand service.

Charles IX baisa la main de sa mère, qu'il reconduisit jusqu'à la porte de son cabinet.

Mais au moment où Mme Catherine allait en franchir le seuil :

— A propos, madame, dit-il vivement, j'ai, à mon tour, une concession à vous demander.

— A moi, Sire?

— A vous.

— Votre Majesté seule ordonne...

— J'ai pensé, madame, que, puisque je vous donnais le Coarasse, vous me rendriez bien le Crillon. Ce pauvre duc m'est très utile.

Mme Catherine éprouva un violent dépit; mais elle se contint et grimaça un sourire.

— Votre Majesté fera sagement de le rappeler, dit-elle.

Et elle sortit.

— Heu! heu! murmura le roi, je crois que la commission ne sera point du goût de René. Il aime bien mieux assassiner un bourgeois qu'un gentilhomme.

Et le roi courut ouvrir la porte du cabinet d'où le prince de Navarre, Marguerite et Noë n'avaient pas perdu un seul mot de l'entretien, et il entra, en riant de bon cœur.

. . . .

Mme Catherine s'en alla fort dépitée du rappel de M. Crillon, mais en même temps ravie d'avoir obtenu l'arrêt de mort du sire de Coarasse.

Elle s'en retourna donc dans son oratoire, où René l'attendait toujours.

Au visage radieux que la reine avait en entrant, le Florentin comprit sur-le-champ que le roi lui avait donné satisfaction pleine et entière.

— René, dit Catherine, le roi t'a donné gain de cause.

— Comment cela, madame?

— En condamnant Coarasse.

— A mort?

— A mort, dit froidement Catherine.

— Ah! ah! murmura le Florentin, dont les yeux brillèrent d'une joie sauvage, on le mettra donc à la torture, lui aussi; on lui brûlera les mains, on lui broiera les pieds...

— Non, dit la reine, rien de tout cela.

René fit la moue d'un enfant à qui l'on refuse un plaisir.

— Est-ce qu'il faudra nous contenter d'une simple pendaison.

— Non, dit encore la reine.

Et René étonné la regardait.

— Le roi n'est pas très furieux de savoir que Coarasse est aimé de Marguerite, poursuivit madame Catherine, mais il a bien voulu consentir à ce qu'il mourût.

— De quelle façon, alors?

On lui appuya un poignard sur la gorge. (P. 478.)

— Assassiné.
— Ah! très bien... j'ai justement sous la main un brave garçon...
La reine secoua la tête :
— Tu te trompes, dit-elle.
— Comment, madame?
— Le roi veut que tu te charges de cette besogne, mon pauvre René.

— Hein! fit le Florentin.

— Sa Majesté persiste à croire que tu as assassiné Samuel Loriot, continua la reine d'un ton railleur.

— Qu'est-ce que cela fait?

— Cela fait, à ses yeux, que tu as l'habitude d'assassiner, et tu feras toujours mieux tes affaires toi-même.

— Mais... cependant...

— Ah! dame! murmura la reine, c'est à prendre ou à laisser.

René fit une grimace expressive, soupira bien fort et finit par se résigner.

— Après tout, pensa-t-il tout haut, je le frapperai par derrière... entre les deux épaules... c'est un coup sûr...

— Ceci est ton affaire, mais il y a une condition encore :

— Ah!

— Tu ne pourras frapper Coarasse que si tu le trouves aux pieds de Marguerite.

— Hum! il n'y a pas de délai pour cela?

— Non.

— Je puis le tuer sur-le-champ?

— Si tu trouves Marguerite auprès de lui.

— En ce cas, j'aurai moins de peine.

— Pourquoi?

— Mais parce qu'il est blessé... au lit... et, ajouta René avec cynisme, la besogne est facile. Un homme couché ne se défend pas.

— Lâche! dit la reine avec mépris.

— Bah! répliqua le parfumeur, on fait comme on peut.

— Très bien ; mais penses-tu que tu trouveras facilement Marguerite auprès de lui.

— Je l'espère.

— Vraiment?

— Dame! murmura René, je ne sais où on l'a transporté, mais à coup sûr je le saurai bientôt.

— Comment?

— Votre Majesté sent bien, continua René, que Mme Marguerite ne se va point condamner à ne pas le voir.

— C'est juste.

— Or donc, je vais surveiller et faire surveiller la princesse. Elle finira bien par sortir du Louvre en cachette, elle sera suivie.

— Eh bien! dit la reine, va! c'est ton affaire... je t'ai obtenu l'impunité.. c'est tout ce que je puis pour toi.

— Votre Majesté peut dormir tranquille, répondit le Florentin, nous serons vengés.

René sortit d'un pas assuré, la tête haute, le sourire aux lèvres, et il descendit dans la grande cour du Louvre, où les valets et les pages le saluèrent humblement.

Un gentilhomme mettait, en ce moment, le pied à l'étrier.

René s'approcha et reconnut M. de Pibrac.

M. de Pibrac s'apprêtait à monter un gros cheval normand solidement établi, et les deux valises placées à l'arçon sur le coussinet de la selle annonçaient qu'il allait faire un long voyage.

René salua M. de Pibrac avec aménité.

M. de Pibrac lui rendit son salut avec courtoisie et l'accompagna même d'un sourire.

— Où donc allez-vous? demanda le Florentin.
— En Provence, monsieur René.
— Bah!
— A Avignon.
— C'est un long voyage, monsieur de Pibrac.
— Heu! heu! j'espère bien ne pas aller jusqu'au bout.
— Pourquoi donc?
— Le roi m'envoie quérir M. de Crillon, et si je ne le rattrape en route, il faudra bien que j'aille jusqu'à Avignon. Mais...
— Vous espérez donc le rattraper?
— Assurément, monsieur René : le duc est parti voici deux jours ; il s'en va lentement, comme on va en exil. Moi, j'irai vite.
— Le roi rappelle donc le duc?
— Oui. Ce n'était qu'une boutade.
— Diable! pensa René, si je veux tuer Coarasse, il faut que je me hâte. Ce damné Crillon serait capable de me rudoyer encore.
— Adieu! monsieur René, dit le capitaine des gardes. Excusez-moi, je suis pressé.

Et M. de Pibrac piqua son gros cheval normand et partit au galop.

LXIV

Pendant huit jours environ, madame Catherine et René furent dans une situation très perplexe.

René avait fouillé tout Paris et n'avait point retrouvé la trace du sire de Coarasse.

Vainement aussi il avait cherché Sarah, la belle argentière.

Où était Sarah?

Cette dernière question préoccupait encore le Florentin! René était haineux et vindicatif, mais il était également avide, avide comme un lombard.

L'avidité de René l'emportait sur sa haine.

Or Sarah pouvait bien avoir manqué à sa parole, et, dans ce cas, les trésors de maître Samuel Loriot lui échappaient.

Ceci était bien autrement gravé aux yeux de René que la disparition momentanée du sire de Coarasse.

Cependant il était à l'affût de l'un et de l'autre ; et comme il ne pouvait à la fois battre les rues de Paris et faire le guet à la porte ou dans les corridors du Louvre, il s'ensuivait qu'il avait besoin de prendre un auxiliaire.

Cet auxiliaire, on l'a deviné déjà, c'était le saltimbanque Gribouille.

Gribouille s'en allait de rue en rue, de porte en porte, écoutant, furetant, et partout se cassant le nez.

On le voyait rôder aux alentours du cabaret de Malican ; parfois même il entrait et demandait un verre de vin.

Malican servait Gribouille d'un air dédaigneux, comme il convient à un tavernier qui se respecte et ne reçoit habituellement que des gens de quelque valeur.

Ce dédain donnait lieu à Gribouille de croire que Malican ignorait complètement ses relations avec René le Florentin.

Au bout de huit jours, Gribouille n'avait rien vu, rien appris.

Cependant René lui avait dit :

— Tu surveilleras Myette, la fille de Malican. Myette doit savoir où est Sarah. Elle doit même la voir chaque jour.

René s'était trompé... Myette ne sortait pas.

Chaque soir, l'épicier Jodelle venait, selon son habitude, boire un verre de vin sur le comptoir de Malican. Quelquefois il faisait avec un autre bourgeois une partie d'osselets ou de dés ; mais Gribouille ne pouvait pas savoir que les circonstances avaient élevé cet épicier à la hauteur d'un homme politique.

L'honnête marchand de mélasse, devenu diplomate, faisait parfois un signe à Malican ; parfois aussi il souriait à Myette.

Mais Gribouille n'était pas de force à comprendre tout ce qu'il peut y avoir de ruse et de machiavélisme dans le geste et le sourire d'un simple et naïf épicier.

De son côté, René le Florentin éprouvait les mêmes déboires.

Il errait, comme un chien maigre à la recherche d'une pâtée problématique, dans les salles et dans les corridors du Louvre, allant de chez la reine mère chez Mme Marguerite.

La reine était furieuse, — la princesse paraissait d'une bonne humeur sans égale.

Il n'y avait que chez le roi où René n'osait et ne pouvait s'aventurer.

Le roi avait toujours eu une antipathie profonde pour le Florentin.

Cette antipathie s'était passablement accrue et embellie depuis le meurtre de Loriot et les événements qui l'avaient suivi, de telle façon qu'un jour que la reine mère avait chargé son favori d'un message pour Charles IX, le monarque s'était écrié avec emportement :

— Si tu remets les pieds ici, misérable, je te ferai tuer comme un chien par le premier gentilhomme ou le premier page que j'aurai sous la main.

René était parti saisi d'une colique assez grave.

Or, l'espoir de René était de surprendre Mme Marguerite quittant le Louvre et s'en allant voir quelque part le sire de Coarasse.

Cet espoir n'avait rien d'exagéré ; et comme si la jeune princesse l'eût soupçonné, elle avait voulu en réaliser une partie.

Un soir qu'il faisait clair de lune, Marguerite demanda sa litière.

René, ivre de joie, s'embusqua sur son passage et se prit à la suivre à distance.

La princesse s'en alla tout le long du bord de l'eau jusqu'au bac de Saint-Cloud, et s'en revint sans avoir mis pied à terre.

Elle avait fait une simple promenade et René revint essoufflé.

Une chose, cependant, aurait dû donner l'éveil à René, c'était que Mme Marguerite dînait presque chaque soir avec le roi.

Le roi, depuis quelques jours, s'était remis, disait-on au Louvre, à composer un poème en compagnie de messire Pierre de Ronsard, et Mme Marguerite, qui se piquait fort de belles-lettres, était admise aux séances de collaboration. Un matin, la reine mère s'était présentée chez le roi pour obtenir de lui qu'il signât un édit touchant les relations de commerce avec l'Angleterre ; — Charles IX avait signé l'édit, mais il avait dit ensuite à Mme Catherine :

— Madame, le métier de roi est moins amusant que celui de poète. Miron, qui est un bon médecin, prétend que je ne me porte réellement bien que quand je m'amuse. Laissez-moi m'amuser.

La reine avait fait la moue.

— Pendant quinze jours, continua le roi, je vous laisse le soin des affaires publiques, à la condition que vous ne pendrez pas de huguenots et que vous me laisserez terminer mon poème en compagnie de Ronsard et de ma sœur Margot.

Et quand la reine fut partie, le roi, fidèle à son programme, ordonna sévèrement à ses pages et à ses gardes de ne laisser pénétrer personne auprès de lui, sous quelque prétexte que ce fût.

Tout cela n'avait point éveillé l'attention de René.

Or, cependant, voici ce qui se passait chez le roi :

Le sire de Coarasse, dont la blessure se fermait, commençait à se lever.

Noë était son valet de chambre.

Outre le roi, Mme Marguerite et Nancy, quatre personnes étaient dans la confidence.

C'étaient Miron, Ronsard, le page Gauthier et le page Raoul.

Vers six heures le roi se mettait à table ; Raoul et Gauthier le servaient.

Charles IX plaçait à sa gauche le sire de Coarasse, à sa droite madame Marguerite, en face de lui Noë et messire Pierre de Ronsard.

De poème, il n'en était guère question ; mais, en revanche, le souper du roi terminé, Raoul dressait une table de jeu, et le roi, ayant pour partner M. de Coarasse, jouait à l'hombre contre Noë et Miron. Messire Pierre de Ronsard et Mme Marguerite seuls devisaient de poésie.

Or, le huitième jour de l'entrée du sire de Coarasse au Louvre, M. de Pibrac, qui était parti depuis six jours, arriva.

M. de Pibrac s'en était allé si bon train, qu'il avait rattrapé le duc de Crillon au moment où ce dernier entrait dans Nevers.

Crillon, après avoir échangé quelques mots avec Pibrac, s'était empressé de tourner bride.

— Ah! par exemple! avait-il dit, le roi a tort de me rappeler, s'il compte que je ne couperai point les oreilles à ce drôle de René... un misérable qui a osé faire exiler un Crillon!

M. de Pibrac s'en revint donc au Louvre avec le duc, et, sur-le-champ, le roi fut averti de leur arrivée.

— Parbleu! dit Charles IX en lorgnant le sire de Coarasse du coin de l'œil, je crois qu'il est temps d'en finir avec mon poème. Qu'en pensez-vous?

Mme Marguerite regarda le roi et parut un peu étonnée.

— Chut! dit Charles IX, Coarasse me comprend... Nous vous expliquerons cela en temps et lieu.

. . . .

Pendant ce temps, René rôdait toujours infructueusement et commençait à se croire ensorcelé.

Comme il sortait de chez la reine mère et longeait ce couloir obscur qui conduisait à l'oratoire de Mme Marguerite, le soir même de l'arrivée de M. de Crillon, il lui advint une singulière aventure.

Deux bras vigoureux le saisirent par derrière, on lui appuya un poignard sur la gorge et une voix qu'il ne put reconnaître lui dit :

— Ne bougez pas... ne criez pas... on ne vous veut aucun mal... mais si vous appeliez, on vous tuerait...

René était lâche, et comme la pointe du poignard lui piquait la gorge, il devint tout tremblant.

— Que me voulez-vous? demanda-t-il.
— Vous donner un conseil.
— Qui êtes-vous?
— C'est un mystère.

René avait beau écouter; il ne connaissait pas cette voix.

On l'entraîna jusqu'à l'extrémité du corridor, et là, une lampe placée dans l'escalier lui permit de voir à qui il avait affaire.

Un homme de taille moyenne, enveloppé d'un ample manteau et le visage entièrement couvert d'un masque, était son unique interlocuteur.

Mais René avait compris à l'étreinte de cet homme qu'il était robuste, et la lame du poignard sur laquelle tomba un reflet de la lampe acheva de le rendre prudent.

Il ne songea pas un instant à mettre la main sur sa propre dague.

— Qui donc êtes-vous? répéta-t-il.
— Un homme étranger à la cour et que vous ne connaissez pas.
— Mais que me voulez-vous?
— Causer avec vous quelques minutes.
— Où?
— Ici. Nous sommes seuls.

René était fort ému.

— Monsieur René, reprit l'inconnu, vous êtes l'ennemi du sire de Coarasse.

René tressaillit.

— Que vous importe ! dit-il.

— Il m'importe beaucoup.

— Êtes-vous son ami?

— Au contraire, je le hais.

René étouffa un cri.

— Je suis son ennemi mortel, acheva l'inconnu.

— Ah !... Vous dites... vrai?

— Je dis vrai.

— Eh bien ! s'écria René qui tendit vivement sa main, touchez-là.

L'inconnu prit la main du Florentin et la serra.

— Vous voulez tuer Coarasse? continua l'inconnu, moi aussi.

— Ah ! ah !

— Le roi vous l'a permis, à la condition que vous le frapperiez vous-même.

— D'accord.

— Et que... ce serait aux genoux de Mme Marguerite.

— Précisément.

— Et depuis huit jours vous cherchez inutilement le sire de Coarasse.

— Hélas !

— Je sais où il est, moi.

René jeta un cri de joie.

— Il est au Louvre...

René recula stupéfait.

— Et chaque soir Mme Marguerite le vient visiter...

René fut pris de vertige.

— Mais... où est-il?

— Suivez-moi.

L'inconnu prit René par la main et lui fit gravir l'escalier tournant.

— Votre dague est de bonne trempe, n'est-ce pas, messire René? lui demanda-t-il tout bas.

— Elle perce un écu d'or.

— Bravo !

— Je ne connais qu'une seule cotte de mailles qu'elle ne puisse entamer.

— Quelle est-elle?

— C'est celle que le feu roi Henri II fit forger à Milan par le célèbre armurier *Guasta-Carne*, c'est-à-dire Gâtechair, lors de son mariage avec Mme Catherine.

— Ah ! dit l'inconnu, votre dague n'a pu l'entamer?

— Non. Un jour le roi, le duc de Crillon et moi-même en avons fait l'essai. La lame s'est faussée.

— Bon ! fit l'homme masqué, la peau du sire de Coarasse est plus tendre que cela.

— Je l'espère, murmura René avec un sourire cruel.

Et ils continuèrent à gravir les marches de l'escalier.

— Ah! ça, demanda le Florentin, il est donc dans les combles?

— Oui... dans la chambre du page Raoul, laquelle, vous le savez, communique par une porte avec une autre chambre qu'habitait jadis Mlle Guitaut, la première camérière de la reine. Cette chambre est inhabitée aujourd'hui, et c'est là que madame Marguerite a caché le sire de Coarasse.

— Et c'est là qu'elle vient le voir?

— Oui.

— Quand?

— Tenez, écoutez, dit l'inconnu.

On entendait sonner le beffroi de l'église Saint-Germain.

— Il est neuf heures. C'est le moment où le roi sort de table. Avant dix minutes les amoureux seront réunis.

— Comment pénétrer auprès d'eux?

— J'ai une fausse clef.

En parlant ainsi, l'homme masqué atteignit le corridor supérieur et, tenant toujours René par la main, il le conduisit jusqu'à la porte de cette chambre où nous avons vu le duc de Guise s'introduire sous le costume d'un garçon marchand de vins.

Alors l'inconnu mit une clef dans la serrure et la porte s'ouvrit sans bruit.

La chambre de Raoul était petite, mais assez luxueusement décorée. D'épais rideaux masquaient la fenêtre, une chaise longue était placée tout auprès de la cheminée. Sur un guéridon brûlait une petite lampe à globe d'albâtre qui projetait autour d'elle une lueur discrète.

L'inconnu, qui marchait sur la pointe du pied, écarta les rideaux de la croisée et dit à René :

— Tenez! cachez-vous là... et attendez...

René obéit et les rideaux se refermèrent.

Alors l'inconnu s'éloigna lentement et tira la porte derrière lui.

René, dont le cœur était pris d'une violente émotion, René, qui aurait mieux aimé avoir affaire à un deuxième Samuel Loriot qu'au sire de Coarasse, attendit environ dix minutes.

Puis, tout à coup, la porte par où l'inconnu avait disparu se rouvrit, et une femme se montra.

Cette femme était enveloppée dans un grand manteau, et de plus elle avait un loup de velours sur le visage.

Elle entra, passa à deux pas de René et alla frapper à cette autre porte qui mettait la chambre de Raoul en communication avec celle qu'occupait Mlle Guitaut.

La femme voilée heurta cette porte de deux petits coups.

Aussitôt elle s'ouvrit et le sire de Coarasse, tête nue, pâle, chancelant, se montra sur le seuil.

La femme voilée lui jeta les deux bras autour du cou et l'entraîna vers la chaise longue, où elle s'assit.

Déjà la dague de René s'abaissait rapide entre les deux épaules du prince. (P. 483.)

Henri s'agenouilla devant elle, prit ses deux mains, les porta à ses lèvres et murmura :

— Ah ! chère Marguerite...

Soudain René écarta les rideaux et s'élança, la dague haute, sur le sire de Coarasse qui lui présentait le dos.

La femme voilée jeta un cri, mais déjà la dague de René s'abaissait rapide entre les deux épaules du prince.

LXV

René avait ajusté son coup entre les deux épaules du prince, et il avait frappé avec une vigueur sans égale. Mais sa surprise et son effroi furent grands...

La dague se brisa en trois morceaux et soudain le prince se redressa.

Leste et terrible comme le tigre qui se retourne vers le chasseur maladroit, Henri saisit le bras du Florentin, lui arracha le tronçon de sa dague, et à son tour il lui mit un poignard sur la gorge.

René, pâle et frissonnant, se demandait si Satan lui-même ne s'était point incarné dans la peau de Henri de Coarasse pour le rendre invulnérable et à l'épreuve d'une dague forgée à Milan.

René était moins pétrifié quelques jours auparavant, en présence de maître Caboche, de ses aides et de la torture.

Henri le tint un moment immobile et comme fasciné sous son regard.

En même temps, la femme masquée arracha son loup, et René, saisi de vertige, reconnut non point Marguerite, mais Nancy.

Nancy la rieuse et l'espiègle, qui lui montra ses dents blanches, le regarda d'un air moqueur et lui dit :

— Méchant que vous êtes ! vous avez tenté d'assassiner mon amoureux, juste au moment où il m'avouait sa flamme !

Puis encore, deux autres portes s'ouvrirent, et René, saisi de terreur, vit entrer par l'une le roi Charles IX, par l'autre M. de Pibrac, Noë et le terrible duc de Crillon.

— Sire, dit alors Henri qui se tourna vers le roi, voici un homme qui a tenté de m'assassiner.

— Je le sais, dit le roi ; j'ai tout vu.

— Sire, balbutia René, c'est par ordre de Mme Catherine.

Le roi fit un signe de tête affirmatif.

— Et Votre Majesté, ajouta René, dont les dents claquaient d'épouvante, Votre Majesté l'a permis.

— Halte-là ! maître René, fit le roi avec hauteur, je vous ai permis de tuer le sire de Coarasse aux pieds de ma sœur Margot, et non aux pieds de Nancy.

— Me tuer mon amoureux ! fit Nancy d'un ton boudeur... Ah ! fi !...

— Et comme l'intention est réputée pour le fait, ajouta Charles IX, et que tu as transgressé mes ordres...
— Mais, Sire, le masque...
— Tu seras pendu, René, et pendu haut et court, demain matin.
— Sire... Sire...
— Tuer un petit gentillâtre, passe encore, poursuivit le roi : mais tuer M. de Coarasse !

René eut une lueur d'audace, et il osa répondre :
— Les Coarasse ne sont pas de race royale.
— Hé ! hé ! dit le roi.
— Et, regardant Henri :
— Expliquez donc à ce drôle, *mon cousin*, dit-il, comment vous vous nommez Coarasse.

A cette appellation de « mon cousin, » René crut rêver ; mais il jeta un cri terrible, un cri d'hyène prise au piège, lorsque le prince lui eut dit froidement :
— Je me nomme Henri de Bourbon, prince héritier du trône de Navarre, et je suis né au château de Coarasse.
— Tu vois bien, mon pauvre René, dit alors le roi avec cette bonhomie cruelle qu'il avait parfois, — tu vois bien que la corde qui doit t'étrangler est suffisamment graissée...
— Sire ! grâce ! balbutia René tombant à genoux.

Le roi haussa les épaules.
— Duc, reprit-il s'adressant à Crillon, je vous ai chargé déjà d'une vilaine besogne, je vais vous en charger encore.
— Ah ! Sire, répondit Crillon, je le veux bien, mais cependant...
— Eh bien ? fit le roi.
— Je désirerais réfléchir.
— Pourquoi cela ?
— Mais parce que, soit que René ait fait un pacte avec le diable...
— C'est possible !...
— Soit que... la reine mère...
— Ah ! duc, fit le roi avec fierté, je veux bien me laisser duper quand il s'agit d'un bourgeois, mais non d'un prince de mon sang.
— Si je suppliais Votre Majesté de m'engager sa parole...
— Comment cela ?
— Voici, dit Crillon, enveloppant René d'un regard qui le glaça jusqu'à la moelle des os : quand René a assassiné le bourgeois Loriot, le prévôt des marchands et tous les boutiquiers ont jeté de tels cris, que Votre Majesté a cru devoir déférer le coupable au Parlement. C'était très bien, en principe, mais les événements ont prouvé que ce mode de juridiction était mauvais.
— C'est vrai, duc.
— Moi, je suis pour un procédé beaucoup plus simple.
— Ah ! ah !
— Votre Majesté va en juger.
— Voyons !

— Qu'est-ce que René? Une bête venimeuse, un chien enragé, quelque chose de malfaisant dont on se débarrasse au plus vite...

— Hé! dit Nancy, voilà un joli portrait, ma foi !

— Il n'est pas flatté, murmura le roi, mais il est fidèle...

— Donc, poursuivit le duc, mon avis est qu'il faut se débarrasser de René au plus vite, sans tambour ni trompette, — en famille...

— C'est le mot, observa Charles IX.

— Votre Majesté m'engage sa parole qu'elle ne me retirera René des mains sous aucun prétexte.

— Sous aucun, dit sèchement le roi.

— Je fais comme le bourreau, je prends le condamné et j'en donne un reçu.

— A merveille !

— Puis, avec l'aide de trois de mes Suisses, je le fais descendre dans la cour du Louvre.

— Bien, après?

— Je me procure une bonne corde neuve.

— Parfait !

— On hisse la corde après le poteau d'une lanterne.

— Les poteaux de lanterne sont solides, observa le roi.

— Et au bout de la corde...

— On hisse René, ajouta M. de Crillon, mes Suisses entoureront la potence jusqu'au matin... Il ne faut pas douze heures pour bien pendre un homme.

— Ah ! ah ! dit le roi, est-ce que vous allez faire cette besogne?...

— Sur-le-champ, Sire.

— Au milieu de la nuit?

— Bah ! fit le duc, le paradis est ouvert à toute heure. Si René y doit aller, ce dont je doute, on le recevra à minuit aussi bien qu'à midi.

René écoutait sans entendre, regardait sans voir, et il semblait avoir déjà la terrible corde passée autour du cou.

— Eh bien ! dit le roi, allez, duc.

— J'attends... Sire.

— Qu'attendez-vous?

— La parole de votre Majesté qu'elle me fait cadeau de René et m'octroie le droit de lui faire ce que bon me semblera.

Le roi allait répliquer et octroyer sans doute cette parole qu'on lui demandait, lorsque la porte qui donnait sur le corridor livra passage à un nouveau personnage que, sans doute, personne n'attendait.

C'était la reine mère, Mme Catherine de Médicis.

La reine avait entendu une rumeur inaccoutumée, des cris, des éclats de rire, la voix du roi, celle de René, et elle accourait.

Elle s'arrêta sur le seuil, vit le sire de Coarasse calme et la tête haute, le roi dédaigneux, le duc de Crillon tranquille comme un lion au repos, Nancy moqueuse, Noë souriant, M. de Pibrac se composant un visage de Gascon diplomate, et René livide d'épouvante.

En un seul coup d'œil, la reine comprit une partie de la vérité.

Elle devina que le roi s'était moqué d'elle, et qu'il protégeait le sire de Coarasse.

Elle devina que Nancy s'était prêtée à une comédie.

Elle devina enfin que M. de Crillon allait faire payer cruellement à René sa disgrâce de quelques jours.

L'œil de Catherine lançait des éclairs, et le regard qu'elle darda au sire de Coarasse fut terrible.

— Madame, dit froidement le roi, René n'a pas tenu ses engagements.

— Ah! dit la reine.

— Je lui avais permis de tuer le sire de Coarasse s'il le surprenait aux pieds de la princesse Marguerite...

— Eh bien, Sire?

— René n'a point tenu parole.

— Comment cela?

— Il a frappé le sire de Coarasse juste au moment où il faisait une déclaration d'amour à Nancy.

La reine regarda Henri.

Henri n'était pas même blessé.

— Bon! dit le roi, qui devina la pensée de la reine mère, vous trouvez que, pour un homme assassiné, il se porte assez bien... hein?

— Sire!...

— Ah! c'est que je lui avais prêté la cotte de mailles de mon père le feu roi Henri II.

Ces derniers mots firent pâlir la reine de courroux.

— Sire, dit-elle, vous êtes le roi, vous êtes le maître, le maître absolu, mais vous êtes mon fils, et Dieu punit le fils qui ose se railler de sa mère.

En parlant ainsi, madame Catherine s'était redressée avec fierté.

— Madame, répondit le roi, je vais vous expliquer ma conduite en peu de mots.

— Je vous écoute, Sire.

— A Dieu ne plaise que je me raille jamais de ma mère! mais à Dieu ne plaise aussi que je permette jamais qu'on assassine ceux de mon sang dans mon propre palais!

— Je ne vous comprends pas, Sire.

Le roi regarda Henri.

— Mon cousin, dit-il, veuillez donc expliquer à la reine mère que vous vous nommez Henri de Bourbon.

Catherine recula effarée.

— Madame, dit alors Henri, qui prit la main de Catherine et la porta à ses lèvres en fléchissant un genou, pardonnez-moi d'avoir joué auprès de vous un rôle de sorcier tout au plus digne de René.

La reine regardait Henri avec une sorte d'égarement.

— Ah! dit-elle enfin, j'aurais dû vous reconnaître, vous êtes le portrait vivant d'Antoine de Bourbon, votre père.

— Alors vous comprenez, madame, reprit le roi, qu'avec la meilleure volonté du monde de vous être agréable, je ne pouvais, en conscience, faire tuer celui à qui vous destiniez la main de ma sœur Margot.

La reine pétrifiée, ne trouvait pas un mot à répondre.

Heureusement le duc de Crillon se chargea de rompre ce silence.

— Sire, dit-il, j'attends toujours votre parole.

Et, ce disant, il posa la main sur l'épaule de René.

René jeta un cri et tomba à genoux.

— Qu'allez-vous donc faire de cet homme? demanda Catherine.

— Madame répliqua Crillon, j'attends que Sa Majesté le roi daigne me le confier.

— Et qu'en voulez-vous faire?

— Le pendre dans la cour du Louvre.

— Ah! madame, ajouta le roi toujours froidement railleur, vous comprenez que je ne puis faire moins pour mon cousin le prince de Navarre...

— Sire... sire! balbutia Catherine, qui ne pouvait se défendre d'un reste d'affection pour son maladroit favori.

— Trop tard, madame, dit le roi; j'avais engagé ma parole au duc.

Catherine soupira, mais elle se tut.

— Je suis perdu! pensa René devenu livide. Elle aussi m'abandone...

Et obéissant à une inspiration subite, il se jeta aux genoux de Henri.

— Ah! monseigneur, murmura-t-il, monseigneur... ayez pitié de moi...

— Et si je te pardonne, dit Henri, que feras-tu?

— Je passerai ma vie à vous bénir.

— Tarare! dit le prince.

— Je me ferai tuer pour vous...

— Peuh! tu as peur de la mort...

— Je... je... je serai votre esclave...

— Chansons que tout cela! dit le prince, devenu railleur à son tour. Je vais te proposer autre chose, René, mon ami...

— Ah! parlez, monseigneur, supplia René, parlez... ordonnez! Mais...

Il regarda Crillon avec terreur.

— Mais ne me laissez point aux mains de M. le duc.

Crillon grommelait entre ses dents.

— Tiens-tu sérieusement à vivre?... dit Henri.

— Oh! fit René.

— A t'en aller fort tranquillement chez toi au pont Saint-Michel?

— Ma fille!... murmura René, qui voulut émouvoir Henri en faisant vibrer la corde paternelle.

— Ecoute-moi bien, René, continua le prince, il y a huit jours tu avais une femme en ton pouvoir.

Le Florentin tressaillit.

— Cette femme que tu avais enlevée dans le cabaret de Malican, juste au moment où je recevais un coup d'épée de M. le duc de Guise, cette femme, dis-je, tu lui as rendu sa liberté...

— Ah! ah! interrompit le roi, qui donc était-ce?
— Sarah Loriot, la femme du bourgeois que René...
— Chut! dit Charles IX, ne rappelons point ces choses qui sont fort désagréables à Mme Catherine.

La reine se mordit les lèvres.

— Et, demanda Charles IX, elle a racheté sa liberté un bon prix?
— Mais oui, Sire.
— Qu'a-t-elle donné?
— Elle a engagé sa parole à René qu'il serait mis en possession de tous les trésors de Samuel Loriot le jour où elle, Sarah, aurait touché la terre de Navarre.
— Samuel était riche, observa M. de Crillon.
— Et vous voyez, Sire, que maître René n'a pas ménagé Sarah.
— Certes, non.
— Eh bien! René, mon ami, si tu veux dégager Sarah l'argentière de sa parole d'abord, et souscrire ensuite à un petit engagement avec moi, je supplierai M. le duc de te laisser la vie.
— Ah! monseigneur, dit Crillon, Votre Altesse a bien certainement une absence d'esprit.
— Comment cela, duc?
— Si je pends René, les trésors de Sarah ne lui seront pas très utiles.
— C'est vrai. Mais il a une fille, et Sarah sera esclave de sa parole.
— Hum! fit Crillon, tout cela est fort gênant... je voulais faire une expérience.
— Bah? dit le roi.
— J'aurais voulu m'assurer que les poteaux des lanternes pouvaient à la rigueur, et dans un moment de presse, remplacer la potence ordinaire.
— Je vous comprends, duc, mais je tiens à ne point voir dépouiller l'argentière.

Et Henri regarda René :
— Eh bien! qu'en dis-tu?

René roulait un œil hagard autour de lui et gardait un farouche silence.

Mais il sentait que M. de Crillon avait hâte d'en finir, et il avait compris que la reine elle-même n'osait plus le défendre.

D'ailleurs Crillon se moquait parfaitement de la reine et n'attendait qu'un signe de Charles IX.

— J'accepte, balbutia René. Je délie Sarah Loriot de son serment.
— Bon! dit Henri, voici le premier point. Maintenant passons au second.

René regarda le prince. Que pouvait-on lui reprendre encore?
— Tu vas t'engager, poursuivit le prince, à ne pas toucher un seul cheveu de ma tête, ni de celle de M. de Pibrac, ni de celle de mon ami Noë que voilà.
— Je le jure, balbutia encore René.

Mais Henri se prit à sourire.
— Oh! dit-il, ce n'est pas toi qui vas me le jurer.

Même, dit Henri en souriant, si j'étais le prince de Navarre? (P. 493.)

— Hein, fit le roi.
— Sire, répondit Henri, je vais demander à René un serment par procuration.
— Comment l'entendez-vous, mon cousin?
— Fort simplement. Mme Catherine, que voilà, va m'engager sa parole royale que René ne tentera rien ni contre la vie ni contre le repos de

M. de Pibrac, de M. de Noë, de Sarah l'argentière et de son humble serviteur, le prince Henri de Bourbon.

— Allons ! madame, dit Charles IX, laissez pendre René ou faites le serment.

— Soit, dit la reine, je me porte garant pour René. J'en donne ma parole...

Henri respira.

Mais la reine en prononçant ces mots, lui jeta un regard de haine, et il comprit que désormais il avait en elle une ennemie implacable..

— Harnibleu ! jurait Crillon, voici que ce damné parfumeur se tire encore sain et sauf de mes griffes... Quel guignon !

LXVI

La scène qui venait d'avoir lieu avait été prévue et méditée dans le cabinet du roi, au moins quant à ce qui concernait Nancy ; mais il n'avait été nullement question d'abord de révéler à René le véritable nom du sire de Coarasse.

Dans la pensée du roi, apprendre à Mme Marguerite qu'elle aimait celui qu'on lui destinait pour époux, était chose dangereuse et il avait été convenu tout d'abord que l'incognito du prince ne serait point violé.

C'était dans cette intention que le roi, après avoir fait la leçon à Mme Marguerite, avait imaginé de masquer Nancy, de lui faire jouer le rôle de sa maîtresse et de faire ainsi tomber René dans un piège.

Car, si le roi avait permis qu'on tuât le sire de Coarasse aux pieds de Marguerite, il n'avait nullement entendu qu'on prît Nancy pour elle. Donc René, frappant le sire de Coarasse aux genoux de Nancy, transgressait les ordres du roi et devenait justiciable de M. de Crillon.

Un évènement imprévu était venu modifier cet arrangement.

Comme le roi était à table vers sept heures, on vit arriver le page Gauthier, qui remit au roi un vaste pli cacheté.

— Qui donc apporte cela ? demanda le monarque.

— Un gentilhomme qui arrive de Nérac à franc étrier.

Henri tressaillit, M. de Pibrac et Noë échangèrent un regard.

Quant à Mme Marguerite, elle se prit à pâlir.

— Oh ! oh ! fit le roi, de Nérac ?...

Et il ouvrit le pli cacheté et en retira successivement trois lettres. L'une était à l'adresse du roi, l'autre à celle de M. Pibrac, la troisième était destinée à Mme Catherine. Le roi tendit la sienne à Pibrac et brisa le sceau du message qui lui était adressé :

« Sire, mon frère et cousin, — disait Jeanne d'Albret, reine de Navarre,

— je vous écris ces présentes, pour vous annoncer que je me mets en route ce jourd'hui, onzième de juin, et que je pense être rendue à Paris devers la fin du présent mois, à la seule fin que le mariage de mon fils Henri avec votre sœur Marguerite se puisse conclure promptement.

« Mon écuyer monte à cheval et a ordre de ne point *baguenauder* en route.

« Il arrivera à Paris bien avant moi.

« En attendant, Sire, mon frère et cousin, le plaisir et la faveur de vous voir je prie Dieu qu'il vous tienne en santé, joie et liesse.

« JEANNE, reine de Navarre. »

Le roi, après avoir parcouru cette lettre des yeux, la lut tout haut, regardant Mme Marguerite, qui était devenue plus pâle qu'une statue.

En même temps Noë se penchait à l'oreille de M. de Pibrac :

— Bien certainement, disait-il, le messager de madame a laissé pour nous un pli à l'hôtellerie de la rue Saint-Jacques.

Le prince de Navarre regardait Marguerite et semblait partager son émotion.

M. de Pibrac ouvrit la lettre que lui adressait la reine Jeanne et lut tout bas :

« Cher et aimé Pibrac.

« J'ai toujours grand'peur que le prince mon fils ne continue à être enamouré de Mme la comtesse de Grammont, et c'est pour cela que je vous écris. J'ai grand'peur, en outre, que les cancans et médisances qu'on débite par tout le royaume à l'endroit de Mme la princesse Marguerite ne l'aient aussi dégoûté de ce mariage, et je vous prie de faire tous vos efforts pour l'y décider. Vous lui promettrez de ma part qu'aussitôt que le mariage sera conclu je lui octroirai le titre de roi.

« Adieu, cher et aimé Pibrac ; je compte sur vous.

« JEANNE. »

M. de Pibrac se hâta de refermer cette lettre et de la faire disparaître dans la poche de ses chausses.

L'arrivée de ces dépêches avait produit une impression fâcheuse sur les convives de Sa Majesté.

Un morne silence régna pendant quelques instants, et ce fut le roi qui le rompit en disant au sire de Coarasse :

— Mon cher sire, venez, que je vous parle...

Le roi, se levant de table, alla ouvrir la porte du cabinet où Henri couchait chaque soir et il l'y fit entrer avec lui.

— Ah! pensait Marguerite éperdue, il va lui ordonner de partir...

Marguerite se trompait.

— Cousin, dit tout bas Charles IX au prince de Navarre, que pensez-vous de la prochaine arrivée de Mme Jeanne?

— Je pense, Sire, qu'elle va me forcer à dépouiller mon incognito.

— Ne craignez-vous rien?

— Que craindrais-je?
— Margot est capricieuse.
— Elle m'aime...
— Alors, dit le roi, voulez-vous mon avis?
— Parlez, Sire.
— Autant lui faire la confidence de suite.
— Soit!
— Restez là, je vais vous l'envoyer...

Henri s'assit sur le pied de son lit, et le roi rentra dans la salle à manger, où le silence avait pris des proportions funèbres.

— Hé! ma pauvre Margot, dit le roi, je viens de donner une mission au sire de Coarasse.

— Une mission, Sire?

Et Marguerite se prit à trembler de tous ses membres.

— Va le voir, il se chargera de tes commissions.
— Pour qui, Sire?
— Pour le prince de Navarre.

Marguerite, la sueur au front, les lèvres blêmies, entra dans le cabinet, persuadée que le roi avait voulu la prendre en pitié, lui ménager un dernier tête-à-tête avec Henri.

Celui-ci était calme, sérieux, et il enveloppa Marguerite d'un regard d'amour.

Marguerite lui prit la main et lui dit :
— Je ne veux pas que vous partiez!
— Il le faut.

Le prince se prit à sourire et lui dit :
— Ne devez-vous pas bientôt épouser le prince de Navarre?
— Taisez-vous!
— Et vous ne pouvez aimer que lui.
— L'aimer! s'écria Marguerite avec colère, oh! je le hais...
— Pourquoi?
— Parce que je t'aime.

Un fin sourire vint aux lèvres du jeune prince.

— Vous le haïssiez avant de m'aimer...
— C'est vrai.
— Pourquoi donc?
— Parce que, m'a-t-on dit, c'est un rustre, un paysan, un ours mal léché...
— Et puis, ajouta Henri, parce qu'il vous faudra aller vivre en Navarre à la cour de Nérac, où on s'ennuie fort, dit-on.
— Ah! dit Marguerite, si, au lieu de vous aimer, j'aimais le prince, que m'importerait?
— Je gage, ma chère amie, que vous consentiriez à me suivre.
— Vous?
— Moi.
— Ah! certes! et au bout du monde.

— Même, fit Henri souriant, si j'étais le prince de Navarre ?

Marguerite tressaillit et regarda le prince avec étonnement.

— Le prince de Navarre, poursuivit Henri, qui aurait quitté Nérac incognito et, craignant de n'être point aimé, se serait hasardé de plaire à la princesse Marguerite sous le pourpoint d'un simple gentilhomme?

— Henri... Henri... ne raillez point, murmura la princesse.

— Madame, répondit-il, le roi Charles IX m'a dit tout à l'heure une singulière chose.

— Ah! fit Marguerite, qui regardait toujours le prince.

— Il m'a dit que vous seriez capable de prendre en haine le pauvre sire de Coarasse...

— Vous êtes fou.

— Si vous vous aperceviez qu'il vous a trompée.

— Vous m'avez donc trompée?

— Hélas! oui.

Marguerite tressaillit de nouveau.

— Je me nomme Henri de Bourbon, acheva le prince, qui prit les deux mains de Marguerite, l'attira à lui et lui donna un long baiser.

Marguerite jeta un grand cri. A ce cri, le roi accourut, suivi de Miron, qui s'empressa de donner des soins à la jeune princesse, qui venait de s'évanouir.

Cet évanouissement fut de courte durée. Bientôt Marguerite, qu'on avait placée dans un grand fauteuil, rouvrit les yeux et aperçut tour à tour Henri et le roi, qui tenaient chacun une de ses mains.

Elle sourit à Henri et dit au roi :

— Sire, vous aviez de moi une fort vilaine opinion. Je suis prête à aimer le prince de Navarre aussi ardemment que j'aimais le sire de Coarasse.

— Alors, dit le roi, nous allons modifier un peu le bon tour que je compte jouer à ce drôle de René.

Et le roi, parlant ainsi, alla détacher d'une vaste panoplie cette fine cotte de mailles que le roi Henri II fit forger à Milan et sur laquelle devait se briser, une heure plus tard, la dague si merveilleusement trempée du Florentin.

. . . .

Deux heures après, on s'en souvient, le favori de Mme Catherine était pris au piège.

Noë avait joué le rôle de l'homme masqué.

Quand la reine Catherine eut fait le serment que lui demandait Henri de Navarre, le roi ajouta :

— Maintenant, madame, je puis vous donner une nouvelle.

— Ah! fit la reine avec indifférence.

— La reine Jeanne arrive dans huit jours.

— Et je ne vois plus rien qui puisse retarder mon mariage, dit une voix derrière Mme Catherine.

La reine mère se retourna vers Marguerite, qui entrait et souriait au prince Henri de Bourbon, futur roi de Navarre. René était consterné!

LXVII

Huit jours après les événements que nous venons de rapporter, le Louvre avait pris un air de fête tout à fait inaccoutumé.

On attendait d'un moment à l'autre l'arrivée de Mme Jeanne d'Albret, reine de Navarre.

Un gentilhomme courrier était entré au Louvre vers deux heures de relevée, annonçant que le royal cortège n'était plus qu'à quelques lieues de Paris.

Soudain Henri de Navarre, qui, depuis qu'il avait dépouillé l'incognito et répudié le nom de sire de Coarasse, logeait ouvertement au Louvre, Henri était monté à cheval, en compagnie de Noë, de M. de Pibrac et de quarante gardes du roi, dont le duc de Crillon, sur l'ordre de Charles IX, avait pris le commandement.

Puis le prince, accompagné de cette escorte d'honneur, s'en était allé au-devant de sa mère.

En même temps, Mme Catherine, le roi, Mme Marguerite, avaient donné des ordres pour que la réception fût brillante et digne de tous points d'une reine alliée à la famille royale de France.

Par les corridors et les salles dans les cours, partout, les pages, les gentilshommes, les valets se croisaient d'un air affairé.

Mais les gentilshommes causaient, les valets se réjouissaient, les pages caquetaient ni plus ni moins que de belles filles.

Notre ami Raoul, qui s'en revenait de porter un message à Mme Catherine, avait trouvé le moyen de rencontrer Nancy.

Raoul avait rougi, Nancy s'était prise à rire.

Tous deux s'étaient appuyés au balcon d'une fenêtre qui regardait la Seine et, sous prétexte de voir arriver le cortège, ils s'étaient mis à causer.

— Ma chère Nancy, disait Raoul, que pensez-vous de tout cela ?

— Qu'appelles-tu tout cela, mon petit Raoul ?

— Mais le calme qui a régné au Louvre ces jours-ci, d'abord.

— Bon ! et après ?

— Et la joie qu'on y déploie aujourd'hui...

Nancy prit un air grave :

— Connais-tu le bord de la mer, mon petit Raoul ?

— Non.

— C'est fâcheux.

— Pourquoi ?

— Parce que, si tu avais vu l'Océan, tu saurais, mon petit Raoul, que le calme le plus profond précède ordinairement la tempête.

— Ah ! dit Raoul.

— Et puis il y a un vieil adage qui prétend, continua Nancy, que ceux qui rient le samedi pleureront le dimanche.

— Tiens! fit Raoul, c'est justement samedi.

— Et mon adage est peut-être fort juste.

— Oh! oh! Nancy, murmura Raoul, comme vous êtes soucieuse!

— C'est vrai.

— Est-ce que vous entrevoyez des malheurs?

— Hélas!

— Mon Dieu! fit Raoul frappé de la gravité de Nancy.

— Mon petit Raoul, poursuivit la jolie camérière, je suis tout bonnement la princesse Cassandre du Louvre.

— Bah!

— On ne croit pas à mes prédictions.

— Qu'avez-vous donc prédit?

— Écoute bien: depuis que le sire de Coarasse a fait place au prince de Navarre, on se croirait volontiers revenu à l'âge d'or.

— C'est vrai, cela.

— Mme Catherine et Mme Marguerite s'embrassent du soir au matin : le roi jure qu'il ne s'ennuie plus, la reine mère accable le prince Henri de Bourbon de protestations d'amitié, et René lui fait une cour obséquieuse et lui demande pardon du matin au soir d'avoir tenté de l'assassiner.

— Et tout cela ne vous semble point d'un bon augure, Nancy?

— Non, mon petit Raoul.

— Et vous avez fait des prédictions?

— Justement.

— Ah! fit Raoul d'un air curieux.

— J'ai prédit à Mme Marguerite qu'elle se brouillerait au premier jour avec Mme Catherine.

— Bien! dit le page; ensuite?

— J'ai prédit au roi que René assassinerait quelqu'un avant huit jours d'ici.

— Quel singulière idée!

— Et j'ai prédit enfin au prince de Navarre qu'il éprouverait encore une foule de désagrément et peut-être bien des malheurs avant qu'il conduise à l'autel Mme Marguerite.

— Et qu'a répondu le prince?

— Il m'a ri au nez.

— Bon! et le roi?

— Le roi a haussé les épaules.

— Très bien! et Mme Marguerite?

— Mme Marguerite a prétendu que j'étais folle.

— Avez-vous aussi une prédiction à me faire, Nancy?

— A toi, Raoul?

— A moi.

— Peut-être bien.

— Voyons !

Nancy eut un sourire moqueur sur les lèvres et dit :

— Je te prédis, Raoul mon mignon, que tu feras un grand voyage d'ici à peu de temps.

— Allons donc !

— Un voyage dans le Midi.

— Parbleu ! dit Raoul, qui devint aussitôt rouge comme une cerise. J'irai en Navarre.

— Probablement le roi t'y enverra.

— Ce n'est pas cela, Nancy.

— Ah ! ah !

— C'est moi qui demanderai à y aller.

— Pourquoi ?

— Mais, dame ! parce que le prince de Navarre y retournera.

— Belle raison !

— Et qu'il y emmènera sa femme, la princesse Marguerite.

— Hum ! fit Nancy.

— Et que Mme Marguerite vous emmènera...

Nancy ne put, à son tour se défendre de rougir un peu.

— Va-t'en, mon petit Raoul, dit-elle, tu viens de manquer à toutes tes promesses.

— Hein ? fit Raoul.

— N'a-t-il point été convenu entre nous, ajouta Nancy, que tu ne me parlerais jamais d'amour ?

— Oui, tant que je serai page...

— Tu l'es encore.

— Mais voici que j'ai dix-huit ans.

— Déjà ?

— Vienne la fin du mois, et je vais prier le prince de me prendre pour écuyer. Je vous aime trop pour rester page longtemps encore...

— Petit drôle ! murmura Nancy menaçant Raoul du doigt... tu verras si je tiens ma promesse.

— Que m'avez-vous promis ?

— De te bouder pendant huit jours si tu te permettais encore de me dire que tu... m'aimes...

Raoul eut un excès d'audace. Il prit la main blanche et rose de la camérière et la portant à ses lèvres :

— Soit ! dit-il, boudez-moi quinze jours, si vous voulez, car j'ai péché deux fois de suite. Je vous aime !... je vous aime !...

— Mais Nancy n'eut point le temps de commencer à mettre sa menace en exécution, un bruit lointain se fit entendre.

En même temps une foule de populaire se montra dans l'éloignement et se prit à onduler comme les vagues de la mer entre la rivière et les maisons du vieux Paris. Nancy prit Raoul par le bras et le poussa vers le balcon.

Les deux enfants, penchés à la croisée ogivale du vieux Louvre, attendirent avec impatience. (P. 497.)

— Viens donc regarder, dit-elle, je te bouderai demain.

Et les deux enfants, penchés à la croisée ogivale du vieux Louvre, attendirent avec impatience l'arrivée du cortège de Mme Jeanne d'Albret, reine de Navarre.

Les fanfares mettaient le Louvre en rumeur.

Aussitôt qu'il les entendit, le roi Charles IX, qui se tenait prêt à monter à cheval, sauta en selle et sortit de la cour du Louvre entouré de ses gardes. Puis il mit son cheval au galop et rencontra le cortège sur la place du Châtelet.

— Nous sommes bien placés ici, n'est-ce pas, mon petit Raoul? disait l'espiègle Nancy.

— Nous verrons défiler tout le cortège.

— Attention! ajouta la camériste, qui redevenait enfant.

En effet, le cortège allait bientôt s'engouffrer sous les vastes voûtes du Louvre, et le spectacle était imposant.

Au milieu d'une foule de bourgeois qui se pressaient curieusement à l'entour s'avançait lentement la litière de Mme Jeanne d'Albret, portée par quatre belles mules rouges dont les harnais étaient garnis de clochettes. A la portière de droite chevauchaient le prince Henri de Bourbon et M. de Pibrac.

A la portière de gauche étaient M. de Crillon et Noë.

Le roi, en abordant la litière, avait mis pied à terre, et il était monté auprès de la reine Jeanne, à qui il avait fort galamment baisé les mains.

En avant et en arrière de la litière, marchaient les gardes du roi et les trente officiers et gentilshommes qui formaient l'unique escorte amenée par la reine de Navarre.

Quand la litière arriva à la grand'porte du Louvre, verticalement au-dessus de laquelle était la fenêtre que Nancy et Raoul avaient choisie pour leur poste d'observation, la camériste dit au page :

— Maintenant, varions un peu nos plaisirs.

— Comment cela?

— Viens toujours.

Elle prit Raoul par la main et lui fit longer le corridor dans toute sa longueur, si bien qu'elle arriva à une autre croisée.

Celle-là donnait sur la cour du Louvre, et précisément au-dessus de l'entrée principale.

— As-tu de bons yeux! Raoul? demanda Nancy.

— Des yeux de faucon.

— Très bien. Alors tu vas bien regarder la reine de Navarre au moment où elle descendra de sa litière.

— Pourquoi?

— Mais uniquement pour voir comment elle est : j'ai la vue basse.

Nancy exagérait peut-être bien un peu, car elle venait de remarquer fort distinctement au-dessous d'elle Mme Catherine et Mme Marguerite, qui se trouvaient au haut du perron, vêtues de leurs plus beaux atours. Autour d'elles les dames de la cour se pressaient et attendaient avec la plus vive anxiété que la reine Jeanne apparût.

Enfin la litière s'arrêta.

Le roi Charles IX descendit le premier et offrit son poing, — ce qui était la mode du temps, — à Mme Jeanne d'Albret.

La reine de Navarre sortit à son tour de sa litière et provoqua l'admiration générale.

De même qu'on s'était attendu à la cour de France, au lieu de l'élégant et spirituel sire de Coarasse, à voir dans le prince Henri de Bourbon une sorte d'ours mal léché, un prince paysan et chasseur, vêtu de bure et sentant l'ail, de même on s'était figuré que Mme Jeanne d'Albret, qui était une des têtes de colonne du parti calviniste, avait le physique de l'emploi, c'est-à-dire que c'était une grande femme sèche, maigre, aux vêtements grossiers, à l'air austère, à la démarche raide et puritaine.

On s'était trompé à la cour de France. La reine de Navarre était jeune, beaucoup plus jeune que son âge; elle avait trente-neuf ans et en paraissait trente à peine; elle était belle comme une vraie Béarnaise, — elle avait l'œil noir et vif, la lèvre rouge, la chevelure d'ébène aux boucles luxuriantes.

Quand on la vit auprès de Henri de Bourbon, son fils, on la prit pour sa sœur aînée.

Elle s'avança vers Mme Catherine, qui descendit elle-même les premières marches du perron, avec l'aisance et la dignité d'une femme de race; elle donna sa main à baiser à la princesse Marguerite, qu'elle considéra sur-le-champ et par ce seul fait comme sa bru, et monta les degrés du perron appuyée sur le roi.

— Hé! mais, dit Nancy en se penchant à l'oreille de Raoul, décidément on est moins arriéré que je ne le croyais à la cour de Navarre.

— C'est mon avis, dit Raoul.

— Et la reine Jeanne est ajustée avec une élégance du meilleur goût.

. . . .

Il y avait au Louvre une grande salle qu'on nommait déjà la salle du Trône et dans laquelle on avait coutume de recevoir les princes et les têtes couronnées. C'était là que, par ordre de Charles IX, on avait dressé la table du festin réservé à la reine de Navarre.

La reine Jeanne y prit place à la droite du roi.

Mme Catherine, placée vis-à-vis de Charles IX, avait à sa droite le prince Henri de Bourbon.

Le roi mit à sa gauche la princesse Marguerite.

La reine mère plaça pareillement M. de Crillon à sa gauche.

Nancy, que son humble situation n'autorisait point à s'asseoir à la table royale, continua à caqueter dans un coin de la grande salle avec le page Raoul.

Raoul disait :

— Je crois décidément que Mme Catherine a pardonné très franchement au sire de Coarasse.

— Hum! fit Nancy d'un air mystérieux, vraiment! tu le crois?

— Ne voyez-vous pas quel air souriant elle a?

— Quand la reine sourit, c'est mauvais signe.

— Bah!

Un gentilhomme vint à passer dans un coin de la salle.

C'était René.

René rentré en grâce, redevenu favori depuis que le prince de Navarre lui avait pardonné, René, disons-nous, revenait au Louvre de plus belle, et les courtisans continuaient à le saluer.

Cependant, contre son habitude, il était devenu poli, presque humble ; il souriait au plus petit gentillâtre, il donnait la main au moindre page.

Nancy poussa Raoul du coude :

— Regarde ! dit-elle.

Raoul vit René échanger un rapide regard avec la reine et passa sans s'arrêter.

Le sourire de Catherine n'abandonna point ses lèvres ; mais un éclair jaillit de ses yeux.

Nancy surprit cet éclair.

— Le sire de Coarasse n'est pas mort, murmura-t-elle.

Et comme Raoul ne comprenait point, elle ajouta :

— La reine n'a point pardonné.

— Cependant, observa Raoul, le prince Henri épousera Mme Marguerite ?

— Sans doute, mais...

Sur ce *mais*... Nancy s'arrêta, puis reprit brusquement :

— Tu es trop jeune, mon petit Raoul, pour rien comprendre à la politique.

— Ah bah !

— Tiens, ajouta Nancy, il y a maintenant quelqu'un à cette table que la reine mère hait bien plus violemment que le prince Henri de Bourbon.

— Et qui donc ?

Raoul posa cette question d'un air étonné.

— C'est la reine de Navarre.

L'étonnement de Raoul devint de la stupéfaction.

— Pourquoi cela ? dit-il.

— Pourquoi ? mais parce qu'elle a quarante ans et en paraît trente, alors que Mme Catherine, qui en a quarante-cinq, les porte majestueusement.

— Oh ! quelle idée !

— Raoul, mon mignon, dit Nancy, j'avais bien raison de supposer que tu n'entendais rien à la politique.

— Et moi, dit Raoul, je crois, ma chère Nancy, que vous voyez tout en noir.

— Chut ! fit Nancy, écoute...

En ce moment, en effet, la reine mère disait à Mme Jeanne d'Albret, reine de Navarre :

— Madame ma sœur et cousine, je vous ai gardé l'étrenne de l'hôtel que je fais bâtir rue du Jour. Vous serez la première à l'habiter, et il est tout prêt à vous recevoir.

La reine de Navarre s'inclina.

Au même instant, René traversa de nouveau la salle du festin et échangea un second regard avec la reine Catherine.

Alors Nancy se pencha une fois encore à l'oreille de Raoul :

— La reine de Navarre, dit-elle lentement, est en péril de mort !...

LXVII

L'hôtel que Mme Catherine de Médicis faisait alors construire rue du Jour ou de Beauséjour, et qui devait plus tard s'appeler hôtel de Soissons, était déjà, bien que non achevé encore, une véritable merveille.

Aux heures où la politique et les querelles de religion laissaient en repos son esprit inquiet, la reine mère redevenait la fille des Médicis, c'est-à-dire la femme délicate, aimant les arts et les lettres, adorant les tableaux, les statues les merveilles architecturales.

L'aile gauche de l'hôtel Beauséjour avait été préparée tout exprès pour recevoir Mme Jeanne d'Albret, reine de Navarre.

Il se passait peu de jours, depuis environ un mois, que Mme Catherine ne s'y fit porter en litière, afin de surveiller elle-même les travaux de ses architectes, et chaque fois elle ne manquait point de dire :

— Ma sœur et cousine la reine de Navarre, qui est une vraie paysanne et s'assied sur un escabeau de sapin dans son château de Nérac ou dans sa bicoque de Pau, est capable de se déchausser en entrant ici, de peur de gâter le parquet avec ses gros souliers à têtes de clous.

La mise élégante, la tournure hautaine et pleine de dignité de Jeanne d'Albret avaient détrompé Mme Catherine.

La reine de Navarre était femme de cour ; elle avait vécu à Madrid auprès du roi Philippe II ; elle avait assisté au coucher du soleil de ce grand règne que les Espagnols nomment encore le siècle de Charles-Quint.

Il avait suffi aux deux reines d'échanger un regard pour se deviner et se connaître.

— J'ai là une adversaire digne de moi, pensa Catherine.

— La reine Catherine, pensa Jeanne d'Albret, est bien la femme qu'on m'a dépeinte. Je vais être chez elle comme en un camp ennemi.

Ce fut vers dix heures du soir environ que le roi Charles IX et toute sa cour accompagnèrent la reine de Navarre à l'hôtel Beauséjour.

Jeanne s'était montrée d'une amabilité charmante, déployant cet esprit fin, délicat et parfois un peu leste de la reine Marguerite de Navarre, sa mère.

Charles IX en avait été ravi et lui avait dit en lui baisant la main :

— Je voudrais être, madame, Pierre de Ronsard, mon poète, à la seule fin de célébrer dignement votre esprit et votre beauté.

Les seigneurs de la cour avaient chuchoté entre eux :

— Décidément, il y a de plus belles manières qu'on ne le pensait à la cour de Nérac.

Enfin Mme Marguerite, se penchant à l'oreille de Mme Catherine, lui avait dit :

— Je crois maintenant que je ne m'ennuierai pas trop à Nérac.

La suite de la reine Jeanne était à l'avenant.

C'étaient des garçons d'esprit, jeunes pour la plupart, portant haut la tête, tournant une galanterie le mieux du monde et qui s'étaient mis à regarder les dames de la cour de France avec des yeux amoureux et pleins de feu.

A telle enseigne que Charles IX, frappant sur l'épaule de son capitaine des gardes, lui dit en quittant la table :

— Pibrac, mon ami, l'invasion de tes compatriotes va causer de grandes perturbations à ma cour.

— C'est bien possible, Sire.

Et M. de Pibrac, après ces mots, avait gardé un silence diplomatique.

Arrivée à l'hôtel Beauséjour, la reine Jeanne fut conduite par Mme Catherine elle-même dans sa chambre à coucher, et la reine mère ne se voulut retirer que lorsqu'elle lui eut donné ses propres camérières.

La reine de Navarre n'avait emmené que des hommes, se réservant de choisir à Paris des femmes pour son service.

Jeanne d'Albret demeura seule avec son fils le prince Henri et Noë, lorsque la reine mère et le roi se furent retirés.

Le prince avait hâte de causer enfin avec sa mère, à laquelle il avait eu le temps à peine de raconter en quelques mots comment il avait été contraint de trahir enfin son incognito.

La reine de Navarre se renversa à demi dans un grand fauteuil, et invita d'un geste les deux jeunes gens à s'asseoir.

— Voyons, mes enfants, dit-elle, causons un peu, s'il vous plaît.

Noë laissa errer sur ses lèvres ce sourire moqueur qui retroussait si bien sa blonde moustache.

— Ah! madame, dit-il, si Votre Majesté demande le récit complet de nos aventures, elle pourrait bien passer la nuit blanche.

Jeanne sourit à son tour, enveloppant son fils d'un regard affectueux.

— Vraiment! dit-elle.

— Nous avons recommencé l'histoire des paladins, madame.

— Noë exagère, madame, dit le prince à son tour.

— Et, poursuivit Noë, Henri a trouvé le moyen de se faire aimer du roi, de Mme Marguerite, et de se faire haïr de la reine mère.

Jeanne d'Albret fronça le sourcil.

— C'est un grand tort, dit-elle.

— Mais, reprit Noë, nous avons un ennemi bien plus acharné encore...

— Qui donc?

— René le Florentin.

— Pibrac m'en a parlé souvent dans ses lettres; c'est un méchant homme, dit la reine.

— Un empoisonneur, ajouta Noë.

Jeanne d'Albret tressaillit, un nuage passa sur son front.

— Noë, mon mignon, dit-elle, fais-moi une grâce...

— J'écoute Votre Majesté.

— Ne parle jamais de poison ni d'empoisonneurs devant moi.

Noë et le prince regardèrent Jeanne d'Albret avec étonnement.
— On m'a toujours dit que je mourrais empoisonnée.
— Ah! madame!

Henri eut un fier sourire.
— Et qui donc oserait? fit-il.
— Mais, continua la reine, laissons tout cela et racontez-moi vos prouesses, mes enfants.

En parlant ainsi, cette jeune mère, qui avait plutôt l'air d'une sœur aînée, leur avait pris la main à tous les deux.
— Ma foi! dit Henri, j'ai toujours trouvé que Noë s'exprimait avec éloquence, et je vais lui laisser le soin de narrer notre odyssée.
— Parle, Noë mon mignon, dit Jeanne d'Albret.

Noë regarda le prince d'une façon qui voulait dire :
— Dois-je parler... de tout?

Le prince hocha affirmativement la tête.

Alors Noë raconta leur visite au château de Mme Corisandre, comtesse de Grammont, et la dernière entrevue de Henri avec elle, ce qui fit froncer légèrement le sourcil à la reine, puis le départ de Nérac et la rencontre qu'ils firent quelques jours après de la belle argentière et de René le Florentin.

Noë racontait vite et bien.

En dépit de la menace qu'il avait faite à la reine de lui faire passer une nuit blanche si elle voulait tout savoir, il lui raconta tout en moins de deux heures.

L'horloge florentine placée dans un coin de la chambre à coucher marquait minuit lorsqu'il eut terminé son récit.

La reine avait écouté attentivement, froidement, sans jamais interrompre le narrateur; mais Henri, qui suivait du regard les moindres tressaillements de son visage, demeura bien vite convaincu que toutes ses aventures lui causaient un grand souci.

Jeanne d'Albret garda le silence un moment encore.
— Mon fils, dit-elle enfin, voulez-vous savoir mon avis?
— J'écoute Votre Majesté.
— L'amitié du roi, l'amour de Mme Marguerite, mis dans une balance, pèseraient moins que la haine de la reine mère.
— Mais, madame, observa le prince, Noë, qui voit tout en noir, a oublié de vous dire que Mme Catherine a pardonné au prince Henri de Bourbon les mauvais tours du sire de Coarasse.

Jeanne hocha la tête.
— Catherine de Médicis ne pardonne jamais, dit-elle.
— Elle est charmante pour moi...
— Mauvais signe, murmura Noë.
— Mais enfin, madame, reprit le prince avec un mouvement d'impatience à l'adresse de Noë, puisque je dois épouser la princesse, je ne vois pas quel motif de haine Mme Catherine peut conserver.

Jeanne d'Albret ne répondit point tout d'abord.

Un moment silencieuse, la tête dans ses mains, on eût dit qu'elle cherchait à interroger l'avenir.

— Ecoutez, mon fils, dit-elle tout à coup, écoutez attentivement ce que je vais vous dire, et vous comprendrez peut-être bien des choses.

Henri regarda sa mère d'un air interrogateur.

— Savez-vous pourquoi, poursuivit Jeanne d'Albret, la reine mère a désiré ce mariage?

— Oui : c'est pour éloigner le duc de Guise le plus possible du trône de France.

— Cela est vrai, mon fils. La maison de Lorraine et la maison de Bourbon sont, à un simple degré de différence, les plus rapprochées de la couronne. La maison de Valois, cette maison représentée par trois jeunes princes, est une maison perdue, morte par avance.

Henri tressaillit.

— Le roi Charles IX, en dépit de ses vingt-trois ans, est déjà un vieillard... Il a des lueurs morbides dans l'œil, il a des nuages de mort sur le front.

— Ah! ma mère!...

— Le roi Henri de Pologne ne règnera peut-être jamais...

— Que dites-vous, ma mère?

— S'il abandonnait un jour Varsovie, pour venir régner à Paris, les Polonais seraient gens à l'assassiner.

— Et de deux! fit Noë gravement.

— Reste le duc d'Alençon, François de Valois, un vieillard de vingt ans, un homme perdu de débauches, un prince toujours entre deux vins, cruel et vindicatif comme sa mère... Oh! celui-là, dit la reine de Navarre obéissant à un mystérieux pressentiment, celui-là, je vous le jure, ne règnera jamais !

La reine tressaillit au moment où elle prononçait ces paroles, car il lui sembla avoir entendu un léger bruit derrière elle.

— Qu'est-ce? fit-elle en se levant.

Henri et Noë n'avaient rien entendu, mais ils se levèrent à leur tour, parcoururent la chambre, ouvrirent la porte et s'assurèrent que la salle voisine était déserte.

— Il m'a semblé qu'on remuait un siège, là... derrière moi... Mais j'aurai été victime d'une illusion. C'est un bruit de dehors sans doute, dit la reine.

Elle se rassit.

— Continuez, ma mère, dit Henri.

. . . .

Or, pour expliquer peut-être de quelle nature était le bruit que la reine de Navarre avait entendu, il est nécessaire de revenir un peu en arrière et de donner quelques détails topographiques sur l'hôtel Beauséjour.

A deux pas de cet hôtel s'élevait une humble maison qui paraissait tomber en ruine et qui était inhabitée.

L'architecte de Catherine avait tout d'abord émis l'avis, puisqu'on avait jeté les premières fondations de l'hôtel, qu'il fallait raser cette bicoque.

La reine descendit une trentaine de degrés environ. (P. 507.)

Mais la reine, sans s'expliquer tout d'abord, s'y était opposée.

Cependant elle avait acheté la maison et l'avait donnée à René le Florentin.

Puis, sans doute, quelque temps après, l'architecte avait eu quelque conférence secrète avec Mme Catherine et était demeuré convaincu de l'utilité mystérieuse de cette masure, car il n'avait plus parlé de la jeter bas.

René le Florentin aurait même pu dire que la reine tenait à cette maison lézardée autant et plus peut-être qu'à son palais où elle entassait des chefs-d'œuvre et des merveilles.

A la rigueur, le Florentin eût raconté l'histoire de cette maison.

Cette histoire était assez bizarre, et se rattachait étroitement à celle des terrains sur lesquels venait de surgir l'hôtel Beauséjour.

Ces terrains avaient été un *jeu de paume;* avant d'être jeu de paume, ils étaient les jardins d'un couvent de carmes déchaussés, que le roi Charles VI fit raser lorsqu'il accorda à ces religieux un emplacement plus vaste du côté du palais des Tournelles. Le dernier prieur de ce couvent était un bel homme qu'on nommait messire Pandrille Bourju de Thévenot.

Le prieur était jeune et galant. Il était entré au couvent malgré lui, et avait conservé un violent amour pour une veuve fort belle qu'on nommait la dame de Mellero.

La dame de Mellero ayant fait bâtir la maison qui, sous le règne de Charles IX tombait en ruines, le prieur avait fait creuser un souterrain qui conduisait des caves du couvent aux caves de cette maison.

Lorsque le roi Charles VI ordonna que le couvent serait rasé, la dame de Mellero était morte. Le prieur, devenu vieux, ne songeait plus qu'à son salut dans l'autre monde et à sa réputation de saint homme en celui-ci.

Il fit donc boucher fort adroitement le souterrain, et ce ne fut que deux siècles plus tard que cette issue fut découverte, lorsqu'on creusa la fouille de l'hôtel Beauséjour.

Mme Catherine de Médicis, avertie la première de cette découverte, pénétra elle-même avec René dans le souterrain, le parcourut et arriva dans les caves de la vieille maison.

Or, Mme Catherine avait toujours trop aimé les souterrains, les passages secrets, les couloirs mystérieux, les doubles murailles et les planchers creux, pour ne point sacrifier un peu d'élégance à ce qu'elle considérait comme de l'utilité. La maison fut conservée. Donc, le soir où Mme Jeanne d'Albret prit possession de l'hôtel Beauséjour, Mme Catherine, après l'avoir reconduite, rentra au Louvre dans sa litière, en compagnie du roi et de la cour.

Puis elle se retira dans ses appartements, et signifia à ses pages qu'on la laissât dormir et qu'on ne la vînt déranger sous aucun prétexte.

Seulement, au lieu de se mettre au lit, la reine se déshabilla, quitta ses vêtements de gala et endossa le pourpoint et les chausses d'un gentilhomme à ses couleurs.

Après quoi elle s'enveloppa dans un grand manteau, enfonça un feutre sur ses yeux et descendit, par le petit escalier que nous connaissons, au bord de l'eau.

La nuit assez sombre lui permit de faire le tour du Louvre sans attirer l'attention des gentilshommes et des soldats qui sortaient de la royale demeure.

Elle traversa la place de Saint-Germain-l'Auxerrois, gagna d'un pas rapide les environs de l'hôtel Beauséjour et alla frapper à la porte de cette maison que l'on croyait inhabitée.

La porte s'ouvrit, la reine entra.

— Est-ce vous, madame? dit une voix dans les ténèbres.

— Oui, c'est moi.

Un homme s'avança.

— Est-ce toi, René? demanda Catherine à son tour.

— Lui-même.

René prit la reine par la main et lui dit :

— Suivez-moi, madame. Il sera temps de battre le briquet quand nous serons dans la cave. Ces diables de Gascons, qui ont envahi l'hôtel avec Mme Jeanne d'Albret, savent déjà que la maison est abandonnée; un rayon de lumière leur donnerait l'éveil.

— Conduis-moi, je te suis.

René fit faire quelques pas à la reine, au milieu d'une obscurité profonde, puis il se baissa et souleva une trappe.

— Voici l'entrée, dit-il.

— Bien. J'y suis...

— Avancez le pied sur la première marche et descendez hardiment. Je vous soutiens, madame.

La reine descendit une trentaine de degrés environ, puis elle rencontra sous ses pieds une surface plane, respira un air humide, et comprit qu'elle se trouvait à l'entrée du souterrain.

Alors René battit le briquet et alluma une lanterne.

— Oh! fit la reine avec un sourire, allons vite! je ne suis pas fâchée de savoir ce que dit et pense cette reine de Navarre, que je hais déjà de tout mon cœur.

— Vraiment? fit René.

Catherine eut un sourire diabolique.

— Elle est belle... elle est intelligente, et j'ai lu une résolution et un courage indomptables dans son regard... Ce n'est pas ce que je voulais! dit-elle...

Puis elle entra bravement dans le souterrain, guidée par René, qui marchait en avant, muni de sa lanterne.

LXIX

Le souterrain creusé par les ordres de l'abbé Pandrille Bourju de Thévenot avait environ deux cents mètres de longueur et passait sous les jardins de l'hôtel Beauséjour.

Sur l'emplacement de son ancienne issue dans le couvent, Mme Catherine avait fait élever un mur très épais, et, dans l'épaisseur de ce mur, l'architecte avait ménagé un petit escalier de deux pieds de largeur qui montait jusqu'au premier étage de l'hôtel et aboutissait à un couloir également pratiqué dans la profondeur des murs de refend.

Ce couloir conduisait lui-même à diverses petites cellules contiguës à différentes pièces de l'hôtel.

Mme Catherine avait prévu le cas où elle céderait son hôtel à quelque roi, quelque prince ou quelque ambassadeur dont elle voudrait surprendre les secrets.

L'une de ces cellules ressemblait assez à ce corridor mystérieux que M. de Pibrac avait découvert au Louvre et du fond duquel il avait pu souvent épier ce qui se passait dans l'oratoire de Mme Marguerite.

Il s'y trouvait un siège unique sur lequel la reine Catherine s'assit sans bruit, tandis que René demeurait debout derrière elle et soufflait prudemment sa lampe.

Alors les yeux de la reine furent frappés par un rayon de lumière passant par un petit trou pratiqué dans le mur. Ce trou se perdait dans le cadre sculpté d'un tableau placé au-dessus d'une chaise longue, dans la chambre si merveilleusement décorée que venait d'occuper la reine de Navarre.

Mme Catherine colla son œil à cet orifice et aperçut Mme Jeanne d'Albret assise ayant auprès d'elle le prince Henri son fils et Noë, qui terminait alors le récit de leurs aventures.

René et la reine immobiles, retenant leur haleine, se prirent à écouter.

La reine entendit Mme Jeanne d'Albret manifester ses craintes à l'endroit de la haine qu'elle ressentait, elle, Catherine, pour Henri.

— Oh! oh! pensa-t-elle, elle m'a devinée.

Puis elle sentit quelques gouttes de sueur perler à son front lorsque la reine de Navarre dit tout à coup :

— La maison de Valois est une maison perdue, morte par avance.

Mais, quand enfin Jeanne d'Albret se fut écriée : « Le duc d'Alençon, ce prince cruel et vindicatif, perdu de débauches, ce vieillard de vingt ans ne règnera jamais! » quand elle eut entendu cette sinistre prophétie, la reine Catherine éprouva un saisissement tel qu'elle fit un soubresaut sur son siège.

Le siège agité fit crier le parquet et occasionna ce bruit qui avait inquiété la reine de Navarre.

Heureusement, Mme Catherine avait la faculté de réprimer promptement ses plus violentes émotions, et déjà elle avait reconquis tout son sang-froid lorsque Henri de Bourbon eut dit à sa mère :

— Continuez, madame.

Mme Catherine se rassit sans bruit et écouta attentivement.

— Oui, mon fils, reprit la reine de Navarre, souvenez-vous que les deux maisons de Lorraine et de Bourbon sont plus près qu'on ne pense du trône de France.

Henri tressaillit.

— La reine mère, poursuivit Jeanne d'Albret, a dû en éprouver le pressentiment. Les Valois, ces trois hommes jeunes et pleins de vie en apparence, les Valois sont des vieillards caducs qui s'éteindront un à un sans postérité.

Eh bien ! retenez ceci, mon fils, il est deux races qu'exècre Mme Catherine, c'est la nôtre et celle de Guise, ce sont les deux races rivales qui se disputeront peut-être un jour le trône.

— Mais alors... ce mariage?...

— Ah ! ce mariage, continua Jeanne d'Albret, c'était pour Mme Catherine, il y a quelques jours encore, un moyen d'abaisser, d'amoindrir la maison de Guise. La reine mère craignait les Lorrains.

— Et... nous?

— Nous, elle ne nous craignait pas. Nous étions de bons roitelets des montagnes, sans argent, sans armée, sans autre ambition que celle d'agrandir un peu du côté de l'Espagne nos frontières navarraises. Pour Mme Catherine un prince huguenot pouvait être impunément et sans danger même le cousin du roi de France, tout en étant une manière d'épouvantail pour la maison de Lorraine.

Mais, continua Jeanne d'Albret, vous êtes venu à la cour de France sous le nom de sire de Coarasse, et en quelques jours, vous avez su y prendre une attitude indépendante et presque hostile. Vous vous êtes fait l'ennemi irréconciliable de Mme Catherine et de René, ces deux vrais rois de France...

Mais, dit encore Jeanne d'Albret, Mme Catherine, qui s'attendait à trouver en moi une manière de puritaine vêtue de bure, voit venir une princesse, jeune encore, qui parle le langage des cours, et dont le regard et l'attitude annoncent une certaine politique...

Alors, mon fils, elle commence à nous craindre et, par conséquent à nous haïr.

— Croyez-vous donc, ma mère, interrompit Henri, qu'après avoir tant souhaité ce mariage, la reine Catherine cherchera à le rompre?

— Non, elle n'osera pas, mais...

Jeanne s'arrêta.

— J'écoute, ma mère, dit Henri.

— Mais, reprit Jeanne d'Albret, elle est femme à vous faire assassiner le lendemain de vos noces.

— Oh ! ma mère !

La reine de Navarre se tut et demeura longtemps pensive.

— Bah ! dit-elle tout à coup, et comme si elle eût obéi, une fois encore, à une vague révélation de l'avenir, les hommes ont leur destinée.

— Je le crois, ma mère !

— Et, ajouta-t-elle, quelque chose me dit que la maison de Bourbon est destinée à un grand avenir.

— Qui sait? fit Henri, qui eut un tressaillement d'orgueil.

Jeanne d'Albret jeta un long, un tendre, un fier regard sur son fils :

— Tu seras roi de France! dit-elle.

Et, comme si elle se fût repentie d'être allée aussi loin, elle ajouta vivement :

— Mais va-t'en, mon fils, laisse-moi me mettre au lit... Je te manderai à mon réveil.

Elle donna sa main à baiser aux deux jeunes gens et les congédia.

. . . .

Mme Catherine avait tout entendu et, plus d'une fois elle avait frissonné.

René lui-même avait eu peur.

— Madame, dit-il tout bas en se penchant à son oreille, avez-vous entendu?

— Tout.

— Quelle femme!...

— Sortons, murmura Catherine, j'étouffe ici.

Et, prenant la main de René, elle se glissa hors de la cellule, reprit le couloir et l'escalier secret, et dix minutes après ils étaient au bout du souterrain et prenaient les mêmes précautions minutieuses pour en sortir.

— Écoute! dit alors Mme Catherine, les murs ont parfois des oreilles et je veux te dire de ces choses que nul au monde, excepté toi, ne doit entendre.

— Où aller? demanda René.

— Là, au bord de l'eau, en face du Louvre.

— Allons, madame.

La reine était bien certaine que dans son costume de gentilhomme elle n'éveillerait aucun soupçon, et elle prit familièrement le bras de son parfumeur.

D'ailleurs, nous l'avons dit, la nuit était noire, et la foule inusitée de soldats, de cavaliers et de populaire que l'arrivée de la reine de Navarre avait mise sur pied toute la nuit, s'était dissipée.

René et Catherine descendirent sur le talus gazonné de la berge, et ne s'arrêtèrent qu'au bord de l'eau. Là, ils regardèrent en tous sens et s'assurèrent de leur isolement.

— Madame, dit alors René, je vous écoute.

La reine s'assit sur une barque de pêcheur qu'on avait tirée sur la berge après l'avoir renversée, et, malgré l'obscurité, le Florentin put se convaincre que son regard lançait des flammes.

— Elle est en courroux! pensa-t-il, et elle me reprend pour son confident. Ma faveur est plus grande que jamais.

— René, dit Mme Catherine, j'ai fait fausse route.

— En quoi, madame?

— En ce que j'ai voulu marier ma fille Marguerite au prince Henri de Bourbon.

— On peut rompre encore...

— Non, il est trop tard.

— Pourquoi?

— Il est trop tard parce que le roi est entêté, et que, après tout, il est le roi...

— Si le roi avait comme nous entendu la reine de Navarre...

— Il ne l'a pas entendue, et si je lui rapportais ses paroles, il ne me croirait pas...

— Peut-être...

— D'ailleurs Marguerite aime le prince, et je ne me sens pas assez forte, murmura sourdement la reine, pour lutter ouvertement à la fois contre le roi et Marguerite.

— Cependant, madame...

— Tais-toi et écoute...

René comprit que la reine avait quelque projet et se tut sur-le-champ.

— Tu l'as entendu, reprit-elle; tu l'as bien entendu, elle a prédit à son fils qu'un jour il serait roi de France!

— Elle est folle...

— Non, elle est dangereuse, elle est redoutable, cent fois plus que les Guise dont je me défiais.

— Mais le roi vit, le roi de Pologne et le duc d'Alençon aussi...

— Qui sait, fit la reine avec une émotion subite, qui sait si on ne hâtera point leur fin?...

— Oh! madame!

— René, René! murmura Catherine, ce n'est pas le prince Henri de Bourbon que je crains, c'est sa mère... Oh! nos regards se sont croisés, et le mien est descendu jusqu'au fond de son âme, et j'ai compris que cette femme avait mis en sa tête de faire du royaume dérisoire de son fils un grand royaume, et à la façon dont elle contemplait le Louvre, il m'a semblé qu'elle s'y trouvait chez elle... Eh bien! vois-tu, René, cela ne peut être, cela ne sera pas...

— Certes non! dit le Florentin.

— Plutôt substituer un simple gentilhomme au dernier de mes fils, plutôt élever un bâtard sur le pavois, plutôt brûler Paris et laisser le royaume sans maître et abandonné aux horreurs de la guerre civile, que voir un Bourbon ou un Guise monter sur le trône.

— Je suis de votre avis, madame, dit René, qui haïssait cordialement Henri.

— Ah! reprit Catherine, moi qui, depuis vingt ans, dicte des lois à l'Europe; moi qui ai fait trembler Philippe II, je viens d'avoir peur en face de cette femme; je me suis sentie frémir en présence de cette reine des montagnes qui s'est faite l'apôtre d'une religion nouvelle et qui, à l'aide de cette religion, a recruté déjà des nuées de partisans en mon propre royaume... René, j'ai peur...

Et Catherine, en parlant ainsi, éprouvait une réelle et sérieuse émotion. René se taisait.

— Ce n'est pas Henri de Bourbon que je craindrais, reprit la reine, si sa mère n'était pas là pour le conseiller et le guider; il est galant... c'en est assez pour qu'on le tienne longtemps en bride... mais elle!...

René commençait à comprendre.

— Ordonnez, madame, dit-il, j'obéirai.

— Je n'ai rien à ordonner, répondit Catherine, mais je te vais rappeler un souvenir.

— J'écoute, madame.

— J'ai fait un serment au prince Henri il y a huit jours
— Je le sais.
— Le serment que tu n'attenterais ni à sa vie, ni à celle de Sarah l'argentière, non plus qu'à celle de Noë et de M. de Pibrac.
— Et je n'aurai garde de le faire, madame.
— Tu auras raison, car je tiens à mes serments, mais...

La reine hésita; René, silencieux, attendit.

— Mais, reprit-elle enfin, il est une personne dont le prince a oublié de sauvegarder la vie.

René tressaillit.

— Je comprends, dit-il.
— Alors pas un mot de plus, et fais ce que tu voudras.
— Je le ferai, madame.
— Cependant écoute un conseil.

René regarda la reine.

— Le poignard est une arme vulgaire et je t'engage à trouver mieux.
— Madame, répondit René, j'ai découvert, en faisant des expériences d'alchimie, un poison merveilleux.
— Ah! ah! dit la reine.
— Un poison qui ne laisse aucune trace.
— Ceci est ton affaire... adieu...

Et la terrible reine quitta brusquement René et reprit le chemin du Louvre.

. . . .

René demeura longtemps assis sur la quille du bateau, en proie à une rêverie profonde.

Puis enfin il se leva.

— Allons voir Paola! se dit-il, j'ai de vastes projets en tête...

Il se remit en marche et se dirigea vers le pont au Change.

Comme il arrivait sous la lanterne placée à l'entrée, il aperçut une masse confuse accroupie dans un coin.

En même temps une voix jeune, une voix de femme murmura :

— Mon gentilhomme, ayez pitié d'une pauvre fille qui meurt de faim et ne sait où aller demander asile.

La masse confuse s'agita, se redressa, et René vit devant lui, grâce à la lueur vacillante de la lanterne, une jeune femme en haillons, mais d'une grande beauté, qui lui tendait humblement la main.

— Vraiment! ma belle enfant, dit René, tu meurs de faim?
— Je n'ai pas mangé depuis deux jours.

Le Florentin n'était point charitable d'ordinaire, mais il venait d'éprouver une grande joie en recevant les ordres ténébreux de Catherine, et cette joie le rendit généreux.

— Tiens, ma belle enfant, dit-il en fouillant dans sa poche pour y chercher son escarcelle, je vais te donner un écu d'or pour que tu puisses dire que René le Florentin est un seigneur charitable et compatissant.

— Ah! dit la mendiante, vous êtes messire René?

Ah! bandit, s'écria-t-elle, voici la quinzième nuit que je t'attends ici! (P. 514.)

— Sans doute, reprit le parfumeur qui ne s'aperçut point que la jeune fille dardait sur lui un ardent regard.
— Messire René, le parfumeur de la reine?...
— Il n'y a qu'un René au monde, répondit-il.
— Puis il se baissa un peu pour mieux voir dans son escarcelle.
— Mais au même instant la mendiante tira brusquement de son sein un

poignard dont la lame, frappée par la clarté de la lanterne, jeta un fauve éclair :
— Ah! bandit, s'écria-t-elle, voici la quinzième nuit que je t'attends ici.

Et elle frappa René tout étourdi avant qu'il eût songé à faire un pas de retraite et à se mettre sur la défensive.

. . . .

LXX

Tandis que la reine mère et son âme damnée René le Florentin quittaient furtivement la cellule d'où ils avaient entendu Mme Jeanne d'Albret s'exprimer aussi nettement sur l'avenir, Henri et Noë sortaient de chez la reine de Navarre.

Comme l'avait fort bien dit René, les Gascons que la reine Jeanne amenait avec elle avaient pris possession de l'hôtel Beauséjour et l'avaient pour ainsi dire converti en place forte.

Une dizaine s'étaient établis au rez-de-chaussée, posant des sentinelles aux portes.

Dix autres s'étaient fait dresser des lits de camp.

Enfin les dix derniers avaient formé une sorte de garde dans les deux salons qui précédaient la chambre à coucher de leur souveraine.

— Allons! dit le prince en souriant et donnant des poignées de main aux gentilshommes béarnais, je le vois, ma mère peut dormir tranquille, elle sera bien gardée cette nuit.

— Oh! certes, monseigneur, dit un vieux soldat qui retroussa fièrement sa moustache grise.

— Et, ajouta un jeune homme avec la forfanterie des fils du Midi, je ne conseille point au roi Charles IX de nous venir attaquer : nous lui ferions un mauvais parti.

— Paix! Navailles, murmura le prince, riant toujours. Sois sage, mon ami, si tu ne me veux brouiller avec mon cousin le roi de France.

Henri prit le bras de Noë et traversa la salle.

— Ah çà! lui dit Noë, où allons-nous, mon prince?

— Prendre l'air.

— A cette heure?

— J'ai la migraine.

— Mais on nous a préparé un logis ici.

— Peuh! fit Henri d'un petit ton dédaigneux.

— Et à moins que vous ne préfériez aller coucher au Louvre...

— C'est une idée, cela.

— Une idée que je suis trop prudent pour combattre.

— Plaît-il?

— Dame! Mme Marguerite se couche fort tard maintenant, et peut-être lui voulez-vous narrer quelque conte pour l'endormir.

— Tu te trompes, Noë, mon bel ami, dit le prince en riant.

— Bah! fit Noë.

— Je n'irai pas au Louvre.

— Hein? Votre Altesse voudrait-elle coucher à la belle étoile?

— Pas davantage. Je reviendrai coucher ici.

— Noë ouvrait de grands yeux.

— Est-ce que vous n'aimez plus Mme Marguerite? demanda-t-il.

— Oh! si... mais...

— Mais?... fit Noë.

— Depuis deux jours, il me semble que... mon amour...

Henri s'arrêta.

— Eh bien? insista Noë.

— Il me semble que mon amour est devenu plus raisonnable, acheva le prince.

— Oh! oh!

— Plus calme, du moins.

— Bon! je comprends.

Et Noë laissa glisser sur ses lèvres son sourire moqueur.

— Je comprends, poursuivit-il, d'où vient ce changement.

— Et... d'où vient-il?

— Il doit vous souvenir, Henri, que la veille de notre départ de Nérac, tandis que je vous accompagnais au dernier rendez-vous que vous aviez donné à cette pauvre comtesse de Gramont, vous m'exposâtes sur l'amour une fort belle théorie.

— Je ne m'en souviens nullement.

— Une théorie que vous aviez prise dans les *contes* de Mme la reine Marguerite de Navarre, votre aïeule.

— Ma mémoire est infidèle.

— Mme la reine de Navarre disait, reprit Noë, que l'amour n'avait de charme...

— Que lorsqu'on y parvenait par un chemin malaisé et encombré d'obstacles, dit Henri qui se souvint.

— Eh bien! continua Noë, Mme la reine de Navarre avait raison.

— Heu! heu!

— Vous aimiez bien plus la princesse Marguerite il y a huit jours.

— C'est possible.

— Alors que Nancy, vous prenant par la main, vous conduisait à travers de mystérieux corridor...

Henri soupira.

— Que vous entriez chez la princesse furtivement, tressaillant au moindre bruit, et que le poignard de René vous menaçait.

— Le péril a un charme si grand!

— Mais aujourd'hui le sire de Coarasse a fait place au prince Henri de Bourbon, qui entre au Louvre à toute heure de jour et de nuit ; et le prince Henri de Bourbon doit épouser Mme Marguerite.

— Eh bien ! fit le prince, que conclure de tout cela ?

— J'en conclus que je sais où va Votre Altesse à cette heure.

— Ah ! ah !

— Elle s'en va rôder dans la rue des Prêtres-Saint-Germain.

— Bavard !

— Aux environs de la boutique de l'épicier Jodelle.

— C'est vrai, et tu vas m'accompagner.

— Allons !

En parlant ainsi, les deux jeunes gens sortirent de l'hôtel Beauséjour et gagnèrent la place Saint-Germain-l'Auxerrois. Noë jeta un long regard sur le cabaret de Malican et se prit à soupirer.

— Qu'as-tu ? demanda Henri.

— Je pense que Malican est un ours mal léché.

— Hein ? fit Henri étonné, voilà que tu vas médire de Malican maintenant.

— Pas tout à fait.

— Ce pauvre homme qui nous est dévoué corps et âme.

— A vous, Henri.

— A vous aussi, Noë.

— Oh ! c'est par ricochet seulement.

— Mais enfin que t'a fait Malican ?

— Rien.

— Pourquoi donc en médire ?

— Parce qu'il a le tort d'être l'oncle de Myette.

— Tu trouves que c'est un tort ?

— De Myette, qui a de petits pieds, de petites mains, qui est jolie à croquer, qu'on jurerait être une fille de race...

— Que tu aimes...

— Et dont je ferais bien la comtesse de Noë si elle avait le moindre parchemin dans son tablier rouge.

— Bah ! dit Henri, qu'à cela ne tienne !

— Que voulez-vous dire, Henri ?

— Quand je serai roi de Navarre, je baillerai à Malican des lettres de noblesse.

Noë haussa les épaules.

— Ce sera une noblesse de trop fraîche date pour moi, mon prince.

Noë soupira de nouveau et continua son chemin.

Quand ils furent à l'entrée de la rue des Prêtres, Henri dit à Noë

— Tu vas rester là et faire le guet.

— C'est bien inutile, la rue est déserte..

— Il peut passer quelqu'un.

— D'ailleurs vous ne craignez plus le poignard de René.

— Oh! non... mais je crains mieux que cela...
— Qui donc?
— La jalousie de Marguerite. Je me défie de ce démon blanc et rose qu'on appelle Nancy.
— Bah! Nancy vous aime...
— Elle aimait beaucoup en effet le sire de Coarasse... mais qui sait si elle ne trahira point le prince Henri de Bourbon?...
— O grandeur! murmura Noë d'un ton tragique et moqueur en même temps, tu n'es qu'un nom!

Mais déjà Henri avait quitté son bras et s'éloignait rapidement, laissant Noë au coin de la rue.

. . . .

Lorsque le prince de Navarre fut arrivé devant la maison du bonhomme Jodelle, il leva la tête et s'assura qu'aucune lumière ne brillait à l'intérieur.
— L'heure où les épiciers dorment, pensa-t-il, est toujours celle où les amoureux veillent.

Et le prince entonna à mi-voix un refrain du temps :

> C'est le chevalier du guet
> Qui passe...
> C'est le chevalier du guet.
> Qui passe avec ses archers...

Puis il attendit.

Un moment après, une fenêtre du rez-de-chaussée de la maison Jodelle s'entr'ouvrit discrètement.

Henri s'approcha et reprit tout à fait en sourdine :

> C'est le chevalier du guet
> Qui passe...

Le volet entr'ouvert s'ouvrit tout à fait.
En même temps, une voix émue demanda :
— Est-ce vous... Henri?
— C'est moi...

Et le prince s'approcha plus encore, et la petite main de Sarah prit la sienne et la pressa.
— Ah! chère Sarah!... murmura le prince...
— Monseigneur... dit Sarah tremblante, ne vous est-il rien arrivé, au moins?
— Absolument rien. Pourquoi cette question, ma chère âme?
— Ah! dit l'argentière, c'est qu'il est si tard...
— Il est minuit.
— Vous veniez plus tôt les autres jours?
— Oui, mais ma mère est arrivée ce soir, Sarah.
— La reine Jeanne! s'écria l'argentière, nous sommes sauvés, alors.

Henri s'était appuyé sur l'entablement de la croisée, jetant de temps à autre un regard aux deux extrémités de la rue.

— Sauvés! dit-il, en répondant aux paroles de Sarah, oh! certes, oui... et vous n'avez plus rien à craindre de René.

— Mais vous?... fit-elle toujours tremblante.

— Moi, j'ai la parole de Mme Catherine. Et puis...

— Et puis, fit Sarah tristement, vous allez épouser la princesse Marguerite.

— Ah! Sarah, chère Sarah, dit Henri, ne me parlez point de Marguerite... c'est vous que j'aime...

— Non, monseigneur, dit l'argentière, ce n'est pas moi... qu'il faut aimer... c'est elle...

— Oh! taisez-vous...

— Mon prince, murmura l'argentière avec douceur, il faut aimer la femme qui vous est destinée... il faut aimer celle qui va vous rapprocher plus encor du trône de France.

— Sarah!

— Vous êtes un grand et noble cœur, mon prince, poursuivit l'argentière, et je ne sais quel vague pressentiment de l'avenir me dit que vous serez un jour un grand roi...

Henri tressaillit, car il se souvint que, une heure auparavant, sa mère lui tenait le même langage.

— Les rois se doivent à leur peuple, les princes ont une noble et vaste mission, continua Sarah, qui ne leur permet point toujours d'obéir aux entraînements de leur cœur.

— Ah! je le sens pourtant, ma chère Sarah, dit Henri avec feu, ce n'est point Marguerite que j'aime, c'est vous...

— Peut-être nous aimez-vous toutes deux...

Et au milieu de sa tristesse, Sarah eut une légère ironie dans la voix.

Henri soupira et se tut.

— Mais, reprit-elle, ce n'est pas moi, je vous le répète, qu'il faut aimer, Henri. Je partirai... Je vous fuirai s'il le faut... mais vous m'oublierez...

— Jamais!

Henri accentua ce mot unique avec passion, et Sarah sentit les battements de son cœur se précipiter plus vite encore.

— Oh! non, poursuivit-il, jamais je ne consentirai à vous oublier, Sarah, jamais je ne pourrai me séparer de vous.

— Il le faut, Henri..

— Tenez, Sarah, écoutez-moi. Je vous jure que je ferai ce que je vous dis.

— Parlez...

— Si vous me quittez, si vous retournez en Navarre auprès de Corisandre, eh bien! je désobéis à ma mère, je romps mon mariage et je vous suis.

— Vous êtes fou!...

— Peut-être.

— Et vous ne le ferez point.

— Si, car je vous aime...

Sarah demeura silencieuse un moment, et pendant ce temps le prince couvrait ses mains de baisers brûlants, et elle n'osait se dégager de cette affectueuse étreinte.

— Henri, dit-elle tout à coup, à votre tour voulez-vous m'écouter?

La voix de Sarah s'était raffermie et paraissait empreinte d'un accent de résolution.

— Je vous écoute, répondit le prince.

— Vous m'aimez, reprit Sarah, je le crois, je le sens... Mais moi aussi je vous aime, et mon amour aura le courage du dévouement.

— Que voulez-vous dire?

— Je saurai me sacrifier à votre avenir, Henri; je saurai faire taire mon cœur pour ne songer qu'à vous...

— Ah! Sarah!... Sarah!... ne me parlez pas ainsi.

— Écoutez-moi jusqu'au bout. Si vous étiez assez insensé pour rompre votre mariage avec la princesse Marguerite et me suivre, j'aurais la force, moi, de me réfugier dans un couvent et de vous fuir à jamais...

— Oh! fit Henri avec douleur.

— Voulez-vous que je sois votre amie, Henri, votre amie simplement, rien que votre amie?

— Sarah!...

— Et, à ce prix, je ne partirai pas. Vous me placerez auprès de la reine votre mère, et, tenez!... quelque chose me dit que je jouerai le rôle d'un bon ange dans votre destinée.

Henri n'eut pas le temps de répondre, car un bruit de pas précipités se fit entendre à l'extrémité de la rue opposée à celle où Noë se tenait en sentinelle.

— Adieu!... à demain!... dit Henri, qui était heureux de n'avoir pas le temps de répondre affirmativement à la proposition de la belle argentière.

— Adieu... à demain... répéta-t-elle.

Et le volet se referma.

Au même instant, et avant que le prince eût eu le temps de faire un pas de retraite, il fut arrêté par une femme qui courait à perdre haleine, riant d'un rire nerveux, et brandissant un poignard.

Le prince la saisit par le bras, et, croyant avoir affaire à une folle, il l'arrêta.

— Qui êtes-vous? dit-il.

— Place! place! répondit la femme, laissez-moi passer... je l'ai tué!

Et elle riait avec frénésie, tout en cherchant à se dégager de l'étreinte du prince.

— Qui donc avez-vous tué? demanda-t-il.

— Lui! le Florentin!... René...

Henri étouffa un cri:

— Vous avez tué René? dit-il.

— Oui... il y a cinq minutes... il est tombé à l'entrée du pont...

— A moi! cria Henri, à moi, Noë!

Noë accourut.

— Répétez donc ce que vous venez de dire? insista le prince.

La jeune femme, la mendiante, continua à rire.

— Oui... oui... répéta-t-elle, je l'ai tué... venez avec moi... venez!... car vous devez haïr René comme moi, comme tout le monde!

Et la mendiante, que la folie gagnait, prit les deux jeunes gens par la main. Ils se laissèrent entraîner, puis ils se prirent à courir et arrivèrent ainsi jusqu'à l'entrée du Pont-au-Change. Le pont était désert, et un moment les deux jeunes gens crurent avoir été victimes d'une mystification.

Mais la lanterne projetait sa clarté sur le parapet, et la pierre blanche était jaspée de quelques gouttes de sang...

LXXI

Noë et le prince regardèrent alors attentivement la mendiante.

C'était une fort belle fille, robuste et plantureuse, aux larges épaules, à l'œil d'un bleu sombre, aux lèvres rouges, aux cheveux abondants et noirs. A Athènes on l'eût prise pour une bacchante, à Rome elle eût passé pour une des femmes du peuple qui portaient leurs enfants nus dans leurs bras sur la route du général triomphateur.

A Paris, il était facile de présumer son origine.

C'était une fille des faubourgs, une Gauloise mélangée de sang romain, une descendante de Velléda l'armoricaine, une aïeule de la trop célèbre Théroigne de Méricourt. Elle avait presque la taille d'un homme ordinaire, et son bras d'un galbe parfait semblait mû par des muscles puissants.

— Voilà une belle fille, par ma foi! exclama le prince.

— Sur mon honneur, oui, ajouta Noë le railleur.

La mendiante attachait un œil stupide sur le sol.

— Ma fille, dit Henri, tu l'as simplement égratigné, il aura continué son chemin.

— Oh! dit-elle, j'ai pourtant frappé fort et j'ai senti une résistance. Et, tenez, regardez...

Elle montrait la lame de son poignard, qui était rouge, et toute sa physionomie exprimait un profond désespoir.

— Tu le hais donc bien? demanda le prince.

— Que t'a-t-il fait? disait en même temps Noë.

La mendiante eut un rire féroce.

— Ah! dit-elle, je le vois bien, vous ne savez pas qui je suis...

— Qui donc es-tu?

— On m'appelle la Farinette.

— Eh bien? fit le prince à qui ce nom était inconnu

La mendiante à son tour regarda Henri de Navarre.

Ce fut en ce moment que le juge vêtu de noir arriva! (P. 524.)

— C'est vrai, dit-elle, vous êtes des gentilshommes, et vous ne savez pas ce que c'est que Farinette.

— Non.

— Mais si vous alliez à la cour des Miracles...

— Ah!

— On vous y dirait qui je suis.

— Eh bien! la belle fille, reprit Henri, dis-nous-le toi-même.

— Je suis la veuve de Gascarille, messeigneurs!

Elle prononça ce nom avec une sorte d'orgueil.

— Gascarille!

— Oui, Gascarille le saltimbanque, Gascarille le tire-laine, Gascarille le premier lieutenant du roi de Bohême qui règne sur les compagnons de la cour des Miracles.

Certes, Henri, pas plus que Noë, n'avait oublié le nom de ce pauvre diable qui s'était laissé duper par le président Renaudin, et qu'on avait pendu au profit de René.

Tous deux comprirent sur-le-champ la haine de Farinette.

La belle fille s'était fièrement campée son poing sur la hanche, et elle parlait de Gascarille avec le douloureux respect qu'une autre femme eût employé pour parler d'un héros.

— Ah! vous comprenez, poursuivit-elle, vous comprenez maintenant pourquoi je hais René, pourquoi je l'ai en horreur, pourquoi j'ai juré sa mort.

— Je te comprends, dit Henri.

— Et moi aussi, ajouta Noë.

— La veille de la mort de Gascarille, reprit Farinette, j'ai vu venir un homme vêtu de noir, dans la cour des Miracles. C'était un juge.

— Renaudin, sans doute? fit Henri.

— Oui, il se nommait Renaudin.

— Et que t'a-t-il dit?

— Oh! vous allez voir, c'est toute une histoire, allez!

Farinette, en parlant ainsi, s'assit sur le parapet du pont.

— Dans la cour des Miracles, voyez-vous, reprit-elle, Gascarille passait pour un homme qui se tirait bien d'affaire, et qui avait le diable pour patron. Lorsque Gascarille était pris par le guet et mis en prison, personne ne s'en souciait. On savait bien qu'il trouverait le moyen d'en sortir.

— Ah! ah! fit Henri.

— Or, reprit Farinette, on avait jugé et condamné Gascarille. Il devait être pendu dans trois jours, et j'étais arrivée un peu soucieuse à la cour des Miracles.

« — Qu'est-ce que tu as donc, Farinette? me demanda le duc d'Égypte.

« — J'ai peur pour Gascarille... répondis-je les larmes aux yeux. »

Le duc d'Égypte se prit à rire.

« — Est-elle simple, cette Farinette! dit en me regardant le roi de Bohême.

« — Pourquoi donc?

« — Elle croit qu'on pendra Gascarille... »

Et tout le monde se mit à rire autour de moi, et je fis comme tout le monde. Nous savions bien que Gascarille se tirerait du Châtelet et ferait la nique à maître Caboche.

« — Allons, Farinette, me cria le roi de Bohême, veux-tu danser avec le duc d'Égypte?

« — Je veux bien! répondis-je. »

Et je me mis à danser autour du grand feu qui brûlait dans la cour des Miracles, et les amis applaudissaient et disaient :

« — Farinette est une belle fille et Gascarille va casser une belle cruche avec elle lorsqu'il reviendra. »

Un paralytique qui venait de jeter ses béquilles pour danser la ronde des bohémiens ajouta :

« — Je voudrais bien qu'on pendît Gascarille, moi...

« — Hein! m'écriai-je, pourquoi donc?

« — Parce que c'est moi qui casserais la cruche avec toi, me répondit-il.

« — Tu es trop laid! lui dis-je. »

Et je lui appliquai un soufflet.

Ce fut en ce moment que le juge vêtu de noir arriva.

Les danses cessèrent et le cercle formé à l'entour du feu s'ouvrit.

Un juge qui se hasardait dans la cour des Miracles, ça devait être un homme hardi.

« — Oh! oh! lui dit le roi de Bohême, qu'est-ce que tu viens faire ici?

« — Je viens de la part de Gascarille. »

On se regarda curieusement et le duc d'Égypte me dit :

« — Tu vois bien, Farinette, que Gascarille est un rude homme. Quand il a besoin d'un commissionnaire, il le prend parmi les membres du parlement.

Le juge, entendant prononcer mon nom, se retourna :

« — C'est toi, dit-il, qu'on nomme Farinette?

« — C'est moi.

« — Je viens te voir de la part de Gascarille.

« — Ah! ah! est-ce qu'il est sorti de prison? demandai-je.

« — Non, mais il va en sortir.

« — Comment cela?

« — C'est moi qui lui en ouvrirai la porte », me dit-il.

Alors il me prit par la main et m'attira à l'écart :

« — Vois-tu, me dit-il, le sort de Gascarille dépend de toi.

« — De moi!... m'écriai-je.

« — Si tu consens à lui donner un bon conseil, il sera riche et toi aussi. »

Le juge me conta l'histoire de René, et il me dit que Gascarille hésitait, parce qu'il avait peur qu'on le trompât... Mais moi, qui croyais que Gascarille ne pouvait pas mourir, je me laissai persuader.

« — Dites-lui qu'il accepte et qu'il prenne l'argent, dis-je au juge.

« — Si je lui répète tes paroles, il ne me croira pas.

« — Eh bien! tenez...

Je détachai une épingle qui était plantée dans mes cheveux et je la lui donnai.

« — Remettez-lui cela, dis-je, il saura que cela vient de moi et il fera tout ce que vous voudrez ».

Farinette s'arrêta un moment, et le prince vit une larme qui roula lentement sur sa joue :

— Ah! reprit-elle, c'est moi qui ai tué Gascarille.

— Comment cela, mon enfant?

— C'est moi, répéta-t-elle, car lorsqu'il a vu l'épingle, il a eu confiance dans le juge et il a consenti à tout.

— Et, s'il n'eût pas avoué le crime de René, dit le prince, penses-tu donc qu'il n'eût pas été pendu?

— Non, il se serait sauvé. Le diable lui venait toujours en aide. Mais René est encore mieux avec le diable que ne l'était Gascarille, et le diable l'a laissé mourir pour que le secret de René fût bien gardé.

— Cette explication de Farinette pouvait, jusqu'à un certain point, soulever bien des discussions et être sujette à controverse, mais Henri jugea inutile de combattre les opinions d'une fille élevée dans la cour des Miracles, et il se borna à lui dire :

— Ainsi tu hais René?

— J'ai juré sa mort le soir de celle de Gascarille. Écoutez...

Farinette continua ainsi :

— Comme nous avions tous cru à la parole du juge, nous allâmes, une douzaine de compagnons de la cour des Miracles et moi, pour voir l'exécution.

Nous nous étions groupés autour de la potence et nous vîmes venir Gascarille qui s'appuyait sur l'épaule de maître Caboche et souriait.

En ce moment les archers nous repoussèrent, et force nous fut de nous retirer jusqu'à l'extrémité opposée de la place de Grève.

« — Maître Caboche est un joli garçon, murmura un tire-laine.

« — Un brave homme, dit un *aveugle* qui ne perdait pas de vue un seul des mouvements du patient, bien que nous fussions à distance.

« — Et, ajouta le duc d'Égypte, si jamais je passe par ses mains, je souhaite qu'il me pende pour rire, comme il va pendre Gascarille. »

Nous étions loin, mais j'entendis cependant Gascarille jeter un cri.

« — Le farceur! dit le duc d'Égypte, il feint de crier pour duper mieux son monde. »

Le bourreau fit monter Gascarille jusques en haut de l'échelle, puis il le lança dans le vide.

Je fermai les yeux et poussai un grand cri à mon tour.

— Niaise! me dit le duc d'Égypte, tu sais bien que le nœud n'est pas coulant et que Gascarille est soutenu par une bonne corde qui lui passe sous les bras! »

C'est égal, j'avais peur, et le frisson me prit lorsque je vis mon pauvre Gascarille qui agitait les bras et les jambes.

« — Bien joué ! disait toujours le duc d'Égypte. On dirait qu'il est pendu pour tout de bon. »

Après avoir remué, Gascarille devint peu à peu immobile.

« — Voilà qu'il fait le mort, dit un tire-laine.

« — Oh ! il l'est peut-être... » m'écriai-je.

On se prit à rire autour de moi, mais une heure après on dépendit Gascarille...

Gascarille était bien mort !

Farinette s'interrompit une fois encore, puis elle continua à pleurer.

Mais tout à coup elle reprit avec une exaltation sauvage :

— Le soir, voyez-vous, j'ai juré que je tuerais René... et j'ai fait ce serment sur le corps de Gascarille, en présence de tous les compagnons de la Cour des Miracles.

— Eh bien ! ma pauvre fille, dit Henri, tu as mal tenu ton serment.

— Oh ! croyez-vous?...

— René est blessé... mais il est blessé légèrement, puisqu'il a pu s'en aller...

— Hé ! dit Noë, il me semble que nous pourrions bien nous en assurer.

— Comment?

— Il est probable qu'il n'est point allé se faire panser au Louvre.

— C'est juste.

— Et bien certainement nous le trouverons au pont Saint-Michel.

— Ah ! vous avez raison ! s'écria Farinette, c'est là que nous le trouverons... c'est là que je l'achèverai.

Et Farinette brandissait son poignard, et son regard était redevenu féroce.

Henri lui prit le bras.

— Ma petite, dit-il, écoute-moi bien.

— Je vous écoute, mon gentilhomme.

— Tu veux tuer René?

— Si je le veux !

— Nous le haïssons autant que toi, mais, puisque tu l'as manqué ce soir, nous ne te le laisserons point achever.

— Et pourquoi cela? fit-elle d'un ton de menace.

— Parce que nous voulons, nous aussi, nous venger de René.

— Vous?

— Nous... et que ce n'est point par un vulgaire coup de poignard...

L'œil de Farinette devint cruel.

— Est-ce que vous avez trouvé mieux que cela? dit-elle.

— Peut-être... et si tu veux m'obéir...

Farinette regarda le prince avec une sorte de défiance.

— Vous êtes bien beau, dit-elle enfin avec une naïve admiration et bien jeune... Quand on est beau et jeune, on doit être franc.

— Je le suis.

— Vous ne me mentez pas?

— Non, je te le jure.

— Eh bien ! dit-elle, soumise et comme subitement fascinée, je vous crois..., et, tenez...

Elle lui tendit son poignard, ajoutant :

— Je ferai ce que vous voudrez.

— C'est bien. Suis-nous.

Noë s'était penché à l'oreille du prince.

— Pourquoi donc, lui dit-il, ne laissez-vous pas agir la destinée?

— Parce que, répondit Henri, si Farinette tue René, la reine mère trouvera moyen de prétendre que nous y sommes pour quelque chose.

— Que faire alors?

— Je veux savoir d'abord si René est dangereusement blessé. Viens...

Farinette et les deux jeunes gens, traversant la Cité, eurent bientôt atteint le pont Saint-Michel.

La nuit était toujours sombre, mais on voyait luire à travers la boutique fermée de René la clarté d'une lampe.

— Tu le vois bien, dit Henri, je ne me suis pas trompé.

— Il est chez lui, ajouta Noë, qui fit signe à Farinette de s'arrêter.

Tous trois s'avancèrent sur la pointe du pied, et Henri colla le premier son œil à une fente de la devanture.

Noë et Farinette l'imitèrent.

Or, voici ce qu'ils virent :

René le Florentin, affreusement pâle, était couché sur le lit de Godolphin. Le somnambule lui soutenait la tête, et une femme, tenant d'une main une aiguière, lavait la blessure que lui avait faite le poignard de la bohémienne.

Farinette tressaillit.

— Quelle est cette femme? demanda-t-elle.

— C'est sa fille...

L'enfant de la Cour des Miracles poussa un rugissement qui fit frissonner Noë et le prince lui-même :

— Oh! dit-elle, ce n'est pas lui que je frapperai maintenant...

— Et qui donc? demanda Henri.

Farinette eut un cruel sourire :

— Ce n'est pas lui, répéta-t-elle, c'est sa fille!...

LXXII

René, en recevant le coup de poignard de Farinette, s'était affaissé sur le parquet du pont.

Pendant quelques minutes, frappé d'une sorte de stupidité, ne comprenant rien à cette brusque attaque dont il était victime de la part d'une inconnue, il se demanda s'il n'était point le jouet de quelque horrible cauchemar.

Mais bientôt le sang qui jaillissait de sa blessure et coulait jusque sous ses doigts le convainquit de la réalité.

Alors le Florentin eut peur de mourir, de mourir là, en ce lieu désert, sans un ami, comme un chien.

— Oh! non, non! se dit il, si ma blessure est mortelle, il faut que je sois vengé!

Et cet homme, qui n'aimait que lui d'ordinaire et haïssait tout le monde, cet assassin, cet empoisonneur qu'on nommait René le Florentin, prononça tout bas un nom : « Paola! »

Le misérable songeait à sa fille.

Il eut la force de se redresser, d'ouvrir son pourpoint, à travers lequel avait pénétré le poignard de Farinette, et de chercher avec sa main la place exacte où se trouvait la blessure.

Le poignard l'avait atteint au côté droit; mais rencontrant une côte, il avait éprouvé une déviation.

René appuya la paume de sa main sur la blessure, afin de comprimer l'hémorragie; puis, réunissant tout ce qui lui restait de force, il se mit en route et prit le chemin de sa demeure.

Plusieurs fois il faillit succomber à un étourdissement; plusieurs fois il éprouva une défaillance qu'il prit pour le frisson de la mort.

Il lui arriva même, en passant derrière la Sainte-Chapelle, d'être obligé de s'appuyer à un pan de mur, et d'y reprendre haleine.

Mais enfin il arriva jusqu'au pont Saint-Michel et vint tomber épuisé sur le seuil de la boutique, appelant d'une voix mourante :

— Godolphin! à moi, Godolphin!

Le somnambule, qui commençait à s'endormir fort naturellement, du reste, n'entendit point tout d'abord.

— Godolphin! répéta une voix à l'intérieur.

C'était celle de Paola.

Paola avait le sommeil plus léger que son compagnon, et, bien qu'elle fût plus éloignée de la porte que lui, elle avait sur-le-champ ouvert les yeux, prêté l'oreille et reconnu la voix de son père.

— Ouvre, Godolphin! cria-t-elle.

Godolphin s'éveilla enfin, courut aux cris et trouva René évanoui sur le seuil.

— A moi! Paola! à moi! cria-t-il à son tour.

Paola accourut, à peine vêtue, et jeta un cri d'effroi.

Son père était couvert de sang et son visage était si pâle qu'on eût juré qu'il était mort.

La jeune fille éperdue aida Godolphin à prendre René à bras le corps et tous deux le transportèrent sur le lit de camp que le somnambule dressait chaque soir dans la boutique.

Paola déchira le pourpoint, la chemise, et appliqua sur-le-champ un premier appareil sur la blessure, tandis que Godolphin faisait respirer du vinaigre à René.

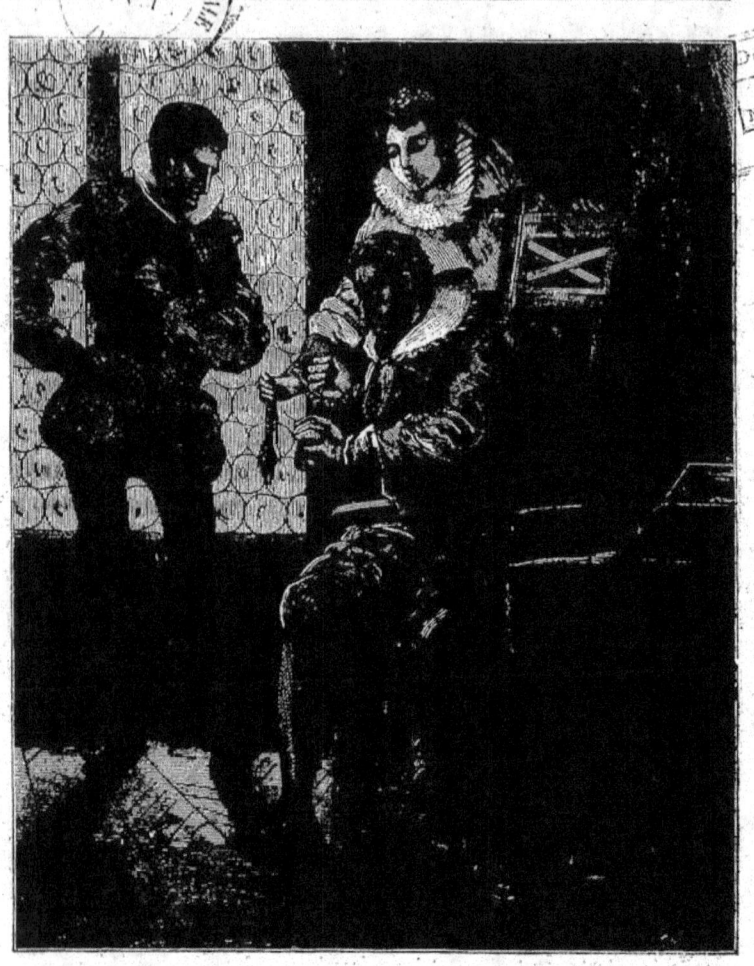

René trempa le pinceau d'abord dans la liqueur gluante. (P. 534.)

En moins de dix minutes, le Florentin revint à lui, regarda et reconnut sa fille et Godolphin.

— Ah! mon père! murmura Paola, qui s'était emparée d'une aiguière et lavait doucement la plaie, mon père, que vous est-il donc arrivé?

René reprit d'une voix faible et tremblante encore :

— Une femme a voulu m'assassiner.

— Une femme !

Et les deux jeunes gens stupéfaits se regardèrent.

— Oui, une femme que je ne connais pas, que je n'ai jamais vue... une mendiante !

Godolphin et Paola se regardèrent de nouveau. Le regard qu'ils échangèrent semblait dire :

— Qui sait? peut-être a-t-il un peu le délire?

Mais comme s'il eût compris la signification de ce regard, le Florentin répéta :

— C'est une femme jeune et belle, quoiqu'elle fût vêtue de haillons; elle m'a demandé la charité et comme je fouillais dans ma bourse en lui disant mon nom, elle m'a poignardé.

— C'est étrange, murmura Paola.

René aperçut un petit miroir d'acier poli suspendu au-dessus du comptoir, et fit un signe que Godolphin comprit.

Le somnambule alla décrocher le miroir et l'apporta à René.

— Allume deux bougies, dit celui-ci.

Godolphin obéit encore.

Alors René fit placer les deux bougies auprès du miroir et le miroir devant lui, afin de voir bien exactement sa blessure.

René était quelque peu chirurgien, et il examina et ausculta sa blessure avec le sang-froid d'un praticien.

— Le poignard a glissé, dit-il enfin, les chairs seules ont été entamées, et je n'en mourrai pas!

Puis il ajouta, s'adressant à Godolphin :

— Monte dans mon laboratoire; tu y trouveras sur une étagère une bouteille renfermant une liqueur d'un vert foncé.

— Je sais ce que vous voulez dire, répliqua Godolphin, qui s'élança vers l'escalier qui conduisait au laboratoire.

Le somnambule descendit peu après apportant la fiole indiquée par René.

Le Florentin dit alors à Paola :

— Cherche de la charpie, prépare-moi un pansement que tu arroseras avec la liqueur contenue dans cette fiole, et puis verse-moi quelques gouttes de vieux vin dans un gobelet.

Paola exécuta ponctuellement les ordres de son père.

Puis René, qui savait que le sommeil prévient presque toujours la fièvre qu'occasionne une blessure, René avala le contenu du gobelet que lui présenta sa fille.

Ce gobelet renfermait du vin vieux mélangé d'un principe narcotique assez puissant.

Après quoi le parfumeur se tourna sur le côté gauche et dit :

— Laissez-moi dormir !

— Paola et Godolphin se retirèrent, et René s'endormit.

Lorsque le Florentin rouvrit les yeux, la nuit était écoulée et le soleil dardait ses rayons dans la boutique.

Paola et Godolphin étaient assis à son chevet.

Paola penchait sa jolie tête sur l'oreiller de son père avec une coquetterie toute féminine.

— Comment te sens-tu, petit père? demanda-t-elle d'une voix câline.

— Assez bien, mon enfant.

— Souffres-tu?

— Non.

— Veux-tu que je te renouvelle ton pansement?

— Oui, dit René.

— L'Italienne, aidée de Godolphin, découvrit la blessure et la lava de nouveau avec la précaution minutieuse d'un chirurgien de profession.

— C'est cela, dit René, qui se fit apporter une seconde fois le miroir. C'est cela, ce que j'avais prévu est arrivé : le sang ne coule plus...

— Ta blessure est-elle grave, petit père?

— Non, mon enfant.

— Sera-t-elle bientôt fermée?

— Avant trois jours.

— Pourras-tu te lever?

— Oh! sur-le-champ.

— Prends garde! dit Paola d'un air craintif. Si le sang allait couler encore.

— Chère Paola! murmura le Florentin, qui, en ce moment, avait des entrailles de père.

Puis il se souleva un peu, se mit sur son séant et dit à Godolphin :

— Tu vas m'aider à m'habiller, il faut que j'aille au Louvre.

— Encore! fit Paola.

Elle prononça ce mot avec une sorte d'impatience.

— Hum! dit René qui la regarda fixement, est-ce que cela te contrarie?

— Oui, dit résolument Paola.

— Pourquoi?

— Parce que j'aurais voulu...

Elle s'arrêta et parut hésiter.

— Voyons! parle... insista René.

— J'aurais voulu causer avec vous.

— Oh! dit René.

— Et il y a longtemps, acheva Paola, qui s'enhardit.

Puis elle regarda Godolphin d'une certaine façon qui voulait dire :

— Godolphin me gêne; je voudrais converser avec vous seul à seule.

René comprit ce regard.

— Godolphin, dit-il au somnambule, tu vas sortir.

— Bien! dit Godolphin.

— Et galoper jusqu'au Louvre, où tu demanderas à parler à Mme Catherine.

— Que lui dirai-je?

— Tu la prieras de ma part de te remettre la boîte de poudre brune qui vient de Venise. Elle saura ce que je veux dire.

Godolphin prit son chapeau et son manteau.

Mais comme il s'apprêtait à s'éloigner, le Florentin ajouta :

— Tu demanderas, en outre, à la reine, la boîte de gants qu'elle a reçue de Florence le mois dernier, et qui est un cadeau du duc de Médicis, son neveu.

Godolphin sortit.

Alors René regarda sa fille.

— Maintenant, dit-il, parle, mon enfant, je t'écoute.

Paola s'assit sur le pied du lit et reprit son petit air câlin et insinuant :

— Petit père, dit-elle, te souviens-tu qu'il y a environ quinze jours tu m'as retrouvée mourante, par une nuit sombre, sur la place Saint-Germain-l'Auxerrois?

— Oui, mon enfant.

— Te souviens-tu que tu m'as fait une promesse?

— Certainement.

— Tu m'as juré de me venger de l'infâme que j'aimais et qui m'a trahie.

— C'est vrai.

— Et... dit la vindicative Italienne, tu n'as point tenu ta promesse, père !

— Je la tiendrai.

— Quand?

— Plus tôt que tu ne penses, mon enfant.

— Vrai? fit-elle.

Et son œil brilla d'un feu sombre.

— Aussi vrai que je suis ici et que tu es mon enfant chérie.

— Mais... quand?

— Bientôt.

— J'aimerais mieux une date, murmura Paola, qui avait voué une haine mortelle à Noë.

— Il m'est impossible de te la donner.

— Mais... enfin?

René eut une inspiration.

— Écoute, dit-il, tu veux que je te venge!

— Oh! je serais heureuse de voir couler la dernière goutte de son sang!

— Eh bien! tu seras vengée et promptement, mais il faut m'obéir.

— Je vous obéirai.

— Sans discuter mes ordres.

— Soit ! dit Paola.

René se dressa tout à fait sur son séant.

— Tu vas partir d'ici ce soir, à la nuit.

— Et... où irai-je?

— Tu retourneras à Chaillot, dans la maison où il t'avait cachée.

— Oh! jamais!

— Il le faut, dit René d'un ton ferme, il le faut!

— Mais... pourquoi?

— Ta vengeance en dépend.

— Je ne comprends pas, murmura Paola. Expliquez-vous, mon père.

— Attends! Tu retourneras donc à Chaillot...

— Bien. Après?

— Tu écriras à Noë...

Paola devint livide.

— Tu lui écriras, dit René, ou tu le manderas. Il faut que tu le voies...

— Ah! mon père! exclama l'Italienne avec un mouvement de répugnance si prononcé que René hésita à son tour.

— Cependant, dit-il, si tu veux que je te venge, il importe que tu sois docile!

— Mais le voir, mais lui parler!... Ah! c'est impossible...

— Il le faut!

Le ton de René était si impérieux que Paola se tut.

— Il le faut, reprit le Florentin après un silence, si tu veux être vengée!

— Mais enfin, demanda Paola, si je le vois, que lui dirai-je?

— Tu te jetteras à son cou, tu lui demanderas pardon de l'avoir trahi... et tu feindras un retour vers lui...

Paola frémissait de colère.

— « Gardez-moi auprès de vous, lui diras-tu, poursuivit René, mais sauvez-moi de mon père!... »

La jeune fille regarda le Florentin avec une sorte de stupeur.

René se prit à rire.

— Noë sera touché de ton repentir, de ton amour, et comme tu te poseras vis-à-vis de lui en femme persécutée, il éprouvera le besoin de te soustraire de nouveau à ma tyrannie.

— Ah!

— Et il en référera à son ami le prince de Navarre.

— Eh bien? fit Paola toujours étonnée.

— Or, ce n'est plus à Chaillot que le prince et Noë te cacheront.

— Où donc, alors?

— Ce sera à Paris, dans l'hôtel Beauséjour, auprès de la reine de Navarre?

L'œil de Paola étincela.

— Mon père, dit-elle résolument, que comptez-vous donc faire de moi quand je serai auprès de la reine de Navarre?

— Je te le dirai plus tard...

Et René imposa silence à Paola qui allait répliquer.

— Écoute... dit-il.

Le pas de Godolphin retentissait à la porte, et bientôt le somnambule entra.

Il portait la boîte de gants à la main, et il tira de sa poche la poudre brune de Venise.

René posa un doigt sur ses lèvres et regarda sa fille.

— Plus tard... dit-il, plus tard...

Et il dit à Godolphin:

— Habille-moi, maintenant.

Godolphin s'acquitta sans excès de maladresse de ses fonctions de valet de chambre, et René se leva sans trop de douleur.

— Maintenant, ajouta-t-il, venez au laboratoire avec moi, mes enfants.

Appuyé sur l'épaule de sa fille, le Florentin monta dans cette pièce convertie en officine de parfumeur et d'alchimiste.

Là il s'assit dans un grand fauteuil et dit à Godolphin :

— Prends cette fiole vide et jette-la sur le sol.

— Mais... elle se brisera...

— C'est précisément pour qu'elle se brise que je t'ordonne de la jeter.

Godolphin ne comprit pas, mais il brisa la fiole en mille morceaux.

Alors René fit ouvrir la boîte de gants et prit la première paire qui s'offrit à ses regards.

Puis il indiqua à Godolphin un pot blanc qui contenait une matière fumante et incolore ressemblant assez à de la colle de gomme.

Godolphin lui apporta ce pot et un petit pinceau.

René trempa le pinceau d'abord dans la liqueur gluante, ensuite dans les débris de la fiole qu'il avait achevé d'écraser sous son pied.

Après quoi il passa le pinceau dans l'un des gants et l'enduisit à l'intérieur.

— A présent, dit-il à Paola, ouvre cette boîte que Godolphin vient de rapporter, prends une pincée de la poudre qu'elle renferme et jette-la dans ce gant. Il faut que vous soyez tous deux mes complices.

— Vos complices ! exclama Godolphin...

— Oui, dit René : le verre pilé va se coller à la peau du gant et déchirera l'épiderme de la main qui tentera d'y pénétrer.

— Bien ! fit Paola, et la poudre ?

— La poudre est un poison subtil qui pénétrera par l'écorchure.

René se prit à sourire, et les deux jeunes gens se regardèrent avec stupeur, se demandant quelle était la personne que le Florentin voulait empoisonner.

LXXIII

Tandis que René le Florentin empoisonnait une paire de gants en présence de sa fille et de Godolphin, qui ne savaient encore à qui ce cadeau funeste était destiné, une scène toute différente se déroulait sur la place Saint-Germain-l'Auxerrois, à deux pas du Louvre, dans le cabaret de Malican.

Notre ami Amaury de Noë était entré fort tard à l'hôtel Beauséjour, et en compagnie de notre héros le prince Henri de Bourbon, futur roi de Navarre.

Qu'était devenue Farinette ? C'est un mystère que nous ne tarderons point à éclaircir. Toujours est-il que le prince s'était couché comme l'étoile du matin à l'horizon.

Mme Catherine, en reine qui comprend toutes les délicatesses de l'hospitalité, s'était empressée de faire disposer à l'hôtel Beauséjour une fort belle chambre pour son hôte, le prince de Navarre.

A côté de cette chambre se trouvait un cabinet destiné à *l'alter ego*, à *l'inséparable* de Henri de Bourbon, c'est-à-dire à Amaury de Noë.

— Noë, mon bel ami, dit le prince en se mettant au lit, est-ce que tu ne regrettes pas un peu notre chambrette de l'hôtellerie de la rue Saint-Jacques?

— Parbleu! non, répondit Noë.

— Vraiment?

— Mais non, répéta le jeune homme. Je vous le jure, Henri.

— Tu as tort.

— Bah! et pourquoi?

Henri secoua la tête:

— A l'hôtellerie de la rue Saint-Jacques, vois-tu, les murs sont pleins.

— Bon! ils le sont ici.

— Ici, ils pourraient bien être creux par-ci par-là.

— Allons donc!

— Et posséder des oreilles ni plus ni moins que les murs du palais de Denis, tyran de Syracuse.

— Mon cher prince, dit Noë gravement, Votre Altesse a l'esprit troublé de toutes nos aventures de cette nuit, j'en suis sûr.

— Mais non...

— Et elle se croit au Louvre.

— Simple que tu es! dit le prince, n'est-ce pas Mme Catherine qui a fini le Louvre et percé tous les judas mystérieux qui étoilent les murs?

— C'est vrai.

— Eh bien! si elle a fini le Louvre, elle a bâti l'hôtel Beauséjour.

— Ah! diantre! fit Noë.

— Et Mme Catherine est de force à avoir prévu que quelque témoin dont elle aurait à se défier habiterait son hôtel un jour ou l'autre.

— Bon! dit Noë, mais qu'en conclure?

— J'en conclus que si tu veux causer, au lieu de me parler du fond de ton lit, tu feras bien de venir t'asseoir sur le pied du mien.

— Soit! dit Noë.

Et il s'assit sur le pied du lit de Henri de Navarre.

— Et puis, ajouta le prince, il me vient une bonne idée.

— Voyons!

— Il n'y a guère à Paris que nous et les nôtres qui parlions béarnais.

— C'est probable.

— Or les nôtres sont incapables de servir d'espions à la reine Catherine.

— J'en réponds bien, Henri.

— Donc, parlons béarnais.

— Soit. Qu'avez-vous à me dire? continua-t-il en patois du pays.

— Mais, dit Henri, je voudrais bien te parler un peu de Sarah.

— Hé! hé! dit Noë, vous l'avez vue ce soir?

— Et, sans cette folle de Farinette qui nous a dérangés...

— Farinette vous a rendu un grand service, mon prince.

— Ah bah!

— Et je suis vraiment désolé de vous voir chaque jour vous engouer de plus en plus de cette argentière de malheur.

— Noë!

— Ah! dame! murmura le jeune homme, pardonnez-moi, mon prince, mais je songe un peu à l'avenir.

— Est-ce que tu lis dans les astres comme René le Florentin?

— Dieu m'en garde!

— Ou comme... le... sire... de... Coarasse?

Noë se prit à rire.

— Cela ne m'avancerait pas à grand'chose, dit-il. Mais je n'en songe pas moins à l'avenir.

— Et qu'y vois-tu?

— Oh! de vilaines perspectives.

— Bah!

— Parole d'honneur! mon prince...

— Mais encore?

— Si je suis franc, vous vous fâcherez.

— Moi? dit Henri; allons donc! je ne me fâche jamais.

— Une fois n'est pas coutume.

— Mais parle donc, bavard, fit le prince impatienté, au lieu de me répondre par des sentences de pédagogue.

— Eh bien, monseigneur, je vois dans l'avenir de fort vilaines choses, concernant Mme la reine de Navarre.

— Ma mère?

— Non, la jeune reine, Mme Marguerite.

Henri fronça légèrement le sourcil et attendit que Noë complétât sa pensée.

Noë continua gravement.

— Mme Marguerite aime Votre Altesse, c'est incontestable.

— Heu! heu! fit le prince avec une pointe de fatuité.

— Et elle se fera pardonner le duc de Guise, si Votre Altesse veut bien ne pas donner une héritière à Mme la comtesse de Gramont.

— Et puis? fit Henri.

— Mais comme il est probable que cette héritière est déjà trouvée.

— Peuh! fit Henri.

— Et qu'elle se nomme Sarah l'argentière...

— Eh bien?

— Eh bien! Mme Marguerite, qui sait le grec et le latin à merveille, se souviendra d'une certaine loi romaine qu'on appelait...

Noë s'arrêta, espérant que son sourire achèverait sa phrase.

— Comment l'appelait-on? demanda froidement Henri.

— La loi du talion, prince.

Les pistolets de Malican étaient d'un aspect formidable!!! (P. 541.)

— Hein! fit Henri de Navarre en souriant; tu deviens audacieux, Noë, mon ami.

— Heu! heu!

— Et puisque tu fais ainsi de fort belle morale, je te vais, à mon tour, poser une simple question.

— J'écoute Votre Altesse.

— Que penses-tu de Malican?
— Que c'est un fort brave homme de cabaretier.
— Et puis?...
— Et puis... mais, dame!... et puis... rien.
— Bon! et de sa nièce?
— Je pense que Myette est une fort belle fille...
— Après?
— Et que je l'aime... ajouta Noë qui se sentit rougir.
— Très bien! Ne me disais-tu pas l'autre jour que, si elle avait le moindre bout de parchemin, tu l'épouserais?
— Oh! certes, oui.
— Même sans dot?
— Bah! la bicoque du sire de Noë, mon honoré père, est petite, mais elle a coutume de voir entrer sous son toit des femmes qui ont plus de lignée que d'écus.
— Mais, hélas! dit le prince, devenu railleur à son tour, comme Myette n'a pas de parchemins...
— Je me contente de l'aimer pour ses beaux yeux.
— Parfait! Cependant tu es fils unique, mon mignon.
— Hélas!
— Et comme le nom de Noë ne saurait s'éteindre, il faudra que tu prennes femme au premier jour.
— Je la prendrai.
— Hé! mais, fit Henri, il me semble que, en ce cas, Myette ressemblera fort à Sarah, et que madame la comtesse de Noë aura quelque analogie avec la jeune reine de Navarre.
— Ah! morbleu! s'écria Noë, au diable les comparaisons! Bonsoir, Henri, je vais me coucher.
— Tu feras sagement, mon bel ami, surtout si tu réfléchis à un vieux proverbe gascon.
— Quel est-il?
— Que pour mieux voir la paille qui éborgne le voisin, il est utile de se débarrasser du soliveau qui nous aveugle.

Noë se prit à rire et alla se coucher.

Mais, comme il se glissait entre les draps, le prince le rappela.

— Bon, dit-il, qu'est-ce encore?
— Je gage, fit Henri, que tu dormiras fort mal cette nuit.
— Mais non.
— J'ai vu Sarah, tu n'as pas vu Myette, c'est suffisant.

Donc, tandis que je ronflerai majestueusement demain matin, tu te lèveras et t'en iras voir Myette.

— C'est bien possible.
— Et je vais te charger d'une commission pour Malican.
— Mais, dit Noë, j'espère bien me lever de bonne heure et trouver Myette seule. Malican sera au lit encore.

— Cela ne fait rien. Tu donneras cette bague à Myette.

Et le prince tira de son doigt l'anneau de feu le roi Antoine de Bourbon, son père.

— Que faites-vous donc là? exclama Noë étonné.

— Et, ajouta le prince, tu la prieras de la porter à son oncle. C'est une petite convention entre Malican et moi.

— Du diable, murmura Noë, si je comprends quelque chose à tout cela!

— C'est inutile!... bonsoir!

Et le prince se tourna vers la ruelle et ramena un pan du drap sur son visage.

. . . .

Henri de Navarre ne s'était point trompé, Noë fut sur pied de très bonne heure.

Tandis que le prince dormait avec le calme et la sérénité d'un homme doublement aimé et qui se flatte de se coiffer au premier jour d'une couronne, Amaury de Noë sortit sans bruit de l'hôtel Beauséjour, après avoir distribué quelques sourires protecteurs et, par-ci par-là, une poignée de main aux gentilshommes gascons qui veillaient fidèlement sur le repos de la reine de Navarre.

Naturellement le compagnon de Henri de Bourbon s'en alla tout droit au cabaret de Malican.

La place Saint-Germain était encore déserte, le cabaret était veuf du plus modeste buveur.

Myette seule, vêtue de sa jupe rouge assez courte pour montrer le bas de sa jambe mignonne et son petit pied cambré, de sa basquine de velours qui resserrait en les faisant valoir les richesses de son buste, Myette, coiffée du mouchoir béarnais qui enveloppait à grand'peine sa luxuriante chevelure noire, Myette, disons-nous, rangeait les hanaps et les pots d'étain sur le comptoir et mettait tout en ordre.

— Bonjour, petite, dit Noë en entrant et en prenant assez familièrement la taille de la jolie Béarnaise.

Myette rougit, mais elle ne se fâcha point.

— Bonjour, monsieur de Noë, dit-elle.

Enhardi, Noë lui prit un baiser; Myette se dégagea lestement.

— Que faut-il vous servir? demanda-t-elle en faisant un peu la moue.

— Rien, dit Noë.

— C'est peu.

— Où est ton oncle?

— Il est encore couché.

Noë tira la bague du prince que Myette reconnut sur-le-champ.

— Porte-lui cela, dit-il.

— Cela? fit-elle étonnée.

— Sans doute.

— Pourquoi donc faire?

— Je n'en sais rien, de la part du prince.

— C'est drôle! murmura Myette.

Puis, légère comme une biche, elle s'élança vers l'escalier et monta à la chambre de Malican.

Noë s'assit sur un banc, et, en attendant le retour de Myette, il se prit à rêver.

Myette redescendit au bout de quelques instants :

— Ah ! dit-elle, mon pauvre oncle a bien mal dormi.

— Bah ! fit le jeune homme.

— Il se plaint d'une violente migraine, monsieur de Noë.

— Le pauvre homme !

— Et il me charge de vous faire ses excuses, vu qu'il ne peut descendre lui-même pour vous servir à boire.

— Je les accepte volontiers, dit Noë d'un ton hypocrite, car il était enchanté, au fond, de ce tête-à-tête que Malican lui ménageait avec sa nièce par suite de sa migraine.

Puis il s'assit auprès d'elle.

— Ma petite Myette, dit-il, ton oncle est un brave homme.

— Oh ! je le sais…

— Et je l'aime de tout mon cœur, ajouta Noë.

— Soyez tranquille, dit ingénument Myette, il vous le rend bien.

— Ce matin surtout…

— Pourquoi ce matin plutôt que les autres jours ?…

— Mais, dame !… parce que… ce matin… il nous laisse seuls… et que…

Myette se prit à rougir.

— Et que, acheva Noë, je vais pouvoir te répéter que je t'aime, ma petite Myette adorée…

En parlant ainsi, Noë prit la jeune fille par la taille.

Myette étouffa un cri et chercha à se dégager.

Mais Noë avait le bras solide, et il avait si bien enlacé la jeune fille qu'elle ne put se dégager.

— Je t'aime ! répéta-t-il avec passion.

— Amaury !… murmura Myette dont le cœur éclata soudain.

Noë la pressa sur son cœur et la jeune fille se sentit frissonner dans ses bras.

Mais en ce moment de suprême ivresse, une voix retentit derrière eux qui les fit tressaillir et leur arracha un cri de stupeur.

— Hé ! hé ! disait la voix, ne vous gênez pas, monsieur de Noë !

Noë, livide et frémissant, se retourna alors.

Malican, qui ne paraissait plus se ressentir de sa migraine, se tenait immobile sur la dernière marche de l'escalier.

— Ne vous gênez pas, monsieur de Noë, répéta-t-il en ricanant.

Noë lâcha Myette, qui, toute confuse, alla se blottir en un coin de la salle, et recula lui-même d'un pas.

Cependant Malican n'était qu'un pauvre cabaretier, tandis que M. de Noë était un beau gentilhomme : mais Noë avait essayé de séduire sa nièce, et l'œil de Malican étincelait. Il marcha droit au jeune homme et lui dit :

— Monsieur de Noë, je vais vous dire une simple histoire. Prenez patience, elle est courte.

— Noë le regardait avec stupeur.

— Mon père, reprit Malican, était un pauvre berger des montagnes, et il s'appelait Malican comme moi... mais il avait une fille, une fille qui était ma sœur et dont un gentilhomme du voisinage s'éprit un jour.

Malican s'arrêta un moment, comme s'il eût voulu peser ses moindres paroles.

— Ce gentilhomme aimait ma sœur et ma sœur l'aimait, poursuivit Malican. Un jour mon père le surprit à ses pieds ; alors... savez-vous ce qu'il fit ?

Malican regarda encore Noë, mais Noë semblait pétrifié.

Le cabaretier reprit :

— Mon père sauta sur son fusil, ajusta le gentilhomme et lui dit :

« Je te jure, sur le salut de mon âme, que je vais te tuer comme un chien si tu n'épouses ma fille que tu as séduite... »

A ces derniers mots de Malican, Noë bondit et sembla s'éveiller d'un long sommeil.

— Oh! oh! dit-il, est-ce que tu aurais la prétention, bonhomme, de m'arracher la même promesse ?

— J'ai l'honneur de vous en faire la proposition, répliqua Malican avec calme.

En même temps le cabaretier ouvrit son sarrau et prit deux pistolets à sa ceinture.

LXXIV

Noë était brave, — il l'avait prouvé en mainte occurrence.

Cependant les pistolets de Malican étaient d'un aspect formidable et l'œil du cabaretier n'annonçait rien de bon.

— Mon cher monsieur Malican, dit le jeune homme, je ne veux pas me sauver, et vous pouvez, si bon vous semble, fermer la porte. Mais je vous engage aussi à remettre ces pistolets à votre ceinture.

— C'est selon, dit Malican.

— Si vous désirez causer avec moi, continua Noë, qui avait retrouvé son sang-froid, nous pourrons peut-être nous entendre.

— Je ne demande pas mieux, monsieur de Noë, dit Malican.

Et comme le lui avait permis Noë, le cabaretier alla fermer la porte et se plaça devant une table qui le séparait du jeune homme d'une longueur de quelques pieds.

Puis il posa les pistolets sur cette table, à la portée de sa main, s'assit et dit :

— Je le veux bien, monsieur de Noë, causons.

Myette tremblante était toujours blottie en un coin de la salle.

Noë fit comme Malican et s'attabla vis-à-vis de lui.

Alors le cabaretier se tourna vers sa nièce :

— Hé! la belle fille, dit-il, comme nous allons traiter, M. de Noë et moi, une affaire assez importante, et que les affaires ne se font bien que lorsqu'on a le gosier humide, va-t'en me chercher une bouteille de vieux muscat.

Myette était ravie d'avoir un prétexte pour sortir, elle ne se fit point prier.

Elle disparut et revint deux minutes après avec le flacon poudreux demandé par Malican.

Pendant l'absence de Myette, Noë et le cabaretier avaient gardé le silence de deux adversaires qui s'observent avant d'entrer en lutte.

— Maintenant, dit Malican, lorsque la jeune fille eut posé sur la table la bouteille et deux verres. maintenant va-t'en là-haut, ma fille. Ce qui va se dire ne te regarde pas.

Myette était rouge comme une cerise, et elle avait le cœur bien gros.

Elle se retira en baissant les yeux et gravit lentement l'escalier.

Mais lorsqu'elle fut sur la dernière marche, c'est-à-dire, hors de la vue de son oncle, elle s'assit et prêta curieusement l'oreille, en vraie fille d'Eve qu'elle était.

— Ça! dit alors le cabaretier, causons, s'il vous plaît, mon gentilhomme.

— Causons, fit Noë avec une indifférence plus affectée que réelle.

Malican mit ses deux coudes sur la table, regarda son interlocuteur en face et lui dit :

— Ainsi donc, monsieur de Noë, vous aimez ma nièce?

— De tout mon cœur, Malican.

— Et... elle... vous aime?...

— Peuh! répondit Noë avec une fatuité merveilleuse, peut-être.

— Mais savez-vous bien, monsieur de Noë, que Myette est une fille tout à fait vertueuse?

— Hélas! soupira le jeune homme, à qui le dis-tu?

— Et qu'elle n'est point femme à s'en laisser conter comme font vos grandes dames de la cour de France?

— D'accord.

— Myette veut un mari...

— Hum! tu en reviens toujours là, mon pauvre Malican.

— Un mari... sérieux.

— Comment l'entends-tu?

— Hé! mais, dit le cabaretier, je veux dire un mari qui l'épouse...

Noë fit un léger soubresaut sur son siège.

— Voyons, Malican, dit-il, parlons raison...

— Je parle raison, monsieur de Noë.
— Et laissons de côté... ce mariage...
Malican allongea la main vers l'un des pistolets.
— Écoute-moi bien, reprit Noë, tu es Béarnais comme moi.
— Comme vous, dit Malican.
— Tu connais ma famille?
— J'ai passé vingt fois devant votre château.
— Tu sais que le comte de Noë, mon père, a de certaines idées...
— Je l'ignore, dit Malican.
— Il fait moins bon marché que moi de... la... noblesse...
— Ah! fit Malican d'un air sérieux.
— Et j'aurai beau lui dire que Myette est une perle de fille... un bijou...
— Il y a peu de femmes à la cour de Nérac, monsieur de Noë, qui soient aussi belles.
— D'accord, mais...
— Et je vous garantis que lorsqu'elle sera comtesse de Noë...
Noë fit un deuxième soubresaut.
— Vous pourrez être sûr de sa sagesse, ajouta gravement le cabaretier.
— Oh! pour cela, je suis de ton avis, Malican.
— Sans compter qu'elle vous donnera une kyrielle de petits Noë qui seront taillés en hercules et beaux comme des amours...
— Je ne dis pas non, mais...
— Tenez, poursuivit Malican, si vous voulez, la noce se fera dimanche prochain... C'est aujourd'hui lundi... vous voyez que nous n'aurons pas long-temps à attendre.
— Mais, mon pauvre Malican....
— Et j'irai trouver Mme Jeanne de Navarre, notre reine à nous, et je lui demanderai d'assister au mariage.
Noë voulut mettre fin au programme matrimonial de Malican.
— Un instant, dit-il avec gravité, je n'ai qu'un mot à dire.
— Voyons! fit Malican.
— Je refuse positivement, et bien qu'à mon grand regret.
— Vous refusez... quoi?
— Je refuse d'épouser Myette, bien que je l'aime...
— Ah! dit Malican. Et pourquoi?
— Mais parce qu'elle se nomme mam'zelle Malican et que je m'appelle le comte de Noë. Comprends-tu?
Malican partit d'un grand éclat de rire.
— Ah! monsieur de Noë, dit-il, vous étiez si troublé tout à l'heure que vous n'avez pas entendu mon histoire.
— Quelle histoire?
— Celle de ma sœur... qui fut séduite... et épousée... par un gentilhomme.
— Eh bien?
— Eh bien! ce gentilhomme n'était pas de mince noblesse... croyez-le...

— Et tu me le donnes pour modèle, ricana Noë.
— Non, ce n'est pas ce que je veux dire.
— J'écoute alors.
— Ce gentilhomme se nommait le marquis de Lussan.
— Hein! fit Noë, vraiment?
— C'est comme j'ai l'honneur de vous le dire. Et il a été tué un jour de bataille, à côté du feu roi Antoine de Bourbon.
— Je sais cela.

Et Noë qui ne devinait pas encore où Malican voulait en venir, Noë ajouta :
— Les Lussan sont de bonne roche; ils étaient cousins des d'Albret, les ancêtres maternels du prince Henri.
— Vous voyez donc bien, ajouta Malican, qu'à tout prendre, celui qui épousera Mlle de Lussan...

Hein? fit Noë qui tressaillit.
— Ne se mésalliera pas complètement, acheva le cabaretier.
— Comment! s'écria Noë, il a laissé une fille?
— Une fille qui a de beaux yeux et que vous aimez...
— Myette!
— Hé! oui.

Noë eut un terrible battement de cœur.
— Ah! balbutia-t-il, serait-ce possible, mon Dieu!
— C'est vrai, monsieur de Noë.
— Myette est la fille du marquis?
— Sa propre fille.
— Ainsi... elle est... noble?
— Et du meilleur sang de Béarn.

Noë poussa un cri de joie.
— Mais alors, dit-il, tu peux remettre tes pistolets dans ta poche, Malican.
— Ah! ah!
— Tu n'en as plus que faire...
— Vraiment?
— J'épouse, te dis-je.

Malican se prit à rire et appela :
— Myette! Myette!

Mais Myette ne répondit pas.
— Oh! oh! murmura le cabaretier, bouderait-elle, par hasard?

Il s'élança vers l'escalier par où Myette avait disparu, et tout à coup Noë, qui le suivait, entendit une exclamation de surprise et presque d'effroi.

Myette qui, du haut de l'escalier, avait écouté la conversation de Noë et de son oncle, était en proie à une émotion telle qu'il lui était impossible de parler ni de faire un pas.

— Bon! exclama le cabaretier qui courut à elle, vas-tu pas, maintenant, t'évanouir?...

Myette se jeta au cou de son oncle et fondit en larmes.

Le prince l'entraîna sous la lanterne du pont et lui présenta sa main gauche. (P. 552.)

En ce moment Noë survint et lui dit gravement :
— Madame la comtesse de Noë, calmez-vous...
Myette jeta un cri et faillit se trouver mal.
Noë la prit dans ses bras et redescendit avec Malican.
Mais déjà un quatrième personnage s'introduisait dans le cabaret et semblait s'étonner de le trouver désert.

Ce personnage n'était autre que le prince Henri de Bourbon, futur roi de Navarre, lequel ronflait cependant comme le bourdon d'une cathédrale lorsque Noë était sorti sur la pointe du pied de l'hôtel Beauséjour.

En voyant reparaître Malican qui marchait plus fier qu'un bedeau de cathédrale, et Noë qui emportait Myette éperdue dans ses bras, Henri devina ce qui venait de se passer.

— Allons! dit-il en riant, je le vois, ma bague a produit son effet.

— Ah! fit Noë qui tressaillit et se prit à regarder curieusement le prince.

Et il se souvint qu'en lui remettant cette bague, Henri lui avait dit : « C'est un signal entre Malican et moi. »

Henri souriait toujours; mais au lieu de donner aucune explication directe à Noë, il se tourna vers Malican :

— As-tu été bien féroce? dit-il.

— Mais… pas mal… répondit le cabaretier en souriant.

— Tu t'es servi de tes pistolets?

— Dame! je les ai montrés…

— Ah! mon pauvre Noë, dit Henri, en quel guêpier t'es-tu fourré!

Mais Noë ne prenait point garde aux paroles du prince. Il était agenouillé devant Myette et lui baisait les deux mains avec transport.

Cependant l'histoire de la bague l'avait assez intrigué pour qu'il finît par en demander l'explication.

— Noë, mon bel ami, dit alors le prince, il était convenu entre Malican et moi que je lui enverrais ma bague aussitôt que tu aurais avoué ton intention d'épouser Myette, si Myette était de noblesse. J'ai tenu ma promesse, en raison de notre conversation d'hier au soir.

— Très bien! fit Noë.

— La petite scène violente que Malican t'a jouée était également convenue.

— A merveille!

— Et ma mère, la reine Jeanne, va se charger de chaperonner Myette, désormais, attendu qu'il n'est pas convenable que la fille d'un gentilhomme, l'épouse future d'un comte de Noë, vive dans un cabaret.

— Hé! dit Noë, qui avait peu à peu reconquis sa présence d'esprit, elle y a vécu assez longtemps, ce me semble.

— Ah! ceci, répliqua Malican, tient à des raisons toutes particulières.

— C'est vrai, dit Henri.

— Peut-on les connaître? demanda Noë.

— Certainement.

— Voyons.

Et Noë, tenant toujours les deux mains de Myette dans les siennes, s'assit à la même place où il parlementait tout à l'heure avec Malican, à deux longueurs de pistolet.

Malican prit la parole :

— Myette est la fille du marquis de Lussan et de Rose Malican, ma sœur.

Le marquis a épousé Rose en pleine cathédrale de Pau, attendu qu'il était catholique, et Myette est une fille très légitime.

— Bon! dit Noë.

— Mais Rose, ma pauvre sœur, est morte.

— Ah!

— Et trois ans après, le marquis s'est fait tuer.

— Je sais cela.

— Ce qui fait que Myette était orpheline, poursuivit Malican et qu'elle n'avait d'autre protecteur que le comte de Lussan, frère de son père, et le pauvre cabaretier Malican, frère de sa mère.

— Cela ne m'explique pas encore, dit Noë, pourquoi...

— Chut, Henri.

Malican reprit :

— Le comte de Lussan est de bonne maison, c'est connu, mais il est avéré aussi par tout le Béarn que c'est un gentilhomme peu scrupuleux...

— Je l'ai ouï dire, murmura Noë.

— Il rançonne ses vassaux, il fait pendre les juifs et les Lombards qui lui ont prêté de l'argent ; il lorgnait d'un œil d'envie les belles seigneuries de feu son frère, le marquis de Lussan.

— Ah! diable!...

— Alors, voyez-vous, continua Malican, je ne suis qu'un cabaretier, mais j'ai toujours passé pour un garçon qui voit les choses de loin. Et j'ai pensé...

Malican s'arrêta, essayant de compléter sa phrase par un fin sourire.

— Va toujours, dit le prince. Je connais le Lussan, on peut en parler.

— Je me disais donc quelquefois, reprit Malican, que si je laissais ma jolie Myette aux soins de son oncle, il pourrait bien, un jour ou l'autre... à cause des belles seigneuries... Vous comprenez ? un enfant, ça meurt facilement.

— Comment! interrompit Noë, Myette a des seigneuries ?

— Sans doute.

— Elle est riche ?

— Très riche, dit Henri.

— Je rêve!... balbutia le jeune homme, et tout cela me paraît impossible.

— Monsieur le comte de Noë, dit alors Malican, vous le voyez, Myette a des parchemins, des écus, et elle est belle.... Il est vrai qu'elle a aussi un brave homme d'oncle qui est cabaretier ; mais soyez tranquille, une fois le mariage accompli, je m'en irai vivre dans un coin... j'ai des économies... et puis, si jamais j'allais vous voir... eh bien ! vous m'enverriez dîner à l'office.

— Ah! Malican, s'écria le prince, tu railles, mon ami, attendu que tu es un honnête homme, que de plus tu es montagnard, et qu'en notre pays c'est presque un premier degré de noblesse.

Noë ne dit rien, mais il embrassa cordialement Malican.

Myette pleurait de joie.

En ce moment une ombre se dessina sur le seuil inondé de lumière et une femme parut.

C'était Nancy, Nancy la jolie soubrette, la fine mouche, l'amie de Mme Marguerite, l'idole du page Raoul.

Nancy, qui souriait d'ordinaire et dont l'œil pétillait toujours de malice, Nancy fronçait le sourcil; elle avait un air soucieux qui sembla de mauvais augure au prince de Navarre.

— Quelle nouvelle fâcheuse m'apportes-tu, Nancy, ma mignonne, lui demanda-t-il, et qu'est-il donc arrivé?

LXXV

Nancy jeta un regard sur Noë et Myette qui se tenaient toujours par la main en présence de Malican.

— Hum! dit-elle en clignant l'œil, est-ce que M. de Noë... se... mésallie?

— Ma petite, répondit Noë, j'épouse Myette.

— Ah bah!

— Laquelle est de fort bonne noblesse.

— Plaît-il?

— C'est vrai, dit Malican avec la gravité d'un grand parent.

Mais Nancy, au lieu de demander des explications sur la noblesse de Myette, noblesse qu'elle n'avait point soupçonnée jusque-là, Nancy, disons-nous, fronça le sourcil de plus en plus.

— Tant pis! dit-elle.

— Hein? fit Noë.

— Pourquoi ce *tant pis?* demanda Henri de Navarre.

Nancy retourna jusqu'au seuil de la porte et s'assura que personne ne rôdait dans les environs.

— Tu peux parler ici, Nancy ma mignonne, dit le prince, Malican et sa nièce sont nos amis.

— Hélas! dit Nancy.

— Oh! oh! fit Malican, vous n'êtes pas aimable pour nous, mamz'elle Nancy.

— C'est parce que je vous aime...

Et Nancy, de plus en plus sérieuse, s'assit et regarda fixement le prince.

— Votre Altesse a-t-elle donc perdu la mémoire? dit-elle.

— A propos de quoi parles-tu ainsi, mignonne?

— Elle a exigé de Mme Catherine, en échange de la vie de René, un serment...

— Parbleu! répondit le prince.

— Un serment qui sauvegarde Votre Altesse, M. de Noë, la belle argentière et M. de Pibrac.

— Et depuis lors, ajouta Henri, nous vivons fort tranquilles et nous dormons sur les deux oreilles.

— C'est un tort, dit Nancy.

— Le prince fit un geste de surprise.

— Ah çà! dit-il, Mme Catherine oserait-elle donc manquer à sa parole?

— Non.

— Eh bien! alors?...

— Mais le serment qu'elle a fait ne sauvegarde point la future comtesse de Noë... et le jour où elle saura que... Myette...

Noë tressaillit et pâlit.

— Heureusement, dit Henri, que Myette va entrer aujourd'hui même à l'hôtel Beauséjour, où elle sera sous la protection de la reine ma mère.

Nancy secoua la tête.

— La reine Jeanne, dit-elle, n'est pas non plus sauvegardée par le serment.

— Oh! oh! exclama Henri se redressant avec fierté, tu me la bailles belle, ma mignonne! on ne touche pas à ma mère...

— Monseigneur, dit Nancy, vous vous trompez... la reine Catherine hait la reine de Navarre...

— C'est possible, mais...

— Et je vous jure, continua la camérière, qu'à votre place je me hâterais d'épouser Mme Marguerite.

— Nancy, mon enfant, dit le prince, je suis tout à fait de l'avis de Mme Marguerite.

— Comment cela, monseigneur?

— Elle prétend que tu vois tout en noir.

— Comme Cassandre, prince.

— Bah! tu es folle.

— D'abord, reprit Nancy sans se déconcerter, je vais vous faire une confidence.

— Parle...

— Je ne sais pas où Mme Catherine a passé la soirée, mais je puis vous affirmer que lorsqu'elle est rentrée au Louvre il était plus de minuit.

— Bah! fit le prince étonné. Comment sais-tu cela?

— Ah! répliqua Nancy, vous savez que je suis un peu noctambule...

— Peste! dit le prince, tu te sers d'un mot que je ne comprends guère.

Nancy se prit à sourire :

— Mme Marguerite, qui sait le latin, dit-elle, m'a expliqué que cela voulait dire *marcher pendant la nuit*.

— Très bien. Ainsi, tu es noctambule!...

— C'est-à-dire que j'aime assez me promener par les corridors sans lumière, écouter aux portes par-ci par-là, saisir un mot à droite et à gauche.

— Et tu as vu rentrer Mme Catherine?

— Précisément.

— Seule?

— Toute seule, enveloppée dans son manteau.

— Ceci est bizarre...

— Et vêtue en cavalier.

— Tu railles.

— C'est la vérité pure, monseigneur.

— Tu te seras trompée... la reine mère n'oserait point se travestir ainsi.

— Je suis sûre de mon fait. J'étais accoudée à une fenêtre qui donne sur la rivière et j'ai cru entendre un bruit de voix tout au bord de l'eau. J'ai l'oreille fine, et à un certain moment il m'a semblé que c'était la voix de René que j'entendais. Alors je suis descendue et j'ai trouvé à la poterne un Suisse de ma connaissance.

— Est-ce celui qui dort quand on tousse?

— Justement.

— Et c'est de lui que tu tiens?...

— Non, c'est de moi-même. Écoutez...

— Voyons! dit Henri curieux.

— Le Suisse, reprit Nancy, avait un grand manteau; moi, je suis petite et mignonne, comme vous voyez, et je me suis mise dessous.

— Ah! ah!

— De sorte que j'ai vu, sans qu'il me vît, et grâce à la lanterne suspendue au-dessus de la porte, entrer un cavalier.

— Et ce cavalier?...

— C'était Mme Catherine.

A son tour Henri fronça le sourcil.

— D'où venait-elle donc? murmura-t-il.

— Je ne sais pas. Mais je puis vous affirmer que lorsque Mme Catherine prend la peine de sortir du Louvre sans escorte et qu'elle y rentre si tard, c'est qu'elle a quelque sinistre et hardi projet en tête.

— Mais enfin, devines-tu quelque chose?

— Je sais qu'elle abhorre la reine de Navarre.

— Comment le sais-tu?

— J'ai surpris un regard de haine qu'elle jetait sur elle.

Henri eut un fier sourire.

— Ma mère est bien gardée à l'hôtel Beauséjour, dit-il.

— Peut-être, fit Nancy.

— Elle a autour d'elle trente gentilshommes dévoués et braves dont l'épée est plus longue et mieux trempée que les poignards des estafiers de Mme Catherine.

Nancy haussa les épaules.

— Fi! monseigneur, dit-elle, Mme Catherine est une princesse trop courtoise pour faire assassiner une reine qu'elle exècre, mais que, après tout, elle estime.

— Alors qu'ai-je à craindre?

— Mais, ajouta Nancy, il pourrait se faire que René le Florentin...

A ce nom, Myette et Noë pâlirent de nouveau et Malican se gratta l'oreille d'un air embarrassé.

Seul, le prince demeura impassible.

— Il se pourrait faire, continua Nancy, que René le Florentin, qui ne peut plus toucher à Votre Altesse, songeât à être agréable à Mme Catherine.

— Et comment?

— René est un habile chimiste, monseigneur.

Henri tressaillit.

— Il confectionne des poisons merveilleux et subtils...

— Ah! tais-toi...

— Des poisons qui se jettent dans l'air qu'on respire, dans l'eau et dans le vin dont on s'abreuve, dans le feu auquel on se réchauffe, dans le pain qu'on rompt, dans les aliments qu'on a, par défiance, préparés pour soi.

— Nancy, dit le prince, dussé-je préparer de ma main les repas de ma mère...

— Il y aurait mieux que cela, monseigneur.

— Quoi donc?

— Ce serait d'avoir un otage qui répondît de René.

— Je ne comprends pas, fit Noë.

— Ni moi, murmura Malican.

— Mais moi, dit Henri, j'ai compris, et Nancy a raison.

Puis il se pencha à l'oreille de la camérière.

— Tu veux parler de Paola? dit-il.

— Justement.

— Nancy, ma mignonne, tu pourras t'en retourner au Louvre et y demeurer tranquille. Avant demain la vie de Paola me répondra de celle de ma mère.

— C'est bien! dit Nancy. Bonsoir, monseigneur, vous êtes prévenu.

— Et Nancy s'en alla.

. . . .

Or, pour savoir au juste sur quoi comptait le prince Henri de Navarre relativement à Paola, il est nécessaire de nous reporter à la nuit précédente et de retourner au pont Saint-Michel où nous avons laissé la bohémienne Farinette, le prince Henri et Noë assistant, à travers les fentes de la devanture, au premier pansement de René le Florentin.

Farinette, on s'en souvient, apprenant l'origine de Paola, avait murmuré à l'oreille du prince : « Ce n'est pas René que je frapperai maintenant, c'est sa fille. »

Henri lui prit le bras, le serra avec force et lui dit :

— Tais-toi!

Puis il l'entraîna loin de la boutique, à l'extrémité du pont, et fit signe à Noë de les suivre.

— Ma fille, dit-il alors à Farinette, tu n'as plus nul besoin de demeurer ici.

— Pourquoi?

— L'heure n'est point sonnée pour toi de te venger de René.

— Ah! ah! ricana Farinette. Je suis pressée, pourtant.

— Moi aussi.

— Vous!

— Moi, dit Henri avec calme, je hais René plus que toi.

— Eh bien! laissez-moi faire alors... je vous vengerai en me vengeant moi-même.

— Pas encore...

— Pourquoi donc?

— Ecoute, répliqua le prince, si je te dis qui je suis, croiras-tu ensuite à mes paroles?

— Peut-être... car vous avez l'air d'un loyal gentilhomme.

Henri se pencha vers elle.

— Je hais René, dit-il, parce que je suis huguenot et qu'il est l'ennemi acharné de tous ceux de la religion.

— Ah! Comment vous nommez-vous?

— Je te le dirai, si tu me fais le serment de ne le point révéler.

— Je vous le jure sur les cendres de Gascarille.

— Ce serment me suffit, dit le prince.

Et il ajouta :

— Je me nomme Henri de Bourbon et je dois être roi de Navarre.

Farinette étouffa un cri et s'inclina pleine de respect.

— Maintenant, reprit Henri, si je te dis que je hais René autant et plus que toi, me croiras-tu?

— Certes, oui.

— Je le hais plus que toi, vois-tu, parce que sa mort ne suffirait point à ma vengeance. Je veux le frapper dans son orgueil, dans son pouvoir, dans l'affection qu'il a pour sa fille. Comprends-tu?

— Oui, je comprends.

— Et je te vais associer à ma vengeance.

— Ordonnez, je suis prête.

Un feu sombre brillait dans les yeux de Farinette.

Le prince l'entraîna sous la lanterne du pont et lui présenta sa main gauche.

— Regarde bien cette bague, dit-il.

Il lui montrait l'anneau du feu roi Antoine de Bourbon.

— Je la reconnaîtrais au bout de dix ans, répondit la veuve du supplicié.

— Eh bien! le jour où un homme se présentera à toi porteur de cette bague...

— Il viendra de votre part, n'est-ce pas?

— Oui, et tu feras ce qu'il te dira, car j'ordonnerai par sa bouche.

— J'obéirai, monseigneur.

Le prince sembla réfléchir :

— Tu es aimée, n'est-ce pas, à la cour des Miracles?

— Les uns m'aiment d'amour, et ils espèrent fléchir mon cœur, dit Farinette avec ironie, comme si un cœur qu'un mort emplit pouvait jamais retourner aux vivants.

— Et... les autres?...

Courte-Haleine et Cœur-de-Loup avaient terrassé Goldophin et le bâillonnaient. (P. 560.)

— Les autres aimaient Gascarille, et ils m'aiment. D'autres enfin me craignent... parce que le duc d'Égypte m'a prise sous sa protection.
— C'est-à-dire, observa Henri, que les truands et les tire-laine t'obéissent comme à une reine?
— A peu près.
— Et que tu peux compter sur eux?

— A toute heure de nuit et de jour, — surtout de nuit.

— Eh bien! retourne parmi eux, oublie René et sa fille, et attends patiemment que je t'envoie un messager porteur de ma bague. Adieu, Farinette.

Le prince serra la main de la bohémienne et il reprit le bras de Noë.

— Ah! un moment, dit-il avant de s'éloigner de Farinette, où te trouvera-t-on?

— Rue du Grand-Hurleur, dans la maison d'un drapier. On n'aura qu'à demander Farinette. Bonsoir, messeigneurs.

Et, à son tour, Farinette salua les deux jeunes gens et s'en alla d'un pas rapide vers l'autre côté de l'eau.

Farinette traversa de nouveau la Cité et le pont au Change, laissant bien loin derrière elle Henri et Noë qui s'en revenaient à pas lents; elle remonta vers la rue Saint-Honoré et gagna celle du Grand-Hurleur, rue étroite, malsaine, où ni la lune ni le soleil ne pénétrait qu'à de longs intervalles.

Ce que Farinette avait appelé la maison du drapier n'était, à vrai dire, qu'une sorte de bicoque bâtie en argile, en vieilles solives, construction informe qui abritait le commerce borgne d'un revendeur d'habits, affilié d'assez loin avec les compagnons de la cour des Miracles.

Cet homme, qui se nommait la Grive, logeait Farinette en un grenier qui formait le couronnement de sa maison.

La bohémienne tira de sa poche un long clou et le mit, en guise de clef, dans le trou percé dans la porte d'entrée à la place de la serrure.

A l'aide de ce clou, elle souleva un loquet intérieur et la porte s'ouvrit.

— Qui est là? demanda une voix enrouée.

— C'est moi, Farinette.

— Eh bien! demanda la voix qui partait du fond de l'unique pièce qui formait le rez-de-chaussée de la maison, as-tu trouvé ton homme?

— Non, répondit Farinette, qui jugea inutile de raconter au revendeur son aventure.

Une échelle était le seul escalier qui conduisît au grenier de Farinette.

La bohémienne grimpa après cette échelle, poussa une porte, pénétra à tâtons dans un réduit de quelques pieds de large, et, dédaignant de se procurer de la lumière, elle se jeta toute vêtue sur un monceau de guenilles entassées en guise de lit.

Farinette avait enduré l'air froid de la nuit, elle avait marché, elle avait couru, elle avait eu la fièvre...

C'en était assez pour lui faire éprouver une grande lassitude, et bientôt elle s'endormit profondément.

Elle dormait depuis quelques heures lorsque la voix du revendeur la Grive la réveilla brusquement.

— Hé! Farinette! criait le marchand de vieux habits.

— Que voulez-vous? répondit-elle en bâillant et en se frottant les yeux.

— C'est un homme qui veut te parler.

Farinette eut comme un pressentiment. Elle se leva et descendit.

L'homme qui voulait parler à Farinette était un bourgeois fort proprement vêtu, mais dont le béret rouge, en manière de chapeau, attestait l'origine méridionale.

C'était Malican.

— Tiens, dit la bohémienne, qui rassembla ses souvenirs, est-ce que vous n'êtes pas un cabaretier?

— Oui, mon enfant.

— De la place Saint-Germain-l'Auxerrois?

— Justement.

— Le cabaretier Malican?

— Pour vous servir, dit le Béarnais, qui trouvait Farinette fort à son goût.

— Que me voulez-vous?

— Vous parler.

— De la part de qui?

Malican tira de sa poche un petit objet qu'il mit sous les yeux de la jeune fille.

— Connaissez-vous cela? dit-il.

— Oui, c'est la bague du prince.

Et l'œil de Farinette étincela.

— Le prince m'a chargé de vous dire qu'il fallait, la nuit prochaine, enlever la fille que vous savez.

— Et la tuer, n'est-ce pas?

— Non, mais la garder prisonnière, sans lui faire aucun mal, tant que je vous viendrai voir tous les jours.

— Et si... un jour... vous ne veniez plus?

— Ah! dame! fit Malican, le prince vous le dira. Tout ce que je sais, c'est qu'il vous enjoint de ne lui faire aucun mal.

— C'est bien.

Malican remit la bague dans sa poche et s'en alla.

Le soir, Farinette prit le chemin de la cour des Miracles et pénétra dans le cercle de lumière décrit par le feu que les truands allumaient chaque nuit et autour duquel les paralytiques dansaient, tandis que les aveugles, gravement assis, interrogeaient les astres.

— Vive Farinette! cria-t-on en voyant apparaître la belle et robuste créature.

LXXVI

La *cour des Miracles* d'alors n'était déjà plus la cour des Miracles du bon temps, en vertu de cette loi terrestre qui veut que chaque chose dégénère à son heure.

Ce n'était plus cette réunion splendide et grotesque à la fois d'un peuple qui obéissait à un souverain unique, professait une religion à part, avait des lois particulières.

Depuis le feu roi Louis XI, les monarques ses successeurs s'étaient attachés à diminuer l'importance de ce royaume de la bohème, enclavé dans Paris.

On avait élargi les rues voisines, sapé les vieilles maisons où pullulaient les truands; çà et là même on avait établi un poste d'archers.

Cependant, comme les prêtres d'un culte qui s'éteint et dont on a renversé l'autel, quelques adeptes fervents se pressaient encore à l'entour des ruines du temple.

Le roi de Bohême régnait mal, mais il régnait.

Il avait même un premier ministre qui se nommait le duc d'Égypte, un connétable qu'on appelait le baron des Castilles, un fou qui, en mémoire d'un personnage célèbre, s'intitulait pompeusement Triboulet II.

Le roi de Bohême ne régnait que la nuit, et ses sujets épars ne se groupaient point dans le jour autour de son trône ébranlé.

Le jour, le roi de Bohême s'appliquait un ulcère sur la jambe gauche, un bandeau noir sur l'œil droit, et il se traînait péniblement sur deux béquilles jusqu'au porche de l'église Saint-Eustache, où il avait une place de mendiant, dont il payait la location en écu d'or.

Le duc d'Égypte était bateleur de son état diurne. On le voyait danser sur la corde à l'entrée du pont au Change, et, le dimanche, jouer à la paume au *jeu du Mail*.

Le baron des Castilles était sourd-muet de profession, et parfois, les jours de grande fête, il ajoutait à ces fonctions celle d'aveugle de naissance.

On le voyait jouer de la flûte sur le seuil du couvent des Filles-Dieu.

Mais, quand la nuit venait, surtout quand elle était sombre, le roi de Bohême reprenait son sceptre, le duc d'Égypte son porte feuille de ministre, le baron des Castilles son épée de connétable.

On allumait un grand feu au milieu de la cour des Miracles, et les truands se réunissaient à l'entour.

Les ribaudes dansaient et chantaient, les hommes buvaient, les enfants se roulaient dans la poussière ou dans la boue fangeuse.

Dès minuit, l'orgie commençait.

Rarement le chevalier du guet osait pénétrer jusqu'en ce terrible sanctuaire de la débauche et du crime. Il fallait même un cas extraordinaire, quelque chose comme un ordre formel du roi de France, pour que les archers osassent en approcher.

Or, ce soir-là, comme la nuit était noire, les truands étaient accourus de tous les points cardinaux de Paris, et jamais assemblée n'avait été plus nombreuse.

Monté sur un tonneau vide qui lui servait de trône, le mendiant du porche de Saint-Eustache était redevenu roi, et ses sujets lui présentaient avec respect un vaste hanap d'étain rempli d'un mauvais vin aigrelet.

Une jeune fille dansait aux pieds du roi de Bohême, chantant un refrain grivois, et comme elle dansait à merveille et qu'elle était belle, presque aussi belle que Farinette, les tire-laine applaudissaient et disaient :

— Voilà un beau brin de fille, et celui qui a cassé la cruche est un heureux compagnon.

Tout à coup Farinette se montra dans le cercle de lumière décrit par le brasier.

La ribaude cessa de danser en la voyant et le roi de Bohême lui fit signe de se venir asseoir auprès de lui.

Farinette monta sur le tonneau et dit au roi :

— Veux-tu faire faire silence?

— Pourquoi, ma fille?

— Pour que je puisse parler.

Le roi se dressa et cria :

— Silence, tout le monde! Farinette va parler.

A la voix de leur souverain, les truands se turent et les enfants eux-mêmes s'arrêtèrent et suspendirent leurs jeux.

— Parle, ma fille, dit alors le roi se tournant vers Farinette.

Farinette se plaça debout sur le tonneau, mit un poing sur la hanche et dit :

— Compagnons de la cour des Miracles, vous savez que Gascarille est mort?

— Oui, oui, pauvre Gascarille! murmura-t-on à la ronde.

— Et que j'ai juré de le venger? ajouta-t-elle.

— Nous aussi, répétèrent les sujets du roi de Bohême.

— Eh bien! l'heure est venue, reprit lentement Farinette.

Un long murmure de satisfaction s'éleva parmi les truands.

— Faut-il mettre le feu au Louvre? demanda un jeune bohême qui ne doutait de rien.

— Ou bien assiéger le Châtelet? dit un vieillard qui se souvenait du bon temps.

— Ni l'un ni l'autre.

— Ah! ah! fit-on.

— Parle, ma fille, répéta le roi de Bohême qui éleva la voix avec un accent d'autorité. Ce que tu diras sera bien dit, ce que tu feras sera bien fait, ce que tu ordonneras sera exécuté.

— Vive Farinette! cria la foule.

— Il me faut trois hommes résolus, reprit la veuve de Gascarille.

— Tu en auras cent.

— Non, il ne m'en faut que trois.

— Moi! moi! moi! crièrent vingt truands à la fois.

— Laissez-moi choisir, dit Farinette.

Elle promena son regard sur la foule et étendit sa main vers un garçon robuste et bien découplé qu'on appelait Cœur-de-Loup.

Cœur-de-Loup était un des plus hardis de la cour des Miracles. Il s'était évadé vingt fois du Châtelet; un jour que le bourreau l'avait pendu, il avait trouvé moyen de se dépendre et de retomber sain et sauf sur ses deux pieds.

De plus, Cœur-de-Loup avait été l'ami de Gascarille. Il poussa un cri de joie en se voyant désigné le premier.

— Vive Farinette! dit-il.

Puis, fendant la foule, il vint se placer au bas du tonneau qui servait de trône au roi de Bohême et de piédestal à Farinette.

La jeune fille, après avoir désigné Cœur-de-Loup, arrêta son deuxième choix sur un petit homme court et trapu, aux cheveux grisonnants, qui le jour était aveugle sur le pont Saint-Michel.

On le nommait Courte-Haleine.

Courte-Haleine imita Cœur-de-Loup et vint s'asseoir auprès de lui.

Farinette cherchait du regard son troisième complice.

Tout à coup elle avisa une sorte de colosse aux lèvres épaisses, au regard bestial, dont la grosse voix faisait trembler les vitres d'un cabaret lorsqu'il était en train de boire.

— Holà! Bourdon, s'écria Farinette.

Bourdon, à qui sa voix de stentor avait sans doute valu ce sobriquet, poussa une exclamation sauvage et se joignit à ses deux compagnons.

Farinette sauta à pieds joints du tonneau sur le sol.

— Venez! dit-elle.

— Mais où vas-tu donc, petite? demanda le roi de Bohême.

— C'est mon secret.

— Tu as des secrets pour moi? fit le monarque des gueux d'un ton de reproche.

— Je confie les secrets qui m'appartiennent.

— Ah! ah!

— Et je garde ceux qui ne sont pas à moi.

Ayant ainsi parlé, Farinette fit un signe à ses trois complices.

— Place! cria-t-elle.

Le cercle des truands et des bohémiens s'écarta, la chaîne se rompit et Farinette s'éloigna, suivie de Cœur-de-Loup, de Courte-Haleine et de Bourdon.

Quand elle fut hors de la cour des Miracles, elle se retourna vers eux et leur dit:

— Maintenant, écoutez-moi.

— Parle, dit le colosse.

— Je vous ai choisis pour me suivre et exécuter mes ordres.

— Nous sommes prêts.

— Mais non pour les discuter. Ce que je vous ordonnerai, vous le ferez, n'est-ce pas?

— Nous le ferons, répondit Courte-Haleine.

— Sans observation?

— Sans aucune.

— Jurez-le moi! car, dit Farinette, si la besogne que je vous ai commandée vous répugne, je vais retourner en chercher d'autres.

— Tu es folle, murmura Cœur-de-Loup, tu sais bien que nous ferons tout ce que tu voudras. Veux-tu que j'incendie Paris?

— Non, je vais vous demander quelque chose de plus difficile.

— Oh! oh! fit Cœur-de-Loup.

Le colosse Bourdon regarda Farinette d'un air hébété et se contenta de hocher la tête du haut en bas.

Courte-Haleine chercha à deviner.

— Voyons! reprit Farinette, me jurez-vous sur la corde de Gascarille de m'obéir aveuglément?

— Nous le jurons, répondirent-ils tous trois.

Alors Farinette leur dit:

— Nous allons enlever une fille.

— Est-elle jolie? demanda Cœur-de-Loup.

— Elle est jeune et belle.

L'œil du colosse brilla d'une expression féroce, et celui qu'on appelait Courte-Haleine fit entendre un grognement de satisfaction.

— Nous allons l'enlever, poursuivit Farinette; mais, après l'avoir enlevée...

Les trois truands eurent un sourire qui les dispensait de tout commentaire; puis, après avoir souri, ils se regardèrent mutuellement avec défiance.

— Elle ne sera pas ta conquête, j'imagine, dit Cœur-de-Loup à Courte-Haleine, tu es trop vieux.

— C'est ce que nous verrons; je suis vieux, mais il est encore plus d'un cabaret où l'on m'a trouvé bien tourné.

— Et moi, dit le colosse, comme je suis le plus grand et le plus fort, je trancherai la question.

— Bah! fit Cœur-de-Loup.

— Je t'étranglerai, jeune coq.

Courte-Haleine ferma les poings.

— Moi, dit-il, je te sauterai à la gorge.

Le colosse leva les épaules.

— Eh bien! s'écria Farinette, qui voulut mettre fin à cette querelle, ce ne sera ni Cœur-de-Loup, ni Courte-Haleine, ni Bourdon, ni personne qui disposera de la prisonnière.

— Ah bah! firent-ils tous trois.

— Nous allons enlever la jeune fille, poursuivit Farinette, mais nous la respecterons et nous ne lui ferons aucun mal.

— Oui, dit Cœur-de-Loup.

— Eh bien! venez...

Farinette les entraîna vers le pont au Change et, au moment où ils le franchissaient, elle leur dit:

— C'est la fille de René que nous allons enlever.

— De René le Florentin? interrogea le faux aveugle.

— Oui.

— Elle est belle... Je la vois tous les jours... et il faudra...

— La respecter comme vous me respectez moi-même, dit Farinette avec autorité.

. . . .

Tandis que l'Artémise de l'infortuné Gascarille songeait à exécuter les ordres du prince de Navarre, Paola et Godolphin causaient au fond de la boutique du pont Saint-Michel.

Godolphin, vu l'heure avancée, avait fermé la porte.

Cependant René avait, en sortant le matin, annoncé qu'il rentrerait dans la soirée.

— Attendez-moi! avait-il dit

Tout à coup on frappa à la porte.

— Voici mon père, dit Paola.

Godolphin, sans défiance, alla ouvrir Mais tout aussitôt, et comme la porte s'entre-bâillait, il fut repoussé violemment en arrière, et Farinette se précipita dans la boutique, suivie des trois truands.

— A moi! à moi! s'écria Paola épouvantée. A moi, mon père!

Mais René n'était pas là, René était au Louvre sans doute.

Farinette s'élança sur l'Italienne, lui noua ses mains nerveuses autour du cou et lui dit :

— Tais-toi, ou je t'étrangle!

Pendant ce temps, Courte-Haleine et Cœur-de-Loup avaient terrassé Godolphin et le bâillonnaient.

— Faut-il l'emporter aussi? dirent-ils.

— Non, laissez-le ici, répondit-elle.

Et la bohémienne ajouta :

— C'est à la fille seule que j'en veux, puisque mon bras a tremblé quand j'ai frappé le père.

Paola était évanouie. Le colosse la chargea sur ses épaules et l'emporta.

LXXVII

Nous avons laissé René le Florentin dans son laboratoire, en compagnie de Godolphin et de Paola, qui tous deux avaient trempé dans la préparation mystérieuse de la paire de gants.

Lorsque l'opération fut achevée, le Florentin replaça les gants empoisonnés au-dessus et ferma le coffret.

— Maintenant, dit-il à sa fille, tu vas me panser de nouveau, et tu me serreras fortement une bande de toile autour de la taille.

— Est-ce que vous allez sortir? demanda Paola.

— Oui, je vais au Louvre.

— Prenez garde, mon père... ainsi blessé, peut-être commettez-vous une imprudence.

— Il faut que je voie la reine.

— Godolphin ne pourrait-il y aller?

— Impossible.

Veuillez l'accepter en souvenir de moi, madame, dit-il. (P. 568.)

Paola savait que René avait une volonté inflexible.

Elle courba la tête et se tut.

Dix minutes après, René, encore un peu pâle, un peu chancelant, mais résolu, quittait sa boutique du pont Saint-Michel et s'en allait.

Mais ce ne fut pas vers le Louvre, tout d'abord, que le parfumeur se dirigea. Arrivé à la place du Châtelet, il la traversa et gagna la rue Saint-Denis.

Vers le milieu de la rue Saint-Denis, à peu près en face de l'église Saint-Leu-et-Saint-Gilles, on voyait une fort belle boutique au-dessus de laquelle on lisait en grosses lettres de cuivre doré :

Au lion de Venise,
Pietro Doveri, gantier du roi.

L'Italien Pietro Deveri était un Vénitien que le Conseil des Dix avait condamné à mort et qui était parvenu à s'échapper en se jetant à la nage, au moment où la gondole du grand justicier le conduisait au supplice.

Pietro Doveri était venu s'établir à Paris un peu après René le Florentin, et il s'était mis à lui faire une concurrence acharnée.

Le roi Charles IX, en haine de René, avait donné sa pratique à Pietro Doveri et lui avait permis de s'intituler *gantier et parfumeur du roi*. René avait conçu pour le Vénitien une haine violente, et on sait ce que valait la haine de René.

Cependant, ce jour-là le Florentin s'en alla tout droit chez son rival et entra dans la boutique avec le calme d'un client qui vient faire emplette.

Un jeune homme assis au comptoir se leva et vint à sa rencontre.

Ce jeune homme était un Flamand du nom de Thibaud que Pietro Doveri avait pour commis.

A la façon dont il salua René, on eût deviné qu'il avait avec lui de secrètes intelligences.

— Où est ton maître? demanda le Florentin

Thibaud sourit.

— Votre seigneurie, dit-il, sait bien que mon maître est absent de Paris depuis huit jours.

— Tu me l'as dit, en effet, avant-hier, lorsque je t'ai rencontré.

— C'est vrai, et il ne reviendra que demain.

— Tu ne m'as pas dit où il était.

— Il est à Orléans, où il y a un jardinier très habile qui lui vend des fleurs pour composer ses pommades.

— Très bien!

— Que dois-je faire pour votre service? demanda Thibaud.

Pour expliquer cette question du Flamand, il est nécessaire de dire qu'il était vendu corps et âme à René qu'il tenait au courant des découvertes chimiques et des inventions de Pietro Doveri.

René ouvrit son manteau et en tira le coffret à gants.

— Comment trouves-tu cela? dit-il.

— Oh! le merveilleux travail! dit le Flamand.
— Eh bien! dit René, c'est un cadeau que je veux faire à Pietro Doveri.
— Bah! fit Thibaud d'un air incrédule, vous plaisantez?
— Non.
— Cependant votre seigneurie n'aime point assez mon maître...
— Je le hais de toute mon âme.
— Alors, dit Thibaud avec son flegme de Flamand, c'est la première fois que je vois faire un cadeau à un ennemi.

René sourit.
— Hier, dit-il, au souper du roi, Mme la reine de Navarre a témoigné le désir d'acheter des gants et des parfums chez moi. Elle voulut, en cela, être agréable à la reine mère, ma protectrice.
— Je le crois bien, murmura Thibaud.
— Mais le roi qui me hait presque autant que je hais Pietro Doveri, le roi s'est empressé de lui dire :
« — Ne faites point cela, madame, René tient des marchandises de rebut et des parfums éventés. Allez-vous-en plutôt chez mon gantier, Pietro Doveri, et vous verrez qu'on vous servira loyalement. »
— Ah! ah! dit Thibaud, le roi a dit cela?
— Oui, et la reine mère se mordit les lèvres jusqu'au sang.
— Il y a de quoi. Mais pourquoi m'apportez-vous ce coffret?
— Tu ne comprends pas?
— Non, messire.

René prit la boîte à gants et la plaça sur le comptoir, dans l'endroit le plus en évidence, de telle sorte qu'il était impossible de ne point la remarquer tout d'abord.

Et comme ce coffret était merveilleusement ouvragé, enrichi d'incrustations de nacre et d'ivoire, armé de fermoirs d'or ciselé, il devait éblouir les regards d'une femme.

— Ce coffret, dit René, est mon œuvre. La reine de Navarre ne manquera point de l'acheter.
— Quel en est le prix?
— Quinze écus.
— Bon! j'en demanderai vingt.
— Comme tu voudras. Or, le coffret acheté, je m'en irai voir la reine de Navarre et je lui dirai : « Vous le voyez, madame, le roi a agi méchamment à mon égard en prétendant que les marchandises de son gantier Pietro Doveri valent mieux que les miennes, car ce coffret, que vous avez acquis de lui, sort de chez moi. »
— Mais objecta Thibaud, si la reine ne l'achetait pas?
— Eh bien! tu me le rendras ce soir.

René mit une pièce d'or dans la main de Thibaud et s'en alla au Louvre.

Mme Catherine se faisait justement habiller; en ce moment, l'une de ses camérières roulait en torsades son abondante chevelure qui, en dépit du temps, était demeurée d'un noir d'ébène.

René entra et jeta un regard dans la petite glace de Venise que la reine tenait devant elle pour s'y mirer.

— Ah! te voilà? dit-elle.

— Oui, madame.

— Comme tu es pâle?...

— Je suis blessé, madame.

— Blessé! exclama la reine.

— Oui, cette nuit, comme je traversais le pont au Change, une mendiante que je n'ai jamais vue, une folle sans doute, s'est jetée sur moi et m'a frappé d'un coup de poignard.

— C'est étrange!

— Heureusement, la blessure est légère, et, ajouta René d'un ton significatif, cela ne m'empêche point de songer au service de Votre Majesté.

— Ah! fit la reine, qui parut comprendre.

Puis, après un silence, elle reprit :

— Et tu ne sais pas quelle est cette femme?

— Je ne l'ai jamais vue.

— Est-elle jeune?

— C'est une mendiante aussi belle qu'une reine.

— Peste! fit Catherine. Et tu ne soupçonnes point le motif qui l'a poussée?

— J'ai vu dans son regard, j'ai compris à l'accent de sa voix qu'elle me haïssait mortellement.

La camérière ayant fini de la coiffer, Mme Catherine la congédia et demeura seule avec René.

— Ne soupçonnes-tu personne? demanda-t-elle.

— Personne, répondit René.

— Et ne penses-tu pas que le prince de Navarre?...

— Oh! madame, dit le Florentin, vous savez si je le hais, mais je ne puis pas l'accuser, cette fois, car il est un fait bien certain pour moi...

— Lequel?

— C'est que la femme qui m'a frappé agissait pour son propre compte. J'ai fait tuer quelqu'un qu'elle aimait... c'est probable.

— Hé! mais, dit la reine qui eut une inspiration soudaine, c'est peut-être bien cette femme tant aimée du tire-laine Gascarille, qu'on a pendu en ton lieu et place, cette femme que le président Renaudin appelait Farinette.

— Parbleu! s'écria René, vous avez raison, madame. Ce doit être elle. Mais, ajouta le Florentin, ce n'est point pour me plaindre et vous demander justice que je viens ici.

— Parle, dit la reine.

— Il est un usage à la cour de France, madame.

— Voyons.

— C'est que, lorsque le roi reçoit la visite d'un personnage illustre, prince ou tête couronnée, il lui montre sa capitale en détail et conduit son hôte chez ses propres fournisseurs, où il l'invite à accepter différents cadeaux.

— Je connais cet usage, dit la reine.

— Et Votre Majesté ferait bien de le rappeler au roi.

— Le roi n'a garde de l'oublier. Il vient même d'envoyer M. de Pibrac à l'hôtel Beauséjour pour demander à la reine de Navarre à quelle heure il lui plaira de sortir en litière.

— C'est bien, dit René. Votre Majesté n'a plus à s'inquiéter de rien.

. . . .

En effet, comme l'avait dit Mme Catherine, le sire de Pibrac venait de quitter le Louvre et de s'en aller, par ordre du roi, visiter Mme Jeanne d'Albret, reine de Navarre.

Le capitaine gascon tomba, pour ainsi dire, au milieu d'une petite scène de famille.

Au moment où il pénétra chez la reine de Navarre, quatre personnes s'y trouvaient, et ces quatre personnes étaient le prince Henri, Malican, le cabaretier, Noë et la jolie Myette, qui savait depuis une heure seulement qu'elle était noble et riche et pouvait aspirer au titre de comtesse de Noë.

— Ah! Pibrac, mon ami, dit la reine en le voyant entrer, vous venez à propos.

— En vérité, madame ?

Et le capitaine aux gardes regarda tour à tour Malican qui souriait en tortillant son bonnet de laine rouge, Noë et Myette qui se tenaient par la main.

— Vous venez pour assister à des fiançailles...

— Bah! fit Pibrac.

— M. de Noë se marie.

Malgré lui, M. de Pibrac, qui ne voyait toujours dans Myette que la nièce de Malican, le cabaretier, allongea sa lèvre inférieure d'une façon quelque peu dédaigneuse et se tut.

Mais la reine de Navarre se hâta d'ajouter :

— M. de Noë épouse Mlle Myette de Lussan, fille du marquis de Lussan, lequel, vous le savez, fut tué aux côtés du feu roi Antoine de Bourbon, mon mari.

— Diantre! fit Pibrac étonné.

— Et, poursuivit Jeanne d'Albret, Henri et moi nous venons de décider que le mariage aurait lieu le jour où mon fils épousera la princesse Marguerite.

M. de Pibrac s'inclina.

— A présent, Pibrac, mon ami, dites-moi quel bon vent vous amène?

— C'est le roi de France qui m'envoie, madame.

— Et que nous veut notre cousin?

— Le roi désire montrer Paris à Votre Majesté, et il viendra la quérir dans sa litière.

— Quand?

— A l'heure que choisira Votre Majesté.

— Tout de suite, Pibrac, si le roi le veut, répliqua Jeanne d'Albret.

— M. de Pibrac s'inclina et sortit.

— Je sais, dit alors la reine à son fils, je sais que tel est l'usage, et que le lendemain de son arrivée le prince étranger appartient tout entier au roi de France.

— Vous accompagnerai-je? demanda le prince.

— Si le roi le désire, oui, mon fils.

Et la reine, qui n'avait point encore de camérière, pria Myette de lui en servir et de l'ajuster, en lui disant :

— Ma belle enfant, vous savez que je ferai la comtesse de Noë ma dame d'honneur.

Myette rougit et salua.

— Madame, dit à son tour Malican, si Votre Majesté n'a plus besoin de moi, je me retirerai... j'ai laissé ma maison déserte.

— Tu peux t'en aller, Malican, répondit la reine; mais j'imagine que tu vendras ton cabaret?

— Non, certes! dit Malican.

— Et... pourquoi?

— Mais parce qu'il faut que je travaille pour gagner ma vie.

— Bah! fit la reine, ta nièce est assez riche pour avoir soin de toi.

— C'est possible, répliqua le Béarnais avec fierté, mais je suis encore assez jeune pour travailler.

— Eh bien, dit la reine, je te baillerai des lettres de noblesse et tu occuperas une charge à la cour de Nérac.

— Non! non! dit Malican, je suis cabaretier et le veux demeurer. Je n'ai jamais eu d'ambition. Je suis votre très humble sujet, madame.

Et Malican s'en alla, drapé dans sa fierté montagnarde.

Quelques minutes après, on entendit un grand tapage dans la cour de l'hôtel Beauséjour.

Henri se mit à la fenêtre.

— Voilà le roi, dit-il.

En effet, le roi Charles IX arrivait en litière, précédé et suivi par un piquet de ses gardes.

Une amazone maniait auprès de la litière un superbe genet d'Espagne, tandis qu'à la portière opposée se tenait, droit et raide sur sa selle, un austère cavalier qui n'était autre que Crillon.

Le prince eut un battement de cœur à la vue de l'amazone : c'était Mme Marguerite.

Marguerite était charmante en son justaucorps de velours vert, avec son chapeau à plume blanche légèrement incliné.

Jamais le prince ne l'avait trouvée plus belle.

La princesse mit pied à terre et monta dans l'appartement de la reine de Navarre, qui venait de terminer sa toilette.

Jeanne d'Albret embrassa Marguerite avec effusion; puis elle descendit appuyée sur elle et alla saluer le roi qui était demeuré dans la litière.

— Madame et cousine, dit Charles IX, qui lui baisa galamment la main, montez là, près de moi; nous allons vous faire les honneurs de notre capitale.

Le prince Henri était déjà à cheval auprès de Marguerite.

Sur un signe du roi, le cortège se mit en marche et Charles IX dit à la reine :

— Vous n'ignorez pas, madame, que la plus bel'e rue de Paris est la rue Saint-Denis ?

— Je l'ai ouï dire, Sire.

— C'est la plus longue et la plus riche en belles boutiques.

— Ah! fit Jeanne d'Albret.

— C'est là que se trouve mon parfumeur dont je vous parlais hier.

— Pietro Doveri ? fit la reine qui avait de la mémoire.

— Précisément. Et si vous voulez, nous passerons chez lui et vous pourrez faire un choix de parfums, de gants et d'objets de toilette de toute sorte.

— Je suis à vos ordres, Sire.

— Allons! ajouta le roi qui se pencha à la portière auprès de laquelle Marguerite chevauchait. — Margot, dit-il à la princesse, dis à nos porteurs que nous allons chez Pietro Doveri ; je ne suis pas fâché d'humilier René le Florentin.

Marguerite transmit l'ordre du roi à M. de Crillon qui avait pris la tête du cortège, et quelques minutes après la litière royale s'arrêtait à la porte du Vénitien Pietro Doveri.

Pietro, on le sait, était absent, mais le Flamand Thibaud, son commis, accourut avec empressement et s'inclina humblement devant ses royales pratiques.

— Maître, dit Charles IX qui entra le premier, donnant la main à la reine de Navarre, il faut nous montrer tes plus belles marchandises aujourd'hui.

— Oh! le joli coffret! murmura la reine de Navarre, qui venait d'apercevoir la boîte à gants.

— Il est en effet d'un merveilleux travail, dit le roi.

Et, le prenant, il le tendit à Jeanne d'Albret.

— Veuillez l'accepter en souvenir de moi, madame, dit-il.

La reine s'inclina.

— Je le garderai précieusement, Sire, dit-elle.

Henri et Marguerite causaient comme de vrais amoureux qu'ils étaient, et ni l'un ni l'autre ne prit garde au coffret qui renfermait les gants empoisonnés.

LXXVIII.

Une heure avant le départ du roi Charles IX qui s'en allait faire à la reine de Navarre les honneurs de sa capitale, Nancy ajustait Mme Marguerite et babillait avec elle.

— Mignonne, disait la princesse, comment trouves-tu la reine de Navarre ?

— Fort belle encore, hélas !

— Pourquoi cet hélas ?

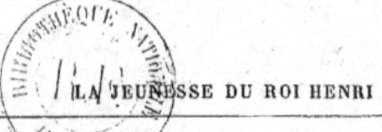

Sur le seuil de la chambre de Paola, il y avait un homme solidement garrotté. (P. 576.)

— A cause de Mme Catherine.
— Peuh! fit la princesse, que veux-tu que cela fasse à Mme Catherine?
— Mme Catherine est jalouse.
— Après?
— Madame, dit gravement Nancy, depuis deux jours je remplis le rôle de la princesse Cassandre : je prédis... et...

— Et on ne croit pas à tes prédictions, n'est-ce pas?

Nancy soupira.

— Comment donc aussi veux-tu qu'on puisse supposer que la reine mère, qui est toute occupée de la politique, ait le temps de jalouser la beauté de la reine de Navarre?

— Ce n'est pas moi qui le veux.

— Eh bien! alors?

— Mais je le constate, acheva Nancy.

— Tu es folle!

— Madame, dit Nancy après un moment de silence, j'ai surpris un regard de haine, à l'adresse de la reine de Navarre, dans l'œil de Mme Catherine.

— C'est de la haine politique.

— Soit!

— Et puis, d'ailleurs, si ma mère doit en vouloir à quelqu'un, c'est moins à la reine qu'à son fils.

— Mais comme elle a juré de ne point toucher au fils... et que Mme Catherine, qui est Italienne, est trop superstitieuse pour manquer à son serment, si le prince peut dormir tranquille...

— Il n'en est pas de même de sa mère?

— Justement.

— Mais que veux-tu donc que fasse Mme Catherine?

— Rien; elle laissera faire.

— Je ne comprends pas très bien, dit la princesse.

— René veut se venger de Henri, c'est clair, reprit Nancy; mais comme il ne peut plus s'en prendre à lui, eh bien! il s'en prendra à la reine de Navarre.

— Tu oublies que la reine de Navarre a autour d'elle trente Gascons d'une fidélité absolue?

— Le poison passe partout, dit lentement la camérière.

La princesse tressaillit et se leva du siège où elle était assise.

— Tais-toi! dit-elle. C'est impossible...

— René le tentera, du moins.

— Non, dit Marguerite, car Mme Catherine ne le permettrait pas.

Nancy eut un sourire de doute sur les lèvres.

— Elle s'y opposerait, reprit Marguerite, et cela par une raison bien simple.

Nancy regarda la princesse et parut attendre qu'elle fît valoir cette raison dont elle lui parlait.

— Mme Catherine, continua Marguerite, veut que j'épouse le prince de Navarre au plus vite. Et tu comprends...

Elle le voulait, du moins.

Marguerite étouffa une exclamation d'étonnement.

— Comment! dit-elle, tu crois qu'elle ne le veut plus?

— Dame! répliqua Nancy, je gagerais volontiers une couronne contre une épingle qu'à cette heure Mme Catherine est désolée d'avoir songé à ce mariage.

Et Nancy développa à Mme Marguerite cette théorie dont le page Raoul avait eu la primeur la veille au soir.

Marguerite l'écouta attentivement ; puis elle demeura longtemps soucieuse ; enfin elle murmura à mi-voix :

— Tu as peut-être raison... mais alors...

— Le mariage de Votre Altesse est trop avancé pour que la reine songe à le rompre autrement que par une catastrophe.

— Eh bien ! dit Marguerite avec résolution, si cette catastrophe advenait, elle ne le romprait pas davantage. Je veux être reine de Navarre.

Nancy était parvenue à faire pénétrer le soupçon dans l'âme de la princesse.

— J'irai voir le roi, dit la princesse, je lui parlerai.

— Il y aurait mieux à faire encore, madame.

— Quoi donc?

— Il faudrait faire disparaître le maudit Florentin.

— C'est grave, ce que tu demandes là.

— Bon ! est-ce que Votre Altesse le craint aussi?

— Non, mais je crains ma mère.

Comme la princesse achevait, on gratta discrètement à la porte.

— Entrez! dit Marguerite.

Ce fut M. le duc de Crillon qui entra.

— Votre Altesse me pardonnera, dit-il, quand elle saura que c'est le roi qui me dépêche auprès d'elle.

— Bonjour, monsieur de Crillon, dit Marguerite d'un air affable, asseyez-vous et m'apprenez ce que le roi veut de moi.

— Sa Majesté, répondit Crillon, m'envoie demander à Votre Altesse si elle veut accompagner la reine de Navarre dans sa promenade à travers Paris.

— Certainement.

— En litière, ou à cheval?

— Cela dépend, monsieur de Crillon, de la reine de Navarre.

— Pardon! madame, le roi compte offrir une place dans sa litière à la reine.

— Alors, c'est tout décidé, j'accompagnerai la reine à cheval, surtout, ajouta Marguerite en rougissant un peu, si le prince mon futur époux est de la partie.

— C'est probable.

— Quand le roi part-il?

— Dans une heure, madame.

— C'est bien ; je vais faire ma toilette d'amazone.

Crillon se leva, s'inclina et fit un pas vers la porte.

Mais Marguerite le retint.

— Attendez, duc, dit-elle.

— Votre Altesse a besoin de moi?

— Oui.

— Je suis à vos ordres.

Et Crillon se planta devant la princesse comme un soldat qui reçoit les instructions de son chef.

— Dites, monsieur de Crillon, reprit Marguerite, on prétend que vous êtes le seul homme véritablement sans peur de la cour de France.

— C'est possible, répondit Crillon avec sa naïveté méridionale.

— Et si je vous confiais une mission dont personne ne voudrait se charger?

— Oh! moi, dit Crillon, je m'en charge d'avance, madame.

— Il est question de René...

— De ce mauvais Florentin qui a fait quelque pacte avec le diable?

— Précisément.

— Faut-il que je le tue? c'est une vilaine et répugnante besogne, madame, mais il n'est rien que je ne fasse pour vous plaire.

— Attendez, duc.

— J'écoute, madame.

— Le prince de Navarre, mon futur époux, a pardonné au Florentin en votre présence, il y a huit jours, et la reine mère a fait un serment.

— Hum! fit le duc d'un air sceptique.

— Mais ce serment ne me rassure guère, reprit Marguerite.

— Ni moi non plus, dit hardiment M. de Crillon.

— Et je crains tout pour mon cher Henri. Je crains René... je crains Mme Catherine.

— Ah! madame, dit le duc, j'avoue qu'à moins que le roi ne me le commandât, je n'oserais toucher à Mme Catherine. Mais quant à René...

— Eh bien?

— Je ferai de lui ce que vous voudrez.

— Je voudrais que vous puissiez le confisquer pour quelque temps.

— Pourquoi pas pour toujours! Je l'enverrais à Avignon, où j'ai un château solidement bâti et dont les tours sont garnies d'excellentes barres de fer.

— Non, dit Marguerite. Mais si vous pouviez seulement me l'enfermer jusqu'au lendemain du jour où j'aurai épousé le prince de Navarre, je vous en serais bien reconnaissante.

— A merveille, dit Crillon, la chose sera faite comme vous le désirez, madame.

— Quand?

— Ce soir même.

— La reine n'en saura rien?

— Je vous le jure.

— Et le roi?

— Pas davantage.

— Ah! dit encore Marguerite, je désirerais fort que le prince Henri n'en fût point instruit.

— Il suffit. Adieu, madame.

Et Crillon prit congé de la princesse.

Alors Marguerite regarda Nancy.

— Eh bien! dit-elle, que penses-tu de cela?

— Je pense que le moyen est bon. Seulement que dira la reine mère?

— Puisqu'elle ne le saura pas!

— Bah! fit Nancy, elle s'apercevra toujours que René est disparu.

— Qu'importe? pourvu qu'elle ne le retrouve point?

— Hum! hum! murmura Nancy, je ne suis pas de cet avis... et je crois que mieux vaudrait laisser René en liberté.

— Mais que faire, alors?

— Je ne sais, dit Nancy, et j'obéis à un pressentiment. Il est logique, dans la situation où nous sommes, de se débarrasser de René. Mais je ne sais quelle voix intérieure me dit que cela nous portera malheur.

Marguerite haussa les épaules.

— Cassandre voulut trop prédire, dit-elle, et c'est pour cela que personne à Troie, ne la crut.

Nancy se mordit les lèvres et ne répondit pas.

Mme Marguerite revêtit une amazone en drap vert, se ganta, prit une cravache à poignée d'ivoire ciselée et sonna un page auquel elle dit :

— Fais seller Roland, mon cheval blanc.

. . . .

Mme Catherine avait laissé partir René sans lui demander aucune explication. Accoudée à la fenêtre de son oratoire, elle vit le roi sortir du Louvre dans sa litière, que Mme Marguerite escortait à cheval.

Puis, rêveuse, elle se replaça devant sa table de travail et s'occupa des affaires du royaume.

Elle avait plusieurs lettres à écrire : l'une à M. le gouverneur de Normandie, l'autre à M. de Pardaillant, qui commandait à Orléans; une troisième à Mgr le duc d'Alençon qui tenait, on s'en souvient, la province d'Anjou.

Mais la reine mère ne se livra à cette besogne que pour tromper son impatience, et plus d'une fois elle leva les yeux vers le sablier pour juger du temps écoulé depuis le départ du roi.

Quatre heures se passèrent ainsi. Puis le piétinement de plusieurs chevaux se fit entendre dans la cour du Louvre, et Mme Catherine, se remettant à la fenêtre, vit entrer la litière royale.

On avait laissé Mme Jeanne de Navarre à l'hôtel Beauséjour, cette princesse ayant désiré se reposer un moment avant qu'elle vînt au Louvre pour le souper, car le roi l'avait conviée.

Mme Marguerite était demeurée auprès d'elle.

La reine mère, voyant Charles IX descendre seul de sa litière, s'en alla au-devant de lui.

— Eh bien! Sire, lui dit-elle, comment la reine de Navarre trouve-t-elle votre bonne ville de Paris?

— Elle est ravie, dit le roi.

— Lui avez-vous montré les églises?

— Toutes.

— Et le palais des Tournelles?

— Pareillement.

— L'avez-vous conduite dans les boutiques du *bel air*?

Cette expression du *bel air* dont se servait Mme Catherine était à cette époque celle qu'on employait pour parler de gens et de choses à la mode.

— Mais, répondit le roi, je me suis ruiné pour elle.

— Vraiment! fit la reine avec un sourire.

— Cette promenade à travers Paris me coûte trois cents pistoles.

— Bah! fit la reine étonnée.

— Parole de roi, madame.

— Qu'avez-vous donc acheté?

— Nous sommes entrés chez maître Roussel, qui est mon drapier, et nous y avons acquis des étoffes.

— Et puis?

— Après cela, maître Danican, l'orfèvre, nous a vendu des pierreries.

— Oh! oh! fit la reine.

— Il faut vous dire, observa Charles IX, que chaque fois la reine de Navarre tirait son escarcelle pour payer, mais je l'en empêchais.

— C'est fort galant.

— Et, acheva le roi avec un malin sourire, elle est rusée comme une vraie montagnarde, et je crois bien qu'elle ne pensait pas du tout à vider sa bourse, et qu'au fond elle était ravie de nos libéralités.

— Je gage, fit la reine, que vous n'avez rien acheté chez ce pauvre René...

— Oh! certes! non, dit le roi, nous ne sommes pas même entrés dans sa boutique; et cela est tout simple, madame, à part mon antipathie pour cet homme que vous aimez tant, n'ai-je pas mon gantier, moi?

— C'est juste, Sire, je l'avais oublié.

— Et certes, reprit le roi, ce n'est pas chez René que nous aurions trouvé le délicieux coffret que nous avons acheté chez Pietro Doveri.

La reine tressaillit, mais le roi n'y prit garde.

— Que contient ce coffret? demanda-t-elle.

— Des gants parfumés.

— Ah!

— Et je vous jure, madame, qu'il est d'un merveilleux travail.

— Et moi, dit la reine, je crois qu'on en trouverait, sinon un pareil, du moins un tout aussi joli chez René.

— J'en doute, fit le roi d'un ton sceptique.

Puis il baisa la main de la reine et la quitta.

Comme elle rentrait chez elle, Mme Catherine rencontra René.

— Ah! mon pauvre ami, lui dit-elle, échangeant avec lui un regard significatif, il paraît que tu n'as jamais eu dans ta boutique une merveille semblable à celle que le roi a trouvée chez ton rival Pietro Doveri.

— Hé! dit René, qui sait?

— Un coffret merveilleux... rempli de gants...

— Je le connais.

— Ah!

Le Florentin se pencha à l'oreille de la reine et murmura:

— Et Votre Majesté aussi.

— Silence! dit-elle tout bas.

Mais René lui dit encore :

— Votre Majesté fera bien de remarquer la couleur des gants que la reine de Navarre portera ce soir au Louvre.

— Sois tranquille, dit Catherine redevenue sombre et pensive. Reviens à dix heures, ce soir, tu le sauras.

. . . .

Le soir, en effet, la reine trouva René dans son oratoire.

Le parfumeur la regarda avec anxiété.

— Les gants étaient bruns, dit la reine.

— Alors ce ne sont point ceux-là. Elle n'aura point ouvert le coffret.

— Tu crois ?

— Oh! mon Dieu! non, dit René, la première du coffret est d'un jaune clair.

— Attendons! murmura la reine.

René s'en alla, sortit du Louvre par la grande porte et prit le chemin du pont Saint-Michel, sans remarquer un gentilhomme bien enveloppé dans son manteau qui, sorti comme lui du Louvre, se mit à le suivre en grommelant :

— Je n'ai besoin de personne que de mon vieil écuyer Fangas pour accomplir la besogne que m'a commandée Mme Marguerite.

Ce gentilhomme, on le devine, était le duc de Crillon, le seul qui, à la cour de France, ne tremblât point devant René le Florentin.

LXXIX

René s'en allait monologuant ainsi :

— Je suis tout aussi pressé que Mme Catherine de voir la reine de Navarre faire usage des gants que je lui ai préparés.

« Elle ne les a point mis ce soir, mais il est probable que demain, pour le bal de la cour, elle voudra faire au roi, en dansant avec lui, les honneurs de son royal cadeau.

« Par conséquent, je crois que je puis m'en aller fort tranquillement me coucher et me faire panser de mon coup de poignard... que je commençais à oublier. »

René disait vrai ; il avait été si occupé durant tout le jour de faire aboutir le plan ténébreux qu'il avait ourdi contre la reine de Navarre, qu'il s'était à peine souvenu de loin en loin qu'il était blessé.

Sa blessure, du reste, était si légère, qu'elle ne lui occasionnait aucune douleur.

Mais René, en se souvenant de son coup de poignard, se souvint aussi de la personne qui le lui avait donné, et par précaution, lorsqu'il fut sur le point d'atteindre le pont au Change, il tira sa dague.

— Si la veuve de Gascarille s'approche, murmura-t-il, elle aura moins bon marché de moi ce soir que la nuit dernière.

René avait eu peur à tort. Farinette ne l'attendait point, comme la veille, à l'entrée du pont au Change, qui était d'ailleurs complètement désert.

Il traversa la Cité sans faire de mauvaise rencontre et parvint au pont Saint-Michel, qui était tout aussi désert, tout aussi silencieux que le pont au Change.

Une chose cependant, étonna le Florentin lorsqu'il fut à dix pas de sa boutique : — c'est qu'aucune lumière ne brillait à l'intérieur et ne filtrait au travers des volets.

— J'ai pourtant dit à Paola que je rentrais, dit-il, et elle me sait malade. Il est impossible que Godolphin et elle soient couchés.

Il s'approcha et frappa à la porte. Nul ne lui répondit.

Alors René sentit quelques gouttes de sueur perler à ses tempes.

— Paola, se dit-il, est peut-être partie avec Godolphin... pour rejoindre Noë... Noë, qu'elle croit haïr, dont elle demande la mort, et que, cependant, elle aime encore.

Il frappa de nouveau, et d'une main vigoureuse.

Tout à coup il s'aperçut que la porte s'ouvrait toute seule sous sa main et comme si elle eût été entre-bâillée auparavant.

— Paola ! Godolphin ! appela René, qui entra dans la boutique où régnait une obscurité profonde.

Paola ne répondit point, mais il sembla au Florentin qu'un soupir étouffé partait du fond de la pièce voisine, celle où la jeune fille avait plus d'une fois reçu en cachette son cher Noë.

L'émotion de René augmenta.

— Paola ! reprit-il.

Le même gémissement lui répondit.

Alors le Florentin, dont les cheveux se hérissaient, s'avança résolument dans la direction où se faisait entendre cette voix ; mais, en marchant, il se heurta à un corps dur et métallique qui rendit un son sous ses pieds.

René se baissa et releva un objet qu'il reconnut au toucher pour un flambeau, la mèche de la bougie était chaude encore.

René comprit qu'un malheur quelconque était arrivé chez lui, et que ce flambeau avait été jeté à terre et s'était éteint en tombant.

Le Florentin avait sur lui un briquet, il le tira de sa poche et s'en servit pour rallumer sa bougie.

Alors seulement il put se rendre imparfaitement compte de ce qui s'était passé chez lui.

Les chaises, les tables étaient renversées et témoignaient d'une lutte récente. Sur le seuil de la chambre de Paola il y avait un homme solidement garrotté et bâillonné. René courut à lui.

— Godolphin ! exclama-t-il.

Le somnambule, ivre de terreur, roulait autour de lui des yeux hagards et mordait son bâillon, qui ne laissait échapper de sa gorge que des sons inarticulés.

Il portait une large cruche dont le bouchon était soigneusement enduit de goudron. (P. 583.)

Mais René tout d'abord ne songea point à le débarrasser de ses liens ni à lui arracher son bâillon.

Le Florentin s'élança par-dessus Godolphin dans la chambre de sa fille, répétant avec angoisse :

— Paola, où es-tu ?

La chambre était vide.

Alors René revint à Godolphin, coupa ses liens, lui ôta son bâillon, et lui dit vivement :

— Où est Paola?
— Enlevée, répondit Godolphin.
— Enlevée!

Et René recula consterné, demeura un moment muet et chancelant, puis prononça un seul nom :

— Noë!

Mais Godolphin secoua la tête :

— Non, dit-il.
— Comment!... Que dis-tu? murmura le Florentin.
— Ce n'est pas Noë.
— Alors c'est le prince Henri?
— Non, répéta Godolphin.
— Mais qui donc alors? qui donc? s'écria René hors de lui.
— Une femme et trois hommes en haillons.
— Une femme !
— Oui une femme qui, tandis qu'un des hommes me terrassait, que l'autre, qui est un géant, chargeait Paola sur son épaule, une femme qui a dit : « Mon bras a tremblé en frappant le père la nuit dernière, mais la fille ne m'échappera pas! »

René jeta un cri terrible et se laissa tomber anéanti sur un siège.

— Ma fille! ô ma fille! murmura-t-il d'une voix où couvaient des sanglots.

C'est que, pour René, l'enlèvement de Paola accompli par la haineuse amie de Gascarille et les truands ses complices, était épouvantable en ses conséquences.

Sa fille était belle, elle deviendrait la proie d'une multitude avinée, et peut-être même la tuerait-on.

Un moment accablé, anéanti, le Florentin se redressa tout à coup.

— Oh! dit-il, je vais courir au Louvre, je verrai la reine... Elle me donnera des lansquenets, des Suisses, et je mettrai, s'il le faut, le feu à la cour des Miracles!... Mais je veux retrouver ma fille.

— La reine est couchée! dit une voix derrière René.

Le Florentin, pâle et frémissant, se retourna.

Un personnage à la présence duquel le Florentin était loin de s'attendre venait de se montrer sur le seuil de la boutique.

René n'avait eu ni le temps ni même l'intention de refermer la porte sur lui.

— Oui, mon cher monsieur René, répéta le gentilhomme, car c'en était un, qui apparaissait en ce moment aux yeux du parfumeur comme la tête de Méduse, Mme Catherine est couchée à cette heure, et je doute fort qu'elle se lève pour mettre à votre disposition les Suisses et les lansquenets que je commande.

— Monsieur de Crillon ! murmurait René pétrifié.

En ce moment le Florentin éprouva une si violente terreur de se trouver ainsi face à face avec le redoutable duc, qu'il oublia sa fille pour ne plus songer qu'à lui-même. Crillon avait cette attitude calme du tigre qui mesure sa proie du regard avant de la frapper mortellement d'un seul coup de sa puissante griffe.

Le duc fit un pas en avant, René fit trois pas en arrière.

— Hé! diable! exclama le duc, qu'avez-vous donc, monsieur René?

Comme il fit, en parlant ainsi, un pas de plus, le duc vit René qui reculait presque au mur.

— Vous fais-je peur? dit Crillon.

— Monsieur le duc!...

— Rassurez-vous, monsieur René, je n'ai pas l'ordre du roi, ce soir, de vous conduire au Châtelet.

Crillon parlait d'un ton si bonhomme, si franchement naïf, que l'effroi de René se calma.

— Qu'est-il donc arrivé chez vous? demanda Crillon.

Et montrant le désordre qui régnait dans la boutique :

— Pourquoi ces tables renversées? pourquoi ces chaises brisées, ces cordes et ce bâillon?

René songea derechef à sa fille.

— On m'a enlevé Paola! murmura-t-il.

— Bah! fit Crillon étonné, car le duc ne savait absolument rien des projets de Henri de Navarre. Et qui donc a enlevé votre fille, monsieur René?

— Les truands.

— Vrai? fit le duc d'un air incrédule.

— Parmi eux, ajouta le Florentin, il y avait une fille qui m'a frappé hier d'un coup de poignard... c'est la veuve du voleur Gascarille!

— Ah! oui, dit Crillon, ce pauvre diable qu'on a pendu.

— Justement.

— Pour que vous ne soyez point roué, monsieur René, n'est-ce pas?

— Peut-être, monseigneur.

— Eh bien! mais, dit le duc, qu'est-ce que vous voulez que la reine fasse à cela, monsieur René?

— Je veux retrouver ma fille... La reine me donnera des soldats... je fouillerai la cour des Miracles et tout le quartier habité par les truands.

Crillon haussa les épaules.

— Vous n'avez pas besoin de la reine pour cela, dit-il.

René stupéfait regarda le duc.

— Suis-je pas colonel général des Suisses et des lansquenets?

— C'est vrai, monseigneur.

— Et si je veux me donner la peine de retrouver votre fille...

— Vous! monseigneur...

— Ah! dit le Florentin tombant à genoux, si vous faites cela... ma vie est à vous, monseigneur!

— Peuh! murmura Crillon, je n'en ai que faire, mon cher monsieur René. Je vous dirai même...

Le duc s'interrompit et toisa dédaigneusement le Florentin.

— Je vous dirai même, reprit-il, que s'il était question de vous et non de votre fille, s'il s'agissait de vous arracher aux mains des truands, je ne me dérangerais ni de mon somme, ni de mon temps, car vous êtes une fort vilaine espèce, cher monsieur René, et le jour où la cour des Miracles vous jouera un mauvais tour sera un jour d'expiation et de repentir pour elle qui touchera Dieu bien certainement.

— Oh! monseigneur, murmura René, accablez-moi de votre mépris et de vos sarcasmes, mais rendez-moi ma fille!

— Votre fille est jolie, dit Crillon. Un jour, il y a bien deux ou trois ans de cela, je lui ai acheté de la pommade et de l'huile parfumée. Elle m'a fait une fort belle révérence et son sourire m'a semblé si charmant, qu'il m'a paru impossible qu'un drôle comme vous ait pu donner le jour à une ravissante créature comme elle.

René se mit à genoux devant Crillon.

— Grâce! monseigneur, dit-il, grâce! ne raillez pas...

— Je ferai tout ce qui dépendra de moi pour retrouver votre fille, cher monsieur René. Crillon n'a qu'une parole.

— Oh! je le sais...

— Et cette parole, je vous l'engage!

— Mais, s'écria René, il faut vous hâter, monseigneur... Qui sait si... à cette heure... les misérables?...

Et René, le fourbe et le cruel, sentait l'épouvante et l'angoisse hérisser ses cheveux...

— Eh bien! dit Crillon, prenez votre manteau et venez avec moi.

René jeta un cri de joie et voulut baiser la main de Crillon.

Mais Crillon retira sa main.

— Ne me touchez pas! dit-il, cela me porterait malheur.

Le duc avait suivi le Florentin à la sortie du Louvre dans l'intention de le prendre au collet et de le faire prisonnier.

Les événements, on le voit, venaient modifier cette première résolution.

René, sans défiance aucune, recommanda à Godolphin de s'enfermer, de n'ouvrir à qui que ce fût en son absence, puis il dit au duc :

— Je suis à vos ordres, monseigneur.

— Venez, dit Crillon.

Le Florentin avait cru que le duc le conduisait au Louvre.

Il n'en fut rien; au lieu de prendre le chemin de la Cité et du pont au Change ensuite, Crillon gagna la rive gauche de la Seine.

— Où allons-nous donc? demanda René toujours sans défiance.

— Venez toujours.

Le duc prononça ces deux mots d'un ton sec qui n'admettait point de réplique.

René courba la tête et le suivit.

Crillon s'en alla tout droit au carrefour de la rue Saint-André-des-Arcs, tournant de temps en temps la tête pour s'assurer que René le suivait.

Puis, arrivé en ce carrefour, il s'arrêta devant la porte d'une vieille maison dont toutes les croisées étaient garnies de solides barreaux de fer.

Après quoi il frappa trois coups vigoureux avec le pommeau de sa dague.

A ce bruit, une des fenêtres s'ouvrit.

— Qui est là, dit une voix fortement empreinte de l'accent méridional.

— Moi! dit Crillon.

La fenêtre se referma.

Crillon et René attendirent à peu près trois minutes, puis la porte de la maison s'ouvrit.

Alors le Florentin et le duc se trouvèrent en présence d'un petit homme trapu, aux larges épaules, à la physionomie accentuée et pleine d'intelligence, au regard noir, ardent, et profond comme celui d'un jeune homme, bien que les cheveux grisonnants qui garnissaient ses tempes attestassent qu'il avait passé la cinquantaine.

Ce personnage, qui avait une lampe à la main, portait un justaucorps de soldat et n'était autre que maître Honoré-Timoléon-Onésime Fangas, écuyer de messire le duc de Crillon. Fangas, en s'effaçant, laissa voir à René un vaste et sombre vestibule.

— Entrez, monsieur René, dit le duc.

Et il poussa le parfumeur par les épaules.

— Puis il regarda Fangas et lui dit :

— Je t'amène un prisonnier dont tu vas me répondre sur ta tête.

A ce mot de prisonnier, René jeta un cri d'effroi, fit un pas en arrière et voulut battre en retraite.

Mais déjà le duc avait refermé la lourde porte en chêne ferrée, et il disait au Florentin :

— Je retrouverai votre fille tout seul, soyez tranquille. Quant à vous, il faut renoncer à revoir de sitôt le Louvre et Mme Catherine...

Le regard de Crillon et son accent calme et ferme prouvaient surabondamment à René qu'il ne plaisantait pas.

René comprit qu'il était à la merci de Crillon, et la terreur le reprit !...

LXXX

— Éclaire-nous, dit Crillon à maître Henri-Timoléon Fangas, son écuyer.

René demeurait immobile et promenait autour de lui un regard effaré.

— Mon cher monsieur René, dit le duc, vous savez que, lorsque je me fais geôlier, on ne m'échappe pas. Ainsi donc suivez-moi de bonne grâce...

— Mais, monsieur le duc, balbutia le Florentin, c'est une... trahison...

— Hein? fit le duc avec hauteur.

Fangas se retourna et darda sur René son œil ardent.

— Tu es fou, dit-il, archifou, maître parfumeur. Apprends que, si M. de Crillon trahissait jamais quelqu'un, il se passerait son épée au travers du corps.

— Cependant... hasarda René.

— Cependant, maître drôle, je veux bien m'expliquer avec toi.

— Ah ! soupira René.

— Quand je suis entré dans ta boutique, poursuivit Crillon, j'avais l'intention de te prendre au collet et de t'arrêter violemment.

— M'arrêter !... fit René.

— Afin de te conduire ici.

— Mais, dit le Florentin plus pâle que la mort, de quoi m'accuse-t-on encore ?

— De rien.

— Alors... pourquoi... me retenir prisonnier ?

— Je te le dirai tout à l'heure.

René essayait de croire encore que le duc cherchait simplement à le mystifier.

Celui-ci continua :

— Je t'ai vu désolé de l'enlèvement de ta fille, et alors, comme au fond je suis un bon homme, je t'ai promis de faire mes efforts pour la retrouver. Ma parole est plus sérieuse que les gribouillages d'un tabellion, crois-le bien ! je ferai ce qui sera en mon pouvoir. Mais, acheva le duc, comme je n'ai nul besoin de toi en cette besogne, tu vas rester ici.

Tout en parlant, le duc avait fait un signe à Fangas.

L'écuyer provençal s'était emparé du bras de René et lui faisait gravir les degrés de pierre de l'escalier.

Arrivé au premier étage, il ouvrit une porte et poussa René dans une vaste pièce froide et nue, dont les fenêtres étaient garnies, en outre des barres de fer extérieures, de volets intérieurs en chêne, massifs et solidement cadenassés.

Un lit de sangle et deux chaises composaient l'unique ameublement de cette pièce, qui ressemblait fort à une prison.

C'était la chambre de Fangas.

— Voici votre demeure provisoire, maître René, dit le duc.

— Mais, monseigneur, balbutia le Florentin, suis-je donc condamné à demeurer longtemps ici ?

— Peut-être...

— Mais enfin, pourquoi me retenez-vous prisonnier ?

— J'ai mes raisons...

— Si je vous ai offensé, pardonnez-moi...

Et René, qui était aussi lâche, aussi rampant que cruel, René se mit à genoux de nouveau.

— Drôle ! répondit le duc avec dédain, je ne me donne pas la peine de venger mes propres offenses. Rassure-toi, je ne t'ai jamais fait l'honneur de te considérer comme mon ennemi.

— Alors... monseigneur... supplia encore René, quelle est donc votre intention ?

— Je n'ai pas de comptes à te rendre.

Puis Crillon regarda Fangas et lui dit :

— Tu me réponds de cet homme sur ta tête.

— Monsieur le duc peut dormir tranquille, répondit Fangas.

— Non, dit Crillon, pas cette nuit du moins: j'ai affaire à la cour des Miracles.

René, qui était toujours immobile au milieu de sa nouvelle prison, les yeux baissés et dans une attitude consternée, René tressaillit et leva vivement la tête.

— Tu le vois, fit le duc, je suis homme de parole. Je vais m'occuper de retrouver ta fille. Bonsoir !

Et le duc s'en alla, laissant René le Florentin aux mains de Fangas, l'écuyer.

— Allons, monsieur René, dit celui-ci, je vous engage à vous coucher. Ceci est votre chambre...

René, l'homme des trahisons, espérait toujours rencontrer des âmes aussi corrompues que la sienne.

En se trouvant seul face à face avec l'écuyer, il eut la pensée de le séduire.

— Mon cher monsieur Fangas, dit-il, je suis trop inquiet sur le sort de ma fille pour qu'il me soit possible de fermer l'œil...

— Voulez-vous un livre? demanda l'écuyer, qui était un homme courtois.

— Je préférerais causer.

— Soit, dit Fangas, causons...

— Est-ce que M. le duc vous a défendu de me donner à boire et à manger?

— Non, certes. Avez-vous faim?

— J'ai soif.

— Eh bien ! dit l'écuyer, je vais vous quérir une bouteille de vieux vin, du muscat de Villeneuve-lez-Avignon, où M. de Crillon a ses vignes.

— Apportez deux verres, dit René.

— Parbleu ! cela va sans dire...

— Fangas était un bonhomme d'écuyer fort accommodant et il refusait peu les occasions de trinquer et de vider une bouteille, mais il n'en était pas moins un geôlier fort sérieux, car il eut bien soin de fermer la porte à double tour.

La porte était solide, épaisse et ferrée. René n'eut pas même la pensée de chercher à l'ébranler.

D'ailleurs Fangas revint dix minutes après.

Au lieu d'une simple bouteille, il portait une large cruche dont le bouchon était soigneusement enduit de goudron.

— M. de Crillon, dit-il, a de meilleur vin que le roi, monsieur René.

— C'est bien possible, dit le Florentin, qui voulait être agréable à Fangas.

Fangas posa sa cruche et les deux gobelets sur la table et dit à René :

— Vous n'avez pas sommeil, moi non plus. Je dormais quand M. de

Crillon est venu. A présent que me voilà réveillé, je suis homme à voir lever l'étoile du matin.

L'écuyer déboucha la cruche et versa à boire à René.

— Peste! exclama celui-ci en portant son verre à ses lèvres, voilà, en effet, d'excellent vin.

— N'est-ce pas?

— Et je doute que le roi en ait d'aussi bon.

— C'est que le roi de France a de mauvaises vignes, répondit Fangas avec son orgueil provençal.

— Le duc est donc bien riche? demanda René qui prit un air naïf.

— Peuh! comme ci comme ça...

— Pourtant, quand on a de tel vin...

— C'est du vin de Villeneuve, monsieur René.

Fangas crut que cette réponse devait suffire au Florentin. Fangas se trompait, et René avait ses raisons pour revenir sur la fortune du duc.

— Mais enfin, dit-il, M. de Crillon a de quoi vivre?

— Oh! certes!

— Et je gage que vous êtes fort bien payé à son service.

— Oh! dit Fangas, oui et non.

— Plaît-il?

— J'ai tout ce qu'il me faut, mais mon escarcelle ne regorge jamais d'écus.

— Ah! ah! dit René.

— On ne s'enrichit pas au métier des armes, poursuivit l'écuyer. J'ai tout à l'heure soixante ans, et...

— Et vous voudriez bien avoir une petite maison à vous, n'est-ce pas, dans un coin de notre Provence, au bord du Rhône par exemple?

— Hé! hé! dit Fangas, ce ne serait pas à dédaigner.

— Avec deux bons journaux de vigne et un arpent de pré... poursuivit le Florentin.

— Et même, ajouta l'écuyer, j'aimerais assez avec cela un verger et un jardin potager.

— Cela va sans dire, monsieur Fangas.

— Mais savez-vous bien, fit observer l'écuyer, que cela vaut au moins mille pistoles?

— Va pour mille pistoles.

— Et que jamais je ne les aurai à ma disposition!

— Qui sait?

— Ah dame! qui donc me les prêtera?

— Moi, dit le Florentin.

— Vous, monsieur René?...

— Pourquoi pas?

— Après tout, dit Fangas, vous êtes si riche! dit-on.

— Et... reprit René, pour peu que vous eussiez de complaisance pour moi...

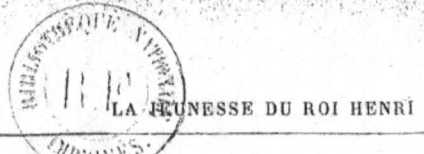

Crillon lui prit le menton, et lui dit : — Tu es une belle fille, mignonne. (P. 587.)

— Tout à votre service, monsieur René.
— Vrai?
— Que puis-je faire pour vous?

L'écuyer, en faisant cette question, versa au Florentin un deuxième verre de vin muscat.

— Mais, dit René d'un air fort naïf, vous conviendrez que ce lit est un peu dur...

René montrait le grabat.

— Qu'à cela ne tienne! répondit l'écuyer, je vous irai chercher un matelas. M. de Crillon est bon homme... il ne trouvera pas cela mauvais.

— Mais, dit René, j'aimerais bien mieux coucher chez moi.

Fangas regarda René d'un air ébahi, puis il éclata de rire :

— Allons donc! dit-il, est-ce que vous avez cru que j'allais vous lâcher?

— Mais, répliqua René un peu déconcerté, une petite maison au bord du Rhône, avec deux journaux de vigne et un arpent de pré, vaut bien cette complaisance...

— Malheureusement, répliqua Fangas, la chose est impossible. M. de Crillon m'a habitué à exécuter ponctuellement ses ordres.

— Cependant...

— Et, continua l'écuyer, tout ce que je puis faire pour vous, monsieur René, c'est de vous tenir compagnie le reste de la nuit. Voulez-vous que je vous narre des histoires?

— Merci!

— Faisons-nous une partie de dés?

— Ah! dit René, qui eut une inspiration soudaine, vous êtes joueur, monsieur Fangas?

— Je suis Provençal, monsieur René.

Ce disant, l'écuyer tira de sa poche un cornet, des dés et sa bourse. L'escarcelle de maître Fangas renfermait bien une dizaine de pistoles.

— Voilà toute ma fortune, dit-il. Vous voyez, monsieur René, qu'elle est insuffisante pour acquérir la maison dont vous parlez...

Au lieu de répondre, René tira pareillement sa bourse.

Cette bourse était ronde, et l'on voyait au travers des mailles briller de beaux écus d'or tout neufs frappés à l'effigie du roi.

— Hé! hé! dit Fangas, si j'essayais de vous gagner les pièces jaunes que j'entrevois...

— Essayez, monsieur Fangas.

— Ce sera un bel appoint sur la petite maison. Qu'en dites-vous?

— Ce serait assez adroit de votre part, répondit René, qui murmurait *in petto* : « Si je puis le dévaliser de ses dix ou quinze pistoles, je le tiens... »

Fangas tira une pistole et la plaça sur la table.

René l'imita.

— A nous deux, donc! s'écria l'écuyer dont le regard étincelant se fixa sur la ronde escarcelle de Florentin.

. . . .

Tandis que René songeait au moyen de corrompre l'écuyer Fangas, M. le duc de Crillon s'en allait fort tranquillement à la cour des Miracles.

Le digne gentilhomme avait mis son épée sous son bras, enfoncé son feutre sur ses yeux, et il cheminait d'un pas rapide.

Une foule de petites rues étroites, malsaines, où grouillait une population sans nom, entourait la cour des Miracles. Jamais un gentilhomme n'eût osé s'y risquer, un bourgeois moins encore.

Pour avoir accès dans la cour des Miracles il fallait être en haillons, faire partie d'une confrérie de tire-laine quelconque, ou bien se faire accompagner par le chevalier du guet et une centaine de ses archers.

Mais Crillon ne se préoccupa ni de ce fontionnaire ni du secours qu'il en pourrait tirer.

Le brave duc passa devant le couvent des Filles-Dieu et prit une ruelle sombre à l'entrée de laquelle il trouva un truand en sentinelle.

— Qui vive? lui cria le truand.

La nuit était noire, mais les éperons de Crillon résonnaient sur le pavé, et, à défaut de son costume, trahissaient sa qualité de gentilhomme.

— Place! dit Crillon, qui tira son épée.

Le truand se replia dans la ruelle, mais il fit entendre un coup de sifflet.

A ce signal, des ombres jusque-là immobiles commencèrent à se mouvoir, silencieuses comme des fantômes.

— Place! répéta Crillon.

La voix du duc était impérieuse, et les truands étaient si peu habitués à voir un homme pénétrer chez eux tout seul qu'ils reculèrent jusqu'à l'extrémité de la ruelle, laquelle débouchait sur la cour des Miracles.

Le brasier était parvenu à son plus haut degré d'incandescence.

Le duc s'arrêta un moment à contempler cette multitude avinée et déguenillée qui criait, vociférait, riait et dansait autour de la futaille défoncée qui servait de trône au roi de Bohême.

— Drôle de peuple! pensa-t-il.

Puis, sans se préoccuper davantage de cette foule qui commençait à l'entourer et se concertait à voix basse pour lui faire un mauvais parti, il marcha droit au cercle de lumière décrit par le brasier, répétant de temps à autre :

— Place! place!

Un truand qui s'était un peu trop rapproché de lui reçut un vigoureux coup de plat d'épée.

Une ribaude fort jolie se plaça devant lui et le regarda curieusement. Crillon lui prit le menton et lui dit :

— Tu es une belle fille, mignonne!

— Oh! oh! criait la voix enrouée et cassée du roi de Bohême, quel est l'insolent qui se permet d'entrer chez moi?

En ce moment le cercle s'était rompu autour du tonneau et Crillon avait passé.

Le duc mesura le truand du regard :

— Est-ce toi, dit-il, qui te nommes le roi de Bohême?

— C'est moi. Et je te trouve audacieux, mon gentilhomme, d'oser pénétrer jusqu'ici.

— Je me nomme Crillon, répondit simplement le duc.

A cette époque on parlait en France du brave Crillon comme soixante années plus tôt on parlait de Bayard.

Sous le chaume des villages, dans les murs noircis des vieux manoirs, sous le toit de ramée du bûcheron et dans les palais des rois, on disait déjà : « Brave comme Crillon ! »

Quand le duc se fut nommé, le roi de Bohême ôta son chapeau, et tous les truands se découvrirent avec respect.

Ce que voyant, Crillon remit son épée au fourreau et dit :

— Bonsoir, mes enfants.

— Monsieur le duc, dit alors le roi de Bohême, vous êtes en sûreté ici, et si vous avez besoin de nous...

— C'est pour cela que je viens.

— Nous vous sommes dévoués corps et âme par avance, continua le roi de Bohême.

— Je viens vous demander un renseignement, dit Crillon.

On se pressa curieusement autour de lui.

— Vous avez connu un pauvre diable qui se nommait Gascarille, n'est-ce pas?

— Nous l'avons pleuré, monseigneur.

— Un brave garçon, poursuivit Crillon, qu'on a pendu au lieu et à la place de ce misérable René le Florentin.

La voix du duc fut, à ces mots, couverte par des applaudissements. On haïssait René à la cour des Miracles depuis la mort de Gascarille.

— Vive Crillon ! crièrent les truands.

Le duc reprit :

— Gascarille avait une compagne?

— Oui, dit le roi de Bohême.

— Un beau brin de fille, poursuivit le duc, qui, tout brusque et tout franc qu'il était, n'en avait pas moins une certaine courtoisie à l'occasion. Comment se nommait-elle?

— Farinette.

— Ah! elle se nommait Farinette?

— Oui, monseigneur.

— Et... savez-vous où je la trouverais?

— Certainement.

— J'ai besoin de la voir sur-le-champ.

— Vous la trouverez rue du Grand-Hurleur, répondit le roi de Bohême. Et le truand dit au duc d'Égypte :

— Allons, mon lieutenant conduisez M. le duc de Crillon chez Farinette.

— Peste! dit Crillon en riant, la rue du Grand-Hurleur ne s'est jamais trouvée à pareille fête. Elle n'a jamais vu passer deux ducs à la fois!...

Et le duc de Crillon suivit le duc d'Égypte, qui le conduisit rue du Grand-Hurleur, où d'autres événements s'accomplissaient en ce moment.

LXXXI

Revenons à Paola.

Quand elle se sentit aux mains vigoureuses du colosse Bourdon, la jeune fille, à demi morte de frayeur déjà, s'évanouit tout à fait.

Bourdon la chargea sur son épaule et sortit de la boutique.

— Où allons-nous ? demanda-t-il à Farinette.

— Rue du Grand-Hurleur.

— Chez toi? dit Courte-Haleine.

— Chez moi. Mon grenier est assez grand pour deux.

— Hum! murmura Bourdon, nous sommes plus de deux.

— Bah! fit la bohémienne avec un rire sinistre, nous verrons... Marche toujours.

Courte-Haleine et Bourdon ouvrirent la marche, l'un brandissant une dague et prêt à frapper quiconque voudrait lui barrer le passage, l'autre portant sur son épaule Paola évanouie.

Farinette s'était appuyée sur le bras de son troisième complice et suivait.

A cette époque, lorsque le couvre-feu était sonné, on ne rencontrait plus dans la rue que de rares passants, des gentilshommes en bonne fortune ou des archers du guet.

On pouvait, dans de certains quartiers, faire une demi-lieue tout seul, sans voir âme qui vive, passé onze heures du soir.

Or, il était minuit, et les ravisseurs arrivèrent à la place du Châtelet sans avoir rencontré personne.

Comme ils entraient dans la rue Saint-Denis, ils entendirent résonner dans l'éloignement un bruit de hallebardes heurtant le pavé.

— Attention! dit Courte-Haleine, c'est le guet.

Bourdon s'effaça dans l'ombre d'une porte avec son fardeau.

Courte-Haleine l'imita et se cacha à quelques pas de distance.

Farinette et son compagnon s'éclipsèrent chacun de leur côté.

Le guet passa.

Quand le guet fut passé, le cortège des truands se mit en marche.

Le drapier de la rue du Grand-Hurleur, qui logeait Farinette, vint ouvrir au premier coup frappé par elle et recula un peu étourdi à la vue des trois compagnons qu'elle lui amenait.

— Hé! papa, dit-elle, ne faites pas attention, ce sont des amis.

Le drapier était de la cour des Miracles à de certaines heures, c'est-à-dire qu'il achetait les objets volés, cachait les tire-laine poursuivis par les archers et réunissait plusieurs industries ingénieuses, mais que le grand prévôt poursuivait à outrance.

Paola était toujours évanouie.

Farinette la prit alors des mains de Bourdon et monta la première, portant la jeune fille dans ses bras.

Courte-Haleine avait battu le briquet et allumé une chandelle.

Bourdon et Cœur-de-Loup se regardaient avec une sorte de défiance.

— Mon bel ami, lui dit le colosse tandis qu'ils gravissaient les degrés vermoulus de l'escalier, si tu veux, nous nous emparerons de la petite.

— Comment cela?

— Nous tomberons tous deux sur Courte-Haleine.

— Bon!

— Et nous l'assommerons.

— Après?

— Après, nous attacherons Farinette et nous lui mettrons un bon bâillon dans la bouche, comprends-tu?

— Oui.

— Et... de cette façon?...

— De cette façon nous tirerons à la courte paille.

— Cœur-de-Loup secoua la tête.

— Je ne veux pas, dit-il.

— Pourquoi?

— Parce que, avec ton air niais, tu es un fin renard.

Bourdon eut un sourire stupide.

Cœur-de-Lion continua :

— Comme tu es plus grand et plus fort que moi, tu m'assommeras lorsque j'aurai assommé Courte-Haleine.

Le colosse se vit deviné, lâcha un gros juron et continua à monter.

Farinette était arrivée dans son grenier et Courte-Haleine posait sa chandelle sur la table.

Farinette laissa glisser Paola évanouie sur la paille qui lui servait de lit.

Puis elle se tourna vers les trois truands.

— Vous avez juré de m'obéir? dit-elle.

— Oui, dit Cœur-de-Loup.

— Oui, répéta Courte-Haleine.

Bourdon, qui avait été sur le point de violer son serment, se mordit la langue et ne laissa entendre qu'un sourd grognement.

— Ferme la porte, Courte-Haleine, reprit Farinette.

Courte-Haleine obéit.

— Maintenant, poursuivit la bohémienne, écoutez-moi bien.

Les trois truands la regardèrent.

— Vous me semblez être en face de cette jeune fille comme trois chiens affamés en présence d'une pâtée. Malheureusement pour les chiens, ils ont un collier de fer au cou, et après ce collier une bonne chaîne qui les retient à la muraille. Pour qu'ils pussent toucher à la pâtée, il faudrait que la chaîne se brisât.

Bourdon fut pris d'un gros rire.

— La chaîne qui vous retient, poursuivit Farinette, c'est le serment que vous m'avez fait sur la corde de Gascarille.

— Tiens! c'est vrai, murmura le colosse qui frémit intérieurement.

— Vous savez, reprit la bohémienne, qu'un tire-laine qui manquerait au serment qu'il aurait fait sur la corde d'un pendu serait à tout jamais banni de la cour des Miracles d'abord, et qu'ensuite le diable notre patron le tuerait, la nuit, d'un coup de sa fourche dans le ventre.

Comme les trois complices de Farinette étaient parfaitement convaincus de ce qu'elle avançait, ils inclinèrent la tête.

— Or donc, poursuivit-elle, grâce à votre serment, vous allez garder la fille de René et vous la respecterez.

— Pourquoi l'enlever, alors? demanda Cœur-de-Loup.

— Parce que cela m'a été commandé.

— Par qui?

— Par un gentilhomme de grande race.

— Peuh! fit Courte-Haleine avec dédain, tu obéis donc aux gentilshommes à présent?

— Oui.

— C'est drôle!

— Ce gentilhomme est, comme moi, l'ennemi de René.

— Ah!

— Et il m'a promis que je serais vengée si je lui jurais d'obéir aveuglément à ses ordres. J'obéis.

Tout en parlant, Farinette frottait les tempes de Paola avec un linge imbibé de vinaigre, qu'elle lui plaça ensuite sous les narines et devant la bouche.

Paola poussa un soupir et finit par ouvrir les yeux.

Alors l'Italienne jeta autour d'elle un regard épouvanté et crut un moment qu'elle était en proie à quelque rêve.

Couchée sur un monceau de paille à demi pourrie, en un affreux réduit, elle avait en face une femme qui dardait sur elle un œil ardent, et derrière cette femme elle aperçut les hideux visages des trois tire-laine.

— O mon Dieu! s'écria-t-elle, où suis-je donc?

— Tu es chez Farinette, répondit la bohémienne en ricanant.

— Farinette! exclama l'Italienne... Farinette!

Et elle semblait se demander auquel de ces quatre personnages qui l'entouraient pouvait s'appliquer ce nom.

— C'est moi, dit la bohémienne.

— Je ne vous connais pas! balbutia la jeune fille.

— Moi, je te connais. Tu es la fille de René le Florentin.

— Mais... pourquoi suis-je ici?...

— Parce que je t'ai enlevée, dit Farinette.

— Enlevée! mon Dieu! murmura Paola, qui commençait à se souvenir. Que vous ai-je donc fait?...

— Ton père a causé la mort de l'homme que j'aimais.

L'Italienne jeta un nouveau cri:

— Ah! grâce! grâce! par pitié!.. murmura-t-elle; je ne suis pas coupable, moi!...

Farinette haussa les épaules.

— On se venge comme on peut! dit-elle.

Et comme Paola, livide et tremblante, attachait sur elle un œil éperdu et suppliant, la bohémienne ajouta :

— Rassure-toi; pour aujourd'hui on ne te fera pas de mal... ton heure n'est point venue.

Puis elle dit aux truands :

— Vous pouvez vous entendre afin de la garder à tour de rôle. Vous m'en répondez...

— Nous la garderons tous trois ensemble, dit Cœur-de-Loup.

— C'est cela, ajouta Courte-Haleine.

Bourdon allait sans doute émettre pareillement son avis, lorsqu'on heurta violemment à la porte de la rue.

— Qui est là? demanda la voix du drapier, qui était demeuré au rez-de-chaussée.

— C'est moi, le duc d'Égypte, répondit-on du dehors.

Farinette avait entr'ouvert le châssis de son grenier et se penchait dans la rue.

Deux ombres noires étaient devant la porte.

— Le duc d'Égypte n'est pas seul, pensa-t-elle avec inquiétude.

Le duc d'Égypte était, après le roi de Bohême, le premier dignitaire de la cour des Miracles. On ne parlementait point avec lui, et quand il demandait qu'on ouvrît la porte, on la lui ouvrait.

Donc le drapier ouvrit.

— Où est Farinette? demanda le duc d'Égypte.

— Là-haut, dit le drapier.

Courte-Haleine descendit armé de sa chandelle.

Alors, grâce à cette clarté, le drapier put voir derrière le duc d'Égypte un vrai gentilhomme, un vrai duc, messire de Crillon.

Courte-Haleine recula.

— Éclaire-nous, drôle, dit le vrai duc avec hauteur.

Crillon mit le pied sur l'escalier vermoulu, puis sur l'échelle de bois qui conduisait au grenier de Farinette, et pénétra le premier dans le taudis.

— Ah! monsieur! dit-elle, monseigneur! à moi!... au secours!...

Crillon regarda les trois truands, puis Farinette :

— Qu'est-ce que vous comptez donc faire de cette jeune fille? demanda-t-il avec calme.

— Elle est à moi! dit Farinette.

— Elle est à nous! répéta Courte-Haleine.

— Vous vous trompez, répliqua Crillon.

Et il tira son épée.

Le duc d'Égypte, qui était entré derrière lui, fronça le sourcil.

— Savez-vous, monseigneur, dit-il, que c'est mal ce que vous faites là?

Le soir où cet homme qui sort d'ici ne viendra pas, je romprai la chaîne qui vous retient. (P. 594.)

— Hein? fit Crillon.
— Si j'avais su que c'était pour enlever à Farinette la fille de René, je ne vous eusse point conduit ici.

Ce disant, le duc promena un regard superbe autour de lui.

— Je me nomme Crillon! dit-il.

— Et c'est pour cela, monseigneur, dit une voix derrière le duc, que vous ne ferez absolument rien de ce que vous dites.

Le duc stupéfait se retourna et vit un homme qui venait de monter derrière lui et se tenait sur le seuil du taudis.

C'était Malican.

— Oh! oh! dit le duc qui reconnut le cabaretier, qu'est-ce que tu fais donc ici, toi?

— Je viens m'assurer que Paola s'y trouve.

— Plaît-il? exclama Crillon étonné.

— Et je viens de la part de quelqu'un qui est aussi grand seigneur que vous, monseigneur.

Malican s'exprimait avec respect, mais d'un ton ferme.

— Ah! fit le duc.

Malican lui mit sous les yeux la bague du prince de Navarre.

Crillon recula stupéfait.

Alors le cabaretier se pencha à l'oreille du duc.

— Monseigneur, dit-il, Farinette est la complice du prince. Paola est un otage.

— Je comprends, à présent.

— S'il arrive malheur au prince ou à quelqu'un des siens, il arrivera malheur à Paola.

Le duc jeta un triste regard vers l'Italienne; puis, comme s'il eût redouté de lui donner une explication sur son brusque changement de conduite, il s'élança vers la porte, et lui, Crillon, le brave, il descendit l'escalier comme s'il eût fui devant une légion d'ennemis.

Tandis que le duc s'enfuyait, Malican disait à Paola:

— Ma chère demoiselle, je vous viendrai visiter tous les soirs à minuit, tant qu'il n'arrivera malheur à personne de ceux que hait René, votre père, et tant que je viendrai, tous ces gens-là vous respecteront et ne vous feront aucun mal.

Paola écoutait Malican et ne comprenait pas. Le départ du duc l'avait rejetée dans une sombre épouvante.

Puis le cabaretier murmura quelques mots à l'oreille de Farinette, dont le regard lançait de fauves éclairs.

Après quoi, il s'en alla comme le duc de Crillon s'en était allé.

Alors Farinette regarda de nouveau les trois tire-laine et leur dit:

— Le soir où cet homme qui sort d'ici ne viendra pas, je romprai la chaîne qui vous retient, et la fille de René cessera d'être sous mon égide.

Paola comprit qu'elle était perdue, car elle se souvint des gants que son père avait empoisonnés le matin précédent.

LXXXII

Nous avons vu Crillon sortir effaré du taudis de Farinette.

Le bon duc venait de se heurter à une de ces impossibilités de la vie comme il n'avait point l'habitude d'en rencontrer.

Il se trouvait placé entre sa parole, à laquelle il tenait très fort, et son devoir de gentilhomme fidèle qui l'obligeait de respecter les volontés d'un prince du sang.

Si le duc avait arraché Paola aux mains des truands, il eût déplu à Son Altesse le prince Henri de Bourbon.

Or, il avait promis à Marguerite de veiller sur le prince, or ce n'était pas dans un autre but qu'il avait provisoirement séquestré René.

Donc délivrer Paola eût été une chose illogique, puisque Paola, dans les mains de Henri, était un otage.

D'un autre côté, ignorant que Farinette et ses truands eussent un si noble complice, Crillon avait promis à René de lui retrouver sa fille.

Toutes ces réflexions se heurtaient, s'entre-croisaient, se contrariaient tour à tour dans l'esprit du bon gentilhomme.

Il avait gagné la rue Saint-Denis et murmurait en l'arpentant à grands pas :

— Harnibieu ! messire de Crillon, vous êtes une buse fieffée et je ne vous conseille pas de vous vanter de la perspicacité de votre esprit. René est un misérable, un abominable gredin ! j'en conviens ! Mais enfin, vous lui avez donné votre parole... Et, acheva le loyal Crillon, quand un gentilhomme fait un serment, fût-ce à un tire-laine, il doit tenir ce serment, ni plus ni moins que s'il l'avait fait au roi de France lui-même. Diable ! diable ! ! !

En monologuant ainsi, Crillon traversa la place du Châtelet, enfila le pont au Change, puis la rue de la Barillerie, puis encore le pont Saint-Michel, et gagna sa maison rue Saint-André-des-Arts.

L'honnête Crillon, arrivé à sa porte, éprouva un moment d'hésitation. Dans cette maison, qui était à lui et dont il allait soulever le marteau de bronze, était René le Florentin.

René, que le duc méprisait comme la lumière méprise les ténèbres ; René, l'empoisonneur, l'assassin, l'homme que la roue ou la potence réclamerait tôt ou tard ; René enfin que deux heures auparavant le duc avait traité avec le dernier dédain ; mais René à qui le duc avait engagé sa parole et à qui il allait être obligé d'avouer qu'il ne pouvait la tenir.

Et le naïf soldat murmura :

— Harnibieu ! j'aimerais autant me trouver, en ce moment, moi tout seul, le heaume en tête et l'épée au poing, en face d'un carré d'Espagnols, que vis-à-vis de ce chien de parfumeur qui va penser que Crillon est d'aussi mauvaise foi que lui...

Et Crillon, qui ne tremblait jamais et se plaisait au bruit des arquebusades et de l'artillerie, Crillon, qui s'en allait au combat comme à un carrousel, Crillon eut un battement de cœur en frappant à sa porte, et il souhaita que René fût mort, en son absence, de quelque attaque d'apoplexie.

Fangas vint ouvrir.

— Ah! mon Dieu! dit-il lorsqu'un rayon de sa lampe eut frappé le visage du duc.

— Hein! fit Crillon.

— Vous êtes pâle, monseigneur.

— Moi? murmura le duc.

— Pâle, répéta Fangas, et... vous... paraissez... ému...

— Ce n'est rien, répondit brusquement le soldat, j'ai marché un peu vite... j'ai couru... même...

Fangas inclina la tête.

— Où est René? demanda le duc.

— Là-haut, dit Fangas.

— Marche, et éclaire-moi!

Fangas gravit le vieil escalier, tenant sa lampe au-dessus de sa tête. Crillon le suivit.

Le bon duc titubait sur ses jambes comme s'il eût mis les pieds dans la vigne du Seigneur.

Fangas rouvrit la porte de la prison provisoire de René, porte qu'il avait soigneusement fermée en entendant le duc frapper à celle du dehors. Crillon entra en essuyant son front qui était inondé d'une sueur insolite. Mais, après avoir fait un pas timide en avant, l'honnête gentilhomme en fit deux en arrière, tant il fut surpris du spectacle qu'il avait sous les yeux.

René était assis devant une table placée au milieu de la chambre.

En face de René était une chaise probablement occupée par Fangas quelques minutes auparavant.

Sur la table il y avait trois cruches de vin, dont deux étaient vides et la troisième demi-pleine.

Entre les cruches et les gobelets, le duc aperçut un cornet et des dés.

Auprès des dés et du côté de Fangas, l'escarcelle du Florentin, placée sur celle de l'écuyer, était couverte à demi de haricots rouges dépouillés de leur enveloppe.

René avait auprès de lui une autre poignée de ces haricots. Il était plus pâle qu'un spectre et une sueur abondante coulait de son front.

En voyant entrer le duc, il jeta sur lui un regard hébété et plein d'égarement.

— Qu'est-ce que cela? fit Crillon, qui oublia un moment sa situation pleine d'embarras vis-à-vis de René.

Le Florentin eut un rire stupide et ne songea point à demander au duc des nouvelles de sa fille.

— Cela? dit Fangas riant aussi, c'est toute une histoire...
— Et... cette histoire?...

Le duc s'assit sur le lit de sangle.

— Je vais vous la raconter, monseigneur.

Et Fangas reprit sa place à table et remit les dés dans le cornet qu'il agita lentement.

— Voyons! dit Crillon, j'écoute.

— Figurez-vous, monseigneur, reprit l'écuyer, que maître René n'avait pas sommeil.

— Bon!

— Mais avait soif...

— Ah! ah!

— Et j'ai pensé que Votre Seigneurie ne lui refuserait pas un verre de vin.

— Tu appelles cela un verre? dit le duc en montrant avec bonhomie les trois larges cruches... Peste!

— Il avait grand'soif...

— Et toi aussi probablement?...

— Oh! moi, répliqua l'écuyer avec l'aplomb d'un valet, je n'ai bu que pour lui tenir compagnie.

— Soit! Eh bien?

— Tout en buvant, continua Fangas, M. René, qui est riche, m'a proposé de me donner beaucoup d'argent.

— Oh! oh! et pour quoi faire?

— Pour acheter une maison au bord du Rhône, du côté de Villeneuve-lez-Avignon ou du Pontet.

— Ah bah! fit Crillon.

— Une maison avec un jardin, un verger, une basse-cour pleine de volailles, quelques journaux de vigne et deux arpents de prairie.

— Il était généreux, mons René. Et que demandait-il en échange?

Crillon se mit à rire...

— Presque rien... le laisser aller coucher au Louvre.

— Si bien, dit-il, que tu as renoncé à la maison?

— Non, monseigneur.

— Allons donc!

— Ne voulant point des libéralités de M. René, poursuivit Fangas, je lui ai proposé une petite partie... qu'il a acceptée.

— Et tu as gagné?

— Vous allez voir, monseigneur, il est impossible d'avoir la déveine de ce pauvre M. René...

Le Florentin écoutait la sueur au front, et il fixait un œil hébété sur la poignée de haricots rouges.

— Voyons! dit le duc, combien as-tu gagné?

— Nous avons commencé par jouer un modeste écu de trois livres, puis un de six, puis une pistole... Il est beau joueur, M. René, quand il perd, il double, triple et quadruple!...

— Et?... demanda Crillon.

— Au bout d'une heure, M. René n'avait plus un rouge liard dans son escarcelle, ou plutôt son escarcelle m'appartenait.

— Diantre! murmura le duc qui ne songeait pas plus à son serment que René à sa fille.

— Alors, reprit Fangas, je suis allé chercher des haricots ; j'en ai compté un cent et je les ai remis à M. René. Chaque haricot valait une pistole.

— A merveille! et tu as gagné tout cela?

— Oh! il y a longtemps... Après avoir valu une pistole, le haricot en a valu deux, puis quatre, puis dix... puis...

Fangas s'arrêta.

— Voyons! fit le duc.

— Maintenant chaque haricot vaut mille livres, acheva l'écuyer.

— Harnibieu! s'écria le duc stupéfait.

Crillon calcula, au tas de haricots que Fangas avait devant lui, que l'écuyer pouvait gagner au moins soixante mille livres environ.

— Mais, s'écria-t-il, vous êtes un homme ruiné, mon pauvre René!

René suait à grosses gouttes. Il voulut parler, la voix expira sur ses lèvres.

— Il n'y a pas d'exemples d'une *déveine* semblable... observa froidement Fangas. Votre Seigneurie nous permet-elle de continuer?

— Comment! dit le duc, n'as-tu donc point encore assez pour acheter ta maison?

— Oh! si fait... mais...

— Mais? fit le duc.

— J'ai changé d'avis.

— Comment cela?

— Au lieu d'acheter ma maison je m'en irai à Rome.

— Hein?

Voir le Saint-Père. Je baiserai sa mule et je lui proposerai de me vendre son château des papes d'Avignon qu'il n'habite plus.

Crillon eut un éclat de rire homérique.

— Jouons! balbutia enfin René, qui s'empara avidement du cornet et l'agita d'une main convulsive.

— Un instant! dit le duc.

Une idée bizarre, mais lumineuse, venait de passer dans la tête de Crillon.

— Je prends ta partie, dit-il à Fangas.

— Ah! monseigneur.

— Je la prends, répéta le duc.

Il tira sa bourse de sa poche et la mit sur la table.

— Cela va changer la veine!... murmura piteusement l'écuyer.

— Imbécile! exclama le duc, il ferait beau voir que Crillon perdît là où son écuyer a gagné!

Et Crillon, prenant le cornet, dit à René:

— Je vous joue mille livres!

— Soit! répondit le Florentin arrivé au paroxysme de la furie du jeu.

— Mille livres contre le serment que je vous ai fait.

— Plaît-il? dit René... De quel serment parlez-vous?

— Je vous ai fait un serment hier soir, maître René; il me répugne de le tenir, et je n'ai pas le temps de vous dire à quoi je me suis engagé...

— Un serment? balbutiait René, je ne... me... souviens pas!...

— Peu importe? si je perds, je vous compte mille livres.

René agita joyeusement son cornet.

— Si je gagne, je suis délié de ma parole, acheva le duc.

— Ça va, murmura le Florentin d'une voix à peine intelligible.

Il agita le cornet et les dés roulèrent sur la table.

— Sept! dit-il.

— Tudieu! grommela Fangas, il n'a jamais eu sept de la soirée. La veine est changée... quel malheur! C'est un coup gagné!

Crillon haussa les épaules :

— Double brute! dit-il, tu vas voir...

Il ramassa les dés, les mit dans son cornet et les jeta sur la table.

— Huit! dit-il. J'ai gagné...

— Bravo! s'écria Fangas émerveillé...

— C'est un beau coup... un très beau coup... murmura René, que l'ivresse acheva de dompter et qui roula de sa chaise sous la table.

Alors Crillon respira comme eût respiré ce géant qui portait le monde sur la poitrine, si on l'eût débarrassé de son fardeau...

— Harnibieu! s'écria-t-il, je vais donc dormir tranquille et passer une bonne nuit.

Fangas regarda son maître avec étonnement.

— Sais-tu bien, dit Crillon, que j'ai failli me déshonorer? Bonsoir...

Et le duc prit un flambeau et s'en alla se coucher sans donner d'autre explication à son écuyer.

Fangas prit René à bras le corps et le porta sur le lit de sangle.

Le Florentin, ivre-mort, ronflait déjà comme un orgue de cathédrale.

Alors Fangas ramassa les deux bourses et les haricots et mit le tout dans sa poche.

— J'ai fait une assez bonne soirée, murmura-t-il, et, par les cornes du diable! René me payera mes haricots, ou j'en ferai un plat de légumes qui lui servira d'assaisonnement, car je le mettrai en broche comme un gigot ou un aloyau s'il ne s'exécute pas!

. . . .

Le lendemain, M. le duc de Crillon s'éveilla d'une humeur charmante, étira ses bras, sauta hors du lit, et fit sa toilette en fredonnant le refrain populaire d'alors :

> C'est le chevalier du guet
> Qui passe avec ses archets!

Puis quand il fut vêtu, il ceignit son épée, une bonne et longue rapière qu'il appelait Marianne, en souvenir d'une jeune fille qu'il avait beaucoup aimée.

Il y avait même sur cette jeune fille et sur la rapière une assez singulière histoire.

Au temps de sa jeunesse, M. de Crillon, qui n'était alors que chevalier, s'en allait un jour dans les rues d'Avignon, le nez au vent, l'épée au côté, le toquet sur l'oreille, lorgnant les femmes, saluant les vieillards et caressant les enfants.

Sur son passage tout le monde se découvrait, car, à Avignon, un Crillon n'était primé, dans l'esprit du peuple, que par le bon Dieu lui-même.

On disait volontiers d'un bout à l'autre de la ville : « Brave comme Crillon, bon comme Crillon, généreux comme Crillon, vert-galant comme Crillon. »

Donc, le chevalier de Crillon s'en allait le nez au vent, et lorsqu'il fut arrivé vers le milieu de la rue Calade, il fit rencontre d'une Arlésienne, une *Arlenque*, comme on dit en langue provençale, qui était pour le moins aussi belle que la belle Maguelonne, qui fut tant aimée de Pierre de Provence.

Cette *Arlenque* se nommait Marianne.

Le chevalier s'en éprit.

Marianne, qui ne le connaissait point, fit d'abord une petite moue dédaigneuse. Puis, quand elle sut qu'elle avait affaire au chevalier de Crillon, elle se prit à sourire...

Et quand elle eut souri, son cœur fut pris.

Or, six mois se passèrent, et le chevalier de Crillon aimait tant et tant Marianne qu'il ne songeait à rien moins qu'à s'en aller trouver le pape et à lui demander pour elle des lettres de noblesse afin qu'il pût l'épouser.

Heureusement le chevalier avait déjà maître Fangas pour écuyer, et maître Fangas l'aborda un soir d'un air mystérieux et lui dit :

— Mon cher maître, vous êtes volé ni plus ni moins que dans un bois.

A ces mots, le chevalier de Crillon bondit et porta la main à la garde de son épée.

LXXXIII

C'était un geste familier à tous les Crillon de porter la main à la coquille de leur rapière dans les moments solennels; ce qui avait même fait dire au bon peuple d'Avignon que, lorsqu'un Crillon naissait, il venait au monde l'épée au côté et la main sur la garde de cette épée.

Le chevalier, ayant ouï les paroles mystérieuses de son écuyer, le regarda et lui dit :

— Es-tu fou?

LA JEUNESSE DU ROI HENRI

Oh! le merveilleux travail, dit Marguerite. (P. 607.)

LIV. 76. — PONSON DU TERRAIL. — LA JEUNESSE DU ROI HENRI. — ÉD. J. ROUFF ET Cⁱᵉ. LIV. 76.

— Non, monseigneur.

— Que veux-tu donc dire?

— Que Marianne trompe Votre Seigneurie.

— Par mon écusson! s'écria le chevalier, si tu as menti, je te planterai ma dague dans la gorge.

Fangas se prit à sourire.

— Voulez-vous que je vous conduise?

— Où?

— En un lieu où vous verrez Marianne en tête à tête avec son complice.

— Marchons, dit le chevalier.

Fangas conduisit le chevalier de Crillon dans le faubourg du *Corps-Saint*, et lui montra une petite maison isolée aux fenêtres de laquelle brillait une lueur discrète.

— C'est là, dit-il.

Le chevalier se rua comme un ouragan sur la maison, enfonça la porte d'un coup d'épaule et trouva Marianne aux genoux de laquelle se tenait un homme d'armes du pape.

L'homme d'armes se leva et tira son épée, le chevalier en fit autant; le combat fut court.

— Ouf! murmura Fangas en voyant la rapière de son maître disparaître dans le corps de l'homme d'armes, qui tomba raide mort.

Alors le chevalier se tourna vers Marianne, ivre de terreur, et lui dit :

— Ma belle, afin de me souvenir toujours d'une perfide telle que vous, je vais donner votre nom à la rapière avec laquelle j'ai tué l'homme que voilà!

Et le chevalier s'en alla aussi simplement que s'il fût sorti heureux et aimé du réduit de la belle *Arlenque*, et, depuis lors, sa rapière porta le nom de Marianne.

Or, lorsque M. le duc de Crillon qui, pour lors, ne songeait plus guère aux choses de la galanterie, se fut habillé et eut ceint *Marianne*, il sortit de sa chambre et rencontra Fangas dans l'escalier.

— Eh bien? lui dit-il.

Fangas devina son maître :

— Le Florentin, dit-il, dort encore. Il cuve son vin.

— Tant mieux! il sera plus facile à garder...

— Oh! Votre Seigneurie peut se rassurer, dit Fangas, le drôle ne nous échappera pas.

— Je l'espère bien, acheva Crillon.

Le duc quitta sa maison de la rue Saint-André-des-Arts et s'en alla au Louvre.

Là il commença par faire son service de colonel général des Suisses et des lansquenets, visita les postes, changea le mot d'ordre, releva les sentinelles, puis il monta chez le roi.

Charles IX déjeunait avec trois personnes, le prince Henri de Bourbon, Mme Marguerite et M. de Pibrac.

— Ah! dit-il, voyant entrer Crillon, voici le duc.

— Serviteur, Sire !
— Bonjour, Crillon. Avez-vous déjeuné, duc?
— Pas encore.
— Voulez-vous déjeuner avec moi?
— Volontiers, Sire.
— Ce brave Crillon, dit Charles IX, toujours prêt à tout, à se mettre à table comme à se battre !
— Votre Majesté parle d'or, dit Crillon.
— Et il prit place au couvert du roi.
Marguerite regarda le duc d'une certaine façon.
Le duc rendit son regard à la princesse Marguerite.
Mais le roi les surprit.
— Ah ! ah ! dit-il, je crois qu'il y a des secrets entre Margot et Crillon.
— Peut-être ! fit la princesse en souriant.
— Heu ! heu ! murmura Crillon.
— Mais comme je suis le roi, moi, et qu'on n'a pas de secrets pour le roi... dit Charles IX.
— Votre Majesté veut tout savoir?
— Sans doute.
— Crillon regarda Marguerite.
— Bah ! fit la princesse, en toute cette affaire le roi est pour nous. Je vais lui tout narrer.
— Narre, ma fille, dit Charles IX.
— Figurez-vous donc, Sire, continua Marguerite, que tout le monde ayant grand'peur de René à la cour de France, excepté M. le duc de Crillon que voici...
— Comment ! dit le roi, on s'occupe encore de René?
— Toujours, Sire, répliqua Henri en riant.
— Et moi, reprit Marguerite, ayant une peur atroce que René ne mette quelques nouveaux bâtons dans les roues de mon mariage, j'ai chargé M. de Crillon de confisquer René.
— Et comment cela? demanda le roi, toujours heureux d'apprendre qu'une mésaventure était advenue au favori de sa mère.
— J'ai prié le duc de l'arrêter, de l'enlever de nuit ou de jour et de l'enfermer en un lieu d'où il ne puisse sortir que le lendemain de mon mariage.
— Et le duc l'a fait?
— Mais oui, Sire, dit Crillon, qui venait d'avaler une aile de poulet tout entière.
— Contez-nous cela, Crillon.
— Voilà, Sire.
Et M. de Crillon conta ce qu'il avait fait de René et n'omit aucun détail, pas même l'histoire de sa visite à la cour des Miracles.
— Ah ! diable ! dit alors Henri de Bourbon, voici que vous allez sur mes brisées, duc.
— Sans intention, monseigneur.

— Et vous vouliez délivrer Paola?

— Dame!...

Alors Crillon, pour se disculper vis-à-vis du prince, acheva sa narration, et le roi rit aux éclats lorsqu'il apprit que René devait à l'écuyer Fangas quelque chose comme soixante et dix haricots rouges, lesquels représentaient une somme de soixante et dix mille livres.

— Par la sambleu! s'écria-t-il, je vous jure bien, messeigneurs, que lorsque René sortira de chez le duc, il payera.

— Hum! murmura Crillon, légèrement incrédule.

— Il payera, dit le roi, ou je le ferai pendre!...

Tant de fois déjà Charles IX avait parlé de faire pendre René, que Marguerite, Pibrac et le prince échangèrent un sourire.

Quant à Crillon, il avait un furieux appétit, et il venait d'attaquer une hure de sanglier avec autant d'impétuosité que s'il eût commandé une charge de ses Suisses contre les troupes impériales.

— Mon brave duc, dit le roi tout à coup, savez-vous danser?

— Je l'ai su, Sire.

— Cela ne s'oublie pas...

— J'ai porté le harnais pendant trente ans, Sire, et rien ne rend lourd comme l'usage de la selle et de l'éperon. Mais oserai-je demander à Votre Majesté pourquoi elle me fait une semblable question?

— C'est qu'on danse au Louvre ce soir.

— Ah! fit Crillon.

— Et j'ouvre le bal avec Mme Jeanne d'Albret, reine de Navarre, ajouta le roi.

— Et moi, dit Marguerite, qui jeta un tendre regard à Henri, je danserai avec mon futur époux.

— Ah! mon pauvre Pibrac! dit Crillon, ne pensez-vous pas que nous ferions bien, nous les vieux, de faire une partie d'hombre?...

— Je suis de votre avis, monsieur le duc.

— Oui, répéta le roi, on danse au Louvre ce soir, et j'espère bien que la reine de Navarre me fera la galanterie de mettre une des paires de gants que j'ai été assez heureux pour lui faire accepter.

. . . .

Quelques heures après, c'est-à-dire comme le couvre-feu sonnait pour les bourgeois de la bonne ville de Paris, le prince Henri de Navarre entra dans l'oratoire de sa mère, la reine Jeanne, à l'hôtel Beauséjour.

La reine, aidée de Myette et de Nancy, que lui avait envoyée la princesse Marguerite, la reine, disons-nous, procédait à sa toilette de bal...

Myette roulait en torsades ses magnifiques cheveux noirs, Nancy lui ajustait une robe qu'elle avait reçue du roi d'Espagne la veille de son départ pour la France.

Jeanne était fort belle encore, nous l'avons dit, et ce soir-là sa beauté semblait avoir acquis un éclat inaccoutumé.

— Madame, lui dit le prince en entrant et lui baisant la main, vous êtes si jeune et si belle qu'on vous prendrait pour ma sœur.

Jeanne sourit à son fils.

— Flatteur! dit-elle.

Puis comme le prince s'asseyait, elle dit encore :

— Est-ce que vous venez du Louvre?

— Oui, madame.

— Avez-vous vu la reine Catherine?

— Je l'ai entrevue chez la princesse, qu'elle est venue consulter je ne sais trop pourquoi. La princesse, du reste, doit venir ici dans quelques minutes pour quérir Votre Majesté.

— Ah! fit Jeanne, tant mieux !

Comme elle parlait ainsi, on gratta discrètement à la porte.

Myette courut ouvrir, et fut assez étonnée de voir entrer son oncle Malican, le cabaretier.

Malican salua respectueusement la reine, puis il fit au prince un signe mystérieux.

Henri se leva et sortit, emmena Malican hors de l'oratoire, en disant à la reine :

— Je reviens à l'instant.

Malican avait un air mystérieux qui intrigua fort Henri.

— Hé ! dit-il, que vas-tu donc m'apprendre?

— Monseigneur, répondit Malican, il faut que vous alliez vous-même rue du Grand-Hurleur.

— Chez Farinette?

— Oui.

— Pour quoi faire?

— La fille de René veut vous voir et prétend qu'elle a des révélations à vous faire qui sont de la plus haute importance.

— Tu viens donc de chez Farinette?

— Non ; c'est le mendiant du porche de l'église Saint-Eustache qui est entré dans mon cabinet, il y a cinq minutes, et m'a dit :

« — Je viens de la part de Farinette. La fille du parfumeur veut voir le prince ; elle veut le voir sur-le-champ, parce qu'elle a des choses graves à lui révéler. »

Henri regarda Malican.

— Et tu penses que j'y dois aller? dit-il.

— Oui, monseigneur.

— Cependant...

— Tenez, dit Malican, j'ai des pressentiments. Paola est dans les secrets de son père. Comme elle sait que le jour où il arrivera malheur à quelqu'un des vôtres, il lui arrivera malheur à elle aussi, elle préfère trahir René.

— Tu as raison ; j'y vais.

Henri entra dans l'oratoire.

— Madame, dit-il à la reine, je rejoindrai Votre Majesté au Louvre.

Et sans attendre que Jeanne d'Albret lui demandât aucune espèce d'explication, il sortit avec Malican, après avoir toutefois échangé un regard rapide avec Nancy.

Hors de l'hôtel Beauséjour, Malican dit au prince :

— Votre Altesse désire-t-elle que je l'accompagne?

— Certainement, répondit Henri, je suis incapable de trouver tout seul la rue du Grand-Hurleur.

— Allons! dit Malican.

Et tous deux se mirent en route.

Le prince de Navarre et Malican, le cabaretier, avaient à peine disparu par la rue du Jour, que la litière de Mme Marguerite apparut à l'entrée de l'hôtel qu'habitait la reine de Navarre. La jeune princesse venait, par ordre du roi, se mettre à la disposition de la reine de Navarre, à la seule fin de lui faire la conduite de l'hôtel Beauséjour au Louvre.

Lorsqu'elle entra dans l'oratoire, Marguerite trouva la reine de Navarre tout à fait habillée.

Elle lui tendit son front avec une grâce toute filiale, et la reine lui mit un baiser sur le front en lui disant :

— Bonjour, chère princesse, ma bru.

— Votre servante, madame, répondit Marguerite.

— Ma mie, dit encore la reine, comment va aujourd'hui Mme Catherine ?

— Fort bien, madame; elle attend Votre Majesté dans la grande salle du Louvre.

— Vous le voyez, je suis prête; il ne me reste plus qu'à me ganter.

Ce disant, la reine de Navarre alla ouvrir un bahut et en retira le mignon coffret acheté par le roi chez Pietro Doveri.

— Oh! le merveilleux travail! dit Marguerite qui s'était déjà extasiée la veille sur la finesse des incrustations et la délicatesse des sculptures. Plus j'examine ce coffret et plus je le trouve charmant.

La reine ouvrit le coffret et y prit une paire de gants, la première, celle qui était d'un jaune clair.

— Permettez-vous que je vous gante, madame? demanda Marguerite.

— Volontiers, ma bru.

Et la reine tendit sa main gauche.

Marguerite retroussa le gant avec autant d'habileté qu'aurait pu le faire Nancy, dont c'était la besogne ordinaire, et en fit glisser chaque doigt l'un après l'autre sur les doigts de Jeanne d'Albret.

Mais au moment où elle achevait de rabattre le gant tout entier sur la main, la reine fit un léger mouvement.

— Qu'avez-vous, madame? demanda Marguerite.

— Ce n'est rien, dit la reine, mais ce gant si souple m'a égratignée.

— Marguerite étonnée voulut ôter le gant, mais elle se prit à sourire tout aussitôt.

— Regardez, madame, dit-elle.

Elle montrait à la reine une bague dont le chaton renfermait un gros diamant. Le chaton de cette bague qu'elle avait au doigt était légèrement éraillé.

— Voilà, dit-elle, le vrai coupable : c'est cette légère aspérité qui vous a blessée.

— Peut-être, répondit Jeanne. D'ailleurs je n'éprouve aucune douleur, et vous avez eu trop de peine à mettre mon gant pour que je le retire.

Alors se retournant vers Myette :

— Fais prévenir mes gentilshommes, ma mignonne, dit-elle.

Puis Jeanne d'Albret tendit à Marguerite cette main que recouvrait le gant empoisonné.

— Venez, ma bru, dit-elle ; je veux danser, cette nuit, comme si j'avais encore mes vingt ans.

LXXXIV

La nuit et la journée qui venaient de s'écouler avaient été terribles pour la fille de René le Florentin.

Paola avait eu, on s'en souvient, un moment d'espoir en voyant apparaître Crillon dans le taudis de Farinette. Mais cet espoir s'était évanoui bientôt pour faire place à une morne et douloureuse stupeur.

— Ma belle demoiselle, avait dit Malican, le cabaretier, en s'en allant comme s'en était allé Crillon, je vous viendrai visiter chaque soir ; et tant que je viendrai il ne vous arrivera pas malheur. Le jour où je ne viendrai plus, Farinette et ses hommes feront de vous ce qu'ils voudront.

Ces paroles avaient frappé Paola de terreur.

Elle avait songé aux gants empoisonnés.

— Hé ! hé ! mes enfants, dit Farinette lorsque Malican fut parti, je crois que vous n'attendrez pas longtemps... René n'est pas homme à demeurer tranquille... Le cabaretier Malican pourrait bien ne pas revenir demain.

Les trois truands se regardèrent d'un œil féroce.

Paola tremblait et fixait un œil stupide sur ces trois hommes en haillons.

— Tu es bien heureuse, continua Farinette, car je suis une femme, moi, qui n'aimais qu'un homme au monde...

Elle eut un ricanement de tigresse.

— Et cet homme, acheva-t-elle, ton père l'a fait pendre...

— Farinette, ma mignonne, dit le vieux Courte-Haleine en prenant une voix insinuante, tu devrais engager mademoiselle à choisir un époux parmi nous trois.

Cœur-de-Loup haussa les épaules :

— Je ne veux rien préjuger, dit-il, du goût de cette belle fille, mais il me paraît peu probable qu'elle te choisisse.

— Qui sait ? fit Courte-Haleine ; j'ai bien quelques cheveux gris, mais je suis un aimable compagnon, et j'entonne d'une voix claire un joyeux refrain à l'occasion.

Si j'arrive à temps pour empêcher une mère de mourir, je te ferai grâce. (P. 614.)

— Moi, je suis le plus fort, dit le colosse Bourdon, et comme je saurai la défendre, ce sera moi... qui...

— Tais-toi, brute! dit Cœur-de-Loup, je suis le plus jeune et le plus brave, moi, et si cette jeune fille est maîtresse de ses volontés...

La querelle allait continuer sans doute, mais Farinette y mit un terme :

— Taisez-vous donc, niais que vous êtes, dit-elle. L'heure de vous quereller n'est point sonnée encore... Prenez patience.

— C'est juste, dit Courte-Haleine, et si vous m'en croyez, nous descendrons chez le drapier et nous y jouerons aux osselets.

— Vous avez raison, dit Farinette, il faut me laisser dormir : sortez!...

Les trois bandits sortirent, et Farinette demeura seule avec Paola.

Alors celle-ci se mit à genoux, joignit les mains devant la bohémienne, et lui dit :

— Au nom du ciel! madame, prenez pitié de moi...

Farinette répondit par un éclat de rire strident :

— Gascarille est mort, dit-elle.

— Mais je ne vous ai jamais fait de mal, moi...

— Ton père m'en a fait.

— Par pitié! supplia l'Italienne, gardez-moi, si vous voulez, retenez-moi prisonnière, mais ne me livrez pas à ces misérables.

— Silence! dit impérieusement Farinette; laisse-moi dormir!

Elle alla fermer la porte du taudis, passa la clef à son cou à l'aide d'une petite corde, et se coucha sur la paille qui lui servait de lit, laissant Paola accroupie dans un coin.

Paola pleurait à chaudes larmes.

La nuit s'écoula, le jour vint; l'Italienne, brisée de fatigue, avait fini par se laisser choir sur le grabat de Farinette, et elle s'était endormie auprès de sa cruelle ennemie.

Mais bientôt elle fut réveillée par un bruit de voix et de pas.

C'était Bourdon, le colosse, qui remontait de chez le drapier, suivi de Courte-Haleine et de Cœur-de-Loup.

Tous trois étaient ivres; tous trois avaient passé la nuit à jouer. Seulement Bourdon était radieux, tandis que Courte-Haleine et Cœur-de-Loup avaient la mine consternée...

— Hé! mes drôles, dit Farinette éveillée en sursaut comme Paola, que voulez-vous?

— Farinette, répondit Bourdon, est-ce que tu ne penses pas qu'il est bien assez de toi et de moi pour garder la belle demoiselle?

— Si, répondit Farinette.

— Alors, Courte-Haleine et Cœur-de-Loup peuvent aller se coucher.

— Non.

— Pourquoi? fit le colosse, riant toujours de son rire stupide.

— Parce que Cœur-de-Loup et Courte-Haleine, répondit Farinette, ont, comme toi, des prétentions sur le cœur de leur prisonnière.

— Ils n'en ont plus...

— Hem? fit la bohémienne.

— J'ai gagné, dit Bourdon.

— Qu'as-tu gagné?

— Nous avons joué à qui serait le mari de cette gente fille, et j'ai gagné!

répéta le colosse qui pirouetta lestement sur le talon et envoya du bout des doigts un hideux baiser à Paola.

Courte-Haleine et Cœur-de-Loup inclinèrent tristement la tête.

— Eh bien! dit Farinette, vous avez eu tort de jouer.

— Oui, soupira Courte-Haleine.

— Hélas! murmura Cœur-de-Loup.

— Ils ont bien fait, au contraire! s'écria Bourdon avec une joie insolente.

— Non, dit Farinette d'un ton sévère, parce que vous avez joué tous trois ce qui n'était point à vous.

— C'est vrai! exclamèrent les deux perdants.

— C'est faux! s'écria Bourdon d'une voix de stentor.

— Sortez! dit Farinette qui exerçait sur eux une sorte d'autorité prestigieuse, sortez, et retournez en bas chez le drapier...

— Ah! ah! ma petite, dit alors la bohémienne lorsque ses trois acolytes eurent de nouveau quitté le taudis, ah! ah! tu le vois, les soupirants ne te manqueront pas...

— Oh! je vous en supplie, murmura Paola qui, depuis quelques minutes, croyait avoir trouvé un moyen de salut, je vous en supplie, accordez-moi une grâce...

— Hé! hé! ricana Farinette, est-ce que tu ne préférerais pas le beau Cœur-de-Loup à cet ignoble Bourdon?

— Je veux voir le prince...

— Quel prince?

— Le prince de Navarre.

— Ah! ah! tu te flattes qu'il te fera ta grâce, lui?

— Ce n'est pas cela...

— Qu'est-ce donc?

— Je veux lui révéler des choses terribles et prévenir un malheur épouvantable.

L'accent de conviction avec lequel Paola prononça ces mots émut fortement Farinette.

— Vrai! dit-elle.

— Je vous en supplie, je vous le demande au nom de Dieu, de la Vierge et des saints, envoyez un messager au prince sur l'heure...

Et Paola se tenait aux genoux de Farinette se tordant les mains avec désespoir et versant d'abondantes larmes.

Farinette ouvrit la porte de son grenier et appela:

— Hé! Cœur-de-Loup!

Cœur-de-Loup sortit de chez le drapier et monta les degrés de l'escalier en chancelant.

— Tu es trop ivre! dit Farinette, envoie-moi Courte-Haleine.

Courte-Haleine vint à son tour et parut encore plus ivre à la veuve de Gascarille.

Quant au colosse Bourdon, il s'était endormi en buvant son dernier verre de vin d'Argenteuil à la santé de sa future compagne.

— Envoyez-moi le drapier, en ce cas, dit Farinette avec colère.

Le drapier monta.

C'était un petit homme sec, grisonnant, au nez pointu, aux yeux ronds et gris. Il courait Paris durant le jour en portant de vieux habits sur son bras.

Le drapier vendait son vin aux truands. Il avait bu comme eux, mais il n'était pas ivre.

— Tu vas aller au porche Saint-Eustache, lui dit Farinette, et tu m'enverras le duc d'Égypte.

Le drapier partit tout d'un trait et arriva en un clin d'œil à la porte de l'église où, durant le jour, le premier dignitaire de la cour de Bohême tendait humblement la main.

Mais Farinette se trompait en s'imaginant que le duc d'Égypte allait quitter son poste et accourir.

Il y avait ce jour-là grande affluence de monde à Saint-Eustache, où l'on enterrait un chanoine de la ville de Paris.

Le duc d'Égypte dit au drapier :

— Je ne puis quitter ma place avant que l'enterrement soit terminé.

Le drapier s'en retourna rue du Grand-Hurleur, rendit compte de sa mission, et Paola attendit, pleine de terreur et d'anxiété, l'arrivée du duc d'Égypte.

Mais le noble personnage se fit attendre jusqu'à la brume. On avait psalmodié, chanté, pleuré à l'inhumation du chanoine. Toutes les confréries des pénitents étaient venues jeter de l'eau bénite sur le cercueil, puis, après les confréries d'hommes, celles de femmes; après les pénitents, les bourgeois, le simple populaire.

De telle sorte que le duc d'Égypte, si grand cas qu'il fit de Farinette, n'avait pu abandonner ses fonctions de mendiant patenté du porche Saint-Eustache.

— Mon cher duc, lui dit Farinette, il faut que tu t'en ailles chez Malican, le cabaretier.

— J'irai, ma petite...

— Et que tu lui dises de chercher le prince de Navarre et de l'amener ici, coûte que coûte, acheva Farinette.

Le duc d'Égypte partit.

Une heure s'écoula; tout d'un coup un pas régulier, quoique rapide, un pas assuré se fit entendre dans la rue.

— C'est un gentilhomme ou un soldat qui marche ainsi, dit Farinette.

Déjà la nuit était venue, et la bohémienne, en se mettant à la fenêtre, ne put rien distinguer, tant elle était obscure.

Mais les pas s'arrêtèrent à la porte et la voix de Malican se fit entendre, Paola eut un cri de joie.

— C'est le prince! dit-elle.

C'était Henri, en effet, qui arrivait suivi de Malican.

Cœur-de-Loup et Courte-Haleine se rangèrent respectueusement sur son passage.

Bourdon dormait toujours.

Le prince escalada l'escalier de bois qui conduisait au grenier de Farinette et ne put se défendre d'un sentiment de pitié en voyant la belle Paola accroupie sur le grabat de la bohémienne, les yeux humides de larmes.

En le voyant entrer, Paola courut à lui.

— Ah! monseigneur, dit-elle, grâce, grâce!

— Paola, répondit Henri avec gravité, vous nous avez trahis, Noë et moi, et votre sort est mérité.

— Prince! au nom du ciel!...

— Paola, continua Henri, vous êtes en sûreté ici, au milieu de ces bandits, tant que les miens, dont les jours sont menacés par votre père, demeureront sains et saufs.

Paola frissonna.

— Ah! balbutia-t-elle, c'est parce que je crains mon père...

— Votre père!...

— Oui, dit-elle vivement, mon père a de nouveau quelque sinistre projet en tête.

A son tour Henri frissonna.

— Que voulez-vous dire? fit-il.

— Mon père veut empoisonner quelqu'un.

— Et savez-vous qui?

— Non.

— Alors... comment?...

— Hier, au matin, dit Paola, qui parlait avec une sorte de précipitation véhémente, hier au matin il a envoyé Godolphin au Louvre.

— Ah!

— Godolphin est allé chez la reine.

— Et... la reine? demanda Henri, au front duquel perlaient déjà quelques gouttes de sueur.

— La reine a remis à Godolphin un coffret.

— Que renfermait-il?

— Des gants.

Henri tressaillit.

— Alors, poursuivit Paola, mon père a empoisonné ces gants.

— Des gants! exclama Henri, des gants dans un coffret!

— Et, se souvenant que le roi Charles IX avait acheté, pour la reine de Navarre, un semblable cadeau chez Pietro Doveri, il s'écria :

— Mais comment était ce coffret?

— En ébène sculpté avec des incrustations d'ivoire et des serrures d'or et d'argent.

Henri jeta un cri.

— Les gants empoisonnés étaient jaunes, acheva Paola.

Mais le prince n'en voulut point entendre davantage, et il s'élança fou de douleur hors du taudis.

Farinette était sur le seuil :

— Votre Altesse, dit-elle, n'a rien à m'ordonner?
— Si, répondit le prince, qui eut un accès de fureur sauvage, si!

Et, se retournant, il regarda Paola :

— Fille de René l'empoisonneur, dit-il, si j'arrive à temps pour empêcher ma mère de mourir, je te ferrai grâce; mais s'il est trop tard... oh! alors, Farinette et les truands feront de toi ce qu'ils voudront!...

Et, s'élançant dans l'escalier, il ajouta, en s'adressant à Farinette :

— Si dans deux heures tu n'as pas revu Malican, Paola t'appartiendra.

. . . .

Henri se prit à courir vers le Louvre, où, sans doute, la reine de Navarre était déjà.

Il courut à perdre haleine, les cheveux hérissés, le front baigné de sueur, tandis que Malican, à qui il avait eu le temps de tout expliquer en quelques mots, volait à l'hôtel Beauséjour, pour le cas où la reine de Navarre ne l'aurait point quitté encore.

Le prince passa comme un éclair devant les corps de garde, monta le grand escalier et s'élança vers la grande salle, mais là il fut arrêté forcément par un flot de gentilshommes qui se pressaient en s'interrogeant.

En même temps il entendit des voix confuses, des chuchotements, il vit des visages consternés et, saisi d'un horrible pressentiment, il fendit la foule et arriva jusqu'à un groupe au milieu duquel il aperçut la reine de Navarre, sa mère, évanouie, et que le roi Charles IX et la princesse Marguerite soutenaient dans leurs bras.

A quelque distance, la sombre et terrible Catherine de Médicis se tenait immobile et muette...

Henri jeta un cri terrible.

— Il est trop tard! dit-il, ma mère est empoisonnée!

Et, s'élançant vers elle, il lui arracha ses gants l'un après l'autre.

La main gauche de la reine de Navarre était jaspée de quelques gouttes de sang...

LXXXV

La reine Jeanne était entrée, souriante et calme, un quart d'heure auparavant, dans la grande salle du Louvre. Le roi Charles IX lui donnait la main, et la reine Catherine, appuyée sur le bras de Mme Marguerite, la suivait.

Tout à coup, et comme elle s'apprêtait à danser, Mme Jeanne d'Albret s'était arrêtée brusquement :

— Qu'avez-vous? lui demanda Charles IX, qui sentit sa main frémir subitement dans la sienne.

— J'éprouve une sensation bizarre, répondit-elle.

Le roi la regarda avec étonnement.

La princesse et deux gentilshommes accoururent et prirent la reine de Navarre dans leurs bras.

C'était au moment où on l'asseyait sur un fauteuil, tandis qu'un page courait en toute hâte chercher Miron, le médecin du roi, c'était en ce moment, disons-nous, que le prince Henri arriva et s'écria en arrachant les gants de la reine de Navarre :

— Ma mère est empoisonnée!

Deux hommes accoururent au même instant, — Crillon et M. de Pibrac. Ces deux hommes prononcèrent un mot : RENÉ!

Quant au roi Charles IX, il regarda sa mère, la reine Catherine, et devina tout.

Alors le monarque devint d'une pâleur livide, ses yeux lancèrent un fauve éclair, et il s'écria d'une voix retentissante:

— Que tout le monde sorte!

Les mots de trahison et d'empoisonnement couraient déjà de salle en salle, et les gentilshommes béarnais avaient tous porté la main à la garde de leur épée, prêts à dégainer au premier signal.

Tandis que les gentilshommes et les dames de la cour de France sortaient, les Béarnais demeuraient et avaient formé un rempart menaçant autour de la reine.

— Sortez, messieurs, leur dit Henri.

Il fallait l'ordre de leur souverain pour qu'ils obéissent.

Crillon, Pibrac, Marguerite, Mme Catherine elle-même, entouraient la reine de Navarre.

Charles IX la soutenait toujours; Henri tenait dans sa main cette main gauche sur laquelle on voyait quelques gouttelettes de sang.

Miron arriva, prit la main, examina les petites écorchures par où le sang avait jailli.

Puis il fronça les sourcils et se tut pendant un moment.

Enfin il avisa le gant que Henri avait jeté loin de lui, il le ramassa et le retourna à moitié.

Alors, le montrant au roi.

— Tenez, Sire, dit-il, voyez-vous ces parcelles de verre adhérentes à la peau du gant?

— Oui, dit Charles IX.

— C'est le verre qui a écorché la main. Et tenez, Sire, continua Miron, essuyant avec le mouchoir que lui tendit Marguerite la main de la reine évanouie, voyez ces taches marbrées?

— Je les vois, dit le roi.

— C'est le poison... acheva le médecin.

Henri, à genoux devant sa mère, se tordait les mains de désespoir.

— Parle! Miron, dit le roi, parle... dis la vérité tout entière.

Et le roi jeta un regard terrible à la reine Catherine.

La fille de Médicis soutint ce regard avec un calme parfait.

— Ce poison est violent, poursuivit Miron. Il vient d'Italie, et je ne sais en France qu'un seul homme qui puisse s'en servir.

— Et... cet homme?

La voix du roi tremblait de fureur.

— C'est René, dit lentement Miron, René le Florentin.

A ces mots, madame Catherine poussa une exclamation indignée :

— Ah! dit-elle, en vérité, Sire, on accuse par trop René de tous les méfaits et de tous les crimes qui se commettent!

— Madame, répliqua sévèrement le roi, cette fois je saurai la vérité...

Miron continua :

— Le poison est violent, presque sans remède. Un seul contre-poison existe, et René seul le possède.

Henri bondit et se leva précipitamment :

— René! où est René? s'écria-t-il, oubliant que M. de Crillon l'avait séquestré.

Mais déjà le bon duc s'élançait au dehors, se précipitait vers l'escalier qu'il descendait en courant, sautant sur le cheval d'un Suisse et le poussait à fond de train vers sa maison de la rue Saint-André-des-Arcs.

Pendant ce temps, on avait transporté la reine dans la chambre de Marguerite où on l'avait mise au lit.

— Eh bien! madame, murmura Nancy à l'oreille de la princesse, avais-je tort?

Marguerite regardait avec stupeur la reine de Navarre.

Jeanne d'Albret n'avait point recouvré connaissance, malgré les soins de Miron.

Sa respiration était saccadée ; elle tournait ses yeux d'une façon effrayante ; tout son visage commençait à se jasper de taches livides semblables à celles qu'on avait d'abord vues sur ses mains.

Un quart d'heure s'écoula, pendant lequel tous les fronts se baignèrent de sueur, tous les cœurs battirent, toutes les poitrines furent oppressées.

Madame Catherine elle-même semblait avoir été gagnée par la stupeur générale.

Peut-être même se repentait-elle, à cette heure solennelle et terrible, du mal qu'elle avait laissé faire à René...

Le prince Henri pleurait agenouillé aux pieds du lit.

Charles IX s'approcha de sa mère et lui dit d'une voix ironique :

— Madame, c'est grand tort à vous de vouloir défendre ce misérable René.

— Mais... Sire... balbutia la reine.

— On pourrait vous croire sa complice, acheva le roi.

Catherine devint livide.

Tout à coup on entendit le galop d'un cheval qui retentissait sur le pavé de la cour du Louvre.

— C'est Crillon! dit le roi.

Charles IX courut à la fenêtre, et comme la cour était illuminée, il put voir le duc qui avait placé le Florentin devant lui, sur la selle.

Jamais vous ne reverrez le Louvre. (P. 618.)

— A terre ! disait Crillon en poussant rudement René à bas de son cheval et descendant lui-même.

— Voici René ! répéta le roi qui referma la croisée.

En effet, moins de deux minutes après, Crillon apparut poussant devant lui René, pâle et frissonnant.

Le roi marcha droit à la rencontre du Florentin.

— Misérable! dit-il, comment nommes-tu le poison dont tu t'es servi?

René avait essayé de payer d'audace; il avait nié d'abord au duc; il osa nier au roi...

— Je n'ai empoisonné personne, dit-il.

— Tu mens! s'écria une voix tonnante derrière Charles IX.

C'était Henri de Navarre, — Henri, pâle de courroux à travers ses larmes, Henri, qui prit le Florentin par le bras et le conduisit au chevet de la reine agonisante.

— René, dit-il alors, écoute bien mes paroles : « Ta fille m'a dit, il y a une heure, que tu avais empoisonné ces gants... »

Et le prince montra les gants, et René étouffa un cri. Henri continua :

— Tu as empoisonné ces gants et tu les as mis dans un coffret que tu avais envoyé quérir par Godolphin tu sais où.

Mme Catherine sentit ses jambes trembler sous elle.

— René, poursuivit le prince, si tu sais un moyen de sauver ma mère, je te pardonnerai!

Et le Florentin promenait autour de lui un regard stupide.

— René, dit encore Henri, ta fille Paola est à cette heure aux mains de Farinette et de trois bandits. Sauve ma mère et je te la rends!

— Ma fille! ma fille!!! Paola! s'écria René.

— Sauve ma mère! répéta le prince.

René prit la main de la mourante, l'examina, et ses cheveux se hérissèrent.

— Trop tard!... murmura-t-il.

Et en effet, comme si le contact de la main de son meurtrier eût dû hâter sa fin, la reine de Navarre ouvrit brusquement les yeux, se souleva à demi et retomba en poussant un dernier soupir.

— Morte! dit Charles IX, qui se redressa menaçant et terrible comme un juge suprême, morte!!!

— Sire, Sire! s'écria Henri, Sire, au nom de notre sang, vengeance!

Le roi prit Henri dans ses bras et lui dit :

— Tais-toi, frère, ne prononce pas le nom qui erre sur tes lèvres ; je t'engage ma foi royale que justice sera faite. Alors se tournant vers Crillon :

— Monsieur le duc, dit-il, vous allez faire conduire René au Châtelet, et il en sortira demain pour aller en Grève.

— René, dit le prince d'une voix grave, à cette heure, ta fille est déshonorée...

Le Florentin poussa un cri sourd et s'affaissa sur lui-même comme si la foudre du ciel l'eût frappé. Charles IX regarda alors Catherine de Médicis.

— Madame, lui dit-il tout bas, vous allez partir sur-le-champ pour Amboise et vous y attendrez patiemment que l'heure de votre mort ait sonné. Jamais vous ne reverrez le Louvre.

. . . .

Henri s'était agenouillé de nouveau auprès du cadavre de sa mère, et il pleurait à chaudes larmes.

. . . .

TABLE DES MATIÈRES

PREMIÈRE PARTIE

LA BELLE ARGENTIÈRE

Chapitres.	Pages.	Chapitres.	Pages
I	3	XXX	226
II	10	XXXI	234
III	15	XXXII	244
IV	23	XXXIII	251
V	29	XXXIV	260
VI	36	XXXV	269
VII	43	XXXVI	276
VIII	50	XXXVII	285
IX	59	XXXVIII	293
X	67	XXXIX	303
XI	76	XL	314
XII	85	XLI	319
XIII	93	XLII	328
XIV	103	XLIII	335
XV	111	XLIV	342
XVI	123	XLV	349
XVII	136	XLVI	357
XVIII	144	XLVII	366
XIX	152	XLVIII	372
XX	160	XLIX	378
XXI	166	L	384
XXII	170	LI	390
XXIII	178	LII	399
XXIV	184	LIII	405
XXV	187	LIV	413
XVI	192	LV	420
XVII	200	LVI	425
XVIII	210	LVII	432
XXIX	218	LVIII	439

TABLE DES MATIÈRES

Chapitres.	Pages.	Chapitres.	Pages.
LIX	446	LXXIII	534
LX	453	LXXIV	541
LXI	456	LXXV	548
LXII	460	LXXVI	555
LXIII	468	LXXVII	560
LXIV	475	LXXVIII	568
LXV	483	LXXIX	575
LXVI	490	LXXX	581
LXVII	494	LXXXI	589
LXVIII	501	LXXXII	595
LXIX	507	LXXXIII	600
LXX	514	LXXXIV	606
LXXI	520	LXXXV	612
LXXII	527		

Paris. — Imp. de la Soc. anon. de Publ. périod. — P. Mouillot. — 44900.

www.ingramcontent.com/pod-product-compliance
Lightning Source LLC
Chambersburg PA
CBHW051327230426
43668CB00010B/1172